तीन तलाक

एक सामाजिक एवं राजनीतिक विमर्श

तीन तलाक

एक सामाजिक एवं राजनीतिक विमर्श

डॉ. नीशू कुमार

प्रशांत पब्लिशिंग हाउस
दिल्ली–94

प्रकाशकः

प्रशांत पब्लिशिंग हाउस

C 34/28 फुटा रोड, गली नं. 3,

पश्चिमी करावल नगर, दिल्ली-94

मो. 9810396373

Email: prashantpublishinghouse@gamail.com

तीन तलाक एक सामाजिक एवं राजनीतिक विमर्श

प्रथम संस्करणः 2018

आई.एस.बी.एनः 987-93-80565-95-8

मुद्रकः बालाजी आफसेट, दिल्ली

समर्पण

– कीर्तिशेष पं. चमनलाल शर्मा
– पं. ईश्वरचन्द शर्मा
– पं. रामकुमार शर्मा
– पं. अरुण कुमार हरित
– पं. अतुल हरित

जिनके जीवन आदर्शों पर शिक्षा की अखण्ड ज्योति प्रज्जवलित है।

आभार

अपनी भारतीय संस्कृति को जब मैं तुलनात्मक रूप में विश्व के अन्य देशों की संस्कृति से तुलना करता हूँ तो पाता हूँ कि हम हमारे पूर्वज स्वीकार्य, सहिष्णु एवं सहयोगात्मक दृष्टिकोण से विश्व पटल को देखते है, लेकिन वर्तमान परिदृश में जहाँ भारत बड़े आर्थिक बाजार, चिकित्सा एवं अन्तरिक्ष के क्षेत्रें में नई ऊँचाईयों को छू रहा है। वही भारतीय समाज में महिलाएँ आज भी स्वयं को स्वतन्त्र रूप से व्यक्त नहीं कर पा रही। यही कारण है कि मैं अपना अन्तरात्मा एवं विशिष्ट विद्वानों के परामर्श से महिलाओं के सशक्तिकरण स्वरूप को जाने के लिए तीन तलाक एक सामाजिक एवं राजनीतिक विमर्श विषय का चयन किया है।

तीन तलाक आज एक सामाजिक बुराई के रूप में मानवीय समुदाय के समक्ष है क्योंकि सूचना प्रौद्योगिकी के युग में पुरूष सत्ताधारी समाज में महिलाओं को उपभोग वस्तु के दृष्टिकोण में अपना कर तलाक (विवाह-विच्छेद) को इलैक्ट्रॉनिक मेल, सोशल मीडिया, एवं मौखिक रूप दिया जा रहा है। यह प्रदर्शित करता है कि स्वतन्त्रता प्राप्ति के 70 वर्षों भी हम सामाजिक न्याय की परिभाषा की व्यवहारिक रूप नहीं दे पाये। क्योंकि भारतीय संविधान में महिला हो या पुरूष दोनों को सामाजिक, राजनीतिक आर्थिक स्वतन्त्रता समानता एवं न्याय देने का संवैधानिक प्रावधान है किन्तु 22 अगस्त 2017 की विशिष्ट न्यायायिक पीठ द्वारा तीन तलाक पर दिए गए फैसले ने स्पष्ट कर दिया कि भारतीय समाज में आधुनिकता ही प्रतीक्षा अभी करनी पड़ेगी।

शाह बानों (1985) एवं शायरा बानों (2016) ने अपने गरीब, स्वतन्त्रता व सम्मान के लिए जिस तरह से संघर्ष किया है, इससे यह प्रदर्शित होता है कि आज भी रजिया सुल्ताना, बेगम हजरत महल, अरूणा आसफ अली, भोपाल की बेगम जैसी महिलाएँ विद्यमान है क्योंकि जिस तरह इन महान महिलाओं ने पुरूषसत्ता को चुनौती एवं स्वयं की सार्थकता का परिचय दिया था। वैसा आज भी है। अर्थात् यदि महिलाओं को भारतीय समाज में सामाजिक स्तर पर समान अवसर, स्वतन्त्रता एवं गरीमापूर्ण परिस्थिति मिले तो महिलाएँ आर्थिक एवं

राजनीतिक क्षेत्रों में सार्थक सहयोग कर सकती है। वर्ल्ड इकोनोमिक्स फोरम में कई बार अपनी रिपोर्ट भारतीय महिलाओं की आर्थिक भागीदारी को बढ़ाने का प्रस्ताव दिया है।

विवाह विच्छेद वैसे ही नितांत आवश्यक है जैसे कि विवाह (निकाह) क्योंकि विवाह (निकाह) पुरूष एवं महिला के परस्पर मानसिक, शारीरिक वित्त एवं भावनात्मक सम्बन्धों की पूर्ति करता है और मानवीय जीवन में स्थाईत्व लाता है किन्तु कुछ पुरूषसत्ता वादी लोगों ने इसे पुरूषों के स्वार्थ का हिस्सा बना दिया। जिससे दशकों साथ रहने वाले दो मानवों में विलगता पैदा होने लगी एवं महिलाओं को अपना पक्ष रहने का अवसर समाप्त कर दिया गया तथा लेकिन हाल ही में, आए संवैधानिक निर्णय ने तीन तलाक को अवैध घोषित कर, सरकार से एक मुस्लिम महिलाओं के संरक्षण प्रभावी विधोयक जाने के लिए सुझाव दिया है।

हमने केई मुस्लिम समाज सेवी एवं आम नागरिकों से तीन तलाक के विषय में व्यक्तिगत साक्षात्कार किया जिसमें अधिकांश लोगों ने तीन तलाक कुरान पाक के विरुद्ध बताते हुए इसका खंडन किया। वही कुरान पाक में सूरा-65 के अन्तर्गत 12 आयतों में तलाक को उल्लेखित किया गया मौहम्मद साहब ने बताया है कि यदि महिला पुरूष के सम्बन्ध इस कदर बिगड़ जाऐ कि दोनों साथ रहना संभव ना हो, तो विशेष रूप से महिला के शारीरिक एवं मानसिक स्थिति का ख्याल रखा जाये क्योंकि जगत जननी अर्थात् महिलाओं गर्भधारण करने का विशिष्ट गुण होता है। अतः तलाक का तीन तलाक का तरीका अमानवीय अस्वीकृति प्राप्त, अवैध तरीका है।

प्राचीन से विदित है कि जिस समाज में महिलाओं का सम्मान व सहयोग होगा समाज उन्नत, समृद्ध व मजबूत होगा। इस पुस्तक के सम्पादन से मुझे पूर्ण विश्वास है कि महिलाओं के अधिकारों के प्रति समाज में जिस तरह से बर्फ जमी हुई है वह अवश्य ही पिघलेगी। साथ ही सम्पादन में पूर्ण सहयोग करने वाले विद्वानजन, सहकर्मी, एवं दूरस्थ विश्वविद्यालयों व महाविद्यालयों के विद्वानों, विदुषियों एवं शोधार्थियों का सहृदय आभार जिन्होंने अपने बहुमूल्य विचारों से युक्त तथा ज्ञानपूर्ण शोध पत्रों को प्रेषित कर ग्रंथ को साकार रूप देने अपनी अहम भूमिका अदा की और प्रकाशक व मुद्रक का भी आभार जिन्होंने मुझे समस्त शोध के एकीकरण करने में मदद की। अंत में अपने पितातुल्य राम कुमार शर्मा जी आभार जिन्होंने अपना आर्थिक एवं भावनात्मक सहयोग, आशीर्वाद के रूप में दिया।

–डॉ0 नीशू कुमार

भूमिका

चमनलाल महाविद्यालय, लण्ढौरा, हरिद्वार के द्वारा ''तीन तलाक: एक सामाजिक एवं राजनीतिक विमर्श'' पर आयोजित एक दिवसीय राष्ट्रीय संगोष्ठी के उपलक्ष्य में जो शोधपत्र वाचन हेतु आए और उनका संकलन, जोकि इस पुस्तक के रूप में प्रकाशित किया जा रहा है; एक समसामयिक प्रयास है। तीन तलाक का मुद्दा न केवल एक समुदाय विशेष की महिलाओं के साथ सम्बन्ध रखता है बल्कि यह उनके मानवीय पहलू को भी प्रभावित करता है। महिला मानव है या नही? इस विषय पर भिन्न-भिन्न विद्वानों और अंतर्राष्ट्रीय संस्थाओं ने विचार विमर्श किया है और यह निष्कर्ष निकाला है कि महिलाएँ भी पुरुषों के समान बल्कि उनसे भी अधिक क्षमतावान है। इस प्रकार से उनके साथ किसी भी प्रकार का भेदभाव न केवल संवैधानिक प्रावधानों के विरुद्ध है बल्कि प्राकृतिक समानता के सिद्धान्त को भी धाता बताता है। तीन तलाक जैसे गंभीर एवं समसामायिक मुद्दे पर राष्ट्रीय संगोष्ठी का आयोजन कर और उसके शोध -पत्रों को पुस्तक रूप में प्रकाशित कर आयोजनों ने स्तुत्य प्रयास किया है। यह प्रयास न केवल सर्वोच्च न्यायालय के निर्णय को समाज के सम्मुख प्रस्तुत करेगा, बल्कि महिलाओं के प्रति अभी तक हो रहे भेदभाव का परिमार्जन भी करेगा। मैं इस कार्य के लिए आयोजकों को साधुवाद देता हूँ।

प्रो. संजीव कुमार शर्मा
आचार्य एवं विभागाधयक्ष
राजनीति विज्ञान विभाग
चौ. चरण सिंह विश्वविद्यालय, मेरठ

विषय सूची

1

तीन तलाकः दशा एवं दिशा

अवधेश बिष्ट

असि0 प्रोफेसर रूड़की बिजनेस डिग्री कॉलेज लक्सर

आशुतोष शर्मा

असि0 प्रोफेसर चमन लाल डिग्री कॉलेज लण्ढोरा

कब तक सहनी होगी "**तीन तलाक की टीस**"

विवाह की संस्कार एक पवित्र बन्धन है। दो परिवार के मेल का दो व्यक्तियों विचारो का, दो व्यक्तियों आपसी सम्बन्धों का जो युगों-युगों से चली आ रही प्रथा है। विवाह/निकाह को चन्द 10 रूपये के स्टाम्प पेपर पर तलाक शब्द को कहने से मात्र विवाह या आपसी सम्बन्ध समाप्त नहीं किया जा सकता। मुस्लिम और हिन्दु धर्म में विवाह/निकाह जैसे पवित्र बन्धन अन्तर शब्दों से ही है जहाँ हिन्दु धर्म में विवाह को "धार्मिक संस्कार "के रूप में पूजा जाता है वहीं मुस्लिम धर्म में निकाह को "सामाजिक समझौता" का नाम दिया जाता है। धर्म और संस्कार समाज और समझौता शब्दों में अन्तर स्पष्ट है। समाज के लिये निकाह नहीं होता और समझौते से रिश्ते नही बनते।

तीन तलाक पर सफलता हासिल करने के बाद मुस्लिम समुदाय की महिलाऐं अपना संघर्ष रोकने के मुड में नहीं हैं। अब उन्होंने मुस्लिम धर्म में जारी बहु विवाह चार शादी का प्रावधान और निकाह हलाला के खिलाफ मोर्चा खोलने की तैयारी कर दी है। तीन तलाक के खिलाफ लड़ाई को सर्वोच्च न्यायालय तक ले जाने वाली उत्तराखण्ड की काशीपुर की रहने वाली "सायरा बानो" ने बुधवार को कहा था। अब उनकी अगली लड़ाई बहु विवाह और निकाह हलाला के खिलाफ होगी। हमारे समाज में इसके लिये कोई जगह नहीं होनी चाहिए।

तलाक के अलग-अलग तरीके

1. **तलाक के बिहत** एक बार में तीन बार तलाक बोल देने को तलाक "तलाक ए बिहत" कहा जाता है।
2. तलाक ए एहसन-एक बार में एक तलाक बोलने और इसके बाद तीन महीने तक इन्तजार किया जाता है। इस दौरान पति और पत्नी के बीच सुलह हो जाये तो तलाक नही होगा। अगर सुलह नहीं हुई तो तीन महीने के बाद तलाक हो जायेगा। तलाक शब्द कहने से महज मुस्लिम धर्म में समाज में एक बड़ी विडम्बना है कि यदि पारिवारिक आपसी पति पत्नी के झगड़े पर पति को अपने गौरव को नीचे करना पड़े तो उससे सरल तरीका है कि वह तीन बार तलाक कह दे। 2 जून 2018 को एक साथ तीन तलाक को अपराध ठहराने वाला बिल लोक सभा में पास हो चुका है। लेकिन तीन तलाक के खिलाफ लड़ाई लड़ने वाली मुस्लिम महिलाओं को न्याय के लिये गुहार लगानी पड़ी है।

मुस्लिम मुताह निकाह:-एक निश्चित समय के लिये एक निश्चित रकम के बदले स्त्री और पुरूष का सम्बन्ध ही मुताह विवाह कहलाता है।

"मुताह निकाह का शाब्दिक अर्थ होता है आनन्द"

मुताह महज इस्लाम पूर्व के इतिहास की किताबों का हिस्सा मात्र नहीं है जिसे पढकर हम उस युग की परम्पराओं को जान सकते हैं। यह आज भी हमारे देश में प्रचलित है। और शिया पारिवारिक विधि का हिस्सा है। इसमें किसी गवाह की जरूरत नही है। मुताह होते समय निर्धारित कालावधि तय की जाती है। इस विवाह का अन्त तलाक देकर नहीं हो सकता। निर्धारित अवधि समाप्त हो जाने पर यह स्वत: समाप्त माना जाता है। सहवास के बाद प्रतिफल के रूप में तयराशि प्राप्त करने का अधिकार मुताह पत्नी को होता है। अरब और ईरान से ऊँची डिग्रियाँ प्राप्त विशेष किस्म के लिबास में हिन्दुस्तान में अपना ज्ञान बाँटते और समाज सुधार का दावा करते मौलानाओं ने भी मुताह को समाप्त करने की कोई पहल नहीं की। इस पर चुप्पी लगाकर अल्लाह का फरमान बताने वाले षिया और सुन्नी मौलाना जहाँ खेमाबन्द बने रहे वही किसी सरकार ने भी मुताह की षिकार महिलाओं की तकलीफ को नहीं समझा। तीन तलाक की तरह मुताह का सवाल भी औरतें ही उठा रही है। नाबालिग लड़कियों को शिकार बनाते हुए मुम्बई के प्रमुख काजी "फरीद अहमद" और "हैदराबाद के चार जज मालिक और दलाल" शामिल है। ऐसे लोग धर्म के नाम पर गरीबी का फायदा उठाकर

लड़कियों को यौन दासी बनाते है। लेकिन पोक्सों कानून के बाद इस पर अंकुश लगा है। तीन तलाक की तरह इस घिनौनी प्रथा की भी देश से विदाई होना बेहद जरूरी है। भारत सरकार संविधान की धारा 14, 21 के हवाले से मुताह सम्बन्धित नियम को रदद करने की घोषणा करे और ऐसे निकाह करने वालों के लिये दण्ड का प्रावधान करे। इसके साथ ही मुस्लिम विवाह और तलाक के पंजीकरण को पूरी तरह से अनिवार्य बनाया जाना चाहिए।

21वीं सदी में ऐसी प्रथा अस्तित्व में नही रहनी चाहिए जो औरत को यौन दासी बनाकर रखने की वकालत करनी हो। भले ही उनकी शिकार औरते सीमित संख्या में ही क्यों न हो। ऐसी प्रथा इस देश के लिये धर्म का विषय है।

15 दिसम्बर 2017 को पर्सनल बोर्ड ऑफ मुस्लिम'' समुदाय ने कहा कि हम भी तीन तलाक को रोकना चाहते हैं। अगर सरकार का मकसद वाकई इस कुप्रथा को रोकना है।

तलाक ए हसना

पत्नी के मासिक धर्म के निपटने में ही तलाक बोला जाता है। अगले मासिक धर्म के बाद दुसरे बार तलाक के बाद तलाक बोला जाता है, इस तरह तलाक बोलने के बाद तलाक माना जाता है। अर्थात मासिक धर्म के बाद महिला केवल मुस्लिम पुरूषों के बिस्तर का आनन्द की मुहर है जिस पर वह कभी भी अपनी मुहर को लगाए अथवा छोड़े।

तलाक से जुड़े मुद्देः-66 मामले 2001-2011 के बीच में आये सुप्रीम कोर्ट के आदेश के बाद उत्तर प्रदेश सबसे आगे थीं।

8.4 करोड़ मुस्लिम महिलाऐं देश में 2011 की जनगणना के मुताबिक है।

13.5 प्रतिशत लड़कियों की शादी 15 वर्ष से पहले हो जाती है।

49 प्रतिशत मुस्लिम लड़कियों की शादी 14 से 19 साल के बीच हो जाती है।

तीन तलाक एक राजनीतिक मुद्दा-तीन तलाक के ऊपर चल रही बहस के बीच बसपा सुप्रीमो मायावती ने भाजपा और केन्द्र सरकार पर आरोप लगाते हुए कहा कि वह प्रदेश और कुछ अन्य राज्यों में होने वाले विधान सभा चुनाव को मद्देनजर तीन तलाक एक समान नागरिक संहिता जैसे शरीयत से जुड़े धार्मिक मुद्दों को लेकर नया विवाद खड़ा कर रही है जो कि अति निंदनीय है।

"सुप्रीम कोर्ट ने कहा है कि शादी खत्म करने का घटिया तरीका है- तीन तलाक''

केन्द्रीय एवं सूचना प्रसारण मंत्री वैकेया नायडू ने भी कहा कि सरकार और भाजपा तीन तलाक की प्रथा को खत्म करने के हक में नहीं है। मोदी का विरोध करते हुए "ऑल इण्डिया मुस्लिम पर्सनल लॉ बोर्ड'' ने संविधान परिवार को तोड़ने वाला बताकर खारिज किया। हमारे समाज और कानून की सबसे बड़ी कमजोरी यह है कि किसी भी व्यक्ति के द्वारा किसी गलत कार्य के खिलाफ पहल की जाये तो उसके साथ खड़े रहने के बदले उसका सख्ती से विरोध किया जाता है। "कुप्रथाओं को बन्द करना ही चाहिए, वह किसी भी धर्म से जुड़ी क्यों न हो।''

संविधान के नियमों का उल्ल्घंन-समानता के अधिकार, स्वतन्त्रता के अधिकार जैसे मूल अधिकारों को केवल और केवल कोरे कागजों तक सीमित रखा जाने लगा है। अनुच्छेद 15 धर्म लिंग के आधार पर भेद भाव के विरूद्ध अधिकार अनुच्छेद 21 मान-सम्मान के साथ जीने का अधिकार, अनुच्छेद 25 पब्लिक और हैल्थ, नैतिकता के दायरे, धार्मिक स्वतन्त्रता का अधिकार इस तीन तलाक पर 18 मई तक सुनवाई की गयी। ये अनुच्छेद संविधान केवल और केवल जनता के हित के लिये लागू किये गये हैं न कि धर्म और सम्प्रदाय के भेद-भाव के लिये। जिस पर कोई भी व्यक्ति एक छत्रिय राज चला सके। देश के सबसे जटिल सामाजिक मुद्दे में से एक तीन तलाक पर सुप्रीम कोर्ट की पाँच सदस्यों की संविधान बैंच ने अपना फैसला सुना दिया। पाँच में से तीन जज जस्टिस कुरियन जोसेफ, जस्टिस नरिमन, और जस्टिस यू0यू0 ललित ने तीन तलाक को असंवैधानिक करार दिया था। अनुच्छेद 14 में समानता के अधिकार का उल्लंघन किया जा रहा है।

तीन तलाक के खिलाफ पाँच मुस्लिम महिलाओं के द्वारा मोर्चा:-सर्व प्रथम तीन तलाक से झूझती और जर्जर होती उत्तराखण्ड की काशीपुर में रहने वाली सायरा बानो ने सुप्रीम कोर्ट का दरवाजा खटखटाया। सायरा बानो समाज शास्त्र से एम0ए0 कुमाऊ विश्व विद्यालय की छात्रा रही है। 2001 में विवाह के पष्चात 10 अक्टूबर 2015 को पति ने तीन तलाक के बाद घर से बेघर कर उसे अकेला मरने के लिये छोड़ दिया। दूसरी जयपुर 25 वर्शीय आफरीन रहमान ने भी सुप्रीम कोर्ट के पास जाकर न्याय की गुहार लगाई। उनका आरोप था कि पति सहित ससुराल पक्ष के दूसरे लोगों ने मिलकर दहेज की मांग को लेकर उनसे मारपीट

कर घर से निकाल दिया और स्पीड पोस्ट से कागज पर तलाकनामा भिजवा दिया। तीसरी यू0पी0 की गुलशन परवीन के पति ने 10 रूपये स्टाम्प पेपर पर तलाकनामा भिजवाकर दो साल के बेटे को भुला दिया। हाल में 2013 में विवाह किया गया था। इशराज जहान पश्चिम बंगाल के हावड़ा जहान का कहना था कि पति ने दुबई से ही उन्हें फोन पर तलाक दिया। 2001 में घर से निकालकर जबरन बच्चे को भी अपने पास रख दिया गया। आलिया साबरी उ0प्र0 की सहारनपुर की रहने वाली आलिया साबरी का आरोप था कि 2012 में लगातार निकाह के पश्चात् दो बेटियों के जन्म के बाद ससुर और सौहर ने घर से निकाल दिया। दहेज के लिये परेशान किया और कागज के टुकड़े पर तीन तलाक लिखकर रिश्ता समाप्त कर दिया।

निष्कर्ष तीन तलाक न एक सामाजिक और राजनीतिक मुद्‌दा है ये केवल व्यक्ति की मानसिक बीमारी है। महिला किसी भी धर्म, जाति, रंग की हो, वह बिस्तर पर लेटकर बच्चे पैदा करने की मशीन नहीं है कि उसका उपयोग करके कुडा कचरे की तरह नालियों में सडने के लिये फेंक दिया जाये। कोई भी व्यक्ति इस जघन्य अपराध को करता या बढ़ावा देता है तो वह स्वयं में पशु तूल्य है। धर्म का आसरा लेकर पुरूष प्रधान यह बिगुल बजा रहा है कि वह पुरूष है तो देश की सीमाओं पर अपने गर्म खून को ठण्डा करे।

तीन तलाक इस्लाम का कोई हिस्सा नहीं है किसी भी गलत कार्य को करने के लिये न्याय संगत तर्क आपका अपना जमीर है। ''न कोई कोर्ट न कोई न्याय'', ''कुरान में कहीं भी तीन तलाक का जिक्र नहीं है।''

2

“सामाजिक न्याय की अवधारणा और मुस्लिम महिलाएँ”

कु0 अनुराधा
सहायक आचार्य
लॉ विभाग
चमन लाल महाविद्यालय, लण्ढौरा, हरिद्वार

हमारे समाज में एक सोच बहुत प्रभावशाली है वो है बिना कुछ सोचे-समझे किसी भी प्रथा को जन्म देना और परा ज्ञान ना होते हुए भी हम इन परम्पराओं को पूरा मान-सम्मान देने लगते है, फिर वो परम्परा या प्रथा किसी भी वर्ग के लिए कितनी भी दुखदायी क्यों न हो जाए। कुछ इसी प्रकार की सोच का परिणाम है 'तीन तलाक की परम्परा' जिससे न जाने कितनी ही मुस्लिम महिलाओं का जीवन नरक बन चुका है। तीन तलाक की ये परम्परा आज मुस्लिम महिलाओं के पिछड़ेपन की वजह हमेशा इस्लाम में ढकने की कोशिश की जाती है। इस्लाम कहता है- पिता या पति की सम्पत्ति में वो भी उत्तराधिकारी है। वो अपनी मर्जी से माँ-बाप की सहमति लेकर शादी कर सकती है, उसे तलाक लेने का अधिकार है विधवा महिला भी शादी कर सकती है। इसके अतिरिक्त भी कई सुविधाएँ व अधिकार इस्लाम ने महिलाओं को दिए हैं। इसके बावजूद उनकी हालत संतोषजनक कतई नहीं है इसका मूल कारण है पुरूषवादी वर्चस्व व तीन तलाक जैसी अमानवीय प्रथा। इस परम्परा से जाने कितने ही परिवार पीड़ित है। आज समय आ गया है कि ऐसी परम्पराओं पर सुधार की अत्यन्त आवश्यकता है। पवित्र कुरान व किसी अन्य निजी कानून का सहारा लेकर तीन तलाक की प्रथा से बचाव नहीं किया जाना चाहिए।

संविधान द्वारा प्रदत्त मौलिक अधिकार सभी पर समान रूप से लागू होते हैं। एक मुस्लिम महिला गरिमा, सम्मान, न्याय के साथ जीवन जीने की हकदार है। किसी निजी कानून द्वारा उसके इन मूल अधिकारों का हनन कहीं से भी न्यायसंगत नहीं है। जो महिलाएँ इस परम्परा को बंद करने के लिए जोर-शोर से आगे आ रही है वे भी मुस्लिम है, इस्लाम व पवित्र कुरान में उनकी आस्था किसी से कम नहीं है, और ना ही इस्लाम उनके मूल अधिकार को छीनने व कम करने को कहता है। मुस्लिम पर्सनल लॉ में संशोधन से मुस्लिम व्यक्तियों को कोई नुकसान होगा। तलाक-तलाक-तलाक ये ऐसे महसूस शब्द है, जो किंसी भी मुस्लिम महिला की जिन्दगी को चंद पलों में नरक बना देती है पिछले दिनों के सर्वे से देश की करीब 92 प्रतिशत महिलाओं ने मौखिक रूप से तीन बार तलाक बोलने से पति पत्नी का रिश्ता खत्म होने की इस प्रथा को एक तरफा करार दिया है और इसे बंद करने की मांग की है। यही नहीं मुस्लिम पुरूष स्काइप, ईमेल, मेसेज व वाट्सऐप से तीन बार तलाक बोलने की नई तकनीक ने महिलाओं की चिंता और बढा दी है।

भारत में भले ही इसे खत्म करने पर बहस अब भी चल रही है परन्तु कई इस्लामिक देश इस प्रथा को कब के खत्म कर चुके है। इसलिए अब समय का आ गया है कि इस मुल्क के लोग भी इस्लाम की आड़ लेना बंद करें। भारतीय मुस्लिम महिलाएँ लम्बे समय से तीन तलाक के खिलाफ आवाज उठाती आ रही है। सरकार तलाक के मुद्दे पर खुद को मुस्लिम महिलाओं के मसीहा के तौर पर रख कर कार्य कर रही है।

आल इंडिया मुस्लिम वीमेंस पर्सनल लॉ बोर्ड की एक सदस्य ने साफ तौर पर कहा है कि तीन तलाक के मामले पर सरकार मुसलमानों व देश को गुमराह कर रही है। वो आगे कहती है- हम तीन तलाक पर बदलाव चाहते है लेकिन ये बदलाव हमारे निजी कानून के दायरे में हो कोर्ट या किसी सरकार के नहीं। सरकार बेवजह तीन तलाक के मामले में दखल दे रही है। मजहब के मामले में हमें किसी की भी दखलदाजी पसंद नहीं है। पुरूषवादी वर्चस्व के लिए इस तरह की परम्परा को जबरन बनाए रखना कही से भी न्यायसंगत नहीं लगता। आज कुछ मुस्लिम संगठन जो अपना स्वार्थ सिद्धि हेतु जिन निजी कानून का हवाला दे रहे हैं, उनका हित सिर्फ अपना स्वार्थ सिद्ध करना है।

''अजीब चाहते है मेरे इस मुल्क की
कानून मजहबी चाहिए इनको, मगर देश
धर्मनिरपेक्ष''

सती प्रथा क्रूरता से राजा राममोहन राय बाल्यावस्था से ही परिचित थे, जब उनके बड़े भाई की विधवा को उनकी आँखों के सामने बलपूर्वक सती कर दिया गया था, अंग्रेज शासक इस प्रथा को बहुत बुरा मानते थे पर उनको यह डर लगता था कि अगर वे इस बारे में कुछ कहेंगे तो शायद इस देश में अशांति फैल जायेगी और हमारे नव स्थापित राज्य के लिए खतरा बन सकता है परन्तु इसके विपरीत राजा राममोहन राय ने सती प्रथा जैसी अमानवीय प्रथा के विरूद्ध निरन्तर आवाज उठायी आन्दोलन चलाये। उनके समाज के लोगों ने उन्हें इस कार्य के लिए अपने समाज से बहिष्कृत कर दिया था। समाज ने उनका इतना अधिक विरोध किया कि एक समय पर तो उनके जीवन को भी खतरा हो गया था। उनके पूरे और निरन्तर समर्थन का ही प्रभाव है कि सती प्रथा के मिटने से राजा राममोहन राय संसार के मानवतावादी सुधारकों की सर्वप्रथम स्थान में आ गये।

कुछ लोग अपनी पुरूषवादी सोच के कारण या किसी निजी कानून का सहारा लेकर मुस्लिम महिलाओं को अन्यायसंगत या अपमानपूर्ण जीवन जीने के लिए मजबूर कर रहे हैं।

वो कही से भी न्याय संगत नहीं है। मुस्लिम आबादी वाले देश तीन तलाक जैसी अमानवीय प्रथा को पहले ही समाप्त कर चुके हैं। तलाक के लिए कानूनी प्रक्रिया का पालन आवश्यक रूप से होना चाहिए। तीन तलाक से एक पुरूष का जीवन स्वतन्त्र हो जाए और एक महिला का जीवन नरक बन जाए ऐसा नहीं होना चाहिए और वे कहीं से भी न्याय संगत नहीं है।

सबसे बड़े लोकतंत्र यानी भारत की मुस्लिम महिलाएँ वर्तमान समय में तीन तलाक जैसी अमानवीय प्रथा से उत्पीड़ित है। इन दिनों हर कोई मुस्लिम महिलाओं की आजादी के लिए बेताब है।

तीन तलाक जैसी प्रथा से मुस्लिम महिलाओं के सामाजिक स्तर और उनकी गरिमा को ठेस पहुँचती है। साथ ही उन्हें तो सारे मौलिक अधिकार भी नहीं मिल पाते जिसे हमारा संविधान हमारे लिए लागू करता है। ये प्रथा मुस्लिम महिलाओं को बराबरी का हक मिलने से रोकती है।

मुस्लिम पर्सनल लॉ के सदस्यों ने कहा है कि तीन तलाक को लेकर लोगों के बीच ना समझी का माहौल है। इसे फिर से नए नियम कानूनों के साथ लाया जाएगा। पर्सनल लॉ बोर्ड के महासचिव ने कहा है कि देश के कई लोग पर्सनल लॉ बोर्ड की गतिविधियों पर सवाल उठाने लगे हैं।

साथ ही महासचिव ने कहा है कि वे सारे लोग जिन्हें निजी कानून के विषय में कुछ भी पता है, वे लोग भी इस पर सवाल करने लगे है। इस तरह देश के सामने इन मुद्दों को साफ सुथरे तौर पर रखने की बोर्ड की जिम्मेदारी और भी बढ़ गयी है। मुस्लिम पर्सनल लॉ बोर्ड के अनुसार शयिरा कुरान से निकला हुआ ही कानून है। अतः ये जुडीसरी के दायरे से बाहर है। साथ ही बोर्ड ने कहा है कि इसे गैर संवैधानिक बताना कुरान को फिर से लिखने जैसा है। कई गैर सरकारी संस्थाओं तथा केन्द्र सरकार द्वारा सर्वोच्च न्यायालय में इस प्रथा के विरूद्ध मुकदमा दायर किया जा चुका है। इन मुकदमों का सबसे बड़ा पहलू ये है कि ये प्रथा लैंगिक समानता के अधिकार के विरूद्ध है। तीन तलाक औरतों के उन सभी अधिकारों का हनन करती है, जिसे देश का संविधान उन्हें देता है।

भारतीय सिनेमा के जानीमानी हस्ती तथा स्वयं राज्य सभा के सांसद रह चुके जावेद अख्तर ने मुस्लिम पर्सनल लॉ बोर्ड के इस नए कोड की निंदा की है। बोर्ड के महासचिव ने कहा है कि ''बोर्ड द्वारा जारी ये नया कोड तीन तलाक के वजहों की शयिया के जरिये व्याख्या करेगा'' साथ ही ये भी कहा कि ये कोड उन लोगों को सही रास्ते पर लाएगी जो लोग तीन तलाक का गलत तरीके से प्रयोग करते है। कई लोगों को ये बात रास आई, परन्तु जावेद अख्तर ने लॉ बोर्ड के इस स्टेटमेंट की अपने ट्वीट्स के जरिये धज्जियाँ उड़ा दी। जावेद अख्तर शुरू से ही तीन तलाक के खिलाफ रहे हैं और कई बार इसे बन्द करने की माँग कर चुके हैं। जावेद अख्तर ने लॉ बोर्ड के स्टेटमेंट को छल करार दिया है और लॉ बोर्ड के मिस्यूज वाले कथन का पूरी तरह से खंडन करते हुए कहा है कि तीन तलाक स्वयं से एक 'अब्यूज है, लॉ बोर्ड छल पूर्वक तीन तलाक को बनाये रखना चाहती हैं।

जावेद अख्तर ने तीन तलाक पर सवाल उठाते हुए पुछा है कि ''मिसयूज ऑफ ट्रिपल तलाक का मतलब क्या है? कल शायद 'गिरायूज ऑफ रेप, मिसयूज ऑफ मोलेस्टेशन या, 'मिसयूज ऑफ वाइफ बीटिंग जैसे मामले भी सुनने को मिल सकते हैं। सभी स्कॉलर इस प्रथा का विरोध करते रहे हैं। इस प्रथा की वजह अधिकांश मुस्लिम महिलायें अपना जीवन इस डर से गुजारती हैं कि जाने कब उन्हें उनके शौहर से तीन बार तलाक सुनने को मिल जाए। कई मुस्लिम महिलाओं का जीवन नरक बना चुकी है ये प्रथा।

तीन तलाक के बाद पुरूषों को किसी भी तरह से कोई परेशानी नहीं होती है और न ही वो स्त्रियों की कोई आर्थिक मदद करते हैं, जिससे

उनका जीवन निर्वाह हो सके। तीन तलाक सिर्फ और सिर्फ घातक रूप में ही सामने आता है।

निष्कर्ष

नागरिक संहिता में विवाह, विवाह विच्छेद, गुजारा भत्ता, विरासत, उत्तराधिकार बगैरह से जुड़े सभी कानून शामिल है। भारत में क्रिमिनल प्रोसिजर कोड लागू है, जो एक समान प्रकृति का है, और जाति, लिंग, धर्म का विचार पर विचार किए बिना सभी नागरिकों पर समान रूप से लागू होता है लेकिन इसी के साथ हमारे पास सिविल प्रोसिजर कोड है, जो विभिन्न धर्मों के लिए अलग-अलग है। यह भेदभाव हटाया जाना चाहिए। ताकि हमारा देश सच्चे अर्थों में धर्मनिरपेक्ष बन सके। भारत के संविधान के अनुच्छेद 14 और 21 देश के प्रत्येक नागरिक को कानून की दृष्टि में समानता से जीने का अधिकार प्रदान करती है और सभी को समान रूप से कानून का संरक्षण प्रदान करते है और साथ ही साथ सभी को गरिमापूर्ण जीवन जीने का अधिकार प्रदान करते हैं।

संभव है कि किसी रोज कोई बुद्धिजीवी, कोई शिक्षाविद् कोई एनजीओ, कोई मीडियाकर्मी, कोई मानवाधिकार संगठन या किसी विश्वविद्यालय का कोई छात्र मुस्लिम महिलाओं को उनके अमानवीय जीवन और हालात से निजात दिलाने के लिए कहे उठे-

"नारी के आत्मसम्मान को बचाएंगे
तीन तलाक मिटाएगें।।"

सन्दर्भ ग्रन्थ सूची

1. हिन्दी कुंज
2. सिटिजन सामवेद
3. स्टार न्यूज एजेन्सी
4. वरूण कुमार सिंह

3

तीन तलाक और मुस्लिम पर्सनल लॉ बोर्ड : एक विमर्श

प्रस्तुतकर्ता

भानुप्रताप सिंह

शोध छात्र (राजनीति विज्ञान)

जीवाजी विश्वविद्यालय ग्वालियर

निकाह और तलाक अरबी शब्द है, निकाह का अर्थ है 'साथ में बंधना और तला़क का अर्थ है 'मुक्त होना'। मुस्लिम कानून के अनुसार तलाक पुरूष द्वारा निकाह का परित्याग करना है। इसका मतलब पुरूष को यह अधिकार है कि वह बिना कोई कारण बताए, अपनी पत्नी को तलाक दे सकता है। इसमें पत्नी की राजामंदी होना जरूरी नहीं है। तलाक के बारे में मुस्लिमों की धारणा है कि तालक के बाद उन्हें किसी प्रकार का गुजाराभत्ता देय नहीं होगा। जहाँ तक पत्नी-पति का साथ रहना सम्भव न हो। वह शान्तिपूर्वक अलग हो सकते हैं, लेकिन समाज में पुरूष वर्चस्व का बोलबाला है। मुस्लिम कानून में उन्हें यह अधिकार है कि वह जब चाहे तब अपनी पत्नी को तलाक दे सकते हैं। इस्लाम आने के पूर्व यह अरब की एक प्रथा थी।

तलाक को सही मायने में समझने के लिए हमें कुरान को समझना आवश्यक होगा। परिवार में पुरूष को घर में अनुशासन बनाये रखने के लिहाज से व्यवस्थापक का स्थान दिया गया है, किन्तु इसका अर्थ यह कदापि नहीं है कि नारी विवस दासी के रूप में उसके अधिकार में दे दी गई है। कुरान में कहा गया हे कि ''हे मुसलमानों, तुमको यह जायज नहीं कि तुम बलपूर्वक औरतों के (माल के) वारिस बना जाओ और (देखना) इस नियत से कि जो कुछ तुमने

उनको दिया है। उसमें से कुछ ले लो तो उन्हें (घरों में) मत रोक रखना, हाँ अगर वे खुले तौर पर बादकारी करे तो दूसरी बात हैं स्त्रियों के साथ अच्छी तरह रहो-सहो, अगर वे तुम्हें ना पसन्द हो तो आश्चर्य नहीं कि तुम किसी चीज को पसन्द न करो और खुदा उमसें बहुत से भलाई पैदा कर दे'' (कुरआन 4:19)

इतना ही नही कुरान स्त्रियों के साथ समानता और आदर का व्यवहार करने का निर्देश देता है। वह कहता है, सब मानव बराबर है क्योकि सबका मूल एक है। उनके बीच रंग, वंश, लिंग, नस्ल पेशे के आधार पर भेद-भाव करना अनुचित है कुरान कहता है कि पुरूष के लिए सबसे बड़ी दौलत एक अच्छी पत्नी है और पैगम्बर मुहम्मद (सल्ल) ने कहा है-

''तुममें से हर किसी को कृतज्ञ हृदय, अल्लाह को स्मरण करने वाली जवान और ईमानदारी पत्नी को आखिरत के (अर्थात नेक) कामों में तुम्हारी सहायता करे, रखनी चाहिए।''

तीन तलाक पर कुरान हदीस में क्या लिखा है, वह कौन सा सच है, जो कट्टरपंथी कभी सामने नहीं आने देते ....

5 स्कॉलर्स ने कुरान के आधार पर बताया कैसे कट्टरपंथी गुमराह कर रहे हैं- जीनत षौकत अली, डायरेक्टर जनरल वलर्ड इंस्ट्रीटयूट ऑफ इस्लामिक स्टडीज फॉर डायलॉग डॉ0 सैयद रिजवान अहमद एडवोकेट, इलाहाबाद हाईकोर्ट में इन्होंने निकाहेनामे पर पिटीशन लगाई थी- डॉ0 मुती जाहिद, एसोसिएट प्रोफेसर, अलीगढ़ मुस्लिम यूनिवर्सिटी हुस्ने अहमद कादरी, जनरल सेक्रेटरी, जमीयतुल उलेमा हिन्द अब्दुल बिस्मिल्लाह, पूर्व एचओडी जामिया मिलिया यूनिवर्सिटी। पिछले साल मुस्लिम महिलाओं ने तीन तलाक पर सिग्नेचर कैम्पेन चलाया। इस मुहिम का ऑल इण्डिया मुस्लिम पर्सनल लॉ बोर्ड ने विरोध किया।

इलाहाबाद हाईकोर्ट ने ट्रिपल तालक को असंवैधानिक और क्रूर बताया। कुरान/हदीस में कहीं नहीं लिखा कि ट्रिपल तलाक इस्लामिक अरब में लोग पत्नी से गुलामों जैसा व्यवहार करते थे। कई तरह के तलाक होते थे। तब पैगम्बर मुहम्मद साहब ने सब खत्म कराकर तलाक ए अहसन लाए। बाद में दूसरे खलीफा हजरत उमर के जमाने में उनके पास कुछ महिलाएं आयी और कहा कि हमारे पति कई-कई दफा तलाक कहते हैं, लेकिन फिर रिश्ता बन जाता हैं ऐसे में हजरत उमर ने कहा यदि तीन तलाक कहते हैं तो इसे तलाक माना जाएगा। स्थिति को देखते हुए इसे फौरी राहत माना गया था। वो खुद इसे स्थाई नहीं चाहते थे। तीन बार तलाक तो कुरान में है ही नहीं। पति-पत्नी में झगड़ा हो जाए तो .... सूरा नम्बर 4 वर्स नम्बर 35 में कहा गया है कि अगर पति-पत्नी में

कोई झगड़ा हो तो दोनों परिवार के लोग दखल दे। इसके लिए 90 दिन की इद्दत भी है। यानि वेटिंग पीरियड। अगर इस दौरान भी सुलह की स्थिति न बन पाए तो फिर काजी के माध्यम से तलाक की प्रोसेस पूरी होती है। इस्लाम में काजी की कल्पना कोर्ट के जज की तरह की गई है।[4]

तीन तलाक मुद्दे पर ऑल इण्डिया मुस्लिम पर्सनल लॉ बोर्ड शरिया कानून में किसी भी सरकारी दखल के खिलाफ है।

तीन तलाक पर मुस्लिम पर्सनल लॉ बोर्ड की दलील–

1. बोर्ड का कहना है कि इसका मकसद महिलाओं की रक्षा करना है।
2. बोर्ड का कहना है कि तीन तलाक धार्मिक आजादी के लिए सुरक्षित फैसला है। कोर्ट किसी कागजात के आधार पर इसमें बदलाव नहीं कर सकता है।
3. तीन तालक अवांछित है, लेकिन वैद्य है।
4. 1400 साल से यह प्रथा चल रही है, जैसे रामलल्ला हिन्दुओं के भगवान है।
5. बोर्ड का कहना है कि पुरूषों को अपनी भावनाओं पर ज्यादा नियंत्रण होता है, वे ज्यादा संयम में रहते हैं। इसलिए उनके द्वारा जज्बाती फैसले लेने की संभावना बहुत कम होती हैं।
6. बोर्ड ने निकाह और तलाक के सारे नियमों को समझकर लेखनी के हिसाब से इस नियम को तैयार किया है।

पर्सनल लॉ में इसे मान्यता दी गई है। तलाक के बाद उस पत्नी के साथ रहना पाप है। धर्म निरपेक्ष अदालत इस पाप के लिए मजबूर नही कर सकती।

याचिकाकर्ताओं की दलील

1. तीन तलाक महिलाओं के साथ भेदभाव है इसे खत्म किया जाए।
2. महिलाओं को तलाक लेने के लिए कोर्ट जाना पड़ता है, जबकि पुरूषों की मनमाना हक दिया गया है।
3. कुरान में तीन तालक का जिक्र नहीं है।
4. यह गैर–कानूनी एवं असंवैधानिक है।
5. ट्रिपल तलाक– पाकिस्तान और 21 ऐसे मुसलमान देश यहां ट्रिपल तलाक बैन है।

तीन तलाक पर सरकार की दलील-

1. ये धर्म का अभिन्न हिस्सा नहीं है, इसलिए इसे धार्मिक आजादी के मौलिक अधिकार में संरक्षण नहीं दिया जा सकता है।
2. तीन तलाक महिलाओं को संविधान में मिले बराबरी और गरिमा के साथ जीवन जीने के हक का हनन है।
3. पाकिस्तान और बांगलादेश सहित 22 मुस्लिम देश इसे खत्म कर चुके है।
4. अगर कोर्ट ने हर तरह का तलाक खत्म कर दिया तो सरकार नया कानून लाएगी।
5. सुप्रीम कोर्ट मौलिक अधिकारों का संरक्षक है, कोर्ट को फैसला देकर इसे खत्म कर देना चाहिए।
6. इस फैसले का 9 करोड़ लोगों पर गहरा असर होगा।5

तीन तलाक पर सुप्रीम कोर्ट का फैसला

सुप्रीम कोर्ट की संविधान पीठ ने बहुमत के निर्णय में मुस्लिम समाज में एक बार में तीन बार तलाक देने की प्रथा को निरस्त करते हुए अपनी व्यवस्था में इसे असंवैधानिक, गैर कानूनी और शून्य करार दिया। कोर्ट ने कहा कि तीन तलाक की यह प्रथा कुरान के मूल सिद्धान्त के खिलाफ है। प्रधान- न्यायधीश की अध्यक्षता वाली पांच सदस्यी संविधान पीठ ने 365 पेज के फैसले में कहा 3:2 के बहुमत से दर्ज की गई, अलग अलग राय के मद्देनगर तलाक-ए-बिद्दत तीन तलाक को निरस्त किया जाता है। प्रधान न्यायाधीश जगदीश सिंह खेहर और न्यायमूर्ति एस अब्दुल नजीर ने तीन तलाक की इस प्रथा पर छह महीने की रोक लगाने की हिमायत करते हुए सरकार से कहा कि वह इस सम्बन्ध में कानून बनाए जबकि न्यायमूर्ति कुरियन जोसेफ, न्यायमूर्ति आर एफ्फ नरिमन और न्यायमूर्ति यू ललित ने इस प्रथा को संविधान का उल्लंघन करने वाला करार दिया। बहुमत के फैसले में कहा गया कि तीन तलाक सहित कोई भी प्रथा जो कुरान के सिद्धान्त के खिलाफ है। अस्वीकार्य है।

तीन न्यायाधीशों ने यह भी कहा कि तीन तलाक के माध्यम से विवाह विच्छेद करने की प्रथा मनमानी है। और इससे संविधान का उल्लंघन होता हें इसलिए इसे निरस्त किया जाना चाहिए।6

निष्कर्ष

निष्कर्षत: यह कहा जा सकता है कि तीन तलाक न तो कुरान की देन है न शरीयत की यह तो पुरूष समाज के वर्चस्व की लड़ाई है, मुस्लिम पर्सनल लॉ बोर्ड जो शरीयत तथा धर्म की आढ़ में मुस्लिम महिलाओं के खिलाफ फतवा जारी करता है और अपने आपको धर्म का ठेकेदार बताता है। कोई भी धार्मिक सामाजिक संस्था लोगों की भलाई के लिए होती है न कि समाज के पतन के लिए। देश की कोई भी संस्था हो चाहे सरकारी या गैर सरकारी संविधान और कानून से ऊपर नहीं है। यदि वह कोई गलत कार्य करती है या गलत दिशा में जाती है तो उस पर रोक लगाने का कार्य सर्वोच्च न्यायालय का है। संसद का कार्य है सही कानून बनाकर लोगो को सही दिशा मे ले जाया जाए।

लोकसभा में तीन तलाक बिल पास हो गया है। आषा है जल्द ही राजनीतिक दल अपने विद्वेष को भुलाकर उसे राज्यसभा में पास कर मुस्लिम महिलाओं के साथ न्याय करेगें।

सन्दर्भ ग्रन्थ सूची

1. सिंह, प्रो0 आषा एवं सिंह डॉ0 एम.पी. संपादित, (2007), महिला सशक्तिकरण,
   आगरा(निखिल पब्लिशर्स खण्ड डिस्ट्रब्यूटर्स, पृष्ठ संख्या-200
2. मंगल, विजय गोपाल, (2007), पवित्र कुरान में मानवता की षिक्षा, नई दिल्ली, एम.एफ.आई. पब्लिशर्स पृष्ठ संख्या-19
3. वही पृष्ठ संख्या-20
4. दैनिक भास्कर, (22 अगस्त 2017), तीन तलाक पर कुरान और हदीस में क्या लिखा है?
   wwwdainikbhaskar.com
5. हिन्दुस्तान, (22 अगस्त 2017), तीन तलाक मुस्लिम पर्सनल लॉबोर्ड और सरकार की दलीले।
   www.hindustan.com
6. वर्मा, वन्दना, (22 अगस्त 2017), सुप्रीम कोर्ट का ऐतिहासिक फैसला
   www.khabarndtv.com

4

मुस्लिम महिलाओं की सामाजिक-आर्थिक स्थिति

प्रो0. भावना गोयल
(हिन्दी विभाग) ताराचन्द वैदिक पुत्री पी0जी0 कॉलेज, मुजफरनगर

सारांश

"किसी भी राष्ट्र की प्रगति का सर्वोत्तम मापदण्ड है उस राष्ट्र की महिलाओं की स्थिति।" – स्वामी विवेकानन्द

प्राचीन काल में भारत में महिलाओं का बहुत सम्मान किया जाता था परन्तु जैसे-जैसे समय बीतता गया महिलाओं की स्थिति में भीषण बदलाव आया। महिलाओं के प्रति लोगों की सोच बदलने लगी थी। हर धर्म की महिलाओं को पुरुषों के समान अधिकार पाने में सदियां लग गई लेकिन पूर्ण लैंगिक इन्साफ पाने के लिये इस्लाम में अब तक संघर्ष जारी है। मुगल साम्राज्य के दौरान महिलाओं के हालात अधिक खराब हो गये थे। महिलाओं को परदे में रहने जैसे बंधनों में बंधकर रहना पड़ता था।

इस वैश्विक संघर्ष में व्यस्त कई मुसलमान विद्वानों और कुरान के ज्ञाताओं के अनुसार मुस्लिम समाज में महिला सशक्तिकरण की राह में सबसे बडी बाधा धार्मिक उपदेशों की कट्टर व्याख्या है। यदि आज वर्तमान को देखें तो अन्य धर्मो के मुकाबले मुस्लिम महिला पुरुष वर्ग से बहुत पीछे दिखाई दे रही है। क्या यह मजहब और इस्लामिक संस्कृति का राग मुस्लिम महिलाओं के लिये एक चारदीवारी का कार्य कर रहा है?

मुस्लिम समाज में आज भी स्त्रियों की सामाजिक, आर्थिक स्थिति निम्न है। अनेक कुरीतियों और अन्धविश्वासों के चलते आज भी महिलाओं के साथ अन्याय किया जाता है। महिलाओं को अनेक क्षेत्रों में प्रतिबन्धित किया जाता है। ये अपने व्यक्तिगत जीवन में स्वतन्त्र नहीं रह सकती।

मुसलमान कहते हैं, भारत में कुरान की जरूरत इसलिये हुई कि यहाँ अत्याचार, मारकाट, औरतों पर जुल्म चरम पर था। उस स्थिति को सुधारने के लिये भारत में कुरान की जरूरत हुई। वहीं दूसरी ओर वो मजहब जो कुरान को मानता है, वहाँ औरत पर जुल्म इतने हैं कि हृदय काँप जाये, औरत को भोग की वस्तु बनाकर दस-दस बच्चे पैदा करने तक मजबूर किया जाता है। एक पुरुष अनेकों महिलाओं से निकाह कर सकता है और जरा सी बात पर शौहर का तलाक के तीन शब्द कहकर बीवी को घर से बाहर करना, शौहर के क्रूर व्यवहार और बात-बात पर हाथ उठाने के बावजूद चुपचाप सब सहना आदि गैर इन्सानी रवायतें भी इसी समाज में मौजूद हैं।

जहाँ तक मुस्लिम महिलाओं की आर्थिक स्थिति का सवाल है तो इन महिलाओं की आर्थिक स्थिति भी किसी भी अन्य वर्ग, धर्म जाति की महिलाओं से पिछड़ी हुई ही है। मुस्लिम महिलाओं को आर्थिक आजादी आज तक प्राप्त नहीं हो पायी है। बहुत कम महिलायें घर से बाहर नौकरी के लिये निकल पाती हैं। मुस्लिम समाज का पुरुष वर्ग उन्हें घर की चारदीवारी के भीतर ही रखना चाहता है और वे घर में छोटे-छोटे रोजगार जैसे सिलाई, बुनाई, कढाई आदि अनेक कार्य करती हैं और सम्पन्न नहीं हो पाती। ये परिस्थितियाँ उन्हें हमेशा परतन्त्रता का अहसास कराती रहती हैं।

शिक्षा के लिये सभी परिवारों में लड़कियां विद्यालयी शिक्षा तक न पहुँचकर मकतबों तक ही सीमित रह जाती हैं, यहाँ तक कि नमाज पढ़ने के लिये उन्हें मस्जिद में जाने की अनुमति नहीं होती। पूजा पाठ के लिये भी उन्हें पुरुषों के बराबर अधिकार प्राप्त नहीं थे।

निष्कर्ष यह है कि मुस्लिम महिलाओं को अपने अस्तित्व को लेकर अधिक संघर्ष करना पड़ा है। रजिया सुल्तान जैसी अनेक महिलाओं ने समय-समय पर अपने साहस का परिचय दिया। यदि ऐसी महिलाओं को स्वायतता और सामाजिक आर्थिक स्वतन्त्रता हो तो वह अपनी निर्णय क्षमता का भरपूर उपयोग कर सकती है जिससे वे समाज में व्याप्त कुरीतियों और रूढ़ियों को तोड़कर समाज का एक नवीन ढाँचा प्रस्तुत करेंगी।

5

मुस्लिम महिलाओं की सामाजिक-आर्थिक स्थिति

प्रो0. भावना गोयल
(हिन्दी विभाग)
ताराचन्द वैदिक पुत्री
पी0जी0 कॉलेज,
मुजफ्फरनगर

''आह मेरे कंगाल भारत!............ कितने खेद की बात है! जिस देश की पुरुष आबादी इतनी निर्दयी, धर्मविहीन एवं नेकी और बदी के अंतर को भी न समझ पाने की हद तक अज्ञानता की शिकार है तथा न्याय एवं निष्पक्षता की कोई चिन्ता नहीं करती, जिसके लिये धर्म के नाम पर कर्मकाण्ड करना ही मुख्य धंधा बन चुका है - ऐसे देश में लड़कियों का जन्म नहीं होना चाहिये।'' यह व्यथा 19वीं शताब्दी में प्रसिद्ध समाज सुधारक ईश्वरचन्द्र विद्यासागर ने व्यक्त की थी। क्या तब से अब तक स्थितियों में कोई बदलाव आया है?

प्राचीन काल के भारत में महिलाओं का बहुत सम्मान किया जाता था परन्तु जैसे-जैसे समय बीतता गया महिलाओं की स्थिति में भीषण बदलाव आया। महिलाओं के प्रति लोगों की सोच बदलने लगी थी। हर धर्म की महिलाओं को पुरुषों के समान अधिकार पाने में सदियाँ लग गयी लेकिन पूर्ण इन्साफ पाने के लिए इस्लाम में अब तक संघर्ष जारी है।

यहाँ सवाल है मुस्लिम समाज का तो मुस्लिम समाज में आज भी स्त्रियों की सामाजिक, आर्थिक व शैक्षिक स्थिति निम्न है। मुस्लिम समाज अपनी छोटी

बच्चियों को शिक्षा देने के लिए मकतबों में तो भेज देते हैं लेकिन इसके आगे वे उच्च शिक्षा से वंचित होती हुई दिखाई देती हैं। उच्च मुस्लिम घरानों में शासकों द्वारा अपनी बेटियों की शिक्षा का प्रबन्ध घर पर ही कर दिया करते थे। उन्हें घर से बाहर जाने की अनुमति नहीं थी। मध्यमवर्गीय एवं निम्न परिवारों में लड़कियों की उच्च शिक्षा पर पाबंदी थी और बचपन से ही उन्हें पर्दे में रहने की सलाह दी जाती थी। मुगल साम्राज्य के दौरान महिलाओं के हालात अधिक खराब हो गये थे। मुगल काल में शाही घरानों की स्त्रियों को तो किसी प्रकार की असुविधा नहीं थी परन्तु जनसामान्य वर्ग की महिलाओं की स्थिति अच्छी नहीं थी। वे मूलभूत आवश्यकताओं से भी वंचित रहती थी।

उलेमा वर्ग के निर्देशानुसार मुसलमान पुरुष पत्नी के रूप में कई स्त्रियों को रखता था। मुगलकाल में बहुविवाह की प्रथा विशेषतः उच्च वर्गीय मुस्लिम परिवारों में प्रचलित थी। मध्यकालीन भारत में स्त्रियाँ दासी के रूप में भी कार्य करती थी। मुगल बादशाहों के हरम में भी दासियां हुआ करती थी। दासियों को उपहार स्वरूप तथा वधू के साथ दहेज के रूप में भी भेंट किया जाता था। स्त्रियाँ दो उद्देश्यों से दास बनायी जाती थी – गृहकार्यों के लिये तथा भोगविलास के लिये। जहाँ एक ओर कुरान में महिलाओं को अत्यधिक सम्मान देकर पूजनीय बताया है वहीं दूसरी ओर आज के समाज ने महिलाओं की सामाजिक एवं आर्थिक स्थिति को ऊपर नहीं उठने दिया।

स्वामी विवेकानन्द ने कहा है – ''किसी भी राष्ट्र की प्रगति का सर्वोत्तम मापदण्ड़ है उस राष्ट्र की महिलाओं की स्थिति।''

हमारे देश में मुस्लिम समुदाय सबसे अधिक पिछड़े वर्गों में से एक है। हालांकि आजादी के बाद के हालात ने इस समुदाय को कुछ राहत प्रदान की है लेकिन मुस्लिम महिलाओं के शैक्षिक, सामाजिक व आर्थिक स्तर में किसी भी प्रकार की बढ़ोत्तरी के चिहन नहीं मिलते। दुनिया भर में आतंकवाद तथा फतवों के साये में जीवन बिताने वाली मुस्लिम महिलायें कुछ गिने-चुने देशों में आर्थिक तथा सामाजिक स्वतन्त्रता को बनाये रखने की कोशिश में जुटी हैं लेकिन वहाँ भी हिजाब तथा पर्दे का जिन्न उनका पीछा नहीं छोड़ता। साथ ही अनेक कुरीतियों और अन्धविश्वासों के चलते आज भी महिलाओं के साथ अन्याय किया जाता है। महिलाओं को अनेक क्षेत्रों में प्रतिबन्धित किया जाता है। ये अपने व्यक्तिगत जीवन में स्वतन्त्र नहीं रह सकती।

यदि आज वर्तमान को देखे तो अन्य धर्मों के मुकाबले मुस्लिम महिलायें आज भी पुरुष वर्ग से बहुत पीछे दिखाई दे रही है। इन महिलाओं का सामाजिक दायरा बहुत सिमटा हुआ रहता है। इन्हें समाज में अपने विचारों, भावनाओं को व्यक्त करने की स्वतन्त्रता नहीं होती और घुटन में ही अपना जीवन व्यतीत कर देती हैं।

मुस्लिम समाज में स्त्रियों को अपने वस्त्र, आभूषण और सजावट का प्रदर्शन करने की मनाही थी। स्त्री को हाथ व पैर छोड़कर समस्त शरीर को ढ़के रहना अनिवार्य था। स्त्रियों के महीन कपडे पहनने पर प्रतिबंध था। आगन्तुकों को यदि कोई वस्तु देना हो तो पर्दे के अन्दर से ही देना पड़ता था। स्त्रियों के लिये सुगंधित तेल, इत्र आदि का प्रयोग वर्जित था। स्त्रियों को कारखाने में काम करने पर प्रतिबंध था। राष्ट्रीय संकट के समय स्त्रियों से अस्थायी रूप से सैनिक कार्य लिया जा सकता था।

मुसलमान कहते हैं कि भारत में कुरान की जरूरत इसलिये हुई कि यहाँ अत्याचार, मारकाट, औरतों पर जुल्म इतने हैं कि हृदय काँप जाये, औरत को भोग की वस्तु बनाकर उसको दस-दस बच्चें पैदा करने तक मजबूर किया जाता है। एक पुरूष अनेकों महिलाओं से निकाह कर सकता है, वो भी केवल अपनी काम इच्छा की पूर्ति के लिये। इस्लाम का शरीयत कानून देखे जो औरतों पर ऐसे अत्याचार करता है कि सुनकर रोंगटे खड़े हो जाते हैं।

जहाँ हिन्दुस्तान तरक्की की ऊँचाईयाँ छू रहा है वहीं देश का अल्पसंख्यक मुस्लिम समुदाय विशेषकर मुस्लिम महिलायें पिछड़ा हुआ जीवन व्यतीत करने पर अभिशप्त हैं। अशिक्षा, गरीबी, बेरोजगारी, अधिकारों के प्रति अनभिज्ञ होने के कारण हमारे समाज की 14.6 प्रतिशत आबादी शैक्षिक, आर्थिक एवं सामाजिक रूप से अत्यन्त पिछड़ी हुई है। यदि मुस्लिम महिलाओं का विकास नहीं हुआ तो पूरे वर्ग को खाई में गिरने से कोई नहीं रोक सकता।

कुरान और हदीस को देखें तो मालूम होगा कि इस्लाम ने सामाजिक, आर्थिक, नागरिक, कानूनी एवं पारिवारिक मामलों में जितने अधिकार महिलाओं को दिये गए हैं, लिखित रूप से किसी भी धर्म में नहीं दिये गये हैं। इन सबके बावजूद, आज मुस्लिम महिलाओं को पिछड़ापन, अशिक्षा, बंदिश और पारिवारिक प्रताड़ना जैसे चौतरफा दबाव झेलने पड़ते हैं।

इस्लाम में औरतों को उच्च शिक्षा ग्रहण करने और आवश्यकता पड़ने पर घर की चारदीवारी से बाहर निकलकर रोजगार करने में कोई मनाही नहीं है, पर इसके

लिये कुछ कानून बनाये गये हैं, परन्तु मुस्लिम बुद्धिजीवियों और उलेमाओं ने इस्लाम को जटिल स्वरूप दे दिया है। उन्हें बचपन से ही सिखाया जाता है कि वे कभी पुरूषों की बराबरी नहीं कर सकती और उनके सहारे के बिना वे बेबस और लाचार हैं। उन्हें केवल उतनी ही शिक्षा ग्रहण करायी जाती है जिससे वे निकाह के बाद अपने परिवार का पालन-पोशण कर सकें।

मुस्लिम समुदाय में युगों से चली आ रही औरतों की दुर्दशा में नाम मात्र का भी सुधार नहीं हुआ है। बात केवल उनकी शिक्षा, आजादी एवं अधिकार की नहीं है - जरा सी बात पर शौहर का तलाक के तीन शब्द कहकर बीवी को घर से बाहर करना, अकारण एक से अधिक विवाह करना, शौहर के क्रूर व्यवहार और बात-बात पर हाथ उठाने के बावजूद चुपचाप सब सहना, मेहर न अदा करना आदि कई गैर-इस्लामी एवं गैर इन्सानी रवायतें हैं जिन्हें इस्लाम हरगिज सही नहीं ठहराता।

हालांकि अब इस्लामिक समाज के अन्दर से ही तलाक जैसी प्रथा के खिलाफ आवाज आनी शुरू हो गयी है। एक पढ़ा लिखा वर्ग खुद सामने आकर इस बात को रख रहा है कि एक बार में तीन तलाक का तरीका आज के समय में अप्रांसगिक ही नहीं, खुद कुरान की भावनाओं के विपरीत भी है और तलाक का अधिकार सिर्फ पुरूष को ही क्यों दिया जाता है? उसमें स्त्री की रजामंदी या कम से कम उसके साथ विस्तृत संवाद भी निश्चित तौर पर शामिल किया जाना चाहिये। जब निकाह दोनों के परिवारों की उपस्थिति में होता है तो तलाक एकांत में क्यों?

आम मुसलमान बगैर किसी ठोस वजह के अपनी बीवी को कभी भी और किसी भी तरह से तलाक देने को अपना धार्मिक अधिकार समझते हैं। मुस्लिम समाज में तीन तलाक के लगातार बढ़ते मामलों के लिये मजहबी रहनुमा और दारूल उलूम जैसे इस्लामी शिक्षा केन्द्र पूरी तरह जिम्मेदार हैं। अगर कोई अपनी पत्नी को गुस्से में भी तीन बार तलाक बोल दे तो इस्लामी केन्द्रों के फतवों में उसे तलाक मान लिया जाता है।

मुस्लिम समाज में तीन तलाक की विकराल होती समस्या से निपटने के लिये बकायदा जागरूकता अभियान चलाने की जरूरत है। इससे पीड़ित महिलाओं को अपने पतियों के खिलाफ कानूनी कार्यवाही का रास्ता अख्तियार करना चाहिये।

जहाँ तक शिक्षा की बात है तो जिस प्रकार सम्पूर्ण शिक्षा व्यवस्था पर जेंडर का विभेदीकरण दिखाई देता है, उसी तरह मुस्लिम समाज की शिक्षा व्यवस्था पर

भी पितृसत्तात्मक विचारधारा का पूरा प्रभाव बना हुआ है। मुस्लिम समाज में पितृसत्ता, पर्दाप्रथा और धार्मिक कट्टरता के चलते मुस्लिम समाज की स्त्रियाँ शिक्षा के क्षेत्र में बहुत विकास नहीं कर सकी हैं।

मुस्लिम विधि के चलते मुस्लिम शिक्षण संस्थानों पर सरकार भी खास गौर नहीं कर पाती है। मुस्लिम बालिकाओं को मात्र 10 वर्ष की आयु तक ही मदरसों में तालीम लेने की इजाजत है, उसके बाद बहुत कम बालिकायें उच्च विद्यालयों में पढ़ पाती हैं। ज्यादातर बालिकायें रूढ़ियों के चलते घरेलू कार्यों में फंसकर रह जाती हैं।

मुस्लिम समाज का आज का सबसे ज्वलंत मुद्दा यानि तीन तलाक का मुद्दा तो संगीन अपराधों की तरह लगातार सामने आ रहा है, जो बहुत ही चिंताजनक विशय है। ये घटनायें इस बात का सबूत हैं कि मुस्लिम समाज की शादीशुदा महिलाओं पर किस तरह की तलवार लटकी रहती है। इस समाज के रहनुमा इस सच्चाई को कुबूल करने की हिम्मत नहीं जुटाते लेकिन हकीकत ये है कि तीन तलाक के चलन ने समाज में मुस्लिम महिलाओं की स्थिति काफी कमजोर कर रही है। ज्यादातर पुरूष इसे कोई समस्या नहीं मानते, लिहाजा उनकी तरफ से इस बुराई के खिलाफ कभी मजबूत आवाज नहीं उठाई गयी।

आज जहाँ इन महिलाओं को घर की चारदीवारी तक सीमित रखने का रिवाज जिन्दा है, वहीं दूसरी ओर महिला सशक्तिकरण के खिलाफ ऐसे फतवे भी सामने आ रहे हैं। वक्त के साथ चलते हुए स्त्रियों के प्रति थोड़ी संवेदनशीलता दिखायें और कुरान की रोशनी में ही अगर तीन तलाक की वर्तमान भेदभावपूर्ण पद्धति में संशोधन की पहल करें तो उनके इस कदम से मुस्लिम स्त्रियों में सुरक्षित जीवन का भरोसा और आत्मविश्वास ही पैदा नहीं होगा बल्कि देश-दुनिया में एक सकारात्मक संदेश भी जायेगा।

भारतीय समाज में मुस्लिम महिलाओं को आंदोलित करने वाले अनेक भावनात्मक मुद्दों से ज्यादा सामाजिक, राजनीतिक और व्यवस्थागत मुद्दे हैं जो आधुनिक लोकतांत्रिक सामाजिक व्यवस्था के माथे पर कलंक हैं। वहीं महिला प्रधानों और सरपंचों के उत्पीड़न जैसे गम्भीर मसले एवं मुस्लिम महिलाओं के विकास और उनकी बदहाल आर्थिक स्थिति के मसले हैं लेकिन 21वीं सदी के मुहाने पर खड़े भारतीय समाज में मुस्लिम महिलायें अब अपने हक-अधिकारों को समझने लगी हैं।

जहाँ तक मुस्लिम महिलाओं की आर्थिक स्थिति का सवाल है तो इन महिलाओं की आर्थिक स्थिति भी किसी भी अन्य वर्ग, धर्म, जाति की महिलाओं से पिछड़ी हुई ही है। मुस्लिम महिलाओं को आर्थिक आजादी आज तक प्राप्त नहीं हो पायी है। बहुत ही कम महिलायें घर से बाहर नौकरी के लिये निकल पाती है। मुस्लिम समाज का पुरूष वर्ग उन्हें घर की चारदीवारी के भीतर ही रखना चाहता है और अपनी हर छोटी से छोटी आवश्यकता के लिये उन्हें पुरूषों पर ही निर्भर रहना पड़ता है। जनसंख्या की अधिकता, पर्दा प्रथा, अन्धविश्वास, अशिक्षा, कुरीतियाँ आदि ऐसे अनेक कारण हैं जो मुस्लिम महिलाओं को बेड़ियों में जकड़े हुए हैं और वे आर्थिक रूप से सम्पन्न नहीं हो पाती हैं। ये परिस्थितियाँ उन्हें हमेशा परतन्त्रता का अहसास कराती रहती हैं।

आत्मनिर्भरता के मामले में मुस्लिम महिलाओं की स्थिति बहुत चिंताजनक है। ये महिलाएं अधिक न पढ़ पाने के कारण छोटे-छोटे रोजगारों पर निर्भर हो जाती हैं और सिलाई, कढ़ाई, बुनाई, कताई आदि छोटे-छोटे श्रमिकों वाले रोजगार का सहारा लेकर अपना जीवन यापन करती हैं। वस्तुत: ये आर्थिक रूप से पुरूषों पर निर्भर रहती हैं और उनकी प्रताड़ना का शिकार बनती हैं। इस प्रकार मुस्लिम महिलायें शिक्षा, सामाजिक, आर्थिक हालात और स्वास्थ्य के लिहाज से भारत की सबसे कमजोर नागरिक हैं। इस समाज के एकतरफा नियमों और पुरानी परम्पराओं ने उसे कमजोर कर रखा है।

आर्थिक कारणों की वजह से भी मुस्लिम वर्ग शिक्षा में दिलचस्पी लेने में असमर्थ रहता है क्योंकि अधिकतर मुस्लिम परिवार इस आर्थिक सुधार के दौर में भी गरीबी रेखा के नीचे गुजर बसर कर रहे हैं। इस समाज की महिलाओं के व्यक्तिगत और आर्थिक जीवन के सम्पूर्ण निर्णय का संचालन अप्रत्यक्ष रूप से पुरूषों और समाज के ठेकेदारों द्वारा नियन्त्रित होता है। यदि महिलाओं के पास स्वायत्ता और सामाजिक, आर्थिक स्वतन्त्रता हो तो वह अपनी निर्णय क्षमता का भरपूर उपयोग कर सकती है।

इस वैश्विक संघर्ष में व्यस्त कई मुसलमान विद्वानों और कुरान के ज्ञाताओं के अनुसार मुस्लिम समाज में महिला सशक्तिकरण की राह में सबसे बडी बाधा धार्मिक उपदेशों की कट्टर व्याख्या है। यदि आज वर्तमान को देखें तो अन्य धर्मों के मुकाबले मुस्लिम महिला बहुत पीछे दिखाई दे रही है। क्या मजहब और इस्लामिक संस्कृति का राग मुस्लिम महिलाओं के लिये एक चारदीवारी का काम कर रहा है?

क्या सही है और क्या गलत? इसकी शुरूआत कहाँ से हो? ऐसी व्यर्थ विडम्बनाओं में सिर खपाने से बेहतर है कि हम कुरान और हदीस देखें। उसका अर्थ समझें, उनके अधिकार को समझें, फिर फैसला लें। ऐसा करना बिल्कुल गलत होगा कि हम इस्लाम की दुहाई भी दें और उसके उसूलों के खिलाफ औरतों को दोयम दर्जे का नागरिक बनाकर उनके अधिकारों का हनन भी करें। यह भी गलत है कि जहाँ पुरूष वर्ग का इस्लामिक कानून में फायदा है वहाँ उसे माने और जहाँ इस्लामिक कानून औरतों के पक्ष में है वहाँ भारतीय संविधान को प्राथमिकता दें।

निष्कर्ष रूप में कहा जा सकता है कि आज मुस्लिम महिलाओं को हर जगह अपने अस्तित्व को लेकर संघर्ष करना पड़ रहा है। हाल ही में भारतीय मुस्लिम महिला आंदोलन ने हाजी अली दरगाह में प्रवेश की इजाजत पाकर ऐतिहासिक जीत हासिल की जहाँ औरतों को भीतरी हिस्से तक जाने पर पाबन्दी थी, और मुस्लिम मर्दो के वर्चस्व को चुनौती दी। इसके अतिरिक्त बहुत सी मुस्लिम महिलाओं ने समय-समय पर अपने साहस का परिचय दिया जिसमें रजिया सुल्तान का नाम विशेष रूप से उल्लेखनीय है। यदि साहसी महिलाओं को अपना जीवन जीने की स्वतन्त्र छूट दे दी जाये तो निश्चित ही महिलायें समाज में व्याप्त कुरीतियों और रूढ़ियों को तोड़कर समाज का एक नया ढांचा प्रस्तुत करेंगी। इसलिये मुस्लिम महिलाओं के साथ भेदभाव खत्म होकर उन्हें देश के दूसरे समुदायों की महिलाओं की तरह ही नागरिक अधिकार मिलने चाहिये। यही वर्तमान समय की मांग है।

सन्दर्भ ग्रन्थ सूची

1. सामाजिक मुद्दे : 2015, जी0एल0 शर्मा, रावत पब्लिकेशन्स
2. भारतीय समाज के परिप्रेक्ष्य : 2017, डॉ0 धर्मवीर महाजन, डॉ0 कमलेश महाजन, विवेक प्रकाशन, जवाहर नगर, दिल्ली।
3. भारतीय समाज (नैरन्तर्य और परिवर्तन) : 2016, योगेश अटल, पियर्सन इण्डिया एजुकेशन सर्विसेज प्रा0. लि0.
4. आधुनिक भारत में सामाजिक परिवर्तन : 2016 डा0 जे0पी0 सिंह, books.google.co.in

6

तीन तलाक और मुसलमान महिला दशा: वैश्विक परिपेक्ष्य

भूपेन्द्र सिंह सुनील भाटी

'तलाक' शब्द एक अरबी आयत से निकला है जिसका अर्थ है 'बंधन से आजाद करना या उसे खोलना' जो शादी को तोड़ने को संदर्भित करता है। तलाक के बारे में कुरान का संदेश बेहद स्पष्ट है क्योंकि यह शादी को अचानक खत्म करने की बजाए उसे बचाने के बारे में है, लेकिन अभी भी लोगों को तलाक के जरिए अलग होने या शादी को पूरी तरह से तोड़ने की जरूरत महसूस करते हैं तो पति और पत्नी को मध्यस्थता की जरूरत होती है।

तीन बार तलाक की अवधारणा के अंतर्गत देखने पर वास्तविकता में यह तीन बार बोलने के लिए नहीं है बल्कि यह तीन चरणों वाली प्रक्रिया को अपनाने के बारे में है और इसे दोनों पक्षों की तरफ से मध्यस्थों के बिना बोलने की भी इजाजत नहीं होती क्योंकि इस्लाम, यदि संभव हो तो, फिर से सोचने, पुनर्विचार करने और पुनःसमन्वय करने की बात करता है। दूसरे शब्दों में तलाक स्पष्ट रूप से या निहित संख्या के साथ को सिर्फ एक तलाक माना जाएगा और ऐसे तलाक तीन तलाक, प्रत्येक मासिक चक्र में एक, दिए जाने के बाद रद्द किए जाने योग्य है। इसलिए किसी भी परिस्थिति में मौखिक रूप से तीन बार तलाक कहना इस्लाम की भावना के प्रतिकूल है। दुसरे शब्दों में देखने पर इस्लाम में शादी जन्म-जन्मांतर का बंधन नहीं होता है बल्कि एक अहदो पैमान यानि पक्का समझौता (सिविल कॉन्ट्रैक्ट) होता है, जो एक मर्द और एक औरत की आपसी रजामंदी के बाद करार पाता है। इस्लाम ने पति-पत्नी को इस कॉन्ट्रैक्ट को निभाने

के लिए सैकड़ों हिदायतें दी हैं अर्थात इसे तोड़ने से मना किया है, इस्लामी शरीअत में इसकी भरपूर कोशिश की गई है कि औरत और मर्द जब एक बार रिश्त-ए-निकाह में जुड़ गए हैं तो एक खानदान बनाएं और आखिरी वक्त तक इसको कायम रखने की पूरी कोशिश करें द्य कुरआन ने निकाह को मीसाक-ए-गलीज (मजबूत समझौता) करार दिया है।

कुरान के चार मूलभूत सिद्धांत हैं- इंसाफ, नेकी, रहमदिली और समझदारी। तो इन चारों को अपने व्यवहार में रखें, सब्जी ठीक नहीं बनी, नमक कम पड़ा, तूने मेरी बात नहीं मानी, जा मैं तुझे तलाक देता हूं। ये सब कुरान में है ही नहीं। ये किसी भी तरीके से न्यायिक नहीं है और जो बात न्यायिक नहीं है, उसकी पैरवी न तो इस्लाम करता है न ही कुरान। इस्लाम का, इसकी शिक्षाओं का प्राथमिक स्रोत कुरान रहा है और दूसरा पैगंबर साहब की जिंदगी, उनका आचरण, पैगंबर साहब ने तीन तलाक देने पर कड़ी नाराजगी जताई, इसे अल्लाह की मर्जी के खिलाफ बताया है। उन्होंने कहा है कि अल्लाह इससे नाखुश होता है। कुरान के मुताबिक शादी एक सामाजिक करार है, जहां पति-पत्नी दोनों को अपनी शर्तें, अपनी मांगें सामने रखने का हक दिया गया है और जहां इन्हें लिखित रूप में दर्ज किया जाता है वो निकाहनामा कहलाता है, तो कुरान महिला-पुरुष दोनों को बराबर के हक देता है। पर ऐसा समाज में होता नहीं है. वहीं कुरान में भी कई ऐसी आयतें हैं जहां साफ लिखा है कि छोटी-सी बात पर तलाक न करें। शादी एक गंभीर सामाजिक और जज्बाती रिश्ता है, इसे ऐसे खत्म न करें। अगर कोई अनबन है तो पहले बातचीत से मसले को सुलझाने की कोशिश करें। ये बातचीत, ये कोशिश कम से कम चार महीने तक होनी चाहिए। अगर ये कोशिश नाकाम होती है तो दोनों के परिवार से एक-एक सदस्य मध्यस्थ के रूप में आए और मामले को सुलझाने की कोशिश करें। अगर ये प्रक्रिया नाकाम रहती है, लगता है निबाह नहीं हो पाएगा तो अलग हो जाएं। तलाक के बाद पत्नी के जो भी अधिकार हैं वे उसे मिलें। तीन तलाक का कुरान में कोई जिक्र भी नहीं है। इस्लाम ने शादी (कॉन्ट्रैक्ट) को तोड़ने करने की इजाजत दी है, लेकिन सख्त ताकीद के साथ कि जब साथ-साथ रहने की बिल्कुल कोई सूरत बाकी नहीं हो तभी शादी तोड़ी जाए. इसलिए इस्लाम में जायज कामों में तलाक को सबसे बुरा काम कहा गया है। इस्लाम में शादी खत्म करने के चार तरीके हैं- तलाक, तफवीज-ए-तलाक, खुला और फस्ख-ए-निकाह। शादी तोड़ने के लिए तलाक का अधिकार मर्दों को है तो इसी तरह शादी को खत्म करने के लिए तफवीज-ए-तलाक, खुला और फस्ख-ए-निकाह का अधिकार औरतों को है।

तफवीज-ए-तलाक- मियां-बिवी के अलग होने का एक तरीका है। इस तरीके के तहत शादी तोड़ने का अधिकार औरत को है। इसमें मर्द तलाक देने का अपना अधिकार पत्नी को सौंप देता है, लेकिन इसमें एक पेंच है। ये तभी मुमकिन है जब मर्द ने औरत को ये अधिकार दिए हों। मर्द कभी भी ये हक औरत को दे सकता है। निकाह के समय या निकाह के बाद। इस्लाम में शादी एक संविदा है, इसे संविदा पत्र में भी दर्ज किया जा सकता है। जिन मर्दों ने अभी तक अपनी बीवी को ये अधिकार नहीं दिया है वो अब भी दे सकते हैं, चाहे शादी कितनी पुरानी क्यों न हो।

खुला - शादी समाप्त का ये भी एक तरीका है और इसका भी हक महिलाओं को है। अगर औरत को लगता है कि वो शादीशुदा जिंदगी की जिम्मेदारियों को पूरा नहीं कर सकती है या मर्द के साथ उसका निबाह नहीं हो सकता है तो वो अलग होने का फैसला कर सकती है। इसके लिए औरत को महर (निकाह के वकत शौहर की तरफ से दी गई रकम) वापस देनी होगी और उसके बदले मर्द उसे तलाक दे देगा। यहां भी एक पेंच है अगर मर्द राजी नहीं हुआ तो खुला नहीं हो पाएगा। अगर खुला की मदद से औरत शादी तोड़ने में नाकाम रह जाती है तो फस्ख-ए-निकाह का रास्ता अख्तियार कर सकती है।

फस्ख-ए-निकाह- इसके लिए औरत को इस्लामी अदालत या मुस्लिम काजी की मदद लेनी होगी। इस तरीके में औरत को काजी के सामने निकाह तोड़ने की मुनासिब वजहें साबित करने होगी। जैसे मर्द नामर्द है, खाना खर्चा नहीं देता, बुरा बर्ताव करता है, शौहर लापता है, पागल हो गया है आदि... काजी मामले की जांच पड़ताल करेगा, अगर काजी को लगता है कि वजहें सही हैं तो वो खुद ही औरत का निकाह खत्म कर देगा।

तलाक- तलाक का अधिकार मर्द को है, हालांकि, तलाक देने का तरीका बहुत ही साफ है, तलाक के तीन चरण हैं- तलाक-ए-रजई, तलाक-ए-बाइन और तलाक-ए-मुगल्लजा

तलाक-ए-रजई- ये तलाक का पहला चरण है। इस्लाम का हुक्म है कि अगर कोई मर्द अपनी बीवी को छोड़ना चाहता है तो पहले वो एक तलाक दे, ये तलाक भी माहवारी के समय न दे, बल्कि महिला अगर माहवारी में है तो उसके खत्म होने का इंतजार करे, पहला तलाक देने के बाद अगले एक महीना तक दोनों विचार करे और इस दौरान राय बदल गई तो मर्द अपने तलाक को वापस लेकर अपनी बीवी के साथ रह सकता है और अगर तलाक वापस नहीं

लिया तो दूसरे महीने पति को दूसरा तलाक देना होगा, दूसरे महीने भी मर्द को ये अख्तियार है कि वो तलाक को वापस ले सकता है, इसी कारण इसे तलाक-ए-रजई अर्थात पुरुष को इसे वापिस लेने का अधिकार है।

तलाक-ए-बाइन- ये तलाक का दूसरा चरण है, यदि शुरुआती दो महीनों में पुरुष ने तलाक वापस नहीं लिया और तीसरा महीना शुरू हो गया तो अब तलाक पड़ गई, इसको तलाक-ए-बाइन कहा जाता है. इस तलाक के बाद भी पति-पत्नी साथ आ सकते हैं, लेकिन इसके लिए पति के चाहने के बावजूद अब पत्नी का राजी होना जरूरी है, अगर दोनों राजी होंगे तो दोबारा निकाह होगा और फिर शौहर-बीवी बने रह सकते हैं।

तलाक-ए-मुगल्लजा- ये तलाक का आखिरी चरण है, तीसरे महीने में अगर मर्द ने ये कहा कि मैं तुम्हे तीसरी बार तलाक देता हूं, ऐसा कहने के बाद आखिरी तलाक भी पड़ गई, इसे तलाक-ए-मुगल्लजा कहते हैं, अब इसके बाद दोनों के बीच निकाह नहीं हो सकता है।

इस्लामी समाज में तलाक देने के तीन तरीके चलन में हैं यथा तलाक-ए-हसन, तलाक-ए-अहसन और तलाक-ए-बिद्अत , एक साथ तलाक, तलाक, तलाक का मामला तलाक-ए-बिद्अत की पैदावार है। मुसलमानों के बीच तलाक-ए-बिद्अत का ये झगड़ा 1400 साल पुराना है, जबकि भारत में मुस्लिम पर्सनल के झगड़े की नींव 1765 में पड़ी.

तीन तलाक यानि तलाक-ए-बिद्अत ?

तलाक-ए-हसन और तलाक-ए-अहसन यानी तलाक देने के सही तरीके पर शिया-सुन्नी को इत्तेफाक है। तकरार तलाक-ए-बिद्अत पर है। शिया और सुन्नी का वहाबी समूह अहल-ए-हदीस तलाक-ए-बिद्अत को नहीं मानता। तलाक-ए-बिद्अत ये है कि अगर कोई मर्द तलाक के सही तरीके की अवहेलना करते हुए भी एक ही बार में तलाक, तलाक और तलाक कह देता है तो तीन तलाक मान लिया जाएगा, यानि तलाक-ए-मुगल्लजा हो गई। अब पति-पत्नी साथ नहीं रह सकते, दोबारा शादी नहीं हो सकती, समझौता नहीं हो सकता, तलाक वापस नहीं लिया जा सकता, चाहे मर्द ने गुस्से में ही तीन तलाक क्यों नहीं दिया हो। विश्व में सुन्नी मुसलमानों के चार स्कूल ऑफ थॉट हैं और ये चारों स्कूल तलाक-ए-बिद्अत पर अमल करते हैं। भारत सबसे बड़े स्कूल ऑफ थॉट हनफी स्कूल का केंद्र है। यहां मुसलमानों की करीब 90 फीसदी आबादी सुन्नी है और

वो चाहें सूफी हों या देवबंदी या बरेलवी, ये सभी हनफी स्कूल को मानते हैं अर्थात तीन तलाक को मानते हैं।

तलाकशुदा जोड़ा फिर से शादी तब ही कर सकता है जब बीवी किसी दूसरे व्यक्ति से शादी कर ले और उसे तलाक दे। इस प्रक्रिया को हलाला कहा जाता है। जो जोड़ा तीन बार के तलाक के बाद अलग हुआ है। इस्लाम के मुताबिक उसे फिर शादी नहीं करनी चाहिए लेकिन, हलाला की व्यवस्था इसका तोड़ निकालती है। इसके लिए आमतौर पर यह होता है कि तीसरे व्यक्ति के साथ एक आपसी समझ बनाई जाती है जो संबंधित महिला से शादी कर उसे तुरंत तलाक दे देता है। इसके बाद वह महिला अपने पहले शौहर से शादी कर सकती है। यहीं आकर तलाक की उस प्रक्रिया की बुराइयां साफ-साफ दिखने लगती हैं जिसमें शौहर एक बार में तीन तलाक कहकर बीवी को तलाक दे देता है. इसे तलाक उल बिदत कहा जाता है और यह उतनी पुरानी परंपरा है जितना इस्लाम। डॉ ताहिर महमूद और डॉ सैफ महमूद इस्लामिक कानूनों से जुड़ी अपनी किताब में लिखते हैं कि तलाक के लिए लगातार तीन तूहर (जब मासिक चक्र न चल रहा हो) का कम के कम समय निर्धारित होता है लेकिन हर मामले में यह निश्चित नहीं है। इन लेखकों ने अपनी बात के पक्ष में देवबंदी विद्वान अशरफ अली थानवी (1863-1943) की राय का हवाला दिया है. इसके अनुसार 'कोई व्यक्ति एक बार तलाक कह देता है, उसके बाद वह बीवी से सुलह कर लेता है और दोनों फिर साथ रहने लगते हैं, कुछ सालों के बाद किसी तरह के उकसावे में आकर वह दूसरी बार फिर से तलाक कह देता है। इसके बाद वह उकसावे को भूल जाता है और फिर से बीवी के साथ रहने लगता है। लेकिन उसके दो तलाक पूरे हो चुके हैं। इसके बाद वह जब भी तलाक कहता है वह अंतिम तलाक होता है और उसके बाद निकाह तुरंत खत्म हो जाता है।

वजह जो भी हो लेकिन तलाक की यह प्रक्रिया मुस्लिम दुनिया में लंबे समय से स्वीकार्य रही है। यहां तक कि चारों सुन्नी विचार धाराएं हनफी, मलिकी, हंबली और शाफेई इस प्रक्रिया पर सहमति जताती हैं। सुन्नी विचारधारा के बीच तीन तलाक को लेकर सहमति तब टूटी जब हंबली विद्वान इब्न तैमिया (1268-1328) ने तर्क दिया कि एक बार में तीन तलाक एक के बराबर होती है। सुन्नी विचारधारा के बीच तीन तलाक को लेकर सहमति तब टूटी जब हंबली विद्वान इब्न तैमिया (1268-1328) ने तर्क दिया कि एक बार में तीन तलाक एक के बराबर होता है। इस विचार को हाशिये पर रखा जाता रहा है लेकिन बीती शताब्दी में 20 से ज्यादा देशों ने इसे मान्यता दी है।

वैश्विक परिपेक्ष्य

22 मुस्लिम देश, जिनमें पाकिस्तान और बांग्लादेश भी शामिल हैं, अपने यहां सीधे-सीधे या अप्रत्यक्ष रूप से तीन बार तलाक की प्रथा खत्म कर चुके हैं। इस्लामाबाद की इंटरनेशनल इस्लामिक यूनिवर्सिटी में प्रोफेसर डॉ. मुहम्मद मुनीर अपने एक शोधपत्र में बताते हैं कि श्रीलंका में तीन तलाक के मुद्दे पर बना कानून एक आदर्श कानून है। इस सूची में तुर्की और साइप्रस भी शामिल हैं जिन्होंने धर्मनिरपेक्ष पारिवारिक कानूनों को अपना लिया है। टयूनीशिया, अल्जीरिया और मलेशिया के सारावाक प्रांत में कानून के बाहर किसी तलाक को मान्यता नहीं है। ईरान में शिया कानूनों के तहत तीन तलाक की कोई मान्यता नहीं है। यह अन्यायपूर्ण प्रथा इस समय भारत और दुनियाभर के सिर्फ सुन्नी मुसलमानों में बची हुई है।

भारत में कहा जाता है कि विदेशों में रहने वाले धार्मिक अल्पसंख्यक बदलावों के प्रति अपेक्षा.त ज्यादा अड़ियल रुख अपनाते हैं। उन्हें डर होता है कि उनकी धार्मिक प्रथाओं में जरा से परिवर्तन से उनकी धार्मिक पहचान खतरे में पड़ जाएगी। हालांकि यह तर्क पड़ोसी देश श्रीलंका तक में लागू होता नहीं दिखता। मिस्र पहला देश था जिसने 1929 में कानून-25 के जरिए घोषणा की गई कि तलाक को तीन बार कहने पर भी उसे एक ही माना जाएगा और इसे वापस लिया जा सकता है। लेकिन लगातार तीन तूहरा (जब बीवी का मासिक चक्र न चल रहा हो) के दौरान तलाक कहने से तलाक अंतिम माना जाएगा। 1935 में सूडान ने भी कुछ और प्रावधानों के साथ यह कानून अपना लिया। आज ज्यादातर मुस्लिम देश ईराक से लेकर संयुक्त अरब अमीरात, जॉर्डन, कतर और इंडोनेशिया तक ने तीन तलाक के मुद्दे पर तैमिया के विचार को स्वीकार कर लिया है।

पाकिस्तान- भारत और पाकिस्तान एक साथ अलग हुए लेकिन तीन तलाक को बैन करने में हमसे कई कदम आगे है। पाकिस्तान में सन 1956 में ही तीन तलाक को बैन कर दिया गया था। पाकिस्तान में तीन तलाक के नियम पर दोबारा विचार की शुरुआत एक विवाद के चलते हुई। 1955 में वहां के तत्कालीन प्रधानमंत्री मुहम्मद अली बोगरा ने अपनी बीवी को तलाक दिए बिना सेक्रेटरी से शादी कर ली थी। इस पर पाकिस्तान के संगठन ऑल पाकिस्तान वूमैन एसोसिएशन ने आंदोलन छेड़ दिया और सरकार को शादी और पारिवारिक कानूनों पर एक सात सदस्यीय आयोग बनाना पड़ा। इस आयोग ने 1956 में सिफारिश की कि एक बार में तीन तलाक बोलने को एक माना जाए। दूसरी सिफारिश थी कि

लगातार तीन तूहरा में जब शौहर तलाक बोले तब तलाक को प्रभावी माना जाना चाहिए। आयोग ने तीसरी सिफारिश में कहा कि शौहर तब तक तलाक नहीं दे सकता जब तक कि विवाह और परिवार अदालत से वह इस पर आदेश हासिल नहीं कर लेता। इस तीसरी सिफारिश की आयोग के ही एक सदस्य मौलाना एहतेशाम उल हक थानवी ने खूब आलोचना की। अपने असहमति पत्र में उनका कहना, तलाक के पहले ही अदालत से इसकी अनुमति हासिल करना धार्मिक विश्वास के साथ खिलवाड़ है और जब तलाक अनिवार्य हो चुका है तो यह प्रक्रिया उसमें बाधा डालने जैसी है।

इस्लामी कानूनों के जानकार मानते हैं कि पाकिस्तान में लागू एक कानून तीन तलाक की प्रथा या तलाक उल बिदत को अप्रत्यक्ष रूप से अप्रभावी बना देता है। पाकिस्तान में 1961 में मुस्लिम परिवार कानून अध्यादेश (एमएफएलओ) जारी किया गया था लेकिन मौलाना एहतेशाम उल हक थानवी की आपत्ति के मद्देनजर तलाक के मामले को अदालती हस्तक्षेप से दूर रखा गया।

इस मुस्लिम परिवार कानून अध्यादेश(एमएफएलओ)1961 के सेक्शन सात में तलाक के बारे में जिक्र है और इससे जुड़े छह सब सेक्शन हैं,

1. कोई भी व्यक्ति 'किसी भी रूप में तलाक' कहता है तो उसे यूनियन काऊंसिल (स्थानी निकाय) के चेयरमैन को इसबारे में जानकारी देते हुए एक नोटिस देना होगा और इसकी कॉपी अपनी बीवी को देनी होगी।
2. यदि कोई व्यक्ति ऐसा करने में असफल रहता है तो उसे एक साल की सजा हो सकती है या 5000 रुपये का जुर्माना देना पड़ सकता है।
3. चेयरमैन को नोटिस देने के 90 दिन बाद ही तलाक प्रभावी माना जाएगा।
4. नोटिस पाने के 30 दिनों के भीतर चेयरमैन को एक पंच परिषद बनानी होगी जो तलाक के पहले सुलह करवाने की कोशिश करेगी।
5. यदि महिला गर्भवती है तो तलाक 90 दिन या प्रसव, जिसकी समयावधि ज्यादा हो के बाद ही प्रभावी होगा।
6. संबंधित महिला तलाक होने बाद भी अपने पूर्व पति से शादी कर सकती है और इसके लिए उसे बीच में किसी तीसरे व्यक्ति से शादी करने की जरूरत नहीं है।

इस्लामी कानूनों के जानकार मानते हैं कि पाकिस्तान के ये प्रावधान तीन तलाक की प्रथा या तलाक उल बिदत को अप्रत्यक्षरूप से अप्रभावी बना देते हैं। बांग्लादेश का निर्माण 1971 में हुआ था। भारत के सहयोग से 1971 में पाकिस्तान से अलग हुए बांग्लादेश ने भी संविधान में संशोधन कर तीन तलाक को बैन कर दिया था। यहां तलाक से पहले यूनियन काउंसिल के चेयरमैन को शादी खत्म करने से जुड़ा एक नोटिस देना होता है। उस समय तक वहां भी यही अध्यादेश लागू था और पाकिस्तान से स्वतंत्रता के बाद सरकार ने यह कानून जारी रखा। बांग्लादेश में तलाक की प्रक्रिया बहुत आसान है। ऐसे पति-पत्नी जो तलाक लेना चाहते हैं, उन्हें सिर्फ तीन चरणों वाली प्रक्रिया (जब तलाक देने का अधिकार केबिन में दिया जाता है) अपनानी होती है।

1. लिखित में सूचना देना,
2. मध्स्थता बोर्ड का सामना करना (बोर्ड के सामने आएं या नहीं, मायने नहीं रखता)
3. 90 दिनों की अवधि समाप्त हो जाने के बाद पंजी.त निकाह रजिस्ट्रार (काजी) से पंजीकरण प्रमाणपत्र लेना

मिस्र: मिस्र पहला ऐसा देश है जिसने वर्ष 1929 में अपने यहां तलाक पद्धति में बदलाव किया। नयूज वेबसाइट स्कूप हूप के मुताबिक मिस्र ने यह बदलाव 13वीं सदी के इस्लामिक विद्वान इब्न तयमियाह द्वारा की गई कुरान की व्याख्या के आधार पर किया। यहां एक सत्र में तीन बार तलाक बोलने को एक तलाक ही माना जाता है। तीन तलाक तीन स्तरीय प्रक्रिया का पहला चरण है। पहले तलाक के बाद 90 दिन का वेटिंग पीरियड है।

श्रीलंका - श्रीलंका एक मुस्लिम बहुल देश नहीं है लेकिन मुस्लिम विद्वानों का मानना है कि यहां कानून सबसे अच्छा है। श्रीलंका के नियम के मुताबिक यदि कोई मुसलमान अपनी पत्नी को तलाक देना चाहता है तो वह मुस्लिम जज काजी को नोटिस देगा। जिसमें उसकी पत्नी के रिश्तेदार, उसके घर के बड़े लोग और इलाके के प्रभावशाली मुसलमान भी शामिल होंगे। फिर जज, दोनों परिवारों के सदस्य, बड़े-बुजुर्ग तथा अन्य प्रभावशाली मुसलमान दोनों को समझाने का प्रयास करेंगे। नोटिस के 30 दिन के बाद पति अपनी पत्नी को तलाक दे सकता है। तलाक मुस्लिम जज और दो गवाहों की उपस्थिति में होगा। श्रीलंका में 10 फीसदी के तकरीबन मुस्लिम आबादी है। श्रीलंका का मैरिज एंड डिवोर्स (मुस्लिम) एक्ट 1951 जो 2006 में संशोधित हुआ था। तुरंत तलाक वाले किसी

नियम को मान्यता नहीं देता। इसके अनुसार शौहर को तलाक देने से पहले काजी को इसकी सूचना देनी होती है। नियमों के अनुसार अगले 30 दिन के अन्दर काजी मियां-बीवी के बीच सुलह करवाने की कोशिश करता है। इस समयावधि के बाद ही तलाक हो सकता है लेकिन वह भी काजी और दो चश्मदीदों के सामने होता है। भारत के एक ओर पड़ोसी श्रीलंका में तीन तलाक को कई विद्वानों ने एक आदर्श कानून करार दिया है। इस्लामाबाद की इंटरनेशनल इस्लामिक यूनिवर्सिटी में प्रोफेसर डॉ मुहम्मद मुनीर अपने एक शोधपत्र में बताते हैं कि श्रीलंका में तीन तलाक के मुद्दे पर बना कानून एक आदर्श कानून है।

टयूनीशिया - टयूनीशिया तो तैमिया के विचार से भी आगे निकल चुका है। 1956 में बने कानून के मुताबिक वहां अदालत के बाहर तलाक को मान्यता नहीं है। टयूनीशिया में कानून के अनुसार पहले तलाक की वजहों की पड़ताल होती है और यदि जोड़े के बीच सुलह की कोई गुंजाइश न दिखे तभी तलाक को मान्यता मिलती है। अल्जीरिया में भी तकरीबन यही कानून है।

तुर्की -तुर्की ने मुस्तफा कमाल अतातुर्क के नेतृत्व में 1926 में स्विस सिविल कोड अपना लिया था। यह कानून प्रणाली यूरोप में सबसे प्रगतिशील और सुधारवादी मानी जाती है और इसके लागू होने का मतलब था कि शादी और तलाक से जुड़े इस्लामी कानून अपने आप ही हाशिये पर चले गए। हालांकि 1990 के दशक में इसमें कुछ संशोधन जरूर हुए लेकिन जबर्दस्ती की धार्मिक छाप से यह तब भी बचे रहे। बाद में साइप्रस ने भी तुर्की में लागू कानून प्रणाली अपना ली। तुर्की में तलाक की प्रक्रिया तभी शुरु हो सकती है जब शादी का पंजीकरण वाइटल स्टैटिस्टिक्स ऑफिस में कराया गया हो। फिर तलाक की पूरी प्रक्रिया नागरिक अदालत में होगी।

इंडोनेशिया - प्रत्येक तलाक अदालत के फैसले से ही होगा। पति और पत्नी के बीच तलाक पर समझौता को तलाक नहीं माना जाएगा, सिर्फ अदालत का फैसला ही तलाक करवा सकता हैस यह 1974 के विवाह कानून के कानून द्वारा विनियमित है, जो सरकार के 1975 के विनियमन सं 9 के तहत भी विनियमित होता है। यह 1974 के विवाह कानून के कानून सं-1 (विवाह विनियमन) से संबंधित है।

इराक - यह पहला अरब देश था जिसने सरकार द्वारा संचालित व्यक्तिगत दर्जे वाले अदालत से शरिया अदालत को प्रतिस्थापित किया था। इराक में एक बार में तीन तलाक बोलने पर एक ही तलाक माना जाता है। पति और पत्नी दोनों

को ही तलाक लेने का हक है। अदालत पति और पत्नी के बीच झगड़े के वजह की जांच कर सकता है। अदालत दोनों के बीच सुलह के लिए दो लोगों की नियुक्ति कर सकता है। अदालत स्वयं भी मध्यस्थता कर सकती है। अदालत इसके बाद फैसला लेगी। दुनिया का पहला अरब देश बना था, जिसने शरिया कोर्ट के कानूनों को सरकारी कोर्ट के कानूनों के साथ बदल दिया। इसके साथ ही यहां तीन तलाक खत्म कर दिया गया। इराक के पर्सनल स्टेटस लॉ के मुताबिक तीन बार तलाक बोलने को सिर्फ एक ही तलाक माना जाएगा। 1959 के इराक लॉ ऑफ पर्सनल स्टेटस के तहत पति और पत्नी दोनों को ही अलग-अलग रहने का अधिकार दिया गया है। साइप्रस, जॉर्डन, अल्जीरिया, इरान, ब्रूनेई, मोरक्को,कतर और यूएई में भी तीन तलाक पर बैन है।

भारत में तीन तलाक

भारतीय अदालतों में तीन तलाक को खत्म करने की दिशा में आगे बढ़ने के लिए कुछ फैसले दिए हैं, उदाहरण के लिए 2008 के एक मामले में फैसला देते हुए दिल्ली हाईकोर्ट के एक जज बदर दुरेज अहमद ने कहा था कि भारत में तीन तलाक को एक तलाक (जो वापस लिया जा सकता है) समझा जाना चाहिए। इसी तरह से गुवाहाटी हाईकोर्ट ने जियाउद्दीन बनाम अनवरा बेगम मामले में कहा था कि तलाक के लिए पर्याप्त आधार होने चाहिए और सुलह की कोशिशों के बाद ही तलाक होना चाहिए। कई सर्वेक्षणों की राय से जाहिर हुआ है कि भारत में इस समय मुसलमान महिलाओं का एक बड़ा तबका तीन तलाक के नियम को खत्म करने के पक्ष में है, लेकिन ऐसा लगता है कि एआईएमपीएलबी ने इस मामले में शुतुरमुर्ग की तरह अपना सिर रेत में दबा लिया है। उसे दूसरे मुस्लिम देशों में हुए सुधारों का अध्ययन करना चाहिए ताकि हमारे यहां भी तीन तलाक की प्रथा को खत्म किया जा सके.

सन्दर्भ सूची

1- http://www-islamsabkeliye-com/info&details\id¾190
2. https://c-mp-ucweb-com/detail/ba9bc74259174ae08168fde1ae52183a\ uc_param_str¾dnvebichfrmintcpwidsudsvnwpflameefut&set_lang¾english

3. http://navbharattimes-indiatimes-com/thoughts&platform/viewpoint/islam&and&talaq/moviearticleshow/18368491-cms
4. http://www-hindustantimes-com/opinion/triple&talaq&ban&this&un&islamic&practice&and&bring&in&a&uniform&civil&code/story&ZuZeeKjjngTUoWjflLPqjK-html
5. "Hanafi jurisprudence sanctions triple talaq"-
6. "Law] morality] triple talaq"-
7. https://khabar-ndtv-com/news/india/triple&talaq&verdict&supreme&court&1740319
8. Department of History, Research scholar CCS University, Meerut
9. Department of English, Research scholar CCS University, Meerut.

7

भारतीय मुस्लिम महिलाओं के सशक्तिकरण मे तीन तलाक एक अवरोधक

डॉ. ममता शर्मा
एसो0 प्रोफेसर
दीपक राणा :- शोध छात्र
राजनीति विज्ञान विभाग,
मेरठ कालेज मेरठ, उत्तर प्रदेश।

महिला जगत की जननी है, जो विश्व का पालन पोषण करती है। सामाजिक संरचना में महिला की सहभागिता पुरूष के समान ही आवश्यक है। सृष्टि का सृजन एवं संचालन, दोनों ही महिलाओं के बिना संभव नहीं है। किन्तु सच्चाई यह हैं कि महिलाओं पर पुरूषो द्वारा शताब्दियों से अत्याचार हो रहे हैं। उन्हे हर समाजिक, राजनितिक एवं विभिन्न अन्य प्रकार के अत्याचारों का मौन रहकर सामना करना पड़ता है। हमारे समाज मे सोच बहुत ज्यादा प्रभावशाली हैं और वह है बिना सोचे समझे किसी प्रथा को जन्म दे देना। सम्पूर्ण ज्ञान न होते हुए भी लोग परम्पराओं को मान देने लगते हैं फिर चाहे वो किसी अन्य के लिये दुखदायी ही क्यों न हो। तीन तलाक एक ऐसी ही परम्परा है जो आज भारतीय मुस्लिम महिलाओं के लिये एक अभिशाप बन गई है।

भारत में जहॉ इस कुप्रथा को समाप्त करने की मांग हाल ही के कुछ वर्षो मे उठी है वही दूसरी ओर भारत से पहले यह प्रथा विश्वभर के 22 मुस्लिम

देशों मे बैन कर दी गयी है। मिस्त्र दुनिया का पहला देश है जहॉ तीन तलाक को सर्वप्रथम 1929 मे समाप्त किया गया। हमारा पड़ोसी देश पाकिस्तान इस मामले मे हम से बहुत आंगे है वहॉ यह प्रथा सन 1956 से बैन है। इसके अलावा बांग्लादेश, श्री लंका, इराक, जार्डन, आदि अन्य देशो मे यह हमसे पहले बैन हो चुकी है। भारत मे तीन तलाक की प्रथा को समाप्त करने के खिलाफ आवाज सर्वप्रथम शाहबानो द्वारा सर्वोच्च न्यायालय में उठायी गई एवं सर्वोच्च न्यायालय द्वारा शाहबानो के पक्ष मे निर्णय दिया गया, किन्तु तात्कालीन सरकार द्वारा राजनीतिक स्वार्थो के चलते अधिनियम पारित कर पूर्व व्यवस्था को ही यथावत रखा गया। 1985 से अब तक मुस्लिम महिलायें तीन तलाक की पीड़ा का दंश झेलती रही फिर उस लम्बे समय के पश्चात पुनः 2016 मे उत्तराखण्ड के काशीपुर की शायरा बानो ने अपने पति द्वारा तीन तलाक दिये जाने के खिलाफ सर्वोच्च न्यायालय मे अर्जी दायर कर तीन तलाक और निकाह हलाला के प्रचलन को चुनौती दी। शायरा ने अनुच्छेद 14 के अर्न्तगत मिले मौलिक अधिकारों का उल्लंघन बताया। जिसके बाद सर्वोच्च न्यायालम द्वारा तीन तलाक पर फैसला सुनाते हुए अवैध घोषित कर दिया एवं तीन तलाक को महिला अधिकारों के खिलाफ बताया।

तीन तलाक पर आये सर्वोच्च न्यायालय के निर्णय का असर कहॉं व क्या होगा इसे जानने से पहले हमें तीन तलाक की प्रथा को समझना अत्यंत आवश्यक है। मुस्लिम मान्यताओ के अनुसार संबध विच्छेद के दो तरीके होते हैं पहला है "तलाक व दूसरा है खुला", पहले में अर्थात तलाक में एक पुरूष तीन बार तलाक शब्द बोल देता है तो शादी का समझौता रदद माना जाता है। जबकि दूसरे अर्थात खुला में सम्बंध विच्छेद पुरूष एवं महिला की परस्पर सहमति से होता है और महिलाओं को अधिकार होता है कि वे तलाक ले लें पर यहॉं पर भी पति को ही तलाक देना होता है। महिला स्वंय तलाक नहीं दे सकती है दूसरी प्रथा वहां ज्यादा प्रचलित है जहॉ इस्लाम धर्म मे रूढ़ीवादिता नहीं है जैसे तुर्की लेबनान। इस्लाम में शादी को एक समझौता माना गया है और तलाक इस समझौते को रदद करने की एक प्रकिया है। इस्लाम में तीन तरीके प्रचलित है।

प्रथम है 'तलाक-ए-अहसन'। इस तलाक को इस्लाम में सर्वश्रेष्ठ माना जाता है। इसमें पति अपनी पत्नी को तलाक तब देता है जब उसका मासिक धर्म न चल रहा हो। इसके बाद तीन महिने तक के काल में जिसे इद्दत कहा जाता है तलाक को वापिस भी ले सकता है। यदि ऐसा नहीं किया जाता है तो तलाक को प्रभावी मान लिया जाता है लेकिन इसके बाद भी अगर पति पत्नी भविष्य

मे पुनः शादी करना चाहे तो कर सकते है और पत्नि को हलाला की प्रकिया से नहीं गुजना पड़ेगा। इसी कारण से इसको 'अहसन' अथार्त सर्वश्रेष्ठ माना जाता है। दूसरा है 'तलाक-ए-हसन'। इसमें भी अहसन वाले की तरह ही प्रक्रिया है बस इद्दत की अवधि में तीन बार अलग अलग समय पर तलाक कहा जाता है। इसमें तीसरी बार तलाक कहने पर तलाक हो जाता है। इसमे भी इद्दत की समयावधि समाप्त होने के पहले तलाक को वापिस लिया जा सकता है। इसमें तलाकशुदा पति पत्नी भविष्य मे पुनः शादी कर सकते है परन्तु इसमे निकाह हलाला की प्रक्रिया का पालन करना पड़ता है। तीसरा है 'तलाक-उल-बिद्दत'। इस पर सर्वोच्च न्यायालय द्वारा रोक लगाई गई है इसमें अगर पति एक साथ तीन बार तलाक-तलाक-तलाक शब्द बोल देता है तो तलाक हो जाता है। इसमें तलाक किसी भी संचार माध्यम जैसे मैसेज, वाट्सएप, टेलीफोन आदि से दिया जा सकता है। इसमे समझौते का समय नहीं होता है और अगर पुनः शादी करनी हो तो 'निकाह हलाला' की प्रक्रिया से गुजरना पड़ता है। 'निकाह हलाला' वह प्रक्रिया है जिसके तहत अगर पति ने पत्नी का तलाक दे दिया है तो वह उसी से शादी दोबारा तब तक नहीं कर सकती जब तक की वह औरत किसी अन्य पुरूष से शादी कर उससे तलाक न ले लें।

तीन तलाक की प्रक्रिया को जायज बताते हुए मुस्लिम पर्सनल लॉ बोर्ड ने इसे धार्मिक आस्था का विषय बताया और कहा कि यह प्रथा चौदह सौ वर्ष पुरानी है इसे ऐसे ही समाप्त नहीं किया जा सकता है। मुस्लिम पर्सनल ला बोर्ड के अनुसार मुस्लिम समुदाय में शादी समझौते के आधार पर होती है और महिलाऐं अपने हितों एवं गरिमा की रक्षा के लिये निकाहनामा में निकाह के वक्त विशेष खण्ड जुड़वा सकती है। इसलिये सरकार व न्यायालय को इस मामले मे हस्ताक्षेप करने की आवश्यकता नहीं है। बोर्ड का एक और तर्क यह है कि तीन तलाक एक गोपनीय तरीका है। तीन तलाक की प्रथा होने से न्यायालयों आदि के माध्यम से बात सार्वजनिक होने का डर नहीं होता है और महिलाओं की बदनामी नहीं होती है। इसलिये इस प्रथा को समाप्त किया जाना गलत है।

भारत सरकार की एक उच्च स्तरीय कमैटी ने वर्ष 2015 मे तीन तलाक मामले पर अपनी रिपोर्ट पेश की थी। इस रिर्पोट मे भी मुस्लिम महिलाओं की बदहाल स्थिति का हवाला देते हुए तीन तलाक एवं बहु विवाह प्रथा पर रोक लगाने की बात कही गई थी। मुस्लिम महिलाओं के लिये काम करने वाले संगठनों के द्वारा भी इसे महिला हितों के विरोधी बताया गया। रिर्सच स्कालर एवं मुस्लिम विमन्स लीग की महासचिव नाईसा हसन का मानना है कि यदि

कुरान मे लड़कियों की खतना सहित मुताहा, हलाला आदि का वर्णन नहीं है तो ये कारनामे क्यों जारी है।

माननीय सर्वोच्च न्यायालय ने मुस्लिम महिलाओं के हितों को दृष्टिगत रखते हुए अगस्त 2017 मे तीन तलाक प्रथा को रदद कर दिया तथा सरकार को आदेश दिया कि वो तीन तलाक को लेकर कानून बनाये। सरकार की तरफ से तीन तलाक को लेकर एक बिल मुस्लिम महिला (विवाह अधिकार संरक्षरण) विधेयक 2017 तैयार किया गया जो लोकसभा द्वारा पारित किया जा चुका है और जल्द ही राज्यसभा से पारित हो एक कानून का रूप ले लेगा। इस बिल के तहत मुस्लिम महिलाओं पर तीन तलाक के द्वारा होने वाले अत्याचारो पर प्रभावशाली ढंग से रोक लगाने का प्रावधान है। विधेयक के मुताबिक अब कोई भी पुरूष अपनी पत्नी को एक बार में तीन तलाक देता है तो उसे अमान्य माना जायेगा, कानूनी तौर पर पति पत्नी का रिश्ता नही टूटेगा चाहे पति ने तीन तलाक लिखकर बोलकर या मैंसेज के माध्यम से ही क्यों न दिया हो। इसके साथ ही इसमें तीन तलाक देने वाले पुरूष को तीन साल तक की सजा का भी प्रावधान है। पत्नी अपने पति से गुजारा भत्ता एवं अपने नाबालिग बच्चे की कस्टडी मॉग सकती है। जो कि इस बिल से पहले सम्भव नहीं था।

तीन तलाक व्यक्ति के जीवन के अधिकार से भी जुडा मामला है। यह प्रक्रिया मानवाधिकार के सार्वभोम घोषणा पत्र के विपरीत है। हमारे राजनीतिक दलों एवं धार्मिक संगठनों को अपने निजि स्वार्थ से उपर उठकर इस कुप्रथा के निर्मूलन मे अपनी भूमिका सुनिश्चित करनी होगी।

निष्कर्ष

आज भारत को स्वतन्त्र हुए 70 वर्ष से अधिक हो गये है लेकिन कुछ सामाजिक कुरीतियां आज भी विद्यमान हैं और तीन तलाक उनमें से एक है। जहाँ विश्व भर में आज महिलाओं के सशक्तिकरण पर व्यापक रूप से आन्दोलन हो रहे हैं वही तीन तलाक की प्रथा मुस्लिम महिलाओं के सशक्तिकरण में एक अवरोधक के रूप में सामने है। समय काल परिस्थिति के अनुसार बदलाव आता है कोई परम्परा एक समय में आदर्श हो लेकिन बाद में वही परम्परा व आदर्श समय व परिस्थिति के अनुसार विसंगति आ जाने के कारण उपेक्षित एवं औचित्यहीन हो जाती है तीन तलाक उनमें से एक है। "मार्टिन लूथर किंग जूनियर ने भी अपनी किताब स्ट्राइड टूवार्डस फ्रीडम में कहा है कि आधुनिक व प्रगतिशील समाज मे यदि कोई कुरीति किसी व्यक्ति को समानता व स्वतन्त्रता

जैसे मौलिक अधिकारो से वंचित करती है तो समय रहते समाज को इस कुरीति से मुक्त कर लेना चाहिये अन्यथा यह कुरीति एक प्रगतिशील समाज को जड समाज में परिर्वतित कर देगी"।

पुरूष एवं स्त्री एक समान बनाये गये है तो उनके हक भी एक समान होने चाहिये। महिलाओं के समान हक का महत्व हमें, देश को, नई पीढ़ी को समझना पड़ेगा। देश की आधी आबादी को पीछे रखकर हम कभी भी प्रगति की राह पर नहीं बढ़ सकते। तीन तलाक एक धार्मिक मामला न होकर लैंगिक भेदभाव का मामला है जो कि सामाजिक न्याय के खिलाफ है। आज जब विश्व मे मानवाधिकारों की चर्चा होती है तो स्त्री व पुरूष दोनों को बराबर समझा जाता है जबकि इस्लाम धर्म मे तलाक की सुविधा केवल पुरूषों को है महिलायें तलाक नहीं दे सकती है। यह पति पर निर्भर करता है। धर्म मानव की भलाई के लिये लाया गया था ना कि किसी व्यक्ति को नीचा दिखाने या उसका शोषण करने के लिये। आज जहाँ 22 से अधिक मुस्लिम देशों मे यह प्रथा बैन कर दी गई है लेकिन भारत मे यह अभी भी विद्यमान है। भारत में तीन तलाक जैसी प्रथा भारतीय मुस्लिम नारी के सशक्तिकरण के विरूद्ध है। यह प्रथा महिलाओं की सुरक्षा एवं महत्ता का ख्याल नहीं रखती है। इससे समाज में बुराईयां आती है तीन तलाक की प्रथा बच्चों से भी जुड़ा हुआ मामला है। क्योंकि तुरन्त तलाक के बाद बच्चों पर मानसिक दबाव पड़ता है जिससे बच्चे हीन भावना का शिकार होने लगते है। बच्चों से महिलायें भी प्रभावित होती हैं क्योंकि महिलायें बच्चों के प्रति ज्यादा संवेदनशील होती हैं। अतः हम यह कह सकते है कि बिना महिलाओं को सशक्त किये किसी धर्म, समुदाय, समाज, परिवार किसी भी चीज का विकास नही हो सकता है क्योंकि एक महिला पूरे परिवार को प्रभावित करती है अन्त मे हम यही कहेगे कि मुस्लिम लड़कियां पढ़ना और आगे बढ़ना चाहती है। मुस्लिम महिलायें भी सिर उठाकर अपने घर और समाज मे जीना चाहती हैं। वे अपने कुरान सम्मत एवं संविधान सम्मत दोनों ही अधिकार चाहती हैं। हिन्दू मैरिज एक्ट, हिन्दू सैक्सेशन एक्ट और क्रिश्चियन मैरिज-डाईवार्स एक्ट, जिसमें 2000 तक सुधार हुआ है के जरिये इन समुदाय की स्त्रियों को बहुत हद तक समान अधिकार मिल गये है अपनी अन्य बहनों की तर्ज पर मुस्लिम महिलायें भी अपना अधिकार माँगे तो इसमे गलत क्या है। मुस्लिम महिलाओं को अगर हमे सशक्त करना है तो उनके सशक्तिकरण में अवरोधक तीन तलाक से उन्हें मुक्ति दिलानी होगी।

सन्दर्भ ग्रन्थ सूची

1. शर्मा डा0 नीरजा- महिला सशाक्तिकरण, आस्था प्रकााशन जयपुर।
2. कालरा, डा0 विनोद - स्त्री सशाक्तिकरण-विविध परिप्रेक्षय, तेज प्रकाशन नई दिल्ली 110002।
3. गर्ग प्रियंका -महिला विवाह, दहेज एवं दाम्पत्य समस्याऐं, मार्क पब्लिसर्स जयपुर।
4. नरसरीन तस्लीम:- आट्रिकल - दैनिक जागरण।
5. जाकिया सोमन - आट्रिकल- दैनिक जागरण।
6. मिश्र प्रशान्त : आट्रिकल मात्र शाक्ति को सलाम, दैनिक जागरण।
7. हसन नाइस : आट्रिकल - मजहबी तहखाने मे कैद कुरीतियाॅ , दैनिक जागरण।
8. www.hindkunj.com/2017/triple- talaq-in-india. html?
9. https.himwikipediaorg/wiki/blyke&esasrykd
10. www.dristias.comhindi.triple-talaq
11. Women empowermentin hindi, welcomeNRI.com
12. ए0 बी0 पी0 न्यूज- 29.12.2017, 02:31

8

भारत में संवैधानिक अधिकार (मुस्लिम महिला अधिकार के संदर्भ में) : तीन तलाक

दीपिका गुप्ता
शोध छात्रा (राजनीति विज्ञान)
बुन्देलखण्ड विश्वविद्यालय, झाँसी (उ0प्र0)
(पं. जे0एल0एन0 कॉलेज) बाँदा

मानव समाज की आधी आबादी होने के नाते महिला को कथित तौर पर हमेशा से ही निम्न दृष्टि में रखा गया है। बुद्धिजीवियों, समाज सुधारकों, विधि द्वारा महिलाओं के अधिकार तथा स्थान के सम्बन्ध में समय-समय पर चर्चा, परिचर्चा होती रही है परन्तु इसके बावजूद भी महिलाएं बहुत सी चुनौतियों का सामना आज भी कर रही हैं एवं उन्हें हर जगह अपने अस्तित्व को लेकर संघर्ष करना पड़ रहा है। चाहे वह धर्म के आड़ लेकर हो रहा हो या रीतिरिवाज व परम्पराओं को आधार बनाकर। यद्यपि स्वतन्त्रता के पश्चात महिलाओं की स्थिति को संविधान द्वारा प्रदत्त अधिकारों के माध्यम से सुदृढ़ अवश्य बनाया गया है परन्तु मुस्लिम महिलाएं मुस्लिम समाज में प्रचलित कुप्रथाओं द्वारा या धर्म को ढाल बनाकर महिलाओं के साथ आज भी अन्याय, भेदभाव शोषण हो रहा है जो कि संविधान द्वारा प्रदत्त मौलिक अधिकारों का उल्लंघन है। लैगिंग असमानता भी सर्वव्याप्त है। उदाहरण स्वरूप- मुस्लिम महिलाओं की मजार में प्रवेश पर पाबन्दी (हाजी अली दरगाह ट्रस्ट में रोक)। जिसे नूरजहां एवं साफिज नियाज

जैसी मुस्लिम महिलाओं ने चुनौती दी जिसके तहत 24 अक्टूबर 2016 को सुप्रीम कोर्ट का फैसला महिलाओं के पक्ष में आया तथा सुप्रीम कोर्ट द्वारा पुरूषों की तरह महिलाओं को भी दरगाह में प्रवेश देने की अनुमति प्रदान की गयी।1

भारतीय लोकतांत्रिक देश में हिन्दू धर्म के बाद इस्लाम धर्म दूसरा सबसे ज्यादा प्रचलित धर्म है। इस्लाम दुनिया के सभी क्षेत्रों में समान रूप से है। भारत देश में कुल जनसंख्या का 14.2% है। 2011 की जनगणना के अनुसार देश में मुस्लिम महिलाओं की संख्या 8 करोड़ 30 लाख है और इसमें से 4 करोड़ 30 लाख महिलाएं साक्षर हैं। यानि कि मुस्लिम महिलाओं की आधी आबादी पूरी तरह अनपढ़ है।

जबकि संविधान का 86वां संविधान संशोधन 6-14 वर्ष के सभी बच्चों को निःशुल्क व अनिवार्य शिक्षा का प्रावधान करता है।

2015 में भारतीय मुस्लिम महिला आन्दोलन नाम की एक संस्था ने मुस्लिम महिलाओं पर एक सर्वे किया था। इस सर्वे के मुताबिक देश की 55 प्रतिशत मुस्लिम लड़कियों का निकाह 18 वर्ष से पहले ही कर दिया जाता है।

भारत में कानूनी तौर पर लड़कियों के विवाह की उम्र 18 वर्ष निर्धारित की गयी एवं लड़के के विवाह की उम्र 21 वर्ष है परन्तु मुस्लिम समाज द्वारा इसका सर्वाधिक उल्लंधन किया जाता तथा कम उम्र में लड़कियों की शादी करके उनके निर्णय सम्बन्धी अधिकारों का हनन होता है। उन्हें कानून सम्बन्धी अधिकारों से वंचित रखा जाता।

इस्लामिक पवित्र ग्रन्थ कुरान की आयतें महिला एवं पुरूष दोनों को समान रूप से सम्बोधित करती है। कुरान का दृष्टिकोण दोनों के लिये समान रूप से है। यह महिला एवं पुरूष में भेदवभाव नहीं करता।

कुरान कहता है-''हमने महिला और पुरूष दोनों को एक समान आत्मा दी है। दोनों की महत्ता एक समान है।''

यदि व्यवहारिक धरातल पर देखा जाये तो ऐसा नहीं है। इस्लाम धर्म में महिलाओं व पुरूष के बीच भेदभाव की मनाही है फिर भी धर्म की आड़ लेकर उनके अधिकारों का हनन होता है। जुल्म किये जाते हैं। आवश्यकता है इस्लामिक देशों में इस्लाम धर्म को दोषी न ठहराकर अपनी संस्कृति में सुधार की आवश्यकता होनी चाहिये जो महिलाओं के अस्मिता से एवं उनके अधिकारों के हनन का कारण बनते हैं।

इतिहास गवाह है कि आज के 1400 वर्ष पूर्व औरतों को पुरूषों के बराबर समाज में स्थिति प्राप्त थी परन्तु चाहे पितृसत्तामक व्यवस्था कहें या सामाजिक विकृतियों ने महिला की सामाजिक व्यवस्था में पुरूषों के मुकाबले दोयम दर्जे की स्थिति बनी हुयी है।

मुस्लिम महिलाओं के अधिकार की बात की जाती है तो सर्वप्रथम तीन तलाक, निकाह हलाला, इस्लामी बहु विवाह, मुस्लिम समाज में प्रचलित ऐसी परम्पराएं हैं जो महिलाओं की जिन्दगी में नासूर की तरह बनी हुयी हैं।

तीन तलाक- तलाक का अर्थ है परित्याग करना, निराकरण करना, नामंजूर करना जिसके लिये सभी धर्मों के अपने-अपने नियम व कानून हैं। तलाक उर्दू शब्द है। मुसलमानों में Divorce को तलाक कहते हैं जिसे तलाक-उल विद्दत भी कहा जाता है। तीन तलाक इस्लाम धर्म की एक ऐसी प्रथा है जिसमें कोई भी व्यक्ति अपनी पत्नी को तीन बार तलाक बोल देता है जिसे एक मान लिया जाता है। चाहे वह फोन पर, Facebook, Whatsapp, Email, Speed Post या पत्राचार के जरिये से ही क्यों न दिया गया हो। जिसमें बीबी की उपस्थिति आवश्यक नहीं। भारत में कई मामले हाल ही में देखने को मिले हैं जैसे-

- गुलफिशा को देर तक सोने का आरोप लगाकर शौहर ने तीन तलाक दे दिया था।
- नूरजहां ने अपनी मां से फोन पर हँसकर बात कर ली। अजीज उल्ला नाराज हो गया विवाद हुआ फिर भरी पंचायत में तीन तलाक।
- शायरा जिसे स्पीड पोस्ट से पति ने तीन तलाक दिया।5

इस्लाम में इस तरह दी गयी तलाक को मान्यता प्राप्त है। ऐसा मुस्लिम पर्सनल लॉ बोर्ड का मानना है तथा इसे शरिया का एक भाग बताया।

इस्लाम में यदि कोई महिला पुन: अपने शौहर से विवाह करना चाहती है तो उसे 'निकाह हलाला' प्रक्रिया से गुजरना पड़ता है। जिसमें उसे अपनी पति के करीबी रिश्तेदार या भाई के साथ निकाह करने के बाद उसके साथ कुछ समय व्यतीत करने के बाद दोबारा अपने पहले पति से निकाह करना पड़ता है। 'हलाला' प्रक्रिया में औरत को जिस प्रक्रिया से गुजरना पड़ता है वह बेहद अमानवीय एवं मध्य युगीन प्रतीत होती है।

हालांकि मुस्लिम महिलाओं द्वारा विरोध किया जा रहा है। सरकार एवं सुप्रीम कोर्ट द्वारा इसके विरोध पर जोर दिया जा रहा है। जल्द ही कानून बनाने की भी बात की गयी है।

तीन तलाक द्वारा महिलाओं का मानसिक, आर्थिक, सामाजिक शोषण होता है तथा महिलाएं अपनी संवैधानिक अधिकारों से वंचित रह जाती हैं। मुस्लिम महिलाओं को जिन्दगी भर डर-डर कर रहना पड़ता है क्योंकि कब ये तीन शब्द उनकी जिन्दगी बर्बाद कर दें इसका कोई अंदाजा नहीं लगाया जा सकता। यह मानवीय अधिकारों का उल्लंघन है। ऐसे मानवाधिकारों का जो सार्वभौमिक रूप से पृथ्वी पर उपस्थित मानव होने के नाते प्रत्येक व्यक्ति को समान रूप से प्राप्त है। चाहे वह स्त्री हो या पुरूष।

फिर मुस्लिम महिलाओं के साथ अन्याय क्यों? भारतीय संविधान का अनु0 14 सभी को समानता का अधिकार प्रदान करता है। अनु0 15 भेदभाव के विरूद्ध महिलाओं को न्याय प्राप्त करने का अधिकार देता है।

परन्तु विडम्बना है कि भारत में मुस्लिम महिलाएं इन अधिकारों से वंचित हैं। तीन तलाक पर यदि अन्य मुस्लिम देशों की स्थिति देखी जाये तो भारत बहुत पीछे है। हमारे पड़ोसी देश पाकिस्तान, अफगानिस्तान, बांग्ला देश, श्रीलंका सहित 22 देशों में अब तक तीन तलाक की प्रथा समाप्त हो चुकी।

मिस्त्र में सबसे पहले 1929 में तीन तलाक पर प्रतिबन्ध लगाया गया। जिसे अग्रणी मानते हुये सूडान ने बैन लगाया। मुस्लिम देश इण्डोनेशिया में भी तलाक के लिये कोर्ट की अनुमति आवश्यक है। 1957-58 से तलाक के लिये पंजीकरण आवश्यक है। 1956 में टयूनीशिया पर बैन लगा।

संयुक्त-अरब, अमीरात, जार्डन, कतर, बहरीन और कुवैत में भी तीन तलाक पर प्रतिबन्ध है। 1977 से अफगानिस्तान में तलाक के लिये रजिस्ट्रेशन अनिवार्य है। यदि पड़ोसी देश पाकिस्तान की बात करें जहां सबसे ज्यादा मुस्लिम आबादी है वहां पर 1955 से ही तीन तलाक प्रतिबन्धित है। ईरान, तुर्की, अन्य और देशों में भी तीन तलाक को मान्यता नहीं है परन्तु भारत में अभी भी तीन तलाक एक मुद्दा बना हुआ है।

भारत में तीन तलाक चर्चित मुद्दे

1985 में सर्वप्रथम इंदौर की 62 वर्षीय शाह बानों ने एक याचिका दाखिल करके पूर्व पति से गुजारे भत्ते की मांग की थी।[7] सुप्रीम कोर्ट ने गुजारे भत्ते की मांग को सही ठहराया लेकिन इस्लामिक समुदाय ने विरोध किया तथा कुरान के खिलाफ बताया था लेकिन तत्कालीन कांग्रेस सरकार आड़े आयी और जीत के बाद भी अपने अधिकार पाने में नाकामयाब रही।

करीब तीन दशक बाद सायरा बानो, इशरतजहां, आफरान, रहमान आतिया, साबरी और गुलशन परवीन जैसी मुस्लिम महिलाओं ने तीन तलाक के विरोध में जंग जीती।

सुप्रीम कोर्ट का फैसला

22 अगस्त को सुप्रीम कोर्ट ने 1400 साल पुरानी एक बार में तीन तलाक की प्रथा को असंवैधानिक गैर-कानूनी और शून्य घोषित कर दिया।

सुप्रीम कोर्ट के फैसले के पश्चात सरकार को उम्मीद थी कि तीन तलाक के मामलों में कमी आयेगी लेकिन यह बदस्तूर जारी है। तीन तलाक पर सुप्रीम कोर्ट के फैसले से पहले 177 बाद में 67 मामले आये जिसमें सबसे ज्यादा यू0पी0 के हैं। रविशंकर प्रसाद (कानून मंत्री) ने विवाह अधिकार संरक्षक बिल, 2017 लोकसभा में पेश किया। 15 दिसम्बर 2017 को कैबिनेट ने विधेयक को मंजूरी दी जिसमें पति को 3 साल की सजा का प्रावधान साथ ही जुर्माने का भी प्रावधान है। महिलायें भरण पोषण की मांग कर सकती हैं। कुछ अन्य प्रावधान किये गये।

निश्चय ही इस विधेयक के पारित होने से मुस्लिम बिरादरी की महिलाओं को एक बड़ी राहत मिलेगी। इसे सियाशी या मजहबी चश्में में देखने के बजाय एक बड़े सामाजिक और संवैधानिक कदम के रूप में देखा जाना चाहिये।

29 दिसम्बर 2017 का बृहस्पतिवार का दिन ऐतिहासिक रहा। जब महिलाओं की आजादी के लिये लोक सभा में एक बार में तीन तलाक को अवैध और आपराधिक घोषित विधेयक ध्वनिमत से पारित किया गया।

लोक सभा में तो विधेयक पारित हो गया परन्तु राज्य सभा में मंजूरी मिलना भी आवश्यक है। जिसके बाद विधेयक को राष्ट्रपति की मंजूरी के लिये भेजा जायेगा।

निष्कर्ष

अन्त में हम कह सकते हैं कि तीन तलाक निकाह हलाला, बहु विवाह, जैसी प्रथाएं मुस्लिम महिलाओं का सामाजिक स्तर तथा उनकी गरिमा को ठेस पहुंचाती है। अनु0 14 व 15का उल्लंघन है जो सभी को बराबर का अधिकार प्रदान करता है। तथा महिलाअें को भेदभाव के विरूद्ध न्याय पाने का अधिकार देता है। तीन तलाक भेदभाव व असमानता के रूप में हमारे सामने है। ये प्रथाएं

महिलाओं को बराबरी का हक मिलने से रोकती हैं। यदि मुस्लिम महिलाओं को जीवन जीने की छूट मिल जाये तो महिलाएं समाज में व्याप्त कुरीतियों तथा रूढ़ियों को तोड़कर समाज का एक नया ढ़ांचा प्रस्तुत करेगीं परन्तु मुस्लिम पर्सनल लॉ बोर्ड A rticle 25 की आड़ में यानि देश के हर व्यक्ति को अपने मर्जी से किसी भी धर्म को मानने का हवाला देता है जो कि अनु0 14 का उल्लंघन है जिसमें कहा गया कि देश के हर नागरिक के अधिकार बराबर हैं एवं सरकार द्वारा अनु0 25 व 14 की टकराव की स्थिति में अनु0 14 को प्राथमिकता दी जाने की बात की गई।

प्रकृति में स्त्री व पुरूष समान हैं। वही उसके अधिकार भी समान होना चाहिये। समय के साथ धर्म व प्रथाओं का बदलना भी आवश्यक है। 'निकाह हलाला', बहु विवाह, तीन तलाक, जैसी प्रथाओं को रोकना चाहिये जो महिलाओं के अस्तित्व के खिलाफ है। देश की आधी आबादी होने के नाते महिला को पीछे छोड़ना औचित्यपूर्ण कार्य नहीं है। भले ही वह किसी भी धर्म से क्यों न हो। बिना लड़ाई झगड़े के इन बुराईयों का अंत होना चाहिये, जो मानवता के लिये घातक है।

सन्दर्भ ग्रन्थ सूची

1. youthkiawaaz.com
2. zeenews.india.com
3. zeenews.india.com
4. Hindi news/Hindi website/news in HIndi/Hindi News website. m.hindi.webdunia.com
5. अमर उजाला, झांसी 29 दिसम्बर 2017, पेज 10
6. google.weblight.com
7. Jansatta.com
8. अमर उजाला, झांसी 29 दिसम्बर 2017, पेज 10
9. अमर उजाला, झांसी 16 दिसम्बर 2017, पेज 1
10. अमर उजाला, झांसी 30 दिसम्बर 2017, पेज 8

9

"भारत में मुस्लिम महिला : उत्थान विमर्श"

डॉ0 धर्मेन्द्र सिंह

शोधछात्र, राजनीति विज्ञान विभाग

चौ0 चरण सिंह विश्वविद्यालय मेरठ

आधुनिक युग में विश्व में समस्त क्षेत्रों के निवासियों का एक दूसरे से निरन्तर सम्पर्क विभिन्न संचार माध्यमों से स्थापित है। किसी की क्षेत्र की प्रिय अथवा अप्रिय घटना शीघ्र ही सरलता से सम्पूर्ण विश्व में प्रसारित हो रही है, जिसके द्वारा पृथक पृथक समस्याऐं अब वैश्विक हो गयी है। तथा एक क्षेत्र की समस्या को दूसरे क्षेत्र में व्यक्ति उठा रहे हैं। जिससे उसके समाधान का मार्ग प्रसस्त किया जा सके। अर्थात अब हमारी समस्या को सम्पूर्ण विश्व देख रहा है, हम उस पर क्या करते हैं यह भी विश्व जनमानस के सम्मुख प्रस्तुत है।

वर्तमान समय के विभिन्न सषक्तिकरण कार्यक्रमों में महिला उत्थान पर सर्वाधिक चर्चा की जा रही है। महिला को समाज में उसका यथोचित स्थान दिलाने के लिए सामाजिक आर्थिक राजनीतिक तथा धार्मिक प्रयासों की आवष्यकता निरन्तर बनी हुई है महिलाओं की विभिन्न समस्याओं जैसे बाल-विवाह, वृद्ध विवाह, बहु विवाह, परित्याग, अशिक्षा तथा वेश्यावृत्ति आदि प्रमुख है। इन समस्याओं के प्रति सम्पूर्ण विश्व में एक महिला सुधार आन्दोलन की निरन्तर आवश्यकता बनी हुई है जो महिलाओं को इन कुरीतियों से मुक्ति प्रदान कर सके। भारतवर्ष की परम्परा तो महिलाओं के प्रति उच्च सम्मान एवं श्रद्धा भावना की प्रेरणा प्रदान करती है। किन्तु इस सब के पश्चात् भी समाज में कुरीतियों

का संचार किसी न किसी प्रकार से हो जाता है जिन्हें दूर करने के लिए ही समाज के पुनर्जागरण की आवश्यकता होती है। भारत में महिलाओं के सम्मान एवं अधिकारों की रक्षा हेतु धार्मिक एवं सामाजिक पुनर्जागरण आंदोलन चलाये गये और महिलाओं की गरिमा को पुनः प्रतिष्ठित करने का भरसक प्रयार किया गया जिसमें महिलाओं के उत्थान के लिए निरन्तर आन्दोलन विभिन्न व्यक्तियों, संस्थाओ व संगठनो के द्वारा किये गये हैं। उस प्रकार से भारत मे मुस्लिम महिलाओं के उत्थान के लिए आन्दोलनों का निश्चय ही अभाव रहा है। मुस्लिम महिला व्यक्तिगत स्तर से अपने अधिकारो के लिए संघर्ष करती प्रतीत तो होती है किन्तु वह लक्ष्य प्राप्ति उस प्रकार से नहीं कर पाती जिस प्रकार से कुछ हद तक हिन्दू महिलाओं ने प्राप्त किया है।

भारतीय संविधान तो अपने समस्त नागरिकों को समान अधिकार प्रदान करता है परन्तु उनके व्यवहारिक क्रियान्वयन में कुछ अन्तर हो जाता है तभी समस्या उत्पन्न होनी आरम्भ हो जाती है। हमारे संविधान कि प्रस्तावना में हम भारत के लोग से तात्पर्य है कि भारतीय संविधान के निर्माता न केवल पुरुष अपतु महिलाएं भी है। उसके समस्त नागरिकों में महिलाएं भी शामिल हैं जिसके लिए भी सामाजिक, आर्थिक, राजनीतिक, न्याय की बात की हुई हैं। विचार अभिव्यक्ति, विश्वास धर्म और उपासना की स्वतन्त्रता तथा प्रतिशत व अवसर की समानता भी दोनों को प्रदान की गई हैं। यहाँ पर यह तथ्य उल्लेखनीय है कि नागरिक तथा व्यक्ति शब्द के अन्तर्गत न केवल पुरुष अपितु महिलाएं भी बिना किसी धार्मिक भेदभाव के सम्मिलित होती हैं। अर्थात इस व्याख्या में हिन्दू महिला अथवा मुस्लिम महिला, हिन्दु पुरुष अथवा मुस्लिम पुरुष आदि का कोई भी भेद नहीं किया गया है।

भारतीय संविधान अपने सभी नागरिकों को धर्म, भाषा, क्षेत्र, लिंग आदि के भेदभाव बिना समान अधिकारी प्रदान करता है।

समान अधिकारों की बातें हमारे समाज, संविधान, व कानून, में सर्वोपरी है ओर हमारा नेतृत्व किसी भी अवसर पर यह प्रतिज्ञा लेते रहते हैं कि हम महिलाओं को उनके अधिकार अवश्य ही दिलाकर रहेंगे परन्तु यह सब सैधान्तिक होकर रह गयी है। व्यवहारिक स्तर पर अभी हम लक्ष्य से बहुत ही दूर हैं। हम यह समझने मे भी विफल रहे हैं कि स्त्री ओर पुरुष दोनो ही सृष्टि के लिए अनिवार्य है ऐसा कौन सा घर है जिसमे लड़कियां, औरत माता अथवा पुत्रिया नहीं है जब हर घर में स्त्री है तो दूसरी स्त्री के प्रति पुरुषों की इस तरह

की मानसिकता रखना या सम्मान रहित भाव को धारण करना पूरी तरह से अनैतिक व अन्यायपूर्ण है। भारत में एक तरफ स्त्री को देवी माना जाता है और स्त्री को उच्चतम सम्मान देने पर बल दिया जाता है वहीं दूसरी ओर स्त्री को समानता के भाव से नहीं देखा जाता है। वर्तमान समय में महिलाओं ने कुछ स्तर पर स्वयं को आर्थिक रुप से सक्ष्म बनाने में सफलता प्राप्त की है परन्तु इसके पश्चात् भी पुरुष मानसिकता में सुधार व्यापक स्तर पर नहीं आ पाया है जो पुरुषों के लिए बहुत ही गहन आत्म मंथन का विषय है।

जहां तक मुस्लिम महिलाओं के प्रश्न है तो कुरीति समाज में हो सकती है धर्म में कभी नहीं धर्म तो न्याय अन्याय के आधार पर जीवन निर्वाह करने पर बल देता है, "इस्लाम की शिक्षा के अनुसार इस जीवन के बाद पुनः एक जीवन है जहां हर व्यक्ति वह पुरुष हो या स्त्री, अपने अपने कर्मों का फल पाएगा परलोक में सफलता प्राप्त करने वाले के लिए सदा का सुख व आराम है। बुरे काम करने वाले दुराचारी लोग असफल होंगे और हमेशा नरक की आग में जलेंगे।''

इससे यह सिद्ध हो जाता है कि इस्लाम मे सभी के प्रति न्याय को महत्वपूर्ण स्थान प्रदान किया गया है। इस्लाम समानता पर बल देता है, भेदभाव पर नहीं। यदि किसी भी समाज में कोई कुरीति अपना घर कर लेती है। तो इसमें दोषी समाज है धर्म अथवा धार्मिक शिक्षा नहीं। हम सभी को मिलकर समाज की कुरीतियों को समाप्त करना होगा तभी हम धर्म के मार्ग पर चल सकने में समर्थ होंगे अन्यथा नहीं, इस सुधार कार्यक्रम में धर्मगुरुओं का सर्वाधिक योगदान हो सकता है। यदि वे अपनी भूमिका का न्यायपूर्ण निर्वाह करे तभी समाज को सही दिशा प्राप्त हो सकती है।

भारत के मुस्लिमों में अन्य देशों के धार्मिक समूहों की अपेक्षा कट्टरता अधिक मात्रा में पायी जाती है। विश्व के अनेक इस्लामिक देशों में तीन तलाक को अवैध अर्थात गैर इस्लामिक घोषित किया जा चुका है फिर भारत में ऐसा होने पर विरोध नहीं किया जाना चाहिए। सुधार कार्यक्रम निरन्तर चलते रहने चाहिए। महिला उत्थान हेतू केवल तीन तलाक ही एक मात्र बाधा नहीं हैं तीन तलाक की समाप्ति से मुस्लिम महिलाओं के समस्त दर्द दूर हो जायेंगे ऐसा तो बिल्कुल भी नहीं है। तीन तलाक के अतिरिक्त भी उनके सामने विभिन्न समस्याएं है जिनमें अशिक्षा रोजगार, व आत्मनिर्भरता भी षामिल है हमें तीन तलाक की समाप्ति के साथ ही महिला उत्थान के समस्त कार्यक्रमों पर कार्य

करना होगा तभी हम इस्लाम के बताएँ मार्ग पर चल सकते हैं और एक नये भारत के निर्माण में अपना अमूल्य सहयोग प्रदान कर सकते हैं तभी हमारा भारत एक विकसित एवं आत्मनिर्भर भारत बन सकता है।

सन्दर्भ ग्रन्थ सूची -

1. नुजहत यासमीन, "आधुनिक नारी समस्याएं और समाधान'' मुधर सन्देश संगम, जामिया नगर नई दिल्ली 2013
2. डॉ0 जाकिर नाइक 'गलतफहमियों का निवारण' मुधर संन्देश संगम जामिया नगर नई दिल्ली 2015
3. इस्लामिक इंफॉर्मेशन सेन्टर "इस्लाम सब के लिए रहमत''।
4. डॉ0 ज्वलन्त कुमार शास्त्री (सम्पादक) "वैदिक पथ'' श्री घूडमल प्रहलाद कुमार आर्य धर्मार्थ न्यास हिण्डौन सिटी राजस्थान अंक नवम्बर 2017
5. डा0 विमला आचार्य "भारतीय पुनर्जागरण के सामाजिक प्रभाव'' के0 एल0 पचौरी प्रकाशन गाजियाबाद (उ0प्र0) 1997

10

तीन तलाक : एक अवलोकन

डौली
शोध छात्रा, इतिहास विभाग
चौ. चरण सिंह विश्वविद्यालय, मेरठ

अरब में इस्लाम के बतौर धर्म आने से पहले वहां एक कबीलाई सामाजिक संरचना थी। कबिलों में जो नियम और कानून थे वे लिखे हुए थे। ये कानून समय के साथ और जब समाज में बदलाव की जरूरत महसूस की तो बदलते गए। सातवीं सदी में मदीना में मुस्लिम समुदाय की स्थापना हुई और फिर जल्द ही आस-पास के इलाकों में यह फैलने लगा। इस्लाम की स्थापना के साथ ही कबीलाई रीति-रिवाजों पर कुरान हावी हो गया। कुरान में लिखे और अलिखित रीति-रिवाज शरीयत के तौर पर जाने जाते हैं। इस्लामिक समाज शरीयत के मुताबिक चलता है। इसके साथ ही शरीयत हदीस (पैगम्बर के काम और शब्द) पर भी आधारित है। मूल रूप में वे समाज में व्यवहारिक समस्याओं के लिए बहुत व्यापक एक सामान्य समाधान थे। भारत में 'मुस्लिम पर्शनल लॉ एप्लिकेशन एक्ट' वर्ष 1937 में पास हुआ था। इसके पीछे मकसद भारतीय मुस्लिम के लिए एक इस्लामिक कानून कोड तैयार करना था। उस वक्त भारत पर शासन कर रहे ब्रिटिशों की कोशिश थी कि वे भारतीयों पर उनके सांस्कृतिक नियमों के मुताबिक शासन करें। तब 1937 से मुस्लिमों में शादी-तलाक, विरासत और पारिवारिक विवादों के फैसले इस एक्ट के तहत ही होते हैं। एक्ट के मुताबिक व्यक्तिगत विवादों में सरकार दखल नहीं कर सकती है।1

भारत में अन्य धार्मिक समूहों के लिए भी ऐसे कानून बनाए गए हैं। देश के अलग-अलग धर्मों के लिए अलग-अलग सिविल कोड हैं। उदाहरण के तौर पर

1956 का हिन्दू उत्तराधिकार अधिनियम, इसके तहत हिन्दू-बुद्ध जैन और सिक्खों में विरासत में मिली सम्पत्ति का बंटवारा होता है। इसके अलावा 1936 का पारसी विवाह-तलाक एक्ट और 1955 का हिन्दू विवाह अधिनियम इसके उदाहरण हैं।

शरीयत एक्ट की प्रासंगिकता पर पहले भी कई बार बहस हो चुकी है। शरीयत में सदियों से कोई बदलाव नहीं हुआ है। पैगम्बर के जिंदा रहते हुए कुरान में लिखे कानून पैगम्बर और उनके समाज के सामने आ रही समस्याओं के समाधान के लिए थे। उनकी मौत के बाद कई धार्मिक संस्थानों और अपने न्यायिक व्यवस्था में शरीयत लागू करने वाले देशों ने समाज की जरूरतों के मुताबिक इन कानूनों की व्याख्या की और इन्हें विकसित किया। इस्लामिक लॉ की 4 संस्थाएं हैं जो कुरान की आयतों की अलग-अलग तरह से व्याख्या करते हैं। चार संस्थाएं (हनाफिया, मलिकियया, शफियया, हनबलियया)। चार अलग-अलग सदियों में विकसित हुई। मुस्लिम देशों में अपने मुताबिक इन संस्थाओं के कानूनों को अपनाया।

इस्लामी कानून मानदंडों के मुताबिक महिलाओं की सुरक्षा सम्बन्धित मुद्दा 1985 में उठा था। उस वक्त का शाहबानों केस काफी चर्चित था। 30 मई, 1993 का मुसलमानों की धार्मिक संस्था 'जमायते अहले हदीस' द्वारा तीन तलाक सम्बन्धी फतवा जारी होने पर 8 अगस्त, 1993 को मुस्लिम बुद्धिजीवियों व उलेमाओं का उपर्युक्त के सम्बन्ध से संयुक्त विचार-विमर्श के समय तथा अप्रैल, 1994 को उच्च न्यायालय द्वारा तीन बार तलाक कहकर निकाह तोड़ने पर प्रतिबन्ध लगाने वाले निर्णय में तथा 4 अगस्त, 1994 को उच्चतम न्यायालय द्वारा उक्त निर्णय को असंवैधानिक करार देने इत्यादि के सम्बन्ध में निरन्तर मुस्लिम महिलाओं की सामाजिक प्रस्थिति तथा अधिक पर काफी विवाद हुआ है। पर्सनल लॉ के खिलाफ विरोध प्रदर्शन की लम्बी सूची है। साथ ही 1930 से लेकर अब तक महिलाओं के आन्दोलन का अहम एजेंडा सभी धर्मों के पर्सनल लॉ में महिलाओं के साथ भेदभाव हो रहा है। इसी वर्ष मार्च में केरल हाईकोर्ट के जज जस्टिस बी. केमल पाशा ने विरोध जाहिर किया था कि मुस्लिम महिलाओं को समानता का अधिकार नहीं दिया जाता। हालांकि पर्सनल लॉ में बदलाव के खिलाफ प्रदर्शन इसमें संशोधन को मुश्किल बना देते हैं। एक्ट के मुताबिक व्यक्तिगत मामलों में सरकार को दखल नहीं देना चाहिए। इनका निपटारा कुरान और हदीस की व्याख्या के मुताबिक ही होगा। मौटे तौर पर शरीयत की कुरान की शिक्षाओं और प्रथाओं के रूप में समझा जा सकता है। भारतीय संविधान का

अनुच्छेद 14 भारत के सभी नागरिकों को 'कानून का समान संरक्षण' देता है। लेकिन, जब बात व्यक्तिगत मुद्दों (शादी, तलाक, विरासत, बच्चों की हिरासत) की आती है तो मुसलमानों के ये मुद्दे पर्सनल लॉ के तहत आ जाते हैं। शाहबानों केस में 1985 में (62 वर्षीय) ने एक याचिका दाखिल करके अपने पूर्व पति से गुजारा भत्ते की मांग की थी। SC ने उनकी गुजारा भत्ते की मांग को सही बताया था। लेकिन इस फैसले का इस्लामिक समुदाय ने विरोध किया था। मुस्लिम समुदाय ने फैसले को कुरान के खिलाफ बताया था। इस मामले को लेकर काफी विवाद हुआ। उस वक्त सत्ता में कांग्रेस सरकार थी। सरकार ने उस वक्त Muslim Women (Protection of Rights on DivorceAct) पास किया था कि हर एक पति अपनी पत्नी को गुजारा भत्ता देगा। लेकिन इसमें प्रावधान था कि यह भत्ता केवल इद्दत की अवधि के दौरान ही देना होगा। इद्दत तलाक के 90 दिनों बाद तक ही होती है।

काशीपुर की शायरा बानो द्वारा कोर्ट में तीन तलाक को चुनौती दिए जाने के बाद भारत में पर्सनल लॉ फिर चर्चा में आया है। असल में तीन तलाक हैं क्या? तीन तलाक मुसलमान समाज में तलाक का वो जरिया है, जिसमें मुस्लिम आदमी अपनी बीवी को सिर्फ तीन बार 'तलाक' कहकर अपनी शादी किसी भी क्षण तोड़ सकता है। इस नियम से होने वाले तलाक स्थिर होते हैं। शादी खत्म हो जाती है, इसके बाद यदि पुरुष और स्त्री पुनः शादी करना चाहे तो 'हलाला' भरने के बाद ही ये शादी हो सकती है। हलासा एक पद्धति है, जिसमें तलाक शुदा स्त्री को पहले एक दूसरे मुसलमान पुरुष के साथ निकाह करके रहना होता है। इस आदमी के साथ कुछ दिन व्यतीत के बाद पुनः इस आदमी से तलाक लेकर स्त्री अपने पुराने शौहर से फिर से विवाह कर पायेगी। तीन तलाक को प्रायः 'तलाक उल विद्दत' भी कहा जाता है। मुस्लिम पर्सनल लॉ बोर्ड की चंद अहम पुस्तिकाओं में से एक किताब 'निकाह और तलाक' शीर्षक से है। इसके लेखक मौलाना मिन्नतुल्लाह रहमानी हैं जो इस बोर्ड के संस्थापक कहे जाते हैं। इस पुस्तक की पृष्ठ संख्या 7 पर वह लिखते हैं कि, 'तीन तलाक एक साथ देना शैतानी काम है। फुकहा यानी धर्मशास्त्रियों ने इसे पाप और सजा के लायक अपराध लिखा है। इससे बचना हर मुसलमान के लिए जरूरी है। हजरत मौ. के साथियों यानी सहाबा को यही तरीका पसंद था इस तरीके को छोड़कर दूसरा तरीका अपनाना शरीयत के खिलाफ होगा। इससे खुदा और उनका रसूल नाराज होगा और उसकी नाराजगी दुनिया और आखिरत, दोनों में बदनामी का सबब बनेगी।

मुस्लिम पर्सनल लॉ बोर्ड ने ये ऐलान किया कि वे लोग जो बिना किसी जायज, कारण के तीन तलाक देते हैं, उन्हें मुस्लिम समाज से बहिष्कृत किया जायेगा। तीन तलाक मुस्लिम समुदाय में शरिया के तहत दिया जाता है। पिछले महीनों से इस केस पर सुप्रीम कोर्ट की सुनवाई चल रही है। तीन तलाक की वजह से कई महिलाओं की जिंदगियां खराब हो जाती हैं। कोर कमिटि ने कहा क इस मामले में वे किसी की बाहरी दखलअंदाजी नहीं चाहते हैं, क्योंकि ये कानून शरिया का भाग है।

एक व्यक्ति के साक्षात्कार द्वारा पता चलता है कि वह कहते हैं कि मैं शरीयत या इस्लामी मजहबी मामलों का कोई जानकार तो नहीं हूँ; लेकिन मैंने पवित्र कुरान का जितना भी अध्ययन किया है, उसके आधार पर कह सकता हूँ कि तीन तलाक की व्यवस्था कुरान की हिदायतों के विपरीत और गैर इस्लामी है। दरअसल, कुरान ने समाज में स्त्रियों की गरिमा, सम्मान और सुरक्षा सुनिश्चित करने के लिए बहुत सारे प्रावधान किए हैं। तलाक के मामले में भी इतनी बंदिशें लगाई गई है कि अपनी बीबी को तलाक देने के पहले मर्दों को सौ बार सोचना पड़े। कुरान में तलाक को न करने लायक काम बताते हुए इसकी प्रक्रिया को कठिन बनाया गया है, जिसमें रिश्ते को बचाने की आखिरी दम तक कोशिश, पति-पत्नी के बीच संवाद, दोनों परिवारों के बीच बातचीत और सुलह की कोशिशें और तलाक की पूरी प्रक्रिया को एक समय सीमा में बांधना शामिल है।

कुरान की एक आयत सूरह निशा के अनुसार अगर औरत की नाफरमानी और बददिमागी का खौफ हो तो उसे नसीहत करो और अलग बिस्तर पर छोड़ दो। अगर किसी औरत के अपने शौहर की बददिमागी और बेपरवाही का खौफ हो तो बीवी को भी शौहर को मौका देना चाहिए न कि फौरन कोई फैसला करना चाहिए। हर हाल में रिश्ते को बचाने की कोशिश करनी चाहिए। रिश्तेदारों को शामिल कर रास्ता निकालना चाहिए। जब सब कोशिशें नाकाम साबित हो जाए तभी दोनों को एक-दूसरे से अलग हो जाने की इजाजत है। कुरान में एकतरफा, एक ही वक्त में या एक ही बैठक में तलाक देना गैर-इस्लामी माना गया है।

मुझे समझ नहीं आता कि कुरान की व्याख्याओं पर आधारित तीन तलाक का वर्तमान नियम के प्रति इतना निर्मम क्यों है कि मर्द जब चाहे एक बार में तीन तलाक बोलकर अपनी बीवी को जिन्दगी के उसके हिस्से के सफर में अकेला और बेसहारा छोड़ दे। कुरान के अनुसार भी तलाक तभी जायज है जब तलाक होते वक्त मिया और बीवी दोनों के परिवार के सदस्य बीच-बचाव के

लिए उपस्थित हों और दोनों के बीच सुलह की तमाम कोशिशे असफल साबित हो गई हों। एक ही क्षण में एक तरफा और जुबानी तलाक की इजाजत इस्लाम कतई नहीं देता है।

अब बात आती है हलाला की, वास्तव में 'हलाला' शब्द 'हलाल' से बना है, जिसका अर्थ है वैध। दूसरे शब्दों में कह सकते हैं कि हलाला शब्द हराम का विपरीतार्थी शब्द है। हराम, अर्थात जो चीजें वर्जित हों और जो न वर्जित हों वो 'हलाल'। इसी शब्द से बना है हलाला तालक के बाद पत्नी को पति पर हराम मान लिया जाता है। इसी कारण स्त्री को दोबारा 'हलाल' बनाने के लिए उसे हलाला (वैधता) जैसी अग्नि परीक्षा से गुजरना पड़ता है। इस प्रथा का कोई ठोस आधार नहीं। कहीं कोई ऐतिहासिक पृष्ठभूमि नहीं मिलती। अभी तक कुछ ऐसा सामने निकलकर नहीं आया कि पहली महिला कौन थी जिसका हलाला निकाह हुआ था।

हलाला निकाह के लिए औरत की मर्जी भी नहीं जानी जाती। यानि औरत मात्र एक भोग्या ही है जो जैसे चाहे वैसे भोगे। अब तो हलाला के नाम पर अच्छा खासा व्यवसाय भी होने लगा है। तमाम मुस्लिम बहुत पिछड़ी बस्तियों से मुल्ला मौलवी अपनी अच्छी पैठ बनाए रहते हैं। इनका कार्य है फतवा देना। अब तो मेल और फैक्स से भी तलाक दे दिए जाते हैं। कई बार ये संदेश ना मिलने के बावजूद ये बिकाऊ मौलाना हलाला निकाह तय कर देते हैं। इनके फतवे भी किस्म-किस्म के हैं। दारूल उलूम देवबंद के एक फतवा विभाग के दारूल इता से पूछा गया- "अगर इंसान शराब के नशे में अपनी बीवी को फोन पर तीन तलाक दे लेकिन बाद में पछतावा हो और वह तलाक ना चाहता हो, तो क्या ऐसी सूरत में भी तलाक हो जायेगा?" इस पर मुफितयों ने फतवा जारी किया कि अगर तलाक नशे की हालत में दिया गया हो तो भी पत्नी का रिश्ता खत्म हो जाएगा और अगर उन्हें साथ रहना है तो हलाला जरूरी है।

यह प्रथा इतनी निंदनीय है कि स्त्री का मजाक बनकर रह जाता है। यह एक प्रकार से तलाक शुदा महिला के लिए वैध वेश्यावृत्ति जैसी चीज है। अब मुस्लिम महिलाओं ने अपने आत्मसम्मान के लिए कोर्ट की शरण लेना शुरू किया। लेकिन मौलाना टस से मस नहीं हो रहे हैं। उन्हें कुछ बुरी प्रथाओं के लिए शरिया कानूनों से छेड़छाड़ गवारा नहीं। महिला संगठन मुस्लिम महिलाओं की नरकीय स्थिति में सुधार लाने के लिए लम्बे समय से लड़ाई लड़ रहा है। फिलहाल 50 हजार मुस्लिम महिला-पुरुषों के हस्ताक्षर कराकर तीन तलाक व हलाला प्रथा जैसी बुराईयों के खिलाफ संगठन ने मोर्चा खोल रखा है।

फिलहाल प्रति-रोध का स्वर बहुत प्रखर और व्यापक नहीं है, लेकिन शिक्षा और जागरूकता बढ़ने के साथ इसमें इजाफा ही होने वाला है। मेरे विचार से सुप्रीम कोर्ट के फैसले का इंतजार किए बगैर देश के इस्लामी विद्वान कुरान और शरिया कानूनों के विशेषज्ञ तथा मुस्लिम पर्सनल लॉ बोर्ड के अधिकारी वक्त के साथ चलते हुए स्त्रियों के प्रति थोड़ी संवेदनशीलता दिखाए और कानून की रोशनी में ही तलाक की वर्तमान भेदभावपूर्ण पद्धति में संशोधन की पहल करें तो उनके इस कदम से मुस्लिम स्त्रियों में सुरक्षित जीवन का भरोसा और आत्मविश्वास ही नहीं पैदा होगा, देश दुनिया में एक सकारात्मक संदेश भी जायेगा।

सन्दर्भ

1. मुहम्मद यासीन-इस्लामी, 'भारत का सामाजिक इतिहास', अटलांटिक पब्लिशर्स एण्ड डिस्ट्रीब्यूटर्स, नजफगढ़ रोड, नई दिल्ली, 1988, पृ. 140
2. महिला एवं कानून, 'चेतन भगत', आशीष पब्लिशिंग हाऊस, नई दिल्ली, पृ. 21-23
3. मुहम्मद यासीन-इस्लामी, 'भारत का सामाजिक इतिहास', अटलांटिक पब्लिशर्स एण्ड डिस्ट्रीब्यूटर्स नजफगढ़ रोड, नई दिल्ली, 1998, पृ. 145-46
4. दैनिक जागरण रिपोर्ट आर्टिकल- तुफेद अहमद, 25, मार्च, पृ. 15
5. निकाह और तलाक, 'मौलाना मिन्नतुल्लाह, मुस्लिम पर्सनल लॉ बोर्ड वेबसाइट, पृ. 7, 8
6. दैनिक जागरण रिपोर्ट आर्टिकल- ए रहमान, 5 अप्रैल, पृ. 13
7. रमजानी निवाली खरखौदा, वार्ड नं. 5, जिला मेरठ साक्षात्कार, दिनांक 1 मई
8. हुमा, शोध छात्रा, चौ. चरण सिंह विश्वविद्यालय, मेरठ, साक्षात्कार, दिनांक 25 अप्रैल
9. मीर साहब, खरखौदा मस्जिद हाफिज, साक्षात्कार, दिनांक 23 अप्रैल।
10. निकाह और तलाक, 'मौलाना मिनातुल्ला', मुस्लिम पर्सनल लॉ बोर्ड, वेबसाइट, पृ. 10

11. मुस्लिम महिला संगठन, न्यूज़ रिपोर्ट
12. नरगिस निवासी दादरी, साक्षात्कार, दिनांक 28 अप्रैल, महिलाओं की शिक्षा पर बल और त्वरित निर्णय लेने के बारे में बातचीत।

11

शरीयत का हवाला और मुस्लिम महिलाओं का यथार्थ (तीन तलाक के सन्दर्भ में)

डॉ0 वन्दना सिंह

प्राचार्या चमनलाल लॉ कॉलेज,

लंढौरा, जनपद हरिद्वार

मुस्लिम महिलाओं का कहना है कि तीन तलाक पर भारत का कानून लागू होना चाहिए शरीयत का नहीं। तीन तलाक पर सुप्रीम कोर्ट के इस फैसले को लेकर मुस्लिम महिलाओं का कहना है कि तीन तलाक को रद्द कर देना चाहिए। उनका कहना है कि महिलाओं को तलाक के लिये कोर्ट जाना पड़ता है, जबकि पुरूषो को मनमाना हक दिया गया है, यह गैर कानूनी और असवैंधानिक है। भारत में यहां का कानून लागू हो न की शरियत का कानून।

बुलन्दशहर के सिकन्दराबाद की रहने वाली शायदा परवीन, शबनम और फरजाना सहित तीन तलाक से कितनी ही महिलायें पीड़ित हैं और अपने पिता के यहां आकर रह रही हैं। शायदा का निकाह सन् 2005 में बिलासपुर के रहने वाले रहिमूद्दीन के साथ हुआ था, शायदा के पास एक बेटी भी है, उसके पति ने उसे तीन बार तलाक कहकर उसे घर से निकाल दिया। इसी प्रकार शबनम का निकाह सन् 2008 में अलीगढ़ के रहने वाले चाँद मौहम्मद से हुआ, फरजाना का निकाह सन् 2012 में नोएडा के कासना निवासी मौहम्मद कादिर से हुआ था, इन्होंने भी मामूली बात पर शरीयत के हवाले से तीन बार तलाक बोलकर घर से निकाल दिया था। अब ये अपने पिता के घर पर रह रही हैं। तीन तलाक

से पीड़ित महिलाओं का कहना है कि तीन तलाक से मुस्लिम महिलाओं की जिन्दगी खराब हो रही हैं। इन मर्दो ने तीन तलाक को खेल समझ रखा है। ये खत्म होना चाहिए। जनपद में करीब 200 से ज्यादा तलाक पीड़िता गुरबत की जिन्दगी में जीवन यापन करने को मजबूर है।

शरीयत का तात्पर्य- शरीयत का शाब्दिक अर्थ-''जलाशय की सडक या अनुसरणीय मार्ग'' यह शब्द पूरी मुस्लिम धार्मिक विधि का द्योतक है। ''आधुनिक भाव में यह कानून नहीं है मगर एक अचूक मार्गदर्शक है।'' यह मूलतः कर्तव्य का सिद्धान्त है तथा अपने में पूर्ण है। शरियत के अन्तर्गत पाँच तरह के धार्मिक आदेश हैं जैसे-

फर्द- जो सख्ती से मुसलमानों पर लागू है उदाहरणार्थ प्रतिदिन पाँच बार नमाज पढ़ना फर्द है।

हराम-जो मुस्लमानों के लिये वर्जित है-शराब पीना हराम है।

मन्दूब- ईद के समय अतिरिक्त नमाज पढना मन्दूब है।

मकरूह-जिन्हें न करने की मुस्लमानों को सलाह दी जाती है उदाहरणार्थ-कुछ विशेष प्रकार की मछलियां खाना मकरूह।

जायज- वे बातें जिनके प्रति इस्लाम उदासीन है, उदाहरणार्थ- हवाई जहाज में यात्रा करना जायज है।

कैसे बनी शरीयत- अरब में इस्लाम के बतौर धर्म आने से पहले वहां एक कबीलाई सामाजिक सरंचना थी, कबिलो में जो नियम व कानून थे वे लिखे हुये नहीं थे, ये कानून समय के साथ-साथ और जब समाज में बदलाव की जरूरत महसूस की तो बदलते गये, सांतवी सदी में मदिना में मुस्लिम समुदाय की स्थापना हुई और फिर जल्द ही आस पास के इलाकों में यह फैलने लगा। इस्लाम की स्थापना के साथ ही कबिलाई रीति रिवाजो पर कुरान हावी हो गयी, और कुरान में लिखित तथा अलिखित रीति रिवाजों को माना जाने लगा और यही रीति रिवाज शरीयत है।

मुस्लिम विधि जो कि 'अल कुरान' पर आधारित है जिसका अस्तित्व मुस्लमान आदि काल से अल्लाह की सत्ता में मानते हैं। तथा इसे मानव के समक्ष प्रस्तुत करने वाले मौहम्मद साहब को 'रसूल अल्लाह' अर्थात अल्लाह का दूत मानते हैं, इसकी आयातें जो इन्सान को उनके अन्तिम ईशदूत मौहम्मद के द्वारा ज्ञात हुई ''कलामे अल्लाह'' (ईश्वर के वचन) निश्चायक समझी जाती है। धर्म और अध्यात्म के अतिरिक्त कुरान में विधि शास्त्र भी अन्तर्विष्ट है। जो

'शरअ' का मुख्य आधार है। कुरान अल फुरकान है। यह असत्य से सत्य को और अनुचित से उचित को दर्शाता है।

शरीयत एक्ट की प्रासंगिकता पर पहले भी कई बार बहस हो चुकी है। पहले ऐसे कई मामले आये जब महिलाओं की सुरक्षा से जुडे अधिकारों का धार्मिक अधिकारो से टकराव होता रहा है। इसमें (शाहबानो) केस प्रमुख है। सन् 1985 में 62 वर्षिय शाहबानो ने एक याचिका दाखिल करके अपने पूर्व पति से गुजारे भत्ते की मांग की थीं, सुप्रीम कोर्ट ने उनकी गुजारे भत्ते की मांग को सही बताया, लेकिन इस मामले का इस्लामिक समुदाय ने विरोध किया था, मुस्लिम समुदाय ने इस फैसले को कुरान के खिलाफ बताया था। इस मामले को लेकर काफी विवाद हुआ था, उस वक्त सत्ता में कांग्रेस सरकार थी। सरकार ने उस वक्त Muslim Women (Protection of Rights on DivorceAct) पास किया था। इस कानून के तहत यह जरूरी किया गया था कि हर एक पति अपनी पत्नी को गुजारा भत्ता देगा। लेकिन इसमें प्रावधान था कि यह भत्ता केवल इद्‌दत की अवधि के दौरान ही देना होगा, और इद्‌दत की अवधि तलाक के 90 दिनों बाद तक ही होती है।

मुस्लिम पर्सनल लॉ भी शरीयत पर आधारित है। मोटे तौर पर शरीयत को कुरान के प्रावधानों के साथ ही पैगम्बर मौहम्मद की शिक्षाओं और प्रथाओं के रूप में समझा जा सकता है। भारतीय अनुसंधान अनुच्छेन 14 भारत के सभी नागरिकों को कानून का समान संरक्षण।

पैगम्बर साहब के कथनानुसार वाणी की निर्मलता और अतिथ्य ही इस्लाम है। धैर्य और नेकी ही दीन या आस्था है। नेकी से सुख और बदी से दु:ख का बोधहीदीन का लक्षण है, तथा जिस कार्य को करने में अपने ही चित्त को चोट पहुंचे वही पाप है।

इस्लाम और उसका अर्थ–धार्मिक भाव में इस्लाम का तात्पर्य अल्लाह की इच्छा के लिये आत्म समर्पण कर देना है और धर्म निरपेक्ष भाव में इस्लाम का अर्थ शान्ति की स्थापना है ''सलामा'' धातु जिससे 'इस्लाम' शब्द बना है। इसका तात्पर्य है धैये रखना, अपना कर्तव्य पालन करना, ऋणों का भुगतान करना पूर्णत: अक्षुब्ध रहना और परममित्र को अपने को समर्पित कर देना। इस्लाम का अर्थ होता है कि शान्ति, अभिवादन, सुरक्षा और मोक्ष, इस्लाम प्रथमत: कर्तव्यशीलता का मजहब है। मानव सेवा और परोपकार ही विशेष रूप से अल्लाह की खिदमत उपासना है, जो इन्सान पर मेहरबानी नहीं करता उस पर अल्लाह भी मेहरबानी नहीं करेगा।

मुस्लमान कौन है-प्रत्येक मुसलमान का धार्मिक कर्तव्य इस्लाम के पाँच सारभूत सिद्धान्तों पर केन्द्रीभूत है जो निम्नलिखित है-

1. तौहिद में पूर्ण विश्वास-प्रत्येक मुस्लमान का धार्मिक कर्तव्य, ''मुसल्लम ईमान'' शब्द से निर्मित हुआ है। जिसका अर्थ है पूर्ण आस्था कलमा में पूर्ण आस्था अर्थात ''ला इलाह इल्लिल्लाह मौहम्मद उर रसूल उल्लाह'' में आस्था इस कलमा का अर्थ है कि अल्लाह (ईश्वर)केवल एक है, पैगम्बर मौहम्मद अल्लाह के रसूल (दूत) है।
2. नमाज- यह मुस्लिम धर्म का दूसरा महत्वपूर्ण कर्तव्य है कि दिन में पाँच बार (प्रात:, मध्यान्ह, मध्यान्ह के पश्चात, सूर्यास्त और रात्रि) मक्का की तरफ अपना मुख करके नमाज पढ़े। शुक्रवार के दिन सभी पुरूषों के लिये दोपहर के समय सामुहिक नमाज आवश्यक है।
3. जकात (दान)- तीसरा धार्मिक कर्तव्य यह है कि वें अपनी आय का कुछ भाग गरीबों और फकीरों को दान करें और पुण्यार्थ संस्थायें चलायें।
4. रोजा-इस प्रयोजन के लिये रमजान का महीना सबसे पवित्र माना गया है और प्रत्येक मुस्लमान को प्रात: काल से सूर्यास्त तक भोजन पानी आदि से विरत रहना चाहिए।
5. हज (तीर्थ यात्रा)-इस्लाम धर्म का यह अन्तिम स्तम्भ है। ऐसे मुस्लमानों को जो व्यय वहन करने में समर्थ हो जीवन में एक बार वर्ष के एक विहित समय में मक्का का पवित्र दर्शन अवश्य करना चाहिए।

लगभग सभी राष्ट्रों में विवाह विच्छेद दाम्पत्य अधिकारों का स्वाभाविक परिणाम समझा जाता है। मुस्लिम विधि के लगभग सभी विद्वान तलाक को उचित मानते हैं। सामान्यत: विवाह संविदा के दोनों पक्षकारो को विवाह विच्छेद का विकल्प प्राप्त होता है। परन्तु इस सम्बन्ध में पत्नी से अधिक पति को अधिकार है। पति स्वेच्छा से किसी समय विवाह बन्धन तोड़ सकता है एक दूसरे की सहमति से भी विवाह विच्छेद हो सकता है। परन्तु मुस्लिम विवाह विच्छेद अधिनियम 1939 से पूर्व पत्नी पति की मर्जी के बिना विवाह विच्छेद नहीं कर सकती थी। परन्तु वह नि:सन्देह ही अपने पति से तलाक क्रय कर सकती थी। ऐसा कहा जाता है कि इस्लामिक विधि का सबसे बड़ा दुर्गुण पति द्वारा बिना कारण ही अपनी पत्नी को तलाक देने सम्बन्धी अधिकार है। जिसमें मेहर केवल कुछ सीमा तक पति द्वारा तलाक दिये जाने के अधिकार पर प्रतिबन्ध लगाता

है। मुस्लिम विवाह विच्छेद अधिनियम 1939 के लागू होने के पश्चात पत्नी इस अधिनियम की धारा-2 के अन्तर्गत दिये गये आधारों में से किसी एक या अधिक आधारों पर न्यायालय से विवाह विच्छेद की डिक्री प्राप्त कर सकती है। ये पुरूष महिलाओं का शोषण तीन तलाक को अपना अधिकार मानकर करते आये हैं और शायद करते ही रहते यदि तीन तलाक को लेकर सरकार ये कदम नहीं उठाती। आज की महिलायें जागरूक हैं और अपने अधिकारों को जानती है तथा सम्मान के साथ जीना चाहती हैं। आखिर कब तक कुरान के नाम पर, शरीयत के नाम पर महिलाओं का शोषण करते रहेंगे। कब तक महिलाओं का शोषण होता रहेगा। आज जहां नारी अन्तरिक्ष में पहुंच गयी है पुरूषों के साथ कन्धे से कन्धा मिलाकर हर क्षेत्र में अग्रसर है। वहीं इस्लाम में तीन तलाक के द्वारा मुस्लिम महिलाओं का शोषण होता है, यही कारण है कि जब सरकार ने तीन तलाक पर ठोस कदम उठाये, जब तीन तलाक पर बिल संसद में पेश हुआ तो मुस्लिम महिलाओं में खुशी की लहर दौड़ गयी, राजधानी की सामाजिक कार्य कर्ताओं और मुस्लिम महिलाओं ने सुप्रीम कोर्ट का आभार व्यक्त किया और जश्न मनाया और साथ ही इनका कहना है कि तीन तलाक कानून आने के बाद वर्षों से मुस्लिम महिलाओं का शोषण करने वाले कथित नेताओं के गाल पर ये करारा तमाचा है। अमर उजाला से बातचीत में महिलाओं में जहां बिल पेश होने पर खुशी जताई, वहीं मुस्लिम महिलाओं के अधिकार को लेकर गुस्सा भी जाहिर किया। तीन तलाक को लेकर हम लम्बे समय से मुस्लिम महिलाओं की आवाज उठा रहे हैं। आज सुप्रीम कोर्ट और सरकार के हस्तक्षेप से कानून आने से बड़ी कोई ओर खुशी नहीं है अब उन कथित लोगों की दुकानें बन्द हो जायेगी जो मुस्लिम समाज की आड़ में राजनीति किया करते थे।

सन्दर्भ सूची

1. मानवाधिकार कार्यकर्ता (शबनम खान)
2. सुप्रिम कोर्ट फैसला
3. मुस्लिम विधि (अकील अहमद)
4. अन्तर्राष्ट्रीय एवं मानवाधिकार (कपूर एस0के0)
5. वैधानिक एवं सवैंधानिक इतिहास (श्रीवास्तव के0के0)

12

तीन तलाक और भारतीय राजनीति का इतिहास

डॉ0 गीता
सहायक आचार्य
चौ0 महेन्द्र सिंह डिग्री कॉलेज,
गढ़मुक्तेश्वर

तीन तलाक सुप्रीम कोर्ट में देश में लम्बे समय से तीन तलाक पर चली आ रही बहस अब उड़ती नजर आ रही है। तीन तलाक एक ऐसा मुद्दा बन रहा जिसको राजनीतिक दल सिर्फ वोट बैंक में कमी के डर से इस मुद्दे पर चर्चा से गुरेज करते रहे, मोदी सरकार ने जब इस मसले को उठाया तो उन्हें मुस्लिम समुदाय की महिलाओं का अभूतपूर्व समर्थन मिला। सरकार और कानून इस मसले को मानवाधिकार और स्त्री सम्मान से जोड़कर देखता है लेकिन कुछ इसे नाजायज और शरीयत के हिसाब से बिल्कुल सही मानते हैं, आइये आपको अवगत कराते है, तीन तलाक के सी सुने और अनसुने पहलुओं से . . .। तीन तलाक भारतीय मुस्लिम महिलाओं के लिए अभिशाप बनता जा रहा है।

इस मुद्दे को सुलझाने के लिए न्यायपालिका को बीच में आना पड़ा, क्योंकि राजनीतिक दलों ने इस मुद्दे पर संवेदनशीलता कम और वोट बैंक को ज्यादा तवज्जो दिया।

उच्चतम न्यायालय ने इस मसले पर संज्ञान 16 अक्टूबर 2015 में लिया और बहु विवाह जैसी प्रथाओं पर विचार करने की जरूरत को समझा, तीन तलाक के मुद्दे पर फैसला सुनाते वक्त तीन तलाक सुप्रीम कोर्ट के पाँच जजों की संविधान

पीठ के तीन जजों ने इसे संवैधानिक बताते हुए कहा इसमें मुस्लिम महिलाओं के अधिकारों का हनन होता है। हमारे समाज में एक सोच बहुत ज्यादा प्रभावशाली है और वो है बिना सोचे समझे किसी प्रथा को जन्म दे देना। सम्पूर्ण ज्ञान ना होते हुए भी लोग परम्पराओं को मान देने लगते हैं फिर चाहे वे अन्य किसी कारण के लिए दुखदायी ही क्यों न हो। कुछ इसी प्रकार भी सोच का परिणाम है वर्तमान में प्रचलित 'तीन तलाक की परम्परा। तीन तलाक की परम्परा आज मुस्लिम समाज की महिलाओं के लिए एक अभिशाप बन गई है। इस परम्परा ने ना जाने कितनी ही महिलाओं के जीवन को नरक बना दिया और तीन तलाक की प्रथा ने जाने कितने अनगिनत घर परिवारों को नष्ट किया। आज अब धर्म और परम्परा के नाम पर सुधार की जरूरत एवं आवश्यकता है। सर्वोच्च अदालत की पाँच जजों की संविधान पीठ मुस्लिम समाज में प्रचलित तीन तलाक 'निकाह हलाला' और बहु विवाह भी प्रथा को लकर दायर याचिका पर सुनवाई करके इनका फैसला करेंगी। सुप्रीम कोर्ट ने विवाद का मुद्दा बने तीन तलाक के मसले को संविधान पीठ को सौंपने का फैसला किया है। चीफ जस्टिस जगदीश सिंह खेहर, जस्टिस एन0वी0 रमण और जस्टिस धनंजय वाई चंद्रचूड़ की तीन सदस्यों वाली खंडपीठ ने इस मामलों के विषय में संबंधित पत्रों की ओर से तैयार तीन तरह के मुद्दों को रिकॉर्ड कर लिया और कहा कि संविधान पीठ के विचार के लिए इन सवालों पर 30 मार्च 2017 को सुनवाई करेगा।

पीठ ने कहा है कि ये मुद्दे बहुत महत्वपूर्ण है और सभी संवैधानिक मुद्दों से सम्बन्धित है और संविधान पीठ को ही इनकी सुनवाई करनी चाहिए। पीठ ने संबंधित पक्षों की अगली सुनवाई की तारीख पर तभी पत्रकारों को अधिकार इस पृष्ठ में अपना पक्ष पेश करने का निर्देश दिया। चीफ जस्टिस की अध्यक्षता वाली पीठ ने कहा कि संबंधित पक्षों के आप सभी वकील साथ बैठकर उन मुद्दों को अंतिम रूप दे दें। जिन पर हमें गौर करना है। पीठ ने संबंधित पक्षों को स्पष्ट कर दिये कि वह किसी खास मामले के तथ्यात्मक पहलुओं से नहीं निपटेगी। बल्कि वह इस कानूनी मुद्दे पर निर्णय करेगी। जब एक महिला वकील ने प्रसिद्ध शाहबानों मामले में सुप्रीम कोर्ट के फैसले के हस्र का जिक्र किया तब पीठ ने कहा कि किसी भी मामले के हमेशा दो पक्ष होते हैं। हम 40 सालों से मामलों में फैसला करते रहे हैं। हमें कानून के अनुसार जाना होगा, हम कानून से परे नहीं जायेंगे। पीठ ने यह भी स्पष्ट किया कि वह इन मुददों को तय करने के लिए अगले दो दिन और बैठने को तैयार हैं।

कुरान का सहारा लेकर भी तीन तलाक प्रथा का बचाव नहीं किया जाना चाहिए। दरअसल यह मामला पवित्र कुरान का नहीं है बल्कि उसकी अलग-अलग व्याख्याओं का है। यहाँ यह बताना जरूरी है। इस्लाम धर्म से सबसे पवित्र ग्रन्थ कुरान में तीन तलाक का जिक्र नहीं है लेकिन पुरूषवादी सोच के चलते मुस्लिम समाज में यह कुरीति प्रचलित है। सरल भाषा में कहें तो धर्म की आड़ में किसी भी नागरिक के मौलिक अधिकारों का हनन अवैध है। कई इस्लामी या मुस्लिम बहुल देशों ने निजी कानूनों में फेरबदल किए हैं और सबके सब प्रावधान एकदम एक जैसे नहीं हैं। इसलिए इस्लाम की दुहाई देना या आड़ लेना एक दुराष्ट रही है। जो महिलाएँ इस प्रथा के खिलाफ आन्दोलन चला रही हैं। वे इस्लाम और कुरान में आस्था रखती हैं पर वे कहती हैं कि इस्लाम या कुरान ने इनके अधिकार छीनने या कम करने को नहीं कहा है। मुस्लिम पर्सनल लॉ ने संशोधन से न तो कुरान की पवित्रता पर कोई आँच आएगी न इस्लाम का कोई नुकसान होगा। हाँ केवल पुरूष को विवेक सम्पन्न मानने के लिए एक तरफा वाद को जरूर धक्का लगेगा।

तलाक, तलाक, तलाक किसी भी शादी शुदा मुस्लिम महिला के लिए ये ऐसे शब्द है जो एक ही झटके में उसकी जिन्दगी को जहन्नुम बनाने की कुव्वत रखते हैं। पिछले दिनों एक सर्वेक्षण की रिपोर्ट में देश की करीब 92 फीसदी महिलाओं ने मौखिक रूप से तीन बार तलाक बोलने से पति पत्नी का रिश्ता खत्म होने के नियम एक तरफा कदार दिया है। जिस पर प्रतिबन्ध लगाने की मांग तक की गयी।

भारत में भले ही इसे खत्म करने की बहस अब चल रही हो पर पड़ोसी पाकिस्तान, बांग्लादेश, अफगानिस्तान और श्रीलंका समेत 22 देश इसे कब का खत्म कर चुके हैं। दूसरी और भारत में मुस्लिम संगठन शरीयत का हवाला देकर तीन तलाक को बनाये रखने के लिए हस्ताक्षर अभियान से लेकर अन्य जोड़ तोड़ में लग गये हैं जबकि मुस्लिम देशों में मुस्लिम महिलाओं को तीन तलाक से मुक्ति पहले ही मिल चुकी है।

अब सुप्रीम कोर्ट के पूछने पर केन्द्र सरकार ने साफ कर दिया है कि वो इस प्रथा का विरोध करती है और उसे जारी रखने देने के पक्ष में नहीं है। सरकार का दावा है कि उसका ये कदम देश में समानता और मुस्लिम महिलाओं को उनके संवैधानिक अधिकार दिलाने के लिए है। सरकार ये भी कह रही है कि ऐसी मांग खुद मुस्लिम महिलाओं के मसीहा के तौर पर प्रोजेक्ट कर रही है कि

क्या मामला सीधा है? इस पर ऑल इण्डिया मुस्लिम वीमेंस पर्सनल लॉ बोर्ड की अध्यक्ष शाइस्ता अंबर का साफ कहना था कि तलाक के मामले पर केन्द्र सरकार मुसलमानों और देश को गुमराह कर रही है। हमारी लड़ाई यह है कि लगातार तीन बार बोले गए तलाक को एक माना जाए। शाइस्ता कहती है कि हम तीन तालक के मामले में बदलाव तो चाहते हैं, लेकिन वो बदलाव शरीयत के दायरे में हो। कोर्ट या किसी सरकार से नहीं सरकार बेवजह तीन तलाक के मामले में दखल दे रही है। मजहब के मामले में हमें किसी की भी दखलंदाजी पसंद नहीं।

जाकिया सोमन भारतीय मुस्लिम महिला आन्दोलन की सह संस्थापक हैं और सर्वोच्च न्यायालय में तीन तलाक मामले में याचिकाकर्त्ता हैं। करीब एक साल से चल रही तीन तलाक पर कानूनी पाबंदी की मुहिम में कई महत्वपूर्ण पड़ाव आए हैं। उनका कहना है कि हमारे देश में आज भी पुरूष प्रधान सोच के चलते महिलाओं का उत्पीड़न आम है लेकिन कानून के मामले में पर्सनल लॉ बोर्ड जैसे रूढ़िवादी मुस्लिम गुणों के वर्चस्व के चलते मुस्लिम महिलाओं को अपनी अन्य बहनों की तरह कानूनी विकल्प नहीं मिल पाया। यही वजह है कि आज भी तीन तलाक, निकाह, हलाला एवं बहु पत्नीत्व जैसी कुप्रथाएँ जैसी कुप्रथाएँ चलन में है। इसको खत्म करना जरूरी है। साथ ही मुस्लिम पारिवारिक कानून में व्यापक सुधार की जरूरत है। तीन तलाक पर पाबंदी इस सुधार की दिशा में एक तरह से पहला कदम है। इसी उम्मीद के साथ आम मुस्लिम महिलाओं ने सर्वोच्च न्यायालय में इंसाफ की गुहार लगाई।

अपने पुरूषवादी वर्चस्व के लिए इस तरह की परम्परा को जबरन बनाए रखना कहीं से भी न्याय संगत नहीं लगता आज। आज कुछ तथाकथित मुस्लिम संगठन जो अपना स्वार्थ सिद्धि हेतु लिए साहित्य कानून का हवाला देते हैं, उनका हित सिर्फ अपना स्वार्थ सिद्ध करना है क्योंकि मुस्लिम आबादी वाले देश तीन तलाक जैसी कुप्रथा को पहले ही समाप्त कर चुके हैं और तलाक के लिए कानूनी प्रक्रिया का पालन करना आवश्यक बना दिया है। तीन तलाक से एक पुरूष का जीवन स्वतन्त्र हो जाए और एक महिला का जीवन नरक बन जाए, ऐसा नहीं होना चाहिए कि यह न्याय संगत भी नहीं है। आज समय आ गया है कि अब इसे कानूनी जामा पहनाया जाए। जब महिलाओं के लिए मजार में जाने के लिए पाबंदी नहीं रहेगी।

अब समय आ गया है कि मुस्लिम समाज में जिंस प्रक्रिया को प्रचलित किया गया है उसे खत्म किया जाए ताकि तलाक दानव से मुस्लिम महिलाएँ बन सकें और किसी परेशानी का सामना उन्हें व उनके परिवार वालों को न करनी पड़े। उनके बच्चे अनाथ न रहें। पुरूष और स्त्री एक समान बनाए गए हैं तो उनके हक भी एक समान होने चाहिए। धर्म प्रथाएं, समय के अनुसार बदलनी चाहिए। महिलाओं के समान हक का महत्व हमें देश को नई पीढ़ी को समझाना पड़ेगा, हमारे देश की आधी आबादी को हम पीछे रखके कभी भी प्रगति की ओर जा नहीं सकते।

13

तीन तलाक के आइने में मुस्लिम महिलाऐं

डॉ0 रणविजय सिंह
असि0प्रोफे0-राजनीति विज्ञान,
एम0जे0एच0 महाविद्यालय,
आटा कालपी, जालौन

गौरी
शोध छात्रा-राजनीति विज्ञान विभाग,
डी0वी0 कालेज,
उरई जालौन (उ0प्र0)

क्या है तीन तलाक? क्या होता है ट्रिपल तलाक? यह मुस्लिम समाज में शादी रद्द करने का एक जरिया है, जिससे मुस्लिम आदमी अपनी बीवी को तीन बार तलाक बोलकर अपनी शादी रद्द कर सकता है। तलाक का यह जरिया मुस्लिम पर्सनल लॉ के हिसाब से कानूनी है, फिर भी बहुत सारी मुस्लिम महिलाएँ इसका विरोध करती हैं। तीन तलाक के वजह से मुस्लिम महिलाओं को डर-डर के रहना पड़ता है क्योंकि ये तीन शब्द उनकी जिन्दगी बर्वाद कर सकते हैं। यह मानवीय हकों का उल्लंघन है, भारतीय कानून के हिसाब से स्त्री और पुरूष दोनों को समान हक होते हैं पर तीन तलाक के मामले में महिलाओं पर यह एक प्रकार से अन्याय होता है।

तीन तलाक के तहत मुस्लिम आदमी अपनी बीवी को बोलकर या लिखकर तलाक दे सकता है और बीवी का वहां होना जरूरी भी नहीं होता है, यहां तक कि आदमी को तलाक के लिए कोई वजह भी लेनी नहीं पड़ती है। आजकल के जमाने में तो तीन तलाक Facebook, Whatsapp पर भी दिया जाता है। तीन तलाक का पुरूषों पर ज्यादा प्रभाव नहीं होता पर उनकी बीवी पर इसका बहुत बड़ा प्रभाव पड़ता है। बच्चों की जिम्मेदारी, गुजारा करने के लिए पैसा कमाना,

रहने के लिए घर, यह सब विपदाऐं अचानक से उनके सामने आ जाती हैं। इस डर के चलते हुए बहुत सारी मुस्लिम महिलाएं शायद डर-डर के अपनी जिंदगी गुजार देती हैं। वह कोई बगावत नहीं करती। महिलाएं अपने भारतीय मौलिक अधिकारों से वंचित रह जाती है। बहुत सारे मुस्लिम बहुमत होने वाले देशों में तीन तलाक का रिवाज खण्डित किया है और उन्होंने तलाक के कायदे वर्तमान परिस्थितियों के हिसाब से बदल दिए हैं। यहाँ तक कि अपना पड़ोसी देश पाकिस्तान में भी तीन तलाक की प्रथा खत्म कर दी गई है। भारत को भी समय के हिसाब से बदलना पड़ेगा, 21वीं सदी में हम लोग महिलाओं को पीछे नहीं छोड़ सकते।

ट्रिपल तलाक आज मूल अधिकार के जगह एक राजनैतिक मुद्दा बन रहा है। हाल ही में वर्तमान सरकार लोकसभा के शीतकालीन सत्र में ट्रिपल तलाक बिल पारित करने में सफल हुई। इस विधेयक के अंदर ट्रिपल तलाक लेना कानूनी अपराध होगा, जिसके लिए मुस्लिम पुरूष को 3 साल की सजा हो सकती है। कुछ राजनीतिक दलों ने इसका विरोध भी किया। कांग्रेस जो मुख्य विरोधी पक्ष में है, उसने बिल का समर्थन किया, पर कुछ मुद्दों पर संशोधन की भी मांग की। लोकसभा में बी0जे0पी0 का बहुमत होने के कारण वह इस बिल को पारित कर पायी। यह बिल राज्य सभा में पारित होना अभी बाकी है। राज्य सभा में बी0जे0पी0 के पास बहुमत नहीं है वहां पे इस बिल पर ज्यादा विरोध होने की संभावना है।

हमारे समाज में एक सोच बहुत ज्यादा प्रभावशाली है और वो है बिना सोचे समझे किसी प्रथा को जन्म दे देना। सम्पूर्ण ज्ञान ना होते हुए भी लोग परम्पराओं को मान देने लगते हैं। फिर चाहे वे किसी अन्य के लिए दुखदायी ही क्यों न हो। कुछ इसी प्रकार की सोच का परिणाम है वर्तमान में प्रचलित तीन तलाक की परम्परा। तीन तलाक की परम्परा आज मुस्लिम समाज की महिलाओं के लिए एक अभिषाप बन गई है। इस परम्परा ने न जाने कितनी महिलाओं के जीवन को नरक बना दिया है और इस प्रथा न जाने कितने अनगिनत घर-परिवारों को नष्ट किया है। आज अब धर्म और परम्परा के नाम पर सुधार की जरूरत एवं आवश्यकता है।

कुरान का सहारा लेकर भी तीन तलाक प्रथा का बचाव नहीं किया जाना चाहिए, दरअसल यह मामला पवित्र कुरान का नहीं बल्कि उसकी अलग-अलग व्याख्याओं का है। जबकि इस्लाम धर्म के सबसे पवित्र ग्रंथ कुरान में तीन तालक

का जिक्र नहीं है। लेकिन पुरूषवादी सोच के चलते मुस्लिम समाज में यह कुरीति प्रचलित है। धर्म के आड़ में किसी भी नागरिक के मौलिक अधिकारों का अवैध हनन है। कई मुस्लिम बहुल देशों में निजी कानूनों में फेरबदल किए हैं और सबके सब प्रावधान एक-दम एक जैसे नहीं हैं। जो महिलाएं इसे प्रथा के खिलाफ आंदोलन चला रही है। वे इस्लाम और कुरान में आस्था रखती हैं, पर वे कहती हैं कि इस्लाम या कुरान ने उनके अधिकार छीनने को नहीं कहा है।

तलाक तलाक तलाक किसी भी शादीशुदा मुस्लिम महिला के लिए ये ऐसे शब्द हैं जो एक ही झटके में उसकी जिंदगी को जहन्नुम बनाने की कुव्वत रखते है। पिछले दिनों एक सर्वेक्षण की रिपोर्ट में देश की करीब 92 फीसदी महिलाओं ने मौखिक रूप से तीन बार तलाक बोलने से पति-पत्नी का रिश्ता खत्म होने के नियम को एक तरफा करार दिया है। यह सर्वे मुस्लिम महिलाओं की आर्थिक और सामाजिक, शादी की उम्र, परिवार की आय, भरण पोषण तथा घरेलू हिंसा जैसे पहलुओं के आधार पर किया गया है।

तीन तलाक से एक पुरूष का जीवन स्वतंत्र हो जाए और एक महिला का जीवन अभिशाप बन जाए ऐसा नहीं होना चाहिए और यह उनके मौलिक अधिकारों के खिलाफ और न्याय संगत भी नहीं है। जब महिलाओं के लिए मजार में पाबंदी हट गयी। शनि मंदिर में महिलाओं को प्रवेश दे दिया। दक्षिण भारत में कुछ मंदिरों में महिला पुजारी ही भगवान को प्रसाद चढ़ाती है? असल कुरान में समाज में स्त्रियों की गरिमा, सम्मान और सुरक्षा सुनिश्चित करने के लिए बहुत सारे प्रावधान किए हैं। तलाक के मामले में भी इतनी बंदिशें लगाई गई हैं कि अपनी बीवी को तलाक देने के पहले मर्दो को सौ बार सोचना पड़े। कुरान में तालक को न करने लायक काम बताते हुए इसकी प्रक्रिया को कठिन बनाया गया है। जिसमें रिश्ते को आखिरी दम तक बचाने की कोशिश, पति-पत्नी के बीच संवाद दोनों परिवारों के बीच बातचीत और सुलह की कोशिशें और तालक की इस पूरी प्रक्रिया को एक समय सीमा में बांधना शामिल है।

विश्व भर में कई मुस्लिम स्कॉलर ने तीन तालक को गैर इस्लामिक घोषित किया है। इन लोगों के अनुसार कुरान में इस तरह के किसी तालक का जिक्र नहीं है। तीन तलाक इन दिनों फोन, टेक्स्ट मेसेज, फेसबुक ,स्काइप, ईमेल आदि के जरिये किया जाने लगा है और ऐसी घटनाओं की संख्या में लगातार वृद्धि हो रही है क्योंकि इस्लामिक नीति में ये कानूनी सही है, अतः पुरूषों को कोई खास फर्क

नहीं पड़ता है वहीं दूसरी तरफ वैसी स्त्रियां जो आर्थिक रूप से अपने षौहर पर निर्भर रहती हैं, उन्हें इस तरह के तलाक से आने वाली जिंदगी में काफी परेशानियों का सामना करना पड़ता है। आर्थिक एवं सामाजिक परेशानियों के साथ-साथ वे भावानात्मक रूप से टूट जाती है, ऐसी महिलाओं को किसी भी तरह से जीवन निर्वाह का जरिया नहीं मिल पाता है। ऐसी महिलाएं अक्सर जिंदगी में अकेली पड़ जाती हैं इनके पास अपने बच्चों को पालने का कोई जरिया नहीं होता है। ऐसे अधिकतर केसों में तीन तलाक हो जाने के बाद आदमी अपने बच्चों बीवी की जिम्मेदारियों से खुद को अलग कर लेता है। समाज की कई मुस्लिम महिलाएं इस बात के डर में अपनी जिदंगी गुजार देती हैं कि उनके शौहर जाने कब ये तीन शापित शब्द कह दें और उनकी जिंदगी खत्म होने के कगार पर आ जाए।

केन्द्र सरकार ने हाल ही में देश के सर्वोच्च न्यायालय को कहा है कि तीन तलाक, निकाह, हलाला और बहुविवाह जैसी प्रथाओं से मुस्लिम महिलाओं के सामाजिक स्तर को और उनकी गरिमा को ठेस पहुंचती है। साथ ही उन्हें वो सारे मौलिक अधिकार भी नहीं मिल पाते हैं जिसे हमारा संविधान हमारे लिए लागू करता है। सर्वोच्च न्यायालय में अपना लिखित मत देने से पहले सरकार ने कहा कि ये सभी प्रथाएं मुस्लिम महिलाओं को बराबरी का हक मिलने से रोकती है। ऑल इंडिया मुस्लिम पर्सनल लॉ ने कहा है कि मुस्लिम समुदाय में तलाक की संख्या बहुत कम है। इन लॉ बोर्ड के अनुसार कुछ लोग इस तरह का माहौल बनाने में लगे हैं कि मुसलमान समाज में तलाक की संख्या अधिक हो। विश्व भर में कई इस्लामी विद्वानों द्वारा इसकी खिलाफत लगातार की जा रही है और कई देशों में इस तरह के तलाक पर पूरी पाबंदी लगा दी गयी है। ऑल इंडिया मुस्लिम पर्सनल लॉ बोर्ड ने ये ऐलान किया कि वे लोग जो बिना किसी जायज कारण के तीन तालक देते हैं उन्हें मुस्लिम समाज से बहिष्कृत किया जायेगा। तीन तलाक मुस्लिम समुदाय में शादियों के तहत दिया जाता है। तीन तलाक की वजह से कई महिलाओं का जिंदगियाँ खराब हो जाती हैं।

भारतीय सिनेमा के जानी मानी हस्ती तथा स्वयं राज्यसभा के सांसद रह चुके जावेद अख्तर ने मुस्लिम पर्सनल लॉ बोर्ड के इस नए कोड की निंदा की है। बोर्ड के महासचिव ने कहा है कि ''बोर्ड द्वारा जारी ये नाम कोड तीन तलाक के वजहों की शरिया के जरिये व्याख्या करेगा।'' साथ में ये भी कहा कि- ''ये कोड उन लोगों को सही रास्ते पर लाएगी जो लोग तीन तलाक का दुरूपयोग करते हैं।'' कई लोगों को ये बात षायद रास आई हो, किन्तु अख्तर साहब ने

अपने ट्वीटस के जरिये धज्जियाँ उड़ा दी। जावेद अख्तार षुरू से ही तीन तलाक के खिलाफ रहे हैं और कई बार इसे बैन करने की माँग कर चुके हैं। अपने ट्वीट में अख्तार साहब ने लॉ बोर्ड के इस स्टेटमेंट को छल करार दिया है और लॉ बोर्ड के मिस्यूज वाले कथन का खण्डन करते हुए कहा है कि तीन तलाक स्वयं में एक अब्यूज है, लॉ बोर्ड छल से तीन तलाक को बनाए रखना चाहती है।

एक मुस्लिम महिला ने अपने मानवाधिकार के लिए सुप्रीम कोर्ट में पी0आई0एल0 दायर कर दी। अभी हाल में ही सुप्रीम कोर्ट का निर्णय महिलाओं के पक्ष में आया है। सुप्रीम कोर्ट के अनुसार ई-मेल, फोन और ॅींजेंचच तथा अन्य ऐसे साधन जिसमें पानी-पानी की सहभागिता न हो पर तलाक मान्य नहीं होगा। तलाक के लिए पति-पत्नी दोनों का सामने होना अनिवार्य है, और इसके लिए कोर्ट में याचिका दायर करनी होगी। अगर महिला चाहे तो इसके खिलाफ कोर्ट में अपील कर सकती है। निश्चित रूप से सुप्रीम कोर्ट का निर्णय महिलाओं के आत्म-सम्मान और उनके मानवाधिकार को मद्देनजर एक बहुत बड़ा फैसला है। इस फैसले से मुस्लिम महिलाओं को अपना खोया हुआ सम्मान एवं अपनी गरिमा की अस्मिता को अस्तित्व में रखने के लिए फायदा मिलेगा। हमारे समाज में तलाक का अर्थ है परित्याग करना। इसमें हर धर्म के अपने नियम और कानून हैं तलाक एक उर्दू शब्द है अगर हम बाकी देशों से तुलना करें बहुत से मुस्लिम देश जैसे- पाकिस्तान, श्री लंका, ईरान, इराक, सऊदी अरब, इन सभी देशों में तीन तालक पर प्रतिबंध है, पर हमारे देश में यह प्रथा आज भी बरगद के वृक्ष की तरह विशाल जड़ें फैलाये हुए हैं। जिससे न जाने कितनी मुस्लिम महिलाओं की जिंदगियां तबाह हो रही हैं और बसे बसाए घर उजड़ रहे हैं। उनके जीवन की खुशियां एक पल में छीनी जा रही हैं, जो बहुत ही अप्राकृतिक एवं अमानवीय है। यह प्रथा आज भी भारत में चिंता का विषय बनी हुई है। इस प्रथा से निपटने के लिए कुछ मुस्लिम महिलाओं ने अपना महत्वपूर्ण योगदान दिया है, और सुप्रीम कोर्ट का फैसला भी इन महिलाओं के पक्ष में आया हुआ है। इन महिलाओं के संघर्ष की सही मायने में जीत हुई हैं जीत केवल इन महिलाओं की ही नहीं बल्कि उन सभी महिलाओं की हुई है जो इस प्रथा की शिकार होती थी।

बांग्लादेश की प्रसिद्ध लेखिका तस्लीमा नसरीन का इस प्रथा के संदर्भ में कहना है कि आज कल कितनी धार्मिक बातें होने लगी है। चैनल के चैनल है। मैने बांग्लादेश में देखा है। 60-70 के दशक में ज्यादातर महिलाएं हिजाब और बुर्का नहीं पहनती थी लेकिन अब लगभग 90 प्रतिशत लड़कियां, महिलाएं हिजाब पहन रही हैं और इससे समाज बदल रहा है क्योंकि सरकार धार्मिकता को लोगों

के मन में भर रही है। मीडिया, सभी जगह टी0वी0, रेडियो, अखबार सभी धर्म की बातें कर रहे हैं। मस्जिद और मदरसे बन रहे है। मैं मानती हूँ कि लोगों को ज्यादा समझदार बनाने की आवश्यकता है, दरअसल विश्व में थोड़ा टकराव है यह टकराव धर्मो के बीच नहीं है, टकराव है नए विचारों एवं पुराने रीति-रिवाजों के बीच। टकराव है समझदार तार्किक दिमाग वालों और अज्ञानी, अंध विश्वासी लोगों के बीच टकराव है, जो आजादी में विश्वास करते हैं और जो नहीं करते हैं। यदि हम इस्लाम को अन्य धर्मो की तरह एनलाइटमेंट प्रक्रिया से होकर गुजरना होगा। सभी धर्म क्रिटिकल स्क्रूटनी से गुजरे हैं, सेकूलर कहे जाने वाले लोग भी सब धर्मो की आलोचना करते हैं पर इस्लाम को बरी रखते हैं, छूते नहीं। यदि आप किसी भी प्रकार की आलोचना की स्वीकृति नहीं देते हैं तब हम समाज में कैसे बदलाव करेंगे? सबसे बड़ी परेषानी वह यह है कि ये इस्लाम में जो हुज्जत है। जरूरत हुज्जत का भी है और बहस की भी। हमें वापस इस बात पर आना चाहिए कि बच्चे पढ़ तो बहुत रहे हैं लेकिन वो नहीं पढ़ रहे हैं जिससे इंसान बने। वे वो पढ़ रहे हैं जिससे वो मशीन बनें और यह बहुत बड़ी बात है कि हमारा जो इंसान है वो पूरा भौतिक आदर्शो में बदल गया है। यह फर्क हमारे अंदर हम लोगों ने खुद पैदा किया है। हमारे वर्ग के अंदर ही तो हमारे दुश्मन हैं, जब तक आप इस्लाम को पढ़िएगा नहीं तब तक आप उसके कूड़े झाड़ भी नहीं सकते है। मुस्लिम समुदाय में तीन तलाक की प्रथा ऐसे विरासत के रूप में घर कर गयी है जैसे घरों में मकड़ी के जाले लग गये हो। इस प्रथा से निपटने के लिए हम सबको जागरूक होना पड़ेगा और जो यह प्रथा बिना विचाराधीन चली आ रही है, समाप्त करनी है। जिससे हमारे समाज में वो महिलाएं सिर उठाकर जी सकें जो डर-डर के अपना पूरा जीवन ऐसे व्यतीत कर देती हैं जैसे उनका अपना कोई जीवन ही नहीं है कोई सपने एवं उम्मीदें नहीं है। अपनी खुद की कोई आजादी नहीं है। सारा जीवन शौहर के नियम कानून पर टिका है जो कब वो तीन शापित शब्द बोल दे जिससे उन महिलाओं की जिंदगी नरक बन जाये। यह मुद्दा बहुत ही चिंतनीय एवं विचारणीय है। इस मुद्दे पर एक सार्थक पहल होनी चाहिए जिससे वे तमाम जिंदगियां उजड़ने से बच जाएं जो हर साल न जाने कितनी उजड़ जाती है।

प्रकृति ने पुरूष और स्त्री को एक समान बनाया है तो उनके अधिकार भी एक समान होना चाहिए। धर्म, प्रथाएं समय के अनुसार बदलनी चाहिए। महिलाओं के समान हक का महत्व हमें देश को नई पीढ़ी को समझाना पड़ेगा। हमारी देश की आधी आबादी को हम पीछे रख के कभी भी प्रगति की ओर नहीं जा सकते।

हमें ऐसे तीखें सवाल को उठाना पड़ेगा और उनको समझाना भी पड़ेगा और यह हर धर्म पर लागू होता है।

सन्दर्भ ग्रन्थ सूची :

1. दैनिक जागरण, कानपुर 7 मार्च 2009।
2. डा0वीरेन्द्र सिंह यादव : आज का भारत, कुछ अहम सवाल, कुछ बुनियादी समस्याएं, पैसिफिक पब्लिकेशन्स, नई दिल्ली 2011।
3. द टाइम्स ऑफ इण्डिया, नई दिल्ली, 17 मई 2017।
4. कमलेश कुमार गुप्ता : महिला सशक्तिकरण, बुक एनक्लेव जयपुर, 2007।
5. अग्रवाल शारदा : आधी आबादी का यथार्थ भारतीय नारी, राधा पब्लिकेशन, नई दिल्ली, 2010।
6. अमर उजाला, कानपुर, 21 जनवरी 2018।
7. आउटलुक, मासिक पत्रिका, अगस्त 2017।
8. Sharma R.A. 2003 fundamentals of Woman Special Education,A LAL book depoot meerut, Uttar Pradesh

14

"तीन तलाक : एक विमर्श"

हेमन्त कुमार रिहारिया
शोध छात्र (राजनीति विज्ञान)
बुन्देलखण्ड विश्वविद्यालय झाँसी

भारतीय गणतन्त्र में हिन्दू धर्म के बाद इस्लाम दूसरा सर्वाधिक प्रचलित धर्म है, जो देश की जनसंख्या का 14.2% है जनगणना 2012 के अनुसार 17.2 करोड़ मुस्लिम भारत में निवाद करते हैं। भारत में इस्लाम का आगमन तकरीबन 7 वीं शताब्दी में अरब के व्यापारियों के आने से माना जाता है तब से आज तक यह भारत की सांस्कृतिक और धार्मिक विरासत का एक अभिन्न अंग बना हुआ है।

भारत एक धर्मनिरपेक्ष देश होने के साथ-साथ एक बहुलतावादी देश है, अद्यै विभिन्न भाषाओं, संस्कृतियों, धर्मो और सम्प्रदायों का अस्तित्व देखने को मिलता है। हमारे देश की सांस्कृतिक परम्परा "विभिन्नता में एकता" रही है। यहो की मिट्टी सामन्जस्य की सीख देती है। भारत का संविधान सभी को धार्मिक स्वतन्त्रता प्रदान करता है। संविधान की मूल भावना यही है कि सभी लोग आपस में क्षेत्रीय, वर्गीय व धार्मिक विषमताओं के बाद भी आपस में भाईचारे व सामन्जस्य से रहें।

लेकिन धार्मिक स्वतन्त्रता क नाम पर समाज में व्याप्त कई कुरीतियों को समय के साथ समाप्त न करने की बजाय उन्हें बढ़ावा देना कहो तक न्याय संगत है? शरीयत का हलाला देकर मात्र तीन बार तलाक शब्द का उच्चारण करके किसी महिला की जिन्दगी को बरबाद कर देना क्या उचित है? मुस्लिम धर्म में व्याप्त तीन तलाक जैसी कृप्रथा के संवैधानिक अन्तके प्रयासों से शरीयत और संविधान के बीच जो द्वन्द एवं टकराव उत्पन्न हो रहा है, मेरा शोधपत्र खासकर

इसी मुद्दे पर केन्द्रित है। साथ ही वर्तमान परिवेश में तीन तलाक की प्रासंगकिता को भी परखने का प्रयास किया गया है।

अरब में इस्लाम धर्म के आने से पहले एक कबीलाई संरचना थी। कबीलों मेंजो नियम और कानून थे वे लिखे हुये नहीं थे। ये कानून समय और जरूरत के अनुसार बदलते गये। 7वीं शताब्दी में मदीना में मुस्लिम समुदाय की स्थापना हुई और यह जल्द ही आसपास के इलाकों में फैलने लगा। इस्लाम की स्थापना के साथ ही कबीलाई रीति रिवाजों पर कुरान हावी हो गई। कुरान में लिखित व अलिखित रीति रिवाज शरीयत के तौर पर जाने जाते हैं। इस्लामिक समाज शरीयत के मुताबिक चलता है। इसके साथ ही शरीयत पैगम्बर के काम और शब्द (हदीस)पर भी आचारित है। (2) मुल रूप में वे समाजको व्यवहारिक समस्याओं के लिये बहुत व्यापक और समान्य समाधान थे जो समय के साथ-साथ धीरे-धीरे शरीयत के रूप में विकसित होते गये।

भारत में ब्रिटिश समाज के दौरान मुस्लिमों के लिये एक इस्लामिक कानून के रूप में सन् 1937 में मुस्लिम पर्सनल लॉ" पास किया गया। जो मुस्लिमों के शादी, तब से लेकर आज तक समस्त व्यक्तिगत विवादों का के फैसले इसी एक्ट के अर्न्तगत होते हैं। भारत में इसके अतिरिक्त अन्य धार्मिक समूहों के लिये भी ब्रिटिश सरकार एवं स्वतन्त्र भारत की सरकार ने कानून बनाये। जिनमें 1956 का हिन्दू उत्तराधिकार अधिनियम जिसके अर्न्तगत हिन्दू, बौद्ध, जैन और सिक्खों में विरासत में मिली सम्पत्ति तलाक एक्ट और 1955 का हिन्दू विवाह अधिनियम प्रमुख उदाहरण हैं।

भारतीय संविधान स्त्री अथवा पुरूष सभी को समान अधिकार प्रदान करता है। भारतीय संविधान के अनुच्छेद 14 के अनुसार- ''भारत राज्य क्षेत्र के किसी व्यक्ति के विधि के समक्ष समता से अथवा विधियों के समान संरक्षण से वंचित नहीं किया जायेगा।"

अनुच्छेद 15 के अनुसा- ''राज्य धर्म, मूल, जाति, वंश, लिंग, जन्मस्थान के आधार पर नागरिकों के बीच कोई भेद नहीं करेगा। ''भारतीय संविधान में स्पष्ट है कि पुरूष एवं महिला को समान अधिकार प्रदान किये गये हैं।

भारत में मुस्लिम समाज विवाह-तलाक एंव अन्य व्यक्तिगत कार्य अपने इस्लामिक रीति रिवाज व शरीयत के कानून के अनुसार करते हैं। मुस्लिमसमाज में विवाह पद्धति के अनुसार कोई भी लड़का अथवा लड़की अपनी स्वयं की इच्छा के अनुरूप शादीकरने के लिये स्वतन्त्र है। विवाह को मुस्लिम समाज में

निकाह कहा जाता है जो मौलवी, गवाह एवं वकील की उपस्थिति में सम्पन्न होता है। निकाह के दौरान लड़का एक निश्चित राशि लड़की के जीवन यापन के काम आती है। यह सभी प्रक्रिया एक एग्रीमेण्ट तहत होती है, जो लिखित एवं वकील, गवाह, मौलवी, लड़का एवं लड़की द्वारा हस्ताक्षरित होता है।

शादीशुदा जीवन यदि किसी कारणवश निर्वाह नहीं होता है तो शौहर अथवा बीवी दोनों में कोई भी तलाक ले सकता है। तलाक लेने की दो विधियाँ इस्लाम में प्रचलित हैं। प्रथम विधि तलाक ए सुन्ना के अनुसार ''शौहर दो ऋतुकालों की अवधि के बीच एक बार तलाक देता है। और इद्दत (तलाक बाद से पूर्ण तलाक होने के बीच की अवधि, कम से कम 3 माह) के बाद दूसरी एवं तीसरी बार तलाक का इरादा जाहिर करने पर विवाह विच्छेद पूर्ण माना जाता है।''

दूसरी विधि तलाक उल विद्दत के अनुसार शौहर एक बार में ही तलाक शब्द का तीन बार उच्चारण करके विवाह-विच्छेद कर सकता है। इस प्रकार का तलाक कई बार पोस्टल कार्ड और दूरसंचार के माध्यम से भी दिया गया है। समान्यतौर पर तीन तलाक का प्रयोग न के बराबर ही होता है, परन्तु इस प्रकार की कुरीति जो एक शब्द के तीन बार उच्चारण मात्र से किसी महिला के जीवन को तहस-नहस कर देती है का अन्त होना महिला सशक्तिकरण एवं मानवाधिकारों की दृष्टि से आवश्यक है।

भारत में तीन तलाक को मुस्लिम महिलाओं द्वारा समय-समय पर चुनौती दी गयी, परन्तु तब इसे शरीयतका हवाला देकर एवं 1400 वर्ष पुरानी व्यवस्था बताकर न किसी न किसी प्रकार यथावत रखा गयां आज जबकि 21वीं सदी में शैक्षिक, आर्थिक, सामाजिक एवं राजनीतिक रूप से महिलाओं को सशक्त बनाने की पहल जोरों पर है तब तीन तलाक के रूप में अपने अधिकारों के हनन के प्रति मुस्लिम महिलाओं की चेतना जागरूक हुई है। वैश्विक मुस्लिम समुदाय भी तन तलाक को महिलाओं के मानवाधिकारों का हनन मानकर इससे पीछा छुड़ा चुका है। हिन्दुस्तान टाइम्स के अनुसार दुनिया के 22 मुस्लिम देश अब तक तीन तलाक को असंवैधानिक एवं अमानवीय मानते हुये बैन कर चुके हैं। इस क्षेत्र में इजिप्ट ऐसा पहला देश है जिसने सर्वप्रथम सन् 1929 में इस्लामिक विद्वान इब्न तामियां की 13वी सदी में कुरान की विवेचना के आधार पर तीन तलाक को खत्म कर दिया। इसके बाद सन् 1929 में ही सूडान ने भी तीन तलाक को बैन किया। पाकिस्तान में सन् 1956 में तीन तलाक को खत्म कर दिया गया तथरा नये कमीशन के तहत पति को तलाक लेने से पहले मैट्रीमोनियल एण्ड

फैमिली कोर्ट से तलाक का आदेश लेना होगा। सन् 1961 में पुनः इसमें बदलाव करते हुये प्रावधान रखा गया कि पति तलाक लेने से पहले इस मामले पर बनाई गयी सरकारी संस्था के चंयरमैन को नारिस देगा, इसके 30 दिन बाद एक यूनियन काऊसिल पति और पत्नी को रजामन्दी के लिये +90 दिन को समय देगी, यदि ऐसा नहीं होता है तब तलाक कुछ प्रावधानों के साथ वैद्य माना जायेगा। सन् 1971 में पाकिस्तान से अलग होते ही बाग्लादेश ने भी तीन तलाक को खत्म कर दिया। अरबी देश इराक भी सन् 1959 में शरीयत कोर्ट के कानूनों को सरकारी कोर्ट के कानूनों के साथ बदलने के बाद तीन तलाक को खत्म कर चुका है। एक और इस्लामिक देश सीरिया जहाँ पर 74% मुस्लिम जनता निवास करती है। यहाँ पर भी तीन तलाक के स्थान पर पर्सनल स्टेट्स लौ में आर्टिकल 92 लागू कर तीन तलाक को बैन कर दिया गया। ट्यूनीशिया में तो तलाक तब तक वैद्य नहीं माना जाता जब तक कि शादीशुदा जिन्दगी में जारी तनाव की अदालत गहन जाँच पूर्ण नहीं कर लेती। मलेशिया के डिवोर्स रिफॉर्म एक्ट 1969 के तहत तलाक के लिये अदालत में अर्जी देनी पडती है फिर भी अदालत द्वारा सम्बन्ध सुधार हेतु कुछ समय दिया जाता है यदि मतभेद नहीं सुलझते हैं तब पति अदालत के समझ तलाक दे सकता है। और इन्डोनेशिया में तलाक कुछ निर्धारित वजहों से वहाँ के आर्टिकल 19 के आधार पर मिल सकता है अन्यथा नहीं। इन सभी देशों के अतिरिक्त श्रीलंका, साइप्रस, जॉर्डन, अल्जीरिया, ईरान, ब्रुनेई, मोरक्को, कतर एवं यू0ए0ई0 में भी तीन तलाक को बन्द कर दिया गया है।

भारत में पिछले कुछ दिनों से तीन तलाक पर बड़ी लम्बी बहस छिड़ी हुई है। वैसे तो समय-समय पर मुस्लिम महिलाओं द्वारा तीन तलाक के विरूद्ध हमेशा आवाज बुलन्द होती रही है, परन्तु उत्तराखण्ड निवासी शायरा बानो की दायर अपील के बाद भारत के इतिहास में पहली बार भारतीय जनता पार्टी की सरकार संसद में तीन तलाक खत्म कर, तीन तलाक देने वाले पति के विरूद्ध दण्डात्मक कार्यवाही का प्रावधान लेकर आयी। इस विल को संसद के निम्न सदन में तमाम गतिरोधों का सामना करना पड़ा। लोकसभा में विल रखते समय ए0 आई0 एम सांसद असदुदीन औवेसी ने इसका पुरजोर विरोध किया हालांकि मुस्लिम पर्सनल लॉ बोर्ड ने इस बिल का स्वागत करते हुये कहा कि बोर्ड तीन तलाक के सख्त रिवलाफ है। इसके साथ ही बोर्ड का यह भी मानना है कि कुछ परिस्थितियों में तीन तलाक को मान्यता देना भी गलत नहीं हैं इनके अतिरिक्त बसपा, राजद, बामदल एवं कांग्रेस जैसे राजनीतिक दलों का सूख भी तीन तलाक पर स्पष्ट

नहीं है। जैसे-तैसे लोकसभा में यह पास हो यगा पर राज्यसभा में पहुचते ही विपक्ष के पुरजोर विरोध के बीच अटक गया। राज्यसभा में कांग्रेस के नेतृत्व में विपक्ष इस बिल में सुधार के लिये इसे सिलेक्ट कमेटी में भेजने की मांग पर अड़ा हुआ है जबकि सरकार इस मांग पर झुकने को तैयार नहीं हैं विपक्ष और सरकार की रस्साकसी का नतीजा यह हुआ कि राजनीतिक गतिरोधों की बजह से तीन तलाक बिल लटक गया हैं जबकि देश का सुप्रीम कोर्ट तीन तलाक को निरस्त करने का फैसला सुना चुका है।

निष्कर्षत: यह कहा जा सकता है कि कुरान ने समाज में स्त्रियों की गरिमा, सम्मान और सुरक्षा सुनिश्चित करने के लिये बहुत सारे प्रावधान किये हैं। तलाक के मामले में भी इतनी बंदिशें लगाई है कि अपनी पत्नी को तलाक देने से पहले पति को सौ बार सोचना पड़े। कुरान में तलाक को न करने लायक काम बताते हुये इसकी प्र.िया को कठिन बनाया गया है, यही नहीं तमाम कोशिशें नाकाम साबित हो जायें तभी दोनों कोएक दूसरे से अलग हो जाने की इजाजत है। मुझे यह समझा नही आता कि कुरान की व्याख्याओं पर आधारित तीन तलाक का वर्तमान नियम स्त्रियों के प्रति इतना निर्मम क्यों है कि जब भी मर्द चाहे एक बार में तीन तलाक बोलकर अपनी जिन्दगी के उसके हिस्से के सफर में उसे अकेला और बेसहारा छोड़ दे। यह पुरूषवादी सोच और नजरिये का परिणाम है क्यांकि मुसलमानों के तमाम धर्मगुरू औरी लगभग सारे मुल्ला-मौलवी पुरूष वर्ग से आते हैं, औरतों का वहाँ कोई प्रतिनिधित्व नहीं है। फिलहाल तलाक का यह तरीका बेहद आसान होने के बाद भी भारत में मुस्लिमों के बीच तीन तलाक का अनुपात बेहद कम मात्र 0.5% है। पढ़े लिखे और जागरूक मुसलमान शायद ही तीन तलाक का प्रयोग कभी करते है, परन्तु देश में लैंगिक समानता के आदर्श के आलोक में इसमें संशोधन कर इसे खत्म करने की आवश्यकता है। एक बार में तीन तलाक का तरीका वर्तमान समय में अप्रांसगिक ही नहीं, वरन कुरान की भावनाओं के विपरीत भी है। मेरे विचार से देश के इस्लामी विद्वान, कुरान और शरीयत के कानूनों के विशेषज्ञ तथा मुस्लिम पर्सनल लॉ बार्ड के अधिकारी वक्त के साथ चलते हुये स्त्रियों के प्रति संवेदनशीलता दिखाते हुये कुरान की रोशनी में ही यदि तीन तलाक की पद्धति में संशोधन की पहल करें तो उनके इस कदम से मुस्लिम स्त्रियों में सुरक्षित जीवन और आत्मविश्वास का भरोसा ही नहीं पैदा होगा वल्कि देश दुनिया में एक सकारात्मक संदेश भी जायेगा।

सन्दर्भ ग्रन्थ सूची

1. भारत में इस्लाम-विकिपीडियाhttps://hi.m.wikipedia.org
2. क्या है शरीयत और मुस्लिम पर्सनल लॉ?

   https://www.jansatta.com
3. सतपथी, प्रीती. महिलाओं के संवैद्यानिक एवं विधिक अधिकार: विश्लेषणात्मक अध्ययन, https://anvpublication.org/journal/html.
4. अल्पसंख्यक समाज में विवाह एवं तलाक का अधिकार

   hi.vikaspedia.in>social-welfare
5. तीन तलाक: पाकिस्तान समेत दुनिया के 22 मुसलमान देश जहाँ ट्रिपल तलाक है बैन. (28 जनवरी 2018)

   https://www.livehindustan.com
6. तीन तलाक की नौबत आये तो सबसे पहले उलेमा से सम्पर्क करें: मुस्लिम पर्सनल लॉ बोर्ड (28 जनवरी 2018) https://www.khabar.ndtv.com
7. गुप्त, ध्रुव (तीन तलाक पर ये कहता है कुरान, पुरूष ही नहीं स्त्रियों को भी दिये है कई हक, लेकिन?) इल

   https://www.hindi.news18.com>blogs

15

तीन तलाक: एक समाजशास्त्रीय समीक्षा

हेमलता सिंह
(रिसर्च स्कालर)
मेरठ कॉलेज, मेरठ

यह एक सर्वभौमिक तथ्य है कि विवाह अपने में एक सम्पूर्ण व्यवस्था नहीं है। इसमें कुछ असफलताएं भी होती है तथा कुछ विवाह टूटते भी हैं इसलिये समाज द्वारा कुछ विधियां हैं जो विवाहों के निपटारे के लिये विकसित की जाती हैं। तलाक एक ऐसी ही विधि है जिसके द्वारा समाज असफल दम्पति को पुन: विवाह करने का अवसर प्रदान करता है। तलाक का अर्थ वैवाहिक सम्बन्धों का कानूनी रूप से टूट जाना है। यह समाज द्वारा स्वीकृत एक ऐसा साधन है जो कि विवाह की असफलता से सम्बन्धित है। तलाक एक सामाजिक घटना है कुछ लोग इसे व्यक्तिगत घटना मान लेते हैं लेकिन यह व्यक्तिगत न होकर पूरे समाज की घटना है क्योंकि इसका प्रभाव पूरे समाज पर पड़ता है। जब समाज में तलाक की संख्या में वृद्धि होती है तो यह एक बड़ी सामाजिक समस्या के रूप में सामने आती है।

महिलाओं में तलाक के कारण मानसिक शारीरिक शोषण होता है। तीन तलाक मुस्लिम समाज में व्याप्त एक कुरीति है जो महिलाओं को सामाजिक मानसिक रूप से आघात पहुंचाती है। तीन तलाक मुस्लमान समाज में तलाक का वो जरिया है जिससे एक मुस्लिम व्यक्ति तीन बार तलाक बोलकर अपनी पत्नी को तलाक दे सकता है। ये मौखिक या लिखित हो सकता है या हाल के दिनों

में टेलीफोन एस0एम0एस0, ईमेल या शोसल मीडिया जैसे इलैक्ट्रॉनिक माध्यमों से भी तलाक दिया जा रहा है। एक महिला का पूरा जीवन तीन शब्दों से परिवर्तित हो जाये या कहा जाये कि बर्बाद हो जाय किसी भी तरह जायज नहीं है। तलाक का यह जरिया मुस्लिम पर्शनल लॉ के हिसाब से कानूनी है, लेकिन मुस्लिम महिलाओं का एक बड़ा वर्ग है, जो इसका विरोध करता है।

सय्यद अमीर अली ने लगभग सौ वर्ष पहले अपनी पुस्तक ''मुहम्मेडन लॉ'' में लिखा था ''तीन बार दिया गया तलाक एक विधर्मी अथवा अनियमित प्रकार का तलाक है, जिसकी शुरूआत मुस्लिम युग की दूसरी शताब्दी में हुई थी। इसी समय उम्यान के बादशाहों ने यह देखा कि पैगम्बर साहिब द्वारा लगाये गये नियन्त्रणों के कारण तलाक देना आसान नहीं था। ये नियन्त्रण उनकी मौज मस्ती में बाधक बने हुए थे। इसलिये उन्होंने कानून की सख्ती से बचने का उपाय ढूंढने का प्रयास किया। उन्होंने अपने मकसद को पूरा करने के लिए विधि वेत्ताओं के दब्बूपन से बचाव का रास्ता दिखाई दिया।

इसी प्रकार असगर अली इंजिनियर ने अपनी पुस्तक ''द राइट्स ऑफ विमेन इन इस्लाम'' में इन परिस्थितियों को स्पष्ट करने का प्रयास किया है वे लिखते है कि ''सवाल यह पैदा होता है कि दूसरे खलीफा हजरत उमर ने तलाक-ए-बत्ताह (तीन बार तलाक) क्यो लागू किया। मिश्र के प्रसिद्ध इस्लामी विद्वान मुहम्मद हुसैन हैकल का कहना है कि इसकी शुरूआत उस समय मौजूदा असाधारण परिस्थितियों के कारण हुई। जीती हुई जंगों के दौरान श्याम, मिश्र और दूसरे स्थानों से कब्जे में ली गई। बहुत सी औरतों को मदीना लाया गया। वह गोरे रंग की खूबसूरत औरते थीं और अरबी लोगों के मन में उनसे विवाह करने की लालसा जाग उठी, लेकिन ये औरते पति की पहली पत्नियों के साथ रहने की आदी नहीं थी। इसलिये उनकी शर्त होती थी कि वह अपनी पत्नियों को तीन बार तलाक दे जिससे उन्हें वापिस नहीं लिया जा सके। वे यह नहीं जानती थीं कि कुरान और सुन्नत के अनुसार तीन तलाकों को केवल एक तलाक माना जाता था।

तीन तलाक की प्रथा के पीछे कारण चाहे जो भी रहा हो इसमें दो बातें बिल्कुल स्पष्ट है। एक तो यह कि यह नियम एक ऐसा उपाय था, जिसे विशिष्ट परिस्थितियों से निपटने के लिए वैधता का जामा पहना दिया गया। ये परिस्थितियां थी- सय्यद अमीर अली के अनुसार '' उम्मान के बादशाहों की मौजमस्ती करने की तलब'' और दूसरा था निरंकुश अरब वासियों की उस

चालबाजी को खत्म करना जो कि वह इन गोरी और सुन्दर औरतों से शादी करने के लिए अपना रहे थे। जिन्हें जंगों के दौरान कब्जे में लिया गया था।

कारण कुछ भी रहे हो पर वर्तमान में यह एक ऐसी प्रथा बन गई है जिसने मुस्लिम महिलाओं को पूरी तरह असुरक्षा के घेरे में लाकर खड़ा कर दिया है। यह प्रथा पूरे विश्व में विद्यमान रही है पर फिर भी इसके समाज पर नकारात्मक प्रभाव के कारण कई देशों ने इस पर प्रतिबन्ध लगाने के कदम उठाये है। अधिकतर देशों ने इस पर पहले ही प्रतिबन्ध लगा दिया है। वर्तमान में कम से कम 22 इस्लामी देश है जिन्होंने इस प्रथा को पूरी तरह से समाप्त कर दिया है। इन देशों में जिन्होंने इस प्रथा को पूरी तरह से समाप्त कर दिया हैं इन देशो में पाकिस्तान, बंगलादेश, श्रीलंका, तुर्की, अल्जीरिया, टयूनीशिया आदि देश शामिल हैं। इन सभी देशों में मिश्र पहला देश था जिसने वर्ष 1929 में इस प्रथा को समाप्त किया थ। वर्ष 1935 में सूडान ने भी इसे प्रतिबन्धित कर दिया था। इराक, जार्डन, इण्डोनेशिया, संयुक्त अरब अमिरात और कतर में तीन तलाक के सन्दर्भ में तैमियाह (Taymiyyah) की स्थिति को स्वीकार किया है। इसके अनुसार एक ही समय तीन बार बोले गये तलाक को एक ही माना जाता है।

हाल ही में भारत में तीन तलाक को लेकर छिड़ी बहस के बीच मुस्लिमों की तुर्क बिरादरी ने बडी पहल करते हुये अपने समाज में एक साथ तीन तलाक देने की प्रथा पर पाबन्दी लगा दी है।

भारत में तीन तलाक को लेकर धीरे-धीरे आवाज उठने लगी है। मुस्लिम महिलायें समाज में जब अपनी तुलना अन्य धर्म की महिलाओं से करती हैं तो वह पाती हैं कि उन्हें उचित न्याय प्राप्त नहीं हो रहा है। मुस्लिम महिलायें धीरे-धीरे शिक्षा की ओर अग्रसर हो रही हैं और हर क्षेत्र में अपनी उपस्थिति दर्ज करा रही हैं। यही जागरूकता उन्हें अपने सामाजिक जीवन की कुप्रथा को तार्किक रूप से देखने का नजरिया प्रदान कर रही है। यही शिक्षा और तार्कीक सोच का परिणाम है कि उन्होंने अपने समाज की एक बडी कुप्रथा तीन तलाक को लेकर न्याय की आवाज उठाई है।

किसी भी धर्म की महिला हो उसके जीवन में सबसे महत्वपूर्ण विषय विवाह होता है और विवाह से सम्बन्धित सभी घटनाएं उनमें विवाह विच्छेद भी है। इसी प्रकार मुस्लिम महिलाओं के जीवन में सबसे महत्वपूर्ण विषय विवाह और तलाक है। जब एक स्त्री पुरूष अपनी आजाद मर्जी से एक दूसरे के साथ पति और पत्नी के रूप में रहने का फैसला है। अनेकों शर्तो के के साथ-साथ

विवाह मुस्लिमों में एक सन्विदा है जिसकी कुछ विशेष शर्त होती है, इसमें पुरूष विशेष शर्त होती है, जिसमें पुरूष वैवाहिक जिम्मेदारियों को उठाने की शपथ लेता है। एक निश्चित रकम, जो आपसी सहमति से तय होती है वर पक्ष वधु पक्ष को देता है जिसे महर कहते है। इन शर्तों के बिना स्त्री पुरूष का सम्बन्ध वैधानिक नहीं हैं ना ही वह समाज में स्वीकार्य हैं बल्कि वह एक अपराध की श्रेणी में आ जाता है, लेकिन यह सम्बन्ध कोई भी पक्ष अपनी इच्छा से खत्म भी कर सकता है, जिसका अधिकार उसे इस्लाम देता है इस विवाह विच्छेद, जिसे तलाक कहते हैं। वह इस्लाम में किन्ही जरूरी स्थिति में लेने का प्रावधान है। पवित्र कुरान में दीने इब्राहीय की रिवायात के मुताबिक अरब जाहिलियत के दौरान में भी तलाक से अनजान नहीं थे। उनका इतिहास बताता है कि तलाक का कानून उनके यहां भी लगभग वहीं था जो अब इस्लाम में है, लेकिन कुछ बिदअते उन्होंने इसमें भी दाखिल कर दी थी।

जब किसी पत्नी-पति में झगड़ा बढ़ता दिखाई दे तो अल्लाह ने कुरान में उनके करीबी रिश्तेदारों और उनका भला चाहने वालों को यह हिदायतें दी है कि वो आगे और मामले को सुधारने की कोशिश करें। इसका तरीका कुरान ने यह बतलाया है कि ''एक फैसला करने वाले शोहर के खानदान में से मुकर्रर करे और एक फैसला करने वाला बीवी के खानदान में से चुने और वह दोनों पक्ष मिलकर उनमें सुलह कराने की कोशिश करें। कुरान में इसे इस प्रकार बताया है- ''और अगर तुम्हें शोहर बीवी में फूट पड़ जाने का अन्देशा है तो एक हकम (जज) मर्द के लोगों में से और एक औरत के लोगों में से मुकर्रर कर दो, अगर शोहर बीवी दोनों सुलह चाहेंगे तो अल्लाह उनके बीच सुलह करा देगा बेशक अल्लाह सब कुछ जाने वाला है और सब की खबर रखने वाला है। (सुरेह निसा इस प्रकार मुस्लिम महिलाओं को कुरान ने भी कुछ अधिकार दिये हैं।

समाज में प्रचलित कुछ खास परम्परा जो समाज के किसी हिस्से के जीने या सहज जीवन के अधिकारों का हनन होता है तो उसे खत्म करना उस समाज की ही जिम्मेदारी होनी चाहिये, लेकिन उसे परम्परा के नाम से निभाया जाता है तो एक सभ्य राज्य व्यवस्था को कानून बनाकर किसी समुदाय के पीड़ित हिस्से या व्यक्ति के मानवाधिकारों की सुरक्षा का इन्तजाम करना चाहिये। समान नागरिकता संहिता को लेकर जिस तरह के विरोध सामने आये हैं वे हैरान करने वाले है। मुस्लिम महिलाओं में तीन तलाक की परम्परा का देश के कानून पर पड़ने वाले असर को लेकर सामने आया है।सवाल है कि आखिर किस आधार पर किसी ऐसी परम्परा को देश के कानून से आजाद माना जाना चाहिये जो एक

झटके में किसी स्त्री के जीवन को त्रासद बना दे, उसे उनके अधिकारों से वंचित कर दें। दलील दी जाती है कि यह परम्परा मुस्लिम समाज के ''पर्सनल लॉ'' यानि आन्तरिक नियम कानून के मुताबिक कायम है, जिसे नहीं छेड़ा जाना चाहिए, क्योंकि हर समुदाय को देश और संविधान धार्मिक आजादी का अधिकार प्रदान करता है, लेकिन वह यह भूल जाते हैं कि इसी संविधान के अनुच्छेद-44 में देश के सभी नागरिकों के लिये एक समान कानून पर जोर दिया गया है।

भारत का संविधान धार्मिक आजादी देता है पर धार्मिक आजादी में यह महत्वपूर्ण सवाल है कि यह आजादी कभी भी किसी व्यक्ति का अहित न होने दे। किसी वर्ग का शोषण न होने दे किसी के साथ अन्याय न होने दे, लेकिन तीन तलाक ऐसी प्रथा है जिससे मुस्लिम महिलाओं का जीवन अचानक ही कई प्रकार के संकटों से घिर जाता है।

कभी-कभी मुस्लिम समाज जो कि पूर्णत: पितृसत्तात्मक है वह यह भी दलील देता है कि तीन तलाक से महिलाओं की हत्या में कमी आती है। उनका कहने का तात्पर्य है कि दहेज प्रथा घरेलू हिंसा द्वारा होने वाली विकट परिस्थितियों से महिलायें बच जाती हैं। यह सब हास्यासप्रद प्रतीत होता है कि यदि व्यक्ति जहर से नहीं मर रहा तो उसे चाकू ही मार दिया जाये। तीन तलाक महिलाओं को किसी भी प्रकार के अधिकार नहीं देता है वह तो बस तलाक-तलाक-तलाक है जो पुरूष उनसे झुटकारा पाकर अपनी नई खुशहाल जिन्दगी पुन: प्राप्त कर लेता है, पर इससे तीन शब्दों का प्रभाव उसे महिला और उसके बच्चों पर क्या पड़ता है। यह उसकी सामाजिक, आर्थिक, मानसिक दशा क्या होती है यह कोई विषय नहीं है।

प्रश्न का जवाब खोजने के प्रयास में यदि हम 71 साल पहले आजादी के लिए संघर्षरत भारत की ओर देखें तो इस समस्या की जड़ें भी हमें वहीं दिखाई देगी, जहां से स्वतन्त्र भारत का जन्म हुआ है। भारत देश की 71 साल पहले कि यह अजीव विडम्बना है कि एक ही देश में अलग-अलग धार्मिक पहचान वाले समुदाय के सामाजिक जीवन के लिये अलग-अलग कानूनी व्यवस्था हो, लेकिन हमारे यहां यह विचित्र व्यवस्था देश की आजादी के बाद भी लागू है, जिससे धार्मिक सहिष्णुता बनाये रखने की इच्छा में उनके अपने-अपने विशेष अधिकारों को सुरक्षा दी गयी। पर सवाल यह भी उठता है कि यह परम्परायें यदि उन समुदाय के अपने हित के लिये है, जो उन समुदायों के प्रत्येक सदस्यों को समान अधिकार दे रहे है, तो उचित है, परन्तु यदि वह अधिकार अपने धर्म के ही समुचे व्यक्तियों के साथ न्याय नहीं कर पा रहे तो वह उचित नहीं है। लेकिन सच यह

है कि धर्म और परम्पराओं के नाम पर कुछ समुदायों के भीतर जारी रवायतें व्यवहार में जिस शक्ल में जमीन पर उतरती है उसका खामियाजा आमतौर पर स्त्रियों और उसके कमजोर वर्गों को भुगतना पड़ता है। यह भी कष्टदायक है कि लोकतन्त्र जानने वालों को पहली ही नजर में जिस वर्गके साथ अन्याय होता दिख रहा है वह और देश का कानून फिर भी उस व्यक्ति की मदद नहीं कर सकता और वह लोकतन्त्र, कूानन अपने को असहाय अनुभाव करते हैं। धार्मिक कट्टता यह होने नहीं देती।

मोटे तौर पर भारत देश में 18 करोड मुस्लमान हैं जो कि देश की आजादी का 14.88 प्रतिशत है और 18 करोड़ की आजादी में लगातार बढ़ोत्तरी हो रही है। इसमें से आधी आबादी मुस्लिम महिलाओं की है, जिनकी स्थिति आंकड़ों के मुताबिक संतोषजनक नहीं है। सरकारी आंकडों के मुताबिक 60 प्रतिशत महिलायें शिक्षा से वंचित हैं इसमें से 10 प्रतिशत मुस्लिम महिलायें ही उच्च शिक्षा ग्रहण कर पाती हैं, जबकि शेष 30 प्रतिशत महिलायें 10वीं कक्षा तक और उससे भी कम तक शिक्षा प्राप्त कर पाती हैं और विवाह के बंधन में बांध दी जाती हैं।

भारत में मुस्लिम समुदाय की आर्थिक सामाजिक और शैक्षणिक स्थिति का अध्ययन करने वाली सच्चर समिति की रिपोर्ट के मुताबिक देशभर में मुस्लिम महिलाओं की साक्षरता पर 53.7 प्रतिशत है जिसमें अधिकांश महिलायें केवल अक्षर ज्ञान तक ही सीमित है। 7 से 16 वर्ष की आयु वर्ग की स्कूल जाने वाली लडकियों की दर केवल 3.11 प्रतिशत है शहरी इलाकों में 4.3 प्रतिशत और ग्रामीण इलाकों में 2.26 प्रतिशत लडकियां ही स्कूल जाती हैं। शिक्षा में मुस्लिम महिलायें समाज में पिछड़ी हैं जिस कारण वह अपने अधिकारों के प्रति सजग नहीं हैं। मुस्लिम महिलाओं को आर्थिक रूप से अधिकतर अपने परिवार पर निर्भर होना पड़ता है, जिससे पितृसत्तात्मक मुस्लिम समाज उन्हें अपनी सम्पत्ति का ही एक रूप मानते हैं।

मुस्लिम महिलाओं की इस दशा का जिम्मेदार कहीं कहीं धर्म शरीयत के कानून, मौलवी उलेमा हैं जिन्होंने समाज को एकतरफा (पुरूष प्रधान) ही बना दिया है धर्म के सभी कठोर कानूनों का पालन महिलाओं पर थोप दिया गया है।

पवित्र कुरान में महिलाओं को सम्मान की बात कही है पर लोगों ने तोड़-मरोड़ कर धर्म की परिभाषा ही बदल दी हैं धर्म की रूढ़ी वादिता महिलाओं के पैरों में लोहे की बेड़िया है जो उन्हें जकडे हुई है। मुस्लिम समाज

में सामाजिकरण की प्रक्रिया के दौरान ही अनेकों कायदे कानूनों में बांध दिया जाता है, महिलाओं को स्कूल नहीं जाना, महिलाओं को पर्दा किसी भी सूरत में नहीं हटाना, पुरूषों से बात नहीं करनी, पति से वाद विवाद नहीं करना, सहन करना है आदि अनेकों शिक्षा उन्हें उनके परिवार से बचपन में ही प्राप्त होने लगती है और शिक्षा की स्थिति दयनीय होने के कारण मुस्लिम महिलायें अपने अधिकारो के प्रति सजग नहीं हैं।

इसी कारण कुछ चिन्तकों ने स्त्रियों को उपनिवेश तक की संज्ञा दे डाली है। उपनिवेश पदनाम को ग्रहण करने पर मजबूर मुस्लिम महिलायें आज शिक्षा, सामाजिक, आर्थिक, मानसिक और सभी स्थिति में पिछड़ती जा रही है। तीन तलाक जैसे अमानवीय मुद्दे पर भी मुस्लिम महिलायें डर के कारण एक मत नहीं हो पा रही हैं। अपने अधिकारों की उन्होंने स्वयं एक अलग ही परिभाषा बनाई है जो उन्हें पति ने या पिता ने सिखाई है।

उलेमाओं ने शरीअत को सर्वोपरि माना है मुस्लिम महिलाओं की स्थिति पर उनके दर्द पर इसका क्या प्रवाह है उन्हें इससे शायद ही कोई सरोकार हो। जिस शरीअत पर इतना ज्यादा गर्व किया जाता है उसका कुल मिलाकर जो परिणाम निकलता है वह साफ जाहिर है–औरत एक ऐसे आतंक में रहती है जिसका अनुमान एक गैर मुस्लिम महिला शायद ही लगा सकती है। गैर मुस्लिम आदमियों की बात ही क्या करें? उसका पति उसे अत्यन्त अपमानजनक और कष्टदायी स्थितियों में रखकर सब्र का इम्तिहान ले सकता है। वह अपनी बीवी से पूछे बगैर दूसरी महिला से भी विवाह कर सकता है। यहां तक पति ने जब अपनी बीवी को एक या दो बार तलाक दिया है वह इद्दत की अवधि के भीतर शादी बहाल करने का भी उतना ही निरंकुश है जितना कि उसे बाहर निकालने का, परन्तु वर्तमान में मुस्लिम महिलाओं की जागरूकता और स्वयं सेवी समूहों के प्रयासों से तीन तलाक पर कानून बनाने का प्रस्ताव रखा गया, जो न्यायालय से पारित भी हो गया है।

गृहमंत्री की अध्यक्षता वाले एक अंतर मंत्री समूह ने मसौदा तैयार किया, जिसके तहत किसी भी तरह का तीन तलाक (बोलकर लिखकर या ई–मेल, एस. एम.एस. और व्हाट्सअप जैसे इलैक्ट्रॉनिक माध्यम से) मान्य नहीं होगा।

सरकार और न्यायालय का मानना था कि कानून बनने के बाद यह समस्या खत्म हो जायेगी, परन्तु जिस प्रकार समाज में अन्य प्रथायें हैं जिन पर कानून बन गया है पर समाज में उनका अपना अस्तित्व बना हुआ दहेज प्रथा, कन्या भ्रूण

हत्या, अस्पृश्यता जातिवाद, श्रृखला में तीन तलाक कानून भी आ गया है। कानून बनने के साथ इन प्रथाओं को सामाजिक जागरूकता द्वारा ही दूर किया जा सकता है।

सौरी, अरूण

फतवा, उलेमा और उनकी दुनिया

वानी प्रकाशन

महाजन, डॉ0 धर्मवीर, महाजन, डॉ0 कमलेश

भारत में समाज

विवेक प्रकाशन

भाटी, जारीना

परदे से पिकाडिली तकः अपनी पहचान के लिए

एक मुस्लिम महिला का संघर्ष।

भारद्वार, मुकेश

2018: सत्ता का सत्य

वाणी प्रकाशन

16

तीन तलाक : सामाजिक अपराध

Km. Hemlata Verma
Research Scholar
Department of Political Science
H.N.B.G.U, Srinagar (Garhwal)
Uttarakhand

सारांश – ''21 वीं सदी में वैश्वीकरण, भूमण्डलीकरण, ज्ञान, विज्ञान, औद्योगिक क्रान्ति और विकास की है। वैश्वीकरण एक ऐसी संकल्पना है, जिसके आधार पर यह कहा जा सकता है कि जीवन के हर क्षेत्र में विकास दृष्टिगोचर हो और व्यक्ति के जीवन स्तर में सुधार हो सके। वैश्वीकरण और महिला सशक्तीकरण का घनिष्ठ सम्बन्ध है। विकास के इस आधुनिक युग में महिलाएँ सशक्त रूप से जीवन के प्रत्येक क्षेत्र में आगे आ रही हैं। प्राचीन परम्परावादी सोच के स्थान पर आधुनिक सोच प्राप्त हो रही है। सामाजिक दृष्टि से पूर्व की तुलना में महिलाओं के जीवन स्तर में परिवर्तन आया है। महिला अब अबला नहीं बल्कि सबला है, क्योंकि विश्व की आधी आबादी महिलाओं की है। इसलिए उनको अपने जीवन में वैधानिक, राजनीतिक, सामाजिक व आर्थिक अधिकार देने तथा परिवार, समुदाय, समाज व राष्ट्र की सांस्कृतिक पृष्ठभूमि में निर्णय लेने की स्वायत्तता होनी चाहिए। वर्तमान में महिलाओं को समाज की मुख्य धारा से जोड़ने व पुरूषों के समकक्ष अवसर व अधिकार देने हेतु अनेकों प्रयास अनवरत रूप से जारी हैं। समाजशास्त्र की परिभाषा में परिवार समाज की इकाई है। इसलिए परिवार के दो स्तम्भ पुरूष और महिलाओं को समान महत्व होना चाहिए। महिलाओं से जुड़ी अनेकों समस्यायें और कारण हैं। जिनका निराकरण पूर्ण रूप से आज के कम्प्यूटर, औद्योगिक और वैज्ञानिक युग में भी

नहीं हो पाया है। परिवार में महिला उत्पीड़न, घेरलू हिंसा आम बात है और महिलाओं के प्रति बढ़ती घेरलू हिंसा कोई आज के युग की घटना नहीं है। इसके अनेकों उदाहरण प्राचीन समय में भी देखने को मिलते हैं। संयुक्त राष्ट्र संघ की एक रिपोर्ट के अनुसार भारत के कुल विवाहित महिलाओं में 70 प्रतिशत महिलाएँ घेरलू हिंसा की शिकार हैं। न्याय की दृष्टि से तलाक के बाद पुनः विवाह के लिए हलाला से गुजरना बलात्कार की श्रेणी में रखा गया है। यह मुस्लिम महिलाओं पर एक जुल्म है और त्रासदी भी है। प्रस्तुत शोध लेख में मुस्लिम समाज की तीन तलाक समस्या के विषय में एक विश्लेषण किया गया है। जिसका उद्देश्य वर्तमान शैक्षिक समाज में इस प्रकार के कुप्रथाओं और उसके दुष्परिणामों को समझना है ताकि इसका समाधान हो सके।

मुख्य शब्द – तीन तलाक, महिलाएँ, घरेलू हिंसा, समाज, जीवन स्तर।

तीन तलाक मुस्लिम समाज की महिलाओं की गम्भीर समस्या है जिसमें महिलाओं पर मनोवैज्ञानिक प्रभाव पड़ता है। उनका जीवन नरक के समान हो जाता है। यह एक विडम्बना ही है कि वर्तमान में पूरे विश्व में ज्ञान का विस्फोट हो रहा है। और मुस्लिम समाज में तीन तलाक की प्रथा विद्यमान है इससे महिलाओं का मानसिक उत्पीड़न हो रहा है। अन्य मुस्लिम राष्ट्रों की तुलना में भारत में यह तीन तलाक की प्रथा प्रचलित है। प्रश्न यह है कि क्या यह तीन तलाक का प्रचलन मुस्लिम पुरूष प्रधान समाज का है या उनके धर्म का। लेकिन प्रत्येक धर्म में महिला का सम्मान दिया गया है। फिर मुस्लिम समाज में यह समस्या क्यों चल रही है। इसलिए इस्लाम धर्म की पृष्ठभूमि जानना जरूरी है कि उस समय ऐसी तीन तलाक जैसी सामाजिक बुराई नहीं थी। इस्लाम धर्म का उदय और विकास अरब में हुआ। इतिहास इस बात का साक्षी है कि यह प्रायद्वीप एशिया महाद्वीप के दक्षिण पश्चिमी में स्थित है। इसके उत्तर में सीरिया, पूर्व में फारस की खाड़ी, दक्षिण में हिन्दमहासागर और पश्चिम में लाल सागर है। इस्लाम के उदय होने से पूर्व अरब में बसने वाले ''कैल्डियन'' जाति के लोग थे, उनकी सभ्यता उच्च कोटि की मानी जाती थी। कालान्तर में एक सामाजिक परिवर्तन आया और सेमेरिक जन जातियों ने इनकी सभ्यता को नष्ट कर दिया। यह जाति स्वयं को ''कदतान'' (जोकतन) का वंषज मानते थे। इस्लाम जाति के लोग महान यहूदी ''अब्राहम'' के अनुयायी थे। इन्हें ही अरब की महानता का संस्थापक और काबा का निर्माता माना जाता है। काबा मुसलमानों का प्राचीन पवित्र स्थल है, जहाँ पर विश्व विख्यात ''पवित्र काला पत्थर'' रखा हुआ है। अरबों का प्रारम्भिक जीवन पारम्परिक युद्धों और संघर्षों का रहा है। इस युग में

सम्पूर्ण अरब में लूटमार और युद्धों का बोलबाला था। अरबों के जीवन मूल्य में उस समय मानवाधिकार की अवधारणा का कोई मूल्य नहीं था। प्राचीन अरबों का जीवन खाना बदोशों का जीवन था। तम्बुओं में रहना और भेड़, बकरी, ऊँट आदि पशुओं को पालना उनका मुख्य धन्धा था। अरबों के सांस्कृतिक जीवन में यद्यपि शिक्षा का अभाव था। फिर भी अरबवासी अपनी भाषा और कविता के लिए विख्यात थे। इस्लाम से पूर्व अरब का साहित्य काफी विकसित हो चुका था। यहूदियों और इसाइयों को छोड़कर शेष अरबवासी मूर्त्ति पूजक थे। बलि प्रथा भी चरम पर थी। अकेले मक्का में 360 मूर्त्तियां थी।

इस्लाम धर्म के प्रवर्तक हज़रत मुहम्मद साहब को माना जाता है। इनका जन्म सन् 570 में कुरैशी कबीले के हाशमी वंश में मक्का में हुआ था। उस समय सम्पूर्ण अरब कबीलों में बंटा हुआ था। इनके पिता का नाम अब्दुला और माता का नाम अमीना था। अरब में अन्धविश्वास का बोलबाला था। बहुदेवदवाद और मूर्तिपूजन का प्रचलन था मुहम्मद साहब को यह स्वीकार्य नहीं था। मुहम्मद साहब को ईश्वरीय संदेश प्राप्त हुए थे। इन सन्देशों को ही कुरान-शरीफ नामक पवित्र ग्रन्थ में संकलित किया गया। मुहम्मद साहब ने मूर्ति पूजा और धार्मिक आडम्बरों का विरोध किया। अपने विरोधियों से बचने के लिए मुहम्मद साहब को मक्का छोड़कर मदीना जाना पड़ा था। मदीना में जाकर मुहम्मद साहब वहाँ के सर्वोच्च शासक बन गये थे। उन्होंने अपने विरोधियों को परास्त किया और सम्पूर्ण अरब में अपने धर्म का प्रसार किया। सन् 632 ई0 में उनकी मृत्यु हो गयी। बाद में उनके अनुयाईयों ने सारे संसार में इस्लाम धर्म का प्रसार किया। कुछ समय बाद यह धर्म सुन्नी और षिया दो सम्प्रदायों में बंट गया। इस्लाम धर्म के अनुयायी पवित्र कुरान को अपने लिए सबसे बड़ा संदर्भ ग्रन्थ मानते हैं और अपने अधिकारों, कर्त्तव्यों, धार्मिक, वैवाहिक, सामाजिक, न्यायिक कार्य-कलापों के लिए इसी को मानते हैं। कुरान के कई आदतों में औरतों के अधिकार, स्त्री-पुरूष समानता, धार्मिक, आर्थिक और कई सामाजिक व्यवस्थाओं का जिक्र किया गया है। इस्लाम के अनुसार स्त्री और पुरूष में कोई भेदभाव नहीं किया जाता। इस्लाम धर्म को मानने वाले पवित्र ग्रन्ध कुरान की आयतों (धाराओं) का प्रयोग अपने कर्त्तव्यों और अधिकारों के लिए सर्वाधिक करते है। इस्लाम धर्म को समझना जरूरी है। कि इसकी मौलिक संकल्पना क्या थी और वर्तमान में तीन तलाक जैसी सामाजिक अपराध प्रथा कहाँ से आयी जो महिलाओं के प्रति एक प्रकार की घेरलू हिंसा और अपराध है। जिससे महिलाएँ प्रताड़ित हो रही हैं। तीन तलाक प्रथा प्रासंगिक नहीं है।

इस्लाम धर्म के प्रमुख सिद्धान्तः

1. अल्लाह (ईश्वर) एक है। मुहम्मद साहब उनके पैगम्बर है।
2. सभी मनुश्य एक ही अल्लाह की सन्तानें है, उनमें किसी प्रकार का भेदभाव नहीं होना चाहिए।
3. ईश्वर निराकार है और मूर्तिपूजा एक आडम्बर है।
4. प्रत्येक मुसलमान को अपने धर्म की रक्षा करनी चाहिए।
5. इस्लाम मर्द और औरत में इंसान होने की हैसियत से कोई भेदभाव नहीं करता। जो अधिकार मर्द को प्राप्त है। वही औरत को भी प्राप्त है।
6. इस्लाम औरत पर भी उसी प्रकार का ईश्वरीय आदेशों को लागू करता है। जिस प्रकार वह मर्दों पर करता है।
7. इस्लाम औरत से भी उसी कुरान मजीद का पठन कराता है। जिसकी वह मर्द से मांग करता है।
8. इस्लाम के अनुसार औरत भी अपने कर्मों के लिए खुदा के सामने उसी तरह जिम्मेदार है। जिस तरह मर्द को जिम्मेदार ठहराया जाता है।
9. इस्लाम के अनुसार औरत भी उसी तरह आदर के योग्य है जिस तरह मर्द।
10. मर्द की तरह औरत भी अपनी जायदाद और दौलत की पूर्णतः मालिक होती है। जिस पर उसकी मर्जी के बिना उसका पति भी अधिकार नहीं रख सकता।
11. कानूनी और इंसानी अधिकारों के बारे में औरत भी मर्द की तरह समान समझी जाती है।
12. इस्लाम विवाह के द्वारा औरत के व्यक्तित्व को मर्द में विलीन नहीं करता। बल्कि इसके बाद भी इसके व्यक्तित्व को मान्यता देता है।
13. इस्लाम में पति और पत्नी दोनों को एक दूसरे का जीवन साथी करार देता है।
14. महिलाओं को पुरूषों की तरह शिक्षा ग्रहण करने का पूर्ण अधिकार है।

प्रत्येक मुसलमान के पाँच कर्त्तव्य अनिवार्य बताये गये हैं। जैसे - कलमा पढ़ना, प्रतिदिन पाँचों समय की नमाज पढ़ना, रमजान के महीनों में रोजा रखना, अपनी आय का चौथा हिस्सा खैरात (दान) में देना, जीवन में एक बार मक्का व

मदीने की तीर्थ यात्रा (हज़) करना। कुरान में स्त्री-पुरूष को समान माना गया है। दोनों अपनी जिम्मेदारी और उत्तरदायित्वों के लिए समान रूप से उत्तरदायी हैं। इस्लाम के कानून के अनुसार महिलाएँ अपने अधिकारों को लेकर पूर्णतः स्वतंत्र हैं। अपने धर्म के प्रति व अपने स्वयं के प्रति उनकी सारी जिम्मेदारियाँ पुरूषों के समान है।

मुस्लिम महिलाओं के हक की लड़ाई लड़ रही ऑल इंडिया मुस्लिम वूमन पर्सनल बॉर्ड की अध्यक्ष शाइस्ता अंबर (2009) कहती है। "अब यह साबित हो चुका है कि लड़कियाँ हर क्षेत्र में आगे रहती हैं और उन्हें प्रोत्साहित दिया जाना चाहिए। शरीफा खानम (2008) संस्थापक स्टेप्स (तमिलनाडु) का कहना है कि "मुस्लिम महिलाओं का बात करने, दुख-दर्द कहने और इबादत की आजादी मिले। सामुदायिक फैसलों में उनकी राय ली जाय।

उलेमा काउंसिल ऑफ इंडिया के प्रमुख मौलाना खालिद रशीद (2009) का कहना है कि मुस्लिम महिलाएँ शैक्षिक दृष्टि से पिछड़ी हुयी हैं, धर्म के नाम पर उनकी शिक्षा में किसी को बाधा नहीं पहुँचनी चाहिए। ऑल इंडिया मुस्लिम पर्सनल लॉ के मुख्य सदस्य मौलाना फिरंगी (2009) का कहना है कि यह शिक्षा लड़के और लड़कियों का एक साथ पढ़ना कभी भी इस्लाम या शरीयत के लिए खतरा नहीं बना। विद्वान और मौलवी भी बताते है कि "शरीयत और कुरान की आयतों में शरीयत की शिक्षा पर प्रतिबंध का प्रावधान नहीं है।

निष्कर्ष - इस प्रकार इस्लाम धर्म के सिद्धान्तों में कहीं पर भी तीन तलाक जैसी परम्परा का उल्लेख नहीं है। बल्कि औरत के लिए समान अधिकारों को उल्लेख किया गया है। धर्म की आड़ में कुछ कट्टर पंथरियों ने तीन तलाक जैसी प्रथा को बनाये रखने की हिमायत की है जोकि एक सामाजिक अपराध है। महिला के प्रति स्पष्ट भेदभाव है। यह मुस्लिम कट्टरपंथी पुरूष प्रधान समाज और परिवार की महिलाओं को सहना और झेलना पड़ता है। हालांकि मुस्लिम महिलाओं में पिछले कुछ वर्षों से तीन तलाक के खिलाफ न्याय माँगना और इसका खुलकर विरोध भी किया है। जिससे महिलाओं को इस अपराध से बचाया जा सके। और उन्हें न्याय मिल सके। तीन तलाक का मामला कुछ पक्षधरों ने इस्लामिक धर्म से जोड़ा है और पर्सनल लॉ के अधीन रखा है, इसमें इस्लाम धर्म के सभी लोगों की स्वीकार्यता नहीं है। इसका विभिन्न स्तर पर वर्तमान और पूर्व के वर्षों में भी विरोध हो रहा है। ताकि महिलाओं को इस तीन तलाक जैसे जाल से छुटकारा मिल सके और वे अपना सामान्य जीवन जी सके। और तीन

तलाक और हलाला जैसी गलत प्रथाओं से मुक्त हो सके। महिलाएँ अपने नैतिक जीवन जी सके। इन घुटन जैसी प्रथाओं को समाप्त होना जरूरी है। ताकि प्रजातंत्र जैसे राष्ट्र में महिलाएँ स्वतंत्र रूप से रह सकें। कोई भी प्रथा जन्म जात नहीं होती है बल्कि इन्हें मानव अपने हित के अनुसार बनाता है। जिसे धार्मिक मान्यता दी जाती है। चाहे उसके दुष्परिणाम कुछ भी हो। यही तर्क तीन तलाक और हलाला जैसी प्रथाओं के उदाहरण है। जिससे महिलाओं पर प्रतिकूल प्रभाव पड़ता है। आज के षैक्षिक युग में इस प्रकार की मान्यताएँ समाप्त होनी चाहिए।

संदर्भ

1. अहमद, निखत परवीन (2011), ''इस्लाम में महिलाओं को प्राप्त अधिकार का उनके ज्ञान व अधिकारों के अनुप्रयोग के साथ एक सह सम्बन्धात्मक अध्ययन'', प्रौढ़ शिक्षा जर्नल, भारतीय प्रौढ़ शिक्षा संघ, नई दिल्ली, पृष्ठ सं0 12-13।
2. अली, हमूदा अब्दूल (2010), ''दा स्टेट्स ऑफ वूमेन इस्लाम', www.wikipedia.com
3. गौरी, उमर एच. खान, (2008), ''इस्लाम में औरतों का स्थान और मुस्लिम पर्सनल लॉ'', मरकाजी मुक्तबा इस्लामी पब्लिशर्स, नई दिल्ली, पृष्ठ सं0 58।
4. कुरील भारती, कुमार राजेष, (2010), ''महिलाओं में घेरलू हिंसा अधिनियम की जागरूकता का अध्ययन'', प्रौढ़ शिक्षा, जर्नल, भारतीय प्रौढ़ शिक्षा संघ, नई दिल्ली, पृष्ठ सं0 10।
5. रावत, शिवराज सिंह, (2012), ''मानव अधिकार के मूल तत्व : इस्लाम धर्म में मानव अधिकार'', समय साक्ष्य 15 फालतू लाइन, देहरादून, पृष्ठ सं0 172-174।

17

तीन तलाक : एक विश्लेषण

डॉ0 इमरान खान
सहायक आचार्य
राजनीति विज्ञान विभाग
एम0पी0जी कॉलेज, मसूरी, देहरादून

इस्लाम में शादी जन्म जन्मांतर का बंधन नहीं होता है, बल्कि एक अहदो पैमान यानि पक्का समझौता (सिविल कॉन्ट्रेक्ट) होता है, जो एक मर्द और एक औरत की आपसी रजामंदी के बाद करार पाता है, इस्लाम ने पति पत्नी को इस कॉन्ट्रेक्ट को निभाने के लिए सैकड़ों हिदायतें दी हैं, यानि इसे तोड़ने से मना किया है। इस्लामी शरीयत में इसकी भरपूर कोशिश की गई है कि औरत और मर्द जब एक बार रिश्त-ए-निकाह में जुड़ गए हैं, तो एक खानदान बनाएँ और आखिरी वक्त तक इसको कायम रखने की पूरी कोशिश करें, कुरान के निकाह को मीसाक-ए-गलीज (मजबूत समझौता) करार दिया है।

लेकिन जिन्दगी के सफर में उतार चढ़ाव आते रहते हैं, और कभी-कभी ऐसे भी हालात बन जाते हैं कि निबाह के तमाम रास्ते बंद हो जाते हैं तो ऐसी स्थिति में इस्लाम ने शादी (कॉन्ट्रेक्ट) को तोड़ने की इज़ाजत दी है, लेकिन सख्त ताकीद के साथ कि जब साथ-साथ रहने की बिल्कुल कोई सूरत बाकी नहीं हो तभी शादी तोड़ी जाए, इसलिए इस्लाम में जायज कामों में तलाक को सबसे बुरा काम कहा गया है।

कुछ आधुनिक शिक्षा से प्रभावित व्यक्तियों का दावा है कि पवित्र कुरान में तलाक को न करने लायक काम का दर्जा दिया गया है। यही वजह है कि इसको खूब कठिन बनाया गया है। तलाक देने की एक विस्तृत प्रक्रिया दर्शायी

गई है। परिवार में बातचीत पति-पत्नी के बीच संवाद और सुलह पर जोर दिया गया है। पवित्र कुरान में कहा गया है कि जहाँ तक संभव हो, तलाक न दिया जाए और यदि तलाक देना जरूरी और अनिवार्य हो जाए तो कम से कम यह प्रक्रिया न्यायिक हो।

इसके चलते पवित्र कुरान में दोनों पक्षों से बात-चीत या सुलह का प्रयास किए बिना दिए गए तलाक का जिक्र कहीं भी नहीं मिलता। इसी तरह पवित्र कुरान में तलाक प्रक्रिया की समय अवधि भी स्पष्ट रूप से बताई गई है। एक ही क्षण में तलाक का सवाल ही नहीं उठता। खत लिखकर, टेलीफोन पर या आधुनिक काल में ईमेल, एम0एम0एस0 अथवा वॉटसऐप के माध्यम से एक तरफा और जुबानी या अनौपचारिक रूप से लिखित तलाक की इजाजत इस्लाम कतई नहीं देता। एक बैठक में या एक ही वक्त में तलाक दे देना गैर-इस्लामी है, ऐसा किया जाना कई मुस्लिम देशों में अवैध है। 22 ऐसे देश है, जहाँ तीन तलाक पूरी तरह बैन है। मिस्र दुनिया का पहला देश है, जहाँ तीन तलाक को पहली बार बैन किया गया था। हमारा पड़ोसी देश पाकिस्तान में 1956 में तथा 1929 में सूडान ने अपने यहाँ तीन तलाक को बैन कर दिया था। साइप्रस, जार्डन अल्जीरिया, इरान, ब्रुनेई, मोरक्को, कतर और यू0ए0ई0 में भी तीन तलाक पर बैन है।

आधुनिकता के इस दौर में जब महिला और पुरूषों के समानता की माँग हर ओर हो रही है, महिलाएँ हर क्षेत्र में पुरूषों की बराबरी कर रही हैं, धर्म के क्षेत्र की बेड़ियों को तोड़ कर महिलाएँ आगे बढ़ रही है, तथा अपने अधिकारों की माँग कर रही हैं, तलाक का अधिकार केवल मर्द को है और सारा झगड़ा इसी को लेकर है, महिलाओं को इस तरह का कोई अधिकार प्राप्त नहीं है, पुरूष जब चाहे महिला से तलाक ले सकता है लेकिन महिला ऐसा नहीं कर सकती है, यही मुख्य कारण है कि जो महिलाएँ तीन तलाक से प्रभावित हुई है तथा उनका जीवन कष्टों से भर गया है, वे सब संगठित होकर तीन तलाक के खिलाफ संगठित होकर आगे आयी है। जिस तीन तलाक को लेकर इतनी चर्चा हो रही है, उसके बारे में जानने की भी आवश्यकता है कि तीन तलाक क्या है? तीन तलाक यानी तलाक-ए-विद्दत ये है कि अगर कोई मर्द तलाक के सही तरीके की नाफरमानी करते हुए भी एक ही बार में तलाक, तलाक और तलाक कह देता है तो तीन तलाक मान लिया जाएगा, यानि तलाक-ए-मुगल्लजा हो गई। अब पति-पत्नी साथ नहीं रह सकते, दोबारा शादी नहीं हो सकती, समझौता नहीं हो सकता, तलाक वापस नहीं हो सकता . . . चाहे मर्द ने गुस्से

में ही तीन तलाक क्यों न दिया हो।

इस समय तीन तलाक का मुद्दा सबसे ज्यादा चर्चा में है, सब लोग तमाम तरह की दलीलें अपनी सुविधानुसार दे रहे हैं, तीन तलाक का मसला जो इस्लाम में है वो कोई भी फॉलो नहीं करता। तलाक कोई ऐसी चीज नहीं है कि आपने तलाक बोल दिया और आपको मुक्ति मिल गई। एक साथ तीन तलाक कौन देता है? वह जो उस वक्त गुस्से में होता है, और गुस्सा इस्लाम में हराम माना गया है। हराम चीज अगर कोई करता है तो वो वैसे ही इस्लाम से बाहर हो गया। ऐसे में हराम काम कैसे सही हो गया? इसलिए तीन तलाक की ये प्रक्रिया ही गलत है। इसे मानने वाले भी धर्म का उल्लंघन कर रहे है। एक साथ तीन तलाक गुस्से की वजह से होता है। गुस्सा इस्लाम में हराम है।

सन्दर्भ सूची

1. वाहिद अब्दुल, ए0बी0पी0 न्यूज 16 अक्टूबर 2016
2. इस्लाम में तलाक-मुक्त ज्ञानकोश विकिपीडिया
3. उपरोक्त
4. सिंह प्रतिभा, आज तक नई दिल्ली, 22 अगस्त 2017
5. वाहिद, अब्दुल, ए0बी0पी0 न्यूज 16 अक्टूबर 2016
6. शुक्ला श्रवण, अमर उजाला, 17 मई, 2017

18

तीन तलाक : मुस्लिम महिलाओं के लिए अभिशाप

डॉ. कवलजीत कौर
समाजशास्त्र विभाग
श्री रामसिंह धौनी राज. महा. जैंती, अल्मोड़ा

हमारे समाज में एक सोच बहुत ज्यादा प्रभावशाली है और वो है बिना सोचे समझे किसी प्रथा को जन्म दे देना। सम्पूर्ण ज्ञान ना होते हुए भी लोग परम्पराओं को मान देने लगते हैं फिर चाहे वे किसी अन्य के लिए दुखदायी ही क्यों ना हो। कुछ इसी प्रकार की सोच का परिणाम है वर्तमान में प्रचलित 'तीन तलाक' की परम्परा। तीन तलाक की परम्परा आज मुस्लिम समाज की महिलाओं के लिए एक अभिशाप बन गई है। इस परम्परा ने ना जाने कितनी ही महिलाओं के जीवन को नरक बना दिया और 'तीन तलाक' की प्रथा न जाने कितने अनगिनत घर परिवारों को नष्ट किया। आज अब धर्म और परम्परा के नाम पर सुधार की जरूरत एवं आवश्यकता है।

तीन तलाक के तहत मुस्लिम आदमी अपनी बीबी को बोलकर या लिखकर तलाक दे सकता है और बीबी का वहां होना जरूरी भी नही होता हैं। यहाँ तक कि आदमी को तलाक के लिए कोई वजह भी लेनी नहीं पड़ती। आजकल के जमाने में तीन तलाक फेसबुक, व्हाटसएप पर भी लिया जाने लगा है, और ऐसी घटनाओं की संख्या में लगातार वृद्धि हो रही है, क्योंकि इस्लामी नीति में ये कानूनन सही है अतः पुरूषों को कोई फ़र्क नहीं पड़ता है, वही स्त्रियाँ जो आर्थिक रूप से अपने शौहर पर निर्भर रहती है, उन्हें इस तरह के तलाक से आने

वाली जिन्दगी में काफी दिक्कतों का सामना करना पड़ता है।

तलाक-ए-बिद्दत यानि तीन तलाक इस्लाम धर्म की एक ऐसी परंपरा बनी हुम्र थी कि जब कोई व्यक्ति अपनी पत्नी को तीन बार तलाक बोल दे या फोन, पत्र के जरिए तीन तलाक दे देता है तो इसके बाद तुरंत तलाक हो जाता है यानि व्यक्ति द्वारा ऐसा करने पर उसे फिर से निरस्त नहीं किया जा सकता है। इस परंपरा की वजह से भारतीय इस्लाम धर्म की महिलाएं वर्षों से खुद पर हो रहे अन्याय को सहन करती आ रही थीं पर अगस्त 2017 में सर्वोच्च न्यायालय के फैसले के बाद तीन तलाक के 100 मामलों के बाद भाजपा सरकार ने बिल तैयार किए और उसे लोकसभा में मुस्लिम महिला विवाह अधिकार संरक्षण विधेयक पारित कर दिया। 'मुस्लिम महिला (विवाह अधिकारों का संरक्षण) विधेयक' के तहत तीन तलाक गैर कानूनी है, इसके उल्लंघन पर मुस्लिम पुरूष को 3 साल की सजा हो सकती है, पुरूष को तलाकशुदा महिला के रखरखाव के लिए पैसे भी देने होंगे। मुस्लिम महिलाओं के लिए यह बहुत बड़ी उपलब्धि है। समान अधिकार की तरफ यह एक बड़ा कदम है।

मुस्लिम समाज में पति पत्नी के बीच संबंध विच्छेद करने वाली परंपरा 'तलाक-तलाक-तलाक' को लेकर भले ही सुप्रीम कोर्ट संवैधानिकता को लेकर अध्ययन कर रहा हो, लेकिन देश की करीब 92 फीसदी मुस्लिम महिलांए इस मौखिक तलाक के खिलाफ है। केंद्र सरकार की धार्मिक समुदाय और सेक्स जनगणना की वैवाहिक स्थिति पर जारी रिपोर्ट भी चिंताजनक है, जिसमें 67 प्रतिशत महिलाएँ तलाक के बाद अलग रहने का जिक्र किया गया है। हावड़ा की इशरत जहां, नैनीताल की शायरा बानो, जयपुर की आफरीन समेत कई याचिकाओं पर सुप्रीम कोर्ट पहले ही सुनवाई कर रहा है और मुस्लिम पर्सनल ला बोर्ड को नोटिस जारी कर चुका है, कोर्ट ने केंद्र से भी जवाब दाखिल करने को कहा है,

ट्रिपल तलाक को अवैधानिक और मुस्लिम महिलाओं के गौरवपूर्ण जीवन जीने के अधिकार का उल्लंघन बताते हुए पश्चिम बंगाल के हावड़ा की इशरत जहां भी सुप्रीम कोर्ट पहुंच गई है, इशरत ने अपनी याचिका में कहा है कि उसके पति ने दुबई से फोन पर तलाक दे दिया, अपनी याचिका में इशरत ने कोर्ट में कहा है कि उसका निकाह 2001 में हुआ था और उसके बच्चे भी है जो उसके पति ने जबरन अपने पास रख लिए है, याचिका में बच्चों को वापस दिलाने और उसे पुलिस सुरक्षा दिलाने की मांग की गई है, इशरत ने कहा है कि उसके पति

ने दूसरी शादी कर ली है, याचिका में कहा गया है कि ट्रिपल तलाक गैरकानूनी है और मुस्लिम महिलाओं के अधिकारों का हनन है, मुस्लिम बुद्धिजीवी भी इसे गलत करार दे रहे हैं, सुप्रीम कोर्ट के मुख्य न्यायाधीश जस्टिस टीएस ठाकुर की अध्यक्षता वाली तीन सदस्यी बेंच ने तीन बार तलाक को चुनौती देने वाली याचिकाओं पर नोटिस जारी करके केंद्र सरकार और आल इंडिया पर्सनल लॉ बोर्ड से फिर इस मामले में उनकी प्रतिक्रिया मांगी है। हालांकि उन्होंने संकेत दिये हैं कि बिना तलाक लिए मुस्लिम समाज में कई-कई शादियों के मामले की भी अदालत जांच करके किसी ठोस निर्णय लेगा।

सीजेआइ ने देश में मुस्लिम विवाह विच्छेद अधिनियम-1939 के अनुसार मुस्लिम महिला (पत्नी) को कई आधारों पर तलाक पाने का अधिकार दिया गया है, जिसमे पति द्वारा तीन साल से अपने वैवाहिक दायित्वों का निर्वाह न करना, पति द्वारा क्रूरता का व्यवहार करना या चार साल से गायब रहना अथवा सात साल से ज्यादा जेल में रहने के अलावा दो साल तक भरण-पोषण न करना जैसे कई कारण शामिल हैं। अदालत भी मानती है कि मुस्लिम समुदाय के विवाह से संबधित प्रचलित मुस्लिम कानून ही लागू होते हैं। जहां तक उनके तलाक का संबंध है, मुस्लिम पत्नी को तलाक के बहुत सीमित अधिकार प्राप्त हैं। अलिखित और पारंपरिक कानूनों में निम्नलिखित रुपों में तलाक के बहुत सीमित अधिकार प्राप्त हैं।

पिछले दिनों एक सर्वेक्षण की रिपोर्ट में देश की करीब 92 फीसदी महिलाओं ने मौखिक रुप से तीन बार तलाक बोलने से पति-पत्नी का रिश्ता खत्म होने के नियम एकतरफा करार दिया है, जिस पर प्रतिबंध लगाने की मांग तक की गई। यही नहीं मुस्लिम समुदाय में स्काइपी, ईमेल, मेसेज और वाट्सएप के जरिये तीन बार तलाक बोलने की नई तकनीक ने महिलाओं की इन चिंताओं में इजाफा किया है। यह सर्वे मुस्लिम महिलाओं की आर्थिक और सामाजिक, शादी की उम्र, परिवार की आय, भरण पोषण तथा घरेंलू हिंसा जैसे पहलुओं के आधार किया गया है। इस अध्ययन में यह तथ्य भी सामने आए कि महिला शरिया अदालत में विचाराधीन तलाक के मामलों में 80 फीसदी मामले मौखिक तलाक वाले हैं।

केन्द्र सरकार की धार्मिक समुदाय और सेक्स जनगणना 2011 पर नजर डाली जाए, तो देश में शादी के बाद तलाक लेने के बाद 48.97 लाख लोगों में से अकेले 67 फीसदी यानि 32.82 लाख महिलाएँ है। इस रिपोर्ट के अनुसार

देश में 35.35 लाख लोग शादी के बाद अलग रह रहे हैं, जबकि 16.62 लाख लोग तलाक ले चुके है। देश में 23.72 लाख महिलाएँ शादी के बावजूद अपने पति से अलग रह रही है, तो वहीं 11.62 लाख पुरुष शादी के बाद अपनी पत्नियों से अलग रह रहे है। जनगणना रिपोर्ट में मुस्लिम समाज की स्थिति बेहद चिंताजनक बताई गई है, जबकि 15 फीसदी (2.69 लाख) लोगों ने तलाक लिया है।

तीन तलाक के मुद्दे पर ऑल इण्डिया मुस्लिम पर्सनल लॉ बोर्ड ने सुप्रीम कोर्ट में कहा कि सुप्रीम कोर्ट को इस मामले में दखल नही देना चाहिए, अगर इसे खत्म किया गया तो मर्द अपनी पत्नी से छुटकारा पाने के लिए उसे जलाकर मार सकता है या फिर उसका कत्ल कर सकता है। बोर्ड ने कहा, 'अगर कल के बीच किसी बात लेकर झगड़ा हुआ तो फिर वह साथ ना रहने का फैसला कर लेंगे। ऐसे अलग होने के लिए कानूनी प्रक्रिया अपनाऐंगे तो उसमें काफी वक्त लग सकता है। ऐसी स्थिति में पति गैरकानूनी तरीके को अपना सकता है। उसमें कत्ल करना, जिन्दा जला देना जैसे आपराधिक तरीके शामिल है।' ये बात बोर्ड ने 2 सितम्बर को सुप्रीम कोर्ट में कही। दरअसल, सुप्रीम कोर्ट में पिछले साल मुस्लिम महिलाओं के अधिकारों का आधार बनाकर तीन तलाक कहने के मुद्दे पर सुनवाई शुरू हुई थी। उसकी बात को लेकर अब बोर्ड ने अपना जबाब दिया है। कई महिलाओं का कहना था कि पुरूष तलाक के जरिए उन्हें प्रताड़ित करते है।

लोकसभा में मुस्लिम महिला बिल यानी ट्रिपल तलाक बिल को पेश किया कानून मंत्री रविशंकर प्रसाद ने इस बिल को सदन में पेश किया। सांसदों में इसका विरोध हुआ और कई सदस्यों ने विधेयक में बदलाव की मांग भी की। इससे पहले बुधवार को केंद्रीय संसदीय कार्यमंत्री अनंत कुमार ने सभी विपक्षी पार्टियों से सदन में तीन तलाक विधेयक को पारित करने में सहयोग देने का आह्वान किया था। तीन तलाक बिल पर कानून मंत्री रविशंकर प्रसाद ने सांसदों को ब्रीफ किया है। उन्होंने कहा है कि पीएम मोदी के रहते किसी मुस्लिम महिला के साथ अन्याय नहीं होगा।

उन्होंने कहा कि सुप्रीम कोर्ट ने कानून बनाने को कहा था और उसी के आदेश का पालन हो रहा है। एक आंकड़े के मुताबिक देश में 8.4 करोड़ मुस्लिम महिलाएं हैं और हर एक तलाकशुदा मर्द के मुकाबले 4 तलाक़शुदा औरतें हैं। 13.5 प्रतिशत लड़कियों की शादी 15 साल की उम्र से पहले हो जाती है और 49 प्रतिशत मुस्लिम लड़कियों की शादी 14 से 29 की उम्र में होती है। वही

तीन तलाक बिल पर वरिष्ठ वकील और राज्यसभा सांसद केटीएस तुलसी ने कहा है कि विधेयक में एक बार में तीन तलाक़ के दोषियों के लिए 3 साल तक की सज़ा का प्रावधान गलत है। उनके मुताबिक, बिल में दोषियों के लिए 2 हफ्ते तक की सजा का प्रावधान होना चाहिए। प्रारूप में ये संज्ञेय और गैरज़मानती है, जिसे असंज्ञेय और ज़मानती किया जाना चाहिए और पीड़ित महिला को अपने पति के घर में रहने का अधिकार होना चाहिए। वहीं समाजवादी पार्टी ने मांग की है कि सरकार को विधेयक लाने से पहले ऑल इंडिया मुस्लिम पर्सनल लॉ बोर्ड समेत सभी पक्षों से बातचीत करनी चाहिए।

पर्सनल लॉ बोर्ड बिल के प्रारूप को खारिज़ कर चुका है और सरकार ने उनसे बात भी नहीं की। कानून में सबकी चाहतों को तरजीह मिलनी चाहिए। तीन तलाक बिल पर मुस्लिम दलों का कहना है कि मुस्लिम पक्ष की राय क्यों नहीं ली गप्र? महिलाओं की परेशानी बढ़ाने वाला बिल, शरीयत के ख़िलाफ़ तीन तलाक़ बिल, शहर जेल में होगा तो ख़र्च कौन देगा? जब तीन तलाक़ अवैध तो सज़ा क्यों?, किसी तीसरे की शिकायत पर केस कैसे?, जिसके साथ बच्चे का भला हो, उसके साथ रहे। केंद्रीय मंत्रिमंडल ने बीते 15 दिसंबर को 'मुस्लिम महिला विवाह अधिकार संरक्षण विधेयक' को मंजूरी प्रदान की थी। गृहमंत्री राजनाथ सिंह की अध्यक्षता वाले अंतर-मंत्रालयी समूह ने विधेयक का मसौदा तैयार किया था। इस समूह में वित्त मंत्री अरूण जेटली, विदेश मंत्री सुषमा स्वराज, कानून मंत्री रविशंकर प्रसाद और कानून राज्य मंत्री पी पी चौधरी शामिल थे।

इस विधेयक के तहत एक बार में तीन तलाक को 'गैरकानूनी और अमान्य' करार दिया गया है। इसके मुताबिक एक बार में तीन तलाक देने वाले पति को तीन साल की जेल की सजा होगी। विधेयक के प्रावधानों के अनुसार पति पर जुर्माना लगाया जाएगा और जुर्माने की राशि मजिस्ट्रेट तय करेगा। इस कानून के मुताबिक, सिर्फ एक बार में तीन तलाक के मामले में लागू होगा और इससे पीड़िता को अधिकार मिलेगा कि वह अपने और नाबालिग बच्चों के लिए 'उचित गुजारा भत्ते' की मांग करते हुए मजिस्ट्रेट से संपर्क कर सके। इस कानून के मुताबिक, महिला अपने नाबालिग बच्चों का संरक्षण भी मांग सकती है, हालांकि इस बारे में फैसला मजिस्ट्रेट करेगा।

22 अगस्त 2017 को सुप्रीम कोर्ट ने एक बार में तीन तलाक को गैरकानूनी और असंवैधानिक करार दिया था। प्रस्तावित कानून के मसौदे के अनुसार किसी भी तरह से दिए गए तीन तलाक को गैरकानूनी और अमान्य माना जाएगा, चाहे वह मौखिक अथवा लिखित तौर पर दिया गया हो या फिर ईमेल, एसएमएस

और व्हाट्सऐप जैसे इलेक्ट्रानिक माध्यमों से दिया गया हो। सुप्रीम कोर्ट के फैसले से पहले इस साल एक बार में तीन तलाक के 177 मामले सामने आए थे और फैसले के बाद 66 मामले सामने आए। इसमें उत्तर प्रदेश सबसे आगे रहा। इसको देखते हुए सरकार ने कानून की योजना बनाई।

संसद के बजट सत्र के दौरान तत्काल तीन तलाक के खिलाफ विधेयक पारित कराना केंद्र सरकार की प्राथमिकता में सबसे अहम माना जा रहा है। प्रधानमंत्री और राष्ट्रपति, दोनों ने इसके संकेत भी दिए हैं। प्रधानमंत्री नरेंद्र मोदी ने जहां एक साथ तीन तलाक के मुद्दे पर दलीय राजनीति से ऊपर उठकर सभी पार्टियों से इससे संबंधित विधेयक को पास करने की अपील की है वहीं राष्ट्रपति रामनाथ कोविंद ने भी बजट सत्र में एक साथ तीन तलाक से जुड़े विधेयक के पास होने की उम्मीद जताई है। पिछले साल 22 अगस्त, 2017 को जब सुप्रीम कोर्ट ने तलाक-ए-बिद्दत को असंवैधानिक करार दिया था तो उसके खिलाफ संघर्ष में शामिल औरतों की आंखों से खुशी के आंसू छलक पड़े थे। शाहबानो के बाद तैयार हुई नई पीढ़ी की मुसलमान औरतों ने देश में जो एक क्रांतिकारी माहौल तैयार किया था उसी का यह नतीजा था। सुप्रीम कोर्ट के फैसले के बाद यह महसूस किया गया कि सरकार को तत्काल तीन तलाक के खिलाफ कोई कानून भी लाना होगा।

सरकार ने इसके लिए हामी भरी, लेकिन 18 दिसंबर को जब विधि मंत्री रविशंकर प्रसाद ने लोकसभा में मुस्लिम महिला विवाह अधिकारों का संरक्षण विधेयक, 2017 पेश किया तो एक मुख्तलिफ किस्म की गूँज सदन से होती हई मुल्क की गलियों तक दोबारा पहुंची। बहस छिड़ी तो दूसरी ओर मौलवियों के सुर और तीसरी तरफ आम आदमी की आवाज आपस में टकराने लगी। मीडिया में कहा जा रहा था कि यह बहुत बड़ी जीत है। इसे कांग्रेस और अन्य सियासी तंजीमों को फौरन समर्थन दे देना चाहिए। दूसरी ओर मौलवी अपनी अन्य दलीलों के साथ यह भी कह रहे थे कि तलाक-ए-बिद्दत को मान लो और तीन के बजाय सात साल की सजा दे दो। यह एक अलग राजनीति की ओर इशारा था। तीसरी बहस में वे लोग शामिल थे जो बिल से पूरी तरह सहमत न होते हुए भी कानून चाहते हैं। एक नजर इस बिल पर भी डालना जरूरी है। सात बिंदुओं पर आधारित यह विधेयक कहता है कि तीन तलाक बोलने वाले पति का अपराध संदेय और गैर जमानती होगा। इसका अर्थ है कि तीन तलाक बोलने वाले शौहर को पुलिस गिरफ्तार कर लेगी और उसे तीन साल तक की सजा दी जाएगी। औरत को पति से अपने और बच्चे के लिए खर्च लेने का

अधिकार होगा।

यहां समझने वाली बात यह है कि जब पति जेल चला गया तो औरत और बच्चे का खर्च कौन देगा तथा किस तरह? बिल में यह भी साफ नहीं है कि औरत वह खर्च कैसे लेगी? हां, यह साफ है कि इस दौरान बच्चे की कस्टडी का अधिकार मां का ही होगा। विधेयक में सुलह-समझौता और मध्यस्थता की कोई गुंजाइश नजर नहीं आती। तलाक-ए-बिद्दत को साबित करने की जिम्मेदारी भी औरत के ऊपर ही डाली गई है। पति का एक बार में तीन तलाक बोलना आपराधिक माना गया है, जबकि विवाह एक सिविल मामला है, आपराधिक नहीं। लगता है कि बिल बहुत ही जल्दबाजी में बनाया गया है। इसमें जो व्याख्या हर बिंदु पर लिखी होनी चाहिए वह नहीं है।

एक तरफ मीडिया में बहस छिड़ी तो दूसरी ओर मौलवियों के सुर और तीसरी तरफ आम आदमी की आवाज आपस में टकराने लगी। मीडिया में प्रयास करें और परिवार को वापस बनाए रखा जाए जिससे बच्चे भी बर्बाद न हों। इस मामले में हमें दो ऐतिहासिक गलतियों से सबक जरूर लेना चाहिए। पहली, दहेज निषेध अधिनियम जिसकी धारा 498-ए और दूसरी, मुस्लिम महिला विवाह-विच्छेद पर अधिकारों का संरक्षण अधिनियम 1986। दोनों ही अधिनियमों का अनुभव अच्छा नहीं रहा। 498-ए दहेज के नाम पर न जाने कितने बेगुनाह लड़के, उनकी माताएँ, बिन ब्याही बहनें, भाभियां, भाई जो उस शहर या गांव में भी नहीं रहते थे उन्हें जेल की सलाखों के पीछे जाना पड़ता है।

उक्त अधिनियम का ज्यादा इस्तेमाल बदला लेने के लिए किया गया न कि इंसाफ पाने के लिए। दूसरी सच्चाई यह भी देखने में आई कि जो लड़के 498-ए के तहत जेल भेज दिए गए वे बाहर आने के बाद लड़की के लाख चाहने के बावजूद परिवार से नहीं जुड़ पाए। इसी तरह 1986 का अधिनियम भी हजारों कमियों से भरा रहा। मुस्लिम औरतों को वह मुआवजा कभी नहीं मिल पाया जिसके लिए अधिनियम बना था। खासतौर पर वंचित वर्ग की औरतों को। जाहिर है एक गलती कांग्रेस ने शाहबानो के वक्त पर 1986 अधिनियम लाकर की थी और दूसरी गलती भाजपा कर रही है। वह भी मुस्लिम औरतों को सुने बिना ही मुस्लिम महिला विवाह अधिकारों का संरक्षण विधेयक, 2017 ला रही है। आखिर हमारा मकसद क्या है? देश से तलाक-ए-बिद्दत को समाप्त करना। इसलिए हमें उन तरीकों पर भी विचार करना चाहिए, जिससे तलाक-ए-बिद्दत समाप्त हो सकता है। जैसे कि सुप्रीम कोर्ट के निर्देश को ध्यान में रखते हुए सभी

राज्यों में विवाह पंजीकरण को अनिवार्य बनाया जाए और मुस्लिम औरतों की सुरक्षा के लिए तलाक के पंजीकरण को भी अनिवार्य कर दिया जाए। 30 दिन के अंदर पंजीकरण अनिवार्य हो। इससे तीन तलाक और बाल विवाह, दोनों पर रोक लगेगी। इसका प्रचार-प्रसार हो और आमजन तक सुलभ बनाने की योजना बने। उक्त पंजीकरण को सभी सरकारी योजनाओं से जोड़ा जाए। ऐसा न करने वाले को किसी भी प्रकार की योजना का लाभ न मिले। विदेश जाने की आज्ञा भी न दी जाए। तलाक-ए-बिद्दत से तलाक नहीं हो सकता, निकाहनामा में इसका अनिवार्य प्रावधान किया जाए। तलाक-ए-बिद्दत को घरेलू हिंसा अधिनियम 2005 में शामिल करके मजिस्ट्रेट को अधिकार दिया जाए। 1939 मुस्लिम विवाह-विच्छेद अधिनियम में तलाक-ए-बिद्दत को शामिल किया जाए। तलाक-ए-बिद्दत देने वाले पति को मध्यस्थता केंद्रों में लाया जाना अनिवार्य हो।

पुरूष और स्त्री एक समान बनाए गए है तो उनके हक भी एक समान होने चाहिए। धर्म, प्रथाऐं, समय के अनुसार बदलनी चाहिए। महिलाओं के समान हक का महत्व हमें देश को, नई पीढ़ी को समझना पड़ेगा, हमारे देश की आधी आबादी को हम पीछे रख कभी प्रगति की ओर जा नहीं सकते।

References

1. http://zenithias.com/edit-article-hindi/item/5946-8-2-18
2. http://vidarbhaapla.com/5669-2-women-marriage-right-protection-bill-2017-pass-in-loksabha/
3. http://swadeshnews.in/Encyc/2017/12/26/bill-will-be-presented-in-the-parliament-by-giving-three-divorces-this-week.aspx
4. https://m.dailyhunt.in/news/india/hindi/janprahari-epaper-janpra/lokasabha +me+ muslim+ mahila+ vivah+ adhikar+ sanrakshan+ vidheyak+ pesh+ padhe+kya+hai+vidheyak+me-newsid-78884290
5. http://www.jantakiawaz.org/category/state/utterpradesh/news-435337

19

तीन तलाक : मुस्लिम समाज में एक अभिशाप

कुलदीप कुमार
असिस्टैंट प्रोफेसर
चमन लाल महाविद्यालय, लंढौरा, हरिद्वार

सारः- इस आलेख में वर्तमान परिप्रेक्ष में मुस्लिम समाज में महिलाओं के प्रति कुप्रथा को उजागर करने व उससे निपटने के प्रयास किये गये हैं, यह लेख बुद्धिजीवों, शिक्षाशास्त्रीयों, समाजशास्त्रीयों एवं शोध छात्र-छात्राओं तथा इस मुददे से जुड़े सभी शिक्षार्थियों के लिए उपयोगी सिद्ध होगा।

मुख्य बिन्दुः- कुप्रथा, महिलाओं की स्थिति, तीन तलाक, हलाल, खुला आदि।

परिचयः- कई वर्षो से कुप्रथाओं के बन्धनों में जकड़ी और मौलानाओं के फतवे झेलती बुरके में कैद मुस्लिम महिलाऐं अपनी आजादी चाहने लगी हैं। धर्म की नाजायज बंदिशों को तोड़कर आज मुस्लिम समाज की महिलाऐं सड़क पर उतरकर अपना विरोध जताने लगी हैं।

पुरुषों का समाज में हमेशा से एकाधिकार रहा है। लेकिन आज के आधुनिक युग में धर्म के न्यायाधिकारी के रूप में काम करने वाले काजी के पद पर मुस्लिम महिलाऐं भी काजी बनने की ट्रेनिग लेने लगी हैं।

आज के बदलते समय में मुस्लिम महिलाओं ने बंदिशों को झकझोरना प्रारम्भ कर दिया है। वे अपने आप को बदलने के लिए उत्साहित व बेताब हैं। जो भी हक उनके हैं वे उन सभी को पाना चाहती हैं।

मुस्लिम विवाह:- मुस्लिम विवाह को इस्लाम में "निकाह" कहा जाता है। दुसरे देशों की अपेक्षा भारत में निकाह सबसे टिकाऊ माना जाता है, इस्लाम कानून के अनुसार निकाह के समय दूल्हा, दुल्हन, काजी, गवाह (दो पुरुष या चार महिलाऐं) उपस्थित रहना जरूरी है। मुस्लिम विवाह में अल्लाह को हाजिर नाजिर मानकर लोग निकाह पढ़ते हैं।

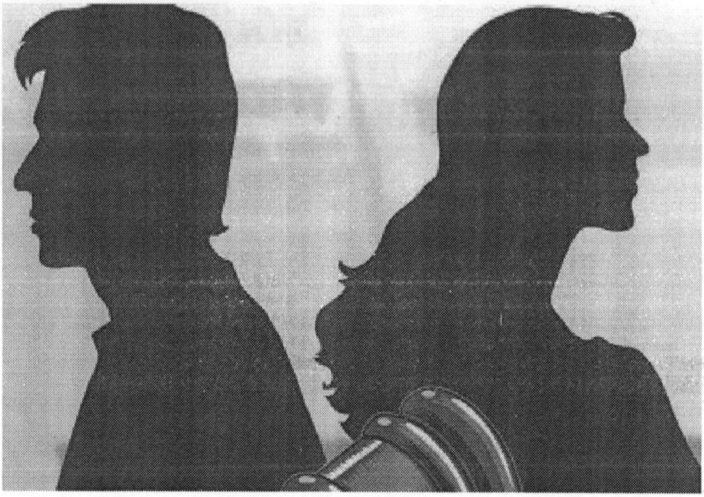

तीन तलाक:- तीन तलाक मुसलमान समाज में तलाक का वो जरिया है, जिसमें मुस्लिम आदमी अपनी बीवी को सिर्फ तीन बार 'तलाक' कहकर अपनी शादी किसी भी क्षण तोड़ सकता है। इस नियम से होने वाले तलाक स्थिर होते हैं, शादी खत्म हो जाती है, इसके बाद यदि पुरुष और स्त्री पुन: शादी करना चाहे तो "हलाला" भरने के बाद ही वे दोनों साथ-साथ शादी करके रह सकते हैं।

इस्लाम में हलाला एक पद्धति है जिसमें तलाक शुदा स्त्री को पहले एक दुसरे मुस्लमान पुरुष के साथ विवाह करके रहना होता है इस दुसरे आदमी के साथ कुछ दिन व्यतीत करने के बाद पुन: इस आदमी से तलाक लेकर स्त्री अपने पुराने शौहर से फिर से विवाह कर पाती है, तीन तलाक का प्राय: "तलाक-ए-बिद्दत" भी कहा जाता है।

विश्वभर में कई मुस्लिम स्कोलर ने तीन तलाक को गैर इस्लामिक घोषित किया है, इन स्कॉलरो के अनुसार कुरान में इस तरह के किसी तलाक का जिक्र नही है, इसके लिये स्कॉलर कहते है कि शाहुकार और बीवी को तलाक से पहले कम से कम तीन महीने एक साथ रहना चाहिए और इसके बाद कानूनी सलाह से तलाक लेनी चाहिए, शौहर को अपनी बीवी के तुह के समय में तलाक देना होता है, इसके पहले तीन महीने में इन्हें अपने सभी रिश्तेदारों की मदद से शादी को बचाने की कोशिश करनी चाहिए, यदि इन तीन महीनों के बाद भी बीवी और शौहर तलाक चाहते है तो पुरुष तलाक का एलान करता है और शादी टूट जाती है इसके बाद यदि फिर से शौहर और बीवी एक होना चाहते हैं तो हलाला के बगैर भी हो सकते है, हलाला उस वक्त होता है जब एक ही कपल लगातार तीन बार तलाक ले चुका होता है और चौथी बार फिर से शादी करना चाहता है।

तीन तलाक इन दिनों फोन पर, टेक्स्ट मैसेज, फेसबुक, ई-मेल, व्हाटसप आदि के द्वारा किया जाने लगा है और ऐसी घटनाओं की संख्या दिनोंदिन लगातार बढ़ती जा रही है; क्योंकि इस्लामिक नीति में ये कानूनन सही है, अतः पुरुष को कोई फर्क नही पड़ता हैं।

हलाला:- जब एक बीवी व पुरुष तीन बार तलाक दे कर वापिस सुलह करके शादी कर लेते है तो चौथी बार वे पुनः विवाह न करके अब चौथी बार उनकी आपस में निकाह करने की कोई गुंजाइश नहीं होती, लेकिन सिर्फ ऐसे में वो आजाद स्त्री अपनी मर्जी से किसी दूसरे इंसान से शादी करे और इत्तिफाक से उनका भी निभा ना हो सके और दूसरा शौहर भी उसे तलाक दे दे या मर जाये तो ही वो औरत पहले शौहर से विवाह कर सकती है। इसी को इस्लाम

के कानून में हलाला कहते हैं लेकिन याद रहे यह इत्तिफाक से हो तो जायज है, जान बूझकर या प्लान बना कर किसी और इंसान से शादी करना और फिर उससे इसलिए तलाक लेना ताकि पहले शौहर से निकाहा/विवाह जायज हो सके यह साजिश सरासर नाजायज है और अल्लाह के रसूल ने ऐसी साजिश करने वालों पर लानत करमाई हैं।

खुलाः-यदि केवल बीवी तलाक चाहे तो उसे शौहर से तलाक मांगना होगा, यदि शौहर नेक इंसान होगा तो जाहिर है कि वो अपनी बीवी को समझाने की भरपूर कोशिश करेगा और नहीं मानने पर फिर उसे एक तलाक दे देगा, लेकिन यदि शौहर मांगने के उपरान्त भी तलाक नही देता तो बीवी के लिए इस्लाम में यह आसानी रखी गई है कि वो शहर काजी (जज) के पास जाए और उसके शौहर से तलाक दिलवाने के लिए कहे। दरसल इस्लाम धर्म में काजी को यह हक दे रखा है कि वो उनका रिश्ता खत्म करने का ऐलान कर दे, जिससे उनकी तलाक हो जायेगी इस्लामिक कानून में इसे ''खुला'' कहा जाता है। और यही तलाक का सही तरीका है।

कुप्रथाः- भारत में तीन तलाक वह कुप्रथा है जिसमें कोई मुस्लमान पुरुष अपनी पत्नी को तीन बार 'तलाक' बोलकर लिखकर या किसी इलेक्ट्रोनिक मीडिया के माध्यम से भेजकर उससे विवाह-सम्बन्ध विच्छेद (तलाक) कर लेता है।

इस्लाम में दो तरह के तलाक के बारे में जिक्र है।

पहला तलाक अल सुन्नाम जिसे पैगम्बर मोहम्मद के हुक्म के मुताबिक किया जाता है, जबकि दूसरा ''तलाक-ए-बिद्दत'' जिसे बाद में इजाद किया गया।

कुरान में सीधे तौर पर तीन तलाक का कोई जिक्र नहीं है और ना ही पैगम्बर मौहम्मद ने इसके बारे में सीधे तौर पर कुछ कहा है।

कुरान में सिर्फ एक बार में तलाक बोलने से ही तलाक होने का जिक्र है। लेकिन इससे पहले दोनों के बीच सुलह कराने के लिए भी कई उपाय बताए गए हैं।

बहुत सारे मुस्लिम बहुमत वाले देशों में तीन तलाक का रिवाज नहीं है और उन देशों ने तीन तलाक के कायदे कानून बदल दिये हैं। वर्तमान परिस्थितियों के अनुसार, यहां तक की भारत के पड़ोसी देश पाकिस्तान में भी तीन तलाक की कुप्रथा को खत्म कर दिया है। भारत को भी समयानुसार इस कुप्रथा को बदनला पड़ेगा। 21वीं सदी में हम महिलाओं को पीछे नहीं छोड़ सकते हैं।

नई दिल्ली, सुप्रीम कोर्ट ने ऐतिहासिक फैसला देते हुए तीन तलाक को असंवैधानिक करार दिया है। देश की सर्वोच्च अदालत में लड़ी गई इस कानूनी लड़ाई को अपने अंजाम तक पहुंचाने के कई महिलाओं का संघर्ष शामिल रहा है। इसमें सबसे अहम नाम रहा है उत्तराखण्ड की 'सायरा बानो' का जो इस मामले को सबसे पहले सुप्रीम कोर्ट लेकर गई थी। उनके अलावा आफरीन रहमान (जयपुर), गुलशन परवीन (रामपुर, उत्तर प्रदेश), इशरत जहां (हावड़ा, प. बंगाल), और अतिया शाबरी (सहारनपुर) उन महिलाओं में से है जिन्होंने तीन तलाक के खिलाफ आवाज उठाई। इनमें से किसी को फोन पर तलाक मिला था, किसी को स्पीड़ पोस्ट से, किसी को स्टाम्प पेपर पर तो किसी को कागज के एक के टुकड़े पर।

तीन तलाक आज मूल अधिकार की जगह एक राजनैतिक अखाड़ा बन गया है। वर्तमान सरकार ने लोकसभा के शीतकालीन सत्र में ट्रिपल तलाक बिल पारित करवाने में सफलता प्राप्त की है, इस विधेयक के अन्तर्गत ट्रिपल तलाक लेना और देना कानूनन अपराध होगा। इस कानून के अन्तर्गत मुस्लिम पुरुष को तीन साल तक की सजा का प्रावधान है। कुछ राजनैतिक दलों ने इस बिल का विरोध भी किया है।

निष्कर्षः- महिला और पुरुष एक समान बनाए गए हैं तो उनके हक भी एक समान होने चाहिए। धर्म और प्रथाए समय के अनुसार बदलनी चाहिए। महिलाओं के समान हक के महत्व को हमें मिलकर देश व नई पीढ़ी को समझाना पड़ेगा। आज हमारे देश की आधी या ज्यादा आबादी को हम लोग पीछे रखकर कभी भी प्रगति की ओर आगे नहीं जा सकते। ऐसे तीखे व चुभने वाले सवालों को उठाना पड़ेगा और समाज को समझाना पड़ेगा एवं यह सभी धर्मो पर लागू होता है। भारत के संविधान के अनुछेद 14/21 में देश के प्रत्येक नागरिक को कानून की दृष्टि से समान अधिकार दिये गये हैं और सम्मान के साथ जीवन व्यतीत करने का अधिकार दिया गया है सम्भव है कोई मानवाधिकार संगठन, किसी विश्वविद्यालय का कोई छात्र-छात्रा, कोई बुद्धिजीवी, कोई शिक्षाविद, मीडियाकर्मी, आदि मुस्लिम महिलाओं को उनके अधिकार व उनकी दयनीय हालात से छुटकारा पाने में उनकी मदद करेगा।

स्रोतः- 1. मुस्लिम महिलाओं मे बदलाओं की बेताबी - शाहिद नकवी

2. तीन तलाक से मुस्लिम महिलाओं की गरिमा पर पड़ता है असर-केन्द्र - प्रभासाक्षी न्यूज

20

"तीन तलाक के सम्बद्ध में मुस्लिम महिलाओं की समस्याऐं एवं सोच"

कुमकुम सागर
शोध छात्रा
मेरठ कॉलेज मेरठ
चौ0 चरण सिंह विश्वविद्यालय मेरठ।

1. प्रस्तावना

मशहूर शायर फैज़ अहमद फैज़
बोल कि लब आजाद है तेरे
बोल जुबॉ अब तक तेरी हैं,

इस्लाम धर्म में, विवाह, जिसे निकाह जाता है एक पुरूष और एक स्त्री की अपनी आजाद मर्जी से एक दूसरें के साथ पति और पत्नी के रू॰ में रहने का फैसला है। इसकी तीन शर्ते हैं: पहली यह कि पुरूष वैवाहिक जीवन की जिम्मेदारियों को उठाने की शपथ ले, एक निश्चित रकम जो आपसी बातचीत से तय हो, मेहर के रूप में औरत को दे और इस नये सम्बन्ध की समाज में घोषणा हो जाये। इसके बिना किसी मर्द और औरत का साथ रहना और यौन सम्बन्ध स्थापित करना गलत नहीं, बल्कि एक बड़ा अपराध है।

तलाक

तलाक-उल-सुन्नत	तलाक-उल-बिहत
– पति की एक घोषणा मात्र से वैवाहिक संबंधों को विच्छेद	प्रति द्वारा एक बार में तलाक-तलाक-तलाक उदघोषित करने पर वैवाहिक संबध समाप्त
– बाद में पति तलाक की घोषणा वापस भी ले लेता है	घोषणा वापस लेने का विकल्प नहीं
– अर्थात् समझौते का विकल्प	हजरत मौहम्मद द्वारा मान्य नहीं
– हजरत मौहम्मद द्वारा मान्य जबकि इस्लामिक कानूनों में इससे ज्यादा मान्यता प्राप्त है	इसे बाद 'ओमापद के राजाओं ने प्रचलित किया। यही ''तीन तलाक प्रथा''

2. तीन तलाक

तलाक-ए-बिद्दत, तलाक-ए-हसन और तलाक-ए-अहसन

इस मामले में अटॉर्नी जनरल ने तलाक-ए-बिद्दत (तीन तलाक) के साथ तलाक-ए-हसन और तलक-ए-अहसन को भी खत्म करने का समर्थन किया था। इनके बारे में भी थोड़ी-बहुत जानकारी आपको दे रहे हैं, क्योंकि मुद्दे की जटिलता को देखते हुए यह ज़रूरी है।

तलाक-ए-अहसन में पति दो ऋतुकालों की अवधि के बीच एक बार तलाक देता है और इद्दत (तलाक के बाद के तीन महीनों का समय) की अवधि में पत्नी से संबंध नहीं बनाता, तो इद्दत की अवधि खत्म होने पर तलाक हो जाता है।

तालक-ए- 'हसन में पति तीन महीनों के दौरान तीन बार तलाक देने का इरादा ज़ाहर करता है और पत्नी से संबंध नहीं बनाता तो तीसरी बार 'तलाक' कहने पर विवाह विच्छेद हो जाता है। इन दोनों पद्धतियों को इस्लाम में तलाक देने के लिये मान्य माना गया है।

इनके विपरीत तलाक-ए-विद्दत (तीन तलाक) में पति एक ही बार में एक शब्द तीन बार में एक शब्द तीन बार कहता है.... तलाक-तलाक-तलाक। यदि

पति-पत्नी दोनों एक-दूसरे को तलाक देने को राज़ी हों, तभी यह मान्य होता है। लेकिन देखा यह गया है कि लगभग शत-प्रतिशत मामलों में केवल पति की ही रजामंदी होती है। इसे शरीयत में भी मान्यता नहीं दी गई है।

इसके अलावा, भारत में इस्लाम के हनफी स्कूल (विचारधारा) को मानने वालों की प्रमुखता है, जो अब 'देवबंदी और बरेलवी स्कूल ऑफ थॉट्स कहलाते हैं। हनफी विचारधारा का शरीयत कानून भी एक साथ तीन तलाक को मान्यता नहीं देता।

अन्य इस्लामी देशों में क्या है स्थिति ?

भारत से पहले 22 इस्लामी देशों में 'तीन तलाक' को प्रतिबंधित किया जा चुका है। तीन तलाक को सबसे पहले 1929 में मिस्त्र में अदालत के निर्देश के बाद प्रतिबंधित किया गया था। इसी का अनुसरण करते हुए अफ्रीका के पिछड़े माने जाने वाले देश सूडान ने इस पर प्रतिबंध लगा दिया था। इस्लामी देशों में आधुनिक माने जाने वाले देश तुर्की ने 1926 में स्विस सिविल कोड अपनाते हुए हर प्रकार के धार्मिक कानूनों को अमान्य कर दिया। भारत के पड़ोस में पाकिस्तान ने 1961 में ही इस पर तब रोक लगा दी थी, जब इसके 6 साल पहले वहाँ के तत्कालीन प्रधानमंत्री मोहम्मद अली बोगरा ने अपनी पत्नी को बताए बिना अपनी सेक्रेटरी से शादी कर ली थी। पाकिस्तान में तभी से इस पर रोक लगाने की माँग उठने लगी थी। बंग्लादेश 1971 में पाकिस्तान से अलग हुआ, लेकिन उसने वहाँ लागू कानून को बदला नहीं, बल्कि उसे जस-का-तस लागू कर दिया।

3. कुरान में तलाक के मायने

दर असल, दीने इब्राहीम की रिवायात के मुताबिक अरब, जाहिलियत के दौर में भी तलाक से अनजान नहीं थे, उनका इतिहास बताता है कि तलाक का कानून उनके यहां भी लगभग वही था, जो अब इस्लाम में है, लेकिन कुछ बिदअतें उन्होंने इसमें भी दाखिल कर दी थी।

किसी जोड़े में तलाक की नौबत आने से पहले हर किसी की यह कोशिश होनी चाहिए कि जो रिश्ते की डोर एक बार बन्ध गई है, उसे मुमकिन हद तक टूटने से बचाया जाए।

जब किसी पति-पत्नी का झगड़ा बढ़ता दिखाई दे, तो अल्लाह ने कुरान में उनके करीबी रिश्तेदारों और उनका भला चाहने वालों को यह हिदायतें दी है कि

वो आगे बढ़े और मामले को सुधारने की कोशिश करें। इसका तरीका कुरान न यह बतलाया है कि ''एक फैसला करने वाला शौहर के खानदान में से मुकर्रर (नियुक्त) करें और एक फैसला करने वाला बीवी के खानदान में से चुने और वो दोनों पक्ष मिल कर उनमे सुलह कराने की कोशिश करें। इससे उम्मीद है कि जिस झगड़े को पति पत्नी नहीं सुलझा सके वो खानदान के बुजुर्ग और दसरे हमदर्द लोगों के बीच में आने से सुलझ जाए।

इसके बावजूद भी अगर शौहर और बीवी दोनों या दोनों में से किसी एक ने तलाक का फैसला कर ही लिया है, तो शौहर बीवी के खास दिनों (Menstruation)के आने का इंतजार करे, और खास दिनों के गुज़र जाने के बाद जब बीवी पाक़ हो जाए तो बिना हम बिस्तर हुए कम से कम दो जुम्मेदार लोगों को गवाह बना कर उनके सामने बीवी को एक तलाक दे, यानी शौहर हर बीवी से सिर्फ इतना कहे कि ''मैं तुम्हे तलाक देता हूं''।

तलाक हर हाल में ऐ ही दी जाएगी दो या तीन या सौ नहीं, जो लोग जिहालत की हदें पार करते हुए दो तीन या हज़ार तलाक बोल देते हैं, यह इस्लाम के बिल्कुल खिलाफ अमल है और बहुत बड़ा गुनाह है। अल्लाह के रसूल (सल्लाहू अलैहि वसल्लम) इस एक तलाक के बाद बीवी 3 महीने यानी 3 तीन हैज़ (जिन्हें कद्दत कहा जाता है और अगर वो प्रेग्नेंट है तो बच्चा होने तक) शौहर ही के घर रहेगी और उसका खर्च भी शौहर ही के जिम्मे रहेगा, लेकिन उनके बिस्तर अलग रहेंगे, कुरान ने सूरेह तलाक में हुक्म फ़रमाया है कि इद्दत के दौरान शौहर बीवी में सुलह हो जाए और वो तलाक का फैसला वापस लेने को तैयार हो जाएं।

अक्ल की रौशनी से अगर इस हुक्म पर गौर किया जाए तो मालूम होगा कि इसमें बड़ी अच्छी हिकमत है। हर मआशरे (समाज) में बीच में आज भड़काने वाले लोग मौजूद होते ही हैं। अगर बीवी तलाक मिलते ही अपनी मां के घर चली जाए तो ऐसे लोगों को दोनों तरफ कान भरने का मौका मिल जाएगा, इसलिए यह ज़रूरी है कि बीवी इद्दत का वक़्त शौहर ही के घर गुज़ारे।

फिर अगर शौहर बीवी में इद्दत के दौरान सुलह हो जाए, तो फिर से वो दोनों बिना कुछ किए शौहर और बीवी की हैसियत से रह सकते हैं। इसके लिए उन्हें सिर्फ इतना करना होगा कि जिन गवाहों के सामने तलाक दी थी, उन्हें खबर कर दें कि हमने अपना फैसला बदल लिया है, कानून में इसे ही ''रुजू'' करना कहते हैं और यह ज़िन्दगी में दो बार किया जा सकता है, इससे ज्यादा नहीं। (सूरेह बक्राह-229)

शौहर रुजू ना करे तो इद्दत के पूरा होने पर शौहर बीवी का रिश्ता खत्म हो जाएगा। लिहाज़ा कुरान ने यह हिदायत फरमाई है कि इद्दत अगर पूरी होने वाली है, तो शौहर को यह फैसला कर लेना चाहिए कि उसे बीवी को रोकना है या रुखसत करना है।

दरअसल, दोनों ही सूरतों में अल्लाह का हुक्म है कि मामला भले तरीके से किया जाए। सूरेह बक्राह में हिदायत फरमाई है कि अगर बीवी को रोकने का फैसला किया है, तो यह रोकना वीबी को परेशान करने के लिए हरगिज़ नहीं होना चाहिए बल्कि सिर्फ भलाई के लिए हो रोका जाए।

अल्लाह कुरान में फरमाता है- '' और जब तुम औरतों को तलाक दो और वो अपनी इद्दत के खात्मे पर पहुंच जाए तो या तो उन्हें भले तरीक़े से रोक लो या भले तरीक़े स रुखसत कर दो, और उन्हें नुकसान पहुंचाने के इरादे से ना रोको, ना उन पर जुल्म करो, और याद रखो के जो काई ऐसा करेगा वो दर हकीकत अपने ही ऊपर जुल्म ढाएगा, और अल्लाह की आयातों को मज़ाक ना बनाओ और अपने ऊपर अल्लाह की नेमतों को याद रखों और उस कानून और हिकमत को याद रखो जो अल्लाह ने उतारी है जिसकी वो तुम्हे नसीहत करता है, और अल्लाह से डरते रहो और ध्यान रहे कि अल्लाह हर चीज़ से वाकिफ है''। (सूरेह बक्राह-231)

लेकिन अगर उन्होंने इद्दत के दौरान रुजू नहीं किया और इद्दत का वक़्त ख़त्म हो गया तो अब उनका रिश्ता ख़त्म हो जाएगा, अब उन्हें जुदा होना है।

इस मौके पर कुरासन ने कम से कम दो जगह (सूरेह बक्राह आयंत 229 और सूरेह निसा आयत 20 में) इस बात पर बहुत जोर दिया है कि मर्द ने जो कुछ बीवी को पहले गहने, कीमती सामान, रुपयें या कोई जायदाद तोहफे के तौर पर दे रखी थी, सब माल जो बीवी को तलाक से पहले दिया था वो अब भी बीवी का ही रहेगा और वो उस माल को अपने साथ लेकर ही घर से जाएगी, शौहर के लिए वो माल वापस मांगना या लेना या बीवी पर माल वापस करने के लिए किसी तरह का दबाव बनाना बिल्कुल जायज़ नहीं है।

इसके बाद तलाक देने वाला मर्द और औरत जब कभी ज़िन्दगी में दोबारा शादी करना चाहे तो वो कर सकते हैं, इसके लिए उन्हें आम निकाह की तरह ही फिरसे निकाह करना होगा और शौहर को मेहर देने होंगे और बीवी को मेहर लेने होंगे।

अब फ़र्ज़ करें कि दूसरी बार भी तलाक के बाद वो दोनों आपस में शादी करना चाहें तो शिरयत में तीसरी बार भी उन्हें निकाह करने की इजाज़त है।

लेकिन अब अगर उनको तलाक हुई तो यह तीसरी तलाक होगी जिस के बाद ना तो रुजू कर सकते हैं और ना ही आपस में निकाह किया जा सकता है।

हलाला

अब चौथी बार उनकी आपस में निकाह करने की कोई गुंजाइश नहीं, लेकिन सिर्फ ऐसे कि अपनी आज़ाद मर्ज़ी से वो औरत किसी दूसरे मर्द से शादी करे और इत्तिफाक़ से उनका भी निभा ना हो सके और वो दूसरा शौहर भी उसे तलाक दे दे या मर जाए तो ही वो औरत पहले मर्द से निकाह कर सकती है, इसी को कानून में ''हलाला'' कहते हैं। लेकिन याद रहे यह इत्तिफ़ाक से हो तो जायज़ है, जान बूझकर या प्लान बना कर किसी और मर्द से शादी करना और फिर उससे सिर्फ इसलिए तलाक लेना ताकि पहले शौहर से निकाह जायज़ हो सके यह साजिश सरासर नाजायज़ है और अल्लाह के रसूल (सल्लल्लाहु अलैहि वसल्लम) ने ऐसी साजिश करने वालों पर लानत फरमाई है।

खुला

अगर सिर्फ बीवी तलाक चाहे तो उसे शौहर से तलाक मांगनी होगी, अगर शौहर नेक इंसान होगा तो ज़ाहिर है वो बीवी को समझाने की कोशिश करेगा और फिर उसे एक तलाक दे देगा, लेकिन अगर शौहर मांगने के बावजूद भी तलाक नहीं देता तो बीवी के लिए इस्लाम में यह आसानी रखी गई है कि वो शहर काज़ी (जज) के पास जाए और उससे शौहर से तलाक दिलवाने के लिए कहे। दरअसल, इस्लाम ने काज़ी को यह हक़ दे रखा है कि वो उनका रिश्ता ख़त्म करने को ऐलान कर दे, जिससे उनकी तलाक हो जाएगी, कानून में इसे ''खुला'' कहा जाता है।

यही तलाक का सही तरीका है, लेकिन अफ़सोस की बात है कि हमारे यहां इस तरीके की खिलाफ वर्जी भी होती है और कुछ लोग बिना सोचे-समझे इस्लाम के खिलाफ तरीके से तलाक देते हैं, जिससे खुद भी परेशानी उठाते हैं और इस्लाम की भी बदनामी होती है।

4. तलाक का प्रभाव

मुसलमान समाज में तलाक लेने का वह जरिया है जिसमें मुस्लिम आदमी अपनी बीवी को तीन बार ''तलाक'' बोलकर अपनी शादी रद्द कर सकता है। तलाक का यह जरिया मुस्लिम पर्सनल लॉ के हिसाब से कानूनी है, फिर भी

बहुत सारी मुस्लिम वर्ग की महिलाएं इसका विरोध करती है। तीन तलाक के वजह से मुस्लिम महिलाओं को डर डर के रहना पड़ता है, क्योंकि यह तीन शब्द उनकी जिंदगी बर्बाद कर सकते हैं। यह मानवीय हकों का उल्लंघन है, भारतीय कानून के हिसाब से स्त्री और पुरुष को दोनों को समान हक होते हैं। पर तीन तलाक के मामले में महिलओं पर यह एक प्रकार से अन्याय होता है। तीन तलाक के तहत मुस्लिम आदमी अपनी बीवी को बोलकर या लिखकर तलाक दे सकता है और बीवी का वहां होना जरुरी भी नहीं होता है, यहां तक कि आदमी को तलाक के लिए कोई वजह भी लेनी नहीं पड़ती। तीन तलाक का पुरुषों पर ज्यादा प्रभाव नहीं होता पर उनकी बीवी पर इसका बहुत बड़ा प्रभाव होता है। बच्चों की जिम्मेदारी, गुजारा करने के लिए पैसा कमाना, रहने के लिए घर, यह सब विपदाएं अचानक से उसके सामने आ जाती हैं। इस डर के चलते हुए बहुत सारी मुस्लिम महिलाएं शायद डर डर के अपनी जिंदगी गुजार देती है, वह कोई बगावत नहीं करतीं। महिलाएं अपने भारतीय मौलिक अधिकारों से वंचित रह जाती हैं। बहुत सारे मुस्लिम बहुमत होने वाले देशों में तीन तलाक का रिवाज खंडित किया है, और उन्होंने तलाक के कायदे वर्तमान परिस्थितियों के हिसाब से बदल दिए हैं। यहां तक कि अपना पड़ोसी देश पाकिस्तान में भी तीन तलाक की प्रथा खत्म कर दी गई है। भारत को भी समय के हिसाब से बदलना पड़ेगा, 21 वी सदी में हम लोग महिलाओं को पीछे नहीं छोड़ सकते। ट्रिपल तलाक़ आज मूल अधिकार के जगह एक राजनैतिक मुद्दा बन रहा है। हाल ही में वर्तमान सरकार लोकसभा के शीतकालीन सत्र में ट्रिपल तलाक बिल परित करने मे सफल हुई। इस विधेयक के अंदर ट्रिपल तलाक़ लेना कानून अपराध होगा, जिसके लिए मुस्लिम पुरुष को 3 साल तक सजा हो सकती है। कुछ राजनीतिक दलों ने इस बिल का विरोध भी किया। कांग्रेस जो मुख्य विरोधी पक्ष है, उसने बिल का समर्थन किया, पर कुछ मुद्दों पर संशोधन की भी मांग की।

"मुस्लिम महिला विधेयक" के तहत तीन तलाक गैर कानूनी है, इसके उल्लंघन पर मुस्लिम पुरुष को 3 साल की सजा हो सकती है। पुरुष को तलाकशुदा महिला के रखरखाव के लिए पैसे भी देने होंगे। मुस्लिम महिलाओंके लिए यह एक बहुत बड़ी उपलब्धि है। समान अधिकार के तरफ यह एक बड़ा कदम है। मुस्लिम लॉ बोर्ड इस बिल के खिलाफ है, उनके हिसाब से यह बिल मुस्लिम धर्म के खिलाफ है। भारतीय मुस्लिम महिलाओं को बुनियादी अधिकारोंसे वंचित रखना चाहिए। पिछले कुछ महीनों में तीन तलाक से पीड़ित महिलाएं कोर्ट में कैसे लड़ रही है। वह भारतीय न्याय संस्था से न्याय की मांग कर रही है।

भारतीय सुप्रीम कोर्ट ने तीन तलाक को गैर संवैधानिक करार दिया है। सुप्रीम कोर्ट ने सरकार को जिम्मेदारी दी है कि जजमेंट के हिसाब से लॉ फ्रेमवर्क बनाई जाए तब तक ट्रिपल तलाक का उपयोग करना गैर संवैधानिक है।

5. गैर- इस्लामी है, जुबानी और एकतरफा तलाक

भारत के मुस्लिम समाज के बारे में कई अवधारणाएं और गलतफहमियां प्रचलित हैं। इनकी लिस्ट इतनी लंबी है कि सिर्फ इस लिस्ट पर ही एक पूरी किताब लिखी जा सकती है। लेकिन इनमें सबसे प्रचलित धारणा तीन तलाक से संबंधित है। माना जाता है कि मुसलमान मर्द अपनी पत्नी को यदि तलाक-तलाक-तलाक कह दे तो वह पत्नी नहीं रहती। इस धारणा के पीछे दो मुख्य कारण हैं। एक यह कि आए दिन मीडिया में ऐसे वाकयों का जिक्र आता रहता है। दूसरा और अधिक महत्वपूर्ण कारण यह है कि आम मुसलमान मर्द भी यही सोचता है कि तीन तलाक उसका इस्लामी अधिकार है और इसका इस्तेमाल जायज है। जबकि सच इससे पूरी तरह विपरीत है। हम आये दिन अखबारों में पढ़ते हैं कि कैसे किसी शौहर ने बीवी को तीन बार तलाक कह दिया और क्षण भर में उसको अपनी जिंदगी से हमेशा के लिए अलग कर दिया। इतना ही नहीं, आजकल इंटरनेट के युग में एस.एम.एस. और ईमेल पर तलाक देने की घटनाएं भी घट रही हैं।

संवाद और सुलह पर जोर

कुरान में तलाक को न करने लायक काम का दर्जा दिया गया है। यही वजह है कि इसको खूब कठिन बनाया गया है। तलाक देने की एक विस्तृत प्रक्रिया दर्शायी गई है। परिवार में बातचीत, पति-पत्नी के बीच संवाद और सुलह पर जोर दिया गया है। पवित्र कुरान में कहा गया है कि जहां तक संभव हो, तलाक ने दिया जाए और यदि तलाक देना जरूरी और अनिवार्य हो जाए तो कम से कम यह प्रक्रिया न्यायिक हो। इसके चलते पवित्र कुरान में एकतरफा या सुलह का प्रयास किए बिना दिए गए तलाक का जिक्र कहीं भी नहीं मिलता। इसी तरह पवित्र कुरान में तलाक प्रक्रिया की समय अवधि भी स्पष्ट रूप से बताई गई है। खड़ा-खड़ी या इंस्टैंट तलाक का सवाल ही नहीं उठता। खत लिखकर या टेलीफोन पर एकतरफा और जुबानी तलाक की इजाजत इस्लाम कतई नहीं देता। एक बैठक में या एक ही वक्त में एकतरफा और जुबानी तलाक की इजाजत इस्लाम कतई नहीं देता। एक बैठक में या एक ही वक्त में तलाक दे देना

गैर-इस्लामी है। तो फिर समाज और समाज के रखवाले इस बदी पर रोक क्यों नहीं लगातें ? हमारे लीडर क्यों ऐसे शौहरों को दंडित नहीं करतें ? क्यों खिलाफ फतवे जारी नहीं होते? काश, कश्मीर के मुती बशीरुद्दीन लड़कियों के संगीत गाने पर मनाहीह की जगह ऐसे पतियों के खिलाफ फतवा देते।

6. मुस्लिम पर्सनल लॉ बोर्ड का तर्क

इस बारे में मुस्लिम पर्सनल लॉ बोर्ड पहले ही अपना जवाब दाखिल कर चुका है। बोर्ड ने तीन तलाक और चार शादियों की तरफदारी की है। बोर्ड का कहना है, कि एक बार में तीन तलाक बोलना गलत और पाप के समान है लेकिन यह वैधानिक है। यह पर्सनल लॉ से जुड़ा मामला है और कोर्ट इसमें दखल नहीं दे सकता।

7. सरकार का मत

सरकार मानती है कि धार्मिक विश्वास का पालन करना अलग बात है और इसे मौलिक अधिकारों के तहत संविधान में संरक्षण भी मिला हुआ है लेकिन तीन तलाक अलग मुद्दा है।

यह महिलाओं के अधिकारों और गरिमा से जुड़ा मामला है जा संविधान के अनुच्छेद 14, 15 और 21 (समानता और सम्मान से जीवन जीने का मौलिक अधिकार) के तहत आता है। जो चीज मौलिक अधिकारों के विरूद्ध हो उसे हटाया जा सकता है।

सरकार कोर्ट में कहेगी कि जब 20 मुस्लिम देश जिसमें बांग्लादेश, पाकिस्तान और सऊदी अरब शामिल हैं, पर्सनल लॉ को रेगुलेट कर चुके हैं और वे इसे शरीयत के खिलाफ नहीं मानते तो फिर भारत जो धर्मनिरपेक्ष देश है और जहां संविधान सर्वोच्च है वहां ऐसा कैसे हो सकता है ?

सरकार मानती है कि तीन तलाक शरीयत की गलत वजह है।

8. तलाक, मुस्लिम महिलाओं की समस्या

तलाक मुस्लिम महिलाओं की समस्याओं की और महिलाओं द्वारा सामना की गई कठिनाईयों के बारे में बात करते हैं। सामाजिक-आर्थिक बाधाओं और अदालतों तक पहुँचने में असमर्थता के कारण, इस अध्ययन के माध्यम से पहली बार ट्रायल तलाक का सामना करने वाली ज्यादातर महिलाओं की स्थिति का प्रतिनिधित्व हो सकता है जो एक अतिरिक्त न्यायिक तलाक का शिकार होता

है, विशेष रूप से तलाक 'तीन' शब्द के उच्चारण द्वारा तलाक तीन बार। चौंकाने वाली बात यह है कि जिन पुरूषों के साथ पत्नियां दो तलाक दी जाती हैं, कुछ लोग केवल रिश्तेदार या स्थानीय जमात के माध्यम से साधारण संचार के जरिये कुछ एमसएमएस भेजते हैं। कई मामलों में, जब अपने घर के बाहर रहती हैं, तब महिला को तलाकशुदा होने की जानकारी दी जाती है, इसलिए वह अपने पति के घर लौटने के लिए उसके सामानों को वापस लेने में असमर्थ हो जाता है, क्योंकि उसके असहाय छोड़कर। स्थिति आगे बढ़रही है अगर उसके पास कोई मातृ परिवार नहीं है तो उसकी मदद कुरानिक अधिकारों को न्याय और परिवार और समाज में प्रयास रहा है। ऐसा करने के लिए हमें कुछ रूढ़िवादी पुरूष-वर्चस्व वाले वर्गों की भी आलोचना की गई है। हमारे इरादों के बारे में संदेह और हमारे ''संबद्धता'' को मूल रूप से मीडिया में पितृसत्तात्मक गेट-रखवाले के एक समूह द्वारा लगाया जा रहा है जिन्होंने अध्यक्षता की है महिलाओं केमामलों की तीन तलाक के अध्ययन, महिलाओं के सोने पर, उसके विवाह पर, और न ही उनके पश्चात तलाक के बाद से उनके पास कोई रखरखाव भी मिला है।

घरेलू हिंसा, मुद्दों एम बेगम, 31 वर्षीय बेगमपोंर, डिंडीगुल का निवासी है। बेरोजगार, वह सात और तीन साल की आयु के दो बच्चों की मां है उसके पति ने अपनी अनुपस्थिति में, एकतरफा, अपनी शादी के सात साल बाद उसे तलाक दे दिया। घरेलू हिंसा, संदेह और उसके ससुराल वालों के साथ एक पेरशान जीवन उनके दैनिक विवाहित जीवन में समस्याओं का सामना कर रहा था। एक निकमहना होने के बावजूद, शादी के समय मेहर या गोदाम के रूप में तय किए गए 3 ग्राम सोने के साथ, उसे प्राप्त नहीं हुआ। उसने न तो शादी के समय और न ही तलाके के लिए इसे प्राप्त किया था तलाक के बाद किसी भी रखरखाव को नहीं मिला, न ही अपने पति द्वारा एकतरफा तलाक के बाद उसकी संपत्तिवापस लेने की इजाजत नहीं दी गई, वह अब अपने माता-पिता के घर में रहती है, अपने दोनों बच्चों को अपने पिता के साथ रहते हैं।

तेरहा वर्षीय फातिमा, उसकी निकाहनामा नहीं है हालांकि उसने शादी के समय अपना महोल प्राप्त किया था, जिसे 2 ग्राम सोने में तय किया गया था, उसे तलाक के बाद रखरखाव नहीं मिला। मौखिक तलाक का शिकार, उसे ससुराल वालों के हाथ में उत्पीड़न और हिंसा का सामना करना पड़ा। वह शिक्षित नहीं है और अपने माता-पिता के साथ जीवन जीने का जिम्मेदारी करती है। वह अपने पति के घर की पोस्टडिवॉर्स से उसके सामान वापस नहीं ले पाई है,न ही उसके

गहने आदि।

नवीना एक वर्ष के बच्चे की माता है। काजी के माध्यम से केवल एक पत्नी ने एक बार अपने पति द्वारा शादी के तीन महीने बाद तलाकशुदा रूप से तलाक दे दिया, न ही उसने दस-पांच सालों में ससुराल वालों और पति के साथ अपना मेहर तय किया, अधिक दहेज के लिए उत्पीड़न और एक संदिग्ध पति की समस्याओं का सामना करना पड़ा। तीन महीने वह शादीशुदा थी वह अपने माता-पिता के घर में उसके एक साल के बच्चे के साथ अपने पति के घर, तलाक के बाद और उसके जीवन से अपने सामान और गहने वापस नहीं ले पाई है। उसका पति अब दूसरी बार शादी करने की तैयारी कर रहा है।

राफेका, 36 वर्ष की आयु के चार बच्चे हैं जो 16,12,6 और 4 वर्ष की आयु के हैं। एक दैनिक वेतन मजदूर, उसकी निकाहनामा नहीं होती है और उसकी शादी के दौरान मेहर के रूप में 1001 रूपए तय नहीं हुई थी। अपने पति द्वारा एकतरफा तलाकशुदा, उसे उसके पास कोई रखरखाव नहीं मिला है। घरेलू हिंसा का शिकार और एक शराबी पति का सामना करना पड़ा, तलाक के बाद उसने जिम्मेदारी है। तलाक के बाद उसने अपने पति के घर से अपने सामान और गहने वापस ले लिया।

जेनेथ एन, 45 साल की उम्र उसके विवाह के चार साल बाद मौखिक तलाक का शिकार बन गई। एक 16 साल की माता को, अपने पति द्वारा जेनेथ की एकपक्षीय तलाक को स्थानीय जामात द्वारा उनके द्वारा भेजी गई थी। न तो रखरखाव और न ही मेहर के साथ, उसे पूरा करने के लिए कठिन परिश्रम करना पड़ता है और अपनी बेटी के साथ अपने भाई के घर पर रहता है जहां उसे बहुत अपमान और सामाजिक कलंक का सामना करना पड़ता है। वह अपने पति के घर से उसकी सामान या आभूषण को पुनः प्राप्त करने में सक्षम नहीं हुई है, जो आसानी से उसे तलाक देकर दूसरी बार शादी कर चुकी है।

कर्नाटक में एक फोटोकॉपी की दुकान पर काम करता है। वह अठारह साल की है और अपने पति द्वारा एक काजी के माध्यम से अपने पति द्वारा भेजे एक एक पत्र द्वारा तलाक दे दिया था। उसे तलाक के बाद कोई रखरखाव प्राप्त नहीं हुआ है, लेकिन उनकी शादी के समय उनके तलाक के बजाय़ उनके निकाहनामा मिल गया है। शादी करते हुए उसने घरेलू हिंसा का सामना किया और उसके ससुराल और उसके पति के साथ परेशान संबंध वह अपने पति से अपने सामान को पुनः प्राप्त करने में सक्षम थी और दोनों और उनके पति ने तलाक के बाद पुनर्विवाह किया था।

दोनों पी बानो, 35 साल, एक छोटे व्यवसाय चलाते हैं। उनकी अठारह वर्षीय बेटी है और उनकी शादी के तीन साल बाद उनके पति ने तलाक किया था। उसके पति, एक व्यापारी, अपने माता-पिता और रिश्तेदारों की उपस्थिति में मौखिक रूप से तलाक दे दिया। उसके विवाह के समय निर्धारित मेहर 50,000 रूपये था, जो उसे तुरंत निकला के तुरंत बाद मिली थी। वह अपने पति के घर से उसकी कीमती सामान और अन्य चीजों को पुनः प्राप्त करने में सक्षम थी, जिन्होंने तलाक के बाद पुनर्विवाह किया था। वह अपने माता-पिता के साथ अपने तलाक के बाद अपने बेटे के साथ रह रही है।

बी बेगम ने कक्षा 10 तक केवल पढ़ाई की है। एक 12 साल की बेटी और 18 वर्षीय बेटे की मां, वह पति के पति द्वारा पंद्रह साल बाद तलाक हो गई थी। तलाक कानूनी रूप से हुआ, कानून के एक अदालत में। उसके साथ उसकी निकाहनामा है, और उसके निकाह के तुरंत बाद, 30 ग्राम सोने का चश्मा मेहर के रूप में मिला। विवाहित होने पर, उसे यौन शोषण का सामना करना पड़ता था।

कर्नाटक कशमीर बानो, तीस साल का, होस्पेट, बेललारी का निवासी है। वह एक आशा कार्यकर्ता है और उसके पास दो बच्चे हैं। वह शादी ग्यारह साल बाद तलाक हो गई थी, उसके पति द्वारा, धोखेबाज तरीकों से उसने अपने निकाहनामा दी है और उसे अपने निकाह के समय पांच हजार रूपए प्राप्त किए हैं, लेकिन उसे अपने पति से कोई, नही मिला क्योंकि उसने उसे तलाक दे दिया वह वर्तमान में किराए के घर में अपने दोनों बच्चों के साथ रहती है। घरेलू हिंसा, ससुराल वालों और उनके पति के साथ-साथ दहेज के लिए उत्पीड़न से जुड़े हुए मुद्दे उन विवादों का सामना करते हैं, जिनका विवाह हुआ। यद्यपि वह अपने पति से अपने सामान वापस करने में सक्षम था, लेकिन तलाक के बाद वह अपने घर से उसके गहने नहीं लौट सकती थी।

9. मुस्लिम महिलाओं की तलाक की लड़ाई

नई दिल्ली

सुप्रीम कोर्ट ने ऐतिहासिक फैसला देते हुए तीन तलाक को असंवैधानिक करार दिया है। देश की सबसे बड़ी अदालत में लड़ी गई इस कानूनी लड़ाई को अपने अंजाम तक पहुंचाने मे कई महिलाओं का संघर्ष शामिल रहा है। इनमें सबसे अहम नाम है। उत्तराखंड की सायरा बानो का जो इस मामले को सबसे

पहले सुप्रीम कोर्ट लेकर गई थीं। उनके अलावा आफरीन रहमान, गुलशन परवीन, इशरत जहां और अतिया साबरी थी उन महिलाओं में हैं जिन्होंने तीन तलाक के खिलाफ आवाज बुलंद की। इनमें से किसी को फोन पर तलाक मिला था, किसी को स्पीड पोस्ट से, किसी को स्टांप पेपर पर तो किसी को कागज के एक टुकड़े पर।

सायरा बानो

उत्तराखंड के काशीपुर की रहने वाली सायरा बानो ने पिछले साल सुप्रीम कोर्ट में अर्जी दायर कर ट्रिपल तलाक और निकाह हलाला के चलन की संवैधानिकता को चुनौती दी थी। साथ ही, उनकी याचिका में मुस्लिमों में प्रचलित बहुविवाह प्रथा को भी गलत बताते हुए उसे खत्म करने की मांग की गई थी। अर्जी में सायरा ने कहा था कि तीन तलाक संविधान के अनुच्छेद 14 और 15 के तहत मिले मौलिक अधिकारों का उल्लघंन है। सायरा बानो ने एनबीटी से बातचीत में बताया था, 'मैनें कुमायूं यूनिवर्सिटी से समाजशास्त्र में एमए किया है। 2001 में मेरी शादी हुई। 10 अक्टूबर 2015 को पति ने मुझे तलाक दे दिया। तलाक के बाद मैं अपने पैरंट्स के साथ रह रही हूं। मेरी एक बेटा और एक बेटी है। दोनों स्कूल जाते हैं। उनका खर्चा मैं कैसे उठाऊँ। मुझे लगता है कि मेरे मूल अधिकार का हनन हुआ है। अपने पैरंट्स की मदद से मैं दिल्ली आई और एडवोकेट बालाजी श्रीनिवासन से मिलकर कोर्ट में याचिका दायर की। मुझे किसी भी दूसरी महिला की तरह अपना हक चाहिए।'

आफरीन रहमान

जयपुर की 25 वर्षीय आफरीन रहमान ने भी तलाक के मुद्दे पर सुप्रीम कोर्ट का दरवाजा खटखटाया था। उन्होंने बताया था कि इंदौर में रहने वाले उनके पति ने स्पीड पोस्ट के जरिए तलाक दिया है, जो सही नहीं है। आफरीन ने कोर्टसे न्याय की मांग की थी। आफरीन का आरोप था कि उनके पति समेत ससुराल पक्ष के दूसरे लोगों ने मिलकर दहेज की मांग को लेकर उनके साथ काफी मारपीट की और फिर उन्हें घर से निकाल दिया।

अतिया साबरी

यूपी के सहारनपुर की आतिया साबरी के पति ने कागज पर तीन तलाक लिखकर आतिया से अपना रिश्ता तोड़ दिया था। उनकी शादी 2012 में हुई थी।

उनकी दो बेटियां भी हैं। अतिया ने आरोप लगाया था कि लगातार दो बेटियां होने से नाराज उनके शौहर और ससुर ने उन्हें घर से निकालना चाहते थे। उन्हें दहेज के लिए भी परेशान किया जाता था।

गुलशन परवीन

यूपी के ही रामपुर में रहने वाली गुलशन परवीन को उनके पति ने 10 रूपये के स्टांप पेपर पर तलाकनामा भेज दिया था। गुलशन की 2013 में शादी हुई थी और उनका दो साल का बेटा भी है।

इशरत जहां

तीन तलाक को संवैधानिकता को चुनौती देने वालों में पश्चिम बंगाल के हावड़ा की इशरत जहां भी शामिल थीं। इशरत ने अपनी याचिका में कहा था कि उसके पति ने दुबई से ही उन्हें फोन पर तलाक दे दिया। इशरत ने कोर्ट को बताया था कि उसका निकाह 2001 में हुआ था और उसके बच्चे भी हैं जिन्हें पति ने जबरन अपने पास रख लिया है। याचिका में बच्चों को वापस दिलाने और उसे पुलिस सुरक्षा दिलाने की मांग की गई थी। याचिका में कहा गया था कि ट्रिपल तलाक गैरकानूनी है और मुस्लिम महिलाओं के अधिकारों का हनन है।

निष्कर्ष

'तीन तलाक' पर आया सर्वोच्च न्यायालय का फैसला देश के संविधान की आत्मा के अनुरूप है और इसे देश की राष्ट्रीय भावनाओं का प्रतिबिम्ब भी कहा जा सकता है। अदालत ने 'तीन तलाक' को संविधान में वर्णित समानता के अधिकार के परिप्रेक्ष्य में देखा है। सरकार ने भी अदालत में यह तर्क दिया था कि लैंगिक समानता और महिलाओं के आत्म-सम्मान के अधिकार के साथ समझौता नहीं किया जा सकता। इस मामले में पहल करने का श्रेय महाराष्ट्र के सुधारवादी मुस्लिम नेता हामिद दलवाई को जाता है, जिन्होंने 1960 के दशक में इस कुप्रथा का विरोध करना शुरू किया था। 1980 के दशक में बहुचर्चित शाह बानो मामले से लेकर शायरा बानो के इस मामले का सफर यह बताता है कि देश का महौल कितना बदल गया है। वरिष्ठ पत्रकार कमर वहीद नकवी के अनुसार, 'इस बदलाव के कई आयाम हैं। 1985 की तुलना में 2017 में मुस्लिम महिलाओं में चेतना और शिक्षा का स्तर बढ़ा है। वे धर्म के नाम पर शोषण के कुचक्र को अब समझने लगी हैं। अधिकारों और सामाजिक सुधारों के लिये लड़ने का साहस

उनमें आ गया है। 'तीन तलाक' पर मुस्लिम महिलाओं के तेवर देख लोगों को यह समझ आ गया होगा कि मुसलमानों का मतलब सिर्फ इमाम, सिर्फ, मौलवी-मौलाना, धर्मगुरू या मुस्लिम पर्सनल लॉ बोर्ड नहीं है।

बेशक यह एक 'लीगल रिफार्म है, जो सोशल रिफॉमनर्स का एक छोटा सा हिस्सा मात्र है। कोई भी सामाजिक बदलाव एक व्यापक प्रक्रिया से होकर गुजरने के बाद ही होता है। अभी मुस्लिम पर्सनल लॉ से जुड़े बहुत से ऐसे कानून हैं, जिनमें सुधार की जरूरत है। लेकिन इस फैसले को लेकर यह जरूर कहा जा सकता कि देश के मुसलमानों की नुमाइंदगी करने वाली मुस्लिम पर्सनल लॉ बोर्ड जैसी संस्थाएँ अब अन्य सामाजिक सुधारों की दिशा में सकारात्मक पहल करेंगी। इस फैसले का एक संदेश यह भी है कि अन्य समुदाय भी अपने यहाँ व्याप्त सामाजिक कुरीतियों पर प्रहार करें और उनसे निजात पाने की चेष्टा करें।

सन्दर्भ सूची

1. https://hi.m.wikipedia.org
2. https://dristiias.com
3. https:// Hindi news18.com
4. https:// Kvclasses.com
5. https://m.navbharattimes.India
6. https://gshindi.com
7. Zakia soman and Dr. Noorjehan Safia Niaz "No more Talaq Talaq Talaq.

21

मुस्लिम महिलाओं की सामाजिक स्थिति

डॉ. ललिता त्यागी

तारा चन्द वैदिक पुत्री पी0जी0 कालिज,

राजनीति विज्ञान

मुजफ्फरनगर।

मुस्लिम महिलाओं की स्थिति एक विवादास्पद प्रश्न है। अगर हम हर धर्म की महिलाओं की स्थिति की बात करें तो हर धर्म की महिलाओं को पुरूषों के समान अधिकार पाने में सदियां लग गई परन्तु पूर्ण लैंगिक इंसाफ पाने के लिए मुस्लिम महिलाओं का संघर्ष अभी भी जारी है।

इस तथ्य से इंकार नहीं किया जा सकता है कि वर्षो से स्त्री-पुरूष समानता के आदर्श को सामाजिक, आर्थिक, राजनैतिक और वैधानिक क्षेत्र में वास्तविक अर्थ में परिवर्तित करना एक बड़ी चुनौती रही है।

दुर्भाग्य से आज भी संविधान, कानून एवं नीतियों में अनेक प्रावधान के बावजूद महिला कल्याण हेतु निर्धारित लक्ष्यों व भारतीय मुस्लिम महिलाओं की वर्तमान स्थिति में एक बड़ा अन्तर विद्यमान है।

भारतीय संविधान में सभी महिलाओं को चाहे वह किसी भी धर्म की हो सभी को बराबरी का अधिकार देने सम्बन्धी अनेक प्रावधान वर्णित हैं। कुछ महत्वपूर्ण प्रावधान उल्लेखनीय हैं जैसे अनुच्छेद 14 महिलाओं को पुरूषों की भाँति राजनीतिक, आर्थिक एवं सामाजिक क्षेत्रों में समान अधिकार व अवसर प्रदान करता है। अनुच्छेद 15 में लिंग के आधार पर किसी प्रकार के भेदभाव

को समाप्त करता है। अनुच्छेद 15(3) महिला के पक्ष में सकारात्मक भेद की व्यवस्था करता है। अनुच्छेद 39 स्त्री-पुरूष दोनों की जीविकोपार्जन के समान साधन एवं समान कार्य के लिए समान वेतन की व्यवस्था करता है। अनुच्छेद 42 महिलाओं को मातृत्व अवकाश एवं कार्य के मानवीय व न्यायोचित दशाओं का उल्लेख करता है तथा अनुच्छेद 41(1) देश के सभी नागरिकों को महिला सम्मान को हानि पहुंचाने सम्बन्धी किसी भी कृत्य व्यवहार को त्यागने का मौलिक कर्तव्य सीखाता है इत्यादि।

आज हम 21वीं सदी में जी रहे हैं। यदि हम आज वर्तमान को देखें तो भारतीय संविधान में समान अधिकार देने के बावजूद भी मुस्लिम महिला पुरूष वर्ग से बहुत पीछे दिखाई दे रही है। क्योंकि मुस्लिम समुदाय में मजहब और इस्लामिक संस्कृति का राग मुस्लिम महिलाओं के लिए एक चारदीवारी का कार्य कर रहा है। अगर देखा जाये मुस्लिम समुदाय हमारे देश में सबसे अधिक वर्गों में से एक है। लेकिन मुस्लिम महिलाओं की स्थिति में किसी भी प्रकार की बढ़ोत्तरी के चिन्ह देखने को नहीं मिलते। दुनियाभर में आतंकवाद तथा फतवों के साये में जीवन बिताने वाली मुस्लिम महिलाएं कुछ गिने चुने देशो में आर्थिक तथा सामाजिक स्वतन्त्रता को बनाये रखने की कोशिश में जुटी है। लेकिन वहाँ भी हिजाब तथा परदे का जिन्न उनका पीछा नहीं छोड़ता।

कहा जाता है कि इस्लाम में विश्वास रखने वाला प्रत्येक व्यक्ति मुसलमान कहलाता है और मुसलमानों को नियंत्रित या शासित करने वाली विधि को मुसलमान कहा जाता है। मुस्लिम धार्मिक किताब कुरान वह प्रथम धार्मिक किताब है जिसमें आज से 1400 वर्ष पूर्व ही औरतों को पुरूष के बराबर मान लिया गया था लेकिन मुस्लिम सामाजिक व्यवस्था में औरतों को मर्दो के मुकाबले दोयम दर्जे का माना जाता है, औरत के सामाजिक मूल्यों से ताल्लुक रखने वाली समस्याओं से है।

औरत के दर्जे से अर्थ यह है कि एक समाज विशेष में औरत को मर्द से ऊंचा, नीचा या बराबर क्यों माना जाता है। परिवार, विवाह, शिक्षा राज्य आदि सामाजिक और राजनीतिक संस्थाएं इस तरह की होनी चाहिए कि वह महिलाओं के स्वाभाविक विकास को कुंठित ना करें। बल्कि उसे आजादी के साथ अधिक विश्वास का मौका दें क्योंकि हर स्त्री को बराबर के अधिकार मिले हैं। उन्हें नजरअंदाज नहीं किया जा सकता। निर्णय लेने की स्वतंत्रता ही स्त्री का सबसे बडा मानवाधिकार है। अगर हम एक स्त्री को उसके सभी निर्णय लेने का अधिकार देते हैं तो इसका मतलब है कि हम उसे स्वतन्त्र जीवन का उपहार

दे रहे हैं। जबकि मुस्लिम समाज में तो मुस्लिम महिलाओं को अपने अस्तित्व को लेकर अधिक संघर्षरत होना पड़ता है। क्योंकि उनके स्वतन्त्र अधिकारों को अक्सर शरीयत और धर्म का हवाला देकर मारा जाता रहा है। आमतौर पर देखा गया है कि उन्हें केवल कुछ ही घरेलू निर्णय लेने का अधिकार प्राप्त होता है। हमने देखा है कि ऐसे बहुत से क्षेत्र हैं जहॉ अभी भी स्वतन्त्रता नहींमिली है और मुस्लिम समाज में महिलाओं को और अधिकार नियमों और प्रथाओं का पालन करना पड़ता है। अगर हम महिलाओं के व्यक्गित जीवन को देखें तो वहाँ भी उनको अपनी स्वतन्त्रता के लिए अभी भी संघर्ष करना पड रहा है, जैसे कि उन्हें किससे शादी करनी है, कितने बच्चे पैदा करते हैं, किस प्रकार के कपडे पहनने है, कहाँ पढाई करनी है। महिलाओं के व्यक्तिगत जीवन के सम्पूर्ण निर्णय का संचालन अप्रत्यक्ष रूप से उनके पारिवारिक सदस्य और समाज के ठेकेदारों के हाथों में होता है।

मुस्लिम महिलाओं की स्थिति का मूल कारण

सैद्धान्तिक एवं व्यवहारिक पक्षों के विरोध है जैसा कि मुस्लिम विवाह एक सामाजिक समझौता है। निकाह के समय किसी भी धार्मिक क्रिया की आवश्यकता नहीं होती है और पुरूष और स्त्री दोनों को ही निकाह के समय समान अधिकार है, फिर क्यों स्त्री को पुरूष जैसे समान अधिकार प्राप्त नहीं है। माना कि यह सच है कि इस्लाम धर्म में पुरूषों को एक ही समय में चार शादियाँ करने का अधिकार था परन्तु इसके साथ यह भी कहा गया कि सिर्फ वही व्यक्ति एक से अधिक पत्नियाँ रख सकता है जो उन सभी को एक जैसी आर्थिक सुरक्षा, प्रेम व सम्मान दे सके। कुरान की सुरा 4:3 में जहॉ चार शादी की इजाजत दी गयी है, वहाँ इसी आयत में यह भी कहा गया है कि अगर तुम चारों को एक समान अधिकार नहीं दे सकते हो या चारों को खुश नहीं रख सकते तो तुम सिर्फ एक ही शादी करो।' किन्तु आगतौर पर बहुविवाह के समर्थक व्यक्ति अपनी इस धारणा को बल देने के लिए मौहम्मद साहब का उदाहरण देकर कहते हैं कि मौहम्मद साहब ने भी एक समय पर कई शादियां की थी परन्तु वे यह नहीं जानते कि उन्होंने सभी बेसहारा और विधवा औरतो से शादी की थी। मुस्लिम समाज में पुरूष शादी तो कर लेता है लेकिन महिलाओं की स्थिति बहुत ही शोचनीय हो जाती है। किसी महिला को अपने शौहर की सम्पत्ति में जगह नहीं मिल पा रही है तो कोई महिला अपनी आबरू और प्राण की रक्षा के लिए जूझ रही है। कुछ कट्टरपंथी विचारधारा की आड़ में मुस्लिम समाज में महिलाओं को दोयम

दर्जा भी प्राप्त नहीं है क्योंकि लिंगभेद के कारण पुरूष स्त्रियों के छोटे-छोटे निर्णयों पर भी असहमति प्रकट करते हैं। मामला शिक्षा का हो या स्वास्थ्य का ये अशिक्षित महिलाएं अपने शौहर की आज्ञा के लिए इस कदर निर्भर रहती है कि अपने बच्चो तथा खुद के स्वास्थ्य सम्बन्धी फैसले भी नहीं ले सकती क्योंकि महिलाओं की युवावस्था आरम्भ होते ही परदा इस बालिकाओं की शैक्षिक आजादी पर पूर्णतः प्रतिबन्ध लगा देता है। जबकि इस्लाम धर्म की पवित्र किताब कुरान की ज्यादातर आयतें महिला और पुरूष दोनों को सम्बोधित करते हैं। कुरान का दृष्टिकोण दोनों के लिए एक समान है, यह महिला और पुरूष में भेद नहीं करता। कुरान में कहा गया है कि हमने महिला और पुरूष दोनो को एक समान आत्मा दी है तो दोनो की महत्ता एक समाज है। इसमें महिलाओं की सामाजिक स्थिति तथा सामाजिक व आर्थिक अधिकार आदि मामलों पर विस्तार से बताया गया है। लेकिन मुस्लिम समाज की महिलाएं भी अन्य समुदाय की महिलाओं की तरह कानून में बराबरी का हक न मिलने के कारण शोषित होती आई है और अभी भी हो रही है।

आज बांग्लादेश, मिस्त्र, इंडोनसिया, पाकिस्तान आदि में मुस्लिम कानून में सुधार किया जा चुका है परन्तु भारत में मुस्लिम निजी सुधार की बात करते ही इस्लाम पर खतरा का नाम देकर सुधारों को रोक दिया जाता है। आश्चर्य तो इस बात का है कि धर्म की आड़ लेकर मुस्लिम महिलाओं पर किये जा रहे इस अन्याय के खिलाफ न तो हमारे नेता ही कुछ कहते हैं और न ही समाज सुधारक। अन्य देशों जैसे ईरान, इराक, पाकिस्तान आदि में अपने यहाँ कानून में परिवर्तन किया है। इन देशों में बहुपत्नी विवाह अपराध है जबकि दूसरी पत्नी भी विशेष कारणों से ही रख सकते हैं परन्तु भारत में आज भी यह कुप्रथा बराबर बनी हुई है। हालांकि उत्तर प्रदेश के चुनाव के बाद एक बार फिर यह सवाल उठा है कि क्या तीन तलाक पर मुस्लिम महिलाओं को 6 शताब्दी के धार्मिक कानूनों से छुटकारा मिल पायेगा। क्या उन्हें भारतीय संविधान के अनुसार न्याय मिल पायेगा। तीन तलाक के मुद्दे पर 24 अक्टूबर 2017 को प्रधानमंत्री श्री नरेन्द्र मोदी जी ने पहली बार स्पष्ट रूप से कहा था कि तीन तलाक को लेकर कोई राजनीति नहीं बल्कि इस बारे में गम्भीरता से कदम उठाये जाने चाहिए।

यह बात भी ध्यान देने योग्य है कि महिला अधिकार के हनन को केवल मुस्लिम समुदाय से जोड़कर नहीं देखा जाये। तत्काल तलाक के साथ-साथ कन्याभ्रूण हत्या की भी कड़ी निन्दा की जाये। इस तरह देश में महिला अधिकारों के मुद्दे को एक नया आयाम दिया जा सकता है और राजनीति के मौजूदा

दुष्चक्र से ऊपर उठाया जा सकता है। जिस तरह पाकिस्तान के आदिवासी इलाकों में मुस्लिम महिलाओं की स्थिति बद से बदतर होती जा रही है, ऐसा लगता है कि भारत में भी इस्लाम के नाम पर रूढ़िवादी और पतनशील विचारधारा का प्रभाव तेजी से काम करने लगा है। कि महिलाओं को सशक्तिकरण के खिलाफ ऐसे फतवे भी सामने आ रहे हैं जो वक्त के साथ चलते हुए स्त्रियों के प्रति थोड़ी संवेदनशीलता दिखाए और कुरान की रोशनी में ही अगर तीन तलाक की वर्तमान में भेदभाव पूर्ण पद्धति में संशोधन की पहल करे तो उनके इस कदम से मुस्लिम स्त्रियों में सुरक्षित जीवन का भरोसा और आत्मविश्वास ही पैदा होगा बल्कि देश-दुनिया में एक सकारात्मक संदेश भी जाएगा।

परन्तु मुस्लिम महिलाओं की इस दयनीय स्थिति का मुख्य कारण महिलाओं का शिक्षित ना होना है। क्योंकि हमारे देश में मुस्लिम महिलाओं की साक्षरता दर प्रत्येक राज्य में बहुत ही कम है। प्राईमरी स्तर से जूनियार स्तर तक पहुंचते ही इनकी विद्यालयों में उपस्थिति लगातार घटने लगती है। मुस्लिम शिक्षण संस्थानों पर सरकार भी गौर नहीं कर पाती क्योंकि मुसलमान अपने धर्म के प्रति इतने अधिक संवेदनशील होते हैं कि उनका मुख्य मकसद धार्मिक शिक्षा प्राप्त करना होता है। इसलिए मदरसो में इस प्रकार की शिक्षा मात्र अरबी तथा फारसी में ही दी जाती है। जिनका वास्तविक अर्थ उन्हें ज्ञात भी नहीं होता है। कुछ बुद्धिजीवियों तथा सरकार ने मदरसों में आधुनिक शिक्षा प्रदान की जाने की पैरवी की है। लेकिन इन योजनाओं का लागू होना भी चंद ठेकेदारों के हाथ में रह गया है। अतः मुस्लिम वर्ग की देश के समग्र विकास की भागीदारी के लिए महिलाओं को शिक्षित करने की अधिक आवश्यकता है। मुस्लिम महिलाओं की स्थिति में तभी सुधार आ सकता है जब वह शिक्षित होकर अपने अधिकारों को जान सकेगी तथा अपने साथ हो रहे अन्याय के खिलाफ लड़ सकेगी इससे उनकी शैक्षिक ही नहीं आर्थिक स्थिति भी मजबूत होने में सहायता मिलेगी। जब पुरूष और स्त्री को एक समान बनाया है तो उनके हक भी एक समान होने चाहिए। महिलाओं के समान हक का महत्व हमें देश की नई पीढ़ी को समझना पड़ेगा तभी हमारे देश में महिलाओं की स्थिति में सुधार सम्भव है।

अब वक्त आ गया है कि तीन तलाक जैसे तीखे सवाल को उठाना पड़ेगा और उनको समझना भी पड़ेगा तभी इन समस्याओं का समाधान हो सकता है। और तभी महिलाओं की स्थिति में सुधार हो सकता है। और यह बात हर धर्म पर लागू होती है।

सन्दर्भ सूची

1) RAO, NITA (2005 WOMEN'S Right to Land and ASSECTS, ECONOMIC and Political Weekly Vol. VI Nos 44 and 45).

2) राष्ट्र महिला, वर्ष 5 संख्या 112 नवम्बर 2008 राष्ट्र महिला द्वारा प्रकाशित, नई दिल्ली पृ0 4

3) राष्ट्रीय महिला, खण्ड 1 संख्या 118 सं0 गौरी सेन मई 2009, राष्ट्रीय महिला आयोग द्वारा प्रकाशित पृ0 3

4) डा0 प्रवीण शुक्ल, महिला सशक्तिकरण आर0के0 पब्लिशर्स एण्ड डिस्ट्रीब्यूटर्स, दिल्ली 2009 पृ0 71, 75

5) डा0 अमिता सिंह : लिंग एवं समाज, पब्लिशर्स, दिल्ली पृष्ठ सं0 89

22

अब्दुल बिस्मिल्लाह के उपन्यासों में अभिव्यक्त मुस्लिम महिला जीवन

डॉ0 मिन्तु
असि0 प्रो0 हिन्दी
कु0 मा0 रा0 म0 स्ना0 महा0
बादलपुर, गौतमबुद्धनगर।

डॉ0 मनीष वर्मा
पोस्ट डॉक्टरेट फैलो0
चौ0 च0 सि0 वि0वि0
मेरठ

शोध - सारांश

वैवाहिक जीवन में कभी -कभी ऐसे अवसर आ जाते हैं जब पति -पत्नी का एक साथ रहना कठिन हो जाता है। किन्तु कोई भी समाज इस रिश्ते को तोड़ने की अनुमति नहीं देता। 18वीं शताब्दी में यूरोपीय समाज में जब विवाह विच्छेद का विधान किया तो इसे पुराने सम्बन्धों से मुक्त होने के लिए एक क्रान्तिकारी कदम मानकर स्त्री समाज की विजय बताया गया लेकिन मुस्लिम समाज में छठी शताब्दी में ही विवाह विच्छेद का विधान किया था लेकिन आज का मुस्लिम आम व्यक्ति कई बार तलाक को अपनी स्वच्छन्दता के लिए भी अपने उपयोग में लाता है। वर्तमान समय में तीन तलाक का मुद्दा काफी सुर्खियों में है और एक गम्भीर विचारणीय विषय भी। तीन तलाक स्वयं में कई बड़े सवाल खड़ा करता है। जिसमें मूलभूत प्रश्न जैसे - 'इसका हल क्या निकलेगा '' मुस्लिम महिलाओं को उनका सही हक आखिर कब मिलेगा' आदि शामिल है। तीन तलाक सिर्फ मुस्लिम समुदाय से जुड़ा प्रश्न नहीं है अपितु महिलाओं की स्थिति और उनके हक से जुड़ा विषय है जिससे लम्बे समय से मुस्लिम महिलाएँ जूझ रही हैं।

मुस्लिम समाज में महिलाओं की स्थिति को दो नजरिए से देखना चाहिए। पहला यह कि मुस्लिम नारी की मुस्लिम समाज में क्या स्थिति है। दूसरा यह कि मुस्लिम महिलाओं की भारतवर्ष में क्या स्थिति है। जहाँ तक पहला सवाल है इसके जवाब मे यह कहना बिल्कुल सही होगा कि मुस्लिम महिलाओं की स्थिति बहुत अच्छी नहीं है। कोई समाज-सुधार जैसा कार्य नहीं हुआ है। यह सही है कि मुस्लिम पर्सनल लॉ औरतों को कुछ अधिकार देता है लेकिन पुरूषों से बहुत कम। दूसरे सवाल का जवाब होगा कि मुस्लिम नारी के बारे में भारत में जो नजरिया है वह बंधा-बंधाया है। मुस्लिम नारी की बात हमेशा इस्लामी नजरिए से की जाती है। यह नजरिया ही गलत है। जब मुस्लिम औरतों की बात आती है तो धर्म बीच में आ जाता है इसकी वजह से मुस्लिम महिलाओं की जो समस्याएँ वर्षो से चली आ रही है उनमें किसी भी प्रकार का परिवर्तन नजर नहीं आता।

आज भारतीय संस्कृति में नारी को सर्वोपरि स्थान दिया गया है। नारी समाज का अविभाज्य अंग है। नारी के अस्तित्व के बिना मानव सभ्यता की कल्पना असंभव है क्योंकि नारी ही मानव की जन्मदात्री है। किन्तु समाज में उसे हमेशा दुय्यम स्थान मिला है। जन्म से ही नारी को प्रेम, स्नेह, त्याग की शिक्षा दी जाती है। आज समाज में नारी पुरूष समानता का समर्थन किया जा रहा है लेकिन कुछ मुस्लिम परिवारों में नारी के लिए वही परम्परागत संस्कार विद्यमान हैं।

आज मुस्लिम समाज में अनेक दिशाओं में प्रगति होने के बाद भी मुस्लिम परिवार तथा समाज की कुछ रूढ़ियाँ ज्यों की त्यों बनी हुई हैं। ' झीनी झीनी बीनी चदरिया ' उपन्यास मे 'हाजी अमीरूल्लाह बहुत बड़े रईस माने जाते हैं। उन्हें तीन लड़के और दो लड़कियाँ होने के बाद भी अपनी पत्नी से खुश नहीं हैं इसलिए अपने बगीचे की देखभाल के लिए एक रखैल रख ली है।' 1 अधिकतर परिवार ऐसे है जहाँ पुरूषों ने पत्नियों के साथ -साथ रखैल भी रखी हुई है और पत्नी पति का यह दुख सहने के लिए अभिशप्त है तैयार है। इसी उपन्यास में नारी की असहाय स्थिति का चित्रण एक समस्या के रूप में किया गया है। उपन्यासकार उसी कुचक्र का पर्दाफाश करना चाहता है। वह कहता है जो कारीगर रात दिन एक करके गन्दी नालियों और बदबूदार कोठरियों में टी0 बी0 से पीड़ित पत्नी के साथ साड़ियों को तैयार करने में लगा रहता है उसकी जिन्दगी की असलियत क्या है 'दुनियाँ भर के लिए साड़ी बुनकर देने वाली घर की औरत को एक सस्ते दामवाली बनारसी साड़ी भी नसीब नहीं। पूरी उम्र कट गयी सूती धोतियाँ और छींट की सलवार कमीज पर। ''2

लड़की परिवार मे एक समस्या बनकर आती है। विवाह के समय लगने वाले धन के कारण भी उसे समाज में निम्न स्थान दिया जाता है। 'झीनी -झीनी बीनी चदरिया ' मे अलीमून को टी0 बी0 होती है इसलिए वह अपने पति से बार-बार कहती है नजबुनियॉ से निकाह कर लो वो आपको खुश रखेगी। नजबुनियॉ के पिता आर्थिक तंगी के कारण अपनी बेटी की शादी मतीन से करवा देता है।

इस तरह विवेच्य उपन्यास मे उपर्युक्त उदाहरणों से ज्ञात होता है कि मुस्लिम समाज में नारी की स्थिति विरोधाभास पूर्ण रही है। लेखन के शुरूआती सफर में ही मुस्लिम महिलाओं ने सदियों पुरानी पितृसत्तात्मक व्यवस्था को तोड़ दिया। मुस्लिम महिला लेखिकाओं में रूकैय्या सखावत, रशीद जहॉ, मुमताज शीरी, इस्मत चुगताई, जाहिरा हिना, वाजदा तब्स्सुम, नासिरा शर्मा, कुर्रतुल-एन-हैदर आदि ने जब अपनी कलम उठाई तो इन मुस्लिम महिला लेखन मे विद्रोही एवं बगावत के स्वर के पीछे स्त्रियों का वही शोषण रहा जो धर्म या मजहब के नाम पर लम्बे समय से उनके साथ करते आ रहे थे।

आज वर्तमान समय में नारी की स्थिति मे काफी परिवर्तन दिखाई देता है। आज नारी पुरूष के कंधे से कंधा मिलाकर हर क्षेत्र मे अधिकार पाने की कोशिश कर रही है लेकिन मुस्लिम नारी के जीवन में कोई स्पष्ट परिवर्तन नजर नहीं आता। निम्न मध्य वर्ग की मुस्लिम नारी की स्थिति अब्दुल बिस्मिल्लाह के उपन्यास ' झीनी झीनी बीनी चदरिया ' में दृष्टव्य है -

''अलीमून को टी0बी0 हो गयी। मतीन को पता है लेकिन वह कुछ कर नहीं सकता। घर का जो काम है वह बीवी को ही करना पड़ेगा। फेराई, भराई, नरीढोय, हॉडीचुला सभी कुछ करना होगा। बिना किए काम नहीं चलेगा। समाज के नियम सत्य हैं उन्हें तोड़ना गुनाह है।''3

आज समकालीन उपन्यासों में उपन्यासकारों ने समाज के प्रति आक्रोश व्यक्त करते हुए उस पर सीधा कुठाराघात किया है। वे कहते हैं कि समाज जिसे मान्यता देता है वही सत्य नहीं है। सत्य तो परिस्थिति के अनुभव से होता है क्योंकि समाज अपने आप में संघर्ष नहीं होता उसे मानव द्वारा ही बनाया जाता है। निम्न वर्गीय समाज की मुस्लिम महिला के बारे में अब्दुल बिस्मिल्लाह जी लिखते हैं - ''लेकिन यहाँ की एक बात उसे विचित्र लग रही है कि करघे पर प्राय: औरतें ही बैठा करती थीं। मर्द बाहरी काम किया करते थे। अर्थात वहीं बनारस में औरतों की जिन्दगी कतान में बंद है और यहाँ करघे मे बच्चे पैदा

करना, खाना पकाना, शौहर की खिदमत करना और पर्दे में रहना ये सब चीजें अतिरिक्त और समान हैं।'5

मुस्लिम समाज में स्त्री कभी घर से बाहर नहीं निकलती थी किन्तु वह आज परिवार की आर्थिक स्थिति को देखकर घर से बाहर निकल रही है। इसी तरह घर से बाहर निकलकर दो जून की रोटी की व्यवस्था करने वाली नारी का वर्णन ' जहरबाद' उपन्यास में किया गया है। इस उपन्यास में जब मेरे पिताजी का चमड़े का व्यापार नहीं चल पाता तो भूखा मरने की नौबत आ जाती है। तब कथानायक ''मैं '' देखता है – '' तब अम्मा ने टोपरा उठाया था। अम्मा सुबह-सुबह उठती थीं। झिरिया से पानी लाती बर्तन मांजती और टोपरे में किराने का चंद सामान सजाकर कभी धमन गांव कभी बिजौरा और कभी जोगी टिकरिया के लिए निकल जाती। इस बदली हुई स्थिति से अब्बा को कुछ सुकून सा हो गया था और युद्ध में थके सैनिक की भाँति वह विश्राम की मुद्रा में दिखाई दे रहे थे।' इसी समय कथानायक की माँ और पिताजी के बीच संघर्ष होता है परिणाम स्वरूप दोनों में तलाक हो जाता है तब कथानायक सोचता है – ' इन थोड़े से दिनों में ही वे किसी की नहीं रह गयी है न वे अब्बा की बीबी थी न नानी की बेटी और न मेरी माँ। ''6 इस तरह बालक मन पर घर के वातावरण का प्रभाव पड़ता है जिसका यथार्थ चित्रण करने मे उपन्यासकार सफल रहे हैं।

इसी तरह आर्थिक परिस्थिति का संघर्ष करता हुआ परिवार का चित्रण

'समर शेष' उपन्यास में उद्धत किया गया है। दिन ब दिन बच्चों की बढ़ती हुई फौज तथा पति की बेकारी के कारण परिवार के हालात देखकर पत्नी जब आर्थिक सहयोग करने बाहर निकलती है लेकिन घर लौटने पर भी उसे शान्ति नहीं मिलती। उसे बार-बार अपने पति का अत्याचार सहना पड़ता है देखिए – '' एक तो रहमतुल्ला काम नहीं करता दूसरे बीबी चूड़ियाँ पहनाकर लौटती तो किसी न किसी बात को लेकर तकरार कर लेता और भद्दी गालियाँ देता।'' इतना ही नहीं '' कभी कभी वह बीबी को पीटता भी। उस वक्त वह इतना खूँखार हो जाता कि औरत प्रायः नंगी हो जाया करती थी उसके कपड़ों को वह नोचने लगता था।'' इस तरह एक तरफ वह आर्थिक तंगी से जूझ रही होती है और दूसरी तरफ अपने पति द्वारा पीड़ित होती है। परिणामस्वरूप उसे दोनों ही छोरों पर संघर्ष करना पड़ता है।

कुछ भी हो लेकिन एक बात स्पष्ट है कि इस्लाम स्त्री मुक्ति का संदेश देता है लेकिन इस मुक्ति और समानता को पुरूष की समानता के बारे में कुरान

में कहा गया है कि – ' हे लोगों कबूल कर दिया। आपकी दुआ को उस रब ने। मैं तुममें किसी काम को औरत नहीं करना चाहे वह मर्द हो या औरत तुम दोनों एक –दूसरे के अंग हो। ''प्रत्येक पिता चाहता है कि उसकी बेटी को अच्छा वर मिले लेकिन आर्थिक रूप से टूटे हुए मेहनतकश मजदूर की मजदूरी ऐसी होती है कि उसे अपनी जवान लडकी की शादी 5 बच्चों के पिता से करनी पड़ जाती है। इसी समस्या का शिकार ' झीनी झीनी बीनी चदरिया ' का पात्र बशीर है। अपनी आर्थिक समस्या के कारण उसे अपनी बेटी रेहाना की शादी अधेड़ से करनी पड़ी।

इस तरह मुस्लिम नारी चारो ओर से पिसती चली आ रही है। जब आर्थिक अभाव का संकट परिवार पर आता है तो वह कमर कसकर उसका सामना करती है। परिवार को भूखा देखकर भोजन के जुगाड़ में जुट जाती है। इस प्रकार नारी के विचारों में परिवर्तन आ रहा है। आज वह आने वाली समस्या का हल करने में सक्षम है।

संदर्भ सूची

1. ' झीनी झीनी बीनी चदरिया ' : अब्दुल बिस्मिल्लाह : पृ0 24
2 ' झीनी झीनी बीनी चदरिया ' : अब्दुल बिस्मिल्लाह : पृ0 227
3 ' झीनी झीनी बीनी चदरिया ' : अब्दुल बिस्मिल्लाह : पृ0 8
4 ' झीनी झीनी बीनी चदरिया ' : अब्दुल बिस्मिल्लाह : पृ0 166
5 जहरबाद : अब्दुल बिस्मिल्लाह : पृ0 12
6 जहरबाद : अब्दुल बिस्मिल्लाह : पृ0 112
7 समर शेष है : अब्दुल बिस्मिल्लाह : पृ0 12
8 समर शेष है : अब्दुल बिस्मिल्लाह : पृ0 12
9 कुरान सुरा (3) अब्दुल बिस्मिल्लाह : पृ0 115

23

तीन तलाक और हलाला एक अन्तहीन त्रासदी

डॉ0 मोनू सिंह
असिस्टेंट प्रोफेसर
हिंदी विभाग,
चौ0 चरण सिंह राजकीय महाविद्यालय,
छपरौली, बागपत

प्रसिद्ध स्त्रीवादी चिन्तक सीमोन द बुआ ने अपनी प्रसिद्ध पुस्तक 'द सेकैण्ड सेक्स' में लिखा है– 'औरत पैदा नहीं होती अपितु बनाई जाती है।' सिमोन की इस कथन के गहरे निहितार्थ हैं, जो स्त्री जीवन की अन्तहीन यातना की ओर संकेत करते हैं, साथ ही समूची मानव सभ्यता, संस्कृति, धर्म आदि पर बड़ा प्रश्न चिह्न खड़ा करते हैं। औरत बनाई जाती है अर्थात् उसे जबरन पितृसत्तात्मक समाज स्वयं के बनाए धर्म, नीति, आचार विचार मूल्यों आदि के साचे में ढालकर उसके व्यक्तित्व का निर्धारण करते हैं जहाँ उसकी इच्छा और अनिच्छा का प्रश्न ही नदारद है। पितृसत्तात्मक समाज द्वारा गढ़े गए इन कानूनों, नियमों, कायदों के इर्द-गिर्द ही स्त्री को जीवन जीने के लिए अभिशप्त कर दिया जाता है। ये कायदे भी इतनी चालाकी से गढ़े जाते हैं, कि औरत उसे अपनी जिन्दगी का स्थायी हिस्सा मान ले। उसे कभी यह अनुभव ही न हो कि उसके साथ कुछ गलत हो रहा है। इस फलसफे को अमली जामा पहनाने के लिए धर्म का सहारा लेना बहुत आसान है। धर्म की आड़ में तथाकथित ठेकेदार अपना छद्म खेल आसानी से खेल पाते हैं। पितृसत्तात्मक समाज स्त्री को धर्म सिखाते

रहना जरूरी समझता है। जिसके माध्यम से वह स्त्री पर नियन्त्रण रखने में सफल होता है। तीन तलाक एक ऐसी ही प्रथा है जिसे धर्म का सहारा लेकर मनमाने ढंग से पुरूष अपनी कुत्सित वासना को शान्त करता है। तीन तलाक जितना अमानवीय और असंवैधानिक है। हलाला प्रथा उससे कहीं ज्यादा अमानवीय एवं निर्मम है।

हलाला प्रथा क्या है? इसे समझ लेना भी बेहद जरूरी है। यह इस्लाम पूर्व की प्रथा है। प्राचीन अरब के अधिकांश बद्दू समुदाय जो कबीलों में निवास करते थे, वे औरतों को अपने यौन सुख के लिए भेड-बकरियों की तरह अपने नियन्त्रण में रखते थे। ऐसी औरतों की संख्या 500 से 1000, 2000 तक भी होती थी। उन्हें वे जब चाहते थे, भोगते थे और जब चाहते थे तीन बार तलाक, तलाक कहकर बाहर निकाल देते थे और फिर पुनः चाहते थे वापस रख लेते थे। इस्लाम का जन्म होने के बाद मुहम्मद साहब ने इस कुप्रथा का विरोध किया, उन्होंने यह बात सामने रखी, कि स्त्रियों को यूँ गुलाम बनाकर नियन्त्रण में नहीं रखा जा सकता। वे महिलाएँ जो बेसहारा है अथवा जिनके पति युद्धकाल में मारे गये हैं, उनका यौन शोषण न हो, ऐसी महिलाओं से पुरूष नियमानुसार निकाह करें और उन्हें उनका पूरा अधिकार दें। एक औरत को यदि तलाक दे दिया गया है तो फिर वह पुरूष जिसने उसे तलाक दिया है, उस पर अपना अधिकार नहीं जता सकता, जब तक कि उस महिला का किसी अन्य से निकाह न हुआ हो और उसका किन्हीं अन्य कारणों से वहाँ तलाक न हो गया हो।

इसका जिक्र कुरान की (पारा 2 सूर : बकर आयत 230) में भी मिलता है, जो इस बात की पुष्टि करता है कि कुरान स्त्री को यौन दासियाँ बनाकर रखने का समर्थन नहीं करती। कुरान के ही पारा 5 सूर: निशा की आयत 3, 19 और 24 इस बात के लिए बार-बार सचेत करती हैं कि शारीरिक सम्बन्धों में नाइन्साफी से बचो। पाकदामनी पर कुरान का जोर है। कुरान में सूर निसां में लिखा है कि मोमिनों तुमको जायज नहीं कि जबरन औरतों के वारिस बन जाओ, खुदा की हदों को पहचानों।

उपर्युक्त तथ्यों पर ध्यान दिया जाए तो यह स्पष्ट विदित होता है कि तत्कालीन समय में 'हलाला प्रथा' एक प्रकार से बटटु कबीलों के पुरूषों के मनमाने व्यवहार पर एक प्रकार का प्रतिबन्ध था, दण्ड था, जिससे कि वे कभी भी अपनी इच्छानुसार किसी भी स्त्री को 'यौन दासी' बनाकर न रख सके। कुरान की आयतों में इस तथ्य के भी सन्दर्भ है कि कौन सी औरत तुम पर हलाल और

कौन सी हराम है, लेकिन इस प्रथा का बहुत ही घिनौना प्रयोग वर्तमान में देखने को मिलता है। पुरूष जब चाहता है तब स्त्री को तलाक कहा और छोड़ दिया, फिर जब चाहा स्वयं ही अपनी इच्छानुसार अपनी पत्नी को दूसरे पुरूष से निकाह कराकर तलाक कराया। यह व्यवस्था कुछ मुल्ला-मौलवियों और शौहर अपनी इच्छानुसार चला रहे हैं। वे लोग इसके समर्थन में मुहम्मद साहब की बात का हवाला देते हैं जिसमें उन्होंने कहा था जब तक किसी और से निकाह या तलाक न हो जाए तब तक उसी स्त्री का शौहर उससे पुनः निकाह नहीं कर सकता। मुहम्मद साहब की इस बात का गलत सन्दर्भ लेते हुए कुछ मौलवियों ने इसे अपना धन्धा बना लिया है। अभी हाल ही में मुरादाबाद, दिल्ली, बिजनौर के कुछ मामलों में कुछ मौलवी बाकायदा सेन्टर चलाते हुए पकड़े गए।

चिन्ता का विषय यह है कि धर्म की आड़ में मौलवी मुहम्मद साहब का गलत सन्दर्भ लेकर धर्म का भय दिखाकर आयतों की मनमानी व्याख्या कर इसकी आड़ में इस घिनौने कृत्य को अंजाम दे रहे हैं। आज जब समूची दुनिया में स्त्री अधिकारों की बात जोर-शोर से कहीं जा रही है। 21वीं सदी को स्त्री अधिकारों की सदी कहकर अभिहित किया जा रहा है। जीवन के प्रत्येक क्षेत्र में स्त्री ने स्वयं को स्थापित किया है, अधिकांश मुस्लिम देशों में तीन तलाक को गैर कानूनी बताकर प्रतिबन्धित कर दिया है, तब भारत जैसे देश में इस कुप्रथा के क्या मायने है? सायराबानों के केस से लेकर वर्तमान समय तक इस मुद्दे को लेकर राजनीतिक पार्टियों ने अपनी रोटियाँ सेंकी, किन्तु वर्तमान सरकार ने इस कुप्रथा का न केवल खुलकर विरोध किया अपितु सुप्रीम कोर्ट के तीन तलाक पर आए ऐतिहासिक निर्णय का उदार मन से स्वागत भी किया। सुप्रीम कोर्ट ने इस घृणित प्रथा को असंवैधानिक, अमानवीय एवं अतार्किक बताया। सुप्रीम कोर्ट के फैसले के बाद भी तलाक की घटनाएँ रूकने का नाम नहीं ले रही, तमाम तरह की विसंगतियाँ एवं विद्रूपताएँ इसमें उजागर हो रही है। अब सरकार को इस मामले में व्यवहारिक कानून बनाने की आवश्यकता है, ताकि तलाक के खिलाफ एक कड़ा कानून बने और इस अधार्मिक, अवैज्ञानिक प्रथा का अन्त हो। यदि तीन तलाक बन्द होगा तो हलाला प्रथा भी अपने आप समाप्त हो जाएगी।

24

भारतीय समाज में मुस्लिम महिलाओं की स्थिति

डॉ. मीनाक्षी सक्सैना
एसोसिएट प्रोफेसर एवं अध्यक्ष हिन्दी विभाग
एम.एम.एच. कॉलिज,
गाजियाबाद, उत्तर प्रदेश 201001

संसार में सभी सभ्य जातियों के लोग नारी जाति की रक्षा करना उसका सम्मान करना अपना सर्वोपरि धर्म समझते हैं। ''नारी'' पुत्री, बहिन व् माता के रूप में सम्मान की पात्र होती है। विवाहित होने पर अपने पति के साथ गृहस्थ जीवन में पति की जीवनसंगिनी के रूप में जीवन को आनन्द से भरपूर रखने वाली गृहस्थ की चिंताओं से पति को मुक्त रखने वाली, तथा सामाजिक कार्यो में मंत्री के रूप में सलाह देने वाली, सेविका के समान उसकी अनुचरी – माँ के समान प्रेम से उसे भोजन से तृप्त रखने वाली और सृष्टिक्रम को जारी रखने वाली श्रेष्ठ सन्तान को जन्म देने वाली, उसकी सर्वप्रथम शिक्षिका के रूप में निर्मात्री होती है।

नारी प्रत्येक स्थिति में पति एवं परिवार की समादरणीया एवं संचालिका बन कर रहती है जहाँ उसे अपना एक विशिष्ट स्थान प्राप्त होता है। नारी का समाज में सर्वोपरि स्थान है। विवाहित होने पर पति-पत्नी के रूप में जीवन भर के लिए दो प्राणी एक दुसरे के अटूट साथी बन जाते हैं। तलाक व् बहु-पत्नीवाद के लिए सभ्य समाज में कोई स्थान नहीं है। सभी धर्म में युद्ध में भी नारियों की रक्षा का आदर्श मौजूद है। शत्रु पक्ष की स्त्रियों, कन्याओं, वृद्धों का युद्ध में अलिप्त एवं

शरणागतों की रक्षा करने की मर्यादा आदि काल से कायम है। महिलायें तो हिन्दू हों या मुस्लिम ज्यादातर बदहाल ही हैं। अगर शीर्षक 'महिलाओं का दर्द'' रखते तो भी कोई खास फर्क नहीं पड़ता महिलाओं की हालत ज्यादातर समाजों में एक सी ही है। महिलायें तो हिन्दू हों या मुस्लिमए ज्यादातर बदहाल ही हैं। हां यह सही है कि अधिकांश समाज या सम्प्रदाय में महिलाओं की स्थिति कुछ ज्यादा ठीक नहीं है, किन्तु उनमें भी इस्लाम एक ऐसा सम्प्रदाय है जहां महिलाएं नारकीय नहीं अपितु अतिनारकीय जीवन जीने को मजबूर हैं।

मुस्लिम समाज में नारी की स्थिति

इस्लाम नारी के बारे में क्या कहता है यह जानने से पहले इस बात पर ध्यान देना चाहिये कि इस्लाम ने इन बातों को उस समय पेश किया जब अरब में बाप अपनी बेटी को जिन्दा दफन कर देता था और उस कुर्रता को अपने लिये इज्जत और सम्मान समझता था। औरत दुनिया के हर समाज में बहुत बेकीमत और तुक्ष्य प्राणी समझी जाती थी। औलाद माँ को बाप की मीरास में हासिल किया करती थी। लोग बड़ी आजादी से औरत का लेन देन करते थे और उसकी राय का कोई कीमत नही थी। हद यह है कि यूनान के फ़लासेफ़ा इस बात पर बहस कर रहे थे कि उसे इंसानों की एक कस्मि करार दिया जाये या यह एक इंसान नुमा प्राणी है जिसे इस शक्ल व सूरत में इंसान के मुहब्बत करने के लिये पैदा किया गया है ताकि वह उससे हर तरह का फायदा उठा सके वर्ना उसका इंसानियत से कोई ताल्लुक़ नहीं है।

आज के जमाने में नारी को पुरूष के बराबर होने का नारा लगाया जा रहा है और इस्लाम पर तरह तरह के आरोप लगाने वाले इस वास्तविकता को भूल जाते हैं कि नारी के लिए इस प्रकार की सही सोंच और उनके सम्मान एवं अधिकार की बातें इस्लाम की ही देन है। इस्लाम ने औरत को जिल्लत की गहरी खाई से निकाल कर इज्जत की बुलंदी पर न पहुचा दिया होता तो आज भी कोई उसके बारे में इस अंदाज में सोचने वाला न होता। यहूदीयत व ईसाईयत तो इस्लाम से पहले भी इन विषयों पर बहस किया करते थे उन्हें उस समय इस आजादी का ख़्याल क्यों नहीं आया और उन्होंने उस जमाने में औरत को बराबर का दर्जा दिये जाने का नारा क्यों नहीं लगाया यह आज औरत की सम्मान का ख़्याल कहाँ से आ गया और उसकी हमदर्दी का इस क़दर जज़्बा कहाँ से आ गया?

इस्लाम में नारी का महत्व और सम्मान

यदि आप धर्मों का अध्ययन करें तो पाएंगे कि हर युग में महिलाओं के साथ सौतेला व्यवहार किया गयाए हर धर्म में महिलाओं का महत्व पुरुषों की तुलना में कम रहा। बल्कि उनको समाज में तुच्छ समझा गया उन्हें प्रत्येक बुराइयों की जड़ बताया गया, उन्हें वासना की मशीन बना कर रखा गया। एक लम्बा युग महिलाओं पर ऐसा ही बीता कि वह सारे अधिकार से वंचित रही।

लेकिन यह इस्लाम की भूमिका है कि उसने हव्वा की बेटी को सम्मान के योग्य समझा और उसको मर्द के समान अधिकार दिए गए।

क़ुरआन (सूर: बक़र: 2: 228) में कहा गया:

"महिलाओं के लिए भी सामान्य नियम के अनुसार वैसे ही अधिकार हैं जैसे मर्दों के अधिकार उन पर हैं।"

इस्लाम में महिलाओं का स्थान

इस्लाम में महिलाओं का बड़ा ऊंचा स्थान है। इस्लाम ने महिलाओं को अपने जीवन के हर भाग में महत्व प्रदान किया है। माँ के रूप में उसे सम्मान प्रदान किया है, पत्नी के रूप में उसे सम्मान प्रदान किया है बेटी के रूप में उसे सम्मान प्रदान किया हैए बहन के रूप में उसे सम्मान प्रदान किया हैए विधवा के रूप में उसे सम्मान प्रदान किया है, खाला के रूप में उसे सम्मान प्रदान किया है तात्पर्य यह कि विभिन्न परिस्थितियों में उसे सम्मान प्रदान किया है जिन्हें बयान करने का यहाँ अवसर नहीं हम तो बस उपर्युक्त कुछ स्थितियों में इस्लाम में महिलाओं के सम्मान पर संक्षिप्त में प्रकाश डालेंगे।

माँ के रूप में सम्मान:

माँ होने पर उनके प्रति क़ुरान ने यह चेतावनी दी कि

"हमने मनुष्य को उसके अपने माँ-बाप के मामले में ताकीद की है . उसकी माँ ने निढाल होकर उसे पेट में रखा और दो वर्ष उसके दूध छूटने में लगे और मेरे प्रति .तज्ञ हो और अपने माँ-बाप के प्रति भी। अंतत: मेरी ही ओर आना है"

कुरआन ने यह भी कहा कि -

"तुम्हारे रब ने फैसला कर दिया है कि उसके सिवा किसी की बन्दगी न करो और माँ-बाप के साथ अच्छा व्यवहार करो। यदि उनमें से कोई एक या दोनों ही तुम्हारे सामने बुढ़ापे को पहुँच जाएँ तो उन्हें 'उँह' तक न कहो और न उन्हें झिझको बल्कि उनसे शिष्टापूर्वक बात करो और उनके आगे दयालुता से नम्रता की भुजाएँ बिछाए रखो और कहो, मेरे रब जिस प्रकार उन्होंने बालकाल में मुझे पाला है, तू भी उनपर दया कर।"

माँ के साथ अच्छा व्यवहार करने का अन्तिम ईश्दुत मुहम्मद (सल्लल्लाहु अलैहि व सल्लम) ने भी आदेश दिया है कि माता को पिता की तुलना में तीनगुना अधिकार प्राप्त है।मुहम्मद (सल्लल्लाहु अलैहि व सल्लम) ने फरमाया है किः

'अल्लाह की आज्ञाकारी माता-पिता की आज्ञाकारी में है और अल्लाह की अवज्ञा माता-पिता की अवज्ञा में है''

पत्नी के रूप में सम्मानः

पवित्र कुरआन में अल्लाह तआला ने फरमाया और उनके साथ भले तरीके से रहो-सहो। (निसा4 आयत 19) और मुहम्मद (सल्लल्लाहु अलैहि व सल्लम) ने फरमायाः

"एक पति अपनी पत्नी को बुरा न समझे यदि उसे उसकी एक आदत अप्रिय होगी तो दूसरी प्रिय होगी।"

पवित्र कुरआन के अन्दर वर्णन आता है की-

"अगर तुमको इस बात का डर हो की बेसहारा लड़कियों में इन्साफ कायम रख सकोगे तो अपनी इच्छा के अनुकूल दो-दो, तीन-तीन, चार-चार औरतों से निकाह कर लो लेकिन अगर तुमको इस बात का शक हो की बराबरी न कर सकोगे तो एक ही बीबी करना या जो तुम्हारे कब्जे में हो उस पर ही संतोष करना। यह तदबीर मुनासिब है"(कुरान पारा 4 सुरह निसा आयत 3)

कुरान की इस आयत का अर्थ स्पष्ट है की- अगर तुमको बहुत सी बीबियों में इन्साफ कायम रख सकने का विश्वास हो' यानी सबके साथ हर बात में एक जैसा व्यवहार कर सको तो जितनी चाहो बेशुमार बेसहारा औरतों को बीबी ही बना कर रख लो शरीर में दम हो पैसे की ताकत हो तो खुदा को इसमें आपति नहीं है।

बेटी के रूप में सम्मान:

मुहम्मद (सल्लल्लाहु अलैहि व सल्लम) ने फरमाया:

"जिसने दो बेटियों का पालन-पोषण किया यहां तक कि वह बालिग हो गई और उनका अच्छी जगह निकाह करवा दिया वह इन्सान महाप्रलय के दिन हमारे साथ होगा"

आपने यह भी फरमाया:

"जिसने बेटियों के प्रति किसी प्रकार का कष्ट उठाया और वह उनके साथ अच्छा व्यवहार करता रहा तो यह उसके लिए नरक से पर्दा बन जाएंगी"

बहन के रूप में सम्मान:-

मुहम्मद(सल्लल्लाहु अलैहि व सल्लम) ने फरमाया:

"जिस किसी के पास तीन बेटियाँ हों अथवा तीन बहनें हों उनके साथ अच्छा व्यवहार किया तो वह स्वर्ग में प्रवेश करेगा"

विधवा के रूप में सम्मान:

इस्लाम ने विधवा की भावनाओं का बड़ा ख्याल किया बल्कि उनकी देख भाल और उन पर खर्च करने का बड़ा पुण्य बताया है।मुहम्मद (सल्लल्लाहु अलैहि व सल्लम) ने फरमाया:

"विधवाओं और निर्धनों की देख-रेख करने वाला ऐसा है मानो वह हमेशा दिन में रोजा रख रहा और रात में इबादत कर रहा है।"

खाला के रूप में सम्मान:

इस्लाम ने खाला के रूप में भी महिलाओं को सम्मानित करते हुए उसे माता का पद दिया।हजरत बरा बिन आजिब कहते हैं कि अल्लाह के नबी (सल्लल्लाहु अलैहि व सल्लम) ने फरमाया:

खाला माता के समान है।

इस्लाम महिला अधिकारों के बारे में क्या कहता है, यह जानने की जरूरत हर किसी को है। अक्सर इस मुद्दे पर भ्रम पैदा होता है। जब गुमराह तालिबानी महिलाओं के संदर्भ में कोई भी बेतुका फरमान जारी करते हैं और फिर उसे

इस्लामिक फतवे के नाम से प्रचारित किया जाता है। अक्सर इसे इस्लाम का एक हिस्सा समझा जाता है जो पूरी तरह गलत है। दरअसल ऐसी किसी भी बात से इस्लाम का ताल्लुक नहीं है जो मानव अधिकारों की रक्षा न करे। इस्लाम तो सजायाता कैदी के अधिकारों की भी बात करता है, फिर भला वह आम आदमी के खिलाफ जुल्म का हिमायती कैसे हो सकता है।कुरआन औरतों का जिक्र करते हुए कहता है।

औरत पति की सबसे कोमल संरचनाओं में से एक है, इनसे वजन न उठवाओ। भारी-भरकम काम पुरुष करें और उन्हें चाहिए कि महिलाओं की हिफाजत करें। (भावार्थ)

जब इस्लाम को किसी महिला के वजन उठाने पर ही एतराज है तो वह उस पर जुल्म की इजाजत कैसे दे सकता है। जो लोग भी महिलाओं पर जुल्म करते हैं, उनका वास्ता इस्लाम से नहीं हो सकता है, हालाँकि वे अपने कारनामों को इस्लाम का हिस्सा बताकर क मजहब को बदनाम करते हैं। इस्लाम को समझने के लिए सबसे पहले इसे संस्.ति विशेष और समाज विशेष की संरचना से अलग करके देखना जरूरी है। अफगानिस्तान में अगर कुछ लोग अपनी शैली में जीवनयापन करते हैं तो इसकी वजह सामाजिक व्यवस्था, अफगानिस्तान की संस्.ति है न कि इस्लाम।

इस्लाम तो यूनिवर्सल है, यह दुनिया के सभी हिस्सों में समान है। अगर औरतों पर जुल्म करना अफगानिस्तान की संस्.ति रही है तो इसके लिए इस्लाम जिम्मेदार नहीं है बल्कि इस्लाम तो इसे रोकता है और भटके हुए को सही रास्ते पर लाता है। अगर अफगानिस्तान में जुल्म करने वाले अगर सही मायनों में इस्लाम पर चल रहे हैं तो बाकी दुनिया के मुसलमान क्या कर रहे हैं, क्या वे इस्लाम का पालन नहीं कर रहे हैं? क्या इस्लाम की परिभाषा और माँग भौगोलिक स्थिति के साथ बदल जाती है, इन सभी सवालों का जवाब है, नहीं।

कुरआन की ज्यादातर आयतें महिला और पुरुष दोनों को संबोधित करते हुए हैं, कुरआन का दृष्टिकोण दोनों के लिए समान है, यह महिला और पुरुष में भेदभाव नहीं करता। कुरआन कहता है. हमने महिला और पुरुष दोनों को एक समान आत्मा दी है दोनों की महत्ता एक समान है।

तलाक

अक्सर अज्ञानता में कहा जाता है कि इस्लाम ने तलाक के मसले पर औरतों के साथ सख्ती की है। यह पूरी तरह गलत है। जब हम इस्लाम की जड़ें ही

नहीं जानते तो फिर उस पर टिप्पणी कैसे कर सकते हैं इस्लाम तलाक की इजाजत तब देता है जबकि जीवनसाथी का तरीका इस्लामिक न होए वह आपके साथ एब्यूसिव हो, निर्दयी हो, जालिम हो और कुछ अन्य। तलाक का मसला बहुत संवेदनशील है सामान्य जीवन में उसका ख्याल आना भी गुनाह माना गया है।

तीन तलाक क्या बला है - अहम बातें

तलाक, तीन तलाक, बहुविवाह, मुस्लिम पर्सनल लाए हिंदू कोड बिल और यूनिफॉर्म सिविल कोड ये वो शब्द हैं जो आजकल आपके कानों में जोरदार तरीके से गूंज रहे हैं। आखिर ये शब्द क्या हैं: आज इसके क्या मायने हैं? क्या यूनिफॉर्म सिविल कोड को लागू करना आसान है? देश में बसने वाले अलग-अलग समुदायों के बीच शादी ब्याह, तलाक, उत्तराधिकार के क्या नियम हैं? देश में क्या कोई शख्स अपनी चचेरी बहन से शादी कर सकता है? क्या कोई मामा अपनी भांजी से शादी कर सकता है, बेटियों को अपने पिता की दौलत में अधिकार है।

इस्लाम में तलाक का सही तरीका

तलाक की बहस पर पहुंचने से पहले हमें ये जानना पड़ेगा कि इस्लाम में शादी का कॉन्सेप्ट क्या है? इस्लाम में शादी जन्म-जन्मांतर का बंधन नहीं होता है, बल्कि एक अहदो पैमान यानि पक्का समझौता (सिविल कॉन्ट्रैक्ट) होता है जो एक मर्द और एक औरत की आपसी रजामंदी के बाद करार पाता है। इस्लाम ने पति-पत्नी को इस कॉन्ट्रैक्ट को निभाने के लिए सैकड़ों हिदायतें दी हैं। यानि इसे तोड़ने से मना किया है। इस्लामी शरीअत में इसकी भरपूर कोशिश की गई है कि औरत और मर्द जब एक बार रिश्त-ए-निकाह में जुड़ गए हैं तो एक खानदान बनाएं और आखिरी वक्त तक इसको कायम रखने की पूरी कोशिश करे। कुरआन ने निकाह को मीसाक-ए-गलीज (मजबूत समझौता) करार दिया है।

लेकिन जिंदगी के सफर में उतार चढाव आते रहते हैं। नर्म-गर्म हालात पैदा होते रहते हैं। और कभी कभी ऐसे भी हालात बन जाते हैं कि निबाह के तमाम रास्ते बंद हो जाते हैं। तो ऐसी स्थिति में इस्लाम ने शादी (कॉन्ट्रैक्ट) को तोड़ने की इजाजत दी है। लेकिन सख्त ताकीद के साथ कि जब साथ-साथ रहने की बिल्कुल कोई सूरत बाकी नहीं हो तभी शादी तोड़ी जाए। इसलिए इस्लाम में

जायज कामों में तलाक को सबसे बुरा काम कहा गया है।

कब तोड़ी जा सकती है शादी?

अब मियां बीवी ये समझते हैं कि इख़तिलाफात (मतभेद, झगड़े) इतने हो गए हैं कि साथ-साथ रहना नामुमकिन है तो उन्हें अलग होने की छूट है। लेकिन उससे पहले उन्हें अपने खानदान को इस मतभेत को बताना होगा। मियां-बीवी दोनों के खानदान से एक-एक हकम पंच चुने जाएं। पंच उसे चुना जाए जो हमदर्द और खैरखाह हों। जिनका असल मकसद झगड़े को खत्म करना हो। फिर भी जब बात नहीं बने तो अलग होने का रास्ता साफ हो जाता है।

शादी खत्म करने के क्या तरीके हैं?

इस्लाम में शादी खत्म करने के चार तरीके हैं। तलाक, तफवीज़-ए.तलाक़, खुलअ और फस्ख-ए-निकाह। शादी तोड़ने के लिए तलाक का अधिकार मर्दों को है तो इसी तरह शादी को खत्म करने के लिए तफवीज-ए-तलाक, खुलअ और फ़स्ख-ए-निकाह का अधिकार औरतों को है। तलाक की बात विस्तार से बाद में करते हैं उससे पहले तफवीज.ए-तलाक़, खुलअ और फ़स्ख-ए-निकाह के बारे में जानते हैं।

तफवीज-ए-तलाक़

मियां-बिवी के जुदा होने का ये एक तरीका है। इस तरीके के तहत शादी तोड़ने का अधिकार औरत को है। इसमें मर्द तलाक देने का अपना अधिकार बीबी को सुपुर्द कर देता है। लेकिन इसमें एक पेंच है। ये तभी मुमकिन है जब मर्द ने औरत को ये अधिकार दिए हों। मर्द कभी भी ये हक औरत को दे सकता है। निकाह के वक्त या निकाह के बाद। इस्लाम में शादी एक कॉन्ट्रैक्ट है। ऐसे में निकाह के वक्त कॉन्ट्रैक्ट पेपर में भी इस अधिकार को दर्ज किया जा सकता है। जिन मर्दों ने अभी तक अपनी बीवी को ये अधिकार नहीं दिया है वो अब भी दे सकते हैं। चाहे शादी कितनी पुरानी क्यों न हो।

ख़ुलअ

शादी तोड़ने का ये भी एक तरीका है और इसका भी हक महिलाओं को है। अगर औरत को लगता है कि वो शादीशुदा जिंदगी की जिम्मेदारियों को पूरा नहीं कर सकती है या मर्द के साथ उसका निबाह नहीं हो सकता है तो वो अलग

होने का फैसला कर सकती है। इसके लिए औरत को महर (निकाह के वक्त शौहर की तरफ से दी गई रक़म) वापस देनी होगी. और उसके बदले मर्द उसे तलाक़ दे देगा। यहां भी एक पेंच है अगर मर्द राजी नहीं हुआ तो खुलअ नहीं हो पाएगा। अगर खुलअ की मदद से औरत शादी तोड़ने में नाकाम रह जाती है तो फ़स्ख-ए-निकाह का रास्ता अख्तियार कर सकती है।

फ़स्ख़-ए-निकाह

इसके लिए औरत को इस्लामी अदालत या मुस्लिम काजी की मदद लेनी होगी। इस तरीके में औरत को काजी के सामने निकाह तोड़ने की मुनासिब वजहें साबित करनी होगी। जैसे मर्द नामर्द है खाना खर्चा नहीं देताए बुरा बर्ताव करता हैए शौहर लापता है पागल हो गया है आदिण्ण् काजी मामले की जांच पड़ताल करेगा। अगर काजी को लगता है कि वजहें सही हैं तो वो खुद ही औरत का निकाह खत्म कर देगा।

तलाक़

तलाक़ का अधिकार मर्द को है और सारा झगड़ा इसी को लेकर है। हालांकि तलाक देने का तरीका बहुत ही साफ है। तलाक के तीन स्टेज हैं . तलाक़-ए-रजई, तलाक-ए-बाइन और तलाक-ए-मुगल्लजा.

तलाक-ए-रजई

ये तलाक का पहला स्टेज है। इस्लाम का हुक्म है कि अगर कोई मर्द अपनी बीवी को छोड़ना चाहता है तो पहले वो एक तलाक दे। ये तलाक भी माहवारी के समय न दे बल्कि महिला अगर माहवारी में है तो उसके खत्म होने का इंतजार करे। पहला तलाक देने के बाद अगले एक महीना तक दोनों सोचते रहें और इस दौरान राय बदल गई तो मर्द अपने तलाक को वापस लेकर अपनी बीवी के साथ रह सकता है और अगर तलाक वापस नहीं लिया तो दूसरे महीने पति को दूसरा तलाक देना होगा। दूसरे महीने भी मर्द को ये अख्तियार है कि वो तलाक को वापस ले सकता है इसलिए इसे तलाक.ए.रजई यानी लौटा लेने के हैं।

तलाक-ए-बाइन

यह तलाक का दूसरा स्टेज है। अगर शुरुआती दो महीनों में मर्द ने तलाक वापस नहीं लिया और तीसरा महीना शुरू हो गया तो अब तलाक पड़ गई। इसको

तलाक-ए-बाइन कहा जाता है। इस तलाक के बाद भी पति-पत्नी साथ आ सकते हैं। लेकिन इसके लिए पति के चाहने के बावजूद अब पत्नी का राजी होना जरूरी है। अगर दोनों राजी होंगे तो दोबारा निकाह होगा और फिर शौहर-बीबी बने रह सकते हैं।

तलाक-ए-मुगल्लजा

ये तलाक का आखिरी स्टेज है। तीसरे महीने में अगर मर्द ने ये कहा कि मैं तुमको तीसरी बार तलाक देता हूं। ऐसा कहने के बाद आखिरी तलाक भी पड़ गई। इसे तलाक.ए-मुगल्लजा कहते हैं। अब इसके बाद दोनों के बीच निकाह नहीं हो सकता है।

क्या तलाक देने का सिर्फ यही तरीका है?

जवाब है, जी नहीं. इस्लामी समाज में तलाक देने के तीन तरीके चलन में हैं. तलाक-ए-हसन, तलाक-ए-अहसन और तलाक-ए-बिद्अत। और यहीं से झगड़ें की वजहें पनपती हैं। दरअसल एक साथ तलाक, तलाक, तलाक का मामला तलाक-ए-बिद्अत की पैदावार है। मुसलमानों के बीच तलाक-ए-बिद्अत का ये झगड़ा 1400 साल पुराना हैए जबकि भारत में मुस्लिम पर्सनल के झगड़े की नींव 1765 में पड़ी।

तीन तलाक यानि तलाक-ए-बिद्अत क्या है?

तलाक-ए-हसन और तलाक-ए-अहसन यानी तलाक देने के सही तरीके पर सबको शिया-सुन्नी को इत्तेफाक है। तकरार तलाक-ए-बिद्अत पर है। शिया और सुन्नी का वहाबी समूह अहल-ए-हदीसयतलाक-ए-बिद्अत को नहीं मानता। तलाक-ए-बिद्अत ये है कि अगर कोई मर्द तलाक के सही तरीके की नाफरमानी करते हुए भी एक ही बार में तलाक, तलाक और तलाक कह देता है तो तीन तलाक मान लिया जाएगा। यानि तलाक-ए-मुगल्लजा हो गई। अब पति.पत्नी साथ नहीं रह सकते। दोबारा शादी नहीं हो सकती। समझौता नहीं हो सकता। तलाक वापस नहीं लिया जा सकता। चाहे मर्द ने गुस्से में ही तीन तलाक क्यों नहीं दिया हो।

दुनिया में सुन्नी मुसलमानों के चार स्कूल ऑफ थॉट हैं और ये चारों स्कूल तलाक-ए-बिद्अत पर अमल करते हैं। भारत सबसे बड़े स्कूल ऑफ थॉट हनफी स्कूल का केंद्र है। यहां मुसलमानों की करीब 90 फीसदी आबादी सुन्नी

है और वो चाहें सूफी हों या देवबंदी या बरेलवी . ये सभी हनफी स्कूल को फॉलो करते हैं यानि तीन तलाक को मानते हैं। भारत में अहल-ए-हदीस नमक में आटे के बराबर है.

इस्लाम में तीन तलाक की हकीकत जिसे मुसलमान भी ठीक से नहीं जानते

यूं तो तलाक़ कोई अच्छी चीज नहीं है और सभी लोग इसको नापसंद करते हैं। इस्लाम में भी यह एक बुरी बात समझी जाती है, लेकिन इसका मतलब यह हरगिज नहीं कि तलाक का हक ही इंसानों से छीन लिया जाए। दरअसल, पति-पत्नी में अगर किसी तरह भी निबाह नहीं हो पा रहा है, तो अपनी जिंदगी जहन्नुम बनाने से बेहतर है कि वो अलग होकर अपनी जिन्दगी का सफर अपनी मर्जी से पूरा करें। जो कि इंसान होने के नाते उनका हक है। इसलिए दुनिया भर के कानून में तलाक की गुंजाइश मौजूद है, और इसलिए पैगम्बरों के दीन (धर्म) मे।भी तलाक की गुंजाइश हमेशा से रही है।

पवित्र कुरान में तलाक के मायने

दरअसल, दीने इब्राहीम की रिवायात के मुताबिक अरब, जाहिलियत के दौर में भी तलाक से अनजान नहीं थे। उनका इतिहास बताता है कि तलाक का कानून उनके यहां भी लगभग वही था, जो अब इस्लाम में है। लेकिन कुछ बिदअतें उन्होंने इसमें भी दाखिल कर दी थीं। किसी जोड़े में। तलाक की नौबत आने से पहले हर किसी की यह कोशिश होनी चाहिए कि जो रिश्ते की डोर एक बार बन्ध गई है उसे मुमकिन हद तक टूटने से बचाया जाए।

जब किसी पति-पत्नी का झगड़ा बढ़ता दिखाई दे, तो अल्लाह ने कुरान में उनके करीबी रिश्तेदारों और उनका भला चाहने वालों को यह हिदायतें दी है कि वो आगे बढ़ें और मामले को सुधारने की कोशिश करें। इसका तरीका कुरान ने यह बतलाया है कि-

'एक फैसला करने वाला शौहर के खानदान में से मुकर्रर (नियुक्त) करें और एक फैसला करने वाला बीवी के खानदान में से चुने और वो दोनों पक्ष मिलकर उनमे सुलह कराने की कोशिश करें। इससे उम्मीद है कि जिस झगड़े को पति-पत्नी नहीं सुलझा सके वो खानदान के बुजुर्ग और दूसरे हम दर्द लोगों के बीच में आने से सुलझ जाए।''

कुरान ने इसे कुछ यूं बयान किया है -

"और अगर तुम्हें शौहर बीवी में फूट पड़ जाने का अंदेशा हो तो एक हकम (जज) मर्द के लोगों में से और एक औरत के लोगों में से मुकर्रर कर दो, अगर शौहर-बीवी दोनों सुलह चाहेंगे तो अल्लाह उनके बीच सुलह करा देगा, बेशक अल्लाह सब कुछ जानने वाला और सबकी खबर रखने वाला है" (सूरेहनिसा-35).

इसके बावजूद भी अगर शौहर और बीवी दोनों या दोनों में से किसी एक ने तलाक का फैसला कर ही लिया है, तो शौहर-बीवी के खास दिनों के आने का इंतजार करे, और खास दिनों के गुजर जाने के बाद जब बीवी पाक हो जाए तो बिना हम बिस्तर हुए कम से कम दो जिम्मेदार लोगों को गवाह बनाकर उनके सामने बीवी को एक तलाक दे, यानी शौहर बीवी से सिर्फ इतना कहे कि 'मैं तुम्हे तलाक देता हूं''। तलाक हर हाल में एक ही दी जाएगी दो या तीन या सौ नहीं, जो लोग जिहालत की हदें पार करते हुए दो तीन या हजार तलाक बोल देते हैं, यह इस्लाम के बिल्कुल खिलाफ अमल है और बहुत बड़ा गुनाह है। अल्लाह के रसूल (सल्लाहू अलैहिवसल्लम) के फरमान के मुताबिक जो ऐसा बोलता है, वो इस्लामीश रियत और कुरान का मजाक उड़ा रहा होता है।

इस एक तलाक के बाद बीवी 3 महीने यानी 3 तीन है (जिन्हें इद्दत कहा जाता है और अगर वो प्रेग्नेंट है तो बच्चा होने तक) शौहर ही के घर रहेगी और उसका खर्च भी शौहर ही के जिम्मे रहेगा। लेकिन उनके बिस्तर अलग रहेंगे। कुरान ने सूरेह तलाक में हुक्म फरमाया है। कइद्दत पूरी होने से पहले ना तो बीवी को ससुराल स निकाला जाए और नाही वो खुद निकले। इसकी वजह कुरान ने यह बतलाई है कि इससे उम्मीद है कि इद्दत के दौरान शौहर-बीवी में सुलह हो जाए और वो तलाक का फैसला वापस लेने को तैयार हो जाएं।

अक्ल की रौशनी से अगर इस हुक्म पर गौर किया जाए तो मालूम होगा कि इसमें बड़ी अच्छी हिकमत है। हरम आशरे (समाज) में बीच में आज भड़काने वाले लोग मौजूद होते ही हैं। अगर बीवी तलाक मिलते ही अपनी मां के घर चली जाए तो ऐसे लोगों को दोनों तरफ का नभरने का मौका मिल जाएगा। इसलिए यह जरूरी है कि बीवी इद्दतका वक्त शौहर ही के घर गुजारे। फिर अगर शौहर बीवी में इद्दत के दौरान सुलह हो जाए, तो फिर से वो दोनों बिना कुछ किए शौहर और बीवी की है सियत से रह सकते हैं। इसके लिए उन्हें सिर्फ इतना करना होगा कि जिन गवाहों के सामने तलाक दी थी, उन्हें खबर कर दें कि हमने अपना फैसला बदल लिया है। कानून में इसे ही 'रुजू'' करना कहते हैं और यह जिन्दगी में दोबार किया जा सकता है। इससे ज्यादा नहीं।

शौहर रुजू ना करे तो इद्दत के पूरा होने पर शौहर बीवी का रिश्ता खत्म हो जाएगा। लिहाजा कुरान ने यह हिदायत फरमाई है किइ द्दत अगर पूरी होने वालीहै, तो शौहर को यह फैसला कर लेना चाहिए कि उसे बीवी को रोकना है या रुखसत करना है।

दरअसल, दोनों ही सूरतों में अल्लाह का हुक्म है कि मामला भले तरीके से किया जाए। सूरेह बक्रा हमें हिदाय तफ रमाई है कि अगर बीवी को रोकने का फैसला किया है, तो यह रोकना वीबी को परेशान करने के लिए हरगिज नहीं होना चाहिए बल्कि सिर्फ भलाई के लिए ही रोका जाए।

अल्लाह कुरान में फरमाता है –

"और जब तुम औरतों को तलाक दो और वो अपनी इद्दत के खात्मे पर पहुंच जाए तो या तो उन्हें भले तरीके से रोक लोया भलेतरी के से रुखसत करदो, और उन्हें नुक्सान पहुंचाने के इरादे से ना रोको के उन पर जुल्म करो, और याद रखो के जो कोई ऐसा करेगा वो ही हकीकत अपने ही ऊपर जुल्म ढाएगा, और अल्लाह की आयातों को मजाक ना बनाओ और अपने ऊपर अल्लाह की नेमतों को याद रखो और उस कानून और हिकमत को याद रखो जो अल्लाह ने उतारी है जिसकी वो तुम्हे नसीहत करता है, और अल्लाह से डरते रहो और ध्यान रहे के अल्लाह हर चीज से वाकिफ है।"

(सूरेहबक्राह–231)

लेकिन अगर उन्होंने इद्दत के दौरान रुजू नहीं किया और इद्दत का वक्त खत्म हो गया तो अब उनका रिश्ता खत्म हो जाएगा, अब उन्हें जुदा होना है। इस मौके पर कुरान ने कमसे कम दो जगह (सूरेह बक्राहआयत 229 और सूरेहनिसाआयत 20 में) इस बात पर बहुत जोर दिया है कि मर्द ने जो कुछ बीवी को पहले गहने, कीमती सामान, रुपये या कोई जायदाद तोहफे के तौर पर दे रखी थी, उसका वापस लेना शौहर के लिए बिल्कुल जायज नहीं है, वो सब माल जो बीवी को तलाक से पहले दिया था वो अब भी बीवी का ही रहेगा और वो उस माल को अपने साथ लेकर ही घर से जाएगी, शौहर के लिए वो माल वापस मांगना या लेना या बीवी पर माल वापस करने के लिए किसी तरह का दबाव बनाना बिल्कुल जायज नहीं है। अगर बीवी ने खुद तलाक मांगी थी जब कि शौहर उसके सारे हक सही से अदा कर रहा था या बीवी खुली बदकारी पर उतर आई थी, जिसके बाद उसको बीवी बनाए रखना मुमकिन नहीं रहा था, तो मेहर के अलावा उसको दिए हुए माल में से कुछ को वापस मांगना या लेना

शौहर के लिए जायज है। अब इसके बाद बीवी आजाद है, वो चाहे जहां जाए और जिससे चाहे शादी करे, अब पहले शौहर का उस पर कोई हक बाकी नहीं रहा।

इसके बाद तलाक देने वाला मर्द और औरत जब कभी जिन्दगी में दोबारा शादी करना चाहें तो वो कर सकते है, इसके लिए उन्हें आम निकाह की तरह ही फिर से निकाह करना होगा और शौहर को मेहर देने होंगे और बीवी को मेहर लेने होंगे।

अब फर्ज करें कि दूसरी बार निकाह करने के बाद कुछ समय के बाद उनमे फिर से झगड़ा हो जाए और उनमे फिर से तलाक हो जाए तो फिर से वही पूरा प्रोसेस दोहराना होगा जो ऊपर बताया गयाहै।

अब फर्ज करे।कि दूसरी बार भी तलाक के बाद वो दोनों आपस में शादी करना चाहें तो शिरयत में तीसरी बार भी उन्हें निकाह करने की इजाजत है। लेकिन अब अगर उनको तलाक हुई तो यह तीसरी तलाक होगी जिसके बाद ना तो रुजूक रसकते हैं और ना ही आपस में निकाह किया जा सकता है।

हलालाः अब चौथी बार उनकी आपस में निकाह करने की कोई गुंजाइश नहीं, लेकिन सिर्फ ऐसे कि अपनी आजाद मर्जी से वो औरत किसी दूसरे मर्द से शादी करे और इत्तिफाक से उनका भी निभाना हो सके और वो दूसरा शौहर भी उसे तलाक दे दे या मर जाए तो ही वो औरत पहले मर्द से निकाह कर सकती है। इसी को कानून में 'हलाला'' कहते हैं। लेकिन याद रहे यह इत्तिफाक से हो तो जायज है। जान बूझ कर या प्लान बनाकर किसी और मर्द से शादी करना और फिर उससे सिर्फ इसलिए तलाक लेना ताकि पहले शौहर से निकाह जायज हो सके यह साजिश सरासर नाजायज है और अल्लाह ने ऐसी साजिश करने वालों पर लानत फरमाई है।

खुलाः अगर सिर्फ बीवी तलाक चाहे तो उसे शौहर से तलाक मांगना होगी। अगर शौहर नेक इंसान होगा तो जाहिर है वो बीवी को समझाने की कोशिश करेगा और फिर उसे एक तलाक दे देगा। लेकिन अगर शौहर मांगने के बावजूद भी तलाक नहीं देता तो बीवी के लिए इस्लाम में यह आसानी रखी गई है कि वो शहरकाजी (जज) के पास जाए और उस से शौहर से तलाक दिलवाने के लिए कहे। दरअसल इस्लाम ने काजी को यह हक दे रखा है कि वो उनका रिश्ता खत्म करने का ऐलान करदे, जिससे उनकी तलाक हो जाएगी, कानून में इसे 'खुला'' कहा जाता है।

यही तलाक का सही तरीका है, लेकिन अफसोस की बात है कि हमारे यहां इस तरीके की खिलाफ वर्जी भी होती है और कुछ लोग बिना सोचे-समझे इस्लाम के खिलाफ तरीके से तलाक देते हैं। जिससे खुद भी परेशानी उठाते हैं और इस्लाम की भी बदनामी होती है।

मुस्लिम देश और तीन तलाक पर कानून

लोकसभा से पारित होने के बाद तीन तलाक से जुड़ा विधेयक अब राज्यसभा की देहरी पर है। विधेयक में तीन तलाक देने को अपराध बना दिया गया है। जिसके लिए तीन साल की कैद के साथ जुर्माने का भी प्रावधान है। साथ हीए पीड़ित महिला अदालत से भरण-पोषण का दावा भी कर सकती है। बीते अगस्त में एक ऐतिहासिक फैसला सुनाते हुए सुप्रीम कोर्ट ने तीन तलाक पर रोक लगा दी थीद्यमोदी सरकार का कहना है कि कानून के बगैर सुप्रीम कोर्ट का फैसला लागू करना मुश्किल हैए इसलिए यह विधेयक लाया गया है।

केंद्र सरकार के इस फैसले का ऑल इंडिया मुस्लिम पर्सनल लॉ बोर्ड (ए. आई.एम.पी.एल.बी.) विरोध कर रहा है। लेट, तृणमूल कांग्रेस और एनसीपी समेत विपक्ष का एक बड़ा तबका भी इसके विरोध में है। पर्सनल लॉ बोर्ड का कहना है कि यह मजहब का मामला है जिसमें बाहरी दखल नहीं होना चाहिए। एम.आई. एम.आई.एम. नेता असदुद्दीन ओवैसी ने इस विधेयक को मुस्लिम महिलाओं के अधिकारों का हनन बताया है। उनके मुताबिक प्रस्तावित कानून को लेकर मुस्लिमों से कोई चर्चा नहीं की गई। आरजेडी ने भी विधेयक पर सवाल उठाए हैं। उधर, वाम दलों ने तीन तलाक को अपराध करार देने पर ऐतराज है। उनका कहना है कि भाजपा राजनैतिक लाभ के लिए यह काम कर रही है।

देखा जाए तो इस मुद्दे पर पूरी दुनिया जिस तरफ आगे बढ़ रही है एआईएमपीएलबी सहित एक तबके का रुख उसके बिल्कुल उलट हैद्य यह बात भी खासी महत्वपूर्ण है कि तकरीबन 22 मुस्लिम देश, जिनमें पाकिस्तान और बांग्लादेश भी शामिल हैंए अपने यहां सीधे-सीधे या अप्रत्यक्ष रूप से तीन बार तलाक की प्रथा खत्म कर चुके हैं। इस्लामाबाद की इंटरनेशनल इस्लामिक यूनिवर्सिटी में प्रोफेसर डॉ मुहम्मद मुनीर अपने एक शोधपत्र में बताते हैं कि श्रीलंका में तीन तलाक के मुद्दे पर बना कानून एक आदर्श कानून है।

इस सूची में तुर्की और साइप्रस भी शामिल हैं जिन्होंने धर्मनिरपेक्ष पारिवारिक कानूनों को अपना लिया है। टयूनीशिया अल्जीरिया और मलेशिया के सारावाक प्रांत में कानून के बाहर किसी तलाक को मान्यता नहीं हैद्य ईरान में

शिया कानूनों के तहत तीन तलाक की कोई मान्यता नहीं है। कुल मिलाकर यह अन्यायपूर्ण प्रथा इस समय भारत और दुनियाभर के सिर्फ सुन्नी मुसलमानों में बची हुई है।

भारत में कहा जाता है कि विदेशों में रहने वाले धार्मिक अल्पसंख्यक बदलावों के प्रति अपेक्षा ज्यादा अड़ियल रुख अपनाते हैं। उन्हें डर होता है कि उनकी धार्मिक प्रथाओं में जरा से परिवर्तन से उनकी धार्मिक पहचान खतरे में पड़ जाएगी। हालांकि यह तर्क हमारे पड़ोसी देश श्रीलंका तक में लागू होता नहीं दिखता। यहां 10 फीसदी के तकरीबन मुस्लिम आबादी है। श्रीलंका का शादी और तलाक मुस्लिम) कानून, 1951 जो 2006 में संशोधित हुआ था, तुरंत तलाक वाले किसी नियम को मान्यता नहीं देता। इसके मुताबिक शौहर को तलाक देने से पहले काजी को इसकी सूचना देनी होती है। नियमों के मुताबिक अगले 30 दिन के भीतर काजी मियां-बीवी के बीच सुलह करवाने की कोशिश करता है। इस समयावधि के बाद ही तलाक हो सकता है लेकिन वह भी काजी और दो चश्मदीदों के सामने होता है। इस्लामाबाद की इंटरनेशनल इस्लामिक यूनिवर्सिटी में प्रोफेसर डॉ मुहम्मद मुनीर अपने एक शोधपत्र में बताते हैं कि श्रीलंका में तीन तलाक के मुद्दे पर बना कानून एक आदर्श कानून है।

भारत में इस मुद्दे पर भारी बहस

भारत में रहने वाले सुन्नी मुसलमान तीन तलाक का नियम बदल सकते हैं या उन्हें बदलना चाहिए, यह बहस दसियों साल पुरानी है। इस्लाम में तलाक के तीन तरीके चलन में हैं। इनमें से एक है तलाक ए अहसन। इस्लाम के कानूनविदों का मानना है कि तलाक ए अहसन में शौहर बीवी को तब तलाक दे सकता है जब उसका मासिक चक्र न चल रहा हो। इसके बाद तकरीबन तीन महीने की समयावधि जिसे इद्दत कहा जाता है वह तलाक वापस ले सकता है। यदि ऐसा नहीं होता तो इद्दत के बाद तलाक को स्थायी मान लिया जाता है। लेकिन इसके बाद भी यदि यह जोड़ा चाहे तो भविष्य में शादी कर सकता है और इसलिए इस तलाक को अहसन (सर्वश्रेष्ठ) कहा जाता है। जो जोड़ा तीन बार के तलाक के बाद अलग हुआ हैए इस्लाम के मुताबिक उन्हें फिर शादी नहीं करनी चाहिए लेकिन हलाला की व्यवस्था इसका तोड़ निकालती है।

दूसरे प्रकार की तलाक को तलाक ए हसन (बेहतर) कहा जाता है। इसकी प्रक्रिया तलाक ए अहसन की तरह है। लेकिन इसमें शौहर अपनी बीवी को तीन अलग.अलग बार तलाक कहता (जब बीवी का मासिक चक्र न चल रहा हो)

है। यहां शौहर को अनुमति होती है कि वह इद्दत की समयावधि खत्म होने के पहले तलाक वापस ले सकता है। यह तलाकशुदा जोड़ा चाहे तो भविष्य में फिर से शादी कर सकता है इस प्रक्रिया में तीसरी बार तलाक कहने के तुरंत बाद वह अंतिम मान लिया जाता हैद्य तलाकशुदा जोड़ा फिर से शादी तब ही कर सकता है जब बीवी किसी दूसरे व्यक्ति से शादी कर ले और उसे तलाक दे। इस प्रक्रिया को हलाला कहा जाता है।

इसके लिए आमतौर पर यह होता है कि तीसरे व्यक्ति के साथ एक आपसी समझ बनाई जाती है जो संबंधित महिला से शादी कर उसे तुरंत तलाक दे देता है। इसके बाद वह महिला अपने पहले शौहर से शादी कर सकती है।

यहीं आकर तलाक की उस प्रक्रिया की बुराइयां साफ-साफ दिखने लगती हैं जिसमें शौहर एक बार में तीन तलाक कहकर बीवी को तलाक दे देता है। इसे तलाक उल बिदत कहा जाता है और यह उतनी पुरानी परंपरा है जितना इस्लाम।

तलाक उल बिदत के तहत शौहर तलाक के पहले तीन बार शब्द लगा देता है या 'मैं तुम्हें तलाक देता हूं' को तीन बार दोहरा देता है। इसके बाद शादी तुरंत टूट जाती है। इस तलाक को वापस नहीं लिया जा सकता। तलाकशुदा जोड़ा फिर हलाला के बाद ही शादी कर सकता है।

मिस्र पहला देश था जिसने 1929 में कानून-25 के जरिए घोषणा की गई कि तलाक को तीन बार कहने पर भी उसे एक ही माना जाएगा और इसे वापस लिया जा सकता है। आमतौर पर जल्दी से जल्दी तलाक का यह तरीका होता है कि शौहर अपनी पत्नी से तीन अलग-अलग बार, जब मासिक चक्र न चल रहा हो तलाक बोले। डॉ ताहिर महमूद और डॉ सैफ महमूद इस्लामिक कानूनों से जुड़ी अपनी किताब में लिखते हैं कि तलाक के लिए लगातार तीन तूहर (जब मासिक चक्र न चल रहा हो) क। कम के कम समय निर्धारित होता है लेकिन हर मामले में यह निश्चित नहीं है। इन लेखकों ने अपनी बात के पक्ष में देवबंदी विद्वान अशरफ अली थानवी (1863.1943) की राय का हवाला दिया है। इसके अनुसार-

'कोई व्यक्ति एक बार तलाक कह देता है. उसके बाद वह बीवी से सुलह कर लेता है और दोनों फिर साथ रहने लगते हैं. कुछ सालों के बाद किसी तरह के उकसावे में आकर वह दूसरी बार फिर से तलाक कह देता है. इसके बाद वह उकसावे को भूल जाता है और फिर से बीवी के साथ रहने लगता है. लेकिन

उसके दो तलाक पूरे हो चुके हैं. इसके बाद वह जब भी तलाक कहता है वह अंतिम तलाक होता है और उसके बाद निकाह तुरंत खत्म हो जाता है.'

कहते हैं कि तलाक उल बिदत या एक साथ तीन बार तलाक कहकर तलाक देने की प्रक्रिया यह सुनिश्चित करने लिए शुरू की गई थी कि जहां जोड़े के बीच कभी न सुधरने की हद तक संबंध खराब चुके हैं या दोनों का साथ रहना बिलकुल मुमकिन नहीं हैं वहां तुरंत तलाक हो जाए। दावा यह भी किया जाता है कि तलाक की यह प्रक्रिया उन महिलाओं के लिए ईजाद की गई थी जो अपने ऐसे पतियों के शोषण से मुक्ति चाहती हैं जो बात.बात में उन्हें तलाक देकर उसे वापस ले लेते हैं।

वजह जो भी हो लेकिन तलाक की यह प्रक्रिया मुस्लिम दुनिया में लंबे समय से स्वीकार्य रही है। यहां तक कि चारों सुन्नी विचार धाराएं - हनफी, मलिकी, हंबली और शाफेई इस प्रक्रिया पर सहमति जताती हैंद्मसुन्नी विचारधारा के बीच तीन तलाक को लेकर सहमति तब टूटी जब हंबली विद्वान इब्न तैमिया (1268-1328) ने तर्क दिया कि एक बार में तीन तलाक एक के बराबर होती है।

तीन तलाक मायने एक

सुन्नी विचारधारा के बीच तीन तलाक को लेकर सहमति तब टूटी जब हंबली विद्वान इब्न तैमिया (1268-1328) ने तर्क दिया कि एक बार में तीन तलाक एक के बराबर होता है। इस विचार को हाशिये पर रखा जाता रहा है। लेकिन बीती शताब्दी में 20 से ज्यादा देशों ने इसे मान्यता दी है।

मिस्र पहला देश था जिसने 1929 में इस विचार को कानूनी मान्यता दी। वहां कानून-25, के जरिए घोषणा की गई कि तलाक को तीन बार कहने पर भी उसे एक ही माना जाएगा और इसे वापस लिया जा सकता है। लेकिन लगातार तीन तूहरा (जब बीवी का मासिक चक्र न चल रहा हो) के दौरान तलाक कहने से तलाक अंतिम माना जाएगा। 1935 में सूडान ने भी कुछ और प्रावधानों के साथ यह कानून अपना लिया। आज ज्यादातर मुस्लिम देश . ईराक से लेकर संयुक्त अरब अमीरात, जॉर्डन, कतर और इंडोनेशिया तक ने तीन तलाक के मुद्दे पर तैमिया के विचार को स्वीकार कर लिया है।

टयूनीशिया तो तैमिया के विचार से भी आगे निकल चुका है. 1956 में बने कानून के मुताबिक वहां अदालत के बाहर तलाक को मान्यता नहीं है।

टयूनीशिया में बाकायदा पहले तलाक की वजहों की पड़ताल होती है और यदि जोड़े के बीच सुलह की कोई गुंजाइश न दिखे तभी तलाक को मान्यता मिलती है अल्जीरिया में भी तकरीबन यही कानून है।

वहीं तुर्की ने मुस्तफा कमाल अतातुर्क के नेतृत्व में 1926 में स्विस सिविल कोड अपना लिया था। यह कानून प्रणाली यूरोप में सबसे प्रगतिशील और सुधारवादी मानी जाती है और इसके लागू होने का मतलब था कि शादी और तलाक से जुड़े इस्लामी कानून अपने आप ही हाशिये पर चले गए। हालांकि 1990 के दशक में इसमें कुछ संशोधन जरूर हुए लेकिन जबर्दस्ती की धार्मिक छाप से यह तब भी बचे रहे। बाद में साइप्रस ने भी तुर्की में लागू कानून प्रणाली अपना ली।

जहां तक भारत की बात है तो यहां तीन तलाक की जड़ें आम जनमानस में काफी गहरी हैं। अनजाने में या पितृसत्तात्मक समाज के प्रभाव से यहां तलाक की यह प्रक्रिया सबसे प्रभावी बन गई। यहां तक कि कई मुसलमान यह भी मान लेते हैं कि इस्लाम में तलाक का यही एकमात्र तरीका है। इसलिए गुस्से के क्षणों में कई लोग तीन तलाक कहकर अपनी बीवी तो तलाक दे देते हैं और फिर इस फैसले पछताते हैं। क्योंकि यह तलाक वापस नहीं लिया जा सकता और तलाकशुदा लोगों को फिर से आपस में शादी करनी है तो उन्हें हलाला की व्यवस्था से गुजरना पड़ता है।

पाकिस्तान में बदलाव कैसे आया

पाकिस्तान में तीन तलाक के नियम पर दोबारा विचार की शुरुआत एक विवाद के चलते हुई। 1955 में वहां के तत्कालीन प्रधानमंत्री मुहम्मद अली बोगरा ने अपनी बीवी को तलाक दिए बिना सेक्रेटरी से शादी कर ली थीध्र इसपर पाकिस्तान के संगठन ऑल पाकिस्तान वूमैन एसोसिएशन ने आंदोलन छेड़ दिया और सरकार को शादी और पारिवारिक कानूनों पर एक सात सदस्यीय आयोग बनाना पड़ा।

इस आयोग ने 1956 में सिफारिश की कि एक बार में तीन तलाक बोलने को एक माना जाए। दूसरी सिफारिश थी कि लगातार तीन तूहरा में जब शौहर तलाक बोले तब तलाक को प्रभावी माना जाना चाहिए। आयोग ने तीसरी सिफारिश में कहा कि शौहर तब तक तलाक नहीं दे सकता जबतक कि परिवार अदालत से वह इसपर आदेश हासिल नहीं कर लेता।

इस तीसरी सिफारिश की आयोग के ही एक सदस्य मौलाना एहतेशाम उल हक थानवी ने खूब आलोचना की । अपने असहमति पत्र में उनका कहना थाकि तलाक के पहले ही अदालत से इसकी अनुमति हासिल करना धार्मिक विश्वास के साथ खिलवाड़ है और जब तलाक अनिवार्य हो चुका है तो यह प्रक्रिया उसमें बाधा डालने जैसी है।

इस्लामी कानूनों के जानकार मानते हैं कि पाकिस्तान में लागू एक कानून तीन तलाक की प्रथा या तलाक उल बिदत को अप्रत्यक्ष रूप से अप्रभावी बना देता है।

पाकिस्तान में 1961 में मुस्लिम परिवार कानून अध्यादेश (एमएफएलओ) जारी किया गया था। लेकिन मौलाना एहतेशाम उल हक थानवी की आपत्ति के मद्देनजर तलाक के मामले को अदालती हस्तक्षेप से दूर रखा गया।

इस अध्यादेश के सेक्शन सात में तलाक के बारे में जिक्र है और इससे जुड़े छह सब सेक्शन इस प्रकार हैं:

1. कोई भी व्यक्ति किसी भी रूप में तलाक कहता है तो उसे यूनियन काऊंसिल यस्थानी निकाय) के चेयरमैन को इंसबारे में जानकारी देते हुए एक नोटिस देना होगा और इसकी कॉपी अपनी बीवी को देनी होगी।
2. यदि कोई व्यक्ति ऐसा करने में असफल रहता है तो उसे एक साल की सजा हो सकती है या 5000 रुपये का जुर्माना देना पड़ सकता है।
3. चेयरमैन को नोटिस देने के 90 दिन बाद ही तलाक प्रभावी माना जाएगा।
4. नोटिस पाने के 30 दिनों के भीतर चेयरमैन को एक पंच परिषद बनानी होगी जो तलाक के पहले सुलह करवाने की कोशिश करेगी।
5. यदि महिला गर्भवती है तो तलाक 90 दिन या प्रसवए जिसकी समयावधि ज्यादा हो के बाद ही प्रभावी होगा।
6. संबंधित महिला तलाक होने बाद भी अपने पूर्व पति से शादी कर सकती है और इसके लिए उसे बीच में किसी तीसरे व्यक्ति से शादी करने की जरूरत नहीं है।

इस्लामी कानूनों के जानकार मानते हैं कि पाकिस्तान के ये प्रावधान तीन तलाक की प्रथा या तलाक उल बिदत को अप्रत्यक्षरूप से अप्रभावी बना देते

हैं।बांग्लादेश का निर्माण 1971 में हुआ था। उस समय तक वहां भी यही अध्यादेश लागू था और पाकिस्तान से स्वतंत्रता के बाद सरकार ने यह कानून जारी रखा।

भारत में तीन तलाक पर रुख

ऐसा नहीं है कि भारतीय अदालतों में तीन तलाक को खत्म करने की दिशा में आगे बढ़ने के लिए कुछ फैसले न दिए हों। उदाहरण के लिए 2008 के एक मामले में फैसला देते हुए दिल्ली हाईकोर्ट के एक जज बदर दुरेज अहमद ने कहा था कि भारत में तीन तलाक को एक तलाक (जो वापस लिया जा सकता है) समझा जाना चाहिए। इसी तरह से गुवाहाटी हाईकोर्ट ने जियाउद्दीन बनाम अनवरा बेगम मामले में कहा था कि तलाक के लिए पर्याप्त आधार होने चाहिए और सुलह की कोशिशों के बाद ही तलाक होना चाहिए।

कई सर्वेक्षणों की राय से जाहिर हुआ है कि भारत में इस समय मुसलमान महिलाओं का एक बड़ा तबका तीन तलाक के नियम को खत्म करने के पक्ष में है। लेकिन ऐसा लगता है कि ए.आई.एम.पी.एल.बी. ने इस मामले में शुतुरमुर्ग की तरह अपना सिर रेत में दबा लिया है। उसे दूसरे मुस्लिम देशों में हुए सुधारों का अध्ययन करना चाहिए ताकि हमारे यहां भी तीन तलाक की प्रथा को खत्म किया जा सके।

भारतीय सर्वोच्च न्यायालय ने तीन तलाक पर क्रांतिकारी निर्णय लिया है। न्यूज चौनल्स, मीडिया में तीन तलाक विषय पर बहुत चर्चा चल रही है।चुकी यह बेहद महत्वपूर्ण विषय है। यह मुसलमान समाज में तलाक लेने का वह जरिया है जिसमें मुस्लिम आदमी अपनी बीवी को तीन बार शतलाकश् बोलकर अपनी शादी रद्द कर सकता है। तलाक का यह जरिया मुस्लिम पर्सनल लॉ के हिसाब से कानूनी है। फिर भी बहुत सारी मूस्लिम वर्ग की महिलाएं इसका विरोध करती है। तीन तलाक के वजह से मुस्लिम महिलाओं को डर-डर के रहना पड़ता है, क्योंकि यह तीन शब्द उनकी जिंदगी बर्बाद कर सकते हैं। यह मानवीय हकों का उल्लंघन है। भारतीय कानून के हिसाब से स्त्री और पुरुष को दोनों को समान हक होते हैं। पर तीन तलाक के मामले में महिलाओं पर यह एक प्रकार से अन्याय होता है।

भारतमेंतीन तलाक के तहत मुस्लिम आदमी अपनी बीवी को बोलकर या लिखकर तलाक दे सकता है और बीवी का वहां होना जरुरी भी नहीं होता है।

यहां तक कि आदमी को तलाक के लिए कोई वजह भी लेनी नहीं पड़ती आजकल के जमाने में तो तीन तलाक FaceBook, WhatsApp पर भी दिया जाता है। तीन तलाक का पुरुषों पे ज्यादा प्रभाव नहीं होता पर उनकी बीवी पर इसका बहुत बड़ा प्रभाव होता है। बच्चों की जिम्मेदारी, गुजारा करने के लिए पैसा कमानाए रहने के लिए घरए यह सब विपदाएं अचानक से उसके सामने आ जाती है। इस डर के चलते हुए बहुत सारी मुस्लिम महिलाएं शायद डर-डर के अपनी जिंदगी गुजार देती है। वह कोई बगावत नहीं करती। महिलाएं अपने भारतीय मौलिक अधिकारों से वंचित रह जाती है।

बहुत सारे मुस्लिम बहुमत वाले देशों में तीन तलाक का रिवाज खंडित किया है और उन्होंने तलाक के कायदे वर्तमान परिस्थितियों के हिसाब से बदल दिए हैं। यहां तक कि अपने पड़ोसी देश पाकिस्तान में भी तीन तलाक की प्रथा खत्म कर दी गई है। भारत को भी समय के हिसाब से बदलना पड़ेगा। 21वी सदी में हम लोग महिलाओं को पीछे नहीं छोड़ सकते।

ट्रिपल तलाक आज मूल अधिकार के जगह एक राजनैतिक मुद्दा बन रहां है। हाल ही में, वर्तमान सरकार लोकसभा के शीतकालीन सत्र में ट्रिपल तलाक बिल पारित करने मे सफल हुई। इस विधेयक के अंदर ट्रिपल तलाक लेना कानूनन अपराध होगाए जिसके लिए मुस्लिम पुरुष को 3 साल तक सजा हो सकती है। कुछ राजनीतिक दलों ने इस बिल का विरोध भी किया। कांग्रेस जो मुख्य विरोधी पक्ष हेए उसने बिल का समर्थन किया, पर कुछ मुद्दों पर संशोधन की भी मांग कीद्य लोकसभा में बीजेपी का बहुमत होने के कारण वह इस बिल को पारित कर पायी। यह बिल अभी राज्य सभा में पारित होना बाकी है, राज्य सभा में बीजेपी के पास बहुमत नहीं है। वहां पे इस बिल पर ज्यादा विरोध होने की आशंका है।

मुस्लिम महिला यविवाह अधिकारों का संरक्षण) विधेयक के तहत तीन तलाक गैर कानूनी है, इसके उल्लंघन पर मुस्लिम पुरुष को 3 साल की सजा हो सकती है। पुरुष को तलाकशुदा महिला के रखरखाव के लिए पैसे भी देने होंगे। मुस्लिम महिलांओं के लिए यह एक बहुत बड़ी उपलब्धि है। समान अधिकार के तरफ यह एक बड़ा कदम है। मुस्लिम पर्सनल लॉ बोर्ड इस बिल के खिलाफ हैए उनके हिसाब से यह बिल मुस्लिम धर्म के खिलाफ है। कुछका कहना है की यह बीजेपी की मुस्लिम मतदाता तोड़ने की निति है।

विपक्षी दलों ने बिल में सुधार की मांग की और उनके मुद्दों पर भी विचार

किया जाना चाहिए। लेकिन इसका मतलब यह नहीं है कि हमें विधेयक ही पेश नहीं करना चाहिए और भारतीय मुस्लिम महिलाओं को बुनियादी अधिकारोंसे वंचित रखना चाहिए।पिछले कुछ महीनों में तीन तलाक से पीड़ित महिलाएं कोर्ट में कैसे लड़ रही है। वह भारतीय न्याय संस्था से न्याय की मांग कर रही है। भारतीय सुप्रीम कोर्ट ने तीन तलाक को गैर संवैधानिक करार दिया है। सुप्रीम कोर्ट ने सरकार को जिम्मेदारी दी है कि जजमेंट के हिसाब से लॉ फ्रेमवर्क बनाई जाए तब तक ट्रिपल तलाक का उपयोग करना गैर संविधानिक है। सुप्रीम कोर्ट केस की प्रगति पर निगरानी रखेगी, और इससे जुड़े दूसरे प्रश्नों पर मई के महीने मैं फैसला देगी।

निष्कर्ष

पुरुष और स्त्री एक सामान बनाए गए हैं। तो उनके हक भी एक समान होना चाहिए। धर्म,प्रथा, समय के अनुसार बदलनी चाहिए। महिलाओं के समान हक का महत्व हमें देश को नई पीढ़ी को समझाना पड़ेगा। हमारे देश की आधी आबादी को हम पीछे रखके कभी भी प्रगति की ओर जा नहीं सकते। हमें ऐसे तीखे सवाल को उठाना पड़ेगा और उनको समझाना भी पड़ेगा और यह हर धर्म पर लागू होता है।

25

ग्रामीण स्थानीय स्वशासन : मुस्लिम महिला एवं दलित महिला के दृष्टिकोण का एक तुलनात्मक अध्ययन

डॉ0 नरेन्द्र मोरल

अतिथि, प्रोफेसर

राजनीति विज्ञान विभाग

चौ0 चरण सिंह विश्वविद्यालय, मेरठ।

ग्रामीण स्थानीय स्वशासन अर्थात् पंचायती राज व्यवस्था भारतीय लोकतंत्र की आत्मा है, क्योंकि भारत गाँवों का देश कहा जाता है, जिसकी लगभग तीन-चौथाई जनसंख्या आज भी गाँवों में निवास करती है। पंचायती राज व्यवस्था के माध्यम से स्थानीय लोग अपनी स्थानीय समस्याओं का समाधान स्थानीय पद्धति से कर सकने में महत्वपूर्ण भूमिका निभाते हैं। फलस्वरूप स्थानीय शासन कार्यों में बढ़-चढ़कर रूचि लेते हैं। अतः लोकतंत्र की संकल्पना को अधिक सुदृढ़ करने में पंचायती राज व्यवस्था एक ठोस कदम है।

विश्व के बड़े लोकतांत्रिक देश के रूप में भारत की पहचान है। केन्द्र व राज्य स्तर पर लोकतंत्र तभी पूर्ण रूप से सफल हो सकता है, जब निचले स्तर पर लोकतांत्रिक शासन प्रणाली सुदृढ़ हो। हम लोकतांत्रिक शासन से पूरा लाभ उस समय तक नहीं उठा सकते है, जब तक हम यह न मान लें कि सभी समस्याएं केन्द्रीय समस्याएं नहीं है और उन समस्याओं को उन्हीं स्थानों पर उन्हीं

लोगों द्वारा हल किया जाना चाहिये, जो उन समस्याओं से सर्वाधिक प्रभावित होते हैं। भारत में स्थानीय स्वशासन की व्यवस्था उसकी त्रिस्तरीय प्रशासनिक व्यवस्था का ही एक अंग है। भारत में संघीय स्तर पर केन्द्रीय सरकार, प्रान्तीय स्तर पर राज्य सरकार और स्थानीय स्तर पर स्थानीय स्वशासन नागरिकों की संबंधित आवश्यकताओं की पूर्ति करता है।

भारत में त्रिस्तरीय पंचायती राज व्यवस्था में महिलाओं की भागीदारी के लिये की गई व्यवस्था देश में महिलाओं के उत्थान के लिये क्रान्तिकारी कदम हैं। 73वें तथा 74वें संविधान संशोधन अधिनियम के फलस्वरूप देश की ग्रामीण तथा शहरी दोनों क्षेत्रों की स्थानीय स्वशासन की संख्याओं में महिलाओं के लिये एक तिहाई आरक्षण की व्यवस्था हो जाने से देश के लगभग चौदह लाख महिलाओं को जनप्रतिनिधि के रूप में विभिन्न प्रकार के अधिकार, कर्तव्य एवं दायित्व प्राप्त हुये है जिनके आधार पर दलित एवं अल्पसंख्यक महिलाओं की राजनीतिक सक्रियता देखने को मिली अर्थात् अब उन्हें लोकतंत्र के आधारभूत स्तर पर राजनीति के प्रक्रिया में भाग लेने का सुअवसर प्राप्त हुआ है।

भारत जैसे विशाल लोकतंत्र देश जिसने स्वाधीनता से आज तक लोकतंत्र में अपनी मर्यादा को विश्व में एक आदर्श रूप में स्थापित किया है, वही आज ये आदर्श डगमगाने लगा है। इसे आज अपने ही देशवासी शक की दृष्टि से देखकर इससे अलग रहना चाहते हैं। भारतीय राजनीति में अस्थिरता के कारण अपराध, भ्रष्टाचार ऐसे तत्व हैं, जिन्होंने अपना व्यापक प्रभाव भारतीयों पर इतना गहरा डाला है कि लोगों की आस्था कुंठित हो गई है और विशेषकर महिलाएं पीछे की ओर लौटने लगी हैं। वर्तमान समय में भारतीय राजनीति में भ्रष्टाचार, मूल्य पतन, घोटाले कांड, सुरक्षा व्यवस्था का अभाव, आतंकवाद, जल-साधनों के राज्य स्तरीय झगड़े, राजनीति में पारिवारिक झगड़ों का समावेश इतना गहरा हो गये है कि महिलाओं में राजनीतिक रूचि समाप्त होती जा रही है। अविश्वास, धर्म, भ्रष्टाचार, नैतिकता का निम्न स्तर राजनीति के ह्रास की स्थिति के लिये जिम्मेदार है। आज इन सब तत्वों से महिलाओं में राजनीतिक विश्वास और आस्था खत्म हो गई है। उनके लिये नियम एवं कानून कागज के टुकड़े के समान है तथा संविधान एक किताब है, चुनाव तथा लड़ाई के मंच विधानसभा और संसद स्वार्थ सिद्धि के भवन हैं, राजनीतिक दल धर्म-जातिगत अखाड़े हैं।

भारतीय समाज गाँवों, कस्बों, नगरों एवं महानगरों की संरचना से निर्मित हुई एक ऐसी जटिल सामाजिक प्रणाली है, जिसे राजनीतिक अर्थवाद निरन्तर जड़-जमीन से जुड़े लोगों की राजनैतिक सहभागिता संभव हो पायेगी, लेकिन

यह स्वप्न आशा के अनुरूप यथार्थ में परिवर्तन नहीं हो पाया। लोकतंत्र तभी सार्थक हो सकता है, जब सामान्यजन विशेषत: दलित एवं अल्पसंख्यक महिलाओं को निर्णयकारिता में समान अवसर प्राप्त होंगे ताकि वे अपने दृष्टिकोण के आधार पर विकास की प्रक्रिया को सकारात्मक गति प्रदान कर सकें।

भारतीय साम्राज्य की एक धर्मनिरपेक्ष राष्ट्र के रूप में पहचान स्थापित है, क्योंकि यहाँ सभी धर्मों के व्यक्ति निवास करते हैं तथा सभी धर्मों को समानता, स्वतंत्रता व बन्धुत्वता के द्वारा अपने कार्य करने की पूर्ण रूप से स्वतंत्रता है, लेकिन भारतीय समाज में वैदिक युग से ही जाति प्रथा का प्रचलन था। आर्यों के भारत आगमन के पश्चात् वर्ण व्यवस्था समाज में व्यापक हो गई, जिससे सम्पूर्ण समाज में वर्ण व्यवस्था के आधार ब्राह्मण, क्षत्रिय, वैश्य एवं शुद्र वर्ग बन गये। यही व्यवस्था आगे चलकर जाति व्यवस्था में प्रचलित हो गई। भारत में हिन्दु समाज में ही जाति व्यवस्था नहीं है, बल्कि मुस्लिम, ईसाई तथा सिख समाजों में भी जाति व्यवस्थायें विद्यमान है। इस प्रकार स्पष्ट है कि भारतीय समाज में मुख्य रूप से दलित एवं अल्पसंख्यक महिलायें ही एक ऐसे वर्ग है, जो अपने अधिकारों के लिये संघर्ष करते आ रहे है अत: अध्ययन को वैज्ञानिकता प्रदान करने की दृष्टि से दलित एवं अल्पसंख्यक महिलाओं के बारे में क्रमबद्ध जानकारी आवश्यक है।

भारतीय समाज में प्रत्येक समूह के नियम एवं संस्कृति भिन्न है। इस भारतीय समाज में दलित एवं अल्पसंख्यक महिलाओं की स्थिति भी भिन्न-भिन्न है। कई परिवार आधुनिक हो गये, लेकिन कई परिवारों में रीति-रिवाजों, रूढ़ियों और मूल्यों की स्थिति का आंकलन करते हैं, तो प्रत्येक समाज की पारिवारिक स्थिति, धार्मिक स्थिति, आर्थिक स्थिति, राजनैतिक स्थिति, वैवाहिक स्थिति, शैक्षनिक स्थिति भिन्न-भिन्न है और इन्हीं के आधार पर समाज की स्थिति का अनुमान लगाया जाता है।

भारतीय समाज में दलित अपना सामाजिक, राजनीतिक, आर्थिक, शैक्षणिक विकास करने और समतामूलक समाज की स्थापना के उद्देश्य को पूर्ण करने के लिये भारतीय संविधान में विशेष रूप से व्यवस्था की गई है। इस विशिष्ट व्यवस्था के तहत इस वर्ग में राजनीतिक चेतना का विकास हुआ और शासन सत्ता में भागीदारी सुनिश्चित हुई। इस व्यवस्था के माध्यम से दलितों महिलाओं के उत्थान में काफी हद तक परिवर्तन हुआ, लेकिन अल्पसंख्यक वर्ग की महिलाओं की राजनैतिक सहभागिता अभी नगण्य ही बनी हुई है, परन्तु दलित महिलाओं की स्थिति में काफी सुधार हुआ है। दलित तथा दलित महिलाओं में भी उन्हीं

का अधिक सकारात्मक विकास हुआ, जो उच्च परिवार से सम्बन्धित थें। इस तरह जिन्हें वास्तविक रूप से इस व्यवस्था का लाभ मिलना चाहिये था, उन्हें नहीं मिल पा रहा है, क्योंकि दलितों में अमीर-गरीब की खाई पनप रही है। अमीर वर्ग के व्यक्ति गरीब वर्गों के व्यक्ति को सहारा बनाकर उनके अधिकारों को हड़प रहे हैं। इसलिये डॉ0 भीमराव अम्बेडकर व गाँधी जी का जो सपना था, वह पूरा नहीं हो पा रहा है, क्योंकि जिस तरह तालाब में बड़ी मछली छोटी मछली को खा लेती है, उसी तरह भारतीय समाज में उच्च वर्ग के दलित अपने हितों के साधनों का प्रयास करते रहते है, लेकिन निम्न वर्ग के दलितों को इस लाभ से वंचित रखते हैं। अतः आवश्यकता इस परिपाठी में बदलाव की है, क्योंकि आरक्षण के माध्यम से दलित वर्ग के जिन व्यक्तियों का पूर्ण विकास हो गया है, उन्हें इस लाभ की श्रेणी से वंचित किया जाये, तो तभी निम्न वर्ग के दलितों का उत्थान हो सकता है अन्यथा उच्च वर्ग ही इस सुविधा का लाभ लेते रहेंगे। इसलिये वर्तमान परिस्थितियों व आवश्यकता के आधार पर यह आंकलन करना अत्यंत आवश्यक है कि इस सुविधा का वास्तविक हकदार कौन है? तथा अल्पसंख्यक वर्ग की महिलाओं को भी राजनीति की मुख्य धारा से जोड़ना होगा, तभी भारतीय समाज एक विकसित राष्ट्र की श्रेणी में आ सकेगा। पंचायती राज व्यवस्था के माध्यम से दलितों की राजनैतिक सहभागिता बढ़ी है, लेकिन जो अधिकार उन्हें दिये गये हैं, उनका वास्तविक रूप से प्रयोग होना चाहिये। वे तभी राष्ट्र की प्रगतिशील धारा के साथ जुड़ सकता है।

भारतीय संदर्भ में लोकतंत्र तभी सफल हो सकता है, जब जन-जन मे राजनीतिक चेतना तथा जागरूकता होगी। इस वातावरण के लिये नागरिकों को सम्मानजनक जीवन यापन के लिये पर्याप्त संसाधन उपलब्ध होने चाहिए, तभी वह निश्चित होकर राजनीतिक गतिविधियों में रूचि ले सकेंगें तथा अपनी भावनाओं, विश्वासों, सिद्धान्तों को अभिव्यक्ति दे सकेंगे। अतः भारतीय लोकतंत्र की सफलता व सम्पूर्ण विकास के लिये ग्रामीण स्तर पर स्थानीय स्वशासन ही वह माध्यम है, जो अल्पसंख्यकों एवं दलितों महिलाओं के सकारात्मक विकास को अभिव्यक्ति प्रदान कर सकता है।

इसी प्रकार दलितों की तरह अल्पसंख्यक भी भारतीय समाज का हिस्सा है और उनक उत्थान के लिये भी भारतीय संविधान में विशेष प्रावधान किये गये हैं। अल्पसंख्यक श्रेणी में उन सभी धर्मों के व्यक्तियों को लिया गया है, जो संख्यात्मक रूप से कम जनसंख्या वाले वर्ग है अर्थात् मुस्लिम, सिख व ईसाई तथा बौद्ध धर्मों के व्यक्तियों को अल्पसंख्यक का दर्जा प्राप्त है।

भारतीय समाज में अल्पसंख्यकों की स्थिति का आंकलन उनकी राजनैतिक सहभागिता, जागरूकता व सामाजिक, आर्थिक व शैक्षिक दृष्टिकोण के माध्यम से लगाया जा सकता है, क्योंकि अल्पसंख्यक वर्ग के विकास के लिये समय-समय पर उनकी वस्तु स्थिति का सर्वेक्षण के माध्यम से आंकलन करते रहे हैं। अभी हाल ही में मुस्लिम अल्पसंख्यकों के लिये सच्चर समिति के द्वारा सिफारिशे प्रस्तुत की गयी है। वह शीर्ष नीतियों के क्रियान्वयन की, क्योंकि भारतीय व्यवस्था की भी एक परिपाटी रही है कि यहाँ पर नीतियां तो बन जाती है, लेकिन उन पर अमल नहीं हो पाता है अर्थात् नीतियों का क्रियान्वयन नहीं हो पाता है।

संवैधानिक प्रावधान महिलाओं की छिपी शक्ति को उजागर करने का सार्थक कदम अथवा रचनात्मक प्रयास था। इसके पश्चात् देश के विभिन्न राज्यों में पंचायत चुनावों की घोषणा के आधार पर तीस लाख महिलाओं के लिये तैंतीस प्रतिशत सीटों का आरक्षण नहीं किया गया, जब पंचायती राज संस्थाओं में महिलों के लिये तैंतीस प्रतिशत आरक्षण के विषय पर विचार-विमर्श किया जा रहा था, उस समय जहां एक ओर लोगों के मन में एक आशा जग रही थी, वहीं कुछ अन्य लोगों के मन में अनेक शंकाएं भी थी कि क्या पंचायत चुनाव लड़ने के लिये पर्याप्त महिलाएं मिल सकेंगी? क्योंकि भारत की अधिकांश महिलायें तो अनपढ़ है, उनमें से अधिकांश तो घर की चारदीवारी से बाहर ही नहीं निकलती हैं। यदि ऐसी महिलायें चुनाव में जीत भी गई तो, क्या वे पंचायत का कार्यभार सुचारू रूप से चला पायेगी? इस प्रकार के अनेक प्रश्न लोगों के मन में उठ रहे थे, किन्तु चुनाव के बाद जब बहुत बड़ी संख्या में महिलायें चयनित होकर पंचायतों के नेतृत्व में आ गई, तो शंकायें स्वत: ही समाप्त हो गई, लेकिन अब ये शंकायें पुन: उठने लगी है, क्योंकि पंचायती राज व्यवस्था में महिलाओं को आरक्षण तैंतीस प्रतिशत से बढ़ाकर पचास फीसदी करने पर विचार चल रहा है। इसी तरह कयास लगाये जा रहे है कि महिलायें घर का कार्य करने की अपेक्षा राजनैतिक क्रियाकलापों में अधिक सक्रिय हो जायेगीं और पुरूष वर्ग घर का कार्य करने को मजबूर होगा।

महिलाओं के प्रति पुरूष वर्ग की सोच में बदलाव लाना होगा, क्योंकि भारतीय पुरूष का मन परम्परा से बंधा होने के कारण इसे स्त्री स्वतंत्रता की स्थिति स्वीकार्य नहीं है। उसमें अधिकारवाद की भावना इतने प्रबल रूप से रूढ़िबद्ध है कि वह पुरूष वर्ग के सत्तामोह से मुक्त नहीं हो पाता। इतने दीर्घकाल से सत्ता केन्द्रों पर पुरूष वर्ग कुंडली मारकर बैठा हुआ है। इसलिये जब भी

महिलाओं को राजनीति में स्थान देने की बात उठती है, तो सत्ताधारी पुरूष तर्कों के भ्रमजाल में महिला को दिग्भ्रमित कर देता है। पुरूष सत्ता इस असमानता को दूर करने में सम्प्राय:शील है, क्योंकि वह नहीं चाहते कि उसके अधिकार क्षेत्र में नारी का दखल हो। पुरूष ने सदैव महिलाओं के संबंध में निर्णय लिए हैं और महिला अभी तक पुरूष के निर्यण के आगे झुकती चली आ रही है। लेकिन यह हर्ष का विषय है कि स्थानीय ग्रामीण स्वशासन के माध्यम से नारी के भाग्य ने करवट ली है। यह पंचायती राज में पुरूषों की बड़ी प्रतिस्पर्धा के बीच से चुनाव में विजयी होकर आयी है तथा उसने अपना प्रतिनिधित्व बढ़ाया है। देश की बागडोर भारत की प्रथम महिला प्रधानमंत्री श्रीमति इंदिरा गांधी ने बड़ी सूझबूझ के साथ संभाली थी तथा दिल्ली की पहली पुलिस कमिश्नर किरण बेदी ने भी बड़े साहस के साथ गौरवपूर्ण पद प्राप्त किया था। आज अनेक भारतीय महिलायें उच्च से उच्चतम पद संभाले हुये है, जिनमें प्रथम महिला अध्यक्ष श्रीमति प्रतिभा पाटिल, सोनिया गाँधी व श्रीमति मीरा कुमारी, सुषमा स्वराज आदि महिलाओं के साथ-साथ कई राज्यों में मुख्यमंत्री और अध्यक्षों के पदों पर आसीत् होते हुये अपनी कुशलता का परिचय दे रही है।

इसी दृष्टि से देश में महिलाओं की राजनीति में भागीदारी सुनिश्चित करने के प्रयास करने के ढोल तो बहुत पीटे जाते हैं, लेकिन वास्तविकता कुछ और ही होती है। देश के राजनीतिक परिदृश्य में महिलाओं की भागीदारी का विश्लेषण करने पर पता चलता है कि स्वतंत्रता के पश्चात् लोकसभा में चुनी गई महिलाओं की संख्या 62 वर्ष के बाद पन्द्रहवी लोकसभा में पहली बार दस प्रतिशत का आंकड़ा पार कर पायी है।

इस प्रकार भारत की राजनीति में यदि दलित एवं अल्पसंख्यक महिलाओं की अब तक की भागीदारी की समीक्षा करें, तो कुल मिलाकर उनकी सहभागिता तथा सत्ता में उनकी भागीदारी बढ़ाने के लिये किये गये प्रयासों को किसी भी परिस्थिति में संतोषजनक कहा जाना बेईमानी ही होगा, क्योंकि हम सभी इस तथ्य (सच्चाई) से इंकार नहीं सकते है कि किसी भी अविकसित अथवा पिछड़े हुये वर्ग को विकास की मुख्य धारा से जोड़ने, उसे आर्थिक, शैक्षिक सामाजिक तथा प्रशासनिक क्षेत्रों में विकसित वर्गो के समकक्ष अथवा बराबरी के स्तर पर लाने में राजनीति में समान रूप से भागीदारी सुनिश्चित कर दी जाये, तो निश्चित रूप से अन्य भिन्न- भिन्न क्षेत्रों में उनको अपने उन्नयन अथवा तरक्की के अच्छे अवसर प्राप्त हो सकेंगें।

शोध समस्या (Statement of the Problem)

वर्तमान समय में प्रजातंत्र की मूल प्रकृति में क्रान्तिकारी परिवर्तन दृष्टिगोचर होता है, क्योंकि अभिजन उन्मुख दृष्टिकोण के स्थान पर आज सामुदायिक दृष्टिकोण का बोलबाला है, क्योंकि आज ग्रीक युगीन नागरिकता का अंश, जो कि 1/4 था, वर्तमान सम्पूर्ण शत-प्रतिशत को राष्ट्र भी प्रमुख राजनीतिक प्रक्रिया में सम्मिलित किये जाने का उद्देश्य सर्वोपरि है। इसके पीछे जहां विकास की आवश्यकता है, वहीं राष्ट्रीय एकीकरण और हार्मोनी के तर्क कहीं अधिक मुखर है। इसी कारण आज नागरिक जनसंख्या के स्थान पर दलित, डाउनबोटन और संख्यात्मक रूप से अल्पसंख्यक नागरिक राजनीति शास्त्र विषय के अन्तर्गत अध्ययन का केन्द्र बना हुआ है और इसी कारण अत्यंत आवश्यक हो गया है कि दलित एवं अल्पसंख्यक महिलाओं के दृष्टिकोण से भारतीय लोकतंत्र की व्यवस्था को विश्लेषित किया जाये ताकि आतंकवाद, माओवाद जैसे हिंसात्मक गतिविधियों की पोषक भूमि को प्रारम्भ से ही रोका जा सके। नि:सन्देह त्रिस्तरीय पंचायती राज व्यवस्था का निम्नतर सोपान इस अध्ययन के लिये सर्वाधिक उपयुक्त पर्यावरण सिद्ध होगा क्योंकि ग्रामीण स्थानीय स्वशासन स्तर पर दलित एवं अल्पसंख्यक महिलायें राजनीतिक रूप से परिपक्व हो जायेंगी, तो निश्चित ही वो दिन दूर नहीं जब इन वर्गों की महिलायें भारतीय राजनीतिक व्यवस्था में एक अच्छी पहचान राजनीतिक रूप से होगी। लेकिन जब दलित एवं अल्पसंख्यक वर्ग की महिलाओं की स्थिति का अध्ययन करते है, तो यह तथ्य निकलकर आता है कि राजधानी के निकट होने के लिए बावजूद भी इन दोनों वर्ग की महिलायें राजनीतिक रूप से सुदृढ़ नहीं हो पायी हैं। इन्हीं पहलूओं को ध्यान में रखते हुए दलित एवं अल्पसंख्यक महिलाओं के अध्ययन की आवश्यकता है। जिससे उसकी वास्तविक स्थिति का पता लगाया जा सके।

साहित्यिक अवलोकन (Review of Literature)

पंचायती राज व्यवस्था में दलित एवं अल्पसंख्यक महिलाओं की राजनैतिक सहभागिता के अध्ययन के आधार पर महिलाओं की वास्तविक स्थिति के अध्ययन का आंकलन साहित्यिक अवलोकन के आधार पर ही किया जा सकता है, क्योंकि अध्ययन की महत्ता को ध्यान में रखते हुये उनके समस्त पहलुओं पर पहुँचते है, जो महिलाओं के विकास में सकारात्मक भूमिका निभाते है। इसलिये साहित्यिक अवलोकन किसी भी अध्ययन में रामबाण औषधि का कार्य करता है। अत: साहित्यिक अवलोकन से दलित एवं अल्पसंख्यक वर्ग संबंधित

शोध कार्य को विश्लेषणात्मक परिप्रेक्ष्य में प्रस्तुत करता है। यह एक वास्तविकता है कि दलित एवं अल्पसंख्यक वर्ग की महिलायें शैक्षिणिक अज्ञानता से ग्रसित है, जबकि अल्पसंख्यक महिलाओं की शैक्षिक स्थिति काफी ठीक है लेकिन फिर भी उनकी स्थिति में राजनीतिक रूप से सुदृढ़ नहीं है। मानव समाज की एक अत्यन्त महत्वपूर्ण इकाई विघटित होती हुई दिखती है। अत: विषय को दृष्टिगत में रखते हुये अध्ययन विषय से संबंधित साहित्य का अवलोकन करने का प्रयत्न किया गया है।

डॉ0 सुधीर सागर का कविता संग्रह बस! एक बार सोचो, शिल्पायन बुक्स दिल्ली से प्रकाशित हुआ। इस संग्रह का सबसे महत्वपूर्ण पहलू यह है कि इसमें दलितों के साथ-साथ स्त्रीयों और आदिवासियों की पीड़ा को भी व्यक्त करने का प्रयास किया गया है। विभिन्न उत्पीड़ित अस्मिताओं को साथ लेकर चलने की यह कोशिश निश्चित रूप से सराहनीय है।

कान्ति मोहन ने अपनी पुस्तक प्रेमचन्द और अछूत समस्या (1982) प्रेमचन्द और दलित विमर्श से स्वराज प्रकाशन दिल्ली से पुन:प्रकाशित कराया जिसमें प्रेमचन्द पर अम्बेडकर के नेतृत्व में चल रहे आंदोलन के प्रभाव तथा क्रमश: गाँधीवादी की वैचारिक जकड़बन्दी से मुक्त होने की प्रक्रिया को प्रदर्शित करना मुख्य ध्येय है। सामान्तवाद, पूँजीवाद और साम्राज्यवाद के गठन को दलित मुक्ति की राह में सबसे बड़ी बाधा बताते हुए लेखक ने इस समस्या का निदान कृषि क्रान्ति में देखा है।

डॉ0 सेवासिंह ने अपनी पुस्तक ब्राह्मण और जनविमर्श नामक शीर्षक को आधार प्रकाशन हरियाणा से प्रकाशित कराया। जिसमें ब्राह्मणवादी विचार धारा के स्त्रोत और षड्यंत्रों को व्याख्यायित करते हुए प्रगतिशील शक्तियों (बौद्ध, जैन, चार्वाक, षड्दर्शन तथा निर्गुण संतों) के साथ उसके टकरावों के इतिहास को सामने रखा। सिंह का मानना है कि पूँजीवाद और साम्राज्यवाद के रूप में उभरा नव उपनिवेशवाद ब्राह्मणवादी विचारधारा को मजबूती प्रदान कर रहा है। वे दलित, स्त्री, आदिवासी जनविमर्शों को ब्राह्मणवादी विचार धारा से मुक्ति के लिये ही नहीं, बल्कि नव उपनिवेशवाद की जकड़बंदी से मुक्ति के लिये भी जरूरी मानते है।

निरंजन कुमार ने अपनी पुस्तक मनुष्यता के आइने में दलित साहित्य का समाजशास्त्र, पब्लिशर्स एण्ड डिस्ट्रिब्यूटर्स द्वारा प्रकाशित है। जिसमें निरंजन कुमार जी ने भारतीय भाषाओं में दलित लेखन की पड़ताल करते हुए हिन्दी में

दलित मुद्दों पर छाई दीर्घकालीन चुप्पी की वजहों को समझने का प्रयास किया है। मौजूदा दौर में दलित विमर्श के उभार के सामाजिक कारणों पर विस्तृत चर्चा इस पुस्तक में मिलती है।

डॉ0 धनंजय चौहान और डॉ0 धीरज भाई वणकर ने अपनी पुस्तक साहित्य एवं दलित चेतना, ज्ञान प्रकाशन कानपुर से प्रकाशित है। जिसमें इक्तालिस लेखों में विभिन्न भारतीय भाषाओं और राज्यों में दलित साहित्य की स्थिति की पड़ताल की गई है।

के0एस0 तूफान की पुस्तक ''सफाई का नरक'' जो वैचारित लेखों का संकलन है, लता साहित्य सदन, गाजियाबाद से प्रकाशित है। भारतीय राज्य और राजनीति के क्रूर व्यवहार के चलते स्वतंत्र भारत में भी सफाई कर्मी के तौर पर वाल्मीकि समुदाय के लोगों को, जो नरकीय की बेहतरी के लिये विशेष प्रावधानों की मांग की गई है।

डॉ0 विजय कुमार त्रिशरण की पुस्तक ब्राह्मण, बहुजन और आरक्षण, दुसाध प्रकाशन लखनऊ से प्रकाशित है, जिसमें आरक्षण को लेकर चल रही बहस में मौलिक हस्तक्षेप किया है। वर्ण व्यवस्था को ब्राह्मणों की आरक्षण व्यवस्था बताते हुए लेखक ने याद दिलाया है कि हिंदू धर्म के इतिहास में मंत्री और पुरोहित के पद ब्राह्मणों के लिये ही आरक्षित रहे हैं। मेरिट के मिथक को तोड़ते हुए लेखक ने एक तरफ दलितों के शैक्षिक पिछड़ेपन के सामाजिक कारणों का संकेत किया है तो दूसरी तरफ सवर्णों को अपनी तुलना हार्वर्ड के विद्यार्थियों से करने का सुझाव देकर उन्हें आइना दिखाया है।

डॉ0 दिलीप मंडल की पुस्तक जातिवार जनगणनाः संसद समाज और मीड़िया, जनहित अभियान और मानक पब्लिकेशंस, दिल्ली से प्रकाशित है, जिसमें मंड़ल ने जातिवार जनगणना के विरोधियों की धूर्ततापूर्ण नीयत को उजागर करते हुए, जाति आधारित जनगणना की जरूरत को रेखांकित किया है।

एस.एम. द्वारा सम्पादित आधुनिक भारत में दलितः दृष्टि और मूल्य शीर्षक नामक पुस्तक का अनुवाद विजय कुमार पंत द्वारा किया गया, जो रावत पब्लिकेशन, दिल्ली से प्रकाशित है। इस पुस्तक में समाजशास्त्र और नृतत्वशास्त्र से जुड़े पन्द्रह विद्वानों के गंभीर आलेख संकलित हैं। चार भागों में विभाजित इस पुस्तक में अस्पृश्यता की उत्पत्ति और विकास, दलित और अश्वेतों के जीवन संघर्ष और सामाजिक आंदोलनों का तुलनात्मक अध्ययन तथा दलितों के भीतर पितृसत्ता के विकास में संस्कृतिकरण की भूमिका, जैसे मुद्दे शामिल हैं।

इम्तियाज अहमद तथा शशि भूषण उपाध्याय द्वारा संपादित पुस्तक दलित एसर्सन इन सोसाइटी, लिटरेचर एण्ड़ हिस्ट्री विशेष रूप से उल्लेखनीय हैं, जिसकी प्रकाशन ओरियंट ब्लैकस्वान से किया गया है। प्रकाशित पुस्तक में चार खंड़ हैं, पहले तीन खंड़ों में क्रमशः समाज, इतिहास में दलितों की स्थिति और भूमिका तथा चौथे खंड़ में अल्पसंख्यक भारतीय समुदायों में जाति जैसी संस्थाओं की उपस्थिति को पहचानने का प्रयास किया गया है।

रजनी तिलक और रजनी अनुरगी के संपादकत्व में 'समकालीन भारतीय दलित महिला लेखन' नामक पुस्तक श्रृंखला स्वराज पुस्तक दिल्ली से है। अभी इस श्रृंखला का पहला ही खंड़ आया है, लेकिन उससे इस श्रृंखला के सरोकरों का पता चलता है दलित और स्त्री जैसे केन्द्रीय विमर्शों की मौजूदगी के समानान्तर यह दलित महिला आन्दोलन जैसी एक तीसरी धारा के विकसित होने का साक्ष्य प्रस्तुत करती हैं। जाति और जेंड़र के सवालों को जोड़कर देखना इस तीसरी धारा की उल्लेखनीय उपलब्धि है। इस पुस्तक में विभिन्न भारतीय भाषाओं की दलित महिला लेखिकाओं की रचनाएं शामिल हैं। यह किसी एक विद्या तक सीमित संकलन नहीं है, बल्कि इसमें कविता, कहानी, आत्मवृत्तांत, मीड़िया मीमांसा से लेकर दलित महिला राजनीति तक को इसमें जगह मिली है। एक तरह से इसे भारतीय दलित महिला लेखन की वैविध्यपूर्ण दुनिया का एक प्रातिनिधिक संकलन कहा जा सकता है।

उमाशंकर चौधरी की पुस्तक 'दलित विमर्श : कुछ मुद्दे- कुछ सवाल' आधार प्रकाशन, पंचकूला से प्रकाशित हैं। जिसमें उन्होंने विवादस्पद और गंभीर सवालों से मुठभेड़ की है। अम्बेड़करवाद को दलित विमर्श का वैचारिक आधार बताते हुए उन्होंने दो टूक शब्दों में कहा है कि अम्बेड़कर का बौद्ध धर्म स्वीकार करना कोई भूल नहीं थी, बल्कि दलितों को सत्ता में भागीदारी दिलाने के लिये सुबिचारित ढंग से उठाया गया एक राजनैतिक कदम था। उनका मानना है कि दलित लेखकों के बीच जाति के सवाल पर दो धड़े हैं, एक वे 'जो जातिवाद का विघटन चाहते हैं, दूसरे वे जो जातिवाद का प्रतिष्ठापन चाहते हैं।' इस पुस्तक में उन्होंने साम्प्रदायिकता और भूमंड़लीकरण जैसे सवालों पर भी ध्यान दिया है, लेकिन 'साहित्य एक लोकतांत्रिक क्षेत्र है' जैसी अतिव्याप्ति दोष से ग्रस्त उनकी मान्यताओं से सहमत हो पाना मुश्किल है।

वाई0 सिंह का शोध ग्रंथ, ए सोशियोलोजीकल स्टडी ऑफ पंचायतीराज इंटीट्यूशन एण्ड डवलपमेन्ट ऑफ शिड्यूल्ड कास्ट इन डिस्ट्रक्ट बुलन्दशहर उ0प्र0 पीएच0डी0 शोध प्रबंध, पीएच0डी0 विभाग, मेरठ विश्वविद्यालय, मेरठ

में पंचायती राज शक्तियों का अध्ययन है। वाई0 सिंह ने अपने अध्ययन में पाया कि पंचायतों में शक्ति प्राप्त करने का आधार भू-स्वामित्व, ईमानदारी, प्रत्याशी का राजनीतिक व्यवहार आदि है और ग्रामीण संरचना में चुनाव जीतने में इनके पारिवारिक सदस्य अहम भूमिका निर्वाहित करते हैं। समाज वैज्ञानिक यह सिद्ध करने का प्रयास करते हैं कि अनुसूचित जाति की राजनीतिक सहभागिता, शक्ति का प्रयोग, अनुसूचित जाति के बुद्धिजीवियों के अपनी जाति के साथ या अन्य उच्च जातियों के साथ संबंध और राजनीतिक सहभागिता के प्रभाव का अनुसूचित जाति के स्तर पर प्रभाव पड़ता है।

सुधपाई (1996) ने खण्डित समाज में प्रजातंत्र एवं सामाजिक पूँजी पर अध्ययन किया। उन्होंने विचार किया कि संवैधनिक संशोधन ने पंचायतों को संस्थात्मक दर्जा प्रदान किया ताकि वे लोगों को सशक्त कर सकें। अधिनियम में सभी गाँवों, ग्रामसभा, पंचायत के सभी स्तरों पर प्रत्यक्ष चुनाव, अनुसूचित जाति एवं अनुसूचित जनजातियों को उनकी जनसंख्या के अनुपात में आरक्षण, महिलाओं के लिये व्यवस्था की। राज्य विधायिका सामाजिक न्याय एवं आर्थिक विकास के लिए योजनाएं तैयार करने तथा विकास योजनाओं को लागू करने के लिये शक्ति एवं जिम्मेदारी प्रदान कर सकती है। राज्य सरकार के द्वारा एक वित्तीय आयोग की स्थापना की गई जो बाद में स्थानीय सत्ताओं के वित्तीय पहलू को देखेगा। 1990 में सरकारी नीतियों की दो योजनाओं उदारीकरण एवं विकेन्द्रीकरण ने नौकरशाही की भूमिका को कम करने एवं निम्न स्तर पर सहभागिता को बढ़ाने के लिए नई पंचायतों को स्थान उपलब्ध कराया जो समान समय पर सरकार की सहायता कर सकें।

'महिला और मानवाधिकार' में एम0ए0 अंसारी ने नारी अधिकार चेतना व नारी मुक्ति आन्दोलन महिला अधिकार व आर्थिक विकास महिला व राजनीतिक विकास के साथ स्वतंत्र भारत में महिला संवैधानिक व विधिक अधिकारों की अनुच्छेद 14-16, 23-24, 39, 42-44, 325 में विस्तृत चर्चा की है।

'मानवाधिकार और महिला उत्पीड़न' श्रीमती सुधारानी श्रीवास्तव द्वारा लिखित ग्रन्थ में प्राचीनतम से आधुनिकतम् विषय वस्तु एवं महिलाओं की समस्याओं से सम्बन्धित राष्ट्रीय एवं अन्तर्राष्ट्रीय कानून का विशाल संकलन है पुस्तक में महिलाओं के अपराधों से सम्बन्धित अधिनियम एवं न्याय निर्णय एवं मानवाधिकार आदि का विस्तार से उल्लेख किया गया है। परन्तु नारी उत्पीड़न को न्यायिक निर्णय के सन्दर्भ में आंकने का प्रयास नहीं किया गया है।

'महिला उत्पीड़न दहेज प्रताड़ना तथा दहेज हत्या' कांता भाटी ने अपनी इस पुस्तक में महिलाओं के उत्पीड़न की जटिल समस्याओं का उल्लेख किया हैं जो कि प्राचीनतम से वर्तमान काल तक सम्पूर्ण समाज में अपना जाल फैला चुकी है। इस पुस्तक में महिलाओं की इन बढ़ती हुई समस्याओं की ओर ध्यान आकर्षित करने का प्रयास किया गया हैं तथा ये पुस्तक उन्होंने दहेज हत्या, छेड़छाड़ व बलात्कार पर पुलिस में दर्ज मुकदमों को आधार बना कर उन्होंने लिखी।

'भारत में बालिका शिशु' में एस0एन0 त्रिपाठी और एस0पी0 प्रधान ने बालिका शिशु की समस्याओं को भारतीय संदर्भ में केन्द्रित किया है। अध्ययन के विस्तृत उद्देश्यों के साथ बालिका शिशु की समस्याओं को इंगित किया है। बालिका शिशुओं को बाल श्रमिक बनाकर उनके शोषण किये जाने को उन्होंने अपनी पुस्तक में सम्मिलित किया हैं।

'भारतीय समाज में नारी' डॉ0 प्रभा आप्टे ने अपनी इस पुस्तक में भारतीय समाज में नारी की महत्ता को समझाया है और उन्होंने इस पुस्तक में वैदिक काल से आज तक की महिलाओं की स्थिति क्या है, इसका वर्णन किया है। साथ ही महिलाओं के क्या अधिकार है, महिलाओं की सामाजिक स्थिति और उनकी समस्याओं पर प्रकाश डाला है।

'मानवाधिकार और महिला आन्दोलन' में विनय कौशिक ने सबके लिए समानता की बात करते हुए असमानता को चुनौती दी है। उन्होंने महिलाओं में बढ़ते आधुनिकीकरण और उनकी परिवार में बदलती भूमिका का चित्रण किया है। महिलाओं के राजनीतिक अधिकार उनके मूल अधिकार और महिला सशक्तिकरण शिक्षा पर इस पुस्तक में विवेचना की गई है।

'भारतीय नारी अस्मिता और अधिकार' में आशारानी व्होरा ने नारी के अस्तित्व उसके अधिकार और समाज के विकास में नारी की भागीदारी क्या है, यह बताया है। उन्होंने अपनी पुस्तक मे महिलाओं की समस्याओं को समझाया है जैसे पति-पत्नि के बदलते समीकरण, दहेज दुर्घटनाएँ व बढ़ती तलाक समस्या आदि।

मधु शास्त्री ने अपनी पुस्तक 'स्टेट्स ऑफ हिन्दू वुमेन' में हिन्दु महिलाओं की स्थिति में जुड़े हुए विभिन्न कानूनों के संदर्भ में बताया है। उन्होंने महिलाओं की स्थिति से जुड़े विभिन्न तथ्यों के संदर्भ में और प्राचीन धर्मग्रन्थों, वेद, उपनिषदों का अध्ययन किया और नये तथ्य प्रकाश में लाए है। इन्होंने इण्डियन पेनल कोड एवं अन्य क्रिमिनल प्रोसीडर कोड का भी इस पुस्तक में वर्णन किया

हैं महिलाओं की सम्पत्ति के अधिकार और महिलाओं की सुरक्षा के लिए जो सामाजिक कल्याण विधेयक बनाए हैं उन पर चर्चा की है।

'वुमेन वर्फ एण्ड डिसक्रिमिनेशन' में सावित्री आर्पोतामूर्ति ने बताया कि किस तरह ग्रामीण श्रम बाजारों में महिला श्रमिकों के साथ पुरूष श्रमिकों की तुलना में मजदूरी में भेदभाव किया जाता है। इस संदर्भ में पहली बार एक सम्पूर्ण और परिमाणात्मक विश्लेषण किया है। लेखिका ने भारतीय परिप्रेक्ष्य में इस समस्या का विश्लेषण किया है।

'इम्पावरिंग वुमेन फॉर ससटेनेबल डेवलपमेन्ट' में लीलाम्मा देवस्ता और वी0वी0 देवस्थ ने महिलाओं की स्वयं सहायता को अधिकार देने से सम्बन्धित विकास कार्यों पर अध्ययन किया है। जिन्होंने नागपुर शहर की कुछ गन्दी बस्तियों में महिला आन्दोलन (संघर्ष) के संदर्भ में अध्ययन किया है जो सामाजिक न्याय आर्थिक स्वतंत्रता सभाओं के जरिये प्राप्त करने के लिए संघर्ष कर रही है। इसमें इन्होंने गरीब महिलाओं की क्या आवश्यकताऐं हैं उनके सपने कैसे पूर्ण हो सकते हैं, उनकी तकलीफों का अंत कैसे हो सकता है इसके लिए उन्होंने विभिन्न विकास प्रोजेक्टों का अध्ययन किया है। इसका मुख्य उद्देश्य महिलाओं की इन प्रोजेक्टों में सहभागिता उत्पन्न करने का है जिसे वे अपने अधिकारों के सन्दर्भ में समझ सके और अपनी वर्तमान और भविष्य की जिन्दगी को सुधार सके यह प्रोजेक्ट महिलाओं में आत्मविश्वास पैदा करने, दूसरों पर निर्भ रहने की आवश्यकता को खत्म करने में सहायक सिद्ध होगें।

'पंचायती राज और महिला विकास' में डॉ0 मधु राठौड़ ने पंचायती राज की वर्तमान एवं भविष्य की स्थिति तथा इससे सम्बन्धित विभिन्न राजनैतिक, सामाजिक, आर्थिक एवं प्रक्रियागत पहलुओं का विश्लेषण इस पुस्तक में किया गया है। महिलाओं से सम्बन्धित समस्याओं के अन्तर्गत साक्षरता, कानून, आर्थिक एवं सामाजिक मुद्दों का हल पंचायती राज के माध्यम से ढूंढने का प्रयास किया है।

'वुमेनस एजुकेशन एण्ड सोशल डेवलपमेन्ट' में महिलाओं की भारत में शैक्षणिक क्षेत्र में क्या स्थिति हैं और उनकी शिक्षा का स्तर क्या है और कैसे उच्च हो सकता है, सामाजिक विकास में महिला शिक्षा का क्या योगदान हो सकता है, इन सभी पक्षों को लेकर आलोचनात्मक वर्णन किया है।

'स्टेट्स ऑफ वुमेन इन इण्डिया' में एच0सी0 उपाध्याय ने बताया है कि महिलाओं की भारत में क्या स्थिति है। उनका सामाजिक स्तर कैसे है, इन पक्षों को लेकर अध्ययन किया है। उन्होंने माना कि महिलाओं को भारत में एक

द्वितीय श्रेणी के रूप में देखा जाता है। महिलाओं के साभ भेदभाव किया जाता है उनको आगे बढ़ने के अवसर प्रदान नहीं किये जाते इत्यादि शोध पत्रों को लेकर गहन एवं विश्लेषणात्मक अध्ययन किया है।

शीलामिश्रा ने अपनी पुस्तक 'महिलाओं की राजनीतिक क्रियाशीलता एवं विविध राजनैतिक दल' में महिलाओं की भारत में क्या स्थिति है, राजनीतिक दलों में महिलाओं की क्या सहभागिता रही है, इस सन्दर्भ में अध्ययन किया है। उन्होंने यह जानने का प्रयास किया है कि महिलाओं की राजनैतिक दलों में सही स्थिति क्या है? उन्होंने बताया है कि महिलाओं का राजनीति में प्रतिनिधित्व चार प्रतिशत से ज्यादा नहीं है।

शीला मिश्रा ने अपनी पुस्तक में विभिन्न राजनैतिक दलों के इतिहास और इसमें महिलाओं की भूमिका राजनीतिक दलों की विचारधारा और महिलाएँ, में महिलाओं की राजनैतिक गतिविधियाँ, सिद्धान्त एवं व्यवहार तथा कुल प्रमुख, राजनीतिक महिलाओं व्यक्तित्व के बारे में जानकारी दी है।

'महिला विकास और सशक्तिकरण' में प्रज्ञा शर्मा ने महिला सशक्तिकरण के विशेष परिदृश्य को रेखांकित करने का प्रयास किया है। महिलाओं की स्थिति को तीन सामाजिक व्यवस्थाओं हिन्दू मुस्लिम, ईसाई के संदर्भ में समझने का प्रयास किया है क्योंकि इन तीनों व्यवस्थाओं में महिलाओं की स्थिति प्रगतिशील, स्थैतिक व विकसित हैं, राजनीतिक व भारतीय राजनीति में भारतीय महिलाओं की भूमिका का चित्रण भी इस पुस्तक में किया गया है।

'वुमन इन इण्डियन सोसायटी' में मीरा देसाई और सुषमा ठक्कर ने महिलाओं व उनके कार्य पर प्रकाश डाला है। साथ ही महिला व उसका परिवार तथा भारतीय राजनीति में महिलाओं की भूमिका का अध्ययन किया है।

'भारतीय समाज में कार्यशील महिलाएँ' में सविता नागर ने भारतीय समाज की कार्यशील महिलाओं के जीवन का प्रकाश डाला है तथा साथ ही उन्होंने उच्च शिक्षित समाज में कामकाजी और गैर कामकाजी महिलाओं की क्या स्थिति है, इसका अध्ययन इस पुस्तक में किया है।

इकबाल नारायण ने अपने शोध डेमोक्रेटिक डिल्ट्रेलाइजेशन एण्ड रूरल लीडरशिप इन इंड़िया: राजस्थान एक्सपेरीमेन्ट, एशियन सर्वे, अगस्त 1964 में अध्ययन किया, जिसमें स्थानीय नेतृत्व के चुनाव के प्रभाव के मूल्यांकन का दो स्तरों पर अध्ययन किया और पाया कि नये नेता जाति, रक्त-संबंध और

समूहीकरण, उच्च सामाजिक स्तर एवं परिवार का प्रयोग नेतृत्व के प्रभाव के लिए करते हैं।

टी0बी0 बोटोमोर ने अपने शोध इलाईट एण्ड सोसायटी, पेनगेन बुक्स,1964 में पाया कि हमारे पास उन सामाजिक ताकतों के परिक्षण की एक शानदार सुविधा है जो कि उनके समाज की आधुनिक, आर्थिक वृद्धि देश में स्थानांतरण के लिये नये बुद्धिजीवियों एवं साथ ही साथ उनसे संबंधित क्रियाओं की उत्पत्ति कर सकें। इस दृष्टि से उन्होंने नये बुद्धिजीवियों की उत्पत्ति, सामाजिक ताकतों एवं प्रक्रिया जो उनका निर्माण करती है एवं समाज के स्थानांतरण में बुद्धिजीवियों की क्रियाओं को दर्शाया है।

आन्द्रे बेटिल ने अपने शोध कास्ट, क्लास एण्ड पावर, बोम्बे, ऑक्सफोर्ड यूनिवर्सिटी प्रेस, में दक्षिण भारत के तंजौर जनपद के त्रिपुरम् गांव में एक अध्ययन किया। इन्होंने शक्ति के बंटवारे में परिवर्तन का विशलेषण किया। गांव के नये नेता अपनी ताकत के लिए जाति के साथ-साथ अन्य अनेक कारणों पर निर्भर रहते हैं। इन कारणों में राजनीतिज्ञों के साथ समझौता, गांव के बाहर दल का आधार एवं गांव में संख्यात्मक सहायता आदि आते हैं।

जी0राम ने आंध्र प्रदेश में पंचायतीराज संस्थाओं के राजनीतिक मुखियाओं की सामाजिक विशेषताओं का परीक्षण किया। अपने अध्ययन में उन्होंने पाया कि ग्रामीण नेतृत्व में नेताओं की उत्पत्ति में उच्च जातियों की सदस्यता एवं मजबूत आर्थिक सहायता मुख्य भूमिका निभाती है।

बी0आर0 चौहान ने अपने शोध ग्रंथ दा पंचायतीराज एण्ड दा डेमोक्रेटिक पोलिसी, सोशियोलोजीकल बुलेटिन, में अध्ययन के दौरान पाया कि गांव सामाजिक संगठन की किसी भी व्यवस्था में जाति की स्थिति मुख्य भूमिका निभाती है।

सत्यप्रकाश दास ने विकेन्द्रीकरण योजनाओं एवं ग्राम पंचायतों की समस्याओं एवं संभावनाओं पर अध्ययन किया। उन्होंने निष्कर्ष निकाला कि पंचायतीराज संस्थाएं विकास प्रक्रिया के साथ सम्बन्द्ध होने के अतिरिक्त ग्रामीण क्षेत्रों में लोकतांत्रिक प्रक्रिया में सहयोग दे रही है। एक व्यक्ति आर्थिक रूप से कमजोर, राजनीतिक रूप से शक्ति रहित, सामाजिक रूप से पिछड़ा और सांगठनिक रूप से सक्षम हो सकता है, लेकिन एक नागरिक के रूप में उसके पास योग्यता एवं कुशलता हो सकती है। शक्ति का विकेन्द्रीकरण एवं पंचायतों की भूमिका केवल ग्रामीण लोगों को ही सशक्त नहीं कर रही है वरन लोकतांत्रिक प्रक्रिया ने उच्च साक्षरता अधिकार एवं कर्तव्यों के प्रति व्यक्तियों में जागरूकता सामाजिक,

आर्थिक के साथ स्वतंत्र सोच नागरिक समाज को एक सकारात्मक दिशा की प्रेरणादायक सिद्धि हुई है।

श्वेता पाण्डेय ने अपने शोध ग्रंथ मानवाधिकार एवं भारतीय नारी, लोकतंत्र समीक्षा, खण्ड 40, अंक 1-2, जनवरी-जून, 2008 में यह तथ्य उजागर किया है कि मानवाधिकारों के विभिन्न प्रावधानों के उपरान्त भी भारतीय नारी कितनी शोषित है? आज भी शोषण और हिंसा महिलाओं के जीवन में उसी तरह पीछा नहीं छोड़ पा रहे है जिस तरह मनुष्य के जीवन में छाया।

सुमन कुल्हरी ने अपने शोध, महिला एवं मानवाधिकार, संवैधानिक स्वरूप, अधिकार एवं उत्तरदायित्व जो रितु पब्लिकेशन्स, जयपुर से प्रकाशित है जिसमें महिला एवं महिला अधिकार को आधार बनाकर यह समझाने का प्रयास किया है कि 73वें तथा 74वें संविधान संशोधन के आधार पर महिलाओं को विकास के समान अवसरों व कानूनों के समक्ष बराबरी की गारन्टी और स्थानीय जनता व प्रशासनिक इकाईयों की 73वें संविधान संशोधन से क्या अपेक्षाएं हैं? इसके साथ ही अनुच्छेद 14, 15, 16 में महिला एवं मानवाधिकार का प्राचीन वैदिक काल से लेकर 74वें संशोधन तक सिंहावलोकन किया है। प्रस्तुत पुस्तक में भारत में महिला एवं मानवाधिकार संवैधानिक एवं व्यवहारिक पक्ष के स्वरूप कार्य, अधिकार तथा दायित्वों का भी उल्लेख किया है।

उपरोक्त साहित्यिक अवलोकन के विश्लेषण के आधार पर कहा जा सकता है कि स्थानीय ग्रामीण स्वशासन तथा दलित एवं अल्पसंख्यक महिलाओं की स्थिति का आंकलन से पता चलता है कि इन वर्गों की महिलाओं की क्या स्थिति है जो अब अध्ययन हुये उनके आधार पर कहा जा सकता है कि इन वर्गों की महिलाओं की स्थिति अब भी दयनीय बनी हुई है। दलित महिलाओं की स्थिति में थोड़ा परिवर्तन आरक्षण के माध्यम से हुआ है, परन्तु अल्पसंख्यक महिलाओं की स्थिति अभी सोचनीय बनी हुई है, क्योंकि अल्पसंख्यक वर्ग की महिलाओं का प्रतिशत नगण्य बना हुआ है। इन्हीं पहलूओं को ध्यान में रखते हुए भारतीय राजव्यवस्था की सम्पूर्ण धूरी को मजबूती तभी मिल सकती है, जब हर वर्ग की महिलाओं के साथ-साथ दलित तथा अल्पसंख्यक वर्ग की महिलाओं की राजनैतिक सहभागिता के विकास को गत्यात्मकता प्रदान की जाये। इसी के साथ ही उन तथ्यों का भी अध्ययन अति आवश्यक है, जो दलित तथा अल्पसंख्यक महिलाओं के विकास को अविरूद्ध करते हैं। अतः अध्ययन की आवश्यकता तथा प्रासंगिकता को ध्यान में रखते हुए इन वर्गों की महिलाओं पर अभी और अध्ययन

की आवश्यकता है। इन्हीं उद्देश्यों को ध्यान में रखते हुए अध्ययन की भूलभूत समस्याओं पर विचार किया जाना आवश्यक है।

अध्ययन के उद्देश्य (Objective of the Study)

किसी भी शोध कार्य को करने से पूर्व उद्देश्य का निश्चय करना अत्यधिक महत्वपूर्ण कार्य है, क्योंकि इससे निश्चित होता है कि किस पद्धति का प्रयोग कर कौन-कौन से समंक एकत्रित किये जाने हैं? शोधकर्ता का मूल उद्देश्य पंचायती राज व्यवस्था में दलित अल्पसंख्यक महिलाओं की वर्तमान स्थिति तथा उनके दृष्टिकोण का अध्ययन करके आंकलन कर उनका तुलनात्मक अध्ययन करना है।

1. ग्रामीण सामाजिक और राजनीतिक परिवर्तन में पंचायती राज व्यवस्था की भूमिका का अध्ययन करना।
2. दलित एवं अल्पसंख्यक महिलाओं के सशक्तिकरण में पंचायती राज व्यवस्था की भूमिका का अध्ययन करना।
3. दलित वर्ग की महिलाओं के विकास में पंचायती राज व्यवस्था की भूमिका का अध्ययन करना।
4. अल्पसंख्यक वर्ग की महिलाओं के विकास में पचायती राज व्यवस्था की भूमिका का अध्ययन करना।
5. पंचायती राज व्यवस्था में दलित महिलाओं की राजनैतिक जागरूकता एवं सहभागिता की स्थिति का अध्ययन करना।
6. पंचायती राज व्यवस्था में अल्पसंख्यक महिलाओं की राजनैतिक सहभागिता व जागरूकता का अध्ययन करना।
7. नीतियों के क्रियान्वयन में पंचायती राज व्यवस्था की भूमिका का पता लगाना।
8. दलित एवं अल्पसंख्यक महिलाओं के प्रति पुरूष समाज के दृष्टिकोण में परिवर्तन का पता लगाना।
9. दलित एवं अल्पसंख्यक समाज की समस्याओं के समाधान में पंचायती राज व्यवस्था की भूमिका का अध्ययन करना।

उपादेयता

वर्तमान समय में भारत जैसे देश में अनेक प्रकार से सत्ता केन्द्रित भी हो

रही है और विकेन्द्रित भी हो रही है। केन्द्रित होने की प्रक्रिया आज भी चिन्तनीय है, लेकिन कुछ कारणों से आवश्यक भी है। फिर भी एक स्वतंत्र राष्ट्र में पंचायत में जनसहभागिता की बढ़त दलितों का नवचैतन्य, अल्पसंख्यकों को जागृत एवं महिलाओं का चैतन्य विकेन्द्रीकरण की प्रक्रिया को दृढ़ करता हुआ दिखाई देता है। इसके अतिरिक्त हजारों संकाय विकेन्द्रित चुनाव करते हैं और मजदूर संगठन अपनी प्रक्रिया को लागू करते है। सत्ता के अनेक स्तर पर चयन प्रक्रिया के कारण विकेन्द्रीकरण को बढ़त मिली है। समर्थ वर्ग के साथ दलित वर्ग अल्पसंख्यक एवं भारतीय नारी भी अपनी शक्ति में बढ़त प्राप्त करती जा रही हैं। इन बिन्दुओं को शोध के माध्यम से सुनिश्चित करना अत्यन्त आवश्यक है। इसी कारण वर्तमान परिवेश में यह अध्ययन आवश्यक है।

पंचायती राज व्यवस्था से गाँवों के उदासीन लोगों में राष्ट्रीय चेतना जागृत हुई है। अतः राष्ट्रीय चेतना की भावना उत्पन्न होने से उदासीन व्यक्ति की राजनीतिक क्रियाकलापों में रूचि लेने लगते है। इस तरह राजनीतिक परिपक्वता का वातावरण तैयार होता है। ग्रामीण क्षेत्रों में सत्ता में प्रत्येक व्यक्ति की भागीदारी सुनिश्चित करने तथा सत्ता के केन्द्रीकरण के स्थान पर विकेन्द्रीकरण को प्रोत्साहन देने के लिये पंचायती राज का महत्व स्वयं सिद्ध है। इसी पद्धति को सुनिश्चित करने के लिये जो ज्ञान हमें प्राप्त होगा वह समाज और विद्या मन्दिर के साथ-साथ राष्ट्र को वैभवशाली बनाने का प्रयत्न करेगा। इसी मन्तव्य से वर्तमान अध्ययन की परिकल्पना की गई है।

संदर्भ ग्रन्थ सूची (Bibliography)

1. नारायण इकबाल, डेमोक्रेटिक डिल्ट्रेलाइजेशन एण्ड् रूरल लीडरशिप इन इंडिया: राजस्थान एक्सपेरीमेन्ट, एशियन सर्वे, अगस्त, 1964.
2. बोटोमोर टी0बी0, इलाईट एण्ड सोसायटी, पेनगेन बुक्स, 1964.
3. बेटिल आन्द्रे, क्लास एण्ड पावर, बोम्बे, ऑक्सफोर्ड यूनिवर्सिटी प्रेस, 1967.
4. चौहान बी0आर0, दा पंचायती राज एण्ड दा डेमोक्रेटिक पोलिसी, सोशियोलोजीकल बुलेटिन, खण्ड-17, 1968, पृष्ठ 35-54।
5. कुल्हरी सुमन, महिला एवं मानवाधिकार, संवैधानिक स्वरूप, अधिकार एवं उत्तरदायित्व, रितु पब्लिकेशन्स, जयपुर।

6. प्रसाद अवध गाँवों में सामाजिक, आर्थिक एवं राजनीतिक परिवर्तन, रावत पब्लिकेशन्स, जयपुर, 1992.

7. सिंह वाई0, ए सोशियोलोजीकल स्टडी ऑफ पंचायती राज इंन्टीट्यूशन एण्ड डवलपमेन्ट ऑफ शिड्यूल्ड कास्ट इन डिस्ट्रिक्ट बुलन्दशहर उ0प्र0, पीएच0डी0 शोध प्रबंध, पीएच0डी0 विभाग, मेरठ विश्वविद्यालय, मेरठ, 1993.

8. यादव सुबेह सिंह, ग्रामीण विकास के नये क्षितीज, मानक पब्लिकेशन्स, प्रा0लि0, दिल्ली, 1994.

9. जैन भागचन्द्र, ग्रामीण विकास में पंचायतों की भूमिका, कुरूक्षेत्र, नई दिल्ली, फरवरी, 1995, पृ0 37-38.

10. सिन्हा नवीनचन्द्र, भारत में पंचायती राज का इतिहास, ग्राम विकास प्रकाशन, लखनऊ, 1997.

11. यादव सुबेह सिंह एवं यादव सत्यभान, ग्रामीण विकास का आधुनिक दर्शन सबलाइम पब्लिकेशन्स, जयपुर, 1997.

12. बिजु एम.आर., डायनामिक्स ऑफ न्यू पंचायती राज सिस्टम : रिलेक्शन एण्ड रिट्रोस्पेक्शन्स, कनष्किा पब्लिशर्स, नई दिल्ली, 1998.

13. जोशी संदीप, नवीन पंचायती राज व्यवस्था और प्रशिक्षण की अनिवार्यता, कुरूक्षेत्र, नई दिल्ली, दिसम्बर,1999.

14. जोशी आर.पी. एवं मंगलानी, रूपा, भारत में पंचायती राज, राजस्थान हिन्दी ग्रन्थ अकादमी, जयपुर, 2000.

15. पाण्डेय प्रेम नारायण, ग्रामीण विकास एवं संरचनात्मक परिवर्तन, रावत पब्लिकेशन्स, जयपुर एवं नई दिल्ली, 2000.

16. नरवानी जी.एस., पंचायत प्रशासन, क्या और कैसेः शंकाएं एवं समाधान, यूनिवर्सिटी बुक हाउस, जयपुर, 2001.

17. त्रिपाठी राजमणि, ग्राम सभा के सशक्तिकरण में बाधाएँ, कुरूक्षेत्र नई दिल्ली, सितम्बर, 2001 पृ0 4-6.

18. गोयल रजनी, द ग्राम सभा एण्ड ग्राम सेवक इन राजस्थान, विपुल, एन्टरप्राईजेज, जयपुर, 2002.

19. चौधरी सी.एम., ग्रामीण विकास एवं सहकारिता, शिवम् बुक हाउस प्रा0 लि0, जयपुर, 2002.

20. कटारिया सुरेन्द्र, ग्रामीण विकास एवं पंचायती राज, आ.बी.एस.ए. पब्लिशर्स, जयपुर, 2003.

21. राठौड़ गिरिवर सिंह, भारत में पंचायती राज, पंचशील प्रकाशन, जयपुर, 2004.

22. शर्मा, श्रीनाथ एवं सिंह, मनोज कुमार पंचायत राज एवं ग्रामीण विकास, अर्जुन पब्लिशिंग हाउस, नई दिल्ली, 2004

23. यादव रामजी, भारत में ग्रामीण विकास, अर्जुन पब्लिशिंग हाउस, नई दिल्ली, 2005.

24. कुमार अखिलेश, गाँवों के सर्वांगीण विकास में पंचायती राज संस्थाओं की भूमिका, कुरूक्षेत्र नई दिल्ली, नवम्बर 2005, पृ0 32–33.

25. कौशिक सुशीला, वॉईस ऑफ वूमन इन पंचायती राज, फैन्डरिज इबर्ट स्टीफिंग, नई दिल्ली, 2005.

26. खान रिजवान एवं आहूजा आभा, ग्रामीण विकास में पंचायतों की भूमिका, कुरूक्षेत्र नई दिल्ली, अगस्त, 2006, पृ0 27.

27. मित्तल अनन्त, ग्रामीण विकास की नई आस, कुरूक्षेत्र नई दिल्ली, अप्रैल, 2006, पृ0 7–9.

28. पाण्डेय श्वेता, मानवाधिकार एवं भारतीय नारी, लोकतंत्र समीक्षा, खण्ड 40, अंक 1–2, जनवरी–जून, 2008.

29. चौहान धनंजय और वणकर धीरज भाई, साहित्य एवं दलित चेतना, ज्ञान प्रकाशन कानपुर, 2010.

30. सागर सुधीर, बस! एक बार सोचो, शिल्पायन बुक्स दिल्ली, 2010.

31. मोहन कान्ति, प्रेमचन्द और अछूत समस्या (1982) को प्रेमचंद और दलित विमर्श, स्वराज प्रकाशन दिल्ली, 2010.

32. सिंह सेवा, ब्राह्मण और जनविमर्श, आधार प्रकाशन, हरियाणा, 2010.

33. कुमार निरंजन, मनुष्यता के आइने में दलित साहित्य का समाजशास्त्र अनामिका पब्लिशर्स एण्ड डिस्ट्रिब्यूटर्स, 2010.

34. तूफान के.एस., ''सफाई का नरक'' लता साहित्य सदन, गाजियाबाद, 2010.

35. त्रिशरण विजय कुमार, ब्राह्मण, बहुजन और आरक्षण, दुसाध प्रकाशन लखनऊ, 2010.

36. मंडल दिलीप, जातिवार जनगणना: संसद, समाज और मीडिया, जनहित अभियान और मानक पब्लिकेशंस, दिल्ली, 2010.

37. एस.एम., आधुनिक भारत में दलित: दृष्टि और मूल्य शीर्षक नामक पुस्तक का अनुवाद पंत विजय कुमार द्वारा किया गया, रावत पब्लिकेशन, दिल्ली, 2010.

38. अहमद इम्तियाज तथा उपाध्याय शशि भूषण, दलित एसर्सन इन सोसाइटी, लिटरेचर एण्ड हिस्ट्री, ओरियंट ब्लैकस्वान, 2010.

39. तिलक रजनी और अनुरागी रजनी, 'समकालीन भारतीय दलित महिला लेखन', श्रृंखला स्वराज पुस्तक दिल्ली, 2011.

40. चौधरी उमाशंकर, 'दलित विमर्श : कुछ मुद्दे-कुछ सवाल', आधार प्रकाशन, पंचकूला, 2011.

समाचार-पत्र

- दैनिक जागरण
- हिन्दुस्तान टाइम्स
- नवभारत टाइम्स
- टाइम्स ऑफ इण्डिया
- यूनाइटेड भारत एवं
- क्षेत्रीय समाचार पत्र।

पत्रिकायें

- इण्डियन जर्नल ऑफ पॉलिटिकल साइंस
- प्रतियोगिता दर्पण
- सामान्य ज्ञान दर्पण
- तूणीर
- ए जर्नल ऑफ एशिया फॉर रिसर्च एण्ड डेवलपमेन्ट
- शोध विमर्श
- क्रानिकल
- चाणक्य सी0एस0टूडे

– अरिहन्त
– विश्व घटना चक्र
– फ्रन्टलाइन
– वर्ल्ड फोकस आदि।

26

विश्व परिप्रेक्ष्य में तीन तलाक: एक मौलिक अध्ययन

विमल कान्त
असिस्टेन्ट प्रोफेसर
अर्थशास्त्र विभाग
चमनलाला महाविद्यालय
लन्ढौरा, हरिद्वार

डॉ0 नवीन कुमार
असिस्टेन्ट प्रोफेसर
भूगोल विभाग
चमनलाला महाविद्यालय
लन्ढौरा, हरिद्वार

तीन तलाक जिसे 'तलाक-ए-बिद्दत' कहा जाता है यह मुस्लमानों की एक प्रथा है जो भारत में अभी भी चल रही है। इस प्रथा में तलाक में तलाक शब्द को तीन बार प्रयोग कर देने से ही शादी का समझौता रद्द हो जाता हैं क्योंकि मुस्लमानों के बीच विवाह संस्कार नहीं है। बल्कि पूर्णत: सिविल संविदा अथवा समझौता है। मुस्लमानों में इस प्रथा का इतना दुरूपयोग हुआ है कि यह प्रथा धीरे-धीरे कुप्रथा बन गयी। इस्लाम में तलाक निम्नलिखित ढंग में से किसी एक तरह हो सकता है।

क- तलाकुल-सुन्नत (प्रतिसंहरणीय तलाक) तलाक का यह रूप प्रति संहरणीय हैं अत: इसे तलाक का अनुमोदित रूप माना जाता है। इसके पुन: दो रूप हैं।

1. तलाक अहसन 2. तलाक हसन।

ख) तलाक-उल-बिद्दत या तलाक-ए-बिद्दत-

''तलाक-ए-अहसन'' इस तलाक को इस्लाम में सर्वश्रेष्ठ माना जाता है क्योंकि इसमें पति अपनी पत्नी को तलाक जब देता है जब उसका मासिक धर्म

(तूहरा) न चल रहा हो इसके बाद करीब तीन महीने तक के काल में अर्थात (इद्दत में) वह तलाक वापिस भी ले सकता हैं। यदि ऐसा नहीं किया जाता है तो तलाक को प्रभावी मानलिया जाता है। इस प्रकार के तलाक के बाद भी यदि पति-पत्नी चाहे तो भविष्य में पुनः शादी कर सकती है और पत्नी को ''निकाह-हलाला'' की प्रक्रिया से नहीं गुजरना पड़ेगा। इसी कारण से इसको 'अहसन' अर्थात सर्वश्रेष्ठ माना जाता है।

''तलाक-ए-हसन'' इसमें भी उपरोक्त तलाक-ए-अहसन की ही प्रक्रिया है बस इद्दत की अवधी में तीन बार अलग-अलग समय पर तलाक कहा जाता है तथा तीसरी बार तलाक कहने पर तलाक हो जाता है। इसमें इद्दत की अवधी समाप्त होने से पहले तलाक वापिस लिया जाता सकता है। इसमें तलाक यदि पति-पत्नी चाहे तो पुनः निकाह कर सकते है इसमें निकाह हलाला की प्रक्रिया का पालन करना होगा।

ग- तलाक-उल-बिद्दत- यह ही वास्तव में तीन तलाक है जिस पर सुप्रीम कोर्ट ने रोक लगायी है इसमें पति केवल तीन बार एक साथ तलाक शब्द दोहरा देता है तो तुरन्त तलाक हो जाता है और ऐसा व किसी भी संचार माध्यम से कर सकता है। इसमें समझौते का समय नहीं होता। यदि पति पत्नी पुनः निकाह करना चाहते हैं तो उन्हें ''निकाह हलाला'' की प्रक्रिया से गुजरना पड़ेगा। अर्थात पत्नी से पुनः निकाह तब तक नहीं हो सकती है जबकि किसी दूसरे पुरूष से निहाक कर एवं उससे तलाक लेकर पुनः निकाह किया जात सकता है।

तीन तलाक को प्रतिबन्धित करने वाले राष्ट्र

1. मिश्रः-यह दुनिका का प्रथम राष्ट्र है जहां तीन तलाक को पूर्णतः प्रतिबन्धित किया गया हैं वर्ष 1929 में मुस्लिम जजो की खण्डपीठ ने सर्वसम्मति से तीन तलाक को असंवैधानिक करार दिया जबकि इस देश की 94.9 प्रतिशत जनसंख्या इस्लाम को मामने वाली है।
2. सूडानः- वर्ष 1929 में मिश्र को नजीर मानते हुए सूडान की अदालत में अपने देश में तीन तलाक को प्रतिबन्धित कर दिया।
3. पाकिस्तानः- वर्ष 1947 में भारत-पाकिस्तान एक साथ अलग हुए लेकिन तीन तलाक को प्रतिबन्धित करने में हमारे पड़ोसी हमसे एक कदम आगे निकल गये। पाक ने सन् 1956 में ही तीन तलाक को प्रतिबन्धित कर दिया था। वर्ष 1955 में पाक के तत्कालीन प्रधानमंत्री मौ0 अली बोगरा ने अपनी पत्नी को ''तलाक-ए-बिद्दत'' के तहत

तलाक देकर अपनी सेकेट्री से निकाह कर लिया था। इस घटना से पाकिस्तान महिलाओं ने विरोध करना प्रारम्भ कर दिया अन्ततः ''तलाक-ए-बिद्दत'' को पाकिस्तान में प्रतिबन्धित कर दिया।

4. बंगलादेश:- भारत से सहयोग से पाकिस्तान से अलग हुआ बंगलादेश ने सन् 1971 में संविधान में बदलाव करते हुए तीन तलाक को प्रतिबन्धित कर दिया। यहाँ तलाक से पहले यूनियन काउन्सिलिंग के चेयरमैन को शादी खत्म करने से जुडा एक नोटिस देना होगा।
5. श्रीलंका:- भारत के पडौसी देश श्रीलंका में कई विद्वानों ने एक आदर्श कानून दिया यहाँ ''मैरिज एण्ड डिवोर्स (मुस्लिम) एक्ट-1951'' के तहत पत्नी से तलाक चाहने वाले पति को एक मुस्लिम जज को नोटिस देना होगा। जिसमें पत्नी के रिश्तेदार, उसके घर के बड़े लोग व इलाके के प्रभावशाली मुसलमान भी सम्मिलित होगे। ये सभी लोग दोनों के बीच सुलह की कौशिश करेगें। यदि ऐसा नहीं होता है फिर 30 दिन बाद तलाक को मान्य करार दिया जायेगा। तलाक एक मुस्लिम जज व दो गवाहों के सामने होगा।
6. इराक:- वर्ष 1959 में इराक विश्व का पहला अरब देश बना था जिसने सरिया कोर्ट के कानून को सरकारी कोर्ट के कानून के साथ बदल दिया गया। इराक ''लॉ ऑफ पर्सनल स्टेटस'' के मुताबिक तीन बार तलाक बोलने को सिर्फ एक तलाक माना जायेगा। वर्ष 1959 के इराक ''लॉ ऑफ पर्सनल स्टेटस'' के तहत पति-पत्नी दोनों को अलग-अलग रहने का अधिकार दिया गया।
7. सीरिया:- करीब 74 प्रतिशत मुस्लिम जनसंख्या वाले देश सीरिया में तीन तलाक के नियम को इस तरह से तैयार किया गया है कि कोई पुरूष आसानी से पत्नी से अलग नहीं हो सकता। यहाँ वर्ष 1953 में बने कानून के तहत तत्कालीन जज के सामने ही तलाक वैध माना जाता है।

अमेरिका के पीव रिसर्च सेन्टर में मुस्लमानों की भारी जनसंख्या वाले दुनिया के 10 देशो में एक सर्वे के बाद एक रिपोर्ट प्रकाशित की है। इस सर्वे में इस्लामिक देशो के लगभग 10 हजार लोगो से यह प्रश्न पूछा गया कि क्या आपके देश में शरिया कानून लागू हो यह सर्वे मलेशिया, तुर्की, पाकिस्तान, जार्डन, नाईजीरिया, सेनेगल, फिलिस्तीन, लेबनान, इण्डोनेशिया, बोरकीनाफॉसो

में किया गया। सर्वे के परिणाम के अनुसार सबसे अधिक पाकिस्तान के लोगों ने अपने देश में सरिया कानून की इच्छा व्यक्त की पाकिस्तान के लगभग 78 प्रतिशत लोगों का मानना था कि उनके देश में इस्लामिक नियम लागू हो। जबकि इस देश में तीन-तलाक प्रतिबन्धित है। अर्थात् अपने देश में शरिया कानून चाहने वाले देश भी अपने राष्ट्र पर तीन-तलाक की कुप्रथा को नहीं थोपना चाहते हैं।

फिलिस्तीन में वर्ष 2011 में 36 प्रतिशत और वर्ष 2015 में बढ़कर 65 प्रतिशत लोगों ने माना कि उनके देश में शरिया कानून लागू होना चाहिए। जार्डन में 18 प्रतिशत की कमी के साथ 54 प्रतिशत लोगों ने माना कि उनके देश में इस्लाम का कानून लागू हो यहाँ भी तीन तलाक की प्रथा प्रतिबन्धित है। अर्थात: शरिया कानून चाहने वाले देश भी तीन तलाक को गैर इस्लामिक मानते हैं। नाईजीरिया जैसे देश भी जहां मुस्लिम व गैर मुस्लिम आबादी लगभग बराबर है वहाँ 52 प्रतिशत मुस्लिमों ने माना है कि इस्लामिक नियम लागू होना चाहिए जबकि नाजिरिया में तीन तलाक प्रतिबन्धित है। तुर्की, बोरकीनाफॉसो, इण्डोनेशिया, लेबनान, सिनेगल के लोगों ने भी शरिया कानून लागू करने को उचित माना तथापि इनमें से कई राष्ट्रों में तीन तलाक प्रतिबन्धित है।

निष्कर्ष :- परम्पराएं पवित्र होती हैं किन्तु यदि इन परम्पराओं का दुरूपयोग होने लगे तब ये सामाजिक अभिश्राप बन जाती है एवं परिस्थितियों में इन परम्पराओं का त्याग ही हितकर होता है। साथ ही समय के परिवर्तन के साथ परम्पराओं में परिवर्तन मानव विकास एवं सुख के लिए अनिवार्य होता है।

भारत में तीन तलाक जैसी प्रथा नारी सशक्तीकरण के विरूद्ध है। तीन तलाक धर्म से न जुड़ा होकर महिलाओं के अधिकारों के हनन से जुड़ा मामला है। यह प्रथा महिलाओं की सुरक्षा व महत्ता का ख्याल नहीं रखती है। इससे समाज में बुराईयाँ आती हैं। तीन तलाक की प्रथा बच्चों की सुरक्षा से भी जुड़ा हुआ मामला है क्योंकि तुरन्त तलाक के बाद बच्चों पर मानसिक दबाव पड़ता है जिससे बच्चे हीन भावना का शिकार होने लगते हैं। बच्चों से महिलायें भी प्रभावित होती है क्योंकि महिलायें बच्चों के प्रति ज्यादा संवेदनशील होती है। अत: अन्त में हम यह कह सकतो है कि बिना महिलाओं के विकास के किसी भी धर्म, समुदाय, समाज परिवार किसी भी चीज का विकास नहीं हो सकता क्योंकि एक महिला पूरे परिवार को प्रभावित करती है। एक बार बाबा साहेब भीमराव अम्बेडकर ने भी कहा था कि - ''किसी समुदाय का विकास महिलाओं के विकास से आंका जाता है।'' अत: इस बात को ध्यान में रखते हुए यहीं कहा जाता सकता है कि

महिलाओं के विकास से परिवार का विकास, परिवार के विकास से समाज का विकास, समाज के विकास से राष्ट्र का विकास और राष्ट्र के विकास से विश्व का विकास और विश्व के विकास से मानवता का विकास होता है।

इस तरह से यदि तीन तलाक का अध्ययन किया जाय तो जो बात साफ तौर पर उभरकर सामने आती है वह यह है कि तलाक-ए-बिद्दत का आज से इस लोकतान्त्रिक, समानता व स्वतन्त्रता के युग में अप्रासंगिक हो चुका है। तीन तलाक एक धार्मिक मामला न होकर लैंगिक भेदभाव का मामला है जो कि सामाजिक न्याय के खिलाफ है। आज जब पूरे विश्व में मानवाधिकारों की चर्चा होती है तो स्त्री व पुरूष दोनों को बराबर समझा जाता है जबकि इस्लाम में तलाक की सुविधा केवल पुरूषों को है, महिलायें तलाक नही ले सकतीं। यद्यपि कि 'खुला' के तहत महिलायें तलाक ले सकती है पर इसमें भी वह केवल तलाक माँग सकतीा है, तलाक देना न देना पति पर निर्भर करता है। आज जब पूरे विश्व में स्त्री पुरूष समानता की बात चल रही है जब इस्लाम में तीन तलाक, खतना, बहुविवाह व हलाला को मान्यता दिया जाता है जो कि एक अमानवीय मूल्य है। इन चीजों को धार्मिक मानना धर्म की भावना को ठेस पहुँचाता है क्योंकि धर्म का मूल ही होता है लोगों की भलाई करना उन्हें परेशान करना नहीं। धर्म तो मानव के आने के बाद आया। धर्म मानव की भलाई के लिये लाया गया था किसी व्यक्ति, समुदाय को नीचा दिखाने के लिये धर्म का निर्माण नहीं होता है।

मार्टिन लूथर किंग जूनियर ने भी अपनी किताब 'स्ट्राइड टूवार्डस फ्रीडम' में कहा है कि ''आधुनिक व प्रगतिशील समाज में यदि कोई सामाजिक कुरीति किसी व्यक्ति को समानता व स्वतन्त्रता जैसे मौलिक अधिकारों से वंचित करती है तो समय रहते समाज को इस कुरीति से मुक्त करा लेनी चाहिए अन्यथा यह कुरीति एक प्रगतिशील समाज को जड़ समाज में परिवर्तित कर देगी''। इसके साथ-साथ सुप्रीम कोर्ट न तीन तलाक को महिलाओं के अधिकारों के हनन करने के आरोप में अवैध घोषित कर दिया है। तीन तलाक व्यक्ति के जीवन के अधिकार से भी जुड़ा मामला है। यह प्रक्रिया मानवाधिकार के सार्वभौम घोषणा पत्र के विपरीत है। आज जब महिलाएँ पुरूषों के साथ-साथ प्रत्येक कार्यों में आगे चल रही है तब तीन तलाक द्वारा महिलाओं का शोषण किया जाना मानवाधिकारों के विपरीत है।

सन्दर्भ ग्रन्थ सूची

1. नारंग, ए.एस. भारतीय शासन एवं राजनीति-गीतांजली पब्लिसिंग हाऊस, नई दिल्ली-110049
2. गाबा, ओ.पी.: भारतीय राजनीति विचारक-मयूर पेपर बैंक नोएडा 201301
3. अग्रवाल, एच.ओ.-मानवाधिकार सी.एल.ए. पब्लिकेशन्स, इलाहाबाद।
4. नसरीन, तस्लीमा: आर्टिकल: दैनिक जागरण।
5. मिश्र प्रशान्त: आर्टिकल, मात्र शक्ति को सलाम: दैनिक जागरण।
6. जोशी, नवीन: अब तीन तलाक की बाजी: प्रभात खबर।
7. www.dristias.comhindi.triple-talaq
8. https/www.gsworldias.com
9. हसन नाइस: आर्टिकल: मजहबी तहखाने में बंद कुरीतियाँ, दैनिक जागरण।
10. शर्मा क्षमा: महिला संगठनों का दोहरा रवैया : दैनिक जागरण।
11. www.hindkunj.com/2017/triple-talaq-in-india.html?=1
12. https:him.wikipedioorg/wiki
13. https://www.google.co.in/amp/www.thehindu.com/opinion/op-ed/a-very-flowed-low/article22288659.ece/amp/
14. https://www.google.co.in/amp/indiaexpress.com/article/opinio/editorials/thewhole-veerdict-triple-taloq4808978/lite

27

तीन तलाक मुस्लिम महिलाओं के सशक्तीकरण में बाधक

डॉ0 नवीन कुमार
सहायक आचार्य
समाजशास्त्र विभाग
चमन लाल महाविद्यालय, लण्ढौरा,
हरिद्वार (उत्तराखण्ड)

इस्लाम धर्म में तलाक के अनेक रूप पाये जाते हैं जैसे इला, खुला, जिहर, लियान आदि जिसमें कुछ तलाकों में शुरूआत महिलाओं की तरह से होती है और कुछ की पहल पुरूषों की तरफ से होती है या की जाती है।

तलाक एक अरबी शब्द है जिसका अर्थ है निराकरण करना अथवा नामंजूर करना लेकिन मुस्लिम विधि में तलाक को वैवाहिक बन्धन से मुक्त करने का व्यापक विवाह-विच्छेद नियम है। समय और स्थान के साथ-साथ इस्लाम में तलाक का रूक बदलता रहा है पहले तलाक शरीयत के अनुसार होता था जिसमें पारम्परिक नीतियों की महत्वपूर्ण भूमिका रहती थी। ये नीतियाँ अलग-अलग इस्लामी कानूनी संस्थाओं में अलग-अलग होती है।

मुस्लिम विधि के अनुसार कोई भी सही दिमाग वाला व्यापक पुरूष कभी भी अपनी इच्छा से अथवा किसी अध्यस्थ के द्वारा तलाक की घोषणा कर सकता है और ऐसा करने में इसे कोई कारण स्पष्ट करने की आवश्यकता नहीं है लेकिन इस समबन्ध में मुस्लिम शिक्षित वर्ग का यह कहना है कि जब तलाक दिया जाये तो वहाँ दो साक्षीयों का होना आवश्यक है।

तीन तलाक एक प्रथा

पारम्परिक इस्लामी नीतियों का आधार इस्लामिक ग्रन्थ मसलन, कुरान और अदीश है। इन इस्लामीक ग्रन्थों के सहयोग से ही मुफ्ती इस्लामिक कानूनी समस्याओं द्वारा नये-नये नियम बनाते रहते हैं और उन्हें नियमित एवं निर्देशित भी करते रहते हैं और सो लोभ इन इस्लामिक कानूनों का पालन नहीं करते तो ये मुती रहते ही उनके खिलाफ फतवासारी भरते हैं जैसे तीन तलाक एक गलत प्रथा है मुस्लिम समाज के पुरूष इसे एक नया प्रवर्तन मानते हैं और इसका प्रभाव न तो कुरान में मिलता है और न ही इसे पैगम्बर की स्वीकृति है फिर भी सभी मुस्लिम महिलाएँ धर्म को आधार मानकर इसका पालन अतार्किक रूप से करती आ रही है।

तीन तलाक एवं मुस्लिम महिलाओं की स्थिति

इस्लामिक समाज में तीन तलाक का वो स्वरूप है जिसके अन्तर्गत एक मुस्लिम पुरूष अपनी पत्नी को तीन बार तलाक-तलाक-तलाक बोलकर उससे वैवाहिक बन्धन तोड़ लेता है इस्लामिक समाज के लोग इस नियम से होने वाले तलाक को स्वीकृति देते हैं और यह मानते हैं तीन तलाक का स्थाई प्रकार है इसके माध्यम से वैवाहिक सम्बन्ध पूर्ण रूप से समाप्त हो जाते हैं। इसके बाद यदि वह स्त्री पुरूष दोबारा विवाह करना चाहे तो उस स्त्री को हलाला की पद्धति से गुजरना पड़ेगा हलाला मुस्लिम समाज में एक ऐसी पद्धति है जिसके अन्तर्गत एक तलाक शुदा मुस्लिम महिला अपने पूर्व पति को छोड़कर किसी अन्य पुरूष से विवाह करती है।

पत्नी के रूप में रहती है और फिर उससे तलाक लेती है। इसके बाद वह अपने शोहर से दोबारा शादी कर सकती है। प्राय: तीन तलाक को तलाके-उल-विद्दत भी कहा जाता है। विश्व भर के मुस्लिम स्कालर भी तीन तलाक को गैर इस्लामी मानते हैं और उनका यह भी कहना है कि इस प्रकार के तलाक का जिक्र कुरान में कहीं नहीं है।

इस आधार पर मुस्लिम महिलाओं की मुस्लिम समाज में बहुत ही निम्न स्थिति है उसे केवल मात्र यौन सन्तुष्टि प्राप्त करने का साधन कह सकते है क्योंकि तीन तलाक के माध्यम से तो एक पुरूष एक महिला को कभी भी छोड़ सकता है। तीन तलाक की प्रक्रिया मुस्लिम समाज में महिलाओं के लिए सामाजिक अन्याय है जैसे- बात मुम्बई की है अभी पिछले सप्ताह शबाना सेयाद

बेगम का पति के परिवार वालों से किसी बात पर छोड़ा मोटा विवाद हो गया पति कुवैत में था उसे इतना गुस्सा आ गया उसने फोन पर दो तीन बार तलाक, तलाक, तलाक कहकर अपनी गर्भवती पत्नी को बेसहारा कर दिया इस घटना से यह पता चलता है मुस्लिम महिला की स्थिति चौकाने वाली है उनके पति के लिए और न समाज के लिए उसकी गरिमा एंव उसके अधिकारों का कोई सम्मान नहीं।

कैसे तीन तलाक मुस्लिम महिला के विकास में बाधक है-

वर्तमान समय में तीन तलाक फोन, फेसबुक, एस0एम0एस0, ईमेल आदि के माध्यम से भी किया जाने लगा है ऐसी खबरे आये दिन अखबार, टी0वी0, पत्र पत्रिकाओं, इन्टरनेट आदि पर देखने और पढ़ने को मिल जाती है और ऐसी घटनाऐं दिन प्रतिदिन बढ़ती जा रही है। इस्लामिक कानून की दृष्टि से यह सही है और इसकी वजह से पुरूष को कोई फर्क भी नहीं पड़ता उसे किसी भी तरह की हानि नहीं उठानी पड़ती लेकिन दूसरी ओर ऐसी घटनाओं से एक महिला को सामाजिक, राजनैतिक और आर्थिक रूप से प्रताड़ित होना पड़ता है और उसे समाज में अनेक दिक्कतों का सामना करना पड़ता है। जब एक स्त्री को इस तरह का तलाक मिलता है जो पूर्ण रूप से अपने पति पर निर्भर होती है तो वह भावनात्मक एवं आर्थिक रूप से टूट जाती है जो व्यक्तित्व विघटन का संकेत है, वह समाज में अकेली पड़ जाती है और अलगाव की स्थिति महसूस करने लगती है और वे महिलाएं जिनके पास बच्चे होते उनकी परवरीश का कोई रास्ता नहीं होता तीन तलाक के ज्यादातर घटनाओं में यह होता की आदमी अपने बच्चों को भी जिम्मेदारी नहीं लेता मुख्यत: बेटियों की मुस्लिम समाज में अनेक महिलाएँ यह सोचकर अपना पूरा जीवन अपने पतियों पर कुर्बान कर देती है कि न जाने कब उनका पति उन्हें यह तीन शायित शब्द बोल दे और उनका जीवन अन्धकार में पड़ जाये।

तीन तलाक मुस्लिम महिलाओं के सम्बन्ध में एक ज्वलंत विषय है। आधुनिक एवं उत्तर आधुनिक समाज में जहाँ अनेक समाज प्रौद्योगिक, संचार एंव ज्ञान के माध्यम से अनेक कुरीतियों को समाप्त करके आगे बढ़े हैं। वही मुस्लिम समाज अनेक रुढ़ि मान्यताओं एवं धर्म का सहारा लेकर तीन तलाक के नाम पर महिला जाति के सम्मान एवं उलकी गरिमा का गला घोंट रहा है जिसके फलस्वरूप वह समाज में आर्थिक, सामाजिक एवं राजनैतिक रूप से पिछड़ जाती है।

फरवरी 1993 में उत्तर प्रदेश न्यायालय ने एक तीन वर्षीय हमीदन नाम की महिला को तलाक मिलने पर उसके स्ययं और दो बच्चों के लिए 32 वर्षीय पति से 600 रूपये महीने पौषण भत्ता दिये जाने के आदेश किये, मुस्लिम नेताओं एवं धर्म के ठेकेदारों ने इस निर्णय को शरीयत में हस्तक्षेप और मस्लिम महिला तलाक एक्ट में प्रावधानों का उल्लंघन बताया यह विचारणीय तथ्य है कि एक तरफ तो तलाकशुदा महिला को दो बच्चों के साथ मात्र 600 रूप्ये प्रतिमाह से अपना परिवार चलाना है दूसरी और अपने धार्मिक समुदाय के लोगों का भी सामना करना था जो इसके खिलाफ थे इस आधार इस महिला के सशक्तीकरण की कल्पना करना अर्थहीन है।

दूसरी और तीन तलाक को इलाहाबाद उच्च न्यायालय ने अप्रैल 1994 में अवैध बताया इस न्यायालय ने शरीयत (Muslim Personal Law) एक्ट 1937 में पति के एक ही समय तीन बार तलाक कहने पर तलाक देने के अधिकार कास पुननिरीक्षण किया और निर्णय दिया की इस प्रकार का तलाक स्त्री की गरिमा के तथा हर नागरिक के मौलिक अधिकारों और कर्त्तव्यों के विरूद्ध है। जज महोदय की यह भी मान्यता थी कि यह प्रथा इस्लाम सुन्नत के अन्तर्गत 'पाप' मानी गई है। अत: तीन तलाक एक आकस्मिक घटना है जिसमें मुस्लिम महिला अचानक प्रभावित होती है एवं इसके भय से मुस्लिम महिला अपने अधिकारों की माँग नहीं कर पाती।

निष्कर्ष

उपरोक्त विवेचन से निष्कर्ष यह निकलता है कि तीन तलाक एक ऐसी प्रथा है जिसमें केवल महिला ही प्रभावित होती है इस तरह का तलाक जब भी किसी मुस्लिम महिला को मिलता है तो उनका जीवन अन्धकार में पड़ जाता है और उसके सामने अनेक समस्या खड़ी हो जाती ऐसी स्थिति में वह महिला न तो सामाजिक रूप से और नहीं राजनैतिक रूप से बल्कि आर्थिक रूप से भी टूट जाती है। जिसके फलस्वरूप वह अपने आप को कभी भी सशक्त नहीं कर पाती। अत: मुस्लिम महिला के जीवन या सशक्तिकरण में तीन तलाक मुख्यबाधा है जिसका साक्ष्य मुस्लिम महिलाओं को संगठित होकर करना चाहिए।

तीन तलाक सम्बन्धी कानूनों में संसोधन के लिए एंव सामाजिक-आर्थिक अधिकार प्राप्त करने के लिए लड़ना चाहिए धर्म के ठेकेदार या धार्मिक नेता एवं सरकार मुस्लिम महिलाओं की प्रस्थ्ज्ञिति को ऊँचा उठाने का प्रयास करेंगे या नहीं

ये अलग बात है लेकिन स्वयं महिलाओं को ही अपने आपको संविधान के द्वारा प्रदत्त अधिकारों के आधार पर संगठित होकर अपने लिए सामाजिक एवं आर्थिक परिवर्तन के लिए निरन्तर प्रयास करने होंगे।

यथा-

''आज नारी को आसरा नहीं, साथ चाहिए
खामोशी नहीं सुलझी सी बात चाहिए,
हमेशा से करती आयी है
सबके लिए जी का न्यौछावर
अब बिना पंझो के ही न रूकने वाली उडान चाहिए
देवी नहीं बनना चाहती है वो
बस अब उले अपनी पहचान चाहिए।''

सन्दर्भ ग्रन्थ सूची

1. लिंग एवं समाज, डॉ0 अमिता सिंह
2. भारतीय सामाजिक व्यवस्था, राम आहूजा
3. समाजशास्त्र, जी0के0 अग्रवाल
4. www.dkeepawali.com> triple-talaq
5. मुस्लिम महिलाओं का दर्द- मुफज्जल हुसैन

28

मुस्लिम महिलाओं द्वारा सामाजिक न्याय की मांगः तीन तलाक के परिप्रेक्ष्य में

नेहा तेवतिया
शोध छात्र
समाजशास्त्र विभाग
चौ0 चरण सिंह, विश्वविद्यालय, मेरठ

कपिल कुमार
शोध छात्र
समाजशास्त्र विभाग
चौ0 चरण सिंह, विश्वविद्यालय, मेरठ

प्रस्तावना

'तलाक' शब्द एक अरबी शब्द है जिसका अर्थ है- निराकरण करना या नामंजूर करना, लेकिन मुस्लिम विधि में तलाक को वैधानिक बंधन से मुक्त करने वाला व्यापक विवाह विच्छेदन सिद्धान्त समझा जाता है। मुस्लिम विधि मे कोई स्वस्थचित्त एवं व्यस्क पति अपनी पत्नी को बिना कारण बताए, विवाह बंधन से मुक्त कर सकता है परन्तु मुस्लिम समुदाय मेंव्यक्ति द्वारा तलाक देते समय दो साक्षियों का उपस्थित होना जरूरी माना जाता है।

जिसमें तीन तलाक प्रमुख मुद्‌दा हैं जहाँ हमें व्याप्त सामाजिक बुराईयों के खिलाफ एक जुट होकर कदम उठाना चाहिए परन्तु पुरूष प्रधान समाज की मानसिकता रखने वाले अधिकांश पुरूष तीन तलाक (सुधारों) का विरोध करने पर अमादा हो जाते हैं। समय परिवर्तन के साथ मानवीय समाज जहाँ सभ्यता विकास के साथ संस्कृति का विकास किया जा रहा है। किन्तु प्रभुत्वशाली

समुदाय ने कमजोर एवं मातृत्व से परिपूर्ण महिला समुदाय को सार्वजनिक समाज की गतिविधि से हमेशा दूर रखा, क्योंकि परिणामस्वरूप विशेष रूप से तीसरी-दुनिया के देशों में महिलाएं संकटग्रस्त हैं। क्योंकि महिला समुदाय शिक्षा, स्वास्थ्य, आर्थिक, प्रक्रियाओं से परिचित न होने से समाज में अपनी सार्थकता साबित नही कर पा रही है।

30 नवम्बर 2006 को भारत में मुसलमानों की सामाजिक, आर्थिक, शैक्षणिक स्थिति पर गठित सच्चर समिति द्वारा संसद के समक्ष 403 पृष्ठों की रिपोर्ट प्रस्तुत की। इस रिपोर्ट के कुछ तथ्यों के साथ कुछ प्रभावी एवं सहयोगात्मक पहल करने की सलाह दी।

मुस्लिम महिलाओं का श्रम बल कुल महिला श्रम बल का 2001 में 14.1 प्रतिशत की तुलना में वर्ष 2011 में 14.8 प्रतिशत ही वृद्धि है। सरकारी (सार्वजनिक क्षेत्र) रोजगार में महिलाओं का प्रतिशत लगभग नगण्य हो क्योकि रिपोर्ट में अखिल भारतीय सेवाओं में मुस्लिम समुदाय 3-4 प्रतिशत ही जिसे 2016 में गृह मंत्रायल ने 3.32-3.19 प्रतिशत प्रस्तुत किया।

सामाजिक न्याय की अवधारणा

सामाजिक न्याय की संकल्पना बहुत व्यापक शब्द है। जिसके अन्तर्गत 'सामान्य हित' के मानक से सम्बन्धित सब कुछ आ जाता है, जो अल्पसंख्यकों के हितो की रक्षा से लेकर निर्धनता और निरक्षरता के उन्मूलन तक सब कुछ पहलुओं को दर्शाता है।

यह न केवल विधि के समक्ष समानता के सिद्धान्त का पालन करने और न्यायपालिका की स्वतन्त्रता से सम्बन्धित है। जैसा हम पश्चिमी देशों में देखते हैं। बल्कि इसका सम्बन्ध उन कुत्सित सामाजिक कुरीतियों जैसे दरिद्रता, बीमारी, बेकारी, और भुखमरी आदि के दूर करने से भी होता है। जिसकी तीसरी दुनिया के विकासशील देशों पर गहरी चोट पड़ी है।

प्वाइंट नंबर 56, 57

तीन तलाक मनमाने तरीके से दी जाती है, यह एक नई चीज है जिसकी कल्पना सुन्ना में नहीं है यानी पैगंबर साहब के जमाने में नहीं थी इसे मज़हब के विरूद्ध माना गया है हमने फैज़ी की किताब में देखा है कि हनाफी स्कूल ने भी तीन तलाक़ को पाप माना है, और ऐसा करने वालो के बारे में कहा गया

हैकि उससे अल्लाह नाराज़ होगा। 2002 में सुप्रीम कोर्ट ने शमीम आरा के केस में तलाक के बारे में कहा है कि इसकी एक प्रक्रिया होगी, तलाक का वाजिब कारण होगा और तलाक से पहले दोनो पक्षों की तरफ़ से समझौते की कोशिश होगी। हम 2002 के इस फैसले से सहमत है।

'1937 का शरीयत अधिनियम भी इस तीन तलाक को मानता है। लागू करता है इसलिए 1937 के ऐक्ट को असंवैधानिक घोषित किया गया है।

मुस्लिम महिलाओं में निर्णय की स्वतन्त्रता

1. सुधार नहीं पूर्ण बदलाव चाहेंगी महिलायें

अगर हम एक स्त्री को उसके समस्त निर्णय का अधिकार देते हैं तो इसका मतलब यह है की हम उसे स्वतंत्र जीवन का उपहार दे रहे हैं और उसके व्यक्तित्व को बढ़ावा दे रहे होते हैं, क्योंकि अपने जीवन के फैसले स्वयं करने से व्यक्तित्व का विकास होता है। मुस्लिम समाज में महिलाओं को अपने अस्तित्व को लेकर अधिक संर्घषरत होना पड़ता है क्योंकि उनके स्वतंत्र अधिकारों को अकसर शरीयत और धर्म का हवाला देकर मारा जाता रहा है। आमतौर पर महिलाओं के संबंध में देखा जाता है कि उन्हें केवल कुछ घरेलू निर्णय लेने का ही अधिकार प्राप्त होता है और यह निर्णय उनके खुद के नहीं बल्कि पारिवारिक होते हैं। महिला अपने बच्चे का पालन पोषण करती है लेकिन उस बच्चे के बारे में फैसला लेने का हक उनको बहुत कम ही मिलता हैं। ऐसे बहुत से क्षेत्र हैं जहां महिलाओं को अभी तक भी स्वतन्त्रता नहीं मिली है। मुस्लिम समाज में महिलाओं की स्थिति और भी गंभीर हैं। मुस्लिम समाज में महिलाओं की स्थिति और भी गंभीर है। मुस्लिम समाज में महिलाओं को और अधिक नियमों और प्रथाओं का पालन करना पड़ता है। अगर हम महिलओं के व्यक्तिगत जीवन को देखें तो वहाँ भी उनको अपनी स्वतन्त्रता के लिए अभी भी संघर्ष करना पड़ रहा है। उन्हें किससे शादी करनी है? कितने बच्चे पैदा करने हैं? किस प्रकार के कपड़े पहनने हैं? कहाँ पढ़ाई करनी है? समाज के किन लागों से ही व्यवहार रखना है? महिलाओं के व्यक्तिगत जीवन के सम्पूर्ण निर्णय का संचालन अप्रत्यक्ष रूप से उनके पारिवारिक सदस्य और समाज के ठेकेदारों द्वारा नियंत्रित होता है। यदि महिलाओं के पास स्वायत्ता और सामाजिक आर्थिक स्वतंत्रता हो तो वह अपनी निर्णय क्षमता का भरपूर उपयोग कर सकती हैं। उनकी स्वंतत्रता का क्षेत्र जितना बढ़ता जाएगा निर्णय प्रक्रिया में उनकी भागीदारी उसी क्रमानुपात में बढ़ेगी।

2. **मलाला युसुफजई** है जिसने शिक्षा के अधिकार के लिए आतंकियों से टक्कर ली। मलाला ने तालिबान के कटर फरमानों से जुड़ी दर्दनाक दास्तानों को महज 11 साल की उम्र में अपनी कलम के जरिए लोगों के सामने लाने का काम किया। 2008 में तालिबान ने स्वात घाटी पर अपना नियंत्रण कर लिया। वहां उन्होंने डी.वी.डी, डांस और ब्यूटी पार्लर पर बैन लगा दिया। साल के अंत तक वहां करीब 400 स्कूल बंद हो गए। इसके बाद मलाल के पिता उसे पेशावर ले गए जहां उन्होंने नेशनल प्रेस के सामने वो मशहूर भाषण दिया जिसका शीर्षक था- हाउ डेयर द तालिबान टेक अवे माय बेसिक राइट टू एजुकेशन? तब वो महज 11 साल की थी। साल 2009 में उसने अपनानाम श्गुल मकईश् से बीबीसी के लिए एक डायरी लिखी। इसमें उसने स्वात में तालिबान के कुकृत्यों का वर्णन किया था। 2012 को तालिबानी आतंकी उस बस पर सवार हो गए जिसमें मलाला अपने साथियों के साथ स्कूल जाती थीं। उन्होंने मलाला पर एक गोली चलाई जो उसके सिर में जा लगी। मलाला पर यह हमला 9 अक्टूबर 2012 को खैबर पख्तूनख्वा प्रांत के स्वात घाटी में किया था। जबवह स्वस्थ हुई तो अंतरराष्ट्रीय बाल शंति पुरस्कार, पाकिस्तान का राष्ट्रीय युवा शांति पुरस्कार (2011) के अलावा कई बड़े सम्मान मलाला के नाम दर्ज होने लगे। 2012 में सबसे अधिक प्रचलित शख्सियतों में पाकिस्तान की इस बहादुर बाला मलाला युसूफजई के नाम रहा। लड़कियों की शिक्षा के अधिकार की लड़ाई लड़ने वाली साहसी मलाला यूसुफजई की बहादूरी के लिए संयुक्त राष्ट्र द्वारा मलाला के 16 वें जन्मदिन पर 12 जुलाई को मलाला दिवस घोषित किया गया। बच्चों और युवाओं के दमन के खिलाफ और सभी को शिक्षा के अधिकार के लिए संघर्ष करने वाले भारतीय समाजसेवी कैलाश सत्यार्थी के साथ संयुक्त रूप से उन्हें 10 दिसंबर को पुरस्कार प्राप्त करने वाली मलाला दुनिया की सबसे कम उम्र वाली नोबेल विजेती बन गयी।

कुरान में तलाक के असल मायने क्या हैं

दरअसल, दीने इब्राहीम की रिवायात के मुताबिक अरब, जाहिलियत के दौर में भी तलाक़ से अनजान नहीं थे, उनका इतिहास बताता है कि तलाक़ का कानून उनके यहां भी लगभग वही था, जो अब इस्लाम में है, लेकिन कुछ बिदअतें उन्होंने इसमें भी दाखिल कर दी थीं।

किसी जोड़े में तलाक की नौबत आने से पहले हर किसी की यह कोशिश होनी चाहिए कि जो रिश्ते की डोर एक बार बन्ध गई है, उसे मुमकिन हद तक

टूटने से बचाया जाए।

जब किसी पति-पत्नी का झगड़ा बढ़ता दिखाई दे, तो अल्लाह ने कुरान में उनके करीबी रिश्तेदारों और उनका भला चाहने वालों को यह हिदायतें दी है, कि वो आगे बढ़ें और मामले को सुधारने की कोशिश करें। इसका तरीका कुरान ने यह बतलाया है कि ''एक फैसला करने वाला शौहर के खानदान में से मुकर्रर (नियुक्त) करें और एक फैसला करने वाला बीवी के खानदान में से चुने और वे दोनों पक्ष मिल कर उनमें सुलह कराने की कोशिश करें। इससे उम्मीद है कि जिस झगड़े को पति पत्नी नहीं सुलझा सके वो खानदान के बुजुर्ग और दूसरे हमदर्द लोगों के बीच में आने से सुलझ जाए।

अल्लाह कुरान में फरमाता है- "और जब तुम औरतों को तलाक दो और वो अपनी इद्दत के खात्मे पर पहुंच जाए तो या तो उन्हें भले तरीक़े से रोक लो या भले तरीक़े स रुखसत कर दो, और उन्हें नुक्सान पहुंचाने के इरादे से ना रोको के उन पर जुल्म ना करो, और याद रखो के जो काई ऐसा करेगा वो दर हकीकत अपने ही ऊपर जुल्म ढाएगा, और अल्लाह की आयातों को मज़ाक ना बनाओ और अपने ऊपर अल्लाह की नेमतों को याद रखो और उस कानून और हिकमत को याद रखो जो अल्लाह ने उतारी है जिसकी वो तुम्हे नसीहत करता है, और अल्लाह से डरते रहो और ध्यान रहे के अल्लाह हर चीज़ से वाकिफ है''। (सूरेह बक्राह-231)

लेकिन अगर उन्होंने इद्दत के दौरान रुजू नहीं किया और इद्दत का वक्त ख़त्म हो गया तो अब उनका रिश्ता ख़त्म हो जाएगा, अब उन्हें जुदा होना है।

इस मौके पर कुरान ने कम से कम दो जगह (सूरेह बक्राह आयंत 229 और सूरेह निसा आयत 20 में) इस़ बात पर बहुत जोर दिया है कि मर्द ने जो कुछ बीवी को पहले गहने, कीमती सामान, रुपयें या कोई जाएदाद तोहफे के तौर पर दे रखी थी, सब माल जो बीवी को तलाक से पहले दिया था वो अब भी बीवीका ही रहेगा और वो उस माल को अपने साथ लेकर ही घर से जाएगी, शौहर के लिए वा माल वापस मांगना या लेना या बीवी पर माल वापस करने के लिए किसी तरह का दबाव बनाना बिल्कुल जायज़ नहीं है।

(नोट- अगर बीवी ने खुद तलाक मांगा था। जबकि शौहर उसके सारे हक सही से अदा कर रहा था या बीवी खुली बदकारी पर उतर आई थी, जिसके बाद उसको बीवी बनाए रखना मुमकिन नहीं रहा था, तो मेहर के अलावा उसको दिए हुए माल में से कुछ को वापस मांगना या लेना शौहर के लिए जायज़ है।) अब

इसके बाद बीवी आज़ाद है, वो चाहे जहां जाए और जिससे चाहे शादी करे, अब पहले शौहर का उस पर काई हक बाकी नहीं रहा।)

इसके बाद तलाक देने वाला मर्द और औरत जब कभी ज़िन्दगी में दोबारा शादी करना चाहें तो वो कर सकते हैं, इसके लिए उन्हें आम निकाह की तरह ही फिरसे निकाह करना होगा और शौहर को मेहर देने होंगे और बीवी को मेहर लेने होंगे।

अब फ़र्ज़ करें कि दूसरी बार निकाह करने के बाद कुछ समय के बाद उनमें फिरसे झगड़ा हो जाए और उनमें फिर से तलाक इसके बाद तलाक देने वाला मर्द और औरत जब कभी ज़िन्दगी में दोबारा शादी करना चाहे तो वो कर सकते हैं, इसके लिए उन्हें आम निकाह की तरह ही फिरसे निकाह करना होगा और शौहर को मेहर देने होंगे और बीवी को मेहर लेने होंगे।

अब फ़र्ज़ करें कि दूसरी बार निकाह करने के बाद कुछ समय के बाद उनमें फिरसे झगड़ा हो जाए और उनमें फिर से तलाक हो जाएं तो फिर से वही पूरा प्रोसेस दोहराना होगा जो ऊपर बताया गया है।

अब फ़र्ज़ करें कि दूसरी बार भी तलाक के बाद वो दोनों आपस में शादी करना चाहें तो शिरयत में तीसरी बार भी उन्हें निकाह करने की इजाज़त है। लेकिन अब अगर उनको तलाक हुई तो यह तीसरी तलाक होगी जिस के बाद ना तो रुजू कर सकते हैं और ना ही आपस में निकाह किया जा सकता है।

हलालाः अब चौथी बार उनकी आपस में निकाह करने की कोई गुंजाइश नहीं, लेकिन सिर्फ ऐसे कि अपनी आज़ाद मर्ज़ी से वो औरत किसी दूसरे मर्द से शादी करे और इत्तिफाक़ से उनका भी निभा ना हो सके और वो दूसरा शौहर भी उसे तलाक दे दे या मर जाए तो ही वो औरत पहले मर्द से निकाह कर सकती है, इसी को कानून में ''हलाला'' कहते हैं। लेकिन याद रहे यह इत्तिफ़ाक से हो तो जायज़ है, जान बूझकर या प्लान बना कर किसी और मर्द से शादी करना और फिर उससे सिर्फ इसलिए तलाक लेना ताकि पहले शौहर से निकाह जायज़ हो सके यह साजिश सरासर नाजायज़ है और अल्लाह के रसूल (सल्लल्लाहु अलैहि वसल्लम) ने ऐसी साजिश करने वालों पर लानत फरमाई है।

खुलाः अगर सिर्फ बीवी तलाक चाहे तो उसे शौहर से तलाक मांगना होगी, अगर शौहर नेक इंसान होगा तो ज़ाहिर है वो बीवी को समझाने की कोशिश करेगा और फिर उसे एक तलाक दे देगा, लेकिन अगर शौहर मांगने के बावजूद भी तलाक नहीं देता तो बीवी के लिए इस्लाम में यह आसानी रखी गई है कि

वो शहर काज़ी (जज) के पास जाए और उससे शौहर से तलाक दिलवाने के लिए कहे। दरअसल, इस्लाम ने काज़ी को यह हक़ दे रखा है कि वो उनका रिश्ता ख़त्म करने को ऐलान कर दे, जिससे उनका तलाक हो जायेगा, कानून में इसे ''खुला'' कहा जाता है।

यही तलाक का सही तरीका है, लेकिन अफ़सोस की बात है कि हमारे यहां इस तरीके की खिलाफ वर्जी भी होती है और कुछ लोग बिना सोचे-समझे इस्लाम के खिलाफ तरीके से तलाक देते हैं, जिससे खुद भी परेशानी उठाते हैं और इस्लाम की भी बदनामी होती है।

मुस्लिम महिलाएंः स्त्री को हो बराबरी का हक

तलाक के सामंती नियमों और असमानता के विरोध में मुस्लिम औरतों के स्वर अब तीखे होने लगे है।' 'भारतीय मुस्लिम महिला आंदोलन' पिछले 5 वर्षो से देश में 15 राज्यों मे साक्रिय हो देशभर में करीम 25000 मुस्लिम औरतें इस संगठन से जुड़ी हो इसकी अध्यक्ष नाइश हसन ने इंडिया टुडे से कहा कि किसी भी धर्म के निजी कानून औरतो को सुरक्षा नहीं देते। उनके मुताबिक 1939 मुस्लिम विवाह विच्छेद अधिनियम मे मुस्लिम औरतों को तलाक का अधिकार तो दिया पर मर्दो के एक तरफा तीन तलाक के हक पर अंकुश नही लगाया।

कानून की व्याख्याऐं तब तक कानून नहीं बनती जब तक उसे संसद द्वारा अनुसमर्थित नही कर दिया जाता संसद में 1937,1939 और 1986 के कानून को अनुमोदित किया गया हो। नाइश हसन के मुताबिक भारतीय मुस्लिम महिला आंदोलन ने यह पहल की है कि कुरान के विचारों की तर्ज पर शादी और तलाक से संबंधित कानूनों को संहिताबद्ध (कोडिफाइड) किया जाए।

डॉ0 कुदसिया अंजुम का कहना था कि छोटी-छोटी बातों पर एक ही झटके में औरतों को तलाक दिया जाने से उनकी हालत नरक जैसी बन गई है। प्रमुख उर्द पत्रकार एवं लेखक डॉ0 शहिद जुबैरी का कहना था कि मुस्लिम औरतों को तलाक कुरान की भावनाओं के अनुरूप ही दिया जाना चाहिए।

इंस्टीटयूट ऑफमुस्लिम लॉ के डायरेक्टर एंव मशहूर वकील अनवर अली एडवोकेट का कहना था कि मुस्लिम पर्सनल लॉ अंग्रेजी हुकूमत में 1936-37 के दौरान दारूल उलूम देवब़द के संरक्षक रहे मौलाना अरशफ अली था नवी पाकिस्तान के संस्थापक मोहम्मद अली जिन्ना एवं सहारनपुर के मौ0 अहमद काजमी एडवोकेट के प्रयासों के चलते तैयार किया गया था। आज उसी की

रोशनी में मुसलमानों के शादी, विवाह, मेहर एवं खर्चा आदि के मुकदमों का निपटारा किया जाता है।

मुस्लिम महिला मांगे तलाक से आजादी.............

तलाक तो दे रहे हो कहर के साथ, मेरा शबाब भी लौटा दो, मेहर के साथ।

इतिहास विश्व के सबसे बड़े लोकतंत्र. यानी भारत की मुस्लिम महिलाओं का है यह क्रंदन जिन्हें आज भी बुनियादी अधिकारों से वंचना का सामना करना पड़ रहा है इन दिनों जब हर कोई आजादी के लिए बेताब ही, हमारी मुस्लिम बहनें भी आजादी चाहती हैं।- तीन बार तलाक कहं जाने से, चार पत्नियों वाले पति के उत्पीड़न से, हलाला वगैरह से आजादी से।

माननीय न्यायालय के समक्ष सवाल था कि क्या कोड ऑफ क्रिमिनल प्रेसिजर, 1973 की धारा 125 इस मामले में लागू हो ?

राजनीतिक प्रभाव-प्रतिक्रियाएं

आपराधिक अहालत को मुस्लिम पर्सनल लॉ के खतरे के रूप में देखा जाने लगा उन्हें हिंदू दबदबे और हिंदू मूल्यो को थोपे जाने का संकेत समझा जाने लगा राजीव गांधी के नेतृत्व में कांग्रेस सरकार, जिसने शाह बानो मामले में सुप्रीम कोर्ट के फैसले का समर्थन किया था, दिसम्बर 1985 में स्थानीय चुनाव में शिकस्त खा बैठी।

मुस्लिम वीमेन्स (प्रोटेक्शन ऑफ राइट्स ऑन डाइवोर्स) एक्ट, 1986

एक मुस्लिम महिला सांसद ने मुस्लिम वीमेन्स (प्रोटेक्शन ऑफ राइट्स ऑन डाइवोर्स) बिल, नाम से निजी बिल पेश किया इस मंशा से कि मुस्लिम अपने पर्सनल लॉ का संरक्षण कर सके यह बिल 1986 में पारित हो गया जिसके तहत कोड ऑफ क्रिमिनल प्रेसिजर, 1973 की धारा 125 को मुस्लिम महिलाओं के लिए अमान्या कर दिया गया।

पर्सनल लॉ और एक समान नागरिक संहिता में श्रेष्ठता कौन को लेकर विवाद एक बार फिर से धार्मिक, राजनीतिक, वैधानिक और सामाजिक चर्चा के केंद्र में आ गया मुस्लिम वीमेन्स, 1986 को 28 सितम्बर, 2001 को डेनियल लतीफी बनाम भारत संध 1986 के डब्ल्यूपी (सी) 868 के तहत चुनौती दी गई इस पर पांच सदस्यीय संविधान पीठ ने फैसला दिया मानवीय सुप्रीम कोर्ट ने

व्यवस्था दी कि तलाकशुदा पत्नी के भविष्य के लिए उचित और प्रर्याप्त व्यवस्था करने को मुस्लिम पति बाध्य है।

कल्याणी की अध्यक्षा सरला मुद्‌गल एवं अन्य बनाम भारत संघ (10 मई, 1995) 3 एस.सी.सी. 635 मामले में जस्टिस कुलदीप सिंह और आर.एम. सहाय की बेंच ने ऐतिहासिक फैसला दिया, इस मामले में माननीय सुप्रीम कोर्ट के सामने मुद्दा था।

हिंदू कोड बिल और निर्देशक संहिताओं का परिशिष्ट

भारतीय संसद ने हिंदू लॉ कमेटी की सिफारिशों पर 1948-1951 तथा 1951-54 के सत्रों के दौरान चर्चा की थी। खासे शोर-शराबे और विवाद के उपरांत संसद ने 1956 में चार प्रथम अधिनियम पारित किए गए ये थे : हिंदू माइनरिटी एंड गार्डियनशिप एक्ट: तथा हिंदू अडोप्शन एंड मेंटिनेंस एक्ट, अलबत्ता, एक समान नागरिक संहिता लागू नहीं करवाई जा सकी।

लिली थॉमस एवं अन्य बनाम भारत संघ (2000) 6 एस.सी.सी. 224

लिली थॉमस एवं अन्य बनाम भारतसंघ मामले में अदालत ने कहा था कि अगर नागरिकों के लिए एक समान नागरिक संहिता की संवैधानिक अनिवार्यता के रूप में व्यवस्था होती तो शाह बानो तथा सरला मुद्‌गल जैसे मामले सामने आते ही नहीं।

पहली पाँच महिलाऐं जिन्होंने तलाक के लिए लड़ाई लड़ी

नई दिल्ली

सुप्रीम कोर्ट ने ऐतिहासिक फैसला देते हुए तीन तलाक को असंवैधानिक करार दिया है। देश की सबसे बड़ी अदालत में लड़ी गई इस कानूनी लड़ाई को अपने अंजाम तक पहुंचाने में कई महिलाओं का संघर्ष शामिल रहा है। इनमें सबसे अहम नाम है उत्तराखंड की सायरा बानो का जो इस मामले को सबसे पहले सुप्रीम कोर्ट लेकर गई थीं। उनके अलावा आफरीन रहमान, गुलशन परवीन, इशरत जहां और अतिया साबरी भी उन महिलाओं में हैं जिन्होंने तीन तलाक के खिलाफ आवाज बुलंद की। इनमें से किसी को फोन पर तलाक मिला था,

किसी को स्पीड पोस्ट से, किसी को स्टांप पेपर पर तो किसी को कागज के एक टुकड़े पर।

1. सायरा बानो

उत्तराखंड के काशीपुर की रहने वाली सायरा बानो ने पिछले साल सुप्रीम कोर्ट में अर्जी दायर कर ट्रिपल तलाक और निकाह हलाला के चलन की संवैधानिकता को चुनौती दी थी। साथ ही, उनकी याचिका में मुस्लिमों में प्रचलित बहुविवाह प्रथा को भी गलत बताते हुए उसे खत्म करनी की मांग की गई थी। अर्जी में सायरा ने कहा था कि तीन तलाक संविधान के अनुच्छेद 14 और 15 के तहत मिले मौलिक अधिकारों का उल्लंघन है। सायरा बानो ने एन.बी.टी. से बातचीत में बताया था, मैंने कुमायूं यूनिवर्सिटी से समाजशास्त्र में एमए किया है। 2001 में मेरी शादी हुई। 10 अक्टूबर 2015 को पति ने मुझे तलाक दे दिया तलाक के बाद मैं अपने पैरेंट्स के साथ रह रही हुं। मेरा एक बेटा और एक बेटी है। दोनों स्कूल जाते हैं। उनका खर्चा मैं कैसे उठाऊं। मुझे लगता है कि मेरे मूल अधिकार का हनन हुआ है। अपने पैरंट्स की मदद से मैं दिल्ली आई और एडवोकेट बालाजी श्रीनिवासन से मिलकर कोर्ट में याचिका दायर की। मुझे किसी भी दूसरी महिला की तरह अपना हक चाहिए।'

2. आफरीन रहमान

जयपुर की 25 वर्षीय आफरीन रहमान ने भी तलाक के मुद्दे पर सुप्रीम कोर्ट का दरवाजा खटखटाया था। उन्होंने बताया था कि इंदौर में रहने वाले उनके पति ने स्पीड पोस्ट के जरिए तलाक दिया है, जो सही नहीं है। आफरीन ने कोर्ट से न्याय की मांग की थी। आफरीन का आरोप था कि उनके पति समेत ससुराल पक्ष के दूसरें लोगों ने मिलकर दहेज की मांग को लेकर उनके साथ काफी मारपीट की और फिर उन्हें घर से निकाल दिया।

3. अतिया साबरी

यूपी के सहारनपुर की आतिया साबरी के पति ने क़ागज पर तीन तलाक लिखकर आतिया से अपना रिश्ता तोड़ लिया था। उनकी शादी 2012 में हुई थी। उनकी दो बेटियां भी हैं। अतिया ने आरोप लगाया था कि लगातार दो बेटियां होने से नाराज उनके शौहर और ससुर उन्हें घर से निकालना चाहते थे। उन्हें दहेज के लिए भी परेशान किया जाता था।

4. गुलशन परवनी

यूपी के ही रामपुर में रहने वाली गुलशन परवीन को उनके पति ने 10 रूपये के स्टांप पेपर पर तलाकनामा भेज दिया था। गुलशन की 2013 में शादी हुई थी और उनका दो साल का बेटा भी है।

5. इशरत जहां

तीन तलाक को संवैधानिकता को चुनौती देने वालों में पश्चिम बंगाल के हावड़ा की इशरत जहां भी शामिल थीं। इशरत ने अपनी याचिका में कहा था कि उसके पति ने दुबई से ही उन्हें फोन पर तलाक दे दिया। इशरत ने कोर्ट को बताया था कि उसका निकाह 2001 में हुआ था और उसके बच्चे भी हैं जिन्हें पति ने जबरन अपने पास रख लिया है। याचिका में बच्चों को वापस दिलाने और उसे पुलिस सुरक्षा दिलाने की मांग की गई थी। याचिका में कहा गया था कि ट्रिपल तलाक गैरकानूनी है और मुस्लिम महिलाओं के अधिकारों का हनन है।

निष्कर्ष

नागरिक संहिता में विवाह, विवाह-विच्छेद, गुजारा भत्ता, विरासत, उत्तराधिकार वगैरह से जुड़े कानून शामिल होते हैं, भारत क्रिमिनल प्रोसिसर कोड लागू है, जो एक समान प्रकृति का है, और जाति, लिंग, धर्म पर विचार किए बिना सभी नागरिकों पर यह लागू हैं, लेकिन इसी के साथ हमारे पास सिविल प्रोसिजर कोड है, जो विभिन्न धर्मो के लिए भिन्न-भिन्न है, यह विसंगति हटाई जानी चाहिए ताकि देश वास्तविक अर्थो में धर्मनिरपेक्ष बन सके। भारत के संविधान के अनुच्छेद 14 और 21 में देश के प्रत्येक नागरिक को कानून की दृष्टि में समानता का अधिकार प्रदान करते हैं, सभी को कानून का संरक्षण प्रदान करते हैं, साथ ही, सभी को सम्मान के साथ जीवन सुनिश्चित करने का अधिकार देते हैं मुस्लिम महिलाओं को उनके अमानवीय जीवन और हालात से निजात दिलाने के लिए यह आहवान कर दे, कह उठे : हम लेकर रहेंगे आजादी, हम छीन के लेंगे आजादी,

सन्दर्भ सूचि

1. https://www.google.com
2. https://him. wikepedea.org

3. https:// hindi hews 18com
4. सिंह, निशांत (2008), मानवाधिकार और महिलाएं, राधा, पब्लिकेशन, नई दिल्ली
5. भुटो, बेनजीर (2012), मेरी आपबीती, राजपाल एड सन्ज, नई दिल्ली
6. हिन्दुस्तान अखबार, 22 मार्च 2015,

29

भारतीय समाज में आधुनिकता की प्रतीक्षा : मुस्लिम महिलाओं के मानवाधिकारों के सम्बन्ध में"

डॉ0 नीशु कुमार
सहायक आचार्य
राजनीति विज्ञान विभाग
चमन लाल महाविद्यालय, लण्ढौरा,
हरिद्वार (उत्तराखण्ड)

प्राकृतिक रूप महिलाएँ पुनः उत्पादन का विशिष्ट गुण रखती है, जिसके परिणामस्वरूप महिलाएँ मानव सभ्यता को जीवित रखने में अपना सहयोग कर रही हैं, किन्तु महिलाओं को प्राकृतिक अधिकारों से वंचित रखा गया है क्योंकि वेद पुराणों में नारी वर्णन मिलता है। जैसे ऋग्वेद में 27 ब्राह्मवादियों का उल्लेख मिलता है। जिनमें अदिति, जुहू, इन्द्राणी, सरमा, घोषा आदि है। वही उपनिषद् काल में गार्गी एवं मैत्रेयी का वर्णन है। गार्गी ने तो याज्ञवल्क्य तक की शास्त्रार्थ में पिछड़ दिया था। रामायण में अनसुइया, शबरी, स्वयंप्रभा, सीता (स्त्रियाँ में उत्तम) का प्रशंसनीय वर्णन मिलता है। अभिज्ञान शाकुन्तलम् में शकुन्तला के प्रेम की कथा का उल्लेखनीय वर्णन है। महाभारत में स्वयं ईश्वर के अवतार ने महिला सम्मान में सौलह हजार महिलाओं से शादी कर उनके जीवन का उद्धार किया परन्तु इन्हीं कालखण्डों में महिलाओं को पुरूष सत्ता के नकारात्मक प्रभावों से गुजरना पड़ा। जैसे महाभारत में द्रोपदी ने पहले पाँच पुरूषों से शादी की और बाद

में बिना द्रौपदी का पक्ष जाने उसे जुए पर लगा दिया गया यह प्रदर्शित करता है कि महिलाएँ शुरू से उपभोग की वस्तु रही है वही जहाँ स्त्रियाँ में उत्तम सीता ने अपने पति के सम्मान में वनवास को स्वीकार किया। वहीं सीता शरीर की पवित्रता का प्रमाण देने के लिए अग्नि-परीक्षा दी और बाद में सामाजिक आलोचना के चलते सीता को गर्भ धारण की अवस्था में जंगलों में रहना पड़ा। अर्थात् जगत जननी का जीवन संघर्षमय रहा है।

मनुस्मृति-

(क) यत्र नार्यस्तु पूज्यन्ते रमन्ते तत्र देवता।

(ख) ढोल और ढंका, पशु और नारी!

ये चारों डंडा अधिकारी।

उपरोक्त दोनों वाक्य मनुस्मृति में उल्लेखित है। मनुस्मृति भारतीय उपमहाद्वीप में रचित प्रथम राजव्यवस्था से सम्बन्धित पुस्तक है। प्रथम वाक्य में नारी सम्मान को जहाँ देव्य शक्ति से प्रदर्शित किया जा रहा है। वहीं द्वितीय वाक्य में नारी को अपमानित कर पशु व हिंसा की श्रेणी में रखा जा रहा है।

गौतम बुद्ध ने कहा है कि महिला तब तक चरित्रहीन नहीं हो सकती, जब तक पुरूष चरित्रहीन ना हो। अर्थात् पुरूष की मनोदशा महिला की स्थिति को निर्धारित करती है। वही गौतम बुद्ध धम्म में महिलाओं के प्रवेश पर आनंद से विचार विमर्श में कहते हैं कि धम्म में महिलाओं के प्रवेश के बाद बौद्ध धम्म सिर्फ 500 वर्षो तक ही चलेगा। गौतमबुद्ध अप्रत्यक्ष तौर पर महिलाओं के प्रति नकारात्मक रवैया दिया था किन्तु बाद महाप्रजापति सहित 500 महिलाओं को प्रवेश दिया।

प्रथम प्रमाणिक पश्चिमी राजनीतिक विचारक प्लेटों ने महिलाओं को साम्यवाद दृष्टिकोण से सार्वजनिक सम्पत्ति घोषित किया। एंथेस व इसके आस-पास राजव्यवस्थाओं में महिला, गुलाम, गरीब, पिछड़ों को नागरिकता का अधिकार नहीं था। लगातार विकसित होते राजनीतिक दृष्टिकोणों ने महिलाओं को अलग रूप में प्रस्तुत किया। आश्चर्य जनक बात है कि मौहम्मद साहब (पैगंबर) से पहले एवं बाद में हौवा/हिब्रू के अलावा किसी भी महिला का उल्लेख ईश्वरीय रूप की प्रदर्शित नहीं करता। हौवा को आदम की पत्नी बताया जाता है। जिन्हें सभी मनुष्यों की माता माना गया।

अन्नत: महिलाओं को मानवीय सभ्यता के उदय से ही संकट ग्रस्त स्थितियाँ में जीवन यापन करना पड़ा है। प्राचीन से आज सूचना प्रौद्योगिकी युग तक

महिलाएँ अपने प्राकृतिक अधिकार (समानता स्वतन्त्रता) के लिए लड़ रही है। आज जहाँ महिलाएँ अपनी प्रतिभा के बल पर अंतरिक्ष, विज्ञान, मेडिकल, सामाजिक सेवा में मानवीय सभ्यता को गौरवान्वित कर रही है। वही सामाजिक एवं आर्थिक दुर्बलता के चलते पुरूषवादी सोच के समाज में अपने अस्तित्व के लिए लड़ रही है। वर्तमान समय में दहेज प्रथा एवं अशिक्षा ऐसी सामाजिक बुराई है जिन्होंने महिला जीवन की प्रत्यक्ष रूप से प्रभावित किया है। दहेज देने के अभाव में इन्हें घरेलू हिंसा, विवाह विच्छेदन का दंश झेलना पड़ता है। अशिक्षित होने के कारण आर्थिक सुदृढ़ नहीं बना पाती और पुरूष आसरित जीवन जीने के लिए विवश होना पड़ता है।

शाहबानों (1981), शायरा बानो (2016-17) की दृढ इच्छा शक्ति ने एक बार फिर भारतीय समाज महिला अधिकारों की बहस करने पर मजबूर कर दिया है। तीन तलाक दहेज प्रथा, महिलाओं की शिक्षा प्रति सामाजिक अनदेखी ने मानवीय सभ्यता के विकास एवं संस्कृति पर प्रश्न चिन्ह लगाऐ हैं क्योंकि भारतीय उपमहाद्वीप में जहाँ प्राचीन साहित्य संस्कृत साहित्य में जहाँ पुरूषसत्ता का बोध होता है। वही भारतीय संस्कृति मातृसत्तात्मक संस्कृति को भी दर्शाती है। अर्थात्- नास्ति मातृसभा छाया, नास्ति मातृसमा नास्ति, मातृसमा ;णं, नास्ति मातृसमा प्रिय। मातृदेवी भवः का आदर्श था। पितुः सहस्त्रगुणा माता की भाव समाज में प्रबल थी।

22 दिसम्बर 2017 को भारत एक बार फिर सामाजिक आधुनिकता पर चर्चा होने लगी क्योंकि 1947-50 में भारत ने राजनीतिक आधुनिक को स्वीकार किया और 1990-91 में आर्थिक सुधार कर आधुनिक वैश्वीकरण व्यवस्था में प्रवेश किया किन्तु भारतीय समाज के स्तर पर आधुनिकता अभी स्वप्नदर्शी है। जिसमें प्रमुख है। विवाह-विच्छेद (तलाक) आर्थिक समानता, महिला शिक्षा एवं रोजगार स्वतन्त्रता एवं असामाजिक प्रथाओं का अंत आदि।

विवाह-विच्छेद (तलाक)

मानवीय सभ्यता विकसित होने साथ-साथ समाज, परिवार, गाँव, शहर, नजर कस्बों का विकास हुआ। परिवार इस श्रेणी सर्वप्रथम कड़ी है। परिवार, पुरूष महिला के आपसी सहयोग एवं सहायता से बनता है। अर्थात् जब पुरूष व महिला सामाजिक रीति रिवाजों से जब एक दूसरे के साथ जीवन व्यतीत करने का निर्णय लेते हैं। इस सामाजिक प्रक्रिया को शादी, निकाह, विवाह, मैरिज कहा जाता है। जिसे अलग धर्मों में अलग विधियाँ से पूर्ण किया जाता है। इसे एक

सामाजिक संविदा भी कहा जाता है। पुरूष एवं महिला परस्पर आर्थिक सामाजिक सहयोग एवं समन्वय से पारिवारिक संगठन को क्रियान्वित करते हैं अर्थात् निकाह/विवाह तो एक पुरूष व एक महिला का आपसी संगठन था। लेकिन बाद में पुरूष सत्ता समाज ने इस संविदा तोड़ कर दूसरी शादी करने की प्रक्रिया करने लगे। हालांकि विवाह बंधन के साथ विवाह-विच्छेद भी स्वाभाविक है परन्तु धार्मिक (मूल ग्रंथों कुरान) ग्रंथों में प्राकृतिक कारण (मृत्यु) के अलावा विवाह विच्छेद को अमानवीय बताया गया है। दूसरा पक्ष यदि पुरूष या स्त्री अपने वैवाहिक जीवन से खुश नहीं है तो दोनों परस्पर सहमति से विवाह विच्छेद (तलाक) कर सकते हैं।

पैगम्बर साहब का कथन- ''यदि कोई स्त्री अपने विवाह से दुखी है, तो उस सम्बन्ध को विच्छेद हो जाना चाहिए तथा ईश्वर की दृष्टि से अनुमोदित बातों में विवाह विच्छेद सबसे बुरा है।''

पैगम्बर साहब विवाह विच्छेद को दुनिया भर सबसे अमानवीय घटना मानते है किन्तु जन विरोध की आशंका से कुछ सुधार किये। मुस्लिम विधि में तलाक को उचित माना गया है किन्तु उसके अकारण प्रयोग को वे नैतिकता एवं धर्म की दृष्टि से जघन्य समझते है। पैगम्बर साहब का कथन है कि जो मनमानी रीति से पत्नी को अस्वीकार करता है। वह खुदा (ईश्वर) के यहाँ पाप का पात्र होता है। अपने अन्तिम समय के निकट उन्होंने बिना पंच या न्यायधीश के हस्तक्षेप के पुरूषों द्वारा तलाक के प्रयोग को एक प्रकार से लगभग वर्णित सा कर दिया था। इस सम्बन्ध में कुरान में लिखा है कि यदि उनके (पुरूष व महिला) के मध्य वैवाहिक सम्बन्ध के भंग की आशंका हो तो एक निर्णायक प्रति के पक्ष से और एक पत्नी के पक्ष से नियुक्त करो। इस प्रकार यदि वे अपने सम्बन्ध सुधारना चाहेंगे तो अल्लाह उन्हें एकमत कर देगा।

पैगम्बर साहब ने स्पष्ट मानवीय प्राकृतिक सम्बन्ध के बने रहने के लिए कुरान के सूरा-65 के अत-तलाक नामक विषय का उल्लेख किया है। अत-तलाक में मदीना में उतादी 12 आयतें का जिक्र है। इन 12 आयतों में इद्दत, अल्लाह का डर, सम्बन्धों में कड़वाहट के दौरान धैर्य रखने, स्त्रियाँ मासिक धर्म, गर्भवती के दौरान स्त्री की देखभाल, आपसी बातचीत (सम्प्रेषण) से सम्बन्धों की बहतरी एवं अल्लाह पर भरोसे के साथ उसके सामर्थ्य को बताया गया है। उपरोक्त कुरान वर्णित नियमों में निश्चित ही महिलाओं के प्राकृतिक मानवाधिकार, गरिमा, स्वतन्त्रता को निर्धारित करते हैं लेकिन वर्तमान समय पुरूषसत्ता धारी समाज ने तलाक को स्वयं के फायदे के अनुसार परिभाषित कर दिया है। जिसके चलते

आर्थिक एवं सामाजिक रूप पिछड़ा महिला समुदाय संकटग्रस्त स्थिति में है।

विवाह विच्छेदन का वर्गीकरण

मानवीय समुदाय अन्य जीव जन्तु से अलग अपनी विलक्षण तार्किकता के लिए पहचाना जाता है। इसी तार्किकता का उपयोग करते हुए मानवीय समुदाय परिवार नामक संगठन बनाया। जिसमें विवाह नामक संस्था को अपनाया गया। विवाह, निकाह से स्त्री एवं पुरूष को शारीरिक, मनोवैज्ञानिक, आर्थिक, सामाजिक, भावनात्मक सम्बन्धों की परस्पर पूर्ति भी होती है लेकिन यदि वैवाहिक सम्बन्धों में संघर्ष की स्थिति पैदा हो रही है, तो विवाह विच्छेद (तलाक) का प्रावधान रखा गया। जिसकी परिभाषा अलग धर्मों में अलग तरीके से की गई है। यहाँ विशेष सन्दर्भ इस्लाम है तो इस्लाम के अनुसार तलाक की प्रक्रिया का वर्णन–

(क) ईश्वरीय कृत्य द्वारा विवाह के किसी पक्षकार की मृत्यु हो जाने पर।

(ख) पक्षकारों (स्त्री/पुरूष) के कृत्य के द्वारा विवाह विच्छेदन।

प्रथम तलाक प्रक्रिया में सार्वभौमिक है कि मृत्यु के अलावा कोई और कारण नहीं हो सकता किन्तु द्वितीय प्रकार में–

(क) न्यायेतर विवाह–विच्छेद

(ख) न्यायिक विवाह विच्छेद।

मुस्लिम विवाह–विच्छेद अधिनियम–1939 के अन्तर्गत

– लियन

– फस्ख

न्यायेतर विवाह–विच्छेद–

– पति द्वारा तलाक, इला, जिहार के द्वारा विवाह विच्छेद किया जा सकता।

– पत्नी द्वारा प्रत्यायोजित तलाक के द्वारा विवाह विच्छेद किया जा सकता है।

– पारस्परिक सहमति द्वारा खुला, मुबारक के द्वारा विवाह विच्छेद किया जा सकता है।

अर्थात् विवाह विच्छेद के निम्नलिखित प्रकार हो सकते हैं–

तलाक, इला, जिहार, खुला, मुबारत, लियन, फस्ख आदि।

''तलाक'' एक अरबी शब्द है। जिसका शाब्दिक अर्थ–निराकरण करना या नामंजूर करना परन्तु मुस्लिम विधि के अन्तर्गत इसका अर्थ वैवाहिक बंधन से

मुक्त करना है। तलाक हर प्रकार के विवाह-विच्छेद का एक व्यापक नाम है। मुस्लिम विधि में कोई स्वस्थचित एवं व्यस्क पति अपनी पत्नी को बिना कोई कारण बताये अपनी इच्छा से जब चाहे तब तलाक दे सकता है परन्तु यदि व्यस्क पुरूष तलाक देते समय नशे एवं विवशता में हो, तो तलाक का उच्चारण विवाह-विच्छेदन नहीं माना नहीं जा सकता है। शिया समुदाय में तलाक देते समय दो साक्षियों की उपस्थिति को जरूरी समझते हैं।

मौखिक या लिखित तलाक

मौखिक उच्चारण में भी तलाक दी जाने का प्रावधान है किन्तु मौखिक रूप से दिये गये तलाक का स्पष्टीकरण अच्छा होना चाहिए, लेकिन शब्दों की अनिश्चितता होने पर शब्दों का आशय को प्रमाणित किया जाना जरूरी है क्योंकि फरजन्द हुसैन बनाम खानू बीवी के मामले में पारिवारिक वकील के समक्ष तलाक दिया किन्तु पत्नी को नामांकित नहीं किया गया था। जिसे बाद में कलकत्ता हाईकोर्ट ने अवैध घोषित करार दिया।

लिखित तलाकनामा, मौखिक तलाक का लिखित एवं छपाई प्रारूप होता है। तलाकनामा काजी, पत्नी के संरक्षक या दूसरे साक्षियों के समक्ष लिखा जाता है। पत्नी की उपस्थिति आवश्यक नहीं है। तलाकनामे के द्वारा दिया गया तलाक दस्तावेज की तारीख से प्रभावी होता है, पत्नी द्वारा उसकी प्राप्ति की तारीख से नहीं। यदि तलाक पत्नी को सूचित न भी किया जाय तो भी वैध और प्रभावी होता है। दिलशादा मासूद बनाम गुलाम मुस्तफा मामलों में शिया विधि से दिये गये तलाकनामे में अरबी की विशिष्ट के लिए जम्मू एवं कश्मीर उच्च न्यायालय ने भाषा प्रतिनिधि देने का प्रावधान भी दिया क्योंकि पति अरबी भाषा का मौखिक एवं लिखित उच्चारण नहीं कर सकता। गूंगे व्यक्ति एवं पत्नी की अनुपस्थिति में तलाक की वैध की क्रमशः गूंगे व्यक्ति भावनात्मक एवं इशारों की प्रमाणित एवं पत्नी की अनुपस्थिति में निर्देश नाम से ही तलाक (विवाह विच्छेदन) की वैध स्वीकारीय है।

(क) विवशता में तलाक

सुन्नी विधि में विवशता में भी दिया गया तलाक अन्य और प्रभावी होता है। पति का इरादा न होते हुए भी पिता को प्रसन्न करने के लिए दिया गया तलाक सुन्नी विधि के अन्तर्गत मान्य होता है। शिया विधि के अन्तर्गत ऐसा तलाक अमान्य होता है।

(ख) नशे में तलाक

सुन्नी विधि में जब तक कि इच्छा के विरूद्ध नशा न दिया गया हो, नशे में दिया गया तलाक भी मान्य होता है परन्तु शिया विधि के अन्तर्गत मान्य नहीं होता है।

(ग) मजाक में तलाक

सुन्नी विधि के अन्तर्गत हंसी मजाक या सिद्ध की मूल से उच्चारित तलाक मान्य होता है परन्तु शिया विधि के अन्तर्गत मजाक में दिया गया तलाक अमान्य होता है।

अर्थात् विवशता, नशे, मजाक में दिया गया तलाक सुन्नी विधि में मान्य है किन्तु शिया विधि में अमान्य है। इससे स्पष्ट होता है। धर्म के अन्दर भी कई विभिन्नताएँ हैं क्योंकि शिया समाज मानवाधिकारों के प्रति उदारता व्यक्त करता है किन्तु सुन्नी समुदाय रूढ़ीवादी पुरूषवादी सोच स्पष्ट रूप से वैधता देता है। उपरोक्त एक ही धर्म के दो अलग-अलग समुदायों में विवाह-विच्छेद से सम्बन्धित विचारधारा एवं प्रक्रिया की विभेदता जहाँ भारतीय संविधान की एक रूपता पर प्रश्न चिन्ह लगाती है। वही 70 वर्षो बाद मुस्लिम के महिलाओं के प्राकृतिक अधिकारों की उपलब्धता पर प्रश्न चिन्ह लगती है क्योंकि विवशता, नशे मजाक में दिया गया तलाक महिलाओं की मानसिक एवं भावनाओं के विरूद्ध अमानवीय स्थिति पैदा करता है।

तलाक के विभिन्न प्रकार

निम्नलिखित तरीकों में से किसी भी प्रकार में तलाक दिया जा सकता है-

(1) तलाक-उल-सुन्नत

(क) तलाक-ए-अहसास

(ख) तलाक-ए-हसन

(2) तलाक-उल-विद्दत।

(1) तलाक-उल-सुन्नत

तलाक की यह विधि पैगम्बर साहब के परम्परा के अनुसार क्रियान्वित किया जाता है- इसके दो उपभाग हैं-

(क) अहसान

(ख) हसन

अहसान

तलाक की सर्वश्रेष्ठ एवं अति उत्तम रीति है। इसके निम्नलिखित शर्तें हैं-

- पति द्वारा एक ही वाक्य में तलाक देने की व्यवस्था है।
- पत्नी मासिक धर्म की अवस्था में ना हो।
- उसे इद्दत की अवधि में संभोग से विरत रहना जरूरी है।
- ''तलाक शुदा स्त्री को तीन मासिक धर्म की अवधि तक प्रतीक्षा करनी चाहिए। (2 : 228)
- और तुम्हारी उन स्त्रियों को जिन पर तुम्हें संदेह है कि उन्हें मासिक धर्म नहीं होता है जब उसका निर्धारित समय 3 माह है। (38 : 4) (स्त्रोत : कुरान)

कुरान में भली-भाँति महिलाओं के प्राकृतिक मानवीय अधिकार का पालन करने का लिखित एवं वैध प्रावधान किया है परन्तु अलग-अलग कालखण्डों में मनुष्यों द्वारा स्वार्थी हितों की पूर्ति के लिए तलाक की परिभाषा को परिवर्तित किया है।

हसन

हसन का अरबी शब्दार्थ अच्छा है। तलाक-ए-हसन में तलाक शब्द का प्रत्येक उच्चारण अलग युद्धों में होता है। इसके अलावा प्रत्येक उच्चारण उस समय होना चाहिए जबकि उस विशेष तुह्र में पति-पत्नी के संभोग न हुआ हो। हसन की अन्य निम्न शर्ते-

- तलाक की शब्दावली या सूत्र के कम से कम तीन उच्चारण किया जाना जरूरी है।
- यदि पत्नी की मासिक धर्म होता है वो पहली बार उच्चारण तुह्र की हालत में और तीसरा उसके बाद की तुह्र की हालत में।
- तुह्र की इन तीन अवधियों में सम्भोग बिल्कुल न होना चाहिए।

ऐसा तलाक तीसरे उच्चारण के बाद अनिवर्तनीय हो जाता है। कुरान के अनुसार- ''तलाक की दो घोषणाओं तक, पति पत्नी को अच्छे साथी की तरह

रखे। (2 : 229) और यदि पति तीसरा तलाक देता है तब पत्नी को उसके साथ रहना विधिपूर्ण नहीं है। जब तक वह दूसरा निकाह न करें। (2 : 230)

कुरान में पैगम्बर साहब ने महिला की गरीमा, समानता एवं स्वतन्त्रता को विधिवत उल्लेखित किया है और प्रयास रहा है कि प्रथम दो उच्चारण तक यदि पुरूष एवं महिला की मनोदशा बदल जाऐ तो पुनः वे दो अपना वैवाहिक जीवन जी सकें परन्तु वर्तमान में धार्मिक गुरूओं (काजी, मौलवी, मुल्ला इत्यादि) ने पुरूषवादी सोच से तलाक को समाज के समक्ष स्वार्थपूर्ण ढंग (पुरूषहीत) से प्रस्तुत किया है।

तलाक-ए-विद्दत

इसे तलाक-उल-बैन भी कहा जाता है। यह तलाक का निन्दित एवं पापमय रूप है। विधि पूर्वक तलाक प्रक्रिया से बचने के लिए ओमेरिया लोगों ने हिज्रा की दूसरी शताब्दी में इसे जारी किया। शालई और हनफी विधियाँ तलाक-उल-विद्दत को मान्यता देती है। शिया और मलिकी विधिशास्त्री ने तलाक के इस स्वरूप को मान्यता नहीं देते। एक ही तुहर के दौरान किये गये तीन उच्चारण चाहे ये उच्चारण एक ही वाक्य में हो। जैसे तुम्हें तीन बार तलाक देता हूँ। अथवा चाहे ये उच्चारण तीन वाक्य में हो जैसे- ''मैं तुम्हें तलाक देता हूँ, मैं तुम्हें तलाक देता हूँ, मैं तुम्हें तलाक देता हूँ।''

एक ही तुहर के दौरान दिया गया एक ही उच्चारण जिससे अनिवर्तनीय (रद्द न हो सकने वाला) विवाह-विच्छेद करने का आशय साफ प्रकट हो। जैसे- मैं तुम्हें अनिवर्तनीय साथ से तलाक देता हूँ।

तलाक-उल-विद्दत इद्दत से पहले ही उच्चारण होते ही अनिवर्तनीय हो जाता है। यदि तलाक लिखित रूप से दिया गय है तो तलाकनामा लिखे जाने के तुरन्त पश्चात् प्रभावी हो जाता है। रशीद अहमद बनाम अनीसा खातून के मामले में प्रिवी काउंसिल के समक्ष यह प्रश्न उठा कि यदि दोनों बताक-उल-विद्दत हो जाता है और उसके बाद वे दोनों (दम्पत्ति) साथ में रहते हैं और सन्तान उत्पत्ति करते है तो हनफी विधि के अनुसार, तो उनका साथ रहना अवैध एवं सन्तान की उत्पत्ति भी अवैध है।

अब प्रश्न यह है कि रशीद अहमद बनाम अनीसा खातून के मामले में मानवाधिकार कहां तक सुरक्षित है? क्योंकि सन्तान की पहचान खतरे में एवं सामाजिक सुरक्षा शून्य हो जाऐगी। अर्थात् तलाक-उल-विद्दत में मानवाधिकारों

की असुरक्षा बनी रहती है। प्रो0 ताहिर महमूद ने कुरान में तलाक देने की प्रक्रिया को अल्लाह के समझ सभी अनुज्ञा प्राप्त चीजों में सबसे बुरी है। इसलिए तलाक बेहद विषम परिस्थितियों में ही देना चाहिए एवं कुरान के अनुसार पुरूष एवं महिला को एक दूसरे प्राकृतिक मानवाधिकारों का भी ध्यान रखना चाहिए।

कुछ आवश्यक शब्द

इला: (आत्मसंयम की प्रतिज्ञा)- कोई व्यस्कता प्राप्त व्यक्ति, खुदा की कसम खाकर कहे कि वह चार महीने या उससे अधिक समय तक या किसी निश्चित समय तक अपनी पत्नी से संभोग न करेगा, तो उसका इला करना कहते हैं।

जिहार- यदि कोई स्वस्थचित्त एवं व्यस्क व्यक्ति अपनी पत्नी की तुलना अपनी माँ या निषिद्ध आसन्ति के भीतर का किसी भी स्त्री से करे, तो जब तक वह, प्रायश्चित न कर ले, पत्नी को उससे संभोग करने से इंकार करने का अधिकार है। प्रायश्चित द्वारा आत्मशुद्धि न करने पर पत्नी को न्यायिक विवाह-विच्छेद के लिए आवेदन करने का अधिकार हो जाता है। भारतवर्ष में जिहार की प्रथा समाप्त है।

खुला- फतवा-ए-आलमगीरी पुस्तक में पहली बार पत्नी को विवाह विच्छेद का अधिकार मिला। खुला शब्द का शाब्दिक अर्थ है हटाना एवं उतारना खोलना। मुस्लिम विधि में इसका अर्थ है- पति द्वारा पत्नी पर अपने अधिकार और प्रभुत्व का परित्याग।

मुबारत- मुबारत भी विवाह-विच्छेदन का एक तरीका है। वह वैज्ञानिक दावों से पारस्परिक निर्मुक्ति प्रदर्शित करता है। मुबारत में अरूचि पारस्पारिक होती है और पति-पत्नी दोनों अलग होना चाहते हैं। इस तरह से इसमें पारस्परिक सम्मत्ति का तत्व निहित होता है।

खुला व मुबारत में अंतर-

- खुला विवाह की संविदा से पत्नी की निर्मुक्ति को कहते है। मुबारत में विवाह-बंधन पारस्परिक मुक्ति को कहते हैं।
- खुला में पत्नी की ओर से प्रस्ताव और पति की और से स्वीकृति होती है। मुबारत में दोनों ओर से प्रस्ताव व स्वीकृति हो सकता है।
- खुला के अरूचि पत्नी की ओर से एवं मुबारत में अरूचि दोनों ओर होती हैं।

लियन- जब कोई पति अपनी पत्नी पर व्यभिचार का आरोप लगता है किन्तु आरोप झूठा साबित होता है तो पत्नी का अधिकार है कि वह दावा करके विवाह विच्छेद करा लें।

उपरोक्त शब्दों के स्पष्टीकरण से साफ हो गया है कि विवाह विच्छेद, विवाह बंधन (निकाह) की तरह नितांत आवश्यक है क्योंकि यदि पुरूष या महिला अपने आपको शोषण का शिकार होते महसूस करता है/करती है। तो वह विचार विच्छेद का प्रस्ताव रखकर तत्कालिक विवाह सम्बंधों से मुक्त हो सकता है। किन्तु कुरान के मूल रूप के बाद अनेक कालखण्डों में अलग समुदाय, खलीफा, शासन-सत्ता के प्रभाव में कुरान की व्याख्या में बदलाव हुआ। जिसके परिणामस्वरूप तलाक-ए-विद्दत तीन तलाक व्यवस्था में बदल गया क्योंकि कुरान में तलाक की प्रक्रिया एक लम्बी प्रक्रिया है क्योंकि ऐसा माना जाता है कि समय परिवर्तन के साथ मनुष्य का मानसिक बदलाव भी होता है किन्तु पुरूषवादी समाज में अपने स्वार्थ के तीन-तलाक को विवाह-विच्छेद का रास्ता बना लिया।

तीन-तलाक विवाह-विच्छेद व्यवस्था प्रत्यक्ष तौर पर भारतीय संविधान को चुनौती देती है क्योंकि जहाँ संविधान की प्रस्तावना भारत के समस्त नागरिकों को सम्बन्धित करते हुए सामाजिक, आर्थिक, राजनीतिक न्याय के साथ अवसर की समानता, अभिव्यक्ति की स्वतन्त्रता का अधिकार बिना लिंग-भेद, जाति, धर्म, स्थान आदि के प्रदान करती है। वही पिछले 70 वर्षो से मुस्लिम महिलायें तीन तलाक जैसी कुप्रथा का दंश झेल रही है और इस कुप्रथा के भय से मुस्लिम महिलाएँ का सामाजिक एवं आर्थिक शोषण हो रही हैं।

तीन तलाक या तिहरा तलाक एक मान्यता प्राप्त एवं अस्वीकृत तलाक का प्रकार है तथा इस्लामी विधिवेत्ताओं ने इसे शरीयत में नवीन पवर्तन माना है। इसे ना पैगम्बर साहब एवं ना ही कुरान से स्वीकृति प्राप्त है। तिहरा तलाक कुछ स्थान विशेष पर घटी घटनाओं का दूरगामी प्रतिफल है क्योंकि तिहरे तलाक में ऐसा माना जाता है कि अरबों ने सीरिया, मिश्र व पार्शिया के अनेक क्षेत्र को जीत लिया और वहाँ की शासन-सत्ता सहित स्त्रियाँ को बलपूर्वक अपने प्रभाव में ले लिया। परन्तु मिश्र व सीरिया की स्त्रियाँ, जो अरबी स्त्रियाँ से ज्यादा सुन्दर थीं उन्होंने अरबों पर बल दिया कि वे अपनी मौजूदा पत्नियाँ को एक साथ तीन तलाक देकर तलाक (विवाह-विच्छेद) कर दे। अरबों ने शर्त स्वीकार कर ली किन्तु उन्होंने ज्ञात था कि यह असंभव है क्योंकि एक दो तलाक कुरान में उल्लेखित है किन्तु तीन तलाक इस्लाम के विरूद्ध है, शून्य है, और प्रभावी नहीं होगा।

तत्कालिक संकट को देखते हुए द्वितीय खलीफा हजरत उमर ने आपातकालीन स्थिति में प्रशासनिक उपाय बताया किन्तु समय परिवर्तन के साथ हनफी विधिवेत्ताओं ने बाद में द्वितीय खलीफा के प्रशासनिक आदेश को न्यायमुक्त घोषित किया और इसे धार्मिक मान्यता भी दी। प्रथम खलीफा अबुबर के जीवन काल में एवं द्वितीय खलीफा उमर के समय भी केवल दो वर्षो तक ही प्रचलित था किन्तु विषय परिस्थितियाँ (उपरोक्त जैसी) में हजरत उमर ने स्वीकृति दी थी।

वर्तमान में अधिकांश मुस्लिम देशों (19) में तिहरा तलाक विवाह विच्छेद प्रथा प्रतिबंधित है। हाल ही में भारत में भी 22 अगस्त 2017 में तिहरे तलाक व्यवस्था को असंवैधानिक घोषित करार दिया। मुस्लिम देशों में मिश्र एवं सुडान ने सर्वप्रथम 1929 में इस कुप्रथा को अवैध घोषित किया। पाकिस्तान में स्वतन्त्रता के चंद वर्षो बाद 1956 में तिहरे तलाक की कुप्रथा को गैर कानूनी बताया। वही भारत में जहाँ 70 वर्षो लगातार लोकतन्त्र व्यवस्था का सफलता पूर्वक संचलन देश को दुनिया के बड़े आर्थिक विवादों एवं अर्थव्यवस्था में खड़ा किया। वही समाज में संचालित तीन तलाक एवं दहेज प्रथा महिलाएँ के आधुनिक मानवीय अधिकार पर ग्रहण लगा रहे है लेकिन भारत 70 वर्षो बाद एक संवैधानिक पीठ का गठन कर शायरा बानों बनाम व्यक्त बोर्ड मुस्लिम पर्सनल कानून (2016) के फैसले में तीन तलाक को 3:2 के फैसले से असंवैधानिक घोषित करार दिया गया। इस विशेष न्यायिक पीठ में पाँच जजों की पीठ में मुख्य न्यायाधीश जगदीश खेहर, जस्टिस नरीमल, जस्टीस कुरीयन जस्टिस यूयू ललित, जस्टिस नजीर प्रमुख थे।

22 अगस्त 2017 को पाँच जजों द्वारा कही गई बातें-

जस्टिस खेहर- ''तलाक-ए-विद्दत सुन्नी समुदाय का एक अभिन्न अंग है। जो 1000 वर्षो से समाज की रीति-रिवाज में है। तीन तलाक मुस्लिम पर्सनल कानून के मूलाधिकारों के अन्तर्गत है।''

जस्टिस अब्दुल नजीर- ''शरीयत पर्सनल प्रैक्टिस एवं धार्मिक अभ्यास के मूल-अधिकार के अन्तर्गत आता है। राजनीतिक कारणों से तीन तलाक को अलग एवं नया कानून बनाया जा रहा है।'' "(Saria isA personal practicesAnd comes under fundamental rights of practice of Religions, Political Parties to set aside their differences and introduce a new how on the practice, taking into account cerns of Muslim bodies and the Sharia Law.)"

जस्टिस नरीमन- ''तीन तलाक निश्चित ही असंवैधानिक एवं अस्वकारिय है। यह विभिन्न समुदायों की महिलाओं के विभेद (अंतर) पैदा करता है। इसलिए इसे खत्म हो जाना चाहिए।''

जस्टिस उदय उमेश ललित- "Triple Talaq may be permissible practice but it retrograde and unworting. Since Triple Talaq is instant it is irrevocable and the marital tie gets broken, it violates the right to quality."

जस्टिस जोसेफ कुरीयन- तीन तलाक कुरान की भावनाओं के विपरीत है। अत: शरीयत कानून हिंसात्मक है। इसलिए मुख्य न्यायाधीश के तीन तलाक को कुरान का अभिन्न अंग बनाने के खिलाफ हूँ।

उपरोक्त विशेष न्यायिक संवैधानिक पीठ ने 2016 में उत्तराखण्ड के काशीपुर की शायरा बानों द्वारा सुप्रीम कोर्ट में दायर तीन तलाक के खिलाफ अर्जी पर, 11 से 18 मई 2017 तक लगातार सुनवाई में 18 मई को पीठ ने अपने फैसला सुरक्षित रखा और 22 अगस्त 2017 को पीठ ने अपना फैसला सुनाया। पीठ ने तीन तलाक 3 : 2 की सहमति से अवैध घोषित करार दिया। जस्टिस जगदीश खेहर एवं जस्टिस नजीर ने तीन तलाक को कुरान का अभिन्न अंग होने एवं संवैधानिक धार्मिक स्वतन्त्रता एवं समानता। अनुच्छेद 14, 15, 21, 25 का उल्लेख) होने के कारण इसे बने रहने के पक्ष में थे किन्तु दूसरी तरफ जस्टिस ललित जस्टिस कुरीयन जस्टिस नरीमन ने तीन तलाक को कुरान की मूल भावना के खिलाफ बताते हुए व महिलाओं के मौलिक अधिकार (14, 15, 21) का वर्णन करते हुए तीन तलाक को अवैध घोषित किया। परिणामस्वरूप फैसले बहुमत से तीन तलाक के विरोध में चला गया। वहीं पीठ ने केन्द्र सरकार से तीन तलाक पर जल्द से जल्द एक कानून बनाने का सुझाव रखा है।

भारत सरकार ने 22 दिसम्बर 2017 को लोकसभा में द गुरिलग बुमने (प्रोटेक्सन ऑफ राइट्स ऑन मैरेज) बिल 2017 पेश किया। इस बिल में तलाक-ए-विद्दत को अपराध घोषित करने का प्रावधान है।

द मुस्लिम वुमेन (प्रोटेक्सन ऑफ राइटस ऑन मैरेज) बिल 2017 में निम्नलिखित प्रावधान हैं-

- तलाक-ए-विद्दत (तीन तलाक) को अपराध घोषित करना।
- कोई शख्स मौखिक, लिखित या इलैक्ट्रोनिक माध्यम से तलाक देता है तो वह गैर कानूनी है।

- तीन तलाक देने पर जेल जाने एवं आर्थिक जुर्माने का प्रावधान है।
- तीन तलाक गैर जमानती है।
- तीन साल तक की जेल का प्रावधान है।
- इस बिल के अन्तर्गत तीन तलाक गैर जमानती एवं कॉगनीजेबल क्राइम होगा अर्थात् पुलिस थाने से जमानत नहीं मिलेगी।
- तीन तलाक पीड़ित महिला अपने बच्चों एवं अपने भरण पोषण के एक निश्चित धन राशि की मांग कर सकती है।
- तीन तलाक के बाद बच्चे माँ (महिला) के पास रहेंगे।

हाल की यह बिल अभी संसद में पारित नहीं हुआ। अर्थात् सदन में पूरी तरह पारित होने तक महत्वपूर्ण बदल होने की उम्मीद है क्योंकि बिल ऐसा ना हो कि एक ही पक्ष को प्रोत्साहित करके दूसरे पक्ष के मानवाधिकारों का हनन अप्रत्यक्ष रूप से कर दें। इसलिए जरूरी पुरूष एवं महिला दोनों के प्राकृतिक मानवाधिकार सुरक्षित रहे।

तलाक-ए-विद्दत का मामला नया नहीं है बल्कि शाह बानों (1985) एवं शायरा बानों (2016) से पहले भी न्यायालय तीन तलाक के दुर्उपयोग पर बहस कर चुका है। जैसे- फजल मुहम्मद बनाम उम्मातुर रहीम के बाद में सिंध मुख्य न्यायालय ने एवं मो0 नूर बीवी बनाम पीर बक्स के मामले में भरण पोषण के कारण विवाह विच्छेद डिक्री मुस्लिम विवाह विच्छेद अधिनियम 1939 की धारा-2 के अन्तर्गत दी गई। नूरजहाँ बीवी बनाम काजिम अली के बाद में पत्नी ने पति के विरूद्ध व्यभिचार करने मिथ्या आरोप लगाया था। तो पत्नी को अधिनियम 1939 की धारा-2 (पग) के अन्तर्गत विवाह-विच्छेद करने का वैधानिक अवसर मिला।

शाह बानों बनाम मौ0 अहमद खान (1985) के बाद में सर्वोच्च न्यायालय ने शाह बानों की तरफ से दायर अर्जी पर फैसला पीड़िता के पक्ष में सुनिश्चित करते हुए, सरकार से एक अनुशासित व उचित बिल लाने का सुझाव दिया। जिससे महिलाओं की गरिमा सम्मान एंव समानता समाज के लिए उपभोग का साधन ना बने। तथा 1987 में सरकार ने एक बिल प्रस्तावित किया। जिसका नाम मुस्लिम महिला (विवाह-विच्छेद पर अधिकारों का संरक्षण) अधिनियम 1986 था। यह अधिकार मुस्लिम पुरूषवादी सोच रखने वाले समाज के प्रभाव आ गया और शाह बानों को भरण पोषण का भुगतान देने तक की राहत मिली लेकिन सामाजिक व आर्थिक सुरक्षा का प्रावधान इस अधिनियम में नहीं व्यक्त हुआ।

21वीं शताब्दी सूचना प्रौद्योगिकी में क्रान्तिकारी (सामाजिक गतिविधि में) परिवर्तन आया। जिसका परिणाम सूचना प्राप्ति पर प्रत्यक्ष रूप से पड़ा। अर्थात् जहाँ सूचना प्रौद्योगिकी युग मानवीय जीवन शैली शसन हुई वही पुराने रीति रिवाजा का नकारात्मक उत्प्रेरिक रूप समाज में दिखा। जैसे मुस्लिम समाज में तीन तलाक को इलैक्ट्रोनिक (वाट्सप, फैसबुक एवं मौखिक) माध्यमों से मुस्लिम महिलाओं को दिया जा रहा है। सम्प्रदायिक घटनाओं की बारम्बारता भी इलैक्ट्रोनिक सोशल मीडिया से बढ़ रही है लेकिन शायरा बानों के बाद सोशल मीडिया एवं मीडिया का प्रमुख योगदान रहा जिससे जनता सरकार एवं न्यायपालिका का ध्यान आकर्षित हुआ।

तथ्यात्मक आंकलन

गैर सरकारी संगठन स्पेड ने एवं कुछ अन्य संगठनों ने बताया है कि पुरूष एवं महिलाओं के अनुपात में तलाक पीड़ित एवं पीड़िताओं का अनुपात 1:4 है। 2011 की जनगणना के सामाजिक एवं धार्मिक आंकड़ों से स्पष्ट होता है कि कुल तलाक शुदा महिलाओं में मुस्लिम महिलाएँ 23.3 प्रतिशत हैं। हिन्दू समुदाय में प्रति 1000 पर तलाक के मामले 9.1 प्रतिशत है एवं मुस्लिम समुदाय में यह प्रतिशत 11 है। 2001 से 2011 तक 39 प्रतिशत तलाक के मामलों में बढ़ोत्तरी हुई है। उपरोक्त आँकड़ों से स्पष्ट है कि हमेशा-हमेशा साथ रहने की कसमें खाने वाले लोग कैसे एक-दूसरे की गरिमा समानता, सम्मान एवं स्वतन्त्रता का हनन करते हैं।

उक्त आंकड़े एवं शायरा बानों द्वारा दर्ज याचिका के बाद 21वीं शताब्दी के भारत में मुस्लिम महिला मानवाधिकारों की बहस छिड़ गई। शायरा बानों के साथ अन्य मुस्लिम महिलाएँ जिनमें इशरात जहाँ, गुलशन प्रवीण, अफदीन रेहमान, अतीया राबरी एवं भारतीय मुस्लिम महिला संगठन की भी महत्वपूर्ण भूमिका रही। ये वो महिलाएँ थी, जिन्हें उनके अधिकारों के विरूद्ध तलाक दिया गया।

वर्तमान में तलाक देने के मूर्खतापूर्ण कारण निम्न हैं-

- खाना पकाने के लेकर
- सोने-आराम को लेकर
- कपड़े पहनने के कारण
- दूसरे मर्द से बात करने के कारण
- बाजार बिना पति की इजाजत के जाने पर आदि।

मुस्लिम महिलाओं की साक्षरता दर, अन्य धर्मों की साक्षरता दर के सापेक्ष निम्नतम सार (51.9 प्रतिशत) पर है और भारत कुल महिला साक्षरता दर 65.46 प्रतिशत है। जिसमें बड़ा अन्तर दिखाई पड़ता है। (स्त्रोत जनगणना 2011)। सच्चर कमेटी (2006) ने भी मुस्लिम महिलाओं में बताया कि मुस्लिम महिला का शिक्षा से डॉप आउट 17.6 प्रतिशत है और 25 प्रतिशत महिला डॉप आउट 6 से 14 वर्ष के बीच है। सच्चर कमेटी ने बताया कि स्नातक में केवल 25 महिलाओं में से एक महिला एवं स्नातकोत्तर में 50 में से एक महिला पोस्ट ग्रेजवेट है। शिक्षा एवं कौशलता के अभाव में मुस्लिम महिलाएँ आर्थिक असशक्तीकरण के साथ-साथ सामाजिक दुर्बलता की शिकार होती हैं। अर्थात् खाने सोने (आराम), कपड़े, दूसरे मर्द से वार्ता में दिये गये तलाक में ऐसी ही मुस्लिम महिला पीड़ित होती है। तलाक शुदा केई महिलाओं ने स्वीकार किया है कि तलाक के बाद समाज शुभ कार्य (विशेष नवयुवती का निकाह) से उन्हें दूर रखा जाता है।

अंतत: सच्चर कमेटी के अनुसार अशिक्षा, अज्ञानता से पीड़ित मुस्लिम महिलाओं के प्राकृतिक मानवाधिकार की सुरक्षा राज्य पर हो जाती है और भारत जैसे लोकतांत्रिक देश में जहाँ संविधान में लिखित रूप में अनुच्छेद 14, 15, 16, 19, 21, 25 42, 44 आदि अनुच्छेद महिलाओं को गरीमा व सम्मान की उपलब्धता को निर्धारित करते हैं। अर्थात् समाज के साथ-साथ राज्य के दायित्व बढ़ जाते हैं। अतार्किक कारणों से महिलाओं को दिये गये तलाक द्वारा तत्काल अशिक्षित एवं अज्ञानता से ग्रस्त महिला, आर्थिक एवं मानसिक रूप से संकटमय स्थिति में आ जाती है। तलाक के बाद भी मुस्लिम महिलाओं को पुन: विवाह या दुबारा उसी पति के साथ रहने के लिए क्रमश: कुछ दिनों बंद कमरे में रहना पड़ता है एवं हलाला जैसी अमानवीय प्रक्रिया से भी गुजरना पड़ता है।

अन्तत: भारतीय संविधान विश्व भर के प्रमाणिक एवं मानवीय हितकारी संविधानों के सन्दर्भ से भली-भाँति परिचिज है। अर्थात् हमने संविधान में सर्वप्रथम स्वतन्त्रता, समानता, बंधुत्व, न्याय को परिभाषित किया किन्तु वर्तमान में महिलाओं एवं विशेष मुस्लिम समाज की महिलाएँ 70 वर्षों बाद भी सहिष्णुता एवं आत्मसात की जाने वाली संस्कृति के समाज में स्वयं को असुरक्षित महसूस कर रही हैं। चाहे मुद्दा शिक्षा को हो, या सुरक्षा का दोनों ही गंभीर विषय है क्योंकि यदि हमें अपने समाज को विकसित एवं परिपक्वतापूर्ण सभ्यता एवं संस्कृति के रूप में देखना है तो महिलाओं को आर्थिक एवं सामाजिक क्षेत्र में आगे लाना होगा एवं महिलाओं के सामाजिक स्थायित्वों, आज के रूप में परिभाषित करना होगा और संवैधानिक तौर पर दी गई धार्मिक स्वतन्त्रता के नाम

पर किसी विशेष समुदाय को अनदेखा नहीं किया जा सकता। यदि एकीकरण भारत में सबसे के लिए एकीकरण न्यायिक व्यवस्था है तो फिर शरीयत (1937-39) जैसे कानूनओं को प्राशंगिक क्यों बनाया हुआ है। भारत में सत्ता शासन एवं न्यायपालिका को ऐसे कानूनों को अगर धार्मिक सहिष्णुता के रूप बनाऐ रखना है तो संवैधानिक पीठ या आयोग को गठित करके साहित्य सर्वेक्षण करके आज के प्राकृतिक मानवाधिकार के अनुसार व्याख्या एवं क्रियान्वयन करना चाहिए।

महिला चाहे किसी भी धर्म की हो, उनमें जननी का गुण सार्वभौमिक है। अत: महिलाएँ पुरूष या मानवीय समाज की सभ्यता के विकास में अहम् भूमिका अदा कर रही है। तो यह कैसे संभव है कि हमे अपनी जननी या जन्म देने वाली मानवीय पहचान को कष्ट पहुँचा सकते हैं। अत: आधुनिकता के इस सूचना प्रौद्योगिकी के युग में पुरूष महिलाओं के कंधे से कंधा मिलाकर ही समन्वय, सहयोगात्मक, स्थायी और शांति सौहार्दपूर्ण मानवीय सभ्यता एवं संस्कृति को विकसित कर सकते हैं।

सन्दर्भ सूची

1. पवित्र कुरान, मधुर संदेश संगम, ई-20, अबुल फज्ल इंक्लेव, जामिया नगर, नई दिल्ली-25
2. उपाध्याय रमेश, संज्ञा, आज की स्त्री आन्दोलन, शब्द संधान, बी0-1/18 पत्र पश्चिम विहार, नई दिल्ली-631 281
3. इस्सर, देवेन्द्र स्त्री मुक्ति के प्रश्न, संवाद प्रकाशन, मुम्बई, मेरठ 20091
4. जोशी, गोपा, भारत में स्त्री असमानता, हिन्दी माध्यम कार्यान्वयन निदेशालय, दिल्ली विश्वविद्यालय, 2015, नई दिल्ली-07
5. मेगन, रितु, कर्गठ महिलाएँ, राष्ट्रीय पुस्तक व्यास, भारत नई दिल्ली-070, 2016
6. जनगणना-2011
7. मुस्लिम विधि, सेन्ट्रल लॉ एजेंसी 30डी/1, मोतीलाल अहमद, वकील, नेहरू रोड, इलाहाबाद, 2009

30

''आधुनिक समाज में मानवाधिकारों से महिलाओं की वंचना : मुस्लिम महिलाओं के सन्दर्भ में''

नितिन त्यागी

शोध छात्र

राजनीति विज्ञान विभाग

चौ0 चरण सिंह विश्वविद्यालय, मेरठ

20वीं शताब्दी में मानव अधिकार की अवधारणा और जोर पकड़ने लगी है। बदलती हुई परिस्थितियों ने विश्व में वास्तव में राजनीतिक, सामाजिक, आर्थिक और सांस्कृतिक सभी क्षेत्रों में मनुष्य के वास्तविक जीवन दर्शन का विकास किया व साथ ही इसके लिए संघर्ष भी चल रहा संविधानवाद की माँग, प्रतिनिधित्व सरकार सार्वजनिक मताधिकार, जनता में शिक्षा की जागरूकता, एक तरफ ये तथा दूसरी ओर सोवियत समाजवादी गणतन्त्र के उदय ने मानव समाज के बीच में लोकतांत्रिक और सबके अधिकारों के लिए माँग एवं संघर्ष का रास्ता चुना है।

मुस्लिम समाज एवं मुस्लिम महिला

स्वतन्त्र भारत का संविधान जहाँ महिलाओं को सामाजिक, राजनीतिक, आर्थिक, स्वतन्त्रता, समानता को संवैधानिक सुरक्षा का आश्वासन देता है। वहीं इस तथ्य का भी साक्षी है कि नारी की स्थिति में जो भी परिवर्तन आया, उसके पीछे संघर्ष और त्याग की लम्बी पृष्ठभूमि है। अगर प्राचीन मृत व्यक्ति पुनः

जीवन में लौट कर आये तो सबसे पहला आश्चर्य उसे स्त्रियों में क्रान्तिकारी परिवर्तन देखकर होगा। एक विचारणीय प्रश्न है कि उन्नीसवीं सदी से पूर्व समाज में ऐसी कौन सी संस्थाएँ, जटिलताएँ, दबाव और नियन्त्रण थे, जिनके कारण स्त्रियों की स्थिति में पिछले चार हजार वर्षों में कोई विशेष परिवर्तन नहीं हो पाया है। अतः इतिहास की गहराईयों का अन्वेषण आवश्यक है। इसलिए स्त्रियों की दशा में युग के अनुरूप परिवर्तन होता रहा है।

विवाह-विच्छेद (तलाक) के इस तरीके तिहरे तलाक से कुरूपता को धारण कर लिया है। मुस्लिम समुदाय में महिलाओं की स्वतन्त्रता, समानता का हनन देखते ही बनता है। जहाँ पुरूष प्रधान समाज में रजिया सुल्तान जैसी शासक ने स्वयं की प्रमाणिकता दी। वही 1857 में लखनऊ रियासत पर अंग्रेजों के खिलाफ बेगम हजरत महल ने अपनी वीरता का परिचय दिया। साथ ही अरूणा आसिफ अली को कैसे भुलाया जा सकता है। भारतीय समाज में मुस्लिम महिलाओं का योगदान प्रमुख रहा। किन्तु धार्मिक कानूनों ने आधुनिक विकास की आकर्षित समाज को एक समुदाय पर ग्रहण लगा दिया। क्योंकि स्वतन्त्रता प्राप्ति से पहले 1937 में, मुस्लिम स्वीय विधि (शरियत) लागूकरण अधिनियम, 1937 ने जहाँ महिलाओं को सम्पत्ति का अधिकार दिया। वही अप्रत्यक्ष तौर रूढ़ीवादी प्रथा को प्रभावी प्रोत्साहित किया। जिनके द्वारा वर्तमान तीन तलाक एक सामाजिक बुराई बनकर सामाजिक समस्याओं की प्रमुखताओं की वरीयता दे रहा है।

वर्तमान में मुस्लिम महिला की स्थिति

मुस्लिम महिला की सामाजिक प्रस्थिति मुस्लिम समाज में विचित्रताओं से बनी हुई है। यदा-कदा मुस्लिम महिलाओं की प्रस्थिति पर अनेक चर्चाएँ होती रही है। अभी लगभग 80 के दशक में, शाहबानों केस (1985) सम्बन्धी सर्वोच्च न्यायालय द्वारा दिए गए निर्णय में 30 मई, 1993 का मुसलमानों की धार्मिक संस्था 'जमायते अहले हदीस' द्वारा तीन तलाक सम्बन्धी फतवा जारी होने पर 8 अगस्त 1993 को मुस्लिम बुद्धिजीवियों व उलेमाओं का उपुर्यक्त के सम्बन्ध में संयुक्त विचार-विमर्श के समय तथा अप्रैल 1994 को उच्च न्यायालय द्वारा तीन बार तलाक कहकर निकाह तोड़ने पर प्रतिबन्ध लगाने वाले निर्णय में, तथा 4 अगस्त 1994 को उच्चतम न्यायालय द्वारा उक्त निर्णय को असंवैधानिक करार देने इत्यादि के सम्बन्ध में निरन्तर मुस्लिम महिलाओं की सामाजिक प्रस्थिति तथा अधिकारों पर काफी विवाद हुआ है।

मुस्लिम महिलाओं की प्रस्थिति में सुधार हेतु उन्हें दी जाने वाली धार्मिक शिक्षा के साथ-साथ कला, सामाजिक विज्ञान, विज्ञान, चिकित्सा, वाणिज्य व्यापार प्रबन्धन आदि क्षेत्रों में आधुनिक शिक्षा प्रदान किए जाने की भी आवश्यकता है। देश के विकास में मुस्लिम महिलाओं की सहभागिता को सुनिश्चित करने हेतु उनकी शिक्षा एवं रोजगार की तरफ विशेष उपायों को अपनाने की आवश्यकता है।

ऐसी आशा है कि निकट भविष्य में मुस्लिम महिला की सामाजिक प्रस्थिति में परिवर्तन लाने के लिए भारत का सर्वोच्च न्यायालय महत्वपूर्ण भूमिका निभाएगा। निकट भविष्य में न्यायालयों की इस भूमिका का निश्चित रूप से विस्तार होगा तथा मुस्लिम शरीयत की व्याख्या करने का न्यायालय का कार्य स्पष्ट रूप से नया और न्यायिक कार्यों में महत्वपूर्ण विस्तार कहा जा सकता है। मुस्लिम समाज के उदारवादी वर्ग को इस कार्य में खुलकर सहयोग देना चाहिए ताकि कट्टरपंथियों द्वारा किया जाने वाला विरोध कम हो सके।

मुस्लिम महिलाओं के पिछड़ेपन का मुख्य कारण अशिक्षा है। पुरूषों के बराबर अधिकार नहीं मिलना। उनसे कहा जाता है कि केवल घर पर रह कर काम करो बाहर नहीं। लड़के-लड़कियों में असमानता, अधिकतर परिवार पुरूष प्रधान है इसलिए शिक्षा की कमी, उनको अपने निर्णय लेने का अधिकार नहीं। मुस्लिम पिछड़े वर्ग की महिलाएँ 84 प्रतिशत अपने मताधिकार का उचित प्रयोग नहीं कर पाती। शरीयत के अनुसार तलाक देने का अधिकार सिर्फ पति को है। मुस्लिम पिछड़े वर्ग की महिलाओं को विचार और अभिव्यक्ति का अधिकार नहीं मिला हुआ।

यू0एन0 चार्टर के अनुच्छेद (1) के अन्तर्गत सभी मनुष्य जन्म से ही गरिमा और अधिकारों की दृष्टि से स्वतन्त्र और समान हैं। उन्हें बुद्धि और चेतना प्रदान की गई है। यू0एन0 चार्टर अनुच्छेद दो के अन्तर्गत मुस्लिम महिला को मूलवंश, वर्ण लिग, भाषा, धर्म राजनीतिक या अन्य प्रस्थिति के आधार पर किसी देश का राज्य क्षेत्र के व्यक्ति से कोई विभेद नहीं किया जायेगा। यू0एन0 चार्टर के अनुच्छेद 3 के अन्तर्गत प्रत्येक व्यक्ति को जीवन, स्वतन्त्रता और व्यक्ति की सुरक्षा का अधिकार प्राप्त है। यू0एन0 चार्टर के अनुच्छेद 4 के अन्तर्गत मुस्लिम महिला को दासता और अधीनता से मुक्ति की सार्वभौम घोषणा प्रदान की गई है। यू0एन0 चार्टर 16 के अन्तर्गत (1) बालिका स्त्री पुरूष को बिना किसी जाति, राष्ट्रीयता या धर्म की रूकावटों के आपस में विवाह करने और परिवार की स्थापना करने का अधिकार है। (2) विवाह का इरादा रखने वाले स्त्री-पुरूषों

की पूर्ण और स्वतन्त्र सहमति पर ही विवाह हो सकेगा।

लिखित में तो मुस्लिम महिला को यू0एन0 चार्टर में दिये गये लगभग सभी मानव अधिकार प्राप्त है किन्तु व्यवहार में शायद कोई भी मानव अधिकार प्राप्त नहीं है। इन तथ्यों के आधार पर हमारी परिकल्पना सत्य सिद्ध होती है कि पिछड़ा वर्ग को कोई भी मानव अधिकार प्राप्त नहीं है।

मुस्लिम समाज में स्त्री और पुरूष में भेद-भाव

आज भी आधुनिक युग में स्त्री और पुरूष की अपेक्षा व अन्य जाति की अपेक्षा कम अधिकार है। महिलाओं को परिवार में पुरूष की अपेक्षा कम सम्मान दिया जाता है। मुस्लिम महिलाओं को घर पर ही रखा जाता है। उन्हें कम महत्व दिया जाता है। समानता का अधिकार देकर लड़के-लड़कियों में भेद भाव को दूर किया जा सकता है। लड़कों के बराबर लड़कियों को स्थान मिलना चाहिए। राजनैतिक अधिकार समान दिए जायें, चुनाव में उन्हें खड़ा किया जाये। मुस्लिम पिछड़े वर्ग की महिलाओं को घर से बाहर निकलकर काम करना चाहिए, सरकारी नौकरियाँ करने की आजादी देकर, शिक्षित करके, जागरूक करके, आत्मनिर्भर बनाकर, पर्दाप्रथा पर रोक लगाकर, स्त्री पुरूष को समान अधिकार देकर, एक दूसरे को समझें, घर के कार्यों का निर्वाह पुरूष भी करें, महिलाओं को अपनी इच्छानुसार कार्य करने का अधिकार देकर, कम उम्र में शादी नहीं करनी चाहिए। पति के बराबर का दर्जा दिया जाये, घर में रहना, बच्चों के पालना, पति की सेवा मुस्लिम महिला को इतने अधिकार नहीं मिले हैं जितने औरों को जबकि महिलाएँ सब बराबर होती है। मुस्लिम महिला को नीची नजरों से देखा जाता है।

यू0एन0 चार्टर के अनुच्छेद 21(2) के अन्तर्गत प्रत्येक व्यक्ति को अपने देश की लोक सेवा में समान अवसर का अधिकार है यू0एन0 चार्टर के अनुच्छेद 21 (3) के अन्तर्गत लोकमत सरकार के प्राधिकार का आधार होगा इसकी अभिव्यक्ति सामयिक और वास्तविक निर्वाचनों में होगी, जो सार्वभौम तथा समान मताधिकार द्वारा होंगे एवं गुप्त मतदान द्वारा अथवा तत्समान किसी अन्य स्वतन्त्र मतदान की प्रक्रिया द्वारा किये जायेंगे। यू0एन0 चार्टर के अनुच्छेद 22 के अन्तर्गत प्रत्येक व्यक्ति को समाज के सदस्य के रूप में, सामाजिक सुरक्षा का अधिकार है तथा वह राष्ट्रीय प्रयास एवं अन्तर्राष्ट्रीय सहयोग के माध्यम से एवं प्रत्येक राज्य के गठन और संसाधनों के अनुसार ऐसे आर्थिक, सामाजिक तथा सांस्कृतिक अधिकारों को प्राप्त करने का हकदार है जो उसकी गरिमा तथा उसके व्यक्तित्व के उन्मुक्त विकास के लिए अनिवार्य है। यू0एन0 चार्टर द्वारा मुस्लिम महिला को उपरोक्त

मानव अधिकार तो प्रदान कर दिए गए हैं किन्तु व्यवहार में उनका कोई उपयोग नहीं है। अत: उपयुक्त तथ्यों से यह निष्कर्ष निकलता है मुस्लिम महिलाओं को अलग आरक्षण की व्यवस्था नहीं है और हमारी परिकल्पना सत्य प्रतीत होती हैं।

मुस्लिम महिलाओं की सार्वजनिक क्षेत्र में भागीदारी : आर्थिक व राजनीतिक क्षेत्रों के सन्दर्भ में

पारिवारिक स्थिति आर्थिक रूप से कमजोर है। साधनों का अभाव है। गरीबी को दूर करके उनके पिछड़ेपन को दूर किया जा सकता है। आर्थिक सहायता देकर राजनीतिक क्षेत्र में उनकी दिलचस्पी बढ़ाकर, मुस्लिम महिलाओं को चुनावों में चुनाव टिकट व आर्थिक मदद देकर, अच्छी शिक्षा के कारण (शिक्षित करके) भागीदारी को बढ़ाया जा सकता है। वोट डालना, समाज सुधारक होकर, समाचार एवं टी0वी0 के द्वारा, कोई अपना राजनीति में है। पति के सहयोग द्वारा, बड़ों के सहयोग द्वारा, मेहनत करो, मुस्लिम समाज द्वारा मुस्लिम स्त्रियों को आगे आने का मौका देना, सीट आरक्षित करके, स्वन्त्रता देकर, पर्दा प्रथा खत्म करके, रूढ़िवादिता को समाप्त करके, राजनैतिक अधिकार समान दिए जाए, उन्हें उनके अधिकारों के प्रति जागरूक करके महिला को मुत शिक्षा देकर अपने वार्ड के सभासद और क्षेत्र में एम0एल0ए0 आदि से सम्पर्क बनाकर झूठी बातों को छोड़कर, सच्चाई का अहसास दिलाकर अपने काम को समाज की नजरों में उठाकर, घर से निकलकर, हर एक से कदम से कदम मिलाकर, साधनों के विषय में उचित जानकारी देकर, शिक्षित महिलाओं को नौकरी पर रखकर, महिलाओं को हर क्षेत्र में हिस्सा दिलाकर, परिवार के बड़े बुजुर्गो को सुधार कर स्थानीय नगर पालिका का चुनाव लड़ाकर, शिक्षित महिलाओं को उच्च पदों पर नियुक्त करके, राज्यसभा में पूर्ण अधिकार देकर, नौकरी के द्वारा औरत के पिछड़ेपन को सुधारा जा सकता है। समाजवाद को बढ़ावा देकर, उनके द्वारा दिये मश्वरों व सुझावों को गम्भीरतापूर्वक लिया जाये शिक्षा के द्वारा, समानता के द्वारा सहयोग के द्वारा आरक्षण देकर, अपने इस्लाम को जिन्दा रख सके, नौकरी द्वारा, चुनाव में खड़ा किया जा सके उनके राजनीतिक अधिकारों के प्रति जागरूक करके, उन्हें राजनीति का महत्व बताकर उनके होने वाले फायदे को बताकर, आने वाले भविष्य के बारे में बताकर सरकार राज्य, देश के बारे में उनको ज्ञान और रूचि हो, उनके लिए अलग से कदम उठाये, उनका स्तर ऊँचा हो, स्वतन्त्रता दिलाकर, किसी प्रकार की कोई बाधा न हो, अपनी क्षमता से ही वह अपनी भागीदारी बढ़ा सकती है। घर से बाहर निकलकर काम करना, सरकारी नौकरी की आजादी देकर, उन्हें लघु कुटीर

उद्योग में लगाकर, उचित रोजगार की व्यवस्था, पढ़ाई का खर्च कम करके, शिक्षित करके, जागरूक करके, आत्मनिर्भर बनाकर, उन्हें वित्तीय सहायता अधिकतम प्रदान की जाए, रहन-सहन के स्तर में बदलाव, स्त्री-पुरूष को समान अधिकार देकर एक दूसरे को समझें, घर के कार्यों का निर्वाह पुरूष भी करें, महिलाओं को अपनी इच्छानुसार कार्य करने का अधिकार देकर, कम उम्र में शादी नहीं करनी चाहिए, समाज में उठने-बैठने का अधिकार, परिवार का बोझ भी महिलाएँ अपना मानकर उठा सकती है, छोटे-बड़े विद्यालय की अध्यापिका बनकर, सामाजिक सुरक्षा देकर, घरेलू उद्योगों में सरकार की मदद द्वारा, आरक्षण देकर, सामाजिक ढांचे में सुधार करके। नौकरी के द्वारा, दस्तकारी, सिलाई-कढ़ाई द्वारा, उन्हें हुनर सिखाया जाये, आर्थिक मदद देकर, स्वरोजगार कार्यक्रमों का प्रशिक्षण देकर, विधवा महिला को सरकार मदद करे, विशेष व्यवसायिक प्रशिक्षण केन्द्रों को खोलकर, कारोबार कराकर अपना खर्चा स्वयं उठाये, प्रौढ़ शिक्षा के द्वारा, संगठन बनाकर, बचत करके खर्चा कम करके, स्वतन्त्रता, समानता दिलाकर, प्रोत्साहित करके, आत्मनिर्भर बनाकर, घर से बाहर निकलकर प्रोत्साहित करके।

मुस्लिम समाज की सोच में बदलाव लाकर, महिलाओं की बराबरी का अधिकार बताकर, उनको खुद निर्णय लेने की स्वतन्त्रता होनी चाहिए तभी उनकी आर्थिक, राजनीतिक क्षेत्र में भागीदारी बढ़ाई जा सकती है। यू0एन0 चार्टर के अनुच्छेद 21 के अन्तर्गत प्रत्येक व्यक्ति को अपने देश की सरकार में सीधे अथवा स्वतन्त्रतापूर्वक चुने गये प्रतिनिधियों के माध्यम से, भाग लेने का अधिकार है। यू0एन0 चार्टर के अनुच्छेद 21(2) के अन्तर्गत प्रत्येक व्यक्ति को अपने देश की लोकसेवा में समान अवसर का अधिकार है। चार्टर के अनुच्छेद 21(3) के अन्तर्गत लोकमत सरकार के प्राधिकार का आधार होगा इसकी अभिव्यक्ति सामाजिक और वास्तविक निर्वाचनों में होगी, जो सार्वभौम तथा समान मताधिकार द्वारा होंगे एवं गुप्त मतदान द्वारा अथवा तत्वसमान किसी अन्य स्वतन्त्र मतदान की प्रक्रिया द्वारा किये जायेंगे। यू0एन0 चार्टर के अनुच्छेद 23 के अन्तर्गत प्रत्येक व्यक्ति को काम करने का जीविका के लिए व्यवसाय चुनने का काम की उचित एवं अनुकूल परिस्थितियाँ प्राप्त करने एवं बेकारी से सुरक्षित रहने का अधिकार प्राप्त है। साथ ही प्रत्येक व्यक्ति को समान कार्य के लिए समान वेतन पाने का अधिकार है। यू0एन0 चार्टर द्वारा मुस्लिम महिला को उपरोक्त मानव अधिकार लिखित में तो प्रदान कर दिए गए हैं किन्तु वास्तव में इन मानव अधिकारों का लाभ नहीं उठा पा रही है। यह एक सोचनीय स्थिति है।

महिलाएँ मुख्य व्यवस्था से कटी हुई है

मुस्लिम महिलाएँ अशिक्षित हैं। जिसके कारण वह मुख्य व्यवस्था से कटी हुई है। मुस्लिम महिलाओं को बहुत सी समस्याओं का सामना करना पड़ता है। गरीबी की वजह से चुनाव नहीं लड़ सकती, अशिक्षा के कारण राजनीति में भाग नहीं ले सकती, पर्दा प्रथा घर वालों का दबाव, धार्मिक हस्तक्षेप, बेरोजगारी, कम उम्र में विवाह, पुरूषों के बराबर अधिकार न मिलना, जागरूकता की पूर्ण जानकारी न होना, केवल घर पर रहकर काम करो बाहर नहीं, कोई अधिकार नहीं, पढेगी तो बच्चे कौन पालेगा, घर का काम कौन करेगा, लड़के-लड़की में असमानता, सामाजिक असुरक्षा, बाहरी जीवन की समझ नहीं, सामाजिक कार्यों में हाथ नहीं बंटा पाते, अधिकतर परिवार पुरूष प्रधान है। इसलिए शिक्षा की कमी, आरक्षण की समस्या उनको अपने निर्णय लेने का अधिकार नहीं है। पिछड़े वर्ग के कारण महिलाएँ ज्यादातर परेशान रहती है। इन्हीं महिलाओं की स्थिति सुधारने के संदर्भ में कुछ जागरूक महिलाओं का मानना है कि अल्पसंख्यक मुस्लिम महिलाओं को स्वतन्त्रता दी जाये, शिक्षित किया जाये, आत्म निर्भर बनाया जाये, विवाह अल्पायु में न करके इन महिलाओं की स्थिति को सुधारा जा सकता है। अल्पसंख्यक महिलाओं की राजनैतिक क्षेत्र में भी भागेदारी बढ़ाकर उनकी स्थिति को सुदृढ़ बनाया जा सकता है।

भारत में समानता के सिद्धान्त को अपनाया गया है। हिन्दू मुस्लिम महिलाओं को समान अधिकार ही प्राप्त होने के बावजूद इन अधिकारों का ज्ञान मुस्लिम महिलाओं को हिन्दू महिलाओं की अपेक्षा कम है, इसी कारण वह अपने इन अधिकारों का पूर्ण रूप से उपयोग भी नहीं कर पाती। उनको अधिकारों के प्रति जागरूकता बहुत कम है। वहाँ जागरूकता का प्रश्न है, मुस्लिम अल्पसंख्यक महिलाएँ शिक्षा को अनिवार्य मानती है। परन्तु परिस्थिति के कारणवश पूर्ण शिक्षा प्राप्त नहीं कर पाती।

अगर इस त्रासदी से इन महिलाओं को मुक्ति दिलाये जाये तो उन्हें सर्वप्रथम शिक्षित होना होगा तथा अपनी सोच में बदलाव लाना होगा तथा स्वयं आगे आने के लिए घर की चार दिवारी से निकलना होगा। साथ ही अपने निर्णय स्वयं लें, अपने अधिकारों के प्रति जागरूक हो, अपने अधिकार स्वयं होने, परम्पराओं का विरोध करें, ग्रहण की हुई शिक्षा का उपयोग करें, तभी उस नरकीय, त्रासदी भरे जीवन से निकाला जा सकता है।

शाहबानों केस (1985) में ही तीन तलाक जैसी कुरीति खत्म होनी चाहिए थी किन्तु सत्ता शासन ने मुस्लिम महिला (विवाह विच्छेद पर अधिकारी का

संरक्षण) अधिनियम 1986 बनाकर केवल तत्कालिक तुष्टीकरणी निर्णय दिया। किन्तु 21वीं सदी में तीन तलाक ने समाज के बड़े हिस्से को ग्रस्त कर दिया और फिर शायरों बानो (2000) ने न्यायालय का दरवाजा खटकटाया। जिसके 15-17 साल बाद 2017 में सर्वोच्च न्यायालय तीन तलाक को गैर संवैधानिक घोषित कर प्रतिबंधित कर दिया।

35-40 वर्षों के दौरान मुस्लिम समुदाय की साहसिक महिलाओं ने संघर्ष करके पुरूष प्रधान समाज में अपनी सार्थकता की प्रमाणिकता को प्रस्तुत किया। अर्थात् समाज एवं सामाजिक सहयोगात्मक समिति को अपने दृष्टिकोणों को बदलने का समय है क्योंकि आधुनिक वर्तमान कालखण्ड सूचना प्रौद्योगिकी संरक्षण का है क्योंकि यदि इस्लाम उदय देश साउदी अरब अपने यहाँ महिलाओं को आधुनिक अधिकार दे सकता है, तो अफ्रीका व एशिया के अधिकांश देश महिलाओं को क्यों आधुनिक अधिकार (समानता, स्वतन्त्रता) नहीं दे रहे हैं ऐसा माना जाता है कि तूफान वे ही वृक्ष जीवित रहते हैं जो स्वयं तूफान की दिशा में ढाल लेते हैं लेकिन जो वृक्ष अपनी स्थिति में परिवर्तन नहीं करते वे उखड़ कर खत्म हो जाते हैं। अर्थात् सूचना क्रान्ति के दौर में किसी एक समुदाय को ज्यादा समय तक बांधे नहीं रखा जा सकता। अतः परिवर्तन ही अस्थित्व, स्थिरता, शांति का प्रतीक है।

सन्दर्भ सूची

1. अहमद, अकील, मुस्लिम विधि, सेन्ट्रल लॉ एजेंसी 30डी/1, मोतीलाल, नेहरू रोड, इलाहाबाद (2009)
2. मुहम्मद यासीन-इस्लामी, 'भारत का सामाजिक इतिहास', अटलांटिक पब्लिशर्स एण्ड डिस्ट्रीब्यूटर्स, नजफगढ़ रोड़, नई दिल्ली, 1988
3. महिला एवं कानून, 'चेतना भगत', आशीष पब्लिशिंग हाऊस, नई दिल्ली।
4. दैनिक जागरण रिपोर्ट लेख- तुफेद अहमद, 25, मार्च।
5. निकाह और तलाक, 'मौलाना मिन्नतुल्हा, मुस्लिम पर्सनल लॉ बोर्ड वेबसाइट।
6. पवित्र कुरान, मधुर सन्देश संगम ई-20, अबुल फज्ल इंक्लेव, जामिया नगर, नई दिल्ली-25 (2017) (सूरा-65, आयतें 1, 7)
7. www.un.org(UNHRC)

31

तलाक इस्लाम में

डॉ. पवन कुमार
इतिहास विभाग

यह प्रकृति की मांग है कि एक स्त्री और एक पुरूष परस्पर वैवाहिक रिश्ते से जुड़कर एक साथ जीवन गुजारें। इस्लामी शरीअत में इसके लिए निकाह का तरीका निर्धारित किया गया है। इस्लाम के अनुसार, निकाह एक सामाजिक अनुबंध (Civil Contract) है जो एक स्त्री और पुरूष की आपसी रज़ामन्दी (Mutual Consent) से घटित होता है।

निकाह का यह अमल एक ऐतबार से पारिवारिक जीवन का निर्माण है और दूसरे ऐतबार से वह पूरे इंसानी समाज की तरबियत (प्रशिक्षण) है। स्त्री और पुरूष यदि अपने वैवाहिक जीवन में अच्छी पत्नी और इच्छा पति साबित हो तो निश्चित रूप से वह व्यापकतर समाज के लिए भी अच्छे नागरिक साबित होंगे। इसलिए हदीस (पैगंबर के वक्तव्य) में आया है जो तुम में बेहतर है वह अपने घर वालों के लिए बेहतर है (सुनन इब्ने माजाह किताबे निकाह)

वैवाहिक जीवन का यही खास महत्व है जिसकी बिना पर इस्लाम में इस संबंध को पवित्र करार दिया गया है, और इस पर पाएदारी और खुशगवारी के लिए विस्तृत आदेश निर्धारित किए गए हैं। फिर भी ज्यादा कानूनी बन्दिश बगावत का जहन पैदा करती है इसलिए इस्लाम में प्राकृतिक सीमा तक कानूनी बन्दिश निर्धारण करने के बाद यह कोशिश की गई है कि इंसानी इरादे की इस तरह तरबियत की जाए कि वह स्वयं अपने फैसले से अपने आप को सही वांछित सीता के अन्दर स्थापित रखे।

परिवार वास्तव में इसानी प्रशिक्षण की प्रारंभिक यूनिट है। परिवार के संस्थान

का टूटना इसानी प्रशिक्षण का टूटना है। यदि परिवार का संस्थान बार-बार टूटने लगे तो इसकी यह महान हानि होगी कि व्यक्ति के प्रशिक्षण का वह काम होने से रह जाएगा जिसके ऊपर मानवता के निर्माण की निर्भरता है।

इस्लामी शरीयत में इस सिलसिले में तलाक के जो कानून बनाए गए है वह बुनियादी रूप से तलाक को रोकने के लिए है ना कि तलाक को घटना में लाने के लिए। शरीअत का सारा प्रयास यह है कि तलाक के अमल को रोका जाए। स्त्री व पुरूष जब एक बार वैवाहिक जीवन से बन्ध जाऐ तो एक परिवार बनाऐं तो वह अन्तिम समय तक उसको कायम रखने का प्रयास करें। इसलिए निकाह के सम्बन्ध को कुरआन में दृढ़ अनुबंध या बचन कहा गया है। (निसाअ-21)

निकाह जीवन का एक सामान्य कानून है और तलाक केवल एक अपवाद है। इसलिए इस्लाम में निकाह को अति पसंदीदा चीज़ करार दिया है। एक हदीस के अनुसार, पैगंबरे इस्लाम ने कहा- निकाह मेरा तरीका है। अतएवं जो व्यक्ति मेरे तरीके पर अमल न करे वह मुझसे नही (सुनन इबने माजक अबबाबे निकाह, माजाअफी फजलुल निकाह)।

तलाक का मामला इस से बिल्कुल भिन्न है, इस्लाम में यद्यपि तलाक की अनुमति है, मगर इसी की साथ यह आग्रह भी किया गया है कि इसको केवल अति आवश्यक स्थिति में इस्तेमाल किया जाए। अत: पैगंबरे इस्लाम ने कहा कि तलाक यद्यपि हलाल (वैध) है मगर अल्लाह के निकट सबसे अधिक घृणित हलाल है (सुनन अबी दाऊद अध्याय तलाक)

एक स्त्री एक पुरूष पति पत्नी की हैसियत से मिलकर साथ रहते हैं तो, प्रकृति के कानून के तहत, दोनों के मध्य मतभेद भी अवश्य उत्पन्न होते हैं, यह एक जैविक और मनोवैज्ञानिक हकीकत है कि इस संसार में पैदा होने वाला प्रत्येक पुरूष व स्त्री एक दूसरे से भिन्न होते हैं। इसलिए इस संसार में एकता की एक ही संभव स्थिति है- भिन्नता के बाद भी एक होकर रहना।

शिकायत की अनदेखी करते हुए मिलकर रहने का यह उद्‌देश्य किस प्रकार प्राप्त होगा, इसका राज, एक शब्द में धैर्य है। धैर्य (सत्र) का स्वभाव ही अकेली चीज है जो व्यक्तियों के बीच साधा व एकता के जीवन को संभव बनाता है। जब इंसानी फितरत के तहत शिकायत के कारणों का पेश आना अनिवार्य हो, और इसी के साथ स्त्री और पुरूष का साझा जीवन एक अनिवार्य इंसानी आवश्यकता हो तो व्यवहारिक रूप से साझेदारी और एकता की इसके अतिरिक्त कोई सूरत नहीं हो सकती कि दोनों धैर्य व अपेक्षा (अनदेखी) को जीवन के एक स्थायी नियम

के रूप में धारण करलें।

किसी भी समाज में तलाक की जो घटनाऐं होती हैं, उनका जायज़ा लिया जाए तो मालूम होगा कि 90 प्रतिशत तलाक की घटनाओं का कारण जुबान दराजी (मुहँफट, बहस करना) है। किसी बात पर स्त्री या पुरूष को गुस्सा आ गया या कोई बात उसको बुरी लगी, इसके बाद उसकी जुबान से कठोर शब्द निकल गए दूसरा पक्ष इसकी अनदेखी ना कर सका, उसने भी जवाब सख्त जुमला कह दिया। अब कटु तकरार की नौबत आ गई। इस कटुता के प्रभाव से पुरूष ने कह दिया कि तुम को तलाक-या स्त्री ने कह दिया मैं तुम्हारे साथ नहीं रह सकती। तलाक या अलग होने का कारण अधिकतर इसी प्रकार की घटनाऐं होती हैं।

यही कारण है कि कुरआन मुसलमान स्त्री व पुरूष के यह गुण बताते हुए एक गुण "धैर्य करने वाले पुरूष, धैर्य करने वाली स्त्री (अल-अहजाब-35) की वृद्धि की गई है। कुरान की इस आयत के अनुसार, पुरूष को भी धैर्य का तरीका धारण करना है और स्त्री को भी धैर्य के तरीके पर कायम रहना है। दोनों को एक दूसरे की अरूचिकर बातों को सहन करना है। यदि वह धैर्य और सहनशीलता का तरीका धारण ना करें तो इनका आपसी संबंध टूट जाएगा और आपसी संबंध टूटने के बाद दोनों को इससे अधिक बड़ी बात सहन करनी होगी जो सम्बन्ध को बाकी रखने की स्थिति में उन्हें सहन करने की जरूरत थी।

पति पत्नी को धैर्य और सहनशीलता की सामान्य उपदेश के अतिरिक्त इस विषय में कुछ विशेष हिदायते भी हदीसों में दी गई है जो निकाह के बन्धन में मजबूती के लिए जरूरी है। अब हुरैरा कहते है पैगंबरे इसलाम ने फरमाया है- कोई मोमिन मर्द किसी मोमिन औरत से द्वेश ना करे- अगर उसकी कोई आदत उसको बुरी लगे तो उसमें दूसरी आदत होगी जो उसको खुश कर दे (सही मुस्लिम किताबुल रिज़ाअ)

यह एक ज्ञात हकीकत है कि हर आदमी के अन्दर कुछ अच्छी बातें होती हैं और इसी के साथ कुछ ऐसी बातें होती हैं जिसको उस की कमजोरी कहा जा सकता है। यही मामला पति पत्नी का भी है। ऐसी स्थिति में दोनों के बीच निबाह का कुदरती नियम यह है कि दोनों एक दूसरे के व्यक्तित्व के अच्छे पक्ष को याद रखें, और दोनों एक दूसरे के कमजोर पक्ष को नजर अंदाज, करते रहें। यदि स्त्री और पुरूष इस मामले में हो जाऐं और इसको एक नियम के रूप में धारण कर लें तो अवश्य ही वह इनके लिए मजबूत वैवाहिक जीवन की जमानत बन जाएगा।

फिर भी कभी ऐसा होता है कि कथित युक्ति पर्याप्त नहीं होती पत्नि पत्नी के बीच ऐसी शिकायतें पैदा हो जाती है जो प्रत्यक्ष में इससे अधिक कठिन होती है कि उनकी अनदेखी कर दी जाए। इस प्रकार की स्थिति पैरा आने के बाद भी यह उचित नहीं है कि जहाँ ऐसा हो तुरन्त तलाक देकर अलहदगी धारण कर ली जाए- इसके बजाऐ सहनशीलता से काम लेते हुए इस समस्या को हल करने का प्रयास करना चाहिए। इस विषय में हमको निम्न आयत में मार्गदर्शन किया गया है- और जिन औरतों से तुमको ना फरमानी (अवज्ञा) का अंदेशा (शंका) हो उनको समझाओ और उनको इनके बिस्तरों में तन्हा छोड़ दो और उनको मारो- अतएवं वह तुम्हारी आज्ञापालन करें तो इनके खिलाफ आरोप की राह तलाश ना करो (निसाअ-34)

किसी पुरूष को अपनी पत्नी से शिकायत पैदा हो तो इसके लिए पहला काम तलाक देना नहीं है, बल्कि औरत को नसीहत करना है, यानि नम्रता, गंभीरता और भलाई के साथ इसको समझाया जाए। नफरत के जवाब में नफरत ना की जाए बल्कि नफरत के जवाब में मुहब्बत का तरीका अपनाया जाए।

यदि नसीहत बे असर हो जाए तो इसके बाद पति को अपनी पत्नी के साथ बात चीत बन्द करना या शारीरिक सम्बन्ध ना बनाने का उपदेश दिया गया है। इसमें भी प्रतिशोध की भावना हरगिज शामिल नहीं होना चाहिए। इसको पूर्णतः सुधार और प्रशिक्षण के जहन के तहत अंजाम देना चाहिए।

यदि मान लें कोई स्त्री ऐसी है जिसके लिए नसीहत और सम्बन्ध ना रखने की युक्तियाँ भी अप्रभावी साबित हो तो इसके बाद अनुमति है कि पुरूष इसको हल्की सजा दे सकता है।

यहाँ यह बात अच्छी प्रकार समझ लेनी चाहिए कि मारने की इजाजत केवल मतभेद या शिकायत पर कदापि नहीं है- यह नशूज पर है। नशूज की व्याख्या हदीस में आमतौर से अवज्ञा से की गई है अधिक यह कि इस मारने को बगैर तकलीफ (पीड़ा) की मार होना चाहिए। बगैर पीडा की मार क्या है, इसके बारे में हदीस में आया है कि मिसताक (दांतुन टूथ ब्रुश) या इस जैसी किसी चीज से मारना (जामिउल बयान लिल तिबरी 67-69/5)

दती में मतभेद जाहिर हो तो कोशिश यह होना चाहिए कि दोनों आपस में समझौता करले-क्योंकि-क्योंकि समझौता का तरीका अल्लाह के निकट हर हाल में बेहतर है (निसाअ-128) और घरेलू स्तर पर मामला समाप्त न हो तब भी तलाक की बात नहीं करना है बल्कि मध्यस्थता के तरीके पर इसको हल करने

का प्रयास करना है और अगर तुम दोनों के बीच सम्बन्ध बिगड़ने का अंदेशा हो तो एक मध्यस्थ पुरूष के रिश्तेदारों में से खड़ा करो और एक मध्यस्थ स्त्री के रिश्तेदारों में से खड़ा करो। अगर दोनों सुधार चाहेंगे तो अल्लाह इनके बीच में मुवाफिकत (मेत्री-अनुकूलता) कर देगा। बेशक अल्लाह जानने वाला, बा खबर है। (निसाअ-35)

दो व्यक्तियों के विवाह को मध्यस्थ (Arbiter) के द्वारा तय करने का यह नियम अति फ़ितरी नियम है। दां इंसानों के बीच जब मतभेद पैदा हो जाऐं तो दोनों एक दूसरे के बारे में प्रभावित नहीं कर पाते- ऐसी हालत में झगड़े को समाप्त करने का बेहतरीन उपाय यह है कि इन दोनों के अलावा एक तीसरे पक्ष को बीच को समाप्त करने का बेहतरीन उपाय यह है कि इन दोनों के अलावा एक तीसरे पक्ष को बीच में लाया जाए। यह तीसरा पक्ष मामले से व्यक्तिगत रूप से जुड़ा ना होने के कारण अप्रभावित जहन के तहत सोचेगा और ऐसे न्यायोचित निर्णय तक पहुँच जाएगा जो दोनों के लिए स्वीकार्य हो।

जब मामले को मध्यस्थ के सुपुर्द कर दिया जाए तो उस समय स्त्री व पुरूष को किस जहन के तहत इसका स्वागत करना चाहिए, इसका अनुमान खिलाफत के समय की एक घटना से होता है।

चतुर्थ इस्लामी खलीफा हजरत अली बिन अबी तालिब के जमाने में यह घटना पेश आई कि एक स्त्री और पुरूष के बीच वैवाहिक झगड़ा हुआ दोनों हजरत अली के पास आए- आपने कथित कुरआनी आयत के अनुसार यह आदेश दिया कि दोनों के परिवार से एक-एक व्यक्ति को लेकर मध्यस्थता बोर्ड बनाया जाए। यह मध्यस्थता बोर्ड दोनों के हालात मालूम करने के बाद जो फैसला दे दोनों इसको बिना बहस मान ले। इसके बाद के शब्द यह है कि- स्त्री ने कहा मैं राजी हूँ अल्लाह की किताब पर, चाहे फैसला मेरे अनुकूल हो या विरूद्ध-पुरूष ने कहा मगर तफरीक (विच्छेद वियोग) का फैसला मुझे मंजूर नहीं। हजरत अली ने फरमाया कि तुमने झूठ कहा। खुद की कसम तुम यहाँ से उठ नहीं सकते जब तक तुम इस तरह राजी न हो जाओ, जिस तरह औरत राजी हुई है। (जामिउल बयान लिल तिबरी 71/5)

इससे मालूम हुआ कि सच्चे मोमिन के अन्दर यह तत्परता होना चाहिए कि वह कुरआनी आदेश के अनुसार, मध्यस्थ को माने और यह भी तत्परता होना चाहिए कि मध्यस्थ जो फैसला दे उसको वह अधिक बहस के बगैर स्वीकार कर ले।

फिर भी यह एक हकीकत है कि जीवन की व्यवस्था हमेशा निर्धारित अंदाज पर नहीं चलती। अतः समस्त सावधानियों के बावजूद ऐसा होता है कि कुछ शादी शुदा जोड़े शादी के बाद अलग होने पर तत्पर हो जाते है। उनके अन्दर निकाह के बाद तलाक की और झुकाव पैदा हो जाता है। यहाँ शरीयत उनका मार्गदर्शन इस प्रकार करती है कि इनके लिए तलाक की एक नियत व्यवस्था निर्धारित करती है। यह व्यवस्था या नियम कुरान में इन शब्दों में बताया गया है कि तलाक दो बार है। फिर या तो कायदे के मुताबिक एवं लेना या खुशस्लूबी (सुनीति) के साथ रूख्सत कर देना (बकरह 229)

इस आयत की व्याख्या इस प्रकार की गई है कि जो व्यक्ति (दो महीने में) दो बार तलाक दे दे तो वह तीसरी बार तलाक देने में अल्लाह से डरे-या तो वह उसके हक् में कोई जुल्म किए बगैर उसको छोड़ दे या उसको अच्छे मेल मिलाप के साथ रोक ले (अल जामिआ उल अहकामुल कुरान लिल किरतबी 126/3)

इस आयत और दूसरी आयतों व हदीसों को रोशनी में शरीअत के विद्वानों ने तलाक को विस्तृत कानून संकलित किया है। इस विषय में फिक्र ही (धर्म शास्त्रीय) विवरणों को छोड़ते हुए बुनियादी शरई पोजीशन यह है कि अपने चरणों के ऐतबार से तलाक की तीन सूरतें है। तलाके रजई, तलाके बाइन, तलाके मुगल्लिजा।

जब एक शख्स अपनी पत्नी को तलाक देना चाहे तो शरीयत की शिक्षा यह है कि वह ऐसा ना करें कि अचानक उस को विच्छेदिता करार देकर उसे अपने से जुदा कर दे बल्कि उसको यह करना चाहिए कि पहले महीने में मासिक धर्म से पवित्र होने के बाद वह अपनी औरत से कहे कि मैंने तुम को तलाक दे दिया- इसके बाद दोनों एक महीना सोचते रहे इस बीच में अगर राय बदल गई तो पुरूष अपने तलाक के कथन को वापस लेकर दोबारा अपनी पत्नी से सम्बन्ध स्थापित कर सकता है।

ऐसा ना करने की स्थिति में अगले महीने दोबारा मासिक धर्म के बाद पवित्रता की स्थिति में वह अपनी पत्नी से कहेगा कि मैंने तुम को दूसरी बार तलाक दिया। इस बीच में दोबारा पुरूष के लिए यह अवसर है कि यदि उसकी राय बदल जाए तो वह तलाक को वापस लेकर अपनी पत्नी से दोबारा सम्बन्ध स्थापित कर सकता है। परिभाषा में इन दोनों को तलाक हजई कहा जाता है, क्योंकि पुरूष को इनसे मराजअत (वापस लोटना) का अधिकार प्राप्त है।

आरंभिक दो महीनों में पुरूष यदि अपने कथन से ना पलटे और तीसरा मासिक धर्म आकर तीसरा महीना शुरू हो जाए तो अब व्यवहारिक रूप से तलाक घटित हो जाएगा। इसको तलाके बाइन कहते हैं। तलाके बाइन पड़ जाने के बाद वापस लौटाने के लिए अकेले पुरूष का कथन काफी नहीं। अब केवल स्त्री व पुरूष की आपसी रजामंदी से दूसरा निकाह हो सकता है। यदि दोनों ने दूसरा निकाह कर लिया तो दोबारा वह पति पत्नी की तरह एक साथ रह सकते हैं।

तीसरी सूरत यह है कि आदमी तीसरे महीने में या उसके बाद यह कह दें कि मैंने तुम को तीसरी बार तलाक दी ऐसा कहने से तलाक घटित हो जाएगी। इसको तलाके मुगल्लिजा कहा जाता है। इसके बाद दो नो एक दूसरे के लिए हराम (अवैध) हो जाऐंगे।

पति यदि दूसरी बार तलाक देने के बाद अपनी बीवी को वापस लौटाने का इरादा ना रखता हो तब भी उसे चाहिए कि स्त्री को उसके हुकूक (अधिकार) देकर उसकी अच्छी प्रकार से सख्सत करदें। जहाँ तक तीसरी बार तलाक का सम्बन्ध है तो शरीअत ने इसकी हौसला शिकनी (हिम्मत तोड़ना) की है क्योंकि दोबारा तलाक देकर अलग हो जाने के बाद भी यह संभावना बाकी रहती है कि पति निकाह को पुनर्स्थापना के द्वारा अपनी पत्नी के साथ सम्बन्ध स्थापित करले। मगर तीसरी बार तलाक देने के बाद स्त्री और पुरूष के मध्य निकाह का सम्बन्ध विच्छेद हो जाता है।

कथित निर्धारित तरीके ने तलाक को एक जज्बाती कदम उठाने के बजाए एक सोचा समझा योजनाबद्ध अमल बना दिया। यदि इस हकीकत को सामने रखा जाए कि तलाक के तरीके के विरूद्ध एक जबरदस्त रोक (Check) है, क्योंकि गुस्सा कोई स्थायी बाकी रहने वाली चीज नहीं एक मुद्दत गुजर जाने के बाद अनिवार्यता वह ठंडा हो जाता है। इसलिए यह लगभग निश्चित है कि जो लोग गुस्से के बिना पर अपनी पत्नी को तलाक देने का फैसला करेंगे, समय गुजरने के बाद वह स्वयं ही अपने किए पर पछताऐंगे और वापस लौटा लेंगे क्योंकि तलाक कोई साधारण बात नहीं है। अक्सर हालात में वह घर को उजाड़ने और बच्चों के भविष्य को तबाह करने जैसा है। गुस्सा ठंडा होते ही आदमी को तलाक का बुरा परिणाम दिखाई देगा और वापस लौटा कर इससे बचा रहेगा।

आदमी जब एक स्त्री से निकाह करता है तो इसके लिए केवल एक बार यह कहना काफी होता है कि मैंने तुम को अपनी पत्नी स्वीकार किया मगर

तलाक के लिए शरीअत में यह निर्देश दिया गया है कि तीन महीने के दौरान चरणबद्ध तरीके से क्रमवार इसको पूरा करों।

मानो निकाह के लिए तो एक कथन काफी है मगर तलाक की प्रक्रिया की पूर्णता के लिए कई कथन की जरूरत है। अधिक यह कि निकाह के विपरीत, तलाक एक कथन और दूसरे कथन के बीच शरीयत ने लम्बी अवधि (Gap) देना पसंद किया है। इस अवधि का उद्देश्य इसके अतिरिक्त कुछ और नहीं हो सकता कि इस दौरान पति अपने फैसले पर अच्छे प्रकार विचार कर ले। वह अपने करीबों लोगों से इसके बारे में अच्छी प्रकार परामर्श करले यहाँ तक कि सम्बन्धितों को यह अवसर मिल जाए जब उन्हें तलाक की बात को खबर मिले तो इसमें हस्तक्षेप करके वह पक्षों को समझाऐं और तलाक को रोकने का प्रयास करें। यह उद्देश्य विराम के बगैर पूरा नहीं हो सकता था, इसलिए तलाक को एक विराम के साथ करने का अमल बना दिया गया।

इन सारी पेश बन्दियों का स्पष्ट अर्थ यह है कि भावनाओं के उबाल को ठंडा किया जाए और इस प्रकार तलाक के मामले को उसके आखरी अंजाम तक पहुँचने से रोका जाए क्योंकि तलाक किसी भी व्यक्ति लिए समस्या से छुटकारा जैसे अर्थ नहीं रखती है। तलाक अपने अंजाम के ऐतबार से केवल यह है कि आदमी एक समस्या से छूटकारा प्राप्त करके अपने को दूसरे प्रचंडतम समस्या में ग्रस्त करके।

इन सारी पेश बन्दियों के बाद भी कभी ऐसा होता है कि इंसान बहुत से समय अज्ञानता या शदीद गुस्से के कारण संतुलित अंदाज में सोच नहीं पाता वह जोश में आकर एक ही सभा में अपनी पत्नी से कह देता है कि मैं तुम को तीन तलाक या तलाक, तलाक तलाक। ऐसी घटनाऐं स्वयं पैगंबरे इस्लाम के काल में भी पेश आई और अब भी पेश आती रहती है। अब प्रश्न यह उत्पन्न होता है कि जो ऐसा को उसके बारे में क्या फैसला किया जाए, यानि तीन तलाक को एक तलाक करार दिया जाए और कथित विराम की मुद्दत का अमलजारी करने का आग्रह किया जाए या तीन तलाक को तीन तलाक करार देकर पति-पत्नी के मध्य अलगाव करा दिया जाए। इस सिलसिले की मार्गदर्शक हदीस यहाँ दर्ज की जाती है जिसको इमाम दाऊद और दूसरे कई हदीस के विद्वानों ने अनुकरण किया है।

रकाना इब्ने अब्द यज़ीद ने अपनी पत्नी को एक सभा में तीन तलाक देदी-फिर वह इस पर बहुत दुखी हुए। पैंगबरे इस्लाम ने इनसे पूछा कि तुमने किस तरह तलाकदी उन्होंने कहा कि एक सभा में तीन बार पैगंबरे इस्लाम ने

फरमाया वह सब एक ही है- अगर तुम चाहों तो अपनी पत्नी को वापस लौटा लो (फतह उलबारी 275/9)।

इससे ज्ञात हुआ कि यदि कोई व्यक्ति भावनाओं के अधीन होकर एक ही सभा में तीनों तलाक देने का ऐलान कर देता है तो यद्यपि यह शरीयत के निर्धारित तरीके की अवहेलना है और इस ऐतबार से वह आदमी गुनाहगार है, फिर भी इंसानी कमजारों की छूट करते हुए उसके इस कर्म को एक व्यर्थ कर्म करार दिया जाएगा। ऐसे आदमी से कहा जाएगा कि एक शरई मामले में तुमने जो ज्यादती की है उसके लिए अल्लाह से ताबा (पश्चाताप) करो और तीन को एक शुमार करते हुए नियमानुसार अपनी पत्नी के साथ मामला करो।

फिर भी इस मामले में प्रथम काल में एक भिन्न उदाहरण मिलता है। यह उदाहरण द्वितीय खलीफा हज़रत उमर फारूक का है। यह उदाहरण इमाम मुस्लिम को एक रिवायत (वर्णन) में इस प्रकार बयान हुआ है।

पैगंबरे इस्लाम के काल में और अक्टूबर सिद्दीक (प्रथम खलीफा) की खिलाफत के जमाने में और उमर की खिलाफत के प्रारंभिक दो वर्षों में तीन तलाक एक ही तलाक होती थी- फिर उमा बिना खत्ताब ने कहा कि लोग उस मामले में जल्दबाजी कर रहे है जिसमें इनके लिए मोहलत थी अतएवं क्यों ना इसको हम इनके ऊपर लागू कर दें। अतः उन्होंने उनके ऊपर इसे लागू कर दिया।

द्वितीय खलीफा हजरत उमर का यह अमल प्रत्यक्ष में कुरआन और सुन्नत के तरीके के विरूद्ध मालूम होता है मगर यह केवल एक गलतफहमी है। वास्तविक यह है कि यह शरीयत के सामान्य में एक सामाजिक अपवाद का उदाहरण है ना कि शरीयत के सामान्य बदलाव का उदाहरण। द्वितीय खलीफा के इस अमल से शरीयत का कथित मसला नहीं बदलता इसमें केवल यह मालूम होता है कि शरीयते इस्लामी में परिस्थितियों की पूर्ण छूट रखी गई है। शरीयत का हर कानून एक सर्वकालिक कानून है मगर मुसलमानों के हामिक को यह अधिकार है कि वह किसी व्यक्ति के केस की विशेष दशा की बिना पर उसके पक्ष में एक अपवादिक फैसला करे-फिर भी हाकिम का यह फैसला केवल एक वक्ती फैसला होगा ना कि स्थायी कानून।

इस निरंतरता की विभिन्न रिवायतों (वर्णनों) के अध्ययन से ज्ञात होता है कि द्वितीय खलीफा ने अपने जमाने के कुछ लोगों के साथ ऐसा किया वह नियमानुसार कोई शरई मामला नहीं था बल्कि उसकी हैसियत एक प्रकार के कार्यपालिका आदेश (Executive Order) की थी। उन्होंने शासक की

हैसियत से कुछ नियुक्त लोगों के लिए बतौर सज़ा यह हुक्म जारी किया था।

अत: रिवायतों से ज्ञात होता है कि जब उमर फारूक के पास ऐसा कोई आदमी लाया जाता जिसने अपनी औरत को एक सभा में एक साथ तीन तलाक दी थी तो इसको वह उसका विद्रोह करार देते और उसकी पीठ पर कोड़े मारते (फतह उलबारी 275/9)

यहाँ एक और पक्ष की वृद्धि करना आवश्यक है। इस वृद्धि के बगैर यह बात बिल्कुल अधूरी रहेगी वह यह कि जब जरूरत उमर ने तीन तलाक को तीन तलाक देने का कथित अपवादित फैसला दिया था तो उनकी हैसियत वर्तमान काल के एक अधिकार रहित विद्वान जैसी ना थी बल्कि वह पूर्णत: एक सत्तावान शासक की हैसियत रखते थे। वह दृढ़ रूप से इस पोजीशन में थे कि जो प्रमुख इस प्रकार का गैर कुरआनी तरीका धारण करे उसको वह सजा दे, उसको और कोई ज्यादती करने से रोक सके।

दूसरी और वह यह अधिकार रखते थे कि इस आदेश के लागू करने के नतीजे में जो स्त्री जीवन की नई समस्याओं से दो चार हुई है, उसकी भी पूर्ण क्षतिपूर्ति कर सके। जैसे समाज के अन्दर इसके सम्मान पूर्ण जीवन की जमानत, तलाक के बाद यदि वह आर्थिक आधार पर जरूरतमंद हो गई है तो सरकारी खजाने से उसके लिए स्थायी गुज़ारा भत्ता जारी करना आदि।

आज यदि कोई व्यक्ति तीन तलाक की लागू करने के लिए हज़रत उमर की नजीर पेश करे तो इससे पहले उसको खलीफा जैसी प्राप्ताधिकार है सियत का मालिक बनना पड़ेगा, उसके बाद ही इसको यह अधिकार होगा कि वह द्वितीय खलीफा के इस तरीके (मसलक) का हवाला दे या इस पर अमल करे। क्योंकि हजरत उमर का कथित फैसला अपनी हकीकत के ऐतबार से समय के शासक का एक फैसला था ना कि साधारण रूप से एक आलिम या मुती का एक फैसला।

यहाँ एक गलतफहमी का निवारण करना आवश्यक है द्वितीय खलीफा ने जब अपना कथित फैसला दिया तो कुछ वर्णन के अनुसार हज़रत अली ने इसका विरोध किया शेख सहाबा (पैगंबर के साथी) जो उस समय महीने में मौजूद थे या जिन की जानकारी ये यह बात आई उन्होंने इससे विरोध प्रकट नहीं किया- इससे कुछ विद्वानों ने यह नतीजा निकाला कि इस मसले पर सहाबा एक मत हो चुके हैं। मुहम्मद अली अल साबूनों लिखते हैं कि- इससे उलेमा (विद्वानों) ने तर्क किया है कि इस पर सहाबा (पैगंबर के साथी) का इजमाअ (एक मत

एकत्र) है क्योंकि अब हजरत उमर ने यह फैसला दिया था तो सहाबा ने इससे सहमति की और सहाबा में से किसी ने इससे इंकार नहीं किया कि एक बार में तीन तलाक देने से तलाक घटित हो जाती है। अतएवं इससे साबित होता है कि इस पर सब एक मत है।

यहाँ यह प्रश्न है कि सहाबा ने किस चीज पर एकता या सहमति की थी। सहाबा ने इस पर सहमति नहीं की थी कि तीन तलाक को तीन तलाक करार देना नियमानुसार सही है बल्कि इससे सहमति थी कि ऐसा करना व्यवस्था के लिए ठीक है। सहाबा किसी ऐसी बात पर सहमति नहीं कर सकते थे जो कुरान के निर्धारित तरीके को बदलने के अर्थ समान है। उन्होंने वास्तव में इस बात पर एकता या सहमति की थी कि शासक को यह अधिकार है कि वह जरूरत के समय अपवादिक रूप से किसी विशेष व्यक्ति के बारे में इस प्रकार का फैसला दे जो फैसला द्वितीय खलीफा ने अपने जमाने में दिया था।

सहाबा की यह एकता या सहमति शरीयत को बदलने पर नहीं थी और ना हो सकती थी। यह सहमति केवल इस बात पर थी कि मुसलमानों के हाकिम को यह अधिकार है कि वह अपनी सम्मति या विवेक के अनुसार किसी व्यक्ति विशेष के लिए किसी ऐसे दंडात्मक आदेश को लागू करे जो शरीयत के सामान्य कानून में एक सामयिक अपवाद की हैसियत रखता हो। समय के शासक का यह अधिकार शरीयत में मान्य है और निकाह व तलाक के अतिरिक्त दूसरे मामलों में भी इसके उदाहरण मौजूद है। जैसे अकाल के जमाने में चोरी पर चोर के हाथ न काटना।

आखरी बात यह है कि शरीयत में जिस प्रकार पुरूष को अलग होने का अधिकार दिया गया है उसी प्रकार स्त्री को अलग (विच्छेद) होने का अधिकार प्राप्त है। नि:सन्देह औरत चूँकि जन्म के आधार से भावुक (Emotional) होती है। इस लिए दोनों की कार्य शैली में थोड़ा अन्तर रखा गया। इसकी सूरत संक्षिप्त रूप से यह है कि पुरूष को अलग होने का जो अधिकार तलाक के रूप में प्राप्त है, स्त्री को वही अधिकार ''खुलाअ'' (स्त्री का महर को मुआफ करके तलाक ले लेना) और तफवोजे तलाक यानि तलाक का अधिकार प्राप्त करना, के द्वारा दिया गया है। फर्क केवल यह है कि यदि पुरूष ''खुलाअ'' के लिए राजी न हो तो स्त्री अपने मामले को काजी के पास ले जाएगी और काजी पूरे हालात सुनने के बाद परिस्थितिनुसार दोनों के मध्य अलगाव करा देगा।

इसके अतिरिक्त स्त्री के लिए एक और सूरत है जिसको ''निकाहे तफवीज''

कहा जाता है यानि औरत निकाह के समय स्वयं आ अपने वकील के द्वारा अपने होने वाले पति से यह नियमानुसार वचन लेते कि पति यदि उसके जरूरी अधिकारों की अदायगी में अक्षम साबित हो तो स्त्री को यह अधिकार होगा कि वह स्वयं अपने फैसले से इसके साथ वैवाहिक सम्बन्ध को तोड़ दे और इससे अलग हो जाए। इसका अधिक विस्तार फिकह़ (धर्मशास्त्र) की किताबों में देखा जा सकता है।

सार

ऊपर की बहस से ज्ञात हुआ कि तलाक के लिए शरीयत का निर्धारित तरीका यह है कि तलाक अलग-अलग क्रमानुसार दी जाए, और वह लम्बी अवधि के बाद पूर्ण हो। यही तलाक का शरई तरीका है- फिर भी हर कानून का गलत इस्तेमाल होता है, इसी प्रकार कुछ लोग तलाक के कानून का भी गलत इस्तेमाल करते है और एक ही समा में एक ही समय अपनी पत्नी को तीन तलाक दे देते है।

कानून के इस तरह गलत इस्तेमाल की स्थिति में तलाक देने वाले के साथ क्या मामला किया जाए, हालात के अनुसार इसकी दो सूरते है। एक यह कि इसके तीन तलाक को शाब्दिक आग्रह मानते हुए इसे एक ही तलाक माना जाए और उसको पत्नी को वापस लौटाने के अधिकार से फायदा उठाने की अनुमति दी जाए।

फिर भी किसी व्यक्ति को उसके केस की वशिष्ट दशा की बिना पर इस जुदाई से पृथक करार दिया जा सकता है। इसकी सरकशी (अवहेलना) पर हाकिम इसे दंड विधान के तहत सजा दे सकता है- या इसके तीन तलाक को तीन करार देकर इसके और ड्रस की पत्नी के मध्य जुदाई करा सकता है, ताकि वह अपने घर की बर्बादी की सूरत से अपनी गैर जिम्मेदार शैली की सजा भुगते अथवा इसका यह लाभ भी है किए से लोगों की अवहेलना के बुरे अंजाग को देखकर दूसरे लोगों को सबक हो और आगे इस प्रकार कार्य को दोहराने से बाज रहें।

इससे यह भी मालूम हुआ कि इस मामले में हजरत उमर फारूक का कार्यपालिका प्रबन्धन का आदेश इसलिए नहीं था कि इसको सामान्य शरई मसले की तरह स्थायी रूप से लागू कर दिया जाए वह केवल इसलिए था कि समाज में शरई तरीके से अवहेलना करने के साहस टूटे और नियमानुसार तलाक देने की

परंपरा नए सिरे से लोगों के बीच स्थापित हो जाए। खलीफा उमर का आदेश एक सामयिक अपवाद था ना कि कोई स्थायी शरई मामला। यह सामयिक अपवाद इस शर्त के साथ जरूरत पड़ने पर आगे भी धारण किया जा सकता है। जिस प्रकार वह अतीत में धारण किया गया।

फिर इसका अधिकार केवल प्राप्ताधिकार हाकिम की है। यह वास्तव में एक कार्यपालिका प्रबन्धक का आदेश था और ऐसे आदेश का अधिकार केवल प्रबन्धक को होता है, आम आदमी को हरगिज इसका अधिकार प्राप्त नहीं। क्योंकि आम आदमी उन नतीजों से निपटने में सक्षम नहीं जो इस प्रकार के किसी आदेश को लागू करने के बाद अनिवार्यता उत्पन्न होते हैं।

मूल उर्दू लेख
मौलाना वहीद उद्दीन खान

32

मुस्लिम महिला शिक्षा और सांस्कृतिक बाधाऐं

डॉ. पूनम

असिस्टेन्ट प्रोफेसर, इतिहास विभाग,

बेकुंठी देवी कन्या महाविद्यालय, आगरा

स्वतन्त्रता के बाद से ही भारत में विकास के समतावादी मॉडल को अपनाया है जिसमें सभी के विकास की बात कही गयी है। परन्तु आज भी मुस्लिम महिलाऐं अपने मौलिक शिक्षा के अधिकार से वंचित है। कहीं न कहीं रूढ़िवादी व परम्परावादी मुस्लिम पुरूषों की सोच उन्हें विकास से पीछे धकेल रही है। वे आज भी घर की चारदीवारी के अंदर पर्दे में रहने के लिए विवश हैं। मुस्लिम लड़कियों को लड़कों के समान न तो शिक्षा का अधिकार है और न ही स्वतन्त्रता का। वे चाहकर भी सामाजिक तथा सांस्कृतिक बाधाओं को नहीं तोड़ सकती, क्योंकि ऐसा करने पर (उलेमा वर्ग व) पुरूष प्रधान समाज उनसे आक्रोशित हो जायेगा।

आज भी मुस्लिम समाज में पर्दा प्रथा, अशिक्षा, लिंग, असमानता, बाल विवाह जैसी समस्याऐं आम हैं। सुप्रीम कोर्ट भी मुस्लिम महिलाओं के मामले में अधिक हस्तक्षेप नहीं दे सकता है हालांकि 13 राज्यों की 70,000 मुस्लिम महिलाओं ने प्रधानमंत्री नरेन्द्र मोदी को चिट्‌टी लिखी है कि उन्हें लिंग के आधार पर किये जाने वाले भेदभाव का सामना करना पड़ता है। हाल ही में महाराष्ट्र के कोल्हापुर में मुस्लिम महिलाओं के चुनाव लड़ने के खिलाफ फतवा जारी किया

गया है। 'मजलिसे शुरा उलेमा ए कोल्हापुर' के अनुसार महिलाओं का चुनाव लड़ना मुस्लिम धर्म के खिलाफ है। पिछले दिनों केरल के मुस्लिम नेता ने भी महिलाओं को हिदायत देते हुये उनका काम सिर्फ बच्चे पैदा करना बताया। ये सोच मुस्लिम समाज की रूढ़िवादिता व कट्टरपन को दर्शाती है। ऐसा करके वे समाज का उद्धार नहीं बल्कि समाज को विकास की दौड़ से पीछे धकेल रहे हैं। मुस्लिम लड़कियों को भी शिक्षा का अधिकार होना चाहिए। उन्हें भी अपने विकास का समान अधिकार मिलना चाहिए। जब तक मुस्लिम समाज इस बात को नहीं समझेगा तब तक पिछड़ेपन के दंश से वह बाहर नहीं निकल सकता।

सारे संसार में महिला सशक्तीकरण का दौर चल रहा है, जहाँ महिलाऐं अपनी नयी पहचान बनाने के लिए संघर्षरत है। वहीं मुस्लिम समाज में महिलाओं को आधुनिकीकरण से दूर रखा जा रहा है। यदि परम्परागत परम्पराओं को तोड़कर मुस्लिम महिलाओं को भी शिक्षित किया जाये तो इससे समुदाय विशेष का ही विकास नहीं होगा बल्कि सम्पूर्ण देश का विकास होगा।

भारत विश्व का दूसरा सबसे बड़ा मुस्लिम जनसंख्या वाला राष्ट्र है। इतने बड़े समुदाय की मौलिक समस्याओं को समझे बिना उनका हल सम्भव नहीं है। आज मुस्लिम महिलाऐं जहां सरकार की ओर आशा भरी नजरों से देख रही हैं। वही सत्ताधारी वर्ग इस समस्या के लिए मुस्लिमों को ही जिम्मेदार मानते हैं। आज भी मुस्लिम समुदाय बहुत ज्यादा लड़कियों को पढ़ाना पसंद नहीं करते हैं। धर्म और रूढ़िवादिता दोनों ही मुस्लिम औरतों को आगे बढ़ने से रोक रहे हैं। मुस्लिम महिलाओं के लिए धार्मिक नियम-कायदों को तोड़ना बहुत मुश्किल है। यही कारण है कि जहाँ एक तरफ आधुनिकता की दौड़ में अन्य समुदायों की महिलायें बढ़-चढ़कर हिस्सा ले रही हैं, वही मुस्लिम महिलायें बहुत पीछे हैं।

वर्तमान समय में मुस्लिम महिलाओं की शिक्षा की दुर्दशा भारत में न केवल आर्थिक बल्कि सांस्कृतिक समस्या भी बनी हुई है। भारत के मुस्लिमों में महिलायें शिक्षा से सम्बन्धित समस्याऐं अन्य समुदायों से कहीं ज्यादा है। 21वीं शताब्दी में जब सारा विश्व विकास की गति को बढ़ाने में लगा हुआ है, ऐसी स्थिति में भारत में मुस्लिम महिलाओं का एक बहुत बड़ा समूह मौलिक शिक्षा से वंचित है। बल्कि पुरातन व्यवसाय की तरह घर में ही कैद है। यह समस्या न केवल मुस्लिमों का आर्थिक, सामाजिक व राजनैतिक विकास रोकती है बल्कि भारत में अन्तर्राष्ट्रीय स्तर पर मानव विकास के सूचकांक को भी प्रभावित करती है।

भारत में मुस्लिम साम्राज्य की स्थापना से लेकर आज तक 'मदरसे- शिक्षा का केन्द्रीय स्तम्भ रहे हैं। इन संस्थाओं में मुस्लिमों को दीनी तालीम प्रदान की जाती है। लेकिन क्या केवल दीनी तालीम के बल पर विश्व की विकास की गति के साथ चला जा सकता है। आज जरूरत है आधुनिक शिक्षा की। इसके लिए जरूरी है कि मदरसों को आधुनिक बनाकर उन्हे दीनी-तालीम के साथ-साथ आधुनिक शिक्षा का भी केन्द्र बनाया जाना चाहिए।

उपरोक्त समस्याओं के समाधान के लिए एक सार्थक पहल की आवश्यकता है। इस पहल की शुरूआत सरकार को ही नहीं अपितु समाज चिंतकों व शिक्षाविदों को भी करनी होगी। इन समस्याओं के समाधान के बिना न मुस्लिमों महिलाओं का जीवन स्तर बढ़ेगा और न ही भारत के विकास का मार्ग प्रशस्त होगा। इन समस्याओं का समाधान करने के लिए राजनैतिक इच्छा शक्ति तथा धार्मिक नेतृत्व के सहयोग की आवश्यकता है तथा व्यवहारिक व तथ्यपरक नीतियों के निर्माण के लिये वैज्ञानिक विवेचनाओं की भी आवश्यकता है, जो वैज्ञानिक शोध करके उसे वास्तविकता के धरातल पर क्रियान्वित करके ही प्राप्त की जा सकती है।

राजिन्दर सच्चर समिति की रिपोर्ट - 2006

इस रिपोर्ट में कहा गया कि मुस्लिम समुदाय में व्याप्त गरीबी और पिछड़ेपन को दूर करने तथा इस समुदाय के लोगों को भारत की मुख्य धारा में लाने के लिए उन्हें रोजगार एवं शैक्षिक संस्थानों में आरक्षण प्रदान किया जा सकता है। इस सम्बन्ध में समिति ने यह माना है कि मुसलमानों में सबसे पिछड़े 'अरजल' तबके को उसके पारम्परिक पेरों के आधार पर अनुसूचित जातियों के समकक्ष माना जाना चाहिए तथा 'अशरफ' और 'अजलफ' तबके को अन्य पिछड़े वर्गो की कोटि में स्थान दिया जाना चाहिए। समिति ने मुसलमानों में व्याप्त अशिक्षा के मद्देनजर मुस्लिम बहुल इलाकों में सरकारी स्कूलों को मदरसे के विकल्प के तौर पर स्थापित करने का सुझाव दिया। समिति ने अपनी रिपोर्ट में यह स्पष्ट किया है कि सरकारी नौकरियों में मुसलमानों का अंश केवल 4.9 प्रतिशत है। जिसका कारण उनके विरूद्ध पक्षपातपूर्ण दृष्टिकोण है। इस भेदभाव को समाप्त करने के लिए 'समान अवसर आयोग (Equal Opportunity Commission) के गठन का भी सुझाव दिया जो उनकी शिकायतों की जाँच करेगा।

शिक्षाविद् विमल थोराट की अध्यक्षता में गठित योजना आयोग की उपसमिति की रिपोर्ट - 2006

इस रिपोर्ट में विस्तार से वर्णन किया गया है कैसे आर्थिक अनुदान देकर मुस्लिमों को शिक्षा की ओर आकर्षित किया जा सकता है। समिति ने 11वीं पंचवर्षीय योजना के लिए 11 सूत्रीय कार्यक्रम तैयार करके मुस्लिम बहुल इलाकों में स्कूल खोलने, छात्रवृत्ति, छात्रावासों का निर्माण और स्टडी सेन्टर के लिए धन आवंटित करने की सिफारिश भी की।

असगर अली इंजीनियर ने अपनी पुस्तक "इंडियन मुस्लिम एण्ड एजूकेशन (2009) में बताया है कि भारत में लगभग मुस्लिम कुल जनसंख्या का 12 प्रतिशत है। परन्तु देश के विकास को देखते हुए भारतीय मुसलमानों की शैक्षिक व आर्थिक स्थिति ठीक नहीं है। देश को इतना बड़ा हिस्सा जो शिक्षा व अर्थव्यवस्था के क्षेत्र बहुत पिछड़ा हुआ है, इसके विकास के बिना देश का विकास संभव नहीं है। मुस्लमानों में महिला शिक्षा पुरूषों की तुलना में बहुत कम है। नेशनल फैमिली हैल्थ सर्वे के अनुसार मुस्लिम महिलाऐं 66 प्रतिशत निरक्षर है। सबसे ज्यादा निरक्षर मुस्लिम महिलायें हरियाणा में है (98 प्रतिशत)। यह बहुत ही दिलचस्प बात है कि हरियाणा की अधिकांश मुस्लिम महिलायें मीयो मुस्लिम है और ये सभी बहुत पिछड़ी हुई हैं।

आज मुस्लिम अल्पसंख्यकों की प्रमुख समस्याओं में से एक समस्या मुस्लिम महिला शिक्षा है जो कि उनके लिए एक आवश्यक आवश्यकता है। भारतीय मुस्लिम महिलाओं सामाजिक-आर्थिक व शैक्षिक स्थिति बहुत पिछड़ी हुई है। वे बहुत ज्यादा दबी हुई, अशिक्षित, दया की पात्र और पुरूषों पर पूरी तरह निर्भर हैं। उजमा नहीद (मेम्बर ऑफ ऑल इंडिया मुस्लिम लॉ बोर्ड) ने बताया है कि मुस्लिम महिलायें पूरी तरह चेहरा रहित, आवाज रहित और बहुत पिछड़ी हुई हैं। आजादी के छः दशक बीत जाने के बाद भी, मुस्लिम महिलायें अन्य महिलाओं की अपेक्षा बहुत पिछड़ी हुई हैं। मुस्लिम महिलाओं की शैक्षिक स्थिति ईसाई, सिख, जैन, हिन्दू, पारसी, बुद्धिष्ट सभी समुदायों से नीचे है।

उत्तर भारत के ग्रामीण क्षेत्रों में 85 प्रतिशत मुस्लिम महिलायें निरक्षर हैं। इस तथ्य को स्वयं मुस्लिम महिलाओं ने स्वीकार किया है। 17 प्रतिशत मुस्लिम महिलाओं ने आठवीं तक स्कूली शिक्षा प्राप्त की जबकि 10 प्रतिशत ने सिर्फ स्कूल तक स्कूली शिक्षा प्राप्त की है। जो राष्ट्रीय स्तर से बहुत नीचे है। एक सर्वे के अनुसार (2000-2001) 40.6 प्रतिशत मुस्लिम लड़कियाँ शिक्षा के क्षेत्र में

आगे बढ़ रही हैं। परन्तु उच्चतर शिक्षा में इनका प्रतिशत मात्र 3.56 है जोकि अनुसूचित जनजाति से (42.5 प्रतिशत) भी कम हैं। हरियाणा में सबसे अधिक निरक्षर मुस्लिम महिलायें हैं जबकि केरल में बहुत कम निरक्षरता है।

प्राइमरी स्तर पर लड़कियों के स्कूल छोड़ने का प्रतिशत लड़कों की अपेक्षा कम है पर हायर क्लासिज तक यह नंबर बढ़ जाते हैं। हालांकि सरकारी स्कूलों में शिक्षा नि:शुल्क दी जाती है, बावजूद इसके माता-पिता अपने बच्चों को मदरसा में पढ़ाना पसंद करते हैं। यह सामाजिक समूह का ही दबाव है कि अधिकांश मुस्लिम परिवार अपने बच्चों को मदरसे में पढ़ाते हैं। लड़के व लड़कियों की शिक्षा में एक और अंतर देखने को मिला। माता-पिता लड़के को तो इंगलिश मीडियम में पढ़ाना पसंद करते हैं। जबकि आज इंगलिश मीडियम स्कूलों की भरमार है। बावजूद इसके अधिकांश मुस्लिम अपनी लड़कियों को मदरसे में पढ़ाना पसंद करते हैं। यही कारण है कि आज आधुनिकता की दौड़ में मुस्लिम लड़कियाँ पिछड़ रही हैं।

भारत में प्रत्येक नागरिक को संविधान के समक्ष समानता प्राप्त है। किन्तु समानता के इसी सिद्धान्त से आज मुस्लिम महिलाऐं लगातार शिक्षा सहित कई क्षेत्रों में पिछड़ रही हैं, जिनकी तथ्यात्मक विवेचना की आवश्यकता है।

भारत सरकार ने कई क्षेत्रों में महत्वपूर्ण कदम उठाकर विकास के मार्ग को प्रशस्त किया किन्तु मुस्लिम महिलाऐं शिक्षा क्षेत्र उसमें कहीं पीछे रह गयी हैं। सरकार द्वारा बार-बार यह प्रयास करते हुए दिखाया गया है कि वह अल्पसंख्यकों की शिक्षा के प्रति गम्भीर हैं। क्या वास्तव में सरकार मुस्लिम महिलाओं को शिक्षित करके राष्ट्र के विकास में उन्हें बराबर का भागीदार बनाने के प्रतिशत संकल्प है इन बिन्दुओं पर अध्ययन किया जाना आवश्यक हैं।

किन्तु इसके साथ-साथ उन्हें आधुनिक शिक्षा से महरूम करना न केवल सामाजिक बल्कि राजनैतिक चूक है। अगर देश की आबादी का एक बड़ा हिस्सा केवल दीनी तालीम हासिल करें तो इससे न केवल मुस्लिम और ज्यादा पिछड़ेंगे बल्कि भारत के विकास के लिए भी यह एक घातक कदम होगा। इसलिए इस गम्भीर प्रश्न पर अध्ययन किया जाना आवश्यक है। गम्भीर प्रश्न यह इसलिए है क्योंकि मुस्लिम महिलाओं का विषय मुस्लिमों की धार्मिक भावनाओं के साथ जुड़ा हुआ है। अत: धार्मिक भावनाओं को बिना ठेस पहुंचाए अगर शिक्षा के क्षेत्र में एक क्रान्तिकारी परिवर्तन लाना है तो यह तभी सम्भव है जब मुस्लिम महिलाओं की सांस्कृतिक बाधाएं तथा वास्तविक स्थितियों को दृष्टिगत रखा जाये।

सन्दर्भ ग्रन्थ सूची (Bibliography)

1. कमलेश कुमार वाधवा, माइनोरिटी शेफ इन इण्डिया, शोध प्रबन्ध मेरठ, उत्तर प्रदेश, भारत - 1993
2. 'उन्नी.ष्णन केस' में सर्वोच्च न्यायालय का फैसला - 1993
3. 'निशुल्क एवं अनिवार्य बाल शिक्षा अधिकार अधिनियम - 2009
4. राजिन्दर सच्चर समिति की रिपोर्ट - 2006
5. शिक्षाविद् विमल थोराट की अध्यक्षता में गठित योजना आयोग की उपसमिति की रिपोर्ट - 2006
6. कुलदीप नैय्यर, 'शिक्षा संस्थानों की स्वतंत्रता', दैनिक जागरण-13 नवम्बर 2002
7. फिरोज बख्त अहमद, 'फिर मुस्लिम आरक्षण का झुनझुना', अमर उजाला-2 जनवरी 2010
8. के. के. हेनरी, वर्ल्ड माइनोरटीज, कलकत्ता, बुकलैण्ड, 1961
9. प्रो. हुमायूँ कबीर, माइनोरिटी इन ए डेमोक्रेसी, कलकत्ता, 1969
10. इम्तिाज अहमद, कास्ट एण्ड सोशल स्ट्रोटिफिकेशन अमंग मुंस्लिम इन इण्डिया, मनोहर बुक प्रकाशन, दिल्ली 1978, पृ0 252
11. अन्सारी घोष, मुस्लिम कास्ट इन उत्तर प्रदेश, फाल्क कल्चर सोसायटी लखनऊ, 1960 पृ0-37।
12. के0के0 हेनरी- वर्ल्ड माइनोरटीज, कलकत्ता बुकलैन्ड, 1961
13. कमलेश कुमार वाधवा, माइनोरटी शेफ इन इण्डिया, शोध प्रबन्ध मेरठ, उत्तर प्रदेश, भारत 1993
14. फिरोज बख्त अहमद, फिर मुस्लिम आरक्षण का झुनझुना', अमर उजाला, 2 जनवरी, 2010

33

''मुस्लिम महिलाएँ और दमित अधिकार चेतना''

डॉ. पूनम देवी
हिन्दी विभाग
पोस्ट डॉक्ट्रल फेलो
भारतीय सामाजिक विज्ञान अनुसंधान परिषद, नई दिल्ली

इतिहास के अनुसार अपनी संख्या बढ़ाने के लिए पुरूषों में बहु-विवाह प्रथा थी। भारत में भी बहु-विवाह का प्रचलन प्राचीनकाल से चला आ रहा है, किन्तु हिन्दू कोड बिल पास हो जाने के पश्चात् हिन्दुओं में बहु-विवाह प्रथा लगभग समाप्त हो गई है। अब तो यह अपराध की कोटि में आ गया है।

मुस्लिमों में आज भी बहु-विवाह प्रथा है। यद्यपि भारत के अतिरिक्त तुर्की, ईरान, सीरिया, पाकिस्तान आदि देशों में इसमें कुछ सुधार हुए हैं किन्तु फिर भी भारत की मुस्लिम महिलाओं का भाग्य कुठमुल्लाओं के शिकंजे में है। यद्यपि भारतीय दंड संहिता की धारा 494 के अन्तर्गत एक मुसलमान चार महिलाओं से शादी कर सकता है किन्तु एक मुस्लिम महिला पति के होते हुए दूसरा विवाह नहीं कर सकती।

धार्मिक मतों और किसी खास विचारधारा की सीमाओं से परे जाकर मुस्लिम बुद्धिजीवियों का मानना है कि बी0जे0पी0 सरकार द्वारा लाया गया तीन तलाक विधेयक एक तरफा लाया गया है और यह राजनीति से प्रेरित है, लेकिन इसके साथ ही वे खुश है कि इस विवाद ने लोगों को तीन तलाक के दुष्परिणामों के बारे में जागरूक किया है।

शिया धार्मिक नेता मौलाना कल्बे सादिक तीन तलाक के विरोधी हैं और इसे समाप्त करना चाहते हैं। उन्होंने कहा, ''शियाओं के तलाक ए विद्धत जैसी कोई चीज नहीं है। हमारे सुन्नी भाईयों ने भी कहा है कि यह पाप है।''

सुप्रीम कोर्ट द्वारा तीन तलाक को असंवैधानिक और गैर कानूनी घोषित किए जाने के बाद केन्द्र सरकार तीन तलाक देने के मसले को गंभीर अपराध बनाना चाहती है, इस बाबत केन्द्र द्वारा प्रस्तावित कानूनी मसौदा एक ज्वलनशील मुद्दा बनता दिख रहा है। लोकसभा में पारित होने के बाद भी यह कानूनी मसौदा फिलहाल सियासत के गलियारों में लटक गया है यह मसला अब महज एक कानूनी प्रावधान न होकर सियासी रंग में आकंठ डूबता फलसफा बन गया है।

तलाक उल बिद्दत की वजह से मुस्लिम महिलाओं को सामाजिक, आर्थिक और भावनात्मक परेशानियों का सामना करना पड़ता था। ज्यादातर महिलाएँ शोषण और उत्पीड़न के खिलाफ सिर्फ इसीलिए आवाज नहीं उठा पाती थीं कि न जाने कब उसका शोहर अपने गुस्से का इजहार तीन बार तलाक बोलकर कर दे और उसकी जिंदगी हमेशा के लिए नर्क से भी बदतर बन जाए। 28 दिसम्बर 2017 को सुप्रीम कोर्ट ने अपने एक ऐतिहासिक फैसले में इस कुप्रथा को असंवैधानिक करार दिया है, यानी अब कोई भी मुस्लिम व्यक्ति अपनी बीबी को सिर्फ तीन बार तलाक कह कर अपनी शादी तुरन्त नहीं तोड़ सकता है, यह फैसला एक क्रान्तिकारी फैसला है। निश्चित रूप से इस फैसले का मुस्लिम समाज की महिलाओं पर दूरगामी प्रभाव पड़ेगा यह फैसला मुस्लिम महिलाओं को समानता का हक भी देगा।

संशोधन दिसम्बर, 2005 में-

प्रत्येक स्त्री (पुत्री) अपने परिवार की सहदायिक सम्पत्ति में एक सहदायिक होगी। इसका अर्थ है उसे इस सम्पत्ति में जन्म से अधिकार होगा और सहस्वामित्व का अधिकार उसे विभाजन का अधिकार होगा।

भरण-पोषण (गुजारा भत्ता)-

महिलाओं एवं बच्चों के भरण-पोषण का प्रावधान दण्ड प्रक्रिया संहिता की धारा 125 के तहत है, जो पूर्व में वर्णित किया जा सकता है, किन्तु मोहम्मद अहमद खान बनाम शाहबानो बेगम (ए0आई0आर0 1985, सुप्रीम कोर्ट पृ0 945) के मामले में सर्वोच्च न्यायालय ने (मुस्लिम) पत्नी के भरण-पोषण के बारे में जो ऐतिहासिक फैसला दिया था उसे मुस्लिम समाज के ठेकेदारों और दकियानूसी ख्याल के नेताओं ने नकार दिया और भारतीय संसद ने उक्त फैसले को निष्प्रभावी

करने के उद्देश्य से मुस्लिम महिला (तलाक होने पर अधिकारों का संरक्षण) अधिनियम 1986 बनाया जिसकी प्रस्तावना में कहा गया कि यह अधिनियम उन मुस्लिम महिलाओं के हकों की सुरक्षा करता है जिन्हें तलाक दे दिया गया है अथवा जो अपने पतियों से तलाक ले चुकी हैं और उनसे सम्बन्धित एवं आनुषंगिक मामलों के बारे में है। उस अधिनियम की धारा 3(1) के अनुसार पूर्व से मौजूद एवं लागू कानूनों के बावजूद एक तलाकशुदा मुस्लिम महिला को निम्न प्रकार के हक होंगे-

(1) पूर्व पति द्वारा इद्दत काल में (तीन माह) युक्तिसंगत एवं जायज रसद भरण-पोषण।

(2) यदि पत्नी तलाक के पूर्व या बाद में उससे उत्पन्न अपनी संतान का भरण-पोषण खुद करती है तो उन बच्चों के जन्म से दो वर्षों तक पूर्व पति द्वारा युक्तिसंगत एवं जायज रसद एवं भरण-पोषण का भुगतान किया जायेगा।

(3) विवाह के समय अथवा उसके बाद तय की गयी मेहर राशि के बराबर राशि मुस्लिम विधि के अनुसार भुगतेय होगी।

(4) पत्नी के रिश्तेदारों एवं मित्रों अथवा उसके पति द्वारा या पति के मित्रों या रिश्तेदारों ,द्वारा विवाह के पूर्व, विवाह के समय, विवाह के बाद उस महिला को दी गयी सारी सम्पत्ति भुगतेय होगी।

नूर सबा खातून बनाम मोहम्मद कासिम (क्रि0 अपील संख्या 1197/1995) में यह मुद्दा उठा कि क्या मुस्लिम महिला (तलाक होने पर अधिकारों का संरक्षण) अधिनियम 1986 की धारा 3(1)(इ) के आलोक में तलाकशुदा माँ के साथ रहने वाले नाबालिग बच्चों को बालिग होने तक भरण-पोषण भत्ता मिलेगा?

संक्षेप में मामला यह कि अपीलार्थी ने मुस्लिम रीति-रिवाज के अनुसार 27. 10.1980 को उत्तरार्थी से शादी की और उससे दो बेटियाँ और एक बेटा पैदा हुए। एक दिन विवाह होने पर उत्तरार्थी ने उसे अपने घर से निकाल दिया। उस समय बच्चों की उम्र 6 वर्ष, 3 वर्ष एवं डेढ़ वर्ष थी। पति ने पत्नी और बच्चों को भरण-पोषण देने से इंकार कर दिया तथा दूसरी शादी कर ली। अपीलार्थी के पास स्वयं और बच्चों के भरण-पोषण का कोई जरिया नहीं था जबकि उत्तरार्थी (पति) के पास कृषि जमीन के साथ-साथ बिजली के सामानों के व्यापार का स्रोत था। पत्नी ने न्यायिक मजिस्ट्रेट प्रथम श्रेणी गोपाल गंज (बिहार) श्री ए0के0 झा के न्यायालय में दिनांक 13.02.1992 को धारा 125 दण्ड प्रक्रिया संहिता के तहत

अर्जी दी और स्वयं के भरण पोषण के लिए चार सौ रूपये मासिक तथा बच्चों के भरण-पोषण के लिए तीन सौ रूपये मासिक का दावा किया। न्यायालय ने दिनांक 19.11.1993 को (पति द्वारा साक्ष्य न देने पर) उत्तरार्थी को आदेश दिया कि वह पत्नी को दो सौ रूपये तथा नाबालिग बच्चों को 150/- रूपये प्रतिमाह प्रत्येक की दर से भरण पोषण भत्ता उनके बालिग होने तक दे, किन्तु इसके बाद पति ने उसे तलाक दे दिया और उस विचारण न्यायालय में आदेश संशोधित करने का अनुरोध किया। न्यायालय ने मुस्लिम महिला (तलाक होने पर अधिकारों का संरक्षण) अधिनियम 1986 के आलोक में आदेश को संशोधित किया और सिर्फ तीनों नाबालिग बच्चों का गुजारा भत्ता बहाल रखा क्योंकि इस अधिनियम के तहत पत्नी इद्दत काल (3 माह) तक के लिए ही गुजारा भत्ता पाने की हकदार है, किन्तु नाबालिग बच्चों का हम उस अधिनियम से प्रभावित नहीं होता। उत्तरार्थी ने उस आदेश के विरूद्ध अतिरिक्त जिला जज (द्वितीय) गोपालगंज के न्यायालय में रिवीजन आवेदन दायर किया जिन्होंने उसे खारिज कर दिया। फिर उत्तरार्थी ने उच्च न्यायालय पटना में धारा 482 दण्ड प्रक्रिया संहिता के तहत क्रि0 विविध आवेदन दायर किया जहाँ एक विद्वान जज ने उत्तरार्थी की यह दलील मान ली कि मुस्लिम महिला अधिनियम 1986 की धारा 3(1)(इ) के अनुसार तलाकशुदा मुस्लिम महिला अपने पूर्व पति से सिर्फ अपने नाबालिग बच्चों के भरण-पोषण के लिए जन्म से मात्र दो वर्ष तक भत्ता पाने की हकदार है और इस अधिनियम के लागू होने से ऐसे नाबालिग बच्चे 125 दण्ड प्रक्रिया संहिता के तहत गुजारा भत्ता के हकदार नहीं है। हाईकोर्ट ने अर्जी देने की तिथि तक से दो बच्चों की उम्र 6 वर्ष एवं 3 वर्ष होने के नाते उन्हें गुजारा भत्ता पाने के योग्य नहीं पाया क्योंकि वे 2 वर्ष से अधिक की उम्र के थे और मात्र तीसरा बच्चा (जो अर्जी के समय डेढ़ वर्ष का था) गुजारा भत्ता पाने के योग्य पाया, वह भी 2 वर्ष की उम्र पूरी होने तक। इस तरह उत्तरार्थी का विविध आवेदन अंशतः स्वीकार कर लिया गया। अपीलार्थी नूर बाबा खातून ने हाईकोर्ट पटना के आदेश के विरूद्ध सर्वोच्च न्यायालय में विशेष अनुमति आवेदन दिया। डॉ0 जस्टिस ए0एस0 आनन्द और जस्टिस के वेंकटस्वामी की खण्डपीठ ने दिनांक 29.07.1997 को निम्नलिखित निर्णय दिया-

(1) मुस्लिम महिला अधिनियम 1986 की धारा 3(1)(इ) माँ द्वारा बच्चे के धात्रेय पालन (foster age) हेतु दो वर्ष तक अतिरिक्त गुजारा भत्ता का प्रावधान करता है। यह तलाकशुदा माँ की ओर से बच्चे को पोषाहार आदि के लिए है।

(2) अधिनियम की धारा 3(1)(इ) दण्ड प्रक्रिया संहिता की धारा 125 को प्रभावित नहीं करती जो बच्चों को भरण-पोषण करने के लिए अधिकार का दावा प्रदान करती है। धारा 125 दण्ड प्रक्रिया संहिता के तहत बच्चे को प्राप्त भरण-पोषण का अधिकार तलाकशुदा माँ के भरण पोषण के अधिकार से भिन्न, अलग एवं स्वतन्त्र है।

(3) धारा 125 दण्ड प्रक्रिया संहिता के तहत बच्चों का भरण-पोषण करना बाप के लिए बाध्यकारी दायित्व है, उसका धर्म चाहे जो हो और जब तक पिता भरण-पोषण करने लायक है और बच्चों के पास स्वतन्त्र जीवन-यापन का जरिया न हो जब तक यह बाप का पूर्ण दायित्व है। मुस्लिम बाप इस दायित्व से मुक्त नहीं है।

(4) मुस्लिम बाप अपना दायित्व पूरा करने हेतु तलाकशुदा पत्नी से जन्मे बच्चे को अपने पास रखने का दावा कर सकता है मगर जहाँ उसे साथ रखने का दावा न किया गया हो, वहाँ मुस्लिम बाप उस नाबालिग बच्चे का भरण पोषण नजरअंदाज नहीं कर सकता।

(5) धारा 125 दण्ड प्रक्रिया संहिता के तहत नाबालिग बच्चे का भरण-पोषण मुस्लिम बाप (या अन्य धर्मों में) द्वारा उसके बालिग होने तक या उसके स्वतन्त्र आजीविका का स्रोत (जो भी पहले हो) प्राप्त करने तक है, किन्तु बेटी के मामले में यह दायित्व उसके शादी होने तक है।

पूर्व में भी सुप्रीम कोर्ट ने स्पष्ट किया था कि धारा 125 दण्ड प्रक्रिया संहिता आश्रितों को मोहताज होने और दर-दर की ठोकरें खाने से बचाने के लिए संक्षिप्त उपाय है और सम्बन्धित पक्षों की निजी कानूनों से हट कर है। भगवान बनाम कमला, 1974 प्प्ए ॅ ब्ब् पृष्ठ 468, अहमद बनाम शाहबानों, 1985 सुप्रीम कोर्ट पृ0 945। सर्वोच्च न्यायालय ने यह भी स्पष्ट किया कि यह वैधानिक अधिकार है और आत्मभारित है। इसलिए निजी अधिकारों और कर्त्तव्यों के बावजूद इसे मजिस्ट्रेट द्वारा एक संक्षिप्त कार्यवाही में निपटाया जा सकता है जबकि निजी कानूनों और वैवाहिक अधिकारों का निर्णय सिविल कोर्ट में वांछित करके से दायर वाद (सूट) में ही हो सकता है।

दूसरी ओर मुस्लिम कानून के तहत विवाह एक संविदा (इकरारनामा) है जिसमें दोनों पक्ष अपनी शर्तें निर्धारित कर सकते हैं। पुराने समय के मुसलमानों में बहुपत्नी विवाह प्रचलित रहा है, एक मुस्लिम पुरूष चार बार विवाह कर

सकता है। शुरू में इस्लाम धर्म न्यायिक आधार एवं उसमें परे तलाक की मान्यता रही है। पुरूष अपनी जिन्दगी में कभी भी तलाक-तलाक- तलाक कहकर अपनी पत्नी को छोड़ सकता है, मगर मुस्लिम औरत तभी तलाक दे सकती है, यदि ऐसी शर्त उसके वैवाहिक इकरारनामा में लिखी गयी हो। मुस्लिम विवाह विच्छेद अधिनियम के तहत मुस्लिमों द्वारा तलाक लेने के आधार निम्नलिखित हैं- पति का लापता होना, गुजारा का अभाव, जेल में कैद, वैवाहिक बंधन न निभाना, मानसिक रोग, कुष्ठ रोग, नपुंसकता, क्रूरता इत्यादि। निःसंदेह मुस्लिम विधि महिलाओं के हितों के विरूद्ध है और पुरूषों के हितों के पक्ष में है।

तीन तलाक पर शरीयत के साथ

मुस्लिम महिलाओं कौम के तालीमी और अखलाकी मसाइल पर गौर व फिक्र करते हुए तलाक के मसले पर विचार विमर्श किया। सभी ने एक स्वर से शरीयत से सहमत रहने का ऐलान किया।

सभी मुस्लिम महिलाओं ने कहा कि इस्लामी शरीयत में मुस्लिम औरतों के हक का भरपूर ध्यान रखा है। किसी भी तरह से मसाइल में औरतों को बेसहारा नहीं रखा है। महिलाओं को हक देने के मामले में इस्लामी शरीयत इस मामले में सबसे आगे है। इस्लाम का तलाक का कानून ही दुनिया भर के मजाहिब में मौजूद कवानीन के मुकाबले में इन्तिहायी बेहतरीन और आदिलाना निजाम है। इसमें किसी भी तब्दीली की जरूरत नहीं समझती हैं और न ही किसी तब्दीली को कबूल करेंगे। कहा कि सरकार कोई अच्छाई के लिए कानून बनाना चाहती है तो पहले मुस्लिम पर्सनल लॉ बोर्ड और उलेमा ए दीन से सलाह मशविरा करे।

सन्दर्भ सूची

1. हिन्दुस्तान समाचार पत्र-13.1.2018
2. इन्टरनेट गूगल
3. Ansari A.M., 2003, "Mahila Aur Manavadhikar", Jyoti Publication, Jaypur.
4. Ranjan Kumud, 1993, "Women and Modern Occupation in India", Chugh Publishing, Allahabad.

34

तीन तलाक-तलाक-ए-विद्दत की वर्तमान प्रासंगिकता

Dr. Pragati
Dept. of Botany
M.S. College, Saharanhpur

एक ही बार में तीन तलाक देने की मुस्लिम विधि में प्रचलित सदियों पुरानी प्रथा/चलन के सम्बन्ध में उच्चतम न्यायालय का निष्कर्ष अन्ततः वैसा ही आया, जैसा कि वयापक रूप में अनुमानित किया जा रहा था।

रिट याचिका (सिविल) संख्या 118 वर्ष 2016, स्वयं उच्चतम न्यायालय की स्वप्रेरणा रिट याचिका (सिविल) संख्या-2, वर्ष 2015 सहित आधा दर्जन याचिकाओं पर विचार करते हुए उच्चतम न्यायालय के पांच सदस्यीय संविधान में गत 22 अगस्त 2017 को 3:2 के बहुमत से अपने एक पंक्ति के प्रवर्तित आदेश में स्पष्टतः आदेश किया है कि ''बहुमत के 3:2 मत के द्वारा दर्ज किए गए भिन्न भिन्न रागों (मतों) के विचार में "(in view of the different opinions recorded by a majority of 3:2 the practice of talaq is not asdide)

माननीय सर्वोच्च न्यायालय ने शायरा बानो बनाम भारत संघ और अन्य के बाद में

स्रोत- रिट याचिका (सिविल) संख्या 118, वर्ष 2018

(साथ में पाँच अन्य याचिकाएं)

निर्णय तिथि - 22 अगस्त, 2017

रिपोर्टेड - J.L.T. (2017) SCJ सितम्बर 121

jt 2017 (8) sc-313

संविधान पीठ-(1) अल्पमत - मुख्य न्यायाधीश न्यायमूर्ति जे0एस0 खेहर और न्यायमर्ति एम0 अब्दुल नजीर।

(2) बहुमत- न्यायमूर्तिगण उदय उमेश ललित और आर.एफ. नरीमन (एक साथ) तथा न्यायमूर्ति कुरियन जोसेफ द्वारा पृथक निर्णय द्वारा समर्थित।

प्रावधान- शरियत अधिनियम, 1937-धारा 2-तलाक के अंतर्गत 'तलाक-ए-विद्दत (तीन तलाक) के चलन की वैधता और इसकी संवैधानिकता।

निर्णय सार-

1. बहुमत-तलाक-ए-विद्दत पवित्र कुरानिक विधि के आषय के अनुरूप नहीं है। अतः यह शरियत का उल्लंघन करता है। इसलिए षरियत अधिनियम, 1937 की धारा 2, जहॉ तक यह तीन तलाक (तलाक-ए-विद्दत) को मान्यता देने और प्रवर्तित होने की अपेक्षा करता है, संविधान के अनुच्छेद 14 के अधीन मनमानापूर्ण होने के कारण निरस्त किया जाता है।
2. अल्पमत-तीन तलाक (तलाक-ए-विद्दत) मुस्लिम विधि का अभिन्न अंग है। इसे विधि निर्माण के द्वारा ही निरस्त किया जा सकता है। तदनुसार आदेशित।

पवित्र कुरान के द्वारा जैसा कि आदेशित है, तलाक की जो सही विधि है, वह यह है कि तलाक किसी युक्तियुक्त कारण के लिए हो और इसके पूर्व पति और पत्नी के बीच दो मध्यस्थों के द्वारा सुलह का प्रयास किया जाना चाहिए, जिनमें से एक पत्नी के परिवार का और दूसरा पति की ओर से हो। यदि प्रयास विफल हो जाता है, तलाक प्रभावी हो सकता है।

अब सार संक्षेप यही माना जा सकता है कि तलाक-ए-विद्दत के रूप में तीन तलाक पवित्र कुरान के विधि पर आधारित नहीं है। इसलिए, इसे संविधान पीठ के 3:2 के बहुमत के राय में, मुस्लिम विधि में और शरियत अधिनियम, 1937 के धारा-2 के अंतर्गत भी कायम नहीं रखा जा सकता है। परिणामतः इसे मुस्लिम विधि के पत्रों से विदा कर दिया गया है। भले ही वह न्यायिक विनिश्चय के द्वारा सम्भव हो सका है। यह इस मामले के पीड़ित याचिकाकर्ता

महिलाओं के लिए मुख्य उपचार है तो देश भर के उन महिलाओं के लिए एक सुरक्षा कवच (ढाल) है, जिन पर 24 घंटे तीन–तलाक रूपी तलवार लटकी रहती थी। किन्तु देश के वर्तमान सामाजिक व्यवस्था एवं मुस्लिम परिवार के ताना–बाना के बीच तीन–तलाक को असंवैधानिक घोषित करने और इसे निरस्त कर देने से एक कदम आगे जाने की भी आवश्यकता है। अब छिपा नहीं है कि एक तरफ तीन–तलाक को समाप्त करने का फैसला आया तो दूसरी तरफ तीन तलाक के कई नये मामले भी आए। प्रवृत्ति बिल्कुल साफ है कि सदियों से चले आ रहे इस कुप्रथा को मुस्लिम समुदाय के कुछ व्यक्ति व वर्ग इसे आसानी से नहीं छोड़ सकते हैं। अपितु इसे छुड़वाना पड़ेगा। यह तभी सम्भव हो सकेगा, जब ऐसे प्रत्येक प्रयास पर अंकुश लगाया जाये। इसके लिए सर्वप्रथम तो स्वयं मुस्लिम धर्म गुरूओं, मौलवी और मुस्लिम विधि षास्त्रियों को आगे आना होगा। सामाजिक कल्याण और समाज सुधार के उद्देश्य से जिस कार्य का न्यायपालिका ने सूत्रपात किया है, उसका सम्मान करते हुए उन्हें आगे बढ़ाना चाहिए। यद्यपि अल्पमत की राय भी यहाँ कारगर साबित हो सकता है और विधि निर्माण कर ''तीन तलाक को हमेषा के लिए उन्मूलन किया जा सकता है, किन्तु यह कार्य इतना आसान नहीं है, जितना कि समझा जा रहा है। ऐसी विकट घड़ी लगभग तीन दशक पूर्व मौहम्मद अहमद खान बनाम शाह बानो बेगम 1985) एस.सी. आर. 844 में 23 अप्रैल, 1985 को दिए गए निर्णय के समय भी आया था। तब मामला शरियत के अनुसार तलाक के बाद भरण पोषण (इद्दत काल तक) देने का था और तब तुष्टिकरण की नीति के तहत मुस्लिम महिला (तलाक पर अधिकार संरक्षण) अधिनियम, 1986 पारित करके मामला शान्त कर दिया गया और इस अधिनियम के द्वारा न्यायालय के उस निर्णय को निष्प्रभावी बना दिया गया, जिसमें संविधान पीठ ने निर्णय दिया था कि मुस्लिम महिला को केवल इद्दत काल तक ही नहीं, अपितु आजीवन भरण–पोषण दिया जाना चाहिए और वह दं0प्र0सं0 की धारा 125 के अंतर्गत ही भरण पोषण और वह दं0प्र0सं0 की धारा 125 के अंतर्गत भी भरण का दावा कर सकती है। इसमें मामला पूर्णतया आर्थिक/भरण पोषण) था और पीड़िता के किसी मूल अधिकार के हनन का प्रष्न नहीं उठाया गया था। शायरा बानों का यह मामला शाहबानों प्रकरण से कहीं अधिक व्यापक, गम्भीर और संवेदनशील था और जिस पर दिए गए इस निर्णय का व्यापक पारिवारिक सामाजिक और राष्ट्रीय महत्व है। अतः न्यायालय के निर्णय का सम्मान और उसकी अनुपालन सुनिश्चित कराने के लिए जो भी कदम आवश्यक पड़े, उसे उठाया ही जाना चाहिए, भले ही इसका अन्तिम विकल्प विधि निर्माण हो। यह समय की मांग भी है और आवश्यकता भी।

हमें नहीं भूलना चाहिए कि पड़ोसी देश पाकिस्तान और बंगलादेश देश सहित विश्व के अनेक मुस्लिम राष्ट्र अपने कानून के पत्रों से 'तलाक-ए-विद्दत' जैसी कुप्रथा को दशकों पहले अलविदा कह चुके हैं। फिर भारत जैसे पंथनिरपेक्ष लोकतांत्रिक देश में इसे जारी रखने का क्या औचित्य है। दूसरा यह कि विश्व का कोई भी धर्म या आस्था इस बात की अनुमति नहीं देता है कि कोई व्यक्ति अपने पारिवारिक सदस्य जो कर्तव्यनिष्ठ और अपने सम्बन्धों के प्रति ईमानदार है, को बेसहारा सड़क पर छोड़ दे, एक पत्नी को तो कदापि नहीं।

आदेश का अर्थ बिल्कुल स्पष्ट है और वह सच है कि लगभग 1400 वर्षों से मुस्लिम विधि में अनेक-किन्तु परन्तु के साथ प्रथा के रूप में चलन में रहे तीन तलाक प्रथा की अब मुस्लिम व्यक्तिगत विधि से हमेशा के लिए विदाई हो चुकी है। निश्चय ही यह मुस्लिम महिलाओं के विधिक और संविधानिक अधिकारों के संरक्षण में दिया गया एक ऐतिहासिक और क्रांतिकारी निर्णय है और इसे बिना किसी किन्तु-परन्तु के स्वीकार किया जाना चाहिए।

स्रोतः-

1. भारतीय संविधान 1950
2. दण्ड प्रक्रिया संहिता 1960
3. षरियत एक्ट 1937
4. जजमेन्ट एण्ड लॉ टूडे इलाहाबाद

35

तीन तलाक-एक सामाजिक एवं राजनीतिक विमर्श

प्रवीन कुमार चौहान

शोध छात्र

लॉ विभाग

ओ0पी0जे0एस0 यूनिवर्सिटी चूरू

तीन तलाक मुसलमान समाज में तलाक का वो जरिया है, जिसमें मुस्लिम आदमी अपनी बीवी को सिर्फ तीन बार 'तलाक' कहकर अपनी शादी किसी भी क्षण तोड़ सकता है, इस नियम से होने वाले तलाक स्थिर होते हैं शादी खत्म हो जाती है, इसके बाद यदि पुरूष और स्त्री पुनः शादी करना चाहे तो 'हलाला' करने के बाद ही ये शादी हो सकती है, हलाला एक पद्धति है जिसमें तलाक शुदा स्त्री को पहले एक दूसरे मुसलमान पुरूष के साथ विवाह करके रहना होता है, इस आदमी के साथ कुछ दिन व्यतीत करने के बाद पुनः इस आदमी से तलाक लेकर स्त्री अपने पुराने शौहर से फिर से विवाह कर पायेगी तीन तलाक को प्रायः तलाक उल विदृत भी कहा जाता है।

विश्व भर में कई मुस्लिम स्कॉलर ने तीन तलाक को गैर इस्लामिक घोषित किया है, इन स्कॉलरों के अनुसार कुरान में इस तरह के किसी तलाक का जिक्र नहीं है, इसके लिए ये स्कॉलर कहते हैं कि शौहर और बीवी को तलाक से पहले कम से कम तीन महीने तक साथ रहना चाहिए और उसके बाद कानूनी सलाह से तलाक लेनी चाहिए। शौहर को अपनी बीवी के तुह्र के समय में तलाक देना होता है, इसके पहले तीन महिने में इन्हें अपने सभी रिश्तेदारों की मदद से

शादी को बचाने की कोशिश करनी चाहिए, यदि इस तीन महीने के बाद भी शौहर और बीवी तलाक चाहते है तो पुरूष तलाक का ऐलान करता है और शादी टूट जाती है, इसके बाद यदि फिर से शौहर बीवी एक होना चाहे तो हलाला के बगैर भी हो सकते हैं, हलाला उस वक्त होता है जब एक ही कपल लगातार तीन बार तलाक ले चूका है और चौथी बार फिर से शादी करना चाहता है।

सामाजिक न्याय की अवधारणा और मुस्लिम महिलाएँ

यह समस्या औरतों ने नहीं खड़ी की है। यह पुरूषों की समस्या है कि वह स्त्री को समानाधिकार से वंचित रखना चाहता था तीन तलाक का विषदंत भारतीय मुस्लिम महिलाओं के लिए एक समस्या भर ही पैदा नहीं करता है, बल्कि यह महिलाओं को ऐसे अथाह असीम दलदल में धकेल देता है, जहाँ से उसके भविष्य की सारी राहें बंद हो जाती हैं। यह सब कुछ किसी का कत्ल किये बिना सांस छीन लेने की तरह खतरनाक है। इस खतरनाक स्थिति में पड़ी महिलाओं को इससे उबारने और नई पीढ़ी की लड़कियों को इस 'मर्द दशं' से बचाने की लड़ाई बहुत संघर्षपूर्ण रही है। अभी हाल में सुप्रीम कोर्ट ने एक साथ तीन तलाक कह कर विवाह सम्बन्ध खत्म करने की प्रथा को असंवैधानिक करार दिया है। यह फैसला भारतीय मुस्लिम स्त्रियों की राह के काटे हटाने वाला कहाँ जा सकता है, क्योंकि भारतीय मुस्लिम स्त्रियों ने इसका खुले दिल से स्वागत किया है।

'तीन तलाक' के खिलाफ लड़ाई लड़ने में डॉ0 नूरजहाँ साफिया नियाज और जकिया सोमन का नाम उल्लेखनीय है। इन दोनों ने मिलकर भारतीय मुस्लिम महिला आंदोलन (वीएमएमए) को तब खड़ा किया जब पर्दे के अंतर दबी-छिपी महिलाएँ अपने चेहरे पर मुस्कान ओढ़े भीतर भी भीतर खोखली बनी हुई थी। डॉ0 नूरजहाँ कहती हैं कि उनके लिए सबसे बड़ी चुनौती मुस्लिम समाज में अपने काम को लेकर स्वीकृति पाने की थी। यह भी साफ नहीं था कि मुस्लिम महिलाएँ हमारे साथ आयेगी, लेकिन हमें उम्मीद थी कि वे हमारे साथ आयेगी। वे हमारे साथ आयी और बड़ी संख्या में आई। सुप्रीम कोर्ट के तीन तलाक पर आए सकारात्मक फैसले को एक ऐतिहासिक मानती हूँ, पाँच मुस्लिम महिलाएँ सुप्रीम कोर्ट में पहुँची और उनकी आवाज सुनी गई, यह उल्लेखनीय, अप्रत्याशित है।

गौरतलब है कि शायरा बानो, आफरीन रहमान, इशरत जहाँ, आतिया साबरी और गुलशन परवीन नामक महिलाएँ तीन तलाक के दंश से पीड़ित थी। सुप्रीम कोर्ट ने यह निर्णय इन्हीं पाँच महिलाओं की याचिकाओं पर सुनाया है। इन महिलाओं की जिंदगी में तीन तलाक के कारण दुखों का पहाड़ टूट पड़ा था,

किसी को तीन तलाक कहकर घर और संपत्ति से बेदखल कर दिया गया था, तो निजी को स्पीड पोस्ट और फोन के माध्यम से तीन तलाक देकर मरने के लिए छोड़ दिया गया था।

मुस्लिम महिलाएँ और सामाजिक भागीदारी

मुस्लिम महिलाओं की सामाजिक भागीदारी भी रही है इसका एक लम्बा इतिहास है।

भारत का पहला कन्या स्कूल खोलने में फातिमा शेख ने सावित्रीबाई फुले की मदद की थी। फातिमा शेख सावित्री बाई फुले की सहयोगी थी। जब ज्योतिबा फुले और सावित्रीबाई फुले ने लड़कियों के लिए स्कूल खोलने का बीड़ा उठाया, तब फातिमा शेख ने भी इस मुहिम में उनका साथ दिया था। उस जमाने में अध्यापक मिलने मुश्किल थे। फातिमा शेख ने सावित्रीबाई के स्कूल में पढ़ाने की जिम्मेदारी भी संभाली। इसके लिए उन्हें समाज में विरोध का भी सामना करना पड़ा। फातिमा शेख पहली मुस्लिम महिला शिक्षिका थी।

मसीह अलीनेजाद जो कि एक ईरानी पत्रकार एवं नारीवादी महिला है, कहती है कि मैंने हमेशा से माँ, बहनों व चाचियों को हिजाब पहने देखा। यह सामान्य सी बात थी, पर जब वह सात साल की थी, तो उन्हें एहसास कराया गया कि हिजाब पहनना नियम है। उन्हें हिदायत दी गयी, की वह बिना स्कार्फ पहने घर से बाहर न निकले। उन्हें अपने काले घुँघराले बालों को हवा में लहराना पसंद था, मगर उन पर हिजाब का नियम थोप दिया गया। इस पर उन्होंने सवाल उठाये पर सबने डाट दिया। स्कूल की खेल प्रतियोगिताओं में लड़कों को हिस्सा लेते लेख मसीह ने कहाँ की वह भी खेलना चाहती है, पर शिक्षक ने मना कर दिया मसीह कहती है कि तब मैं आजादी के मायने नहीं जानती थी ना ही तब मैं महिला अधिकारों को समझती थी। पर मुझे हर दिन यह एहसास होता था कि भाई और मेरे बीच भेदभाव हो रहा है। बड़ी हुई तो पता चला कि पूरे देश में महिलाओं के साथ भेद भाव हो रहा है। तमाम पाबन्दियों के बावजूद मसीहा की पढ़ाई जारी रही। कॉलेज के दौरान वह छात्र राजनीति में आ गई। यह बात पुरूषों को पसंद नहीं आयी। 1994 में एक छात्र प्रदर्शन के दौरान उन्हें गिरफ्तार कर लिया गया। कॉलेज से निकलने के बाद उन्होंने पत्रकारिता करने का फैसला किया। वह ईरान लेबर न्यूज एजेंसी में काम करने लगीं यहाँ उन्हें पार्लियामेंट कवर करने का मौका मिला। सन् 2005 में उन्होंने एक खबर लिखी, जिसमें सांसदों के भ्रष्टाचार का खुलासा था। खबर पर भारी हंगामा हुआ, उन्हें पार्लियामेन्ट की रिपोर्टिंग से बाहर

कर दिया गया। मसीह कहती है, जब मैं सांसदों से सवाल पूछती थी, तब वह जवाब देने के बजाय मुझसे कहते थे, पहले आप हिजाब पहनकर आइये, तब बात करेंगे। वे मर्द पत्रकारों से बात करते थे और मुझे जानबूझ कर नजर अंदाज करते थे। उनका मकसद मुझे अपमानित करना था। सन् 2014 में उन्होंने फेस बुक पर माई स्टील थी फ्रीडम पेज बनाया। इसका मकसद ईरान की महिलाओं को एक फोरम मुहैय्या कराना था, जहाँ वे हिजाब के खिलाफ अपनी आवाज उठा सकें। बस चंद दिनों में ही यह पेज पूरी दुनिया में मशहूर हो गया। ईरान की लाखों महिलाओं ने इस पेज पर अपने संदेश पोस्ट किए। तमाम महिलाओं ने बिना हिजाब में अपनी तस्वीरें पोस्ट की और इच्छा जाहिर भी कि उन्हें बिना हिजाब के बाहर निकालने की इजाजत दी जाए। मसीह कहती हैं कि मैंने सोचा भी नहीं था कि इतनी महिलाएँ मेरे अभियान से जुड़ेंगी। पेज पर महिलाओं के फोटो और संदेश देखकर लगता है कि वे अपनी आजादी के लिए किस कदर बेताब है। उनके जज्बे को सालम! अन्तर्राष्ट्रीय मीडिया ने इसे स्कार्फ क्रान्ति का नाम दिया।

मलाला युसुफजई जिसने शिक्षा के अधिकार के लिए आतंकियों से टक्कर ली। मलाला ने तालिबान के कट्टर फरमानों से जुडी दर्दनाक दास्तानों को महज 11 साल की उम्र में अपनी कलम के जरिए लोगों के सामने लाने का काम किया। 2008 में तलिबान ने स्वात घाटी पर अपना नियंत्रण कर लिया। वहाँ इनके भय से लगभग 400 स्कूल बंद हो गये। इसके बाद मलाला के पिता उसे पेशावर ले गये जहाँ उन्होंने नेशनल प्रेस के सामने वो मशहूर भाषण दिया जिसका शीर्षक था- हाउ डेयर द तालिबान टेक अवे माय बेसिक राईट टू एजूकेशन? तब वह महज 11 साल की थी। सन् 2009 में उसने बीबी के लिए डायरी लिखी। इसमें उसने स्वात में तालिबान के कुकृत्यों का वर्णन किया था। 2012 में तालिबानी आतंकी उस बस पर स्वार हो गए जिसमें मलाला अपने साथियों के साथ स्कूल जाती थी। उन्होंने मलाला पर गोली चलाई जो उसके सर में लगी थी, जब वह स्वस्थ हुई तो ''अन्तर्राष्ट्रीय बाल शान्ति पुरस्कार'', पाकिस्तान का ''राष्ट्रीय युवा शान्ति पुरस्कार'' के अलावा कई बड़े सम्मान मलाला के नाम दर्ज होने लगे। लड़कियों की शिक्षा के अधिकार की लड़ाई लड़ने वाली सहासी मलाला यूसुफजई की बहादुरी के लिए संयुक्त राष्ट्र द्वारा मलाला के 16वें जन्मदिन पर 12 जुलाई को मलाला दिवस घोषित किया गया। बच्चों और युवाओं के दमन के खिलाफ और सभी को शिक्षा के अधिकार के लिए संघर्ष करने वाले भारतीय समाजसेवी कैलाश सत्यार्थी के साथ संयुक्त रूप से उन्हें 10 दिसंबर 2014 को नोर्व में आयोजित एक कार्यक्रम में शान्ति का नोबेल पुरस्कार प्रदान किया गया।

17 वर्ष की आयु में नोबेल पुरस्कार प्राप्त करने वाली मलाला दुनिया की सबसे कम उम्र वाली नोबेल विजेता बन गयी।

बेनजीर भुटो 2 दिसम्बर 1988 को मुस्लिम दुनियाँ की पहली मुस्लिम महिला प्रधानमंत्री बनी। उस देश (पाकिस्तान) की प्रधानमंत्री जहाँ सत्तारूढ़ कट्रपंथियों का मानना था कि मुस्लिम औरते शासन नहीं कर सकती यह इस्लाम के खिलाफ है। बेनजीर औरतों की ताकत बनकर ऊभरी वह मात्र 35 वर्ष की सबसे कम उम्र की प्रधानमंत्री बनी। बेनजीर पाकिस्तान को लोकतान्त्रिक देश बनाने के पक्ष में थी जिसमें सभी को समान अधिकार मिले। वह महिलाओं के अधिकारों को लेकर लड़ती रही। इसी कारण रावलपिंडी में 27 दिसम्बर 2007 को बेनजीर भुटो की निर्मम हत्या कर दी गयी।

इसके अतिरिक्त और भी मुस्लिम महिलाओं ने समय-समय पर अपने साहस का परिचय दिया है। जिनमें रजिया सुल्ताना का नाम उल्लेखनीय है। रजिया सुल्ताना मुस्लिम एवं तुर्की इतिहास की पहली महिला शासक थी। इन सभी महिलाओं के संघर्ष की दास्तान को जानकर लगता है कि जब बंदिशों में यह इतने साहसी कार्य कर सकती है जो कि ना सिर्फ खुद के लिए बल्कि समाज के लिए भी थे।

तो यदि इन्हें अपना जीवन जीने की स्वतन्त्र छुट दे दी जाये तो निश्चित ही महिलाएँ समाज में व्याप्त कुरीतियों और रूढ़ियों को तोड़कर समाज का एक नया ढांचा प्रस्तुत करेंगी।

मुस्लिम महिलाएँ और उनके हितार्थ कार्य करने वाले सामाजिक संगठन

मुस्लिम महिलाओं के हित में कार्य करने वाले कुछ सामाजिक संगठन है। 'तहरीक-ए-निसवां' इस संगठन की शुरूआत पाकिस्तान से हुई, इसकी स्थापना 1979 में कराची में शिमा करमानी द्वारा गयी थी, इस संगठन का मुख्य उद्देश्य सेमिनार और महिलाओं के उत्थान के लिए कार्य करना, नयी संस्कृति की स्थापना करना जिसमें मुसलिम महिलाओं की भागीदारी हो।

इसके साथ-साथ निम्न संगठन भी कार्यकर रहे है-

i. Women's Action Form.

ii. Aurat Foundation.

iii. All Pakistan Women's Association.

iv. Pakistan Federation of Business and Profession of Women.

भारत में अल्पसंख्यक कार्य मंत्रालय बनाया गया, अल्पसंख्यक कार्य मंत्रालय का गठन सामाजिक न्याय एवं अधिकारिता मंत्रालय में से 29 जनवरी, 2006 को अधिसूचित अल्पसंख्यक समुदायों के लिए किया गया यह मंत्रालय भी मुस्लिम महिलाओं के लिए उनकी स्थिति सुधारने के लिए कार्य कर रहा है।

शरीयत का हवाला और मुस्लिम महिलाओं का यथार्थ

पारंपरिक इस्लामी नीति इस्लामी ग्रन्थ मसलन कुरान और हदीस से बनायी गयी है इन कानूनों की कार्यप्रणाली में अलग-अलग इस्लामी कानूनी संस्थाओं द्वारा नयी-नयी चीजें जोड़ी जाती रही है, ये चीजें मुतियों द्वारा नियंत्रित और निर्देशित होती है, ये मुती ही अकसर इस्लामी कानून न मानने पर न मानने वाले के खिलाफ फतवा जारी करते हैं।

सहारनपुर के देवबंद से मुस्लिम महिलाओं के फुटबाल मैच देखने पर सऊदी अरब से जारी फतवा का देवबंदी उलमा ने भी समर्थन किया है। उलमा का कहना है कि मुस्लिम महिलाओं का पुरूषों का मैच देखना हराम है, और मुती साद हाजरी ने यह तर्क भी दिया कि मैच के दौरान महिलाओं की नजर खिलाड़ियों की जाघों पर पड़ती है जिन्हें देखना हराम है।

तीन तलाक के मामले में ऑल इंडिया, मुस्लिम पर्सनल लॉ बोर्ड ने सुप्रीम कोर्ट में हलफनामा दाखिल किया है, हलफनामे में बोर्ड ने कहाँ कि पर्सनल लॉ को सामाजिक सुधार के नाम पर दोबारा से नहीं लिखा जा सकता, यह शरीयत के खिलाफ है, तलाक की वैधता सुप्रीम कोर्ट तय नहीं कर सकता है, और बोर्ड ने कहाँ कि मुसलमानों के पर्सनल लॉ पर हमले का प्रयास किया जा रहा है और इसे बर्दाश्त नहीं किया जायेगा।

तीन तलाक से होने वाली परेशानी

तीन तलाक इन दिनों फोन, टेक्स्ट मेसेज, फेसबुक, स्काइप, ई मेल आदि के जरिये किया जाने लगा है, और ऐसी घटनाओं की संख्या में लगातार वृद्धि हो रही है, क्योंकि इस्लामी नीति में ये कानून सही है, अतः पुरूषों को कोई फर्क नहीं पड़ता है, वही दूसरी तरफ वैसी स्त्रियाँ जो आर्थिक रूप से अपने शौहर पर निर्भर रहती है, उन्हें इस तरह के तलाक से आने वाली जिन्दगी में काफी दिक्कतों

का सामना करना पड़ता है, आर्थिक परेशानी के साथ वे भावनात्मक रूप से भी टूट जाती है, ऐसी महिलाओं को किसी भी तरह से जीवन निर्वाह का जरिया नहीं मिल पाता है, ये औरतें अकसर जिन्दगी में अकेली पड़ जाती है, इनके पास अपने बच्चों को पालने का कोई जरिया नहीं रहता हैं, ऐसे अधिकतर केसों में, तीन तलाक हो जाने के बाद आदमी अपने बच्चों की जिम्मेदारी कभी नहीं लेता है, समाज की कई मुस्लिम महिलाएँ इस बात के डर में अपनी जिन्दगी गुजार देती है, कि उनके शौहर जाने कब ये तीन शापित शब्द कह दें और उनकी जिन्दगी खत्म होने के कगार पर आ जाये।

तीन तलाक की खिलाफत- केन्द्र सरकार ने हाल ही में देश के सर्वोच्च न्यायालय को कहाँ है कि तीन तलाक, निकाह हलाला और बहु विवाह जैसी प्रथाओं से मुस्लिम महिलाओं के सामाजिक स्तर और उनकी गरिमा को ठेस पहुँचती है, साथ ही उन्हें वो सारे मौलिक अधिकार भी नहीं मिल पाते जिसे हमारा संविधान हमारे लिए लागू करता है, सर्वोच्च न्यायालय में अपना लिखित मत देने से पहले सरकार ने कहाँ कि ये सभी प्रथाएँ मुस्लिम महिलाओं को बराबरी का हक मिलने से रोकती हैं।

'आल इण्डिया मुस्लिम पर्सनल लॉ' में कहा ''कि मुस्लिम समुदाय में तलाक की संख्या बहुत कम हैं, इन लॉ बोर्ड के अनुसार कुछ लोग इस तरह का माहौल बनाने में लगे है कि मुस्लिम समाज में तलाक की संख्या अधिक है।''

विश्व भर में कई इस्लामिक विद्वानों द्वारा इसकी खिलाफत लगातार की जा रही है, और कई देशों में इस तरह के तलाक पर पूरी तरह से पाबंदी लगा दी गयी है।

तीन तलाक से जुड़ा भारतीय न्यायपालिका का फैसला

शाहबानों को केस

तीन तलाक को लेकर साल 1985 में भी उच्चतम न्यायालय ने शाहबानों केस में इस प्रथा को गलत बताया था और शाहबानों को इस केस में जीत हुई थी, मगर वो इस केस में फिर भी हार गयी थी।

साल 1978 में शाहबानों नामक एक महिला भी तीन तलाक का शिकार हुई थी, पति द्वारा तीन तलाक दे दिया गया था, जिस वक्त उनके पति मोहम्मद खान ने तलाक दिया था, उस वक्त उनकी उम्र 62 वर्ष भी थी, इतना ही नहीं

शाहबानों के पाँच बच्चे थे, उनके पति ने दूसरी शादी करने के कुछ सालों बाद शाहबानों को तलाक दे दिया था, मोहम्मद खान ने शाहबानों के साथ-साथ अपने बच्चों के लिए भी किसी तरह का खर्चा देने से इंकार कर दिया था, पति से तीन तलाक मिलने के बाद शाहबानों ने गुजारा भत्ते को लेकर मध्य प्रदेश की एक निचली अदालत में केस दायर किया था, और अदालत ने उनके पति को शाहबानों को हर महीने 25 रूपये देने का आदेश दिया था, 25 रू0 के गुजारे भत्ते की राशि को बढाने के लिए शाहबानों ने ये केस फिर मध्य प्रदेश हाई कोर्ट में दायर किया, जिसके बाद उनके गुजारे भत्ते की राशि को 25 रूपये से बढ़ाकर 179 रू0 कर दिया था, मध्य प्रदेश हाई कोर्ट के इस फैसले के खिलाफ शाहबानों के पति ने उच्चतम न्यायालय में अर्जी दी थी, जिसके बाद ये केस उच्चतम न्यायालय में चला गया, उच्चतम न्यायालय द्वारा मध्य प्रदेश हाई कोर्ट द्वारा लिए गए फैसले को सही करार दिया था, मगर इस केस में मोड़ तब आया जब उस वक्त के प्रधानमन्त्री राजीव गाँधी ने कोर्ट के निर्णय को पूरी तरह बदल दिया था, उन्होंने 1986 में मुस्लिम महिला (तलाक अधिकारों) अधिनियम को पास करवा लिया था, इस अधिनियम के मुताबिक मुस्लिम महिला को अगर पति तीन तलाक दे देता है, तो केवल 90 दिन यानी 3 महीनों तक ही उसे अपनी पत्नी को गुजारा भत्ता देना होगा और इस तरह उस वक्त शहबानों जीत कर भी हार गयी थी।

तीन तलाक पर सर्वोच्च न्यायालय या अन्तिम फैसला (निर्णय)

इलाहाबाद हाई कोर्ट द्वारा तीन तलाक को गैर संवैधानिक करार दे दिया गया है। भारत के चीफ जस्टिस जे0एस0 खेहर का कहना है कि सुप्रीम कोर्ट इस केस की सुनवाई के लिए अपनी गर्मी की छुट्टी रद्द करने के लिए भी राजी है। इस केश की स्पेशल सुनवाई इस ग्रीष्म अवकाश के दौरान होगी, कोर्ट ने इसकी सुनवाई के लिए 11 मई का समय दिया है। इस सुनवाई के तहत तीन तलाक, निकाह, हलाला और इस्लामिक बहुविवाह पर अपना निर्णय दिया जायेगा, इस केस की पिछली सुनवायी के दौरान केन्द्र ने सवालों की एक फेहरिस्त जारी कर कोर्ट में सवाल किया था कि ऐसी प्रथाएँ मौलिक अधिकारों के नीचे केसे रह सकती है। कोर्ट ने एक सवाल अपनी तरफ से भी जोड़ा कि क्या इन प्रथाओं से मुस्लिम समाज में महिलाओं को लिंग भेद सहना पड़ रहा है? इससे सम्बन्धित महत्वपूर्ण केस आया।

शायरा बानों के केस में पति ने उनको एक पत्र लिखकर तलाक दे दिया था और अपनी 15 साल की शादी को चुटकियों में तोड़ दिया था, इस केस में अगस्त 2017 की सुबह भारत की सर्वोच्च न्यायालय ने तीन तलाक पर अपना फैसला सुनाया, इस केस की सुनवाई करते हुए पांच जजों की बेंच बनाई गई, जिसमें चीफ जस्टिस जे0एस0 खेहर, जस्टिस कुरियन जोसेफ, जस्टिस आर0एफ0 नरिमन, जस्टिस यूयू ललित और जस्टिस अब्दुल नजीर शामिल थे, सुप्रीम कोर्ट ने तीन तलाक को असंवैधानिक घोषित कर दिया है, इस फैसले पर 5 जजों की बेंच में से 3 जजों ने इसका समर्थन किया जबकि अन्य दो जजों ने इस फैसले का समर्थन नहीं किया, इस प्रथा पर सुप्रीम कोर्ट द्वारा गैर कानूनी की मुहर लगा दी गयी है, इस फैसले से मुस्लिम महिलाओं ने राहत की सांस ली है। यह 6 महीने के लिए किया गया है और सरकार को इस पर कानून बनाने के लिए कहा है।

सन्दर्भ ग्रन्थ सूची

1. www.jansatta.com
2. khabao.ndtv.com
3. सिंह, निशांत (2008) मानवाधिकार और महिलाएँ राधा पब्लिकेशन, नई दिल्ली।
4. Srinivas, M.N. (1977), The Changing Position of Indian Women, Man, New Series
5. भुट्टो बेनजीर (2012), मेरी आप बीती, राजपाल एण्ड सन्स, नई दिल्ली।
6. हिन्दुस्तान अखबार, 22 मार्च 2015
7. जनसत्ता।

36

तीन तलाक : संवैधानिकता एवं सामाजिक न्याय तक

डॉ. आर. सी. सिंह
असि0 प्रोफेसर, राजनीति विज्ञान
शहीद मंगल पाण्डे राजकीय
महिला स्ना0 महाविद्यालय, मेरठ।

आधुनिक युग में सामाजिक न्याय की अवधारणा एक ज्वलन्त मुद्दा है। विश्व भर के विभिन्न देशों का सामाजिक ताना-बाना ऐसा रहा है कि वहां स्त्री व पुरूष को अलग-अलग तौर पर देखा जाता रहा है। भारत भी इसी तरह के देशों में से एक है। भारतीय समाज की संरचना में भी स्त्री और पुरूष अलग-अलग नजरियें से देख जाते रहे है, इसे आमतौर पर सामाजिक परम्परा का नाम दिया जाता रहा है और परम्पराओं का पालन करना हमारा धर्य बताया गया है। जिसको आप तर्क की कसौटी पर नहीं कस सकते है। परम्पराओं एक पीढ़ी से दूसरी पीढ़ी को हस्तान्तरित होती है जिनको हमारे समाज का अधिकांश भाग बिना किसी तर्क और तथ्य की कसौटी पर कसे उनका पालन करने लगता है। वह कभी यह जानने का प्रयास भी नहीं करता कि इससे वर्तमान में हमारे समाज को कोई लाभ है या नहीं। वह बस अपने बुर्जुगों द्वारा स्थापित एवं पालित परम्पराओं का आँख बन्द कर पालन करता रहता है। हम यह भी नहीं सोच पाते की ऐसा करने से किसी के मानव अधिकारों का हनन तो हो ही रहा है। दरअसल मानव अधिकार सामाजिक ताने-बाने व परम्पराओं के उस जाल में फसकर रह जाते हैं जो इनको केवल पुरूषों के लिए मानता है। इसी का परिणाम यह हुआ कि हमारे देश के संविधान में वर्णिक मौलिक अधिकार भी पुरूषों की पहुँच से बाहर नहीं निकल

पाये तथा महिलाओं को समाज ने इनसे वंचित ही रखा जबकि संविधान दोनों के बीच कोई भेद नहीं करता बल्कि महिलाओं के उत्थान के लिए विशेष व्यवस्थायें भाग तीन में वर्णित मौलिक अधिकारों एवं भाग-चार में वर्णित राज्य के नीति निदेशक सिद्धान्तों करता है। भारतीय समाज में यह समस्या अलग-अलग धर्मों में विश्वास करने वाले लोगों में अलग-अलग स्तर एवं अलग-अलग तरह से पाई जाती है। यहाँ पर भारतीय मुस्लिम समाज के बारे में विशेष रूप से विस्तृत विश्लेषण किया जा रहा है।

भारतीय मुस्लिम महिलाओं के सामाजिक न्याय को लेकर लम्बे समय से चली आ रही लड़ाई के बाद ऐतिहासिक फैसला आया। जो इतिहास के पन्नों में स्वर्णिम अक्षरों में अंकित रहेगा। सदियों से चली आ रही लैंगिक असमानता का वीभत्स रूप तीन तलाक, अब हमेशा के लिए इतिहास बनकर रह जायेगा क्योंकि सर्वोच्च न्यायालय के निर्णय में तीन तलाक को असंवैधानिक घोषित होने के बाद संसद ने भी इसे पास कर दिया है। लोकसभा में पेश बिल ''द मुस्लिम वूमेन प्रोटेक्शन ऑफ राइट्स इन मैरेज एक्ट'' में तीन तलाक के कानून को बेहद शख्त बनाने के लिए इसे संज्ञेय तथा गैर जमानती अपराध के अन्तर्गत रखा गया है, जसमें तीन साल की सजा के साथ-साथ महिलाओं के भरण पोषण का भी प्रावधान रखा गया है। हालांकि कांग्रेस ने कुछ सुझाव दिये है, जेसे कि यदि कोई गरीब आदमी जेल चला जायेगा तो वह किस प्रकार अपनी पत्नी का भरण पोषण दे पायेगा तथा गुजारे भत्ते की रकम कितनी होगी इन सभी बातों को भी स्पष्ट किया जाना चाहिए।

इस सम्बन्ध में सरकार ने कहा है कि यह न्यायाधीश व्यक्ति की हैसियत के अनुसार निश्चित करेंगा। इस सबके बावजूद मुख्य विपक्षी पार्टी कांग्रेस ने जहाँ लोकसभा में इसका समर्थन किया वही राज्य सभा में अनपेक्षित विरोध किया। कुछ अन्य विपक्षी दलों ने इस आधार पर इसका विरोध किया है कि यह संविधान के अनुच्छेद 25 में वर्णित धार्मिक स्वतन्त्रता के मूल अधिकार का उल्लंघन करता है। सरकार मुसलमानों के धार्मिक मसलों पर अनावश्यक हस्तक्षेप कर रही है। ऐसे लोग धार्मिक स्वतन्त्रता की आड़ में कई दशकों से तीन तलाक के नाम पर असमानता का व्यवहार करते आ रहे हैं। यह सोचकर किसी भी विचारशील व प्रगतिशील व्यक्ति को दु:ख होता है कि कैसे एक पुरूष एक बार में तीन तलाक बोलकर अपने पत्नी तथा बच्चों से मुक्ति पा लेता है।

यह विभेदपूर्ण कृत्य समाज के मुँह पर न केवल तमाचा है बल्कि किसी भी समाज की प्रगति के एक गम्भीर चुनौती है। भारतीय संविधान के लैंगिकता

समानता के मूल अधिकार का उल्लंघन है। जिसका वर्णन संविधान के अनुच्छेद 14-18 तक किया गया है। इसके अतिरिक्त संविधान के राज्य के नीति निर्देशक तत्व के अन्तर्गत अनुच्छेद 39 में वर्णित लैंगिक समानता का भी उल्लंघन है। यह कहने का आशय यह है कि भारतीय संविधान में कही भी इस प्रकार की लैंगिक असमानता का उल्लेख नहीं मिलता, सर्वोच्च न्यायालय ने भी इसे गैर संवैधानिक माना है। विश्व के कई मुस्लिम राष्ट्रों के भी तीन तलाक को गैर कानूनी घोषित कर रखा है। यहाँ तक कि पाकिस्तान व बांग्लादेश में तीन तलाक प्रतिबंधित है। कुरान तथा शरीयत में इसे लेकर मुस्लिम विद्वानों में मतभेद है। शिया मत में तो तीन तलाक है ही नहीं।

जकिया सोमन व नूरजहाँ नियाज (सहसंस्थापक भारतीय मुस्लिम महिला आन्दोलन) 17 नव0 2016 द्वारा किए गए सर्वेक्षणात्मक अध्ययन में बताया गया है कि तीन तलाक कुरान सम्मत नहीं है, कुरान के मुताबिक शादी एक सामाजिक अनुबन्ध है। सम्बन्ध विच्छेद की स्थिति में समन्वय और मध्यस्थता के लिए भी स्पष्ट व्यवस्था है, कुरान तलाक के लिए 90 दिन की प्रक्रिया पूरी करने पर जोर देता है, लेकिन अध्ययन में शामिल महिलाओं की कहानी सुनकर पता चलता है कि स्थानीय काजी और मुती की भूमिका बड़ी भयंकर है। अध्ययन में शामिल सभी महिलाओं का कहना है कि उनके पति द्वारा दिये गये तलाक को काजी ने जायज ठहराया। कुछ एक केस ऐसे भी हैं कि जब पति को तलाक पर पछतावा हुआ और उसने तलाक वापस लेना चाहतो तो काजी ने इसे हराम बताकर ऐसा करने से मना कर दिया। अध्ययन के उक्त वर्णित अंशों से पता चलता है कि काजी और मुती जिनके ऊपर समाज को जोड़कर चलने की जिम्मेदारी है वे ही उसे तोड़ने में महती भूमिका निभा रहे हैं।

इलाहाबाद हाईकोर्ट ने भी अपने निर्णय में कहा कि पर्सनल लॉ बोर्ड संविधान से बड़ा नहीं हो सकता है। इसका स्वागत करते हुए मुस्लिम महिला पर्सनल लॉ बोर्ड की अध्यक्ष शाइस्ता अम्बर ने माननीय उच्च न्यायालय के निर्णय का स्वागत करते हुए कहा कि किसी भी धर्म का पर्सनल लॉ बोर्ड संविधान से बड़ा नहीं हो सकता है।

कुरान में महिलाओं को मिला है अधिकार

सूरे निशा की 229 आयत में लिखा है कि औरत अपने पति से खुला (तलाक) ले सकती है। कुरान शरीफ में लिखा है कि तलाक तीन महीने में रूक-रूककर लिया जाय वह भी दो बार और पाक होकर। सूर-ए-तलाक 28वें

पैरा आयत नम्बर 1 से 7 तक में तलाक के नियम लिखे गए हैं इन्हें हर मुस्लिम पढना जरूरी है। सूर-ए-निशा आयत तीन में कहा गया है कि अगर मर्द औरत की अद्र न कर सके शादी से बक्स करें। इसका मतलब है कि अगर पुरूष आर्थिक रूप से कमजोर है तो उसको शादी न करने की सलाह दी है।

मानवता के दृष्टिकोण से इसे किसी भी रूप में जायज नहीं ठहराया जा सकता है। भारत में तीन तलाक को लेकर पहली बार 1985 में राजीव गांधी के प्रधान मन्त्रित्व काल में सामने आया इसमें सर्वोच्च न्यायालय ने शाहबानों केस से तीन तलाक के विरोध में फैसला सुनाते हुए कहा की यह न केवल मौलिक अधिकारों का उल्लंघन करता है बल्कि लिंग भेद को भी बढ़ावा देता है इसलिए तीन तलाक गैर संवैधानिक है।

राहुल त्रिपाठी, 29 दिसम्बर 2017

हालांकि सरकार पर कट्टरपंथियों के दबाव व वोट बैंक की राजनीति के कारण इसे लागू करने में नाकाम रही। सरकारों की तुष्टीकरण की नीति के कारण ही यह भेदभाव वाली प्रथा चली आ रही थी लेकिन वर्तमान सरकार के प्रयास से यह उम्मीद अवश्य जगी है कि इस बुराई के अन्त की शुरूआत हो गई है और समाज में बढ़ती जागरूकता इसे शीघ्र ही समाप्त कर देगी।

सन्दर्भ ग्रन्थ सूची

1. राहुल त्रिपाठी लेख 28 दिसम्बर, 2017 गूगल।
2. समाचार आई0डी0 3471715, 2017, 15 अगस्त
3. तीन तलाक पर संवैधानिक पीठ का निर्णय, 22 अगस्त, 2017
4. शाहबानों बेगम बनाम सैयद इस्माहल, 1985
5. नवाजुद्दीन सिद्धीकी अभिनीत फिल्म ''मियां कल आना'' स्क्रीनिंग 10 अप्रैल, 2017
6. मुस्लिम महिला संगठन, न्यूज रिपोर्ट
7. मुहम्मद यासीन-इस्लामी, ''भारत का सामाजिक इतिहास'', अटलांटिक पब्लिशर्स एण्ड डिस्ट्रीब्यूटर्स, नजफगढ़, रोड़, नई दिल्ली
8. ब्रज किशोर शर्मा, ''भारतीय संविधान एक परिचय'', कॉलेज, बुक डिपो, जयपुर।
9. जकिया सोमन व नूरजहाँ नियाज सह संस्थापक भारतीय मुस्लिम महिला आन्दोलन, अध्ययन रिपोर्ट, 2016-17

37

''तीन तलाक''

राजवीर

सहायक अध्यापक

चमन लाल महाविद्यालय, लण्ढौरा, हरिद्वार

तिहरा तलाक एक मान्यता प्राप्त परन्तु अस्वीकृत तलाक का प्रकार है इसलिए इस्लामी विधिवेत्ताआं ने इसे शरीयत में एक नया परिवर्तन माना है इसे न तो पवित्र कुरान का प्रमाण है और न ही पवित्र पैगम्बर की स्वीकृत प्राप्त है, पवित्र कुरान में एक ही बार में तीन तलाक का कोई उल्लेख नहीं है। यह प्रथम खलीफा ''अबुबलर'' के जीवन काल में व द्वितीय खलीफा ''उमर'' के समय में भी दो वर्षों से अधिक समय तक प्रचलन में नहीं आया था, परन्तु बाद में ''हजरत उमर'' ने कुछ विशेष स्थिति में इसकी अनुमति दी थी।

तिहरे तलाक की उत्पत्ति

जब अरब लड़कों के सीरिया, मिश्र व वर्शिया आदि पर विजय प्राप्त की तो उन्होंने वहाँ की स्त्रियों को अरब की स्त्रियों की तुलना में अधिक सुन्दर पाया और इसलिए उनसे विवाह करने के लिए आकृषित हुए, परन्तु मिश्र और सीरिया की स्त्रियों ने बल दिया कि उनसे विवाह करने के लिए उन्होंने अपनी मौजूदा पत्नियों को तुरन्त एक साथ तीन तलाक सुनाकर तलाक देना चाहिए, यह शर्त अरबों ने तुरन्त मान ली, क्योंकि वे जानते थे कि इस्लाम में तीन तलाक मान्य नहीं है और इस्लाम में तलाक दो पृथक तुहर की अवधि में केवल दो बार अनुमन्य है तथा एक साथ इसकी पुनरावृत्ति इस्लाम के विरूद्ध है, शून्य है एवं प्रभावी नहीं होगा। इस तरीके से वे न केवल सुन्दर स्त्रियों से विवाह कर सके बल्कि अपनी मौजूदा पत्नियों को भी रख सके। जब यह तथ्य द्वितीय खलीफा ''हजरत उमर'' को

सूचित किया गया, खलीफा उमर ने असंदिग्ध पति द्वारा धर्म का दुरूपयोग रोकने के लिए यह निर्णय दिया कि एक साथ शब्द तलाक-तलाक-तलाक की पुनरावृत्ति करने से की विवाह अखण्डनीय भंग हो जायेगा। यद्यपि खलीफा 'उमर' का यह प्रशासनिक उपाय एक आपातकालीन स्थिति से निपटने के लिए था और स्थाई कानून बनाने का कोई उद्देश्य नहीं था परन्तु दुर्भाग्य से हनफी विधिवेदताओं ने बाद में द्वितीय खलीफा के इस मत मात्र प्रशासनिक आदेश की शक्ति पर तलाक के इस प्रकार को न्याययुक्त घोषित किया और इसे धार्मिक मान्यता भी दी।

सामाजिक न्याय की दृष्टि से वर्तमान में जहाँ इस तिहरे तलाक के कानून का भारत वर्ष में प्रयोग हो रहा है, मुस्लिम समाज बहुत ही असुविधा महसूस कर रहा है।

पवित्र कुरान के अनुसार तीन तलाक

इस्लाम विधिशास्त्र का परम स्रोत पवित्र कुरान ने निर्दिष्ट नहीं किया है कि एक साल में तीन तलाक की घोषणा तीन पृथक तलाकों का प्रभाव रखती है। इस सम्बन्ध में कुरान के इस पद पर विश्वास किया जा सकता है कि- ''तलाक केवल दो बार ही अनुमान्य है इसके बाद पक्षकारों के या तो साथ-साथ रहना चाहिए।'' यह पवित्र कुरान के पद द्वितीय आयात 229 में लिखा गया है कि एक समय में तीन तलाक घोषित करने से अखण्डनीय तलाक नहीं होता है।

कुरान में कही भी ऐसा प्रमाण नहीं है कि एक समय में तीन तलाक घोषित करना अखण्डनीय रूप से तलाक समझा जाये। तथा विद्वान इस हद तक गये है कि तीन तलाक के मामले में सम्बन्धित पद एक निश्चित तथा स्पष्ट इस विषय पर निर्देश है कि वर्णित तलाक (मुगल्लजा) तभी होगा जब एक के बाद एक भिन्न-भिन्न अवसरों पर तीन तलाक घोषित किया जाये। इस प्रकार कुरान की सामग्री के आधार पर यह निष्कर्ष दिया जा सकता है कि एक अवसर पर तीन घोषणा करने से पहले एक तलाक का प्रभाव होगा।

क्या है तीन तलाक

तीन तलाक को जानने से पहले यह जानना जरूरी है कि इस्लाम धर्म में विवाह (निकाह) क्या है, इस्लाम में यह एक ''अहदों पैमान'' यानि एक समझौता (Civil Contract) होता है, जो एक पुरूष और स्त्री की आपसी सहमति के बाद अस्तित्व में आता है। पति पत्नी को इस समझौते को निभाने

के लिए सैकड़ों हिदायतें दी गयी हैं। कुरान में विवाह (निकाह) को 'मासिक ए गालीज' (मजबूत समझौता) करार दिया गया है। इसलिए इस्लाम में जायज कामों में तलाक को सबसे बुरा कहा गया है। इस्लाम में निकाह को समाप्त करने को तलाक कहते हैं।

दरअसल चर्चा का केन्द्र बना तीन तलाक का मामला तलाक-उल-विद्दत, की उपज है। तलाक-उल-विद्दत यह है कि अगर कोई पुरूष तालक के सही तरीके को न मानते हुए एक ही बार में तलाक-तलाक-तलाक कह देता है, तो तलाक हुआ मान लिया जाता है यानि की तलाक-ए-मुगल्लजा हो गया माना जाता है।

तलाक अथवा विवाह विच्छेद से संबंधित सामान्य बातें

अमीर अली के अनुसार, इस्लाम केवल निम्न मामलों तलाक की अनुमति देता है।

1. जबकि पत्नी अपने वचन या आचरण से पति को आहत कर रही हो।
2. जबकि पत्नी का आचरण पवित्र न रह गया हो।

पत्रकारों के कृत्य द्वारा विवाह-विच्छेद

विवाह-विच्छेद या तो दैवीय कृत्य द्वारा (अर्थात् पति या पत्नी में से किसी एक की मृत्यु हो जाने पर) पर पत्रकारों के कृत्य द्वारा प्रभावी हो सकता है। पत्रकारों के कृत्यों द्वारा विवाह-विच्छेद निम्नलिखित ढंग से हो सकते हैं-

पति द्वारा विवाह-विच्छेद

मुस्लिम पति प्रत्यक्ष तथा परोक्ष ढंग से विवाह विच्छेद कर सकता है। 'तलाक' विवाह-विच्छेद का प्रत्यक्ष ढंग है। ''इला'' तथा ''जिहार'' विवाह विच्छे के परोक्ष ढंग है।

तलाक द्वारा विवाह-विच्छेद

'तलाक' अरबी भाषा का शब्द है इसका शाब्दिक अर्थ है- 'निर्युक्त करना'। मुस्लिम पति द्वारा तलाक देने का अप्रतिबंधित अधिकार रखता है और वह अकारण भी तलाक दे सकता है तथा इस अधिकार का दुरूपयोग भी कर सकता है।

वैध तलाक की अपेक्षाएँ

स्वस्थ चित्त तथा यौवनावस्था की वय प्राप्त कर चुका मुस्लिम पति तलाक देने में सक्षम है। वह अपनी स्वतन्त्र सहमति से तथा विधिक औपचारिकताओं को पूर्ण करते हुए वैध रीति से तलाक उद्घोषित कर सकता है।

तलाक के प्रकार-

1. तलाक, उल-सुन्नत (वायस होने योग्य तलाक) शिया शाखा में मान्यता प्राप्त
   (1) तलाक अहसन
   (2) तलाक हसन
2. तलाक-उल-विद्दत (वापस नहीं होने योग्य तलाक अर्थात तीन तलाक) सुननी शाखा के अन्तर्गत मान्यता प्राप्त।

तलाक-उल-सुननत

'तलाक-उल-सुननत' को वापस होने योग्य तलाक कहते हैं। पैगम्बर मोहम्मद के जीवन काल में केवल यही तलाक प्रचलन में था। तलाक-उल-सुननत में तलाक को वापस किया जा सकता है।

तलाक अहसन

यह तलाक का सर्वाधिक मान्यता प्राप्त प्रकार हैं। इसमें पति को पत्नी के तुहर काल (शुद्ध काल) में केवल एक बार 'तलाक' पर शब्द उच्चारित करना होता है। ऐसी पत्नी जिसका मासिक धर्म बंद हो चुका हो, के विरूद्ध तलाक शब्द कभी भी उच्चारित करना होता है। तलाक शब्द के उच्चारण के साथ ही पत्नी का इद्दत काल आरम्भ हो जाता है। इद्दत काल में दोनों के मध्य प्रत्यक्ष या परोक्ष समझौता हो सकता है। समझौता न होने पर, इद्दत काल पूर्ण होने के साथ ही तलाक अंतिम हो जाता है।

तलाक-हसन

तलाक का यह अनुमोदित प्रकार है। इसके तीव्र विभिन्न अवसरों पर 'तलाक' शब्द का उच्चारण करण होता है। पत्नी के तुहर काल में पति एक बार तलाक शब्द उच्चारित करता है सहवास से दूर रहता है। अगले तुहर काल में

पति द्वारा दूसरी बार तलाक शब्द उच्चारित करते हुए सहवास से दूर रहना होता है। तीसरे तुहर काल में पति द्वारा तीसरी बार तलाक शब्द उच्चारित करने के साथ ही तलाक पूर्ण, अंतिग तथा अप्रतिसंहरणीय हो जाता है।

तलाक की प्रथम या द्वितीय घोषणा के बाद भी दोनों पक्षों के मध्य प्रत्यक्ष या परोक्ष रूप से समझौता हो जाने पर तलाक प्रभावी न होगा। पति या पत्नी के मध्य सहवास परोक्ष समझौता माना जाता है।

तलाक-उल-विद्दत (तीन तलाक)

यह अप्रतिसहरणीय अर्थात् वापस नहीं होने वाला तलाक है। यह केवल सुननी विधि में मान्य है। यह शिया विधि में मान्य नहीं है। अमीर अली के अनुसार यह उमैयद शासकों द्वारा अपनी सुविधा के लिए प्रचलन में लाया गया था। तलाक-उल-विद्दत में मुस्लिम पति एक ही समय पर तलाक-तलाक-तलाक शब्द का उच्चारण तलाक के आशय से करता है। ऐसी घोषणा के साथ ही तलाक पूर्ण, अंतिम तथा अप्रतिसहरणीय अर्थात् वापस होने योग्य नहीं हो जाता है इसे ही तीन तलाक कहते हैं।

धार्मिक स्वतन्त्रता बनाम समानता का अधिकार

विभिन्न सामाजिक मुद्दों पर चर्चा के दौरान यह प्रश्न भी उपस्थित हुआ कि संविधान के द्वारा प्रदत्त धार्मिक स्वतन्त्रता के अधिकार तथा समानता के अधिकार में प्राथमिकता किसे प्रदान की जाए। अनुच्छेद 25 के तहत नागरिकों को अत:करण की और धार्मिकता में किसी धर्म को अबाध रूप से मानने, आचरण करने और प्रचार करने की स्वतन्त्रता प्रदान की गई है। मुस्लिम पर्सनल लॉ बोर्ड द्वारा तीन तलाक के सन्दर्भ में इसी प्रावधान का हवाला दिया गया है परन्तु धामिक स्वतन्त्रता का यह अधिकार अनुच्छेद 25(1) के तहत लोक व्यवस्था, सदाचार और स्वास्थ्य तथा अन्य उपबन्धों के अधीन है। इसके अतिरिक्त अनुच्छेद 25(2) इस बात को स्पष्ट करता है कि धार्मिक स्वतन्त्रता का अधिकार, लोक कल्याण के लिए राज्य को कोई नया कानून लाने से नहीं रोका जा सकता है इस प्रकार स्पष्ट हो जाता है कि धार्मिक स्वतन्त्रता के अधिकार पर कुछ प्रतिबन्ध भी अधिरोपित है। वही अनुच्छेद 14 के तहत विधि के समक्ष समता का अधिकार प्रदान किया गया है, जबकि अनुच्छेद 15 के तहत धर्म, मूलवंश, जाति लिंग या जन्म स्थान के आधार पर किसी भी प्रकार के भेदभाव का प्रतिबेध है। ऐसी स्थिति में तीन तलाक, निकाह-हलाला तथा बहुविवाह जैसी

प्रथाएँ इन मूलाधिकारों का उल्लंघन करती है। अनु0 25 का सम्बन्ध अनुच्छेद 15(1) से भी है जो कि धर्म, जाति तथा लिंग आदि के आधार पर भेदभाव को प्रतिबन्धित करता है। जबकि उपर्युक्त प्रथाएँ लैंगिक भेदभाव का प्रदर्शित करती है। इसी क्रम में आज से 23 वर्ष पूर्व इस मुद्दे पर फैसला देते हुए इलाहाबाद हाईकोर्ट ने कहा था कि एक बार में तीन तलाक महिलाओं की गरिमा और बराबरी के हक का हनन करता है और ये पवित्र कुरान और संविधान के खिलाफ है।

''रहमत उल्लाह बनाम उत्तर प्रदेश राज्य के मामले में इलाहाबाद हाईकोर्ट की लखनऊ पीट ने मौखित तौर पर एक बार में तीन तलाक की वैधानिकता पर 15 अप्रैल 1994 को फैसला दिया था। न्यायमूर्ति एच0एन0 तिलहरी ने 130 पृष्ठ के अपने फैसले में कहा कि तलाक-उल-विद्दत यानी एक बार में तीन तलाक को इस्लाम सुन्नत में पाप माना जाता है और ये पवित्र कुरान के खिलाफ है। इस प्रचलन से पति बिना किसी कारण के पत्नी को एक बार में निकाह तोड़ने वाले तीन तलाक का कहने का हक नहीं मिलता है। शरीयत एप्लीकेशन एक्ट 1937 की धारा-2 के तहत मिला यह अधिकार संविधान के अनुच्छेद 372 के तत जारी रहने लायक नहीं है चूंकि इससे लिंग के आधार पर भेदभाव होता है ये एक ऐसी गतिविधि या काम है जो प्रथम दृष्टया किसी व्यक्ति या महिला की गरिमा का हनन करती है। शरीयत की धारा-2 में वर्णित एक साथ तीन तलाक संविधान के अनु0 372 के मुताबिक अवैध होगा अगर वह संविधान के किसी प्रावधान का उल्लंघन करता है। कोर्ट ने कहा कि तीन तलाक अनुच्छेद 14, 15 (बराबरी का मौलिक अधिकार) अनु0 2 (गरिमापूर्ण जीवन जीने का अधिकार) और अनु0 15, (E)(F)(H) के खिलाफ है। अनु0 51(।) कहता है कि नागरिक का यह कर्तव्य है। वह को ऐसा कार्य न करें जो महिलाओं के सम्मान के विरूद्ध हो।

कोर्ट ने शरीयत लॉ के तौर पर संहिताबद्ध किए गए मुस्लिम पर्सनल लॉ के बारे में कहा कि संविधान के आने से पहले हिन्दू मैरिज या मुस्लिम मैरिज से जुड़ा कोई भी कानून अगर किसी मौलिक अधिकार का हनन करेगा तो वह संविधान के बाद अनु0 13 के मुताबिक अवैध का निष्क्रिय हो जाऐगा। इसके बाद 9 मई, 2017 को वाराणसी की एक महिला ''सुमैला अफगानी'' द्वारा दाखिल पाथिका पर सुनवाई करते हुए इलाहाबाद उच्च न्यायालय में तीन तलाक को असंवैधानिक बताते हुए कहा कि यह संविधान के अनु0 14, 15 और 21 का उल्लंघन करता है।

तीन तलाक पर सुनवाई हेतु संवैधानिक पीठ

वर्ष 2016 में देहरादून के मुस्लिम समुदाय की महिला "शायरा बानो" द्वारा दाखिल याचिका पर सुनवाई करते हुए 30 मार्च 2017 को सर्वोच्च न्यायालय की तीन सदस्यीय पीठ द्वारा तीन तलाक के मामले को पाँच न्यायाधीशों की संवैधानिक पीठ को सौंप दिया गया, न्यायालय के अनुसार यह मसला अत्यधिक संवेदनशील है, इसलिए उन सभी पक्षकारों से 30 मार्च 2017 तक उनके तर्कों को लिखित में आटॉर्नी जनरल के पास जमा कराने को कहा गया था। उंल्लेखनीय है कि सर्वोच्च न्यायालय के पूर्व केन्द्रीय मंत्री सलमान मुर्शीद को इस मामले में सहयोग के लिए न्यायालय मित्र नियुक्त किया गया। 11 मई 2017 से तीन तलाक के मुद्दे पर संवैधानिक पीठ ने सुनवाई शुरू की। इस संवैधानिक पीठ की सबसे बड़ी विशेषता इसके पाँच न्यायधीशों का पाँच भिन्न धार्मिक विश्वासों से सम्बद्ध होता है। इसमें मुख्य न्यायाधीश जे0एस0 खेहर (सिख), न्यायमूर्ति कुरियन जोसेफ (ईसाई) आर0एफ0 नरीमन (पारसी) उदय उमेश ललित (हिन्दू) और न्यायमूर्ति अब्दुल नजीर (मुस्लिम) शामिल है। मुख्य न्यायाधीश जे0एस0 खेहर ने स्पष्ट किया कि इस मामले को तीन बिन्दुओं के तहत समझा जा सकता है- पहला क्या तीन तलाक इस्लाम के मूल में है, अगर है तो हमें देखना होगा कि क्या हम इसमें हस्तक्षेप कर सकते है, दूसरा क्या यह सांस्कारिक है या नहीं है और तीसरा, क्या एक पर्वतीय मौलिक अधिकार का उल्लंघन हो रहा है।

न्याय मित्र सलमान मुर्शीद ने सुनवाई के दौरान कहा कि इस्लाम के तहत निकाह में एक पुरूष और एक महिला के अधिकार एवं उत्तरदायित्व विभाजित है। कुरान तलाक के लिए मध्यस्थता और सुलह के अवसर प्रदान करने के लिए तीन महीने की प्रक्रिया निर्धारित करता है। उन्होंने कहा कि ऑल इण्डिया मुस्लिम पर्सनल लॉ बोर्ड के अनुसार, तीन तलाक पाप है, फिर भी वैध है। मैं व्यक्तिगत रूप से ऐसे किसी धर्म की कल्पना नहीं कर सकता जो पाप को वैधता प्रदान करता हो। अल्लाह द्वारा निर्धारित शरियत में तीन तलाक या तुरन्त तलाक को स्थान नहीं मिल सकता है। जो कुछ भी पाप है या घृणित है, उसे मानव निर्मित कानून द्वारा मान्य नहीं किया जा सकता है। 11 मई 2017 को सुनवाई के दौरान सर्वोच्च न्यायालय के अतिरिक्त सॉलिसिटर जनरल तुषार मेहता से प्रश्न किया कि अगर यह मान लिया जाए कि तलाक के सभी प्रकार गलत है तो फिर इस स्थिति में मुस्लिम समुदाय के पुरूषों को तलाक पाने के लिए कौन सी प्रक्रिया है, जबकि मुस्लिम विवाह विच्छेद अधिनियम 1939 के तहत केवल मुस्लिम महिलाओं को तलाक प्राप्त करने का अधिकार है।

12 मई 2017 को सुनवाई के दौरान सर्वोच्च न्यायालय ने कहा कि तीन तलाक मुसलमानों के बीच विवाह विघटन का सबसे खराब और अवांछनीय माध्यम है। न्यायालय ने सलमान मुर्शीद से उन देशों की सूची बनाने को कहा, जिन्होंने तीन तलाक को प्रतिबंधित किया है न्यायालय ने आगे बताया कि पाकिस्तान, अफगानिस्तान, मोरलको और सऊदी अरब जैसे देश विवाह विच्छेद के लिए तीन तलाक के लिए अनुमति नहीं देते हैं।

उल्लेखनीय है कि सर्वोच्च न्यायालय में दाखिल मुख्य याचिका को "कवेस्ट फार इकवालिटी बनाम जीमयत उलेमा-ए-हिन्द" का नाम दिया गया और अन्य याचिकाएँ खुरन सुन्नथ सोसायटी, आफरीन रहमान, गुलशन परवीन, इशरत जहाँ, आतिया साबरी आदि द्वारा भी दाखिल की गयी, इन सभी याचिकाओं को सर्वोच्च न्यायालय ने इसका कर एक साथ सुनवाई करते हुए 22 अगस्त 2017 को एक ऐतिहासिक फैसले के तहत मुस्लिमों में 'तलाक-ए-विद्दत' एक बार में तीन तलाक की प्रथा को असंवैधानिक करार देते हुए इसे निरस्त कर दिया है। पाँच न्यायाधीशों की पीठ ने 3.2 के बहुमत से दिए गये अपने फैसले में इस प्रथा को कुरान ए-पाक के बुनियादी सिद्धान्तों के खिलाफ तथा शरियत कानून का उल्लंघन करार दिया है।

तथा इस मामले में छः माह के भीतर कानून बनाने का निर्देश पीठ ने सरकार को दिया है कि पीठ ने अपने फैसले में यह भी कहा कि यदि सरकार छह माह के भीतर कानून नहीं बनाती है तो कानून बनाने तक सर्वोच्च न्यायालय की यह रोक जारी रहेगी।

सर्वोच्च न्यायालय के आदेशानुसार सरकार ने पहल करते हुए संसद में एक कानून संशोधन बिल लाकर लोक सभा में इसे पारित किया गया तथा इसके उपरान्त इसे कानून का मूर्त रूप के लिए संसद के उच्च सदन राज्य सभा में भेजा परन्तु वहा (राज्य सभा) में कुछ गेंचिदगियों के कारण वह बिल पारित होकर कानून का रूप नहीं ले पाया है और अभी राज्य सभा में लम्बित है जैसे ही यह राज्य सभा से पारित होता है तो एक मान्य कानून का रूप लेगा।

निष्कर्ष

सभी मनुष्यों में दो विरोधी प्रवृत्तियाँ पायी जाती हैं। जिनमें से एक सदैव नूतनता की खोज करता है और दूसरा पुरातनता को पसंद करता है। प्रत्येक व्यक्ति में यह दोनों प्रवृत्तियाँ काम करती हैं एवं प्रवृत्ति जहाँ उसे स्थापित पुरातन प्रथाओं से प्रेम सिखलाती है तथा दूसरी प्रवृत्ति नए नैतिक प्रयासों की खोज के लिए

प्रेरित करती है, ऐसा ही कुछ तीन तलाक, निकाह-हलाला, तथा बहु विवाह जैसी कुप्रथाओं के सम्बन्ध में देखा जा सकता है, जहाँ तक और इसकी समाप्ति के लिए अभियान चलाये जा रहे हैं तो वही दूसरी और इनके समर्थन में भी कुछ आवाजें सुनाई दे रही है।

भारत के इतिहास में महिलाओं से संबंधित सामाजिक मुद्दों की जीत हमेशा धार्मिक कुरीतियों पर होती आयी है फिर चाहे सती प्रथा रही हो, बाल विवाह रहा हो, विधवाओं की मुंडन प्रथा रही है या फिर स्त्री शिक्षा की बंदिश है। प्राय: ये सभी सामाजिक प्रथाऐं धर्म से जोड़कर जबरन महिलाओं पर थोपी गई हैं।

वास्तव में तीन तलाक जैसी प्रथाएँ भी एक सामाजिक कुरीति का रूप धारण कर चुकी है। एक ऐसा समय जब महिलाओं के लिए मजार में जाने की पाबंदी हट गयी है, शनि मंदिर के महिलाओं को प्रवेश दे दिया गया है। इसके अतिरिक्त अन्य कई मामलों में महिलाओं पर से बंदिशें हटी हैं। तब तीन तलाक, निकाह हलाला, तथा बहु विवाह जैसे मुद्दों पर भी न्याय की अपेक्षा की जा रही है और अब इन कुरीतियों को भी समाज से विदा करने का समय आ गया है।

RELATED CASE LAW

1. रहमत उल्लाह टे उत्तर प्रदेश राज्य-1994
2. आतिया साबरी टे उत्तराखण्ड राज्य-2016
3. कवेस्ट फार इकवालिटी टे जीमयत उलेमा-ए-हिन्द-2017
4. रशीद नजफी टे शाहीन गुलाब-2005
5. सैय्यद टे अनीसा-1932

RECOMMENDED READINGS

1. तीन तलाक व तिहरे तलाक की उत्पत्ति- अकिल अहमद (मुस्लिम विधि)
2. क्या है तीन तलाक- घटना चक्र
3. तलाक अथवा विवाह विच्छेद से संबंधित बाते- घटना चक्र
4. तलाक के प्रकार- अकिल अहमद (मुस्लिम विधि)
5. धार्मिक स्वतन्त्रता बनाम समानता का अधिकार- घटना चक्र
6. रहमत उल्लाह का मामला- इलाहाबाद केसेस
7. तीन तलाक पर संवैधानिक पीठ का निर्णय- (संवैधानिक पीठ के निर्णय) 22 अगस्त, 2017

38

भारतीय मुस्लिम महिलाओं की सामाजिक स्थितिः एक समाजशास्त्रीय परिप्रेक्ष्य

डॉ. राकेश राणा
सहायक प्रोफेसर, समाजशास्त्र
एम0एम0एच0 कालेज, गाजियाबाद

इतिहास मात्र अतीत की घटनाऐ ही नहीं बल्कि वह घटनाओं का दर्शन भी हैं। यह दर्शन बनता है सत्ता और समाज के चरित्र से। इतिहास में मुस्लिम संस्कृति एवं समाज का अपना महत्व रहा है। जिसका गहरा प्रभाव मध्यकाल पर दिखता भी है धीरे-धीरे वह भारतीय संस्कृति का अभिन्न अंग बन गई। परम्परागत भारतीय समाज में हिन्दू समाज व्यवस्था और मुस्लिम समाज व्यवस्था में ज्यादा अन्तर नहीं था। परन्तु आजादी के 70 वर्शो के इतिहास में मुस्लिम महिलाओं के स्वावलम्बन का विकास हिन्दू महिलाओं की अपेक्षा कम हुआ इसके अनेक समाज-ऐतिहासिक कारण है। इसका बड़ा कारण कहीं न कहीं उन पुरानी मान्यताओं से जोड़ कर देखा जाता है। जिन्हें लागू तो समाज हित के लिए किया गया था परन्तु समय ने उन्हें अपरिवर्तनीय बना दिया। ये मान्यताएं कहां बनी? कैसे बनी? भारतीय मुस्लिम महिलाओं के बारे में तीन तलाक के संदर्भ को इन मान्यताओं के संदर्भ में कैसे समझा जाए? मुस्लिम मूल्यों, मान्यताओं और नियमों को किसके हितों को ध्यान में रखकर बनाया गया? ऐसे अनगिनत सवाल हैं जिनके जवाब तलाशने की हमने कभी जहमत ही नहीं की। क्या ये मान्यतायें सत्ता और समाज की जरूरत और सहूलियत के हिसाब से बनी? इन सब बिन्दूओं की ऐतिहासिक पड़ताल आवश्यक है।

अरब प्रारम्भ से ही मुस्लिम समाज का केन्द्र माना जाता रहा है। प्राचीन अरब समाज में महिलाओं की सामाजिक स्थिति पुरूषों से उच्च मानी जाती थी। क्योंकि अरबी मुस्लिम समाज में महिलाओं को सामाजिक सम्पर्क एवं विवाह के क्षेत्र में पूर्ण अधिकार प्राप्त थे। महिलाएँ विवाह के सम्बन्ध में पूर्ण स्वतन्त्र थीं कि वह स्वेच्छा से किसी भी पुरूष के साथ विवाह कर लें। महिला जब चाहे पुरूष से अपना सम्बन्ध विच्छेद कर सकती थी। उस समय अरब समाज में विवाह का एक मात्र उद्देश्य यौन सन्तुष्टि और सुख की प्राप्ति ही माना जाता था। गर्भवती होने पर भी उस समय महिलाओं को पुरूषों से विवाह-विच्छेद का पूर्ण अधिकार था। इस प्रकार के विवाह को बिना विवाह कहा जाता था। परन्तु धीरे-धीरे अरब समाज में भी महिलाओं की स्थिति का पतन प्रारम्भ हुआ उन्हे दासी का दर्जा मिलने लगा तथा उन्हें लूट-खसोट कर और खरीद-फरोख्त कर लाया जाने लगा। महिलाओं की स्वतन्त्रता और अधिकारों का ह्रास होने लगा और अरबी मुस्लिम समाज धीरे-धीरे पितृ-प्रधान समाज होता चला गया। महिलाओं से उनके विवाह विच्छेद के अधिकार भी छीन लिये गए। सातवी शताब्दी में पैगम्बर-ए-इस्लाम (ईश्वर के दूत) हजरत मोहम्मद साहब ने इस्लाम में व्याप्त अनेक रूढ़ियों और कुप्रथाओं को समाप्त कर उसे परिमार्जित कर नया रूप प्रदान किया। उनके द्वारा अल्लाह (ईश्वर) के अहकामों (आदेशों) को 'कुरान' के माध्यम से प्रस्तुत किया गया। इनके विचारों व 'कुरान' के व्यवहारिक नियमों के संकलित स्वरूप 'शरीअत' (इस्लामी आचार संहिता) तैयार कर पुनः मुस्लिम समाज को संगठित व संरचित किया गया। इस प्रकार मुस्लिम समाजिक व्यवस्था 'कुरान' व शरीअत द्वारा संचालित हुई। समाज व्यवस्था का मूल स्त्रोत 'शरीअत' को माना गया है। भारतीय मुस्लिम पर्सनल लॉ बोर्ड शरीअत पर ही आधारित हैं। किन्तु भारतीय मुस्लिम समाज के बारे में यह बात पूरी तरह लागू नहीं होती है क्योंकिं उसने अपनी भारतीय परम्पराओं को भी बनायें रखा है।

मुस्लिम समाज ठीक वैसा ही समाज है जैसा कि सामान्य तौर पर भारतीय समाज, उसमें भी वैसी ही अनेक भिन्नतायें हैं। तरह-तरह के रिवाज हैं, प्रथायें हैं। माननीय उच्च न्यायालय ने जिस प्रथा को गैर-कानूनी घोषित किया है वह सिर्फ सुन्नी मुसलमानों में प्रचलित प्रथा है। तीन तलाक पर भारतीय मुस्लिम के लिए सुप्रीम कोर्ट का दखल एक छोटी सी सार्थक पहल है। न्यायपालिका ने उन्हें एक बड़ी दिशा दी है। उससे भी ज्यादा बधाई की पात्र वे मुस्लिम महिलायें है जो इस कोशिश को यहां तक लायी। तलाक-ए-बिद्दत की कुप्रथा को खत्म कर दिया और न्यायपालिका ने अपने आपको इसी तक सीमित रखा। 395 पृष्ठों

के पांच जजों के अलग-अलग निर्णय में तीन ने इसको गलत माना। हालांकि यह कोई अचानक से आया तूफान नहीं जिस तरह से हम इसको देख और समझ रहे है विशेष रुप से समाज विज्ञानों के लोग। उच्चतम् न्यायालय ने 2002 में ही शमीम आरा बनाम उत्तर प्रदेश मामलें में इस प्रथा को गैर-कानूनी ठहरा दिया था। तब मीडिया ने कोई खास तव्वजों नहीं दी थी।

1985 में सुप्रीम कोर्ट ने एक फैसले में गुजारा भत्ता देने के शाहबानों प्रकरण में धर्मगुरुओं के दबावों में राजीव गांधी सरकार ने फैसले को बदल दिया था। एक बड़े सुधार से भारतीय मुस्लिम समाज चुक गया था। लेकिन मुस्लिम महिलाओं के बीच यह आग सिंधड़ सिंधड़कर जल रही थी। उसी का परिणाम था अलग अखिल भारतीय मुस्लिम महिला पर्सनल लॉ बोर्ड बना। उसके जरिए भी अन्दर ही अन्दर मुस्लिम महिलायें रुढ़ीवादी नेतृत्व को चुनौती दे रही थी। मुस्लिम महिलाओं में जेंडर जस्टिस का आन्दोलन अपनी पैठ बना रहा था। जिसका विस्तार तीन तलाक का बुलन्द आवाज के रुप में उच्चतम् न्यायालय तक हुआ।

भारतीय मुसलमान देश की आबादी का एक बड़ा हिस्सा है। मुस्लिम समुदाय की पारिवारिक दृढ़ संरचना भारतीय समाज की पहचान है। किन्तु दृढ़ता और स्थिरता के साथ निरन्तरता और परिवर्तन प्रकृति के नियम है। किसी समुदाय का प्रगतिशील होना देश के हित मे बहुत जरूरी प्रक्रिया है। भारतीय मुस्लिम समुदाय का जीवन दस्तकारी, कारखानादारी और कुटीर उधोग-धंधो से जुड़ा हुआ है। भारतीय मुस्लिम समुदाय का रहन-सहन, खान-पान, सोच-विचार, अपने धंधों से जुड़ी कठिनाइयां, नैतिकता को संभालने वाला वर्ग, अपनी कमियों पर उगली रखने वाला सामाजिक तबका कई मायनों में महत्वपूर्ण और विलक्षण है। भारतीय मुस्लिम महिलायें हर कार्य-क्षेत्र मे मेहनत मशक्कत करती है हर तरफ अपनी उपस्थिति दर्ज कराती है। अपनी विभिन्न विशेषताओं और मजबूतियों के बावजूद मुस्लिम समुदाय की महिलाओं के मसलें बेहद पेचिदें और उलझें हुए हैं। मुस्लिम महिलाओं की स्थिति परिवार, समाज, धर्म, कानून, राजनीति सबके दायरे में दयनीय बनी हुई है।

भारत को आजाद हुए सात दशक हो रहे हैं। परन्तु आज भी भारतीय मुस्लिम महिलायें समाज की अन्तिम पंक्ति में ही कम शिक्षित, आर्थिक पिछड़ेपन से ग्रस्त, राजनैतिक हाशिए पर खड़ी नज़र आती हैं। मुस्लिम समाज की महिलाओं के वाजिब हक के मुद्दे हो या भारतीय नागरिक की हैसियत से उनके अधिकारों

का प्रश्न, तमाम पहलुओं पर गौर करने की अत्यन्त आवश्यकता है। इस्लाम दुनिया का पहला मज़हब है जिसने स्त्री को सर्वाधिक अधिकार दिए। कुरान में स्पष्ट है कि मानव अधिकारों के आधार पर स्त्री-पुरूष में कोई भेद नहीं है और न ही मानवीय आधार पर कोई अन्तर। इस्लाम भी लिंगभेद के आधार पर कोई बाधा नहीं रखता। कोई भी व्यक्ति अपने चरित्र और सद्गुणों के आधार पर जितनी कामयाबी हासिल करना चाहे, हासिल कर सकता है। जिसका उदाहरण हम इस्लामी इतिहास में रबिया बसरी के रूप में पाते हैं, जिन्होंने श्रेष्ठता का वह उच्च स्थान प्राप्त किया जहाँ तक बड़े-बड़े सूफी संत नहीं पहुँच सके। संसार के विभिन्न धर्मों की तरह इस्लाम भी शिक्षा को समाज की प्रगति के लिए अनिवार्य रुप से स्वीकार करता है।

भारतीय मुस्लिम महिलाओं से जुड़ा तीन तलाक का मुद्दा स्वतंत्र भारत के ज्वलंत मुददों में से एक है। यह आधुनिक लोकतांत्रिक सामाजिक व्यवस्था के माथे पर कलंक है। भारतीय समाज में मुस्लिम महिलाओं को आन्दोलित करने वाले अनेक भावनात्मक मुद्दों से ज्यादा सामाजिक, राजनीतिक और व्यवस्थागत मुद्दे है। जैसे कि उनकी पारिवारिक स्थिति से जुड़े मुद्दे गृह क्लेष, तलाक और पारिवारिक झगड़ों जैसे सामाजिक मुद्दे भी कम नही हैं। वही महिला प्रधानों और सरपंचों के उत्पीड़न जैसे गम्भीर राजनैतिक मसले एवं मुस्लिम महिलाओं के विकास और उनकी बदहाल आर्थिक स्थिति से जुड़े मसले हैं। 21वीं सदी के मुहाने पर खडें भारतीय समाज में मुस्लिम महिलायें अब अपने हक-अधिकारों को समझने लगी हैं।

सम्पर्क: म.mail:ranarakesh@gmail.com//Ph-9958396195

सन्दर्भः-

1. शर्मा, राजेन्द्र कुमारः 1980 ''मध्यकालीन भारत का इतिहास'', अटलांटिका पब्लिशर्स नई दिल्ली, पृ. सं. 164।
2. अग्रवाल, जी. के.: 1999 ''भारतीय सामाजिक संस्थाएँ'', साहित्य भवन पब्लिशर्स, आगरा, पृ. सं. 14।
3. अशारी, अलः 2000 'पर्दा एंड स्टेटस ऑफ वोमेन इन इस्लाम', मोहित पब्लिशर्स, नई दिल्ली।
4. मौलाना अब्दुल समद रहमानीः ''इस्लाम में औरत का मुकाम'', दीनी बुक डिपो, उर्दू बाजार, दिल्ली, पृ. सं. 9।

5. मुर्तज़ा मुताहारीः 1984 'दि राइट्स ऑफ वोमेन इन इस्लाम', वोफ़स (WOFIS) तेहरान।

6. रहमानी, सबीहाः 2018 'मुस्लिम समाज व महिलाएँ,' शोध-पत्र प्रस्तुत राण्ट्रीय संगोष्ठी, एम.एम.एच. कालेज, गाजि.

39

तीन तलाकः एक सामाजिक एवं राजनीतिक विमर्श

राम आहूजा (2016)

रीना रानी
प्रवक्ता - समाज शास्त्र विभाग
ताराचन्द वैदिक पुत्री पी0जी0 कालेज
मुजफ्फरनगर (उ0प्र0) -251002

मुस्लिम महिलाएँ और दायित्व अधिकार चेतना

हमारे समाज में तलाक का अर्थ है परित्याग करना। इसमें हर धर्म के अपने नियम और कानून है।

तलाक एक उर्दू शब्द है। मुसलमानों में Divorce को तलाक कहते हैं। अगर हम इस्लाम के नियम करे तो अगर पत्नी को पति तीन बार तलाक बोलता है तो दोनों में तलाक हो जाता है। अभी कुछ सालों में बहुत से मुसलमानों ने इसका दुरूपयोग किया है। बहुत से लोगों ने ईमेल या फिर Whatsapp पर अपनी पत्नी को तलाक दिया, जो कि महिलाओं के अधिकारों के खिलाफ है। बहुत से लोगों ने छोटी-छोटी बातों पर अपनी पत्नी को तलाक देने शुरू कर दिये थे जिसकी वजह से बहुत सी मुस्लिम महिलाओं का शोषण हुआ और बहुत सी मुस्लिम महिलाएँ इसका शिकार हुई हैं।

अगर हम बाकी देश से तुलना करे तो बहुत से मुस्लिम देश जैसे - पाकिस्तान, श्रीलंका, इराक, ईरान, सऊदी अरब इन सभी देशों में तीन तलाक

BAN है पर हमारे देश में ये अभी भी प्रचलन में है। इसकी वजह से एक मुस्लिम महिला ने अपने मानवाधिकार के लिए सुप्रीम कोर्ट में याचिका दायर कर दी। अभी हाल ही में सुप्रीम कोर्ट का निर्णय महिलाओं के पक्ष में आया है। सुप्रीम कोर्ट के अनुसार - ईमेल, फोन और Whatsapp पर तलाक मान्य नहीं होगा। तलाक के लिए पति-पत्नी दोनों का सामने होना अनिवार्य है और इसके लिए कोर्ट में याचिका दायर करनी होगी। अगर महिला चाहे तो इसके खिलाफ कोर्ट में अपील कर सकती है।

निश्चित रूप से सुप्रीम कोर्ट का निर्णय महिलाओं के आत्म सम्मान और उनके मानवाधिकार को मद्देनजर एक बड़ा फैसला है। पर जमीनी हकीकत आज भी कुछ और ही है और यह बात किसी से छिपी नहीं है कि जितना तिरस्कार अपमान और शोषण मुस्लिम महिलाओं का होता है उतना किसी अन्य समाज या धर्म में नहीं होता। भारतीय इतिहास में 800 ई0 से 1757 ई0 के बीच के समय को मध्यकाल या मुस्लिम काल के नाम से पुकारा जाता है। क्योंकि इस समय के दौरान भारतीय समाज में कोई विशेष प्रगति नहीं हुई बल्कि इस्लाम के अभ्युदय के कारण भारतीय समाज को अत्यधिक क्षति ही पहुँची थी। मुस्लिम शासक यहाँ अपना धर्म तथा शिक्षा और संस्कृति लेकर आये। उस काल में स्त्री-शिक्षा को कोई विशेष प्रोत्साहन नहीं मिला। सैद्धान्तिक रूप से मुस्लिम स्त्रियों को अनेक अधिकार प्रदान किये गए हैं किन्तु तस्वीर का पहलू भी है।

व्यवहारिक दृष्टि से वे आज भी अनेक गम्भीर समस्याओं से ग्रस्त हैं। जैसे आज के समय में तीन-तलाक और मुस्लिम महिलाओं की दमित अधिकार चेतना।

मुस्लिम महिलाओं के अधिकारों का दमन करने वाला है - तीन तलाक 1937 में मुस्लिम पर्सनल कानून यानि शरिया में मिले इस अधिकार ने देश भर में लाखों मुस्लिम महिलाओं की जिन्दगी के साथ खिलवाड किया है। स्त्री-पुरूष असमानता ने मुस्लिम औरतों के बुनियादी हक से उन्हें वंचित कर दिया है। इस शरियाई व्यवस्था पर पूर्ण प्रतिबन्ध की मांग करते हुए 50,000 से ज्यादा दस्तखत वाला एक मांगपत्र प्रधानमंत्री को भेजा गया जिस पर अब सर्वोच्च न्यायालय के हस्तक्षेप से इस अमानवीय परम्परा से मुस्लिम महिलाओं को निजात मिली है।

"तीन तलाक की सभी प्रक्रियाओं की सबसे बडी विडंबना यह है कि इनमें तलाक लेने के सारे अधिकार मर्दों को दिये गए हैं। औरतों के पास कोई अधिकार नहीं है। अर्थात् मर्द जब चाहे तो औरत को तलाक दे सकता है। मगर औरत ऐसा नहीं कर सकती।

इस तरह स्पष्ट है कि तीन तलाक की यह शरियाई व्यवस्था न केवल मुस्लिम महिलाओं के शोषण पर आधारित है, बल्कि भारतीय संविधान द्वारा प्रदत्त समानता के मूलभूत अधिकार के भी खिलाफ है।' गौर करें तो इस्लाम में तलाक के तीन तरीके होते हैं –

1. तलाक–ए–बिछत (तीन तलाक) जिसमें यदि पति अपनी पत्नी के प्रति लिखित अथवा मौखिक रूप से 'तलाक है' जैसे साधारण वाक्य को तीन बार दोहरा दे तो इसे अधिकारिक रूप से तलाक मान लिया जाता है। तलाक–ए–बिछत को इस्लाम में हराम माना गया है, फिर भी शरई अदालत (दारूलकजा) इसे मान्य समझती है।
2. तलाक–ए–अहसन
3. तलाक–ए–हसन, जिसमें तीन चरण होते हैं।

इन सबके अलावा एक त्रासदी यह भी है कि यदि तलाक के बाद दोबारा पति–पत्नी निकाह करना चाहे तो इसके लिए मुस्लिम महिलाओं को हलाला जैसी बेहद अमानवीय व्यवस्था से गुजरना पडता है, जिसके तहत औरत को निकाह से पूर्व किसी अन्य मर्द के साथ हमबिस्तर होना पडता है। इसके अलावा तीन तलाक की इन शरियाई व्यवस्थाओं की सबसे बडी विडंबना यह है कि इनमें तलाक लेने के सारे अधिकार मर्दो को दिए गए हैं। औरत के पास कोई अधिकार नहीं है। अर्थात् मर्द जब चाहे तो औरत को तलाक दे सकता है। मगर औरत ऐसा नहीं कर सकती।

इस तरह स्पष्ट है कि तीन तलाक की यह शरियाई व्यवस्था न केवल मुस्लिम महिलाओं के शोषण पर आधारित है, बल्कि भारतीय संविधान द्वारा प्रदत्त समानता के मूलभूत अधिकार के भी खिलाफ है। अतः इसको खत्म किया जाना हर प्रकार से आवश्यक है। मशहूर लेखिका प्रभा खेतान सीमोन ने स्त्री उपेक्षिता का अनुवाद करते हुए एक बहुत ही महत्वपूर्ण बिंदु को उजागर करते हुए करती है कि स्त्री कहीं झुंड बनाकर नहीं रहती, वह पूरी मानवता का आधा हिस्सा होते हुए भी पूरी एक जाति नहीं है। गुलाम अपनी गुलामी से और एक काला आदमी अपने रंग से परिचित है, पर स्त्री घरों, अलग–अलग वर्ग व भिन्न–भिन्न जातियों में बिखरी हुई है। उसमें क्रान्ति की चेतना नहीं है। क्योंकि अपनी स्थिति के लिए वह खुद जिम्मेदार है। वह पुरूष की सहअपराधिनी है। स्त्री अमीर हो या गरीब, गोरी हो या काली उसे अपनी लड़ाई खुद ही लड़नी पड़ेगी। यह दुनिया पुरूषों ने बनाई पर स्त्री से पूछ कर नहीं। फ्रांस की क्रान्ति हो या विश्व युद्ध स्त्री से

पुरूष सहारा लेता है और पुन: उसे घर लौट जाने को कहता है। स्त्री सदियों से ठगी गई है। उसने स्वतंत्रता हासिल भी की है तो उतनी ही जितनी कि पुरूषों ने अपनी सुविधा के लिए उसे देनी चाही।

इस सन्दर्भ में देखे तो हमारे देश में महिलाओं की सामाजिक और राजनीतिक स्थिति बेहद दयनीय है और महिलाओं का संसाधनों पर अधिकार का मामला एक बेहद ही पेचिदा सामाजिक मामला है चूंकि संसाधन भी सदियों से एक ही वर्ग के कब्जे में रहे हैं। इसलिए इस लडाई को लडना महिलाओं के लिए बहुत कठिन है और समाज में अपने लिए एक सम्मानपूर्व सामाजिक दर्जा पाना।

इस्लाम में महिलाओं की स्थिति क्या है, यह किसी से छिपी नहीं है और यह बात बताने की जरूरत भी नहीं है कि इस्लाम-धर्म में महिलाओं का जीवन स्तर क्या है। शाहबानो से लेकर तस्लीमा तक सभी इस्लाम में अपनी स्थिति को बयाँ करती है। किसी महिला को अपने शौहर से सम्पत्ति में कोई जगह नहीं मिल पा रही है, तो कोई महिला अपनी आबरू और प्राण की रक्षा के लिए जूझ रही है।

इस्लाम धर्म में महिलाओं के प्रति बहुत से अत्याचार देखने को मिलते हैं। पैगम्बर मौहम्मद ने कहा था कि यदि नमाज पढ़ते समय आपके सामने से गधा, कुत्ता या औरत निकले तो नमाज हराम है।

दो औरतों की गवाही एक पुरूष की गवाही के बराबर है। आज भारत तरक्की की ऊचाईयाँ छू रहा है परन्तु वहीं देश का अल्पसंख्यक मुस्लिम समुदाय विशेषकर मुस्लिम महिलाएँ पिछड़ा हुआ जीवन व्यतीत करने पर अभिशप्त है। अशिक्षा, गरीबी, बेरोजगारी, अधिकारों के प्रति अनभिग्य होने के कारण हमारे समाज की 14.6 प्रतिशत आबादी (कुल मुस्लिम आबादी 27 जनवरी 2011 की जनगणना के आधार पर) सामाजिक, आर्थिक एवं शैक्षिक रूप से अत्यन्त पिछड़ी हुई है। यदि मुस्लिम महिलाओं का विकास नहीं हुआ तो पूरे वर्ग को खाई में गिरने से कोई नहीं रोक सकता।

कुरान और सही हदीस को देखे तो मालूम होगा कि इस्लाम ने सामाजिक, आर्थिक, नागरिक, कानूनी और पारिवारिक मामलों में जितने अधिकार मुस्लिम महिलाओं को दिये गये हैं, वह लिखित रूप में किसी भी अन्य धर्म में नहीं दिए गए हैं।

इन सबके बावजूद आज मुस्लिम महिलाओं को पिछडापन, अशिक्षा, बंदिश और पारिवारिक कारण जैसे विभिन्न दबाव झेलने पड़ते हैं।

क्या सही है और क्या गलत है ? इसकी शुरूआत कहाँ से हो ? ऐसी व्यर्थ विडम्बनाओं में सिर खपाने से बेहतर है कि हम कुरान और हदीस देखें और उसका अर्थ समझें। ऐसा करना बिल्कुल गलत होगा कि हम इस्लाम की दुहाई भी दें और उसके उसूलों के खिलाफ औरतों को दबाकर उनके अधिकारों का हनन भी करें।

मुस्लिम परिवारों की बालिकाएँ शिक्षा से भी वंचित है। उन्हें घर की चारदीवारी में कैद करके रखा जाता है। इस सम्बन्ध में डा0 एफ0ई0 केई ने लिखा है- "पर्दा प्रथा ने छोटी बालिकाओं तथा मुस्लिम स्त्रियों को घर में बंद रखा ये उनकी शिक्षा के मार्ग में सबसे बड़ी बाधा बनी।"

इस्लाम में महिलाओं की स्थिति क्या है ? यह बात किसी से छिपी नहीं है और यह बात बताने की जरूरत भी नहीं है कि इस्लाम धर्म में महिलाओं का जीवन स्तर क्या है। शाहबानों से लेकर तस्लीमा तक सभी इस्लाम में अपनी स्थिति को बयां करती है। किसी महिला को अपने शौहर से सम्पत्ति में कोई जगह नहीं मिल पा रही है तो कोई महिला अपनी आबरू और प्राण की रक्षा के लिए जूझ रही है। इस्लाम धर्म में महिलाओं के प्रति बहुत से अत्याचार देखने को मिलते हैं -

पैगम्बर मौहम्मद ने कहा था कि यदि नमाज पढ़ते समय आपके सामने से गधा, कुत्ता या औरत निकले तो नमाज हराम है। नरक में 95 प्रतिशत महिलाएँ हैं। दो औरतों की गवाही एक पुरूष की गवाही के बराबर है। वर्तमान समय में भारत तरक्की के नये आयाम और नई ऊँचाईयाँ छू रहा है। वहीं देश का अल्पसंख्यक मुस्लिम समुदाय विशेषकर मुस्लिम महिलाएँ पिछड़ा हुआ जीवन व्यतीत करने पर अभिशप्त हैं। अशिक्षा, गरीबी, बेरोजगारी, अधिकारों के प्रति अनभिज्ञयता के कारण हमारे समाज की 14.6 प्रतिशत आबादी (कुल मुस्लिम आबादी- 27 जनवरी 2011 की जनगणना के आधार पर) सामाजिक, आर्थिक एवं शैक्षिक रूपसे अत्यन्त बिछड़ी हुई है।

यदि मुस्लिम महिलाओं का विकास नहीं हुआ तो पूरे वर्ग को खाई में गिरने से नहीं रोका जा सकता। कुरान और हदीस को देखें तो मालूम होगा कि इस्लाम ने सामाजिक, आर्थिक, नागरिक, कानूनी और पारिवारिक मामलों में जितने अधिकार मुस्लिम महिलाओं को दिये हैं। वही लिखित रूप में किसी भी धर्म

में नहीं दिये गये हैं। इन सबके बावजूद आज भी मुस्लिम महिलाओं को पिछड़ापन, अशिक्षा, बंदिश और पारिवारिक प्रताड़ना जैसे विभिन्न दबाव झेलने पड़ते हैं।

इस्लाम में औरतों को उच्च शिक्षा ग्रहण करने और आवश्यकता पडने पर घर की चारदीवारी से बाहर निकलकर रोजगार करने में कोई मनाही नहीं है, पर इसके लिए कुछ शरई (इस्लामी) कानून बनाये गये है जिनका पालन करना अत्यन्त आवश्यक है। शरीयत के हिसाब से महिलाएँ अंग प्रदर्शन न करते हुए अपने शरीर को अच्छी तरह से ढकें। इसके लिए यह जरूरी नहीं कि सर से पैर तक बुर्का पहना जाए। वे अपने हाथ और चेहरा खोलकर बाहर जाकर कार्य कर सकती है परन्तु मुंस्लिम बुद्धिजीवियों और उलेमा ने इस्लाम को जटिल स्वरूप दे दिया है। बचपन से ही मासूम बच्चियों के मासूम जहन में ऐसी मानसिक गढ़ दी जाती है कि वे डरी, सहमी और स्वयं को अयोग्य महसूस करती है। उन्हें यह भी सिखाया जाता है कि वे पुरूषों की कभी बराबरी नहीं कर सकतीं और पुरूषों के सहारे के बिना वे बेबस और लाचार हैं।

उन्हें केवल उतनी ही शिक्षा ग्रहण करायी जाती है, जिससे वे निकाह के बाद अपने परिवार का पालन-पोषण कर सके। मुस्लिम समुदाय में युगों से चली आ रही औरतों की दुर्दशा में नाम-मात्र का भी सुधार नहीं हुआ है। बात केवल उनकी शिक्षा, आजादी एवं अधिकार की नहीं है- जरा सी बात पर शोहर का तलाक के तीन शब्द कहकर बीवी को घर से बाहर करना, अकारण एक से अधिक विवाह करना, शौहर के क्रूर व्यवहार और बात-बात पर हाथ उठाने के बावजूद चुपचाप सब सहना, मेहर-अदा न करना, शौहर के जनाजे पर जबरदस्ती मेहर माफ कराना, शौहर की मृत्यु के पश्चात बीबी के पुनर्विवाह पर परिवार वालों की तरफ से मनाही आदि कई गैर-इस्लामी एवं गैर इन्सानी रवायते हैं जिन्हें इस्लाम हरगिज सही नहीं ठहराता।

इस्लाम के अलावा किसी भी धर्म में लिखित रूप से औरतों को पैतृक सम्पत्ति में हिस्सेदार नहीं बनाया गया है और न ही तलाकशुदा एवं विधवा को दोबारा विवाह करने का अधिकार दिया गया है। ये सारी आजादी एवं अधिकार इस्लाम ने औरतों के हित में दिये हैं।

तलाक को लेकर मुस्लिम समुदाय में यह मान्यता है कि शौहर यदि एक साथ तीन बार तलाक बोल देता है तो सम्बन्ध विच्छेद हो गया पर यह बिल्कुल गलत है। इसके लिए यह शरई कानून है कि एक ही वाक्य में एक साथ तीन तलाक कह देना हराम है और ऐसा करने वाला व्यक्ति अल्लाह की नजर में बहुत

बडा गुनहगार है पर इस्लाम की परम्पराएँ बिल्कुल इसके विपरीत है। इस मामले में मलेशिया ऐसी रूढ़िवादी परम्पराओं को एक सिरे से नकारकर एक पूर्ण विकसित देश के रूप में उभर कर सामने आया है। 60-65: मुस्लिम आबादी वाले इस देश में महिलाएँ इस्लामिक शिक्षा के साथ-साथ दुनियाभर की उच्च शिक्षा भी ग्रहण करती है और हर क्षेत्र में पुरूषों केबराबर खड़ी नजर आती है।

क्या सही है? और क्या गलत है? इसकी शुरूआत क्या से हो ? ऐसी व्यर्थ विडम्बनाओं में सिर खपाने से बेहतर है कि हम कुरान और हदीस देखें और उसका अर्थ समझें। ऐसा करना बिल्कुल गलत होगा कि हम इस्लाम की दुहाई भी दें और उसके उसूलों के खिलाफ औरतों को दबाकर उनके अधिकारों का हनन भी करें। मुस्लिम-समुदाय को खाई में गिरने से कोई नहीं बचा सकता।

संदर्भ सूची-

प्रो0 एम0एल0 गुप्ता, डॉ0 डी0डी0 शर्मा साहित्य भवन आगरा

डा0 राजीव खेर, डॉ0 इम्तियाज मंसूरी

भारत में शिक्षा स्थिति समस्याएँ एवं मुद्दे

राखी प्रकाशन प्रा0लि0 आगरा - 282002

सामाजिक समस्याएँ, रावत पब्लिकेशन

40

सशक्तिकरण की राह पर मुस्लिम महिलाएँ : दशा और दिशा

''तीन तलाक के ऐतिहासिक निर्णय के सन्दर्भ में''

डा० रूचि सिंह तथा डा० धमेन्द्र

असि०प्रो० राजनीति विज्ञान असि०प्रो० राजनीति विज्ञान

एस० एस० डी० गर्ल्स पी० जी० कालेज चमनलालमहाविद्यालय

रूड़की लण्ढ़ौरा हरिद्वार

सशक्तिकरण की अवधारणा की बुनावट ढीले ढाले तंतुओं से व्यक्तिगत महिलाओं तथा उनके समूहों द्वारा सन् 1985 में नैरोबी में होने वाले महिला अन्तर्राष्ट्रीय सम्मेलन में हुई थी। यह सम्मेलन डेवलपमेंट आल्टरनेटिव विथविमेनफार ए न्यू एरा (DAWN)की तैयारी के तौर पर हुआ था। 'महिला सशक्तिकरण' के पीछे मूल विचार सभी प्रकार के वाक्यपदु बयानों की जाँच पड़ताल के बाद महिलाओं की स्थिति पुरूषों की तुलना में जिन-जिन क्षेत्रों में निम्न थी, उन क्षेत्रों में उन्हे मजबूत बनाने के लिए किया गया था। शक्तिशाली पुरूष समुदाय के साथ समान स्तर पर आने के लिए ताकि सत्ता संतुलनबने और लिंग सम्बंधी सत्ता संघर्ष में थोड़ा ठहराव आए।1

''महिला सशक्तिकरण'' सामाजिक, आर्थिक एवं राजनीतिक रूप से महिलाओं को समृद्ध व सम्पन्न बनाने का सशक्त प्रयास है। इससे न केवल शारीरिक अपितु मानसिक शक्ति का भान होता है। ''महिला सशक्तिकरण'' की नीति महिलाओं को अपने अधिकारों के प्रति जागरूक वसचेत बनाती है।2 अपितु यह महिलाओं के समग्र विकास हेतु एवं समाज में उनके सम्मानजनक एवं समान स्थान दिलाने

हेतु एक अभियान है। जिसकी सफलता सम्पूर्ण समाज पर निर्भर करती है। इसके अन्तर्गत एक ऐसे समाज के निर्माण पर जोर दिया जाता है। जिसमें नारी भयमुक्त होकर, बिना सम्मान खोये अपने लक्ष्य को प्राप्त कर सके, उसे सुरक्षा संचार, आत्मनिर्भर के साधन अपलब्ध हो सके, उसे सम्पत्ति में हिस्सेदारी मिल उसके, साथ ही उसके विचारों एवं सुझावों को परिवार, समाज एवं राष्ट्र स्तर पर सम्मान मिल सके।3

भारत में ''महिला सशक्तिकरण'' की धारणा का सीधा अर्थ यह है कि उन सामाजिक कुरीतियों और बाधाओं को दूर किया जाए, जिनके कारण स्वतंत्र भारत में समानता के संवैधानिक अधिकार पाते हुए भी भारतीय नारी, पुरूषों के समान स्तर पर नहीं पहुँच सकी है। नारी समाज का अर्धांश होती है, अस्तु नारी के निम्न स्थिति होने का तात्पर्य समाज का निम्न होता है। अत: नारी सशक्तिकरण का सीधा सम्बन्ध समाज के सशक्तिकरण से होता है। इसलिए जब नारी का सशक्तिकरण होता है तो वह समाज भी निरन्तर सशक्तिकरण की राह पर आगे बढ़ता जाता है। 90 के दशक में एक तरफ जहाँ राष्ट्रीय महिला आयोग, राष्ट्रीय महिला कोश जैसे महिला संगठनों की स्थापना हुई, तो वहीं दूसरी तरफ त्रिस्तरीय पंचायतों एवं नगर निकायों के माध्यम से महिलाओं के लिए 33 प्रतिशत आरक्षण की व्यवस्था की गई और साथ ही 9वीं पंचवर्षीय योजना (1997-2000) के अन्तर्गत घोषित नौ मुख्य उद्देश्यों में से एक उद्देश्य के रूप में ''महिला सशक्तिकरण'' को स्थान दिया गया। जिसके फलस्वरूप अब महिलाएं स्वशिक्षा + स्वरोजगार + स्वसुरक्षा स्वालम्बन सशक्तिकरण के पैमाने पर स्वयं का मापन करते हुए प्रखर व मुखर हो रही है। आज देश में सामाजिक, आर्थिक, और व्यवसायिक क्षेत्रों में सभी वर्गो एवं समुदायों की महिलाएं अपने गुणकर्म आत्मविश्वास और सुरक्षा के आधार पर बड़ी संख्या में डॉक्टर, इंजीनियर, प्रोफेसर, प्रशासनिक अधिकार, वकील, जज, वैज्ञानिक, पायलट, सेना, यहाँ तक की अंतरिक्ष भी उनसेअछूता नहीं रहा है।4

इसी कड़ी में भारतीय मुस्लिम महिलाएं भी लम्बे समय से हो रहे अपने शोषण, अत्याचार, दुख की दीवार को तोड़कर अपने लिए सफलता के नये मायने और नये रास्ते स्वयं तलाश रही हैं। मुस्लिम महिलाओं में भी अब धीरे-धीरे जागरूकता का विकास हो रही है, जिसके फलस्वरूप वह समाज की खोखली मान्यताओं व परम्पराओं को तोड़ने में सक्षम हो रही है अब उसके मन में अपने अधिकारों के प्रति जिज्ञासा उत्पन्न हो रही है। विश्व के सम्पूर्ण महिलाओं में भी यह परिवर्तन दिखायी दे रहा है।[5] अब अनेक इस्लामिक देश, जैसे-ईरान, ईराक,

पाकिस्तान, अफगानिस्तान के उदारवादी शासकों ने भी महिलाओं को अधिकार एवं स्वायत्तता देने की बात सार्वजनिक रूप से स्वीकार कर चुके है। ये महिलाओं के विकास हेतु पुरूषों के समान अधिकार देने के पक्ष में है। जिसके कारण इन देशों की महिलाएं भी अपने अधिकारों के प्रति जागरूक हो रही है।[6] इस्लामी कट्टरपंथी देश ईरान में भी महिलाओं के प्रति उदारवादी दृष्टिकोण विकसित हो रहा है। इस समय ईरान की संसद में 13 महिला संसद सदस्य है तथा वर्ष–1997 में वहाँ पहली बार 4 महिला न्यायाधीशों की नियुक्ति की गयी।[7] कट्टरपंथी मुस्लिम राष्ट्र अफगानिस्तान भी महिलाओं के प्रति नरम रूख अपना रहा है। वहाँ महिलाओं को स्कूली शिक्षा प्रदान करने व आर्थिक निर्भरता हेतु तत्पर करने के विषय में प्रयास प्रारम्भ हो चुके है। यहाँ पर पहली बार 15 मार्च सन् 2005 को पहली महिला गवर्नर हबीबा सोराबी नियुक्त की गयी।[8]

आज भारतीय समाज में भी मुस्लिम वर्ग की महिलाओं ने आसमानी बुलंदियों तक पहुँचने में सफलता प्राप्त की। जैसे राजनीति में नजमा हेपतुल्ला, मोहसिना, किदवई व सीमा रिजवी, जैसी अनेक स्त्रियां महिलाओं के लिए मसाल ए राह सिद्ध हुई। साहित्य के क्षेत्र में पर्दे से बाहर आकर पत्रकारिता के क्षेत्र में कदम रखने वाली कुर्रतुल ऐनहैदर ने, 'मेरे भी सनम खाने' व 'आग का दरिया', जैसी कृतियों के लिए ज्ञानपीठ पुरस्कार पाकर सम्मान हासिल किया। फिल्म जगत में नरगिसदत्त, वहीदारहमान, मुमताज, मीनाकुमारी, तब्स्सुम, शबानाआजमी, तब्बू, फरहा खान, दिया मिर्जा जैसे कलाकारों ने फिल्म जगत में अपना एक अनुठामुकामकायम किया है। इसी प्रकार संगीत के क्षेत्र में गजल व ठुमरी के लिए बेगम अख्तर का नाम पूरे विश्व में प्रख्यात है। वर्तमान में आबिदाइमानदार, समाज सेवा के क्षेत्र में अग्रणी रही है। उन्होने नेशनल कांउसिल आफ वूमैन के जरिये मुस्लिम बालिका व महिलाओं की शिक्षा के क्षेत्र में अपना पूर्ण जीवन अर्पित कर दिया है। पेटिंग के क्षेत्र में शाकिरा मजीद का नाम स्वर्ण अक्षरों में लिखा जा चुका है। स्वयं विकलांग होकर भी नसीमा हिजरक ने हिम्मत नहीं हारी आज वे 'समर्थ विद्यामन्दिर सोलापुर' को चलाकर विकलांग महिलाओं के लिए कार्य कर रही है।[9] फैशन व प्रसाधन की दुनिया में शहनाज हुसैन हरबल सौन्दर्य प्रसाधन हेतु सम्पूर्ण विश्व में अपना महत्व रखती है। कट्टरपंथ के विरूद्ध मस्जिद में जाकर नमाज पढ़ने में लखनऊ की सदफ ने उलेमाओं के समक्ष कड़ी चुनौती की। अल्प संख्यक प्रकोष्ठ महिला आयोग की सदस्य जरीनाउस्मानी व मुस्लिम महिला वक्फबोर्ड की अध्यक्ष शाईस्ता अनवर जैसी महिलाएं मुस्लिम महिलाओं के लिए अनुपम उदाहरण है।

मुसलमानों में तलाक

मुसलमानों में तलाक अर्थात् विवाह विच्छेद की प्रक्रिया जितनी सरल है, उतनी किसी भी दूसरे समाज में देखने को नहीं मिलती। प्राचीन अरबी सामाजिक व्यवस्था में 'खोल' की प्रथा का प्रचलन था जिसके अनुसार पिता अपनी पुत्री के विवाह में मिलने वाले मूल्य (सदक) को वापस करके कभी भी लड़की को अपने पति से स्वतन्त्र कर सकता था। बाद में जब 'सदक' का स्थान 'महर' ने ले लिया तो तलाक के क्षेत्र में भी पुरूषों के अधिकार बढ़ गए। मुस्लिम विवाह में पुरूषों की प्रधानता को केवल इसी बात से समझा जा सकता है कि एक पुरूष अपनी इच्छा मात्र से केवल तीन बार 'तलाक' कह देने से पत्नी से सम्बन्ध तोड़ सकता है, जबकि पत्नी को ऐसा करने के लिए पति को दोषी प्रमाणित करना आवश्यक है। यह सच है कि मुसलमानों में भी न्यायालय की सहायता से विवाह विच्छेद किया जा सकता है लेकिन व्यवहारिक रूप में अधिकांश तलाक सामाजिक आधार पर ही होते है।[10]

मुसलमान औरतों को लेकर जो साहित्य हमारे देश में उपलब्ध है वह इससे किसी मायने में उन्नीस नहीं है। दर्जनों उपलब्ध किताबों में से नमूने के तौर पर "मियाँ बीबी के हकूक" (लेखक मुफ्तीअब्दुल गनी) और "मुसलमान बीबी" (लेखक इदरीस अंसारी) को लेने से ही साफ तस्वीर उभर कर सामने आ जाएगी। यह बात बहुत स्पष्ट करके बताई गई है कि "औरतें-मर्दो की खेतियाँ है, वे इनका चाहे जैसे इस्तेमाल करे"। मुफ्ती साहब फरमाते है "बस अपने आप को गुलाम माने और शोहर को आका।"11

कुछ वर्ष पूर्व सर्वोच्च न्यायालय ने एक मुस्लिम महिला शाहबानों को पति से तलाक मिलने पर भरणपोषण-भत्ता दिए जाने के आदेश दिए गए थे। मुस्लिम नेताओं ने उस उच्चतम न्यायालय के इस कानूनी निर्णय को मुस्लिम व्यक्तिगत कानून में हस्तक्षेप बताया, जिस कारण सरकार को मुस्लिम महिला एक्ट 1986 पास करना पड़ा। इसी प्रकार फरवरी 1993 में यू॰पी॰ उच्च न्यायालय ने एक 30 वर्षीय हमीदन नाम की महिला को तलाक मिलने पर उसे स्वयं के और दो बच्चों के लिए 32 वर्षीय पति से 600 रूपये महीनेपोषण-भत्ता दिए जाने के आदेशदिए। मुस्लिम नेताओं ने इस निर्णय को भी "शरीयत" में हस्तक्षेप और मुस्लिम महिला तलाक एक्ट को प्रावधानों का उल्लघंन बताया।12

मुसलमानों में तलाक की वर्तमान दशा

मुसलमानों में स्त्रियों की तलाक की वर्तमान दशा की अगर हम बात करते है तो वर्तमान में यह वह क्षण है जिसे शब्दों की ताकत से नापा जा सकता है।

इस मुद्दे पर राजनैतिक हलकों में जम कर चर्चा हो रही है। कुछ नेता तो इस शब्द पर प्रधानमंत्री नरेन्द्रमोदी से भी ज्यादा वजनडाल रहे है। अक्टूबर 2016 से ही प्रधानमंत्री ने अपने भाषणों में तीन तलाक के अन्याय से ''मुस्लिम बहनों'' की ''रक्षा करने'' और ''बचाने'' जैसे शब्दो का लगातार इस्तेमाल किया है।

सुप्रीम कोर्ट के ऐतिहासिक फैसले ने न केवल भारतीय न्यायपालिका की सर्वोच्चता को स्थापित किया है बल्कि धार्मिक इकाईयों को भी भारतीय संविधान के अनुच्छेद 25 के अर्न्तगत उनके धार्मिक आचारों के संरक्षण के प्रति आश्वस्त किया है। फिलहाल के लिए कम से कम इतना हुआ कि संविधान की संतुलनकारी भूमिका के सामने खड़े एक खतरे से निजात पा लिया गया है।यह दिलचस्प बात है कि मौजूदा फैसले में हर कोई अपने-अपने सीमित उद्देश्यों के हिसाब से राहत और संतोष तलाश रहा है। केस पर बात करने के लिए जरूरी है कि पहले इस विवाद के मूल स्त्रोत तक पहुँचा जाए जब इसमें कहीं भी मुस्लिम किरदार नहीं था। एक गरीब औरत फूलवती के इस मुकदमे में फूलवती को कोई राहत तो नहीं मिल सकी, लेकिन यह जस्टिस अनिलदवे और जस्टिस आदर्श के गोयल का विवेक था कि उन्होंने इस बहाने मुस्लिम औरतों की बदहाली पर स्वतः संज्ञान ले लिया और फैसले के महीने भर के भीतर एक रिट याचिका लग गयी, जिसका शीर्षक था ''बराबरी के लिए मुस्लिम औरतों की जुस्तजूं''।यहींसे मुस्लिम औरते इस केस की और आकर्षित हुई और याचिकाये दाखिल की गई। बोर्ड के पास हस्तक्षेप करने के अलावा और कोई विकल्प नहीं था क्योंकि उसे भारतीय संविधान के अन्तर्गत मिले संरक्षण पर गम्भीर खतरा नजर आ रहा था।

फैसले के तीन मुख्य घटक

1. मौजूदा याचिका में इस्टैंट तलाक के अलावा तलाक के किसी अन्य स्वरूप हलाला और बहुविवाह पर बहस नहीं होगी।
2. सभी पर्सनल कानून भारतीय संविधान के अनुच्छेद 25 के तहत संरक्षित है।
3. यहाँ तक कि इस्टैंट तलाक भी अनुच्छेद 25 के तहत संरक्षित है लेकिन इसे 6 माह के लिए निलंबित रखा गया है ताकि सरकार इस समस्या से निपटने के लिए एक विधेयक ला सके।

जहाँ तक तीन तलाक का मामला है तो इस बारे में कोई गफलत नहीं होनी चाहिए। इसकी छूट आज भी है। (तलाक ए अहसन और तलाक ए हसन)

केवल इस्टैंट तलाक यानी तलाक ए बिद्धत अदालत को अस्वीकार है। मुस्लिम पर्सनल लॉ बोर्ड की स्थापना शरीया कानून की हिफाजत के लिए की गयी थी। शरीया में निवाह की संस्था बहुत अहम स्थान रखती है।[13]

तीन तलाक तो पहले से अनुचित

कुरआन और हदीस में एक साथ तीन तलाक कहने की अनुमति नहीं है। इस्लाम के पहले खलीफा अबुबकर सिद्धीक के मुताबिक एक साथ बोली गई तीन बार तलाक एक ही तलाक मानी जाएगी। तीन बार तलाक एक-एकमहीने के अन्तराल पर ही तीन अलग-अलग समय पर ही दी जाएगी। इस्लाम के दूसरे खलीफा उमर फारूख के समय कुछ दिनों तक यह व्यवस्था रही लेकिन तलाक के मामले बढ़े तो उन्होंने एक साथ तीन तलाक को मान्यता तो दी, लेकिन यह व्यवस्था भी दी की ऐसा करने वाले की पीठ पर जख्मी होने तक कोड़े बरसाए जायेंगे, ताकि लोक एक साथ तीन तलाकबोलने से डरे। 13 वी सदी में इस्लाम के सर्वकालिक महान विचारक इमाम इब्नेतैमिया ने एक साथ तीन तलाक को अनुचित माना। देवबंदी विचारधारा के उलेमा मानते है कि भले ही यह तरीका सही नहीं लेकिन तलाक हो गया तो वे दूसरे खलीफा की एक साथ तीन तलाक की व्यवस्था को तो स्वीकार करते है लेकिन कोडे मार मारकर घायल करने के आदेश की अनदेखी करते है।14

देश में विभिन्न समुदायों में तलाकशुदा की संख्या15

	F	M
हिन्दू	618529	344281
मुस्लिम	212074	571535
ईसाई	37406	18449
सिख	13732	19155
बौद्ध	13749	5991
जैन	3814	3136
अन्य	8432	3293

पाकिस्तान, बांग्लादेश समेत 22 देशों में रोक

सुप्रीम कोर्ट ने देश में तीन तलाक को प्रतिबन्धित कर दिया है, जिसके

साथ ही भारत ऐसा करने वाला 22वाँ देश बन गया है। आइये जानते हैं कि किनदेशों में तीन तलाक प्रतिबन्धित है।

1. पाकिस्तान-यह दुनिया का दूसरा सबसे अधिक मुस्लिम जनसंख्या वाला देश है। 1961 से तीन तलाक पर प्रतिबन्ध लगा। पाकिस्तान में तीन तलाक लेने के लिए पति को सरकारी संस्था Chairman of Union Council के पास नौटिस भेजना होता है। 30 दिन बाद काऊसिल दोनों के बीच समझौते का प्रयास करती है, इसके बाद 90 दिनों तक इंतजार करती है, इस दौरान भी समझौता नहीं हुआ तो तलाक माना जाता है।[16]
2. बांग्लादेश-13.44 करोड़ आबादी वाले बांग्लादेश में भी तलाक का यह तरीकाबैन है। 1971 में यहां अदालत ने इस पर प्रतिबंध लगाया है।
3. श्रीलंका-यहाँ 10 फीसदी मुस्लिम आबादी है।श्रीलंका में पति पत्नी को तलाक देने के लिए मुस्लिम जजकाजी को नोटिस देना होता है। इसके बाद जज के साथ साथ दोनों परिवारों के सदस्य उन्हें समझाने का प्रयास करते है, समझौता नहीं होने पर नोटिस के 30 दिन बाद युवक पत्नी को तलाक दे सकता है।
4. इण्डोनेशिया-सबसे ज्यादा मुस्लिम आबादी वाले इस देश में तलाक केवल कोर्ट के जरिए दिया जा सकता है।

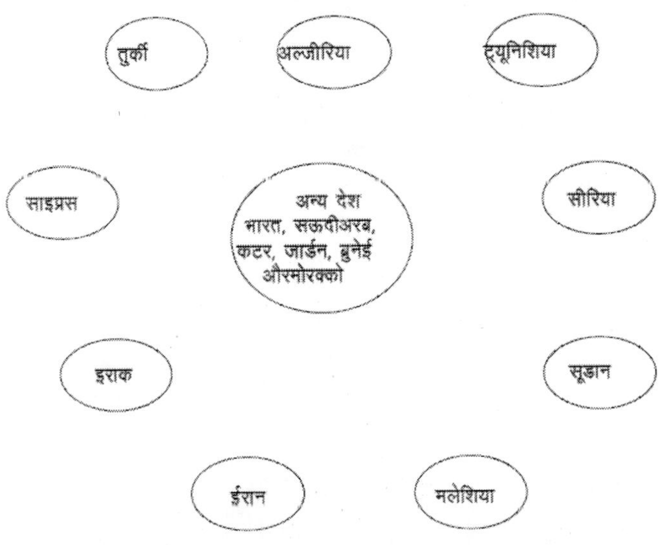

देश की 92 प्रतिशत फीसदी महिलाए तीन तलाक और 91.7 प्रतिशत बहुविवाह खत्म करने के पक्ष में तलाक देने के निम्न तरीके।[17]

- शरीअत के तहत ही पुरूष को तीन तलाक देने का अधिकार
- एक अनुमान के मुताबित करीब 9 करोड़ महिलाएं तलाकझेल चुकी हैं।
- भारतीय मुस्लिम महिला आन्दोलन के अनुसार भारत में जिन महिलाओं को तलाक दिया गया उनमें 80 प्रतिशत से 95 प्रतिशत को किसी प्रकार का गुजाराभत्ता नहीं दिया गया।

तलाक देने के तरीके

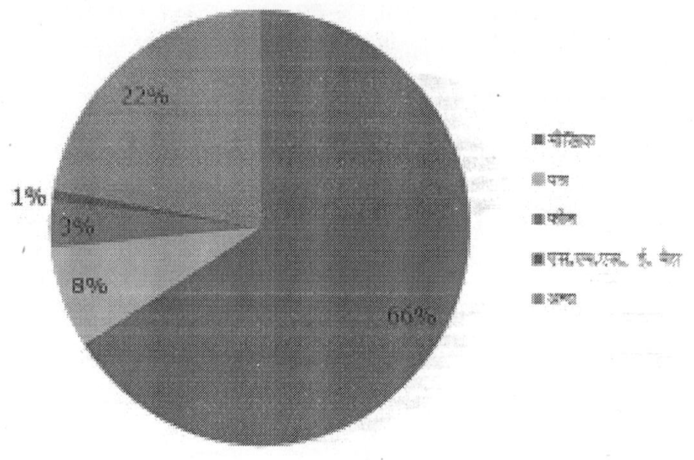

- इलाहाबाद हाईकोर्ट तीन तलाक को असंवैधानिक करार दे चुका है।

''तीन तलाक पर सुप्रीम कोर्ट का फैसला, भारत में मुस्लिम महिला आंदोलन में एक ऐतिहासिक मील का पत्थर है'' तुफैलअहमद, स्तम्भकर

सुप्रीम कोर्ट ने ऐतिहासिक फैसले में मुस्लिमों में एक बार में तीन तलाक (तलाक ए बिद्धत) की 1400 साल पुरानी प्रथा को संविधान के अनुच्छेद 14 और 21 का उल्लंघन करार देते हुए खारिज कर दिया है। 22 अगस्त 2017 को पाँच अलग-अलग धर्मो के जजों की संविधान पीठ ने 3:2 के बहुमत से दिए इस निर्णय में कहा गया कि यह प्रथा कुरानेपाक के बुनियादी सिद्धान्तों के खिलाफ और शरीअत कानून का उल्लघंन है। तीन जजों ने इसे असंवैधानिक करार दिया, जबकि चीफ जस्टिसजे एस खेहर सहित दोनों जजों ने इसे असंवैधानिक कहने

से इन्कार किया लेकिन इस प्रथा पर रोक पा सहमति जताते हुए केन्द्र सरकार को 6 महीने में इस संबंध में कानून बनाने का निर्देश दिया।[18]

बुर्के के पार मुस्लिम औरतें क्या चाहती है

– 55% सर्वे में शामिल मुस्लिम औरतों का ब्याह 18 साल से पहले हुआ था।
– 92% औरतें मौखिक या एक तरफा तलाक पा पूर्ण प्रतिबंध चाहती है।
– 95% को आलइण्डिया मुस्लिम पर्सनल ला बोर्ड का नाम तक नहीं पता है।
– 88% औरतें चाहती हैं ऐसा काजी जो तीन तलाक पर नोटिस भेज सके।
– 927 औरतें चाहती है कि उनके शादीशुदा रहते हुए उनका पति किसी और से शादी न कर ले।
– 47% कोनिकाहनामा नहीं मिला था और 75 फीसदी ने निकाह के वक्त उसे नहीं पड़ा था।
– 75% मानती है कि शादी की उम्र 21 से ज्यादा की जाए।
– 53% घरेलू हिंसा का शिकार रही है।19

स्त्रोत:-भारतीय मुस्लिम महिला आंदोलन की मार्च 2015 में मुस्लिम पर्सनल ला में सुधार पर मुस्लिम औरतों की राय पर अध्ययन ''परिवार के भीतर इन्साफ की चाहत'' देशभर में 4,710 लोगो से बातचीत इलस्ट्रेशन : तनमय चक्रवर्ती

भारत में पहले मानवाधिकार से जुड़ा कोई इतना खासकेस रहा है।

यह मानवाधिकार के उल्लंघन का ही विषय है। महिला अधिकारों को मानवाधिकारों से अलग करके नहीं देखा जा सकता। एक मुस्लिम बच्ची इस चेतना के साथ जवान होती है कि विवाह के बाद उसका पति किसी दिन गुस्से से एक मिनट में तीन तलाक बोलकर उसे घर से बाहर निक।ल सकता है। पुरूषों को मिला तीन तलाक का यह अधिकार मुस्लिम महिलाओं के निरन्तर शोषण और दमन का खुला स्त्रोत था।

फैसले के पाँच मायने:

1. मुस्लिम महिलाओं के मन से तीन तलाक का डर नहीं रहेगा, जो पहले उत्पीड़न, शोषण सहने के लिए विवश थी। फोन, डै, स्काइप के जरिए तीन तलाक बोल कर निकाह खत्म नहीं होगा।

2. मुस्लिम महिलाए निकाह हलाला जैसी प्रथा से भी आजाद हो गयी। इसमें किसी मुस्लिम महिला को पूर्व पति से दोबारा निकाह के पहले किसी दूसरे शक्स के साथ रहने को मजबूर होना पड़ता था।
3. फैसले के खिलाफ समीक्षा याचिकादायर की जा सकती है। इसे फैसला देने वाले जज ही सुनेंगे। समीक्षा विफल होने पर उपचारात्मक याचिका दायर की जा सकती है।
4. केन्द्र सरकार मुस्लिमों में तलाक को लेकर सम्पत्ति, उत्तराधिकार और अन्य मुद्दों को लेकर कानून बनाने की पहल कर सकती है।
5. मुस्लिम पर्सनल ला बोर्ड और अन्य मुस्लिम संगठन या धार्मिक मामला में हस्तक्षेप को लेकर सुधार की रणनीति बनाएंगे, ताकि सरकार और अदालतों के दखल की जरूरत न पड़े।20

भारतीय मुस्लिम महिला आंदोलन(ठडड।)की सहसंस्थापक जकिया सौमान कहती है ''मुस्लिम धार्मिक कानून आज प्रच्छन्नहितों वाले कुछ मुट्ठी भर मौलानाओं की जागीर बनकर रह गए है, हालात बदलने ही चाहिए, वे हमेशा औरतों को बाहर नहीं रख सकते।'' (ठडड।) ने मार्च 2015 में करीब 5,000 औरतों के बीच एक सर्वे किया था, जिसका नाम था ''सीकिंग जस्टिस विदिनफैमिली'' इसमें पता चला कि कुल 59 फीसदी तलाकशुदा मुस्लिम औरतें तीन तलाक का शिकार थी और 92 फीसदी चाहती थी कि इस पर रोक लगाई जाए।21

सन्दर्भ सूची

1. सरस्वती हैदर- भारत की राष्ट्रीय महिला नीति (1996), पृष्ठ सं०-453 (स्त्री आस्मिता : साहित्य और विचारधारा से आभार)
2. Latika Menon – Women Empowerment and Challenge of Change, Kaushika Publications, New Delhi, 1998, P-38
3. योजना (मासिक पत्रिका), अगस्त 2001, पृष्ठ सं०- 49-50
4. सबीहारहमानी- भारतीय मुस्लिम महिला एवं सशक्तिकरण (2006), अध्ययन पब्लिशर्स एंडडिस्ट्रीब्यूटर्स (नई दिल्ली), पृष्ठ सं०- 20
5. डा० प्रज्ञा शर्मा- महिला विकास और सशक्तिकरण (2001), अविष्कार,

पब्लिशर्स एण्ड डिस्ट्रीब्यूटर्स (जयपुर), पृष्ठ सं०-32

6. अलअशारी-पर्दा एण्ड दि स्टेट्सऑफवोमेन इन इस्लाम (2000), मोहितपब्लिकेशन, नई दिल्ली
7. दि टाइम्स ऑफ इण्डिया, 6 मार्च, 2005
8. डा० प्रज्ञा शर्मा - भारतीय समाज मे नारी, पोइंटरपब्लिशर्स व्यास, बिल्डिंग, जयपुर, पृष्ठ सं०- 33-34 (2003)
9. प्रकाश नरायाण नाटाणी- महिला जागृति एवं कानून, अविष्कारपब्लिशर्स एण्ड डिस्ट्रीब्यूटर्स, जयपुर (2002), पृष्ठ सं०-64-66
10. डा० जी० के० अग्रवाल, भारत में समाज, वी०पी०डी०पब्लिकेशन्स, 2011, आगरा
11. राजकिशोर, स्त्री के लिए जगह, वाणी प्रकाशन, नई दिल्ली, पृष्ठ सं०-69
12. राम आहूजा, भारतीय सामाजिक व्यवस्था, रावत पब्लिकेशन, जयपुर एवं नई दिल्ली, पृष्ठ सं०-138
13. इण्डिया टुडे, 6 सितम्बर 2017, उत्तरप्रदेश, उत्तराखण्ड विशेष, पृष्ठ सं०-26
14. प्रतियोगितादर्पण, अक्टूबर 2017, पृष्ठ सं०-26
15. हिन्दुस्तान, 23 अगस्त, 2017, बुधवार
16. हिन्दुस्तान, 23 अगस्त, 2017, बुधवार
17. राष्ट्रीय सहारा, 23 अगस्त 2017
18. अमर उजाला, 23 अगस्त 2017
19. इण्डियाटूडे, 22 फरवरी 2017, पृष्ठ सं०-51
20. हिन्दुस्तान, 23 अगस्त, 2017
21. इण्डियाटूडे, 22 फरवरी 2017, पृष्ठ सं०-51

41

तीन तलाक के विषय में भारतीय मुस्लिम महिलाओं व सरकार की प्रतिक्रिया

संदीप निमेष

एम.फिल्. (शोध छात्र)

समाजशास्त्र विभाग, चौ. चरण सिंह विश्वविद्यालय परिसर, मेरठ

प्रस्तावना

भारत में तिहरा तलाक या तीन तलाक वह कुप्रथा है जिसमें कोई मुसलमान पुरुष अपनी पत्नी को तीन बार 'तलाक' बोलकर, लिखकर या किसी इलेक्ट्रॉनिक रूप में भेजकर उससे विवाह सम्बन्ध-विच्छेद (तलाक) कर लेता था।

इस्लाम में दो तरह के तलाक के बारे में जिक्र है। पहला तलाक-अल-सुन्नाम, जिसे पैगम्बर मौहम्मद के हुक्म के मुताबिक किया जाता है। जबकि दूसरा तलाक-अल-बिद्दत, जिसे बाद में ईजाद किया गया। कुरान में सीधे तौर पर तीन तलाक का कोई जिक्र नहीं है और ना ही पैगम्बर मोहम्मद ने इसके बारे में सीधे तौर पर कुछ कहा है।

कुरान में सिर्फ एक बार तलाक कहने पर तलाक हो जाने की बात की गई है, लेकिन इससे पहले पुरुष व महिला के बीच सुलह कराने के उपाय बताए गए हैं, जैसे- 'अगर तुम्हें शौहर-बीवी में फूट पड़ जाने का अंदेशा हो तो एक हक्म (जज) मर्द के लोगों में से और एक औरत के लोगों में से मुकर्रर कर दो, अगर

शौहर-बीवी दोनों सुलह चाहेंगे तो अल्लाह उनके बीच सुलह करा देगा, बेशक अल्लाह सब कुछ जानने वाला और सबकी खबर रखने वाला है।'' (सुरेह निसा-35)

इसके बाद भी अगर शौहर-बीवी दोनों अलग होना चाहते हैं तो शौहर-बीवी के खास दिनों के आने का इंतजार करेगा। खास दिनों के गुजर जाने के बाद जब बीवी पाक हो जाए तो बिना हमबिस्तर हुए कम से कम दो जिम्मेदार लोगों का गवाह बना कर उनके सामने बीवी को एक तलाक दे, यानी शौहर हर बीवी से सिर्फ इतना कहे कि 'मैं तुम्हें तलाक देता हूँ।' तलाक देने के तीन महीने तक बीवी ससुराल में रह सकती है। उसे कोई नहीं निकाल सकता है।

मुस्लिम महिलाओं के द्वारा किए गए कार्य-

1. भारत का पहला कन्या स्कूल खोलने में फातिमा शेख ने सावित्रीबाई फुले की मदद की थी। फातिमा शेख सावित्रीबाई फुले की सहयोगी थी। जब ज्योतिबा फुले और सावित्रीबाई फुले ने लड़कियों के लिए स्कूल खोलने का बीड़ा उठाया, तब फातिमा शेख ने भी इस मुहिम में उनका साथ दिया। उस जमाने में अध्यापक मिलने मुश्किल थे। फातिमा शेख ने सावित्रीबाई के स्कूल में पढ़ाने की जिम्मेदारी भी संभाली। इसके लिए उन्हें समाज के विरोध का भी सामना करना पड़ा। फातिमा शेख पहली मुस्लिम शिक्षिका थीं। हालांकि इतिहास ने उन्हें नजरंदाज कर दिया। फातिमा के बड़े भाई उस्मान शेख ने भी महिलाओं की शिक्षा को समर्थन दिया।
2. 'मसीह अलीनेजाद' जो कि एक इरानी पत्रकार एवं नारीवादी महिला हैं, कहती हैं कि मैंने हमेशा से माँ, बहनों व चाचियों को हिजाब पहने देखा। यह सामान्य सी बात थी, पर जब वह सात साल की हुई, तो उन्हें अहसास कराया गया कि हिजाब पहनना नियम है। उन्हें हिदायत दी गई कि वह बिना स्कार्फ पहने घर से बाहर न निकलें। उन्हें अपने काले घुंघराले बालों को हवा में लहराना बहुत पसंद था, मगर उन पर हिजाब का नियम थोप दिया गया। इस बार उन्होंने सवाल उठाये, पर सबने डांट दिया। स्कूल की खेल प्रतियोगिताओं में लड़कों को हिस्सा लेते देख मसीह ने कहा कि वह भी खेलना चाहती हैं, पर शिक्षक ने मना कर दिया। मसीह कहती हैं कि तब मैं आजादी के मायने नहीं जानती थी,

ना ही तब मैं महिला अधिकारों को समझती थी। पर मुझे हर दिन यह अहसास होता था कि भाई और मेरे बीच भेदभाव हो रहा है। बड़ी हुई तो पता चला कि पूरे देश में महिलाओं के साथ भेदभाव हो रहा है। तमाम पाबंदियों के बावजूद मसीह की पढ़ाई जारी रही। कॉलेज के दौरान वह छात्र राजनीति में आ गई। यह बात पुरुषों को पसंद नहीं आई। 1994 में एक छात्र प्रदर्शन के दौरान उन्हें गिरफ्तार कर लिया गया। उनके मन में ढेरों सवाल थे। वह अपने देश की हुकूमत से सवाल पूछना चाहती थीं कि महिलाओं पर पाबंदियां क्यों थोपी गई हैं? कॉलेज से निकलने के बाद उन्हें पत्रकारिता करने का फैसला किया। वह ईरान लेबर न्यूज़ एजेंसी में काम करने लगीं, यहां उन्हें पार्लियामेंट कवर करने का मौका मिला। साल 2005 में उन्होंने एक खबर लिखी, जिसमें सांसदों के भ्रष्टाचार का खुलासा था। खबर पर भारी हंगामा हुआ, उन्हें पार्लियामेंट की रिपोर्टिंग से बाहर कर दिया गया। मसीह कहती हैं, जब मैं सांसदों से सवाल पूछती थी, तब वह जवाब देने की बजाय मुझसे कहते थे, पहले आप हिजाब पहनकर आइये, तब बात करेंगे। वे मर्द पत्रकारों से बात करते थे और मुझे जानबूझकर नजर अंदाज करते थे। उनका मकसद मुझे अपमानित करना था। साल 2014 में उन्होंने फेसबुक पर माई स्टीलथी फ्रीडम पेज बनाया। इसका मकसद ईरान की महिलाओं को एक फोरम मुहैय्या कराना था, जहां वे हिजाब के खिलाफ अपनी आवजा उठा सकें। इस चाँद दिनों में ही यह पेज पूरी दुनियां में मशहूर हो गया। ईरान की लाखों महिलाओं ने इस पेज पर अपने संदेश पोस्ट किए। तमाम महिलाओं ने बिना हिजाब के अपनी तस्वीरें पोस्ट कीं और इच्छा जाहिर की, कि उन्हें बिना हिजाब के बाहर निकलने की इजाजत दी जाए। मसीह कहती हैं कि मैंने कभी सोंचा भी नहीं था कि इतनी महिलाएं मेरे अभियान से जुड़ेंगी। पेज पर महिलाओं के फोटो और संदेश देखकर लगता है कि वे अपनी आजादी के लिए किस कदर बेताब हैं। उनके जज्बे को सलाम! आज पूरी दुनिया में इस अभियान की चर्चा है। अंतर्राष्ट्रीय मीडिया ने इसे स्कार्फ क्रांति का नाम दिया।

3. मलाला युसुफजई हैं जिसने शिक्षा के अधिकार के लिए आतंकियों से टक्कर ली। मलाला ने तालिबान के क्रूर फरमानों से जुड़ी दर्दनाक

दास्तानों को महज 11 साल की उम्र में अपनी कलम के जरिए लोगों के सामने लाने का काम किया। 2008 में तालिबान ने स्वात घाटी पर अपना नियंत्रण कर लिया। वहां उन्होंने डीवीडी, डांस और ब्यूटी पार्लर पर बैन लगा दिया। साल के अंत तक वहां करीब 400 स्कूल बंद हो गए। इसके बाद मलाल के पिता उसे पेशावर ले गए जहां उन्होंने नेशनल प्रेस के सामने वो मशहूर भाषण दिया जिसका शीर्षक था, 'हाउ डेयर द तालिबान टेक अवे माय बेसिक राइट टू एजुकेशन?' तब वो महज 11 साल की थीं। साल 2009 में उसने अपने छदम नाम गुल मकई से बीबीसी के लिए एक डायरी लिखी। इसमें उसने स्वात में तालिबान के कुकृत्यों का वर्णन किया था। 2012 को तालिबानी आतंकी उस बस पर सवार हो गए जिसमें मलाला अपने साथियों के साथ स्कूल जाती थीं। उन्होंने मलाला पर एक गोली चलाई जो उसके सिर में जा लगी। मलाला पर यह हमला 9 अक्टूबर, 2012 को खैबर पख्तूनख्वा प्रांत के स्वात घाटी में किया था। जब वह स्वस्थ हुई तो अंतर्राष्ट्रीय बाल शांति पुरस्कार, पाकिस्तान का राष्ट्रीय युवा शांति पुरस्कार (2011) के अलावा कई बड़े सम्मान मलाला के नाम दर्ज होने लगे। 2012 में सबसे अधिक प्रचलित शख्सियतों में पाकिस्तान की इस बहादुर बाला मलाला युसूफजई के नाम रहा। लड़कियों की शिक्षा के अधिकार की लड़ाई लड़ने वाली साहसी मलाला यूसुफजई की बहादुरी के लिए संयुक्त राष्ट्र द्वारा मलाला के 16वें जन्मदिन पर 12 जुलाई को मलाला दिवस घोषित किया गया। बच्चों और युवाओं के दमन के खिलाफ और सभी को शिक्षा के अधिकार के लिए संघर्ष करने वाले भारतीय समाजसेवी कैलाश सत्यार्थी के साथ संयुक्त रूप से उन्हें 10 दिसंबर 2014 को नार्वे में आयोजित एक कार्यक्रम में शांति का नोबेल पुरस्कार प्रदान किया गया। 17 वर्ष की आयु में नोबेल पुरस्कार प्राप्त करने वाली मलाला दुनिया की सबसे कम उम्र वाली नोबेल विजेती बन गयी।

4. बेनजीर भट्टो 2 दिसम्बर, 1988 को मुस्लिम दुनियां की पहली मुस्लिम महिला प्रधानमंत्री बनीं। उस देश (पाकिस्तान) की प्रधानमंत्री जहां सत्तारूढ़ कट्टरपंथियों का मानना था कि मुस्लिम औरतें शासन नहीं कर सकतीं। यह इस्लाम के खिलाफ है। बेनजीर औरतों की

ताकत बनकर उभरी। वह मात्र 35 वर्ष की सबसे कम उम्र की प्रधानमंत्री बनीं। बेनजीर लोकतंत्र के अधिकार में तथा तानाशाही के खिलाफ लड़ती रही। वह पाकिस्तान में इस्लामी कानून लागू करने के सख्त खिलाफ थी। बेनजीर पाकिस्तान को लोकतांत्रिक देश बनाने के पक्ष में थीं, जिसमें सभी को समान अधिकार मिले। वह महिलाओं के अधिकारों को लेकर लड़ती रही। इसी कारण रावलपिंडी में 27 दिसम्बर, 2007 को बेनजीर भुट्टो की निर्मम हत्या कर दी गई। अपनी हत्या से पहले बेनजीर ने अपनी जीवनी 'मेरी आपबीती' लिखी। सन्डे टाईम्स लिखता है कि 'यह आपबीती एक बहुत बहादुर औरत कि आपबीती है, जिसने अनेक चुनौतियां स्वीकार की, जिसके परिवार के अनेक लोग शहीद हुए, जिसने पाकिस्तान की आजादी की मशाल जलाये रखी, बावजूद तानाशाही के विरोध के।'

5. महिलाओं को हर जगह अपने अस्तित्व को लेकर संघर्ष करना पड़ा है। चाहे वह धार्मिक स्थल में प्रवेश को लेकर ही क्यों न हो। मजारों और मंदिरों में प्रवेश का अधिकार अभी भी पूरी तरह से महिलाओं को नहीं मिल पाया है। हाल ही में भारतीय मुस्लिम महिला आंदोलन ने हाजी अली दरगाह में प्रवेश की इजाजत पाकर ऐतिहासिक जीत हासिल की। हाजी अली दरगाह में 2012 से पहले महिलाएं जाती थी, मगर उसके बाद हाजी अली दरगाह ट्रस्ट ने परम्पराओं का हवाला देते हुए औरतों के भीतरी हिस्से तक जाने पर पाबन्दी लगा दी। मजार में प्रवेश पर पाबन्दी को जाकिया सोमन, नूरजहाँ एवं साफिज नियाज ने चुनौती दी। 24 अक्टूबर, 2016 को सुप्रीम कोर्ट ने पुरुषों की तरह महिलाओं को भी दरगाह में प्रवेश देने का फैसला सुनाया। जो संस्था इसकी लड़ाई लड़ रही है उसके कुछ और भी सवाल हैं, जो हाजी अली दरगाह में प्रवेश से कहीं ज्यादा तल्ख और मुस्लिम समाज के भीतर मर्दों के वर्चस्व को चुनौती देते हैं। इस संस्था के उभार से खास तौर से उन मौलानाओं की दुनिया में हड़कंप तो मची ही होगी जो रस्मो रिवाज की व्याख्या करते समय मुस्लिम औरतों के हक के सवाल को टाल जाते हैं। इसलिए एक बड़े टकराव के लिए तैयार रहना चाहिए। 2007 में यह संस्था बनी थी और संविधान के फ्रेम के तहत मुस्लिम महिलाओं के

अधिकार के लिए लड़ने का इरादा रखती है। मुस्लिम पर्सनल लॉ में कानूनी सुधार की बात करती है। धर्म की सकारात्मक और उदार व्याख्या में यकीन रखती है। मुस्लिम औरतों के आर्थिक और धार्मिक अधिकारों में बराबरी लाना चाहती है। मुस्लिम समाज के भीतर जातिगत भेदभाव के प्रति समझ पैदा करना चाहती है। दलित मुस्लिमों के सवाल उठाना चाहती है। पूंजीवाद, साम्प्रदायिकता, फांसदीवाद और साम्राज्यवाद का विरोध करती है। यह संस्था मुस्लिम समाज के भीतर एक वैकल्पिक प्रगतिशील आवाज बनना चाहती है।

इनके अतिरिक्त और भी मुस्लिम महिलाओं ने समय-समय पर अपने साहस का परिचय दिया है, जिनमें रजिया सुल्तान का नाम उल्लेखनीय है। रजिया सुल्तान मुस्लिम एवं तुर्की इतिहास की पहली महिला शासक थी। इन सभी महिलाओं के संघर्ष की दास्तान को जानकर लगता है कि जब बंदिशों में यह इतने साहसी कार्य कर सकती है जोकि ना सिर्फ खुद के लिए बल्कि समाज के लिए भी थे। तो यदि इन्हें अपना जीवन जीने की स्वतंत्र छुट दे दी जाए तो निश्चित ही महिलाएं समाज में व्याप्त कुरीतियों और रूढ़ियों को तोड़कर समाज का एक नया ढांचा प्रस्तुत करेगी।

मुस्लिम महिलाओं के लिए संवैधानिक उपबन्ध

विश्व के सबसे बड़े लोकतंत्र यानी भारत की मुस्लिम महिलाओं का है। यह क्रंदन जिन्हें आज भी बुनियादी अधिकारों से वंचना का सामना करना पड़ रहा है। इन दिनों जब हर कोई आजादी के लिए बेताब है, हमारी मुस्लिम बहनें भी आजादी चाहती हैं- तीन बार तलाक कहे जाने से, चार पत्नियों वाले पति के उत्पीड़न से, हलाला वगैरह से आजादी।

73 साल की एक बुजुर्ग महिला ने न्याय का दरवाजा खटखटाया ताकि बुढ़ापे में अपने गुजर-बसर के लिए कुछ सौ रूपये का गुजारा भत्ता पा सके। उसने सपने में भी नहीं सोचा था कि इस तरह अदालत का दरवाजा खटखटाना भारत की राजनीति में तूफान ला देगा। कभी नहीं सोचा था कि भोजन, कपड़े, आशियाने और दवाएं मुहैया कराए जाने की उसकी फरियाद भारत में पर्सनल लॉ की बुनियाद ही हिला डालेगी। एक समान नागरिक संहिता के क्रियान्वयन को लेकर चर्चा नए सिरे से छिड़ जाएगी। आभारी हैं शाह बानो मामले के।

मौ. अहमद खान बनाम शह बानो बेगम एवं अन्य (1985) 2 एससीसी 556.

मौ. अहमद खान एक सफल वकील और शाह बानो के शौहर थे। उन्होंने मजिस्ट्रेट द्वारा अपने खिलाफ दिए गए एक फैसले के खिलाफ माननीय मध्य प्रदेश उच्च न्यायालय में अपील की थी। मजिस्ट्रेट ने अपने फैसले में उन्हें उनकी पत्नी शाह बानो को हर महीने 179 रूपये देने का निर्देश दिया था साथ ही व्यवस्था दी थी कि इस मूल राशि में प्रति माह 25 रूपये का इजाफा होगा। इस दंपत्ति की शादी 43 साल पहले हुई थी। बीमार और उम्रदराज होने पर शौहर ने अपनी पत्नी को अपने घर से निकाल दिया था। शौहर ने अपनी पत्नी को प्रति माह 200 रूपये गुजारा भत्ता देता था। जब यह भुगतान रोक दिया गया तो पत्नी ने 1973 में आपराधिक प्रक्रिया संहिता की धारा 125 के तहत अदालत का दरवाजा खटखटाया।

माननीय न्यायालय के समक्ष सवाल था कि क्या कोड ऑफ क्रिमिनल प्रेसिजर, 1973 की धारा 125 इस मामले में लागू है? अदालत ने मुस्लिम पत्नी के पक्ष में फैसला दे दिया। अदालत ने भी सिफारिश की, कि एक समान नागरिक संहिता तैयार की जानी चाहिए।

राजनीतिक प्रभाव-प्रतिक्रियाएं

शाह बानो राष्ट्रव्यापी राजनैतिक मुद्दा बन गई। हर कहीं उनके मामले को लेकर विवादास्पद बहसें चल पड़ी। आपराधिक अदालत को मुस्लिम पर्सनल लॉ के खतरे के रूप में देखा जाने लगा। उन्हें हिंदू दबदबे और हिंदू मूल्यों को थोपे जाने का संकेत समझा जाने लगा। राजीव गांधी के नेतृत्व में कांग्रेस सरकार, जिसने शाह बानो मामले में सुप्रीम कोर्ट के फैसले का समर्थन किया था। दिसम्बर, 1985 में स्थानीय चुनाव में शिकस्त खा बैठी।

मुद्दे पर ऑल इण्डिया मुस्लिम पर्सनल लॉ बोर्ड का दृष्टिकोण-

- अक्टूबर, 2016 में ऑल इंडिया मुस्लिम पर्सनल लॉ बोर्ड ने भारतीय कानून आयोग के समान नागरिक संहिता द्वारा जारी प्रश्नावली तथा उसका समर्थन करने वाले समूहों का बहिष्कार करना शुरू किया।
- प्रश्नावली में आयोग ने तीन तलाक की प्रथा पर जनता की राय मांगी थी, जिसमें इसके उन्मूलन और उपयुक्त संशोधन के साथ इसे बनाए रखने की बात की गयी थी।
- ऑल इंडिया मुस्लिम पर्सनल लॉ बोर्ड ने मुसलमानों के व्यक्तिगत कानूनों में किसी भी प्रस्तावित परिवर्तन का विरोध किया है और इस

मामले में सर्वोच्च न्यायालय के प्रस्ताव को मानने से इंकार किया है। बोर्ड का कहना है कि विश्वास और ऐतिहासिक प्रथा पर आधारित धर्म के मामले में न्यायिक विधायिका के माध्यम से व्यक्तिगत कानून में संशोधन करना असंगत प्रक्रिया है और हम इसका विरोध करते हैं।

– ऑल इंडिया मुस्लिम पर्सनल लॉ बोर्ड ने यह तर्क दिया है कि अनुच्छेद 372 के तहत संविधान के निर्माण से पहले लागू होने वाले कानूनों का निरंतर प्रवर्तन किया जा सकता है। अनुच्छेद 372 मुस्लिम पर्सनल लॉ के कानूनों के लिए सुरक्षा ढाल है और मुस्लिम पर्सनल लॉ इस ऐतिहासिक मुस्लिम प्रथा की अनुमति देता है।

– मई, 2017 की शुरूआत में बोर्ड द्वारा सर्वोच्च न्यायालय में प्रस्तुत किये गये एक प्रस्ताव से ऐसा लगता है कि बोर्ड के रूख में कुछ बदलाव आया है।

– एक हलफनामे में ऑल इंडिया मुस्लिम पर्सनल लॉ बोर्ड ने कहा था कि जो लोग एक ही बार में तलाक देकर छुटकारा चाहते हैं उनका सामाजिक बहिष्कार किया जायेगा। काजियों को यह सलाह दी जायेगी कि निकाह के समय वे पुरुषों और महिलाओं को पूरी तरह समझा दें कि तीन तलाक जैसी प्रथाओं का सहारा न लें। बोर्ड ने यह भी इसे एक शर्त के रूप में शामिल करे, ताकि तीन तलाक की प्रथा को समाप्त किया जा सके।

तीन तलाक से जुड़े मतभेदों को सुलझाने के लिए बोर्ड ने निम्न तीन चरणों की प्रक्रिया का सुझाव दिया है–

चरण–1 यदि दंपत्ति में मतभेद है तो उन्हें शरीयत के प्रावधानों को ध्यान में रखते हुए एक–दूसरों की गलतियों को अनदेखा कर सुलह करने की कोशिश करनी चाहिए।

चरण–2 यदि विवाद पारस्परिक रूप से हल नहीं हो पाए और उसका कोई वांछित परिणाम नहीं निकले तो अस्थायी रूप से उन्हें कुछ दिनों के लिए अलग हो जाना चाहिए।

चरण–3 पहले दो चरणों में विफलता हाथ लगने पर दोनों परिवारों के वरिष्ठ सदस्यों द्वारा उनको समझाने का प्रयास करना चाहिए या फिर मतभेदों को समाप्त करने के लिए दोनों पक्ष की तरफ से मध्यस्थ नियुक्त किया जाना चाहिए।

यदि विवाद अभी भी नहीं सुझल सके तो पति अपनी पत्नी की शुद्धता के दौरान एक तलाक दे सकता है और जब तक उसकी इद्दत के दौरान सुलह नहीं हो पाती है तो प्रतीक्षा अवधि के बाद यह शादी स्वत: समाप्त हो जायेगी।

पुरुषों और महिलाओं के बीच समानता का वकालत करने वाले शरिया कानून के प्रावधानों और इस्लाम की व्यापक परम्परा के बीच एक संतुलन बनाये रखने के लिए उपरोक्त तीन चरण प्रक्रिया का सुझाव ऑल इंडिया मुस्लिम पर्सनल लॉ बोर्ड ने दिया है।

तीन तलाक पर विदेशी दृष्टिकोण

22 इस्लामिक देशों ने इस प्रथा पर पूरी तरह से प्रतिबन्ध लगा दिया है या फिर मध्यस्थता जैसे कुछ प्रावधानों को इसमें सम्मिलित करके सुधार करने की कोशिश की है। उदाहरण के लिए 1956 में विवाह और परिवार के कानूनों पर 7 सदस्यीय कमीशन की सिफारिशों के आधार पर पाकिस्तान ने त्वरित तीन तलाक की प्रथा को समाप्त कर दिया और यह निर्धारित किया कि पति को लगातार तीन मासिक धर्म चक्रों के दौरान ही तलाक लेना होगा। पाकिस्तान का यह आदेश मिस्र मॉडल पर आधारित था।

इंडोनेशिया में तलाक अदालत ने निर्णय द्वारा ही लिया जा सकता है। अदालत द्वारा प्राधिकृत नहीं होने के कारण पति और पत्नी के बीच स्वयं तलाक के लिए समझौता नहीं किया जा सकता है।

इसी तरह मुस्लिम बहुमत वाले देश जैसे इराक, तुर्की, ट्यूनीशिया और बांग्लादेश में महिलाओं की पीड़ा को कम करने के लिए तलाक प्रक्रिया में उपयुक्त संशोधन किए गए हैं।

निष्कर्ष

नागरिक संहिता में विवाह, विवाह-विच्छेद, गुजारा-भत्ता, विरासत, उत्तराधिकार वगैरह से जुड़े कानून शामिल होते हैं। भारत में क्रिमिनल प्रोसिजर कोड लागू है, जो एक समान प्रकृति का है और जाति, लिंग, धर्म पर विचार किए बिना सभी नागरिकों पर यह लागू है, लेकिन इसी के साथ हमारे पास सिविल प्रोसिजर कोड है, जो विभिन्न धर्मों के लिए भिन्न-भिन्न है। यह विसंगति हटाई जानी चाहिए ताकि देश वास्तविक अर्थों में धर्मनिरपेक्ष बन सके। भारत के संविधान के अनुच्छेद 14 और 21 देश के प्रत्येक नागरिक को कानून की दृष्टि में समानता का अधिकार प्रदान करते हैं। सभी को कानून का संरक्षण प्रदान करते हैं साथ ही,

सभी को सम्मान के साथ जीवन सुनिश्चित करने का अधिकार देते हैं। संभव है कि किसी रोज कोई बुद्धिजीवी, कोई शिक्षाविद्, कोई एनजीओ, कोई मीडियाकर्मी, कोई मानवाधिकार संगठन, जेएनयू का कोई छात्र या कोई अन्य विश्वविद्यालय मुस्लिम महिलाओं को उनके अमानवीय जीवन और हालात से निजात दिलाने के लिए यह आह्वान कर दें। कह उठे : हम लेकर रहेंगे आजादी, हम छीन के लेंगे आजादी।

महिलाओं के सम्बन्ध में देखा जा सकता है कि उन्हें केवल कुछ घरेलू निर्णय लेने का ही अधिकार प्राप्त होता है और यह निर्णय उनके खुद के नहीं बल्कि पारिवारिक होते हैं। महिला अपने बच्चे का पालन-पोषण करती है, लेकिन उस बच्चे के बारे में फैसला लेने का हक उनको बहुत कम ही मिलता है। ऐसे बहुत से क्षेत्र हैं जहां महिलाओं को अभी भी स्वतंत्रता नहीं मिली है। मुस्लिम समाज में महिलाओं की स्थिति और भी गंभीर है। मुस्लिम समाज में महिलाओं को और अधिक नियमों और प्रथाओं का पालन करना पड़ता है। अगर हम महिलाओं के व्यक्तिगत जीवन को देखे तो वहां भी उनको अपनी स्वतंत्रता के लिए अभी भी संघर्ष करना पड़ रहा है। उन्हें किससे शादी करनी है? कितने बच्चे पैदा करते हैं? किस प्रकार के कपड़े पहनने हैं? कहां पढ़ाई करनी है? समाज के किन लोगों से ही व्यवहार रखना है? महिलाओं के व्यक्तिगत जीवन के सम्पूर्ण निर्णय का संचालन अप्रत्यक्ष रूप से उनके पारिवारिक सदस्य और समाज के ठेकेदारों द्वारा नियंत्रित होता है। यदि महिलाओं के पास स्वायत्ता और सामाजिक आर्थिक स्वतंत्रता हो तो वह अपनी निर्णय क्षमता का भरपुर उपयोग कर सकती है। उनकी स्वतंत्रता का क्षेत्र जितना बढ़ता जाएगा निर्णय प्रक्रिया में उनकी भागीदारी उसी क्रमानुपात में बढ़ेगी।

ऐसा नहीं है कि भारती अदालतों में तीन तलाक को खत्म करने की दिशा में आगे बढ़ने के लिए कुछ फैसले न दिए हों। उदाहरण के लिए 2008 के एक मामले में फैसला देते हुए दिल्ली हाईकोर्ट के एक जज बदर दुरेज अहमद ने कहा था कि भारत में तीन तलाक को एक तलाक (जो वापस लिया जा सकता है) समझा जाना चाहिए। इसी तरह से गुवाहाटी हाईकोर्ट ने जियाउद्दीन बनाम अनवरा बेगम मामले में कहा था कि तलाक के लिए पर्याप्त आधार होने चाहिए और सुलह की कोशिशों के बाद ही तलाक होना चाहिए।

सन्दर्भ सूचीः-

1. सिंह, निशांत (2008)- 'मानवाधिकार और महिलाएं', राधा पब्लिकेशन, नई दिल्ली।
2. भुट्टो, बेनजीर (2012)- 'मेरी आपबीती', राजपाल एण्ड सन्स, नई दिल्ली।
3. हिन्दुस्तान अखबार, 22 मार्च, 2015

42

तीन तलाक पर संवैधानिक विचार-विमर्श

डॉ. संजय कुमार
असिस्टेंट प्रोफेसर, समाजशास्त्र विभाग एवं शोध निर्देशक
डिगम्बर स्नातकोत्तर महाविद्यालय, डिबाई, बुलन्दशहर
चौ. चरण सिंह विश्वविद्यालय, मेरठ (उ.प्र.)

नीलम सिंह
शोध छात्रा, विधि विभाग, मेरठ कॉलेज, मेरठ
चौ. चरण सिंह विश्वविद्यालय, मेरठ (उ.प्र.)

शोध सारांश

प्रस्तुत शोध पत्र में तीन तलाक को मुस्लिम विवाह विधि एवं संवैधानिक तौर पर तोला गया है। संविधान का अनुच्छेद 14 के तहत विधि के समक्ष समानता समान परिस्थिति वाले व्यक्तियों के साथ विधि द्वारा दिये गये विशेषाधिकारों तथा अधिरोपित कर्त्तव्यों दोनों के मामले में समान व्यवहार किया जायेगा और प्रत्येक व्यक्ति देश की साधारण विधि के अधीन होगा। जबकि तीन तलाक में मुस्लिम व्यक्ति और महिला की सहमति के भी तीन बार तलाक कहने से विवाह विच्छेद कर लेता है, जबकि संविधान इसकी इजाजत नहीं देता है। प्रस्तुत शोध पत्र में सुप्रीम कोर्ट के निर्णय से मुस्लिम महिलाओं की प्रस्थिति पर क्या प्रभाव होगा। धर्म और विधि दोनों ही व्यक्ति के आचरण संतुलित व शुद्ध करने के लिए बनी है और विधि से बड़ा कोई नहीं, जबकि इसकी उत्पत्ति बड़े नियम कायदे से बन है। तीन तलाक जैसे गम्भीर, संवेदनशील और राष्ट्रीय

महत्व के प्रश्न पर अभी और आगे विचार करने की जरूरत है, क्योंकि हम एक पक्ष के 50 प्रतिशत लोगों को असमानता के साथ जीने को मजबूर नहीं कर सकते हैं। अब सार संक्षेप यही माना जा सकता है कि तलाक-ए-बिददत के रूप में तीन तलाक पवित्र कुरान के विधि पर आधारित नहीं है, इसलिए इसे मुस्लिम विधि में और शरीयत अधिनियम 1937 के धारा 2 के अन्तर्गत नहीं रखा जा सकता है, किन्तु देश के वर्तमान सामाजिक व्यवस्था एवं मुस्लिम परिवार के ताना-बाना के बीच तीन तलाक को असंवैधानिक घोषित करने और निरस्त कर देने से एक कदम आगे जाने की आवश्यकता है। अब शोधकर्त्ताओं को तीन तलाक के प्रचलन व उसको निरस्त करने के बाद मुस्लिम महिलाओं पर उसके प्रभाव का अध्ययन करना महत्वपूर्ण होगा, जो भारत के प्रत्येक नागरिक का मौलिक कर्त्तव्य है कि ऐसी प्रथाओं का त्याग करे जो स्त्रियों के सम्मान के विरूद्ध है एवं मनुष्य को वैज्ञानिक दृष्टिकोण अपनाकर सुधार की भावना का विकास करे।

इस्लाम के आरम्भ से पहले पति को विवाह-विच्छेद के असीमित अधिकार प्राप्त थे। पैगम्बर साहब ने कहा है कि, 'यदि कोई स्त्री अपने विवाह से दुखी है तो उस सम्बन्ध का विच्छेद हो जाना चाहिये' तथा 'ईश्वर की दृष्टि में अनुमोदित बातों में विवाह-विच्छेद सबसे बुरा है।' मुस्लिम विधि के लगभग सभी विद्वान तलाक को उचित मानते हैं, किन्तु उसके अकारण प्रयोग को वे नैतिकता और धर्म की दृष्टि से जघन्य समझते हैं। पैगम्बर साहब का कथन है कि, 'जो मनमानी रीति से पत्नी को अस्वीकार करता है वह खुदा के शाप का पात्र होता है।' सामान्यता विवाह संविदा के दोनों पक्षकारों को विवाह-विच्छेद का विकल्प प्राप्त होता है, परन्तु इस सम्बन्ध में पत्नी से कहीं अधिक पति को अधिकार है। पति स्वेच्छा से किसी समय विवाह-बन्धन तोड़ सकता है। एक-दूसरे की सहमति से भी विवाह-विच्छेद हो सकता है, परन्तु मुस्लिम विद्रोह विच्छेद अधिनियम, 1939 से पूर्व पत्नी पति की मर्जी के बिना विवाह-विच्छेद नहीं कर सकती थी। कोई भी स्वस्थचित मुसलमान जो वयस्क हो गया हो, जब चाहे, बिना किसी कारण के भी 'तलाक' का उच्चारण करके अपनी पत्नी को तलाक दे सकता है। इस तरह से सून्नी विधि के अनुसार, जो कोई भी (1) वयस्क और (2) स्वस्थचित्त हो, तलाक दे सकता है। सून्नी विधि के अन्तर्गत पत्नी की उपस्थिति या उसको सम्बोधित किया जाना आवश्यक नहीं है। पत्नी की अनुपस्थिति में दिया गया तलाक वैध और प्रभावी होता है। सून्नी विधि के अन्तर्गत हंसी, खेल, मजाक या जिह्व की मूल से उच्चारित तलाक मान्य होता है, परन्तु शिया विधि के अन्तर्गत

मजाक में दिया गया तलाक अमान्य होता है। तलाक अल्लाह के समक्ष सभी अनुज्ञा प्राप्त चीजों में सबसे बुरी है, इसलिये अगर हो सके तो तलाक न दो, परन्तु यदि तलाक देना अति आवश्यक हो जाये तब। इस्लाम धर्म के आगमन के पूर्व एक पत्नी को किसी भी आधार पर विवाह-विच्छेद की मांग का अधिकार नहीं था। कुरान द्वारा पहली बार पत्नी को तलाक प्राप्त करने का अधिकार प्राप्त हुआ था। फतवा-ए-आलमगीरी, जो कि भारत में मुसलमानों की मान्यता प्राप्त पुस्तक है, में कहा गया है कि जब विवाह के पक्षकार राजी हों और इस प्रकार की आशंका हो कि उनका आपस में रहना सम्भव नहीं है तो पत्नी प्रतिफलस्वरूप कुछ सम्पत्ति पति को वापस करके स्वयं को उसके बन्धन से मुक्त कर सकती है। मुस्लिम विवाह-विच्छेद अधिनियम के पारित होने से पूर्व किसी मुस्लिम पत्नी को उसके विवाह-विच्छेद की डिक्री प्रदान करने के लिये भारत में केवल दो आधारों की मान्यता प्राप्त थी।

तिहरा तलाक एक मान्यता प्राप्त परन्तु अस्वीकृत तलाक का प्रकार है तथा इस्लामी विधिवेत्ताओं ने इसे शरीयत में नवीन प्रवर्तन माना है। इसे न तो पवित्र कुरान का प्रमाण और न पवित्र पैगम्बर कीक स्वीकृति प्राप्त है। यह प्रथम खलीफा अबुबकर के जीवन काल में व द्वितीय खलीफा उमर के समय भी दो वर्ष से अधिक समय तक प्रचलन में नहीं आया था। बाद में हजरत उमर ने कुछ विशेष स्थिति में इसकी अनुमति दी थी। जब अरबों ने सीरिया, मिश्र व पर्शिया आदि पर विजय प्राप्त की तो उन्होंने वहां की स्त्रियों को अरब की स्त्रियों की तुलना में अधिक सुन्दर पाया और इसलिये उनसे विवाह करने के लिये आकृष्ट हुये। परन्तु मिश्र और सीरिया की स्त्रियों ने बल दिया कि उनसे विवाह करने के लिये उन्हें अपनी मौजूदा पत्नियों को तुरन्त एक साथ तीन तलाक सुनाकर तलाक देना चाहिये। यह शर्त अरबों ने शीघ्र मान ली क्योंकि वे जानते थे कि इस्लाम के विरूद्ध है, शून्य है एवं प्रभावी नहीं होगा। इस तरीके से न केवल सुन्दर स्त्रियों से विवाह कर सके, बल्कि अपनी मौजूदा पत्नियों को भी रख सके। यह तथ्य द्वितीय खलीफा हजरत उमर को सूचित किया गया। खलीफा उमर ने असंदिग्ध पति द्वारा धर्म का दुरुपयोग रोकने के लिये यह निर्णय दिया कि एक साथ शब्द तलाक, तलाक, तलाक की पुनरावृत्ति करने से भी विवाह अखण्डनीय भंग हो जायेगा। यद्यपि खलीफा उमर का यह प्रशासनिक उपाय एक आपातकालीन स्थिति से निपटने के लिये था और स्थाई कानून बनाने का उद्देश्य नहीं था परन्तु दुर्भाग्य से हनफी विधिवेत्ताओं ने बाद में द्वितीय खलीफा की इस मात्र प्रशासनिक आदेश को शक्ति पर तलाक के इस प्रकार को न्याययुक्त घोषित किया और इसे धार्मिक

मान्यता भी दी।

वर्तमान में जहां तक इस तिहरे तलाक के कानून का भारत वर्ष में प्रयोग हो रहा है, मुस्लिम समाज बहुत असुविधा महसूस कर रहा है। तलाक के कानून की इस परिवेश व कुरान तथा हदीस के प्रकाश में सूक्ष्म तुलना इस प्रकार है-

पवित्र कुरान

इस्लामी विधिशास्त्र का परम स्त्रोत, पवित्र कुरान ने निर्दिष्ट नहीं किया है कि एक सांस में तीन तलाक की घोषणा तीन पृथक तलाकों का प्रभाव रखती है। इस सम्बन्ध में कुरान के सन्दर्भित पद पर विश्वास किया जा सकता है-

"तलाक केवल दो बार ही अनुमन्य है, उसके बाद पक्षकारों को या तो साथ-साथ अपक्षपात शर्तों पर रहना चाहिये या दयालुता के साथ अलग-अलग रहना चाहिये।"

अरबी शब्द 'मर्रतने' का इस पद में प्रयोग का अर्थ पुनरावृत्ति नहीं है परन्तु दो पृथक अवसरों पर तलाक को प्रभावी करना है। जैसा कि पद के प्रत्यक्ष अर्थ से स्पष्ट है कि दो भिन्न अवसरों पर दो तलाक घोषित करने के उपरान्त भी, पत्नी को रखने का अवसर काफी खुला हुआ है। तीसरे तलाक के पृथक अवसर पर घोषणा से पहले। वास्तव में यह तीसरी तलाक की घोषणा तलाक को अखण्डनीय बना देती है और पत्नी को रखने का अवसर समाप्त हो जाता है। जबकि कुछ विधिवेत्ताओं का मत है कि शब्द 'मर्रतने' का अर्थ केवल तलाक शब्द का तीन बार या तीन बार तलाक कहना तलाक को प्रभावी करने का उद्देश्य प्रस्तुत करता है।

कुरान में ऐसा प्रमाण नहीं है कि एक समय में तीन तलाक घोषित करना अखण्डनीय रूप से तीन तलाक समझे जायें। विद्वान इस हद तक गये हैं कि तीन तलाक के मामले में सम्बन्धित पद एक निश्चित तथा स्पष्ट इस विषय पर निर्देश है कि वर्जित तलाक (मुगल्लजा) तभी होगा जब एक के बाद एक भिन्न-भिन्न अवसरों पर तीन तलाक घोषित किये जायें। इस प्रकार जैसा कि उपरोक्त सूक्ष्म परीक्षा की गयी है कुरान की सामग्री के आधार पर यह निष्कर्ष दिया जा सकता है कि एक अवसर पर तीन घोषणा करने से पहले एक तलाक को प्रभाव होगा।

हदीस

केवल तलाक की पुनरावृत्ति मुगल्लज या अन्तिम तलाक की नीयत के बिना

तलाक की पुनरावृत्ति का केवल मात्र बल देने के लिये या क्षणिक उत्तेजना से मुगल्लज या अन्तिम तलाक नहीं होता है। निम्नलिखित परम्परा से पूर्ण समर्थन प्राप्त हैं। "महमूद बिन लबीद ने सूचित किया कि अल्लाह के पैगम्बर ने एक आदमी के बारे में बताया जिसने अपनी पत्नी को एक समय में तीन बार तलाक दिया। तब वह कुपित हुये और कहा कि क्या तुम अल्लाह की किताब से खिलवाड़ कर रहे हो जो कि महान और कीर्तिमान है, जबकि मैं अभी तुम्हारे बीच में हूँ? इस पर एक सहाबी खड़े हुये और कहा कि क्या मैं उस व्यक्ति को जान से मार दूँ।"

यह उनके समय की आवश्यकताओं के अनुसार सही रहा होगा परन्तु वर्तमान समय में इसका प्रचलन बहुत अधिक क्षतिदायक है। लोग क्षणिक उत्तेजना में एक समय में तीन तलाक देते हैं। मुगल्लज तलाक की घोषणा की नीयत के बिना परन्तु केवल प्रथम घोषणा को बल देने के लिये जिसे बाद में वह गम्भीरता से लेते हैं जब वह पाते हैं कि दुष्कृति समाप्त नहीं की जा सकती।

मुस्लिम शरीफ (हदीसों की एक किताब) में इब्ने अब्बास द्वारा एक हदीस प्रतिवेदित है-

"प्रोफेट मौहम्मद हजरत अबुबकर तथा खलीफा हजरत उमर के शुरू के दो वर्षों में तीन बार तलाक को केवल एक तलाक माना जाता था। हजरत उमर ने कहा कि लोग जिस मामले में उन्हें सोचने का समय दिया गया उसी में जल्दी करते हैं तो क्या इसका मतलब यह है कि हम उसे प्रवर्तित कर दें। इसलिये उन्होंने तीन बार तलाक को तीन बार अलग-अलग तलाक मानकर प्रवर्तित कर दिया।"

उच्चतम न्यायालय ने इस वाद में यह भी संप्रेक्षण किया कि पवित्र ग्रंथ कुरान में तलाक की विधि यह है कि तलाक किसी समुचित कारण पर दी जानी चाहिये और इससे पहले पति-पत्नी द्वारा नियुक्त दो विवाचक नियुक्त हों और वह सुलह के सभी प्रयास कर लें और जब ये प्रयास असफल हो जायें तब तलाक प्रभावी होना चाहिये।

एक ही उच्चारण में तीन तलाक देने की मुस्लिम विधि में प्रचलित सदियों पुरानी प्रथा/चलन के सम्बन्ध में उच्चतम न्यायालय का निष्कर्ष अन्ततः वैसा ही आया, जैसा कि व्यापक रूप में अनुमानित किया जा रहा था। उच्चतम न्यायालय के पांच सदस्यीय संविधान ने गत 22 अगस्त, 2017 को 3:2 के बहुमत से अपने एक पंक्ति के प्रवर्तित आदेश में स्पष्टतः आदेशित किया है कि 'बहुमत के 3:2

मत के द्वारा दर्ज किए गए भिन्न-भिन्न रायों (मतों) के विचार में 'तलाक-ए-बिद्दत' तीन तलाक के चल को निरस्त (अपास्त) किया जाता है।"

आदेश का अर्थ बिल्कुल स्पष्ट है और वह यह है कि लगभग 1400 वर्षों से मुस्लिम विधि में अनेक किन्तु-परन्तु साथ प्रथा के रूप में चलन में रहे तीन तलाक के 'तलाक-ए- बिद्दत' प्रथा की अब मुस्लिम व्यक्तिगत विधि से हमेशा के लिए विदाई हो चुकी है। निश्चय ही यह मुस्लिम महिलाओं के विधिक और संविधानिक अधिकारों के संरक्षण में दिया गया एक ऐतिहासिक और क्रांतिकारी निर्णय है और इसे बिना किसी किन्तु-परन्तु के स्वीकार किया जाना चाहिए।

'तलाक-ए-बिद्दत' तीन तलाक का मुद्दा मुस्लिम विधि के हनफी पंथ को मानने वाले सून्नी समुदाय के धर्म का अभिन्न अंग है। यह 1400 वर्षों से चली आ रही उनकी आस्था का विषय है जो उनके व्यक्तिगत विधि का अभिन्न अंग बन चुका है, जिसे कानून बनाकर ही समाप्त किया जा सकता है। अत: न्यायमूर्तिद्वय की पीठ ने अनुच्छेद 142 के अन्तर्गत केन्द्र सरकार को निर्देश दिया है कि वह तलाक-ए-बिद्दत को समाप्त करने के लिए आवश्यक और समुचित विधायन का निर्माण करे, जिसमें शरियत के आवश्यक प्रावधानों एवं विश्व स्तरीय मुस्लिम कानून को भी विचार में लिया जाये। याचियों को उपचार के रूप में न्यायमूर्तिद्वय ने अपने निर्णय के अन्तिम मुख्य पैरा 200 में केवल इतना कहा है कि- 'जब तक विषय पर किसी विधायन पर विचार नहीं किया जाता है, हम मुस्लिम पतियों को 'तलाक-ए-बिद्दत का उच्चारण करने से रोकते हुए संतुष्ट है, उनके वैवाहिक जीवन को बनाये रखने के लिए साधन के रूप में। यह रोक (व्यादेश) प्रथमत: 6 महीने तक के लिए प्रवृत्त रहेगी।'

उपर्युक्त निष्कर्ष का सार संक्षेप यही माना जा सकता है, फरियादी जिस उम्मीद से न्यायालय के दरवाजे पर दस्तक दिये थे, उन पर पानी फिर गया और उन्हें कोई भी उपचार नहीं मिला और फरियादी न्यायालय के पास नहीं अपितु सरकार के पास जायें। यह सच है कि न्याय तंत्र का यह सार्वभौमिक सिद्धान्त है कि प्रत्येक न्यायाधीश अपने समक्ष मामले में देश के विधि और संविधान के अनुसार निर्णय देने के लिए स्वतंत्र होता है। इनका निर्वचन भी उसी के हाथ में है। किन्तु जहां विधि चुप हो अर्थात् जिस विषय पर विधि नहीं है या प्रवृत्त विधि व्यक्ति के मानव अधिकार का उल्लंघन करता हो, वहां न्यायाधीश को अपने विवेक से निर्णय देना होता है। इन परिस्थितियों में संविधानिक व्यवस्था के तहत पांच, सात, नौ, तेरह न्यायाधीशों की विशेष संविधानपीठ भी इसीलिए गठित की जाती है कि जब विवेक का प्रयोग किया जाना हो, तब संदर्भित विषय पर एक

मत नहीं तो बहुमत की राय जाना जा सके। इस प्रकरण में यही हुआ। तीन तलाक जैसे गम्भीर, संवेदनशील और राष्ट्रीय महत्व के इस प्रश्न पर बहुमत की राय इसे 'समाप्त करने' के पक्ष में रहा और मुख्य न्यायाधीश न्यायमूर्ति जे.एस. खेहर और न्यायमूर्ति एस. अब्दुल नजीर को अल्पमत के उपर्युक्त मत को रखते हुए भी इस मामले के एक पंक्ति के प्रवर्तनीय आदेश पर अपना हस्ताक्षर करते हुए घोषणा करना पड़ा।

न्यायमूर्ति कुरियन जोसेफ ने अपने मात्र 27 पृष्ठीय संक्षिप्त निर्णय में देश के सबसे बड़े प्रश्नों में से एक इस तीन तलाक (तलाक-ए-बिद्दत) को चालू रखने या समाप्त करने के प्रश्न पर एक ही पंक्ति का संक्षिप्त और सटीक उत्तर दिया है, जो बहुमत के निर्णय का एक हिस्सा बना है। न्यायमूर्ति कुरियन अपने निर्णय के प्रारम्भ में ही कह दिया है कि यह प्रश्न अनुत्तरित नहीं है। शमीम आरा बनाम उत्तर प्रदेश राज्य और अन्य (2002) के मामले में इस न्यायालय ने अभिनिश्चित किया है कि 'तीन तलाक को विधिक आदेश प्राप्त नहीं है, इसलिए अनुच्छेद 141 के शर्तों के अधीन 'शमीम आरा' का विधि वह विधि है जो भारत में लागू होने योग्य है। न्यायमूर्ति कुरियन ने 'शरियत' पर विद्वान लेखक फैजी के निष्कर्ष, मुस्लिम विधि के स्रोतों- कुरान, हदीथ, इजमा और कयास की समीक्षा के बाद पाया कि पवित्र कुरान में जिस तीन तलाक की बात है, उसमें पक्षों के बीच में सुलह समझौते की गुंजाइस रखी गई है ताकि पक्ष अपनी भूल-चूक सुधार कर एक हो सके, किन्तु 'तलाक-ए-बिद्दत' (जिसका उल्लेख कुरान में नहीं है और जो हदीथ, इजमा और कयास के द्वारा स्थापित और विकसित है),में ऐसी सुलह की कोई सम्भावना ही नहीं बचती है। इसलिए 'तलाक-ए-बिद्दत' पवित्र कुरानिक विधि के आशय के अनुरूप नहीं हैं अत: यह शरियत का उल्लंघन करता है। कुरियन का यह भी मत रहा कि यद्यपि अनुच्छेद 25(1) के अन्तर्गत धार्मिक स्वतंत्रता है किन्तु यह स्वयं अनुच्छेद 25(2) के शर्तों के अधीन है, जिसमें अन्य बातों के साथ-साथ समाज कल्याण और समाज सुधार से सम्बन्धित विषयों पर राज्य को कानून बनाने की शक्ति प्राप्त है। इनका यह भी मत रहा कि हदीथ, इज्मा और कयास कभी भी पवित्र कुरानिक विधि का स्थान नहीं ले सकते और जो कुछ भी कुरान में बुरा कहा गया है। शरियत में अच्छा नहीं हो सकता है।

खातून (1932) 591 ।21 के मामले में प्रीवी काउंसिल का निर्धारण कि तीन तलाक (तलाक-ए-बिद्दत) वैध है भले ही यह बिना युक्तियुक्त कारण के (दिया गया) हो, शमीम आरा (उपर्युक्त) के निर्णय के बाद अब अच्छी विधि

नहीं रह गया है। ऐसा होने के कारण, स्पष्ट है कि तलाक का यह प्रारूप इस भाव में मनमानापूर्ण है कि वैवाहिक बन्धन को एक मुस्लिम पुरुष के द्वारा सनक और मनमौजी रूप से तोड़ा जा सकता है, उसे बचाने के लिए कोई प्रयास किए बिना। इसलिए इस तरह के तलाक को भारत को भारत के संविधान अनुच्छेद 14 में अन्तर्विष्ट मूल अधिकार का उल्लंघन करने वाला अभिनिश्चित किया जाना चाहिए। इसलिए, हमारी राय में, शरियत अधिनियम, 1937 की धारा 2 जहां तक यह तीन तलाक को मान्यता देने और प्रवर्तित होने की अपेक्षा करता है, अनुच्छेद 13(1) के अन्तर्गत अभिव्यक्ति 'प्रवृत्त विधि के अन्तर्गत आता है और उस विस्तार तक शून्य होते हुए निरस्त कर दिया जाना चाहिए जितने तक वह तीन तलाक को मान्यता देता है और प्रवर्तित करता है। चूँकि इससे पहले ही ऊपर सीमित आधारों पर शरियत अधिनियम, 1937 के धारा 2 को उक्त विस्तार तक इस मनमानापूर्ण होने के कारण हम शून्य घोषित कर चुके हैं, हम इन मामलों में विभेद के आधार पर जाने (बहस करने) की आवश्यकता नहीं है।'

जहां तक शमीम बनाम उत्तर प्रदेश राज्य (207) 7 SCC 517 के मामले में विधि निर्धारण का प्रश्न है, न्यायालय ने तलाक सम्बन्धी प्रचलित विधि और उस पर अब तक प्रमुख निर्णयों का अवलोकन करते हुए निम्न निर्धारण दिया था जो वास्तव में गौहाटी उच्च न्यायालय के रूकिया खातून (1981) 1 Dau-R 375 के मामले में एक खण्डपीठ के निर्णय का अनुसमर्थन था--

"पवित्र कुरान के द्वारा, जैसा कि आदेशित है, तलाक की जो सही विधि है, वह यह है कि तलाक किसी युक्तियुक्त कारण के लिए हो और इसके पूर्व पति और पत्नी के बीच दो मध्यस्थों के द्वारा सुलह का प्रयास किया जाना चाहिए, जिनमें से एक पत्नी के परिवार का और दूसरा पति की ओर से हो। यदि प्रयास विफल हो जाता है, तलाक प्रभावी हो सकता है।"

अब सार संक्षेप यही माना जा सकता है कि तलाक-ए-बिद्दत के रूप में तीन तलाक पवित्र कुरान के विधि पर आधारित नहीं है। इसलिए, इसे संविधानपीठ के 3:2 के बहुमत के राय में, मुस्लिम विधि में और शरियत अधिनियम, 1937 के धारा 2 के अन्तर्गत भी कायम नहीं रखा जा सकता है। यह इस मामले के पीड़ित याचिका कर्त्ता महिलाओं के लिए मुख्य उपचार है तो देश भर के उन महिलाओं के लिए एक सुरक्षा कवच (ढाल) है, जिनपर 24 घंटे तीन तलाक रूपी तलवार लटकी रहती थी। किन्तु देश के वर्तमान सामाजिक व्यवस्था एवं

मुस्लिम परिवार के ताना-बाना के बीच तीन तलाक को असंवैधानिक घोषित करने और इसे निरस्त कर देने से एक कदम आगे जाने की भी आवश्यकता है। अब छिपा नहीं है कि एक तरफ तीन तलाक को समाप्त करने का फैसला आया तो दूसरी तरफ तीन तलाक के कई नये मामले भी आए। प्रवृत्ति बिल्कुल साफ है कि सदियों से चले आ रहे इस कुप्रथा को मुस्लिम समुदाय के कुछ व्यक्ति व वर्ग इसे आसानी से नहीं छोड़ सकते हैं, अपितु इसे छुड़वाना पड़ेगा। यह तभी सम्भव हो सकेगा जब ऐसे प्रत्येक प्रयास कर अंकुश लगाया जाये। इसके लिए सर्वप्रथम तो स्वयं मुस्लिम धर्म गुरुओं, मौलवी और मुस्लिम विधि शास्त्रियों को आगे आना होगा। सामाजिक कल्याण और समाज सुधार के उद्देश्य से जिस कार्य का न्यायपालिका ने सूत्रपात किया है, उसका सम्मान करते हुए उन्हें आगे बढ़ाना चाहिए। यद्यपि अल्पमत की राय भी यहां कारगर साबित हो सकता है और विधि निर्माण कर 'तीन तलाक' को हमेशा के लिए उन्मूलित किया जा सकता है, किन्तु यह कार्य इतना आसान नहीं है, जितना कि समझा जा रहा है। ऐसी विकट घड़ी लगभग तीन दशक पूर्व मोहम्मद अहमद खान बनाम शाह बानो बेगम (1985) SCR 844 में 23 अप्रैल, 1985 को दिए गए निर्णय के समय भी आया था। तब मामला शरियत के अनुसार तलाक के बाद भरण-पोषण (इद्दत काल तक) देने का था और तब तुष्टिकरण की नीति के तहत मुस्लिम महिला (तलाक पर अधिकार संरक्षण) अधिनियम, 1986 पारित करके मामला शांत कर दिया गया और इस अधियिम के द्वारा न्यायालय के उस निर्णय को निष्प्रभावी बना दिया गया, जिसमें संविधानपीठ ने निर्णय दिया था कि मुस्लिम महिला को केवल इद्दत काल तक ही नहीं अपितु आजीवन भरण-पोषण दिया जाना चाहिए और वह दं. प्र.सं. की धारा 125 के अन्तर्गत भी भरण-पोषण का दावा कर सकती है। इसमें मामला पूर्णतया आर्थिक (भरण-पोषण) था और पीड़िता के किसी मूल अधिकार के हनन का प्रश्न नहीं उठाया गया था। शायरा बानो का यह मामला शाहबानों प्रकरण से कहीं अधिक व्यापक, गम्भीर और संवेदनशील था और है, जिस पर दिए गए इस निर्णय का व्यापक पारिवारिक, सामाजिक और राष्ट्रीय महत्व है। अत: न्यायालय के निर्णय का सम्मान और उसका अनुपालन सुनिश्चित कराने के लिए जो भी कदम आवश्यक पड़े, उसे उठाया ही जाना चाहिए, भले ही इसका अन्तिम विकल्प विधि निर्माण हो। यह समय की मांग भी है और आवश्यकता भी।

हमें नहीं भूलना चाहिए कि पड़ोसी देश पाकिस्तान और बांग्लादेश सहित विश्व के अनेक मुस्लिम राष्ट्र अपने कानून के पत्रों से 'तलाक-ए-बिद्दत' जैसी कुप्रथा को दशकों पहले अलबिदा कह चुके हैं। फिर भारत जैसे पंथनिरपेक्ष-

लोकतांत्रिक देश में इसे जारी रखने का क्या औचित्य है। दूसरा यह कि विश्व का कोई भी धर्म या आस्था इस बात की अनुमति नहीं देता है कि कोई व्यक्ति अपने पारिवारिक सदस्य जो कर्त्तव्यनिष्ठ और अपने सम्बन्धों के प्रति ईमानदार हैं, को बेसहारा सड़क पर छोड़ दे, एक पत्नी को तो कदापि नहीं वह किसी की माँ भी है।

सन्दर्भ सूचीः-

1. अकील अहमद (2005) : 'विवाह-विच्छेद', मुस्लिम विधि, सैण्ट्रल लॉ एजेंसी, इलाहाबाद, पृ. 95-117
2. पॉलिटिक्ल लॉ टाईम्स : 'मुस्लिम स्त्री (तलाक पर अधिकारों का संरक्षण)', अधिनियम 1986 का प्रभाव, अंक-4, जनवरी 2010
3. जजमेन्ट एण्ड लॉ टूडे, 'तलाक-ए-बिद्दत', वर्ष-4, अक-5, अगस्त 2017
4. जजमेन्ट एण्ड लॉ टूडे, 'शायराबानो बनाम भारत संघ राज्य', वर्ष-4, अंक-6, सितम्बर 2017

43

तीन तलाक बनाम मुस्लिम महिलाओं का पिछड़ापन

डॉ. शनव्वर

असि0 प्रोफेसर (अर्थशास्त्र)

राजकीय महाविद्यालय चुड़ियाला भगवानपुर, हरिद्वार

Email- shanwwar.2307 gmail.com

शोध-पत्र

किसी राष्ट्र और समाज के विकास में महिला शक्ति का विशेष महत्व होता हैं। अर्थव्यवस्था के बदलते आर्थिक परिवेष में महिलाओं की भागीदारी बढ़ रही है परन्तु सदियों से महिलाओं के साथ हो रहे भेदभाव के कारण विकास की प्रक्रिया अवरूद्ध हो रही हैं। शिक्षा, रोजगार एवं आर्थिक असमानता के स्तर पर समाज से लेकर परिवार तक महिलाओं के साथ भेदभाव किया जाता हैं। भारत में महिलाओं की स्थिति संतोषजनक नही कही जा सकती। प्रत्येक क्षेत्र में महिलाओं का पुरुषों की तुलना में अधिक शोषण होता हैं।

वर्ष 2011 की जनगणना के अनुसार भारत की जनसंख्या 121 करोड़ है। पुरुष एवं महिला अनुपात 1000:940 हैं। भारत में साक्षरता दर वर्ष 2011 की जनगणना के अनुसार 82.14% जिसमें महिला साक्षरता दर 65.96% हैं। महिलाओं की राजनीति में भागीदारी 2014 के लोकसभा चुनाव में 11.2% रही। 2011 की जनगणना के अनुसार भारत में महिला श्रमिकों का प्रतिशत 25.51 हैं। वहीं भारत का अल्पसंख्यक समुदाय विशेषकर मुस्लिम महिलाएं पिछड़ा हुआ जीवन व्यतीत

करने पर मजबूर है। अशिक्षा, निर्धनता, बेरोजगारी एवं अपने अधिकारों के प्रति अनभिग होने के कारण हमारे समाज की 14.6 प्रतिशत जनसंख्या (2011 की जनगणना के अनुसार कुल मुस्लिम आबादी) आर्थिक एवं सामाजिक रूप से पिछड़ी हुई है। इस प्रकार कहा जा सकता है कि मुस्लिम समाज विशेषकर मुस्लिम महिलाओं को सशक्त किये बिना देश का विकास अधूरा है।

यदि इस्लाम धर्म के परिप्रेक्ष्य में महिलाओं के जीवन का अध्ययन किया जाये तो यह ज्ञात होता हैं कि इस्लाम धर्म में महिलाओं को पुरूषों के समान अधिकार दिये गये हैं। कुरान शरीफ के सूरः बकर (2:228) में कहा गया है, सामान्य नियम के अनुसार 'महिलाओं के लिए वैसे ही अधिकार हैं जैसे की मर्दो (पुरूषों) के अधिकार उन पर इस्लाम धर्म में महिलाओं का बहुत ऊँचा स्थान है अर्थात उन्हें समाज में बहुत अधिक महत्व दिया गया है।

यद्यपि पुरूषों को महिलाओं का संरक्षण एवं देखभाल करने का अधिकार दिया गया हैं क्योंकि पुरूषों में महिलाओं से अधिक श्रेष्ठता के गुण होते हैं। कुरान शरीफ एवं हदीस में कहीं नही कहा गया है कि महिलाएं केवल गृहणी बनकर रहे। कुरान शरीफ में धार्मिक कर्तव्यों के पालन में जैसे रोजा (व्रत), नमाज (प्रार्थना), जकात (दान), हज (मक्का और मदीना की यात्रा) आदि में महिलाओं को पुरूषों के समान समानता प्रदान की गयी है। कुरान पाक के अनुसार सृजन से ही पुरूष और महिलाएं समान हैं। दोनों का ही सृजन नफस है, न ही दोनों में कोई श्रेष्ठ है और न ही व्युत्पन्न है। महिलाएं केवल पुरूषों के उद्देश्य के लिए नही बनी हैं अर्थात पुरूष और महिला परस्पर एक दूसरे के लाभ के लिए बने हैं। इस्लाम के प्रादुर्भाव के समय यह एक क्रांतिकारी विचार था लेकिन तत्कालीन पितृसत्तात्मक समाज इसे स्वीकार करने को तैयार नहीं था तथा साथ ही कुरान पाक की तालीम (शिक्षा) के विरूद्ध आचरण करने की भी शक्ति नहीं थी।

जहां तक भारत का प्रश्न है यहां इस्लाम का आगमन पर्दा-प्रथा अर्थात नकाब पहने की प्रथा के साथ हुआ जो कि उच्च प्रस्थिति एवं सम्मान का द्योतक था। मुस्लिम महिलाओं में पिछड़ेपन का कारण इस्लाम धर्म में ढुढने की कोशिश की जाती है।

कुरान शरीफ का गहन अध्ययन किया जाये तो ज्ञात होता है कि इस्लाम धर्म में आर्थिक, सामाजिक, कानूनी, नागरिक एवं पारिवारिक मामलों में जितने अधिकार महिलाओं को दिये गये हैं शायद अन्य धर्मों में महिलाओं को नहीं दिये गये हैं। इसके पश्चात भी मुस्लिम महिलाओं को पिछड़ापन, अशिक्षा, घर की

चार दिवारी में कैद एवं घरेलू हिंसा आदि का सामना करना पड़ता है। इस्लाम में महिलाओं को दीनी तालिम (धार्मिक शिक्षा) के साथ-साथ दुनियावी तालिम ग्रहण करने तथा आवश्यकता पड़ने पर घर की चार दिवारी से निकलकर रोजगार करने में कोई बंदिश नहीं है परन्तु शरई कानून के कारण, जिनका पालन करना मुस्लिम समाज को आवश्यक है मुस्लिम महिलाएं ऐसा करने में असमर्थ हैं। शरीयत के अनुसार मुस्लिम महिलाओं को अपने शारीरिक अंगो का प्रदर्शन करना बहुत बडा़ गुनाह (पाप) समझा जाता है।

इस्लाम धर्म के अतिरिक्त किसी भी धर्म में महिलाओं को पैतृक सम्पत्ति की हिस्सेदारी में कोई स्थान नहीं दिया गया है और न ही तलाकशुदा एवं विधवा महिला को विवाह करने का अधिकार प्रदान किया गया है। किसी भी धर्म में 'तलाक' को एक कलंक माना गया है परन्तु दूसरी ओर यदि पति-पत्नी में किसी प्रकार का भेदभाव जिसके कारण पारिवारिक दायित्व का निर्वहन नहीं हो सकता तो वे अलग होकर अपने पारिवारिक दायित्व का निर्वहन कर सकते हैं।

इस्लाम धर्म के अनुसार यदि पति-पत्नी में तलाक की स्थिति उत्पन्न हो रही है तो परिवार एवं समाज के जिम्मेदार व्यक्तियों का दायित्व है कि पति-पत्नी के रिश्तें की डोर को टुटने से बचाने के लिए सभी प्रयास करने अनिवार्य है। अल्लाह ने कुरान शरीफ में यह उनके (पति-पत्नी) करीबी पारिवारिक सदस्यों एवं उनका भला चाहने वाले व्यक्तियों को आगे बढ़कर पति-पत्नी के रिश्ते को टुटने से बचाना चाहिए।

कुरान शरीफ में यह फरमाया (बताया) गया है कि एक-एक सदस्य फैसला करने वाला पति-पत्नी के परिवारों से मुकर्रर (नियुक्त) किया जाये। इन सदस्यों के द्वारा दोनो पक्षों (पति-पत्नी) में सुलह कराने का प्रयत्न किया जाये। इससे यह उम्मीद जाग्रत होती है कि जिस बात का हल पति-पत्नी नहीं कर पा रहे थे शायद उस बात का हल परिवार के सदस्यों के द्वारा किया जा सके।

कुरान शरीफ में यह फरमाया (बताया) गया है कि ''और अगर तुम्हें शौहर ओर बीवी में फूट पड़ जाने का अंदेशा हो तो एक-एक हकम (जज) शौहर ओर बीवी के परिवार में से मुकर्रर कर दो यदि शौहर और बीवी दोनों सुलह चाहेगें तो अल्लाह उनके बीच सुलह कर देगा, बेशक अल्लाह सब कुछ जानने वाला है और सब की खबर रखने वाला है।

पति-पत्नी के बीच का रिश्ता बहुत ही खास होता है। यह रिश्ता जितना मजबूत होता है उतना ही कमजोर भी होता है। पति-पत्नी के इस रिश्ते के बीच

हमेशा उतार-चढ़ाव आते रहते हैं परन्तु कभी-कभी यह उतार-चढ़ाव इतने भयनाक होते है कि दोनो में तलाक की स्थिति उत्पन्न कर देते हैं। तलाक इस्लाम धर्म में बहुत ही बड़ा गुनाह समझा जाता है परन्तु यह बात नही की तलाक का हक ही किसी से छिन लिया जाये।

सुप्रीम कोर्ट ने सात तलाक पीड़ित मुस्लिम महिलाओं की याचिकाओं पर प्रतिदिन सुनवाई एवं धार्मिक तटस्थता को बनाए रखने के लिए सभी धर्मो के पांच न्यायाधिशों (मुख्य न्यायमूर्ति जे0 एस0 खेहर, न्यायमूर्ति कुरियन जोसेफ, न्यायमूर्ति रोहिंटन नरीमन, न्यायमूर्ति यू0 यू0 ललित एवं न्यायमूर्ति एस0 अब्दुल नजीर) की एक बेंच बनाई गयी। न्यायमूर्ति नरीमन तथा ललित ने तीन तलाक को असंवैधानिक बताया जबकि न्यायमूर्ति जे0 एस0 खेहर एवं एस0 अब्दुल नजीर ने तीन तलाक का समर्थन किया इन्होंने कहा कि तीन तलाक की प्रथा मुस्लिम समाज में लगभग 1000 सालों से चली आ रही है। तीन तलाक को तब तक समाप्त नहीं किया जा सकता जब तक संसद द्वारा सरकार इस पर कानून नहीं बना देती है।

तीन तलाक के विरूद्ध उच्चतम न्यायालय द्वारा मुस्लिम समाज की महिलाओं के पक्ष में दिया गया निर्णय महिला अधिकारों की राह में आवश्यक सुधार माना जायेगा परन्तु इस प्रमुख एतिहासिक निर्णय के पश्चात अनेकों धार्मिक एवं राजनैतिक विचारकों के मिले संकेत से यही लगता है कि तीन तलाक में होने वाला सुधार बहुत दूर हैं। अभी भी पति द्वारा तीन तलाक दिया जा सकता है। हाल के वर्षो में पत्र, फोन काल, एसएमएस, फेसबुक, ईमेल एवं वॉट्सएप आदि के माध्यम से तलाक देने के कारण मुस्लिम समाज के पुरूषों की बहुत अधिक आलोचना हुई है, परन्तु फिर भी मुस्लिम पति किसी भी माध्यम से पत्नि से विवाह विच्छेद कर सकता है। विवाह विच्छेद (तलाक) का अधिकार केवल पुरूष समाज को प्रदान किया गया है क्योंकि मुस्लिम महिलाओं को पुरूषों की अपेक्षा कम बुद्धिमान समझा जाता है।

पाकिस्तान एवं बंग्लादेश सहित विश्व के 22 मुस्लिम देश एक तरफा तीन तलाक पर प्रतिबन्ध लगा चुके हैं। अनेको देशों में पति ओर पत्नी के बीच समझौता कराने के लिए मध्यस्थता परिषदों और न्यायिक हस्तक्षेपों का भी प्रावधान है परन्तु भारत में स्थिति इसके विपरित है। भारत में मुस्लिम पर्सनल लॉ अभी भी तीन तलाक की अनुमति प्रदान करता हैं। भारत में मुस्लिम पर्सनल लॉ से जुड़े कोई संहिताबद्ध कानून नहीं है। भारतीय मुस्लिम महिला आन्दोलन की जाकिया सोमन कहती हैं 'मामले से जुड़ें सभी पहलुओं का नियंत्रण ऐसे कुछ धार्मिक लोगो की समझ पर निर्भर करता हैं, जिनमें बहुत अधिक सीमित

तथा पितृसत्तात्मक सोच वाले 100 प्रतिशत पुरूष हैं। इसी का नतीजा हमें तीन तलाक और बहु विवाह की घटनाओं के रूप में दिखता है'।

जनपद सहारनपुर के रामपुर मनिहारान विकास खण्ड़ के कुछ गाँवों में तीन तलाक जैसी कुप्रथा से पीड़ित मुस्लिम महिलाओं एवं उन महिलाओं से सम्बंध रहने वाल व्यक्तिों से प्राप्त जानकारी के आधार पर मुस्लिम महिलाओं को तीन तलाक देने के कुछ कारण ज्ञात हुए हैं-

1. प्रत्येक परिवार अपनी बेटी के विवाह के लिए अपने से उच्च समृद्ध परिवारों का चयन करता है जिनके द्वारा दहेज की मांग की जाती है जिसको बेटी पक्ष के परिवार के द्वारा किसी कारण से भुगतान नहीं किया जाता हैं।
2. मुस्लिम महिलाओं में निम्न शिक्षा के स्तर का होना। शिक्षा के निम्न स्तर के होने के कारण मुस्लिम महिलाएं अपने अधिकारों के प्रति जागरूक नहीं होती हैं।
3. मुस्लिम समाज में उच्च जनसंख्या के स्तर एवं सांमाजिक रूढ़िवादिता का होना एक प्रमुख समस्या है जिसके कारण महिलाएं अपनी संतानों को उच्च शिक्षा नही पाती हैं।
4. महिला या पुरूष में विवाह या विवाह के बाद अन्य पुरूष या महिला से अवैध सम्बन्ध का होना। 80 प्रतिशत पति-पत्नियों में तलाक के मामले इसी कारण से उत्पन्न होते हैं।
5. तीन तलाक के खिलाफ लड़ाई लड़ने के दौरान मुस्लिम महिलाओं ने कई ऐसी बातें कही हैं जो समाज को झकझोर देती है- शादी के लिए वकील, गवाह होते हैं परन्तु मुस्लिम महिलाओं को तलाक बन्द कमरे में दे दिया जाता है। दरअराल इस्लामिक विद्धवानों के द्वारा शरीयत शब्द का अर्थ नहीं समझाया गया है एवं पुलिस या कानून से दोषियों का बाइज्जत मुक्त होना।
6. नशा करना इस्लाम धर्म में बहुत बड़ा गुनाह (पाप) समझा जाता है परन्तु आज के समय में मुस्लिम समाज में बढ़ती नशा प्रवृत्ति ने भी तीन तलाक को बढ़वा दिया है।
7. दुनिया की बढ़ती चकाचौंध (विकास) के कारण मुस्लिम समाज की महिलाएं भी इस चकाचौंध का हिस्सा बनना चाहती हैं परन्तु परिवार

का आर्थिक एवं सामाजिक रूप से पिछड़ेपन के कारण पति-पत्नी के बीच घरेलू हिंसा उत्पन्न होती है तथा यह हिंसा तीन तलाक तक पहुंच जाती है।

निष्कर्ष

शिक्षित महिला भविष्य में शोषण ओर निराशा के अधंकार से निकलकर परिवार, समाज एवं राष्ट्र के विकास ओर उत्थान में अपना उत्तरदायित्व सही अर्थो में स्थापित कर सकती है। अध्ययन से यह भी स्पष्ट होता है कि अधिकांश तीन तलाक पीड़ित मुस्लिम महिलाएं शिक्षा एवं रोजगार की दृष्टि से बहुत अधिक पिछड़ी हुई हैं।

सुझाव:- दरअसल आज भी मुस्लिम समाज में शिक्षा का स्तर बहुत ही निम्न है। इस्लाम धर्म की शिक्षा का भी सम्पूर्ण ज्ञान नहीं है जिसके कारण उन्हें समाज में अनेक समस्याओं का सामना करना पड़ता हैं। मुस्लिम समाज में अनेकों व्यक्ति ऐसे हैं जिन्हें तलाक की पूर्ण जानकारी भी नहीं है अर्थात तलाक किस प्रकार दिया जाता है। इस प्रकार से यदि तलाक पर प्रतिबंध लगाना है तो मुस्लिम समाज और सरकार को बिना किसी राजनैतिक लाभ के आपसी सामजस्य बनाना होगा जिससे तलाक के खिलाफ कानून बनाया जा सके। कानून को तलाक के उपरोक्त कारणों पर सख्त कदम उठाना होगा जिससे दोषियों को कठोर सजा मिल सके।

संदर्भ ग्रन्थ-

1. दैनिक जागरण, दिनांक 23 अगस्त 2017
2. नई दुनिया, दिनांक 23 अगस्त 2017
3. अमर उजाला, 27 अगस्त 2017
4. अब्बास, रूबिना ओर सिह, लजवन्त (2015), मुस्लिम महिलाएं: दशा और दिशा, रिसर्च जरनल ऑफ सोशल साइंस एण्ड लाइफ साइंस, वॉल्यूम- गपगए दिसम्बर, पेज 24-34
5. www.spmrf.org
6. www.google.com

44

तीन तलाक अब कटघरे में : एक समाजशास्त्रीय एवं राजनीतिक दृष्टिकोण

डॉ. सरताज अहमद
(एसोसिएट प्रोफेसर, समाज शास्त्र),
डॉ. मनोज कुमार त्रिपाठी
(एसोसिएट प्रोफेसर, राजनीति विज्ञान)

आम तौर पर मुस्लिम पुरूष एक साथ तीन बार तलाक बोलकर, लिखकर, टेलीफोन या मोबाइल के द्वारा या टेकस्ट मैसेज करके या फिर ई-मेल द्वारा भी मुस्लिम औरतों को तलाक देते रहे हैं। अगर मुस्लिम समाज में प्रचलित तलाक के तौर तरीकों पर गौर करें, तो हम पाते है कि मुस्लिम समाज में तीन तरह से तलाक दिए जाने का प्रचलन है:-

(1) एक बार में तीन तलाक बोलकर वैवाहिक रिश्ते को खत्म करने के इस तलाक के तरीके को तलाक-ए-बिद्अत कहा जाता है।

(2) दूसरे तलाक के तरीके में तलाक शब्द एक बार ना बोलकर तीन-तीन महीने की अवधि में बोला जाता है जिसे तलाक-ए-हसन यानि बेहतर तलाक कहा जाता है।

(3) तलाक के तीसरे तरीके को तलाक-ए-अहसन कहा जाता है जिसमें पति-पत्नि के बीच सुलह कराने की कोशिशें भी की जाती है। इसमे नाकाम रहने पर पति अपनी पत्नी को एक बार तलाक शब्द बोलता है

उसके बाद भी दोनों इद्दत की अवधि तीन महीने दस दिन तक साथ ही रहते हैं उसके बाद भी अगर दोनों में किसी भी प्रकार से कोई समझौता नहीं हो पाता है, तो पति फिर तलाक दे सकता है लेकिन अगर तीसरी बार भी तलाक दे दिया जाए तो फिर साथ रहने की सभी संभावानाएं समाप्त हो जाती हैं और दम्पत्ति का तलाक हो जाता है।

अगर तीसरी तलाक के बाद दोनो एक साथ रहना चाहे, तो उनका यह रिश्ता नाजायज होगा और इस दम्पत्ति का पुन: विवाह तभी संभव है जब वह पत्नी किसी और पुरूष से विवाह करें। यदि उसका शौहर मर जाए या उसे तलाक दे दे, तो वह अपने पहले पति से पुन: विवाह कर सकती है।

अहम बात यह है कि मुस्लिम कानून या शरियत तलाक के तीनों ही तरीकों को मान्यता देता है इस वजह से समाज में पहली तरह का तलाक यानि तलाक-ए-बिद्अत का प्रचलन बहुत ज्यादा बढ़ गया है जिसकी वजह से बड़े पैमाने पर मुस्लिम महिलाएं तीन तलाक का शिकार हो रही हैं। इसीलिए समाज के एक बड़े हिस्से से इसे खत्म करने की मांग उठी और मुस्लिम महिलाओं ने आंदोलन के जरिए कई बार धरना प्रदर्शन किए और अपने मानवाधिकार संरक्षण एवम् गरिमापूर्ण जीवन जीने एवम् सम्मान पूर्वक रहने के पक्ष में समाज एवम् शासन व्यवस्था को कार्य एवम् कानून बनाने को कहा।

पिछले वर्ष काशीपुर, उत्तराखंड की रहने वाली शायरा बानो ने खुद को दिए गये एक साथ तीन तलाक को सुप्रीम कोर्ट में चुनौती देते हुए इस परम्परा के साथ ही हलाला और बहु विवाह प्रथा को भी खत्म करने की गुहार लगाई थी। सुप्रीम कोर्ट ने शायरा बानो की याचिका सुनवाई के लिए मंजूर की और केन्द्र सरकार से इस मामले पर राय मांगी।

केन्द्र सरकार ने तीन तलाक को गलत और कुरान के खिलाफ बताते हुए मुस्लिम महिलाओं के संवैधानिक अधिकारों पर हमला बताया। इसके लिए केन्द्र सरकार ने पूर्ववर्ती यूपीए सरकार के दौरान गठित समिति की रिपोर्ट का हवाला देते हुए कहा कि 2013 में इस समिति ने तीन तलाक को संविधान में दिए गये बराबरी के अधिकारों का उल्लंघन बताया था।

मोदी सरकार के लिए यही रिपोर्ट तीन तलाक के खिलाफ कडा रूख अपनाने का मजबूत आधार बनी। मोदी सरकार ने तलाक के इस मुद्दे को धार्मिक नजरिए से देखने के बजाए मानवाधिकार और संविधान में महिलाओं को मिले बराबरी के अधिकार से जोड़ कर देखा। इसी आधार पर केन्द्र सरकार मुस्लिम

समाज के व्यक्तिगत कानून यानि शरियत कानून के पेंच कसती नजर आई। प्रधानमंत्री मोदी ने लोकसभा चुनाव की रैलियों में तीन तलाक के मुद्दे को उठाकर अपनी और अपनी सरकार की मंशा चुनाव में ही साफ कर दी थी।

हालांकि मुस्लिम पसर्नल बोर्ड से जुड़े लोगों और मजहबी रहनुमाओ ने तीन तलाक के मुद्दे को कभी कोई मुद्दा ही नही माना। जबकि प्रधानमंत्री नरेन्द्र मोदी जी ने 29 अप्रैल 2017 को कहा कि इस समस्या का समाधान करना जरूरी है। तीन तलाक के संकट से गुजर रही मुस्लिम महिलाओं को इससे छुटकारा मिलना ही चाहिए।

उत्तराखंड की शायरा बानो, जयपुर की आफरीन रहमान, पश्चिमी बंगाल की इशरत जहाँ, उत्तर प्रदेश की आतिया साबरी व गुलशन परवीन आदि महिलाएं मुख्य रूप से याचिका दायर करने वाली औरतें है जिन्होनें उच्चतम न्यायालय का दरवाजा खटखटाया।

मुसलमानों की संस्था जमिअत-ए-उलमा-ए-हिंद भी सुप्रीम कोर्ट पर प्रतिवादी के रूप में पहुँची और कहा कि पसर्नल लॉ से जुड़े इस मामले पर उनका भी पक्ष सुना जाए।शायरा बानो के पक्ष में भारतीय मुस्लिम महिला मंच समेत कुछ सामाजिक सगठंन भी सुप्रीम कोर्ट पहँचे। 16 फरवरी 2017 को सुप्रीम कोर्ट ने सारी अपील मजूंर करते हुए 30 मार्च 2017 तक अपना हलफनामा पेश करने को कहा। 30 मार्च 2017 को सुप्रीम कोर्ट ने कहा कि 11 मई 2017 से संवैधानिक पीठ मामले की प्रतिदिन सुनवाई करेगी। 10 मई को सुप्रीम कोर्ट ने रोजाना सुनवाई के लिऐ अलग-अलग धर्म के पांच जजो की संविधान पीठ का गठन किया जिनमें चीफ जस्टिस जे.एस. खेहर, जस्टिस कुरियन जोजफ, जस्टिस रोहिटन फली नरीमन, जस्टिस यू.यू. ललित और जस्टिस अब्दुल नजीर पंच परमेश्वर बनाए गये।

सुप्रीम कोर्ट ने तीन तलाक के मामले में ऐतिहासिक फैसला सुनाया जोकि सिर्फ हगारे संविधान और कानून के लिहाज से, बल्कि क़ुरान और हदीस में औरतों को बख्शी गई इज्जत व उनके हक के लिए एक वाजिब फैसला रहा।सुप्रीम कोर्ट के फैसले के अनुसार तीन तलाक या तलाक-ए-बिद्दत बिल में पुरूष को अधिकतम तीन साल की सजा का प्रावधान है। उसे ना थाने से जमानत मिलेगी और न कोर्ट से। जानकारों का कहना है कि दुनिया के जिन 22 मुस्लिम बहुल देशों में तीन तलाक को अवैध घोषित करने की चर्चा कई बार संसद में की गई है क्या इन मुल्कों में तलाक-ए-बिद्दत पर तीन साल की कैद का प्रावधान है। शायद कहीं भी नहीं।

सुप्रीम कोर्ट के फैसले को एक पुख्ता कानूनी रूप देने के लिए देश की हुकूमत की जिम्मेदारी बनती है वही इसे सामाजिक आचारण में लागू कराने का दायित्व इस्लाम के आलिमों और मुस्लिम समाज के बुद्धिजीवी वर्ग और मजहबी रहनुमाओ के ऊपर भी है किंतु जैसा कि उम्मीद थी कि सुप्रीम कोर्ट के फैसले के बाद हर ओर से मिली जुली प्रतिक्रियाएं आने लगीं।

कानूनी जानकारो का कहना है कि एक साथ तीन तलाक गैर संवैधानिक है। भारत का संविधान हर धर्म की महिला को सुरक्षा देता है किसी भी शख्स को पसर्नल लॉ बोर्ड की आड़ में संविधान द्वारा प्रदान अधिकारों के खिलाफ जाने का अधिकार नहीं है। विधि विशेषज्ञों का कहना है कि तीन तलाक देने से संविधान में मौजूद अनुच्छेद 14, 15 और 21 में उल्लेखित मूल अधिकारों का हनन होता है।

मुस्लिम समाज के लोग इस फैसले को अपने पारिवारिक मामलों और धार्मिक मसलों में दखल अंदाजी मानते हैं। ऑल इंडिया मुस्लिम पसर्नल लॉ बोर्ड का कहना है कि अगर तलाक-ए-बिदअत को अवैध करार दिया जाता है तो इससे अल्लाह के आदेशों की अवमानना होगी। पसर्नल लॉ बोर्ड का यह भी कहना है कि तीन तलाक को संविधान की धारा 25 के तहत सरंक्षण हासिल है। इस धारा के तहत नागरिकों को किसी भी धर्म को मानने और प्रसारित करने का मूलभूत अधिकार प्राप्त है। संविधान अल्पसंख्यकों को पसर्नल लॉ अपनाने का अधिकार देता है।

शिया धर्म गुरू मौलाना सैय्यद कल्बे जव्वाद नकवी का कहना है कि एक वक्त में तीन तलाक देने की प्रथा गलत है लेकिन सरकार मजहबी मामले में दखल अंदाजी करे यह हमें कतई मजूंर नही होगा। सुन्नी धर्म गुरू मौलाना खालिद रशीद फिरंगी महली कहते है कि तीन तलाक का मुद्दा भी कुरान और हदीस की बुनियाद पर है। सूरह बकर: की आयत नम्बर 230 में तलाक की बारिकीयों को कुरान में साफ तौर से समझाया गया है। उनका कहना है कि मुसलमानों के चारो मसलक (वर्ग) इमाम अबु हनीफा, इमाम सफई, इमाम मलिक और इमाम अहमद बिन हम्मद का मानना है कि तीन तलाक भी कुरान में तलाक का एक तरीका है। इससे इंकार नहीं किया जा सकता है। प्रसिद्ध हिंदी साहित्यकार नासिरा एस. कहती हैं कि औरतों ने शिक्षा एवं जागरूकता का हथियार उठाया और वे तर्क एवं तथ्यों के साथ मैदान में उतरी उच्च न्यायालय की सीढ़ियों तक चढ़ती चली गईं फलस्वरूप मौजूदा केन्द्र सरकार व सुप्रीम कोर्ट भी उनका साथ देती नजर आई। मुस्लिम महिला आंदोलन की सह

संस्थापक जकिया सोमन कहती हैं कि सर्वोच्च न्यायालय का फैसला ना सिर्फ मुस्लिम महिलाओं के लिहाज से, बल्कि भारत के लोकतंत्र के लिए भी ऐतिहासिक है। दरअसल, पिछले सात दशकों से मुस्लिम महिलाओं को उनके अधिकारों से वंचित रखा जा रहा था इससे काफी मुस्लिम महिलाएं हताश हो चुकी थीं किंतु उच्च अदालत ने एक बार फिर साबित किया है कि देश का न्यायालय संजीदगी से काम करता है। प्रोफेसर फरीदा खानम का कहना है कि सर्वोच्च न्यायालय का यह ऐतिहासिक फैसला देश की मुस्लिम महिलाओं की जीत है। उम्मीद करनी चाहिए कि इस प्रक्रिया के खात्मे से मुस्लिम महिलाओं के साथ होने वाले वाली नाइंसाफी खत्म होगी।

मुस्लिम महिला अधिकार कार्यकर्त्ता नाइश हसन कहती हैं कि तीन तलाक के खिलाफ लड़ाई जीतने के बाद अभी कई ऐसी अमानवीय प्रथाएं हैं जिनके खिलाफ मुस्लिम महिलाओं को लामबंद होना है। एक अवसर पर महात्मा गांधी ने कहा था कि खुशहाली तभी आती है जब आपकी सोच आपके कथन और आपके कार्यो में तालमेल हो। वरिष्ठ पत्रकार कमर वहीद नकवी कहते हैं कि 1985 के मुकाबले 2017 में मुस्लिम महिलाओं में साक्षरता और सामाजिक चेतना कहीं ज्यादा हो गई है। वे धर्म के नाम पर शोषण के कुचक्र को अच्छी तरह पहचानने और समझने लगी हैं अधिकारों और सामाजिक सुधारों के लिए लड़ने का साहस उनमें आ गया है।

बहरहाल सुप्रीम कोर्ट ने एक बार में तीन तलाक देने की प्रथा को असंवैधानिक ठहराकर मुस्लिम महिलाओं के साथ हो रहे अन्याय के सिलसिले को रोकने के साथ ही समाज सुधार को गति देने का मार्ग प्रशस्त किया है। लेकिन किसी को भी इस मुगालते में नहीं रहना चाहिए कि केवल मुस्लिम महिलाएं ही सामाजिक एवं रूढ़िवादियों से जुड़ी जंजीरों में जकड़ी हैं कमोवेश भारत के हर समाज हर तबके की महिलाएं किसी ना किसी रूप में सामाजिक परिस्थितियों से जूझ रही हैं। लिंग अनुपात में असतुंलन से लेकर जिदंगी के हर मोड़ पर क्या समाज के अन्य धर्मों की महिलाएं सुरक्षित हैं कन्या भ्रूण हत्या से लेकर वृद्धावस्था में आश्रमों में जीवन बिता रही बुजुर्ग महिलाएं क्या संवैधानिक अधिकारों के अर्न्तगत जीवन जी रही हैं तीन तलाक पर प्रेस मीडिया, इलैक्ट्रोनिक मीडिया पर रात दिन होती बहसो में हमारे राजनीतिक एवं धार्मिक नेता यह क्यों भूलते रहे कि बेशक कुछ मुस्लिम महिलाओ को तीन तलाक हलाला या बहु विवाह जैसी प्रथाओं से दो चार होना पड़ रहा है किंतु समाज की अन्य धर्मों की महिलाएं भी कन्या भ्रूण हत्या, बाल विवाह, दहेज उत्पीड़न,

अवैध बहु विवाह, विरासत में असमानता, घरेलू हिंसा, मानसिक शोषण, आदि सामाजिक कुरीतियों से परेशान है। ईसाई महिलाओं को भी एकाकी जीवन, शादी, तलाक और विरासत के अधिकार पाने में कानूनी अड़चनों का सामना करना पड़ता है। कुछ आदिवासी समूह भी बहु विवाह की अनुमति देते हैं। पारिवारिक हिंसा से पीड़ित महिलाएं अदालतो में तलाक की गुहार लगाकर फैसले का वर्षो इतंजार करते हुए बुढ़ी हुई जा रही है। विधवाएं पुन: विवाह की इच्छा रखते हुए भी विधवा आश्रम में रहने को क्यो विवश है। अपना घर परिवार होते हुए भी वृद्धाश्रमों मे इतनी भीड़ क्यो है। क्यों उनके परिवारजन उन्हें उग्र के इस पड़ाव में बेसहारा छोड़ देते है, क्या यह उनके मानवाधिकारों का ठीक ठीक उल्लघंन नहीं हो रहा है। इसी के साथ महिलाएं छेड़छाड़, बलात्कार, एसिड अटैक से पीड़ित होकर कानूनी प्रक्रियाओं से जूझती दिख रही हैं।

मतलब साफ है कि पुरूष प्रधानता के चलते हुए हर समाज हर समुदाय में महिलाओं के साथ अन्याय और जुल्म होता रहा है। राजनीतिज्ञों को भी समझ लेना चाहिए कि जब महिलाएं हक की लड़ाई लड़ें तो उसका राजनीतिक फायदा उठाने से बाज आएं क्योंकि हक की आवाज को वोटों की राजनीति में बदलने से न्याय की लड़ाई कमजोर पड़ती है और पुरूष प्रधानता को और बल मिलता है।

जाहिर है तीन तलाक मामले पर सुप्रीम कोर्ट एवं केन्द्र सरकार के रूख की सराहना की जानी चाहिए यही नहीं बहु पत्नी प्रथा पर भी पाबंदी लगनी चाहिए। हलाला भी दंडनीय अपराध घोषित हो, बच्चों के सरंक्षण का अधिकार मर्द और औरत दोनों को बराबर मिले तब यह फैसला पूरा होता नजर आएगा। केन्द्र व राज्य सरकारे भी मुस्लिम व अन्य महिलाओं से जुड़ी हर छोटी बड़ी समस्याओं को गंभीरता से लें। समाज का भी दायित्व बनता है कि हर जुल्म के खिलाफ पूरी मुस्तैदी से जंग लड़े जब तक संघर्ष करे तब तक न्याय या लक्ष्य की प्राप्ति ना कर लें। कोई भी सामाजिक बदलाव एक व्यापक प्रक्रिया से गुजरकर ही होता है। कानूनी बदलाव तो इस प्रक्रिया का महज एक हिस्सा होता है। जिस तरह से सामाजिक बदलाव के लिए शिक्षा व सामाजिक समानता जरूरी है उसी प्रकार आत्म निर्भरता और आर्थिक आवश्यकताओं के लिए रोजगार से जुड़ना जरूरी है। महिला सशक्तिकरण की बातें तो बहुत हो चुकी वास्तव में महिलाओं को सशक्त करने का समय आ गया है।

संदर्भ सूची

1. कुरान शरीफ सूरह: बकर: की आयत नम्बर 230
2. भारतीय संविधान अनुच्छेद 14, 15 और 21.
3. हदीस शरीफ.
4. लायर्स अपडेट, टवस ग्प्प् च्तज.6ए जून 2016, तलाक तलाक तलाक- द ऐंड
5. चट्टोपाधाय, मुस्लिम वुमेन एंड डिर्वोस इन इंडिया मई 2017
6. शिया धर्म गुरू मौलाना सैय्यद कल्बे जव्वाद नकवी, सदस्य मुस्लिम पसर्नल लॉ बोर्ड
7. सुभाषिनी सहगल अली, सदस्य पोलित ब्यूरो, 6 मई 2017, अमर उजाला दैनिक समाचार पत्र मेरठ
8. युसुफ अंसारी 'कठघरे में तीन तलाक' 4 अप्रैल 2017, अमर उजाला दैनिक समाचार पत्र मेरठ
9. फरीदा खानम, प्रोफेसर इस्लामिक स्टडीज, जामिया मिलिया इस्लामिया, 23 अगस्त 2017, अमर उजाला दैनिक समाचार पत्र मेरठ

45

''बराबरी के लिए मुस्लिम महिलाओं की जुस्तजू और संविधान प्रदत समानता''

डा॰ शालिनी वर्मा

राजनीतिविज्ञान विभाग

एस॰ एस॰ डी॰ गर्ल्स पी॰ जी॰ कालेज

रूड़की

भारतीय समाज में औरत ही एक ऐसी हस्ती है, जिसका नसीब संस्कृतियों, क्षेत्रों, वर्गों और धर्मों में व्यापक अंतर होने के बावजूद हर जगह एक जैसा ही रहता है। लगातार तिरस्कार और अपमान उसकी नियति है।1 इसी कड़ी में भारतीय मुस्लिम महिलाएं भी लम्बे समय से हो रहे अपने शोषण, अत्याचार, दु:ख की दीवार को तोड़कर अपने लिए सफलता के नयेमायने और नये रास्ते स्वयं तलास रही हैं।222 अगस्त, 2017 सुप्रीम कोर्ट के ऐतिहासिक फैसले ने न केवल भारतीय न्यायपालिका की सर्वोच्चता को स्थापित किया है बल्कि धार्मिक इकाइयों को भी भारतीय संविधान के अनुच्छेद 25 के अंतर्गत उनके धार्मिक आचारों के संरक्षण के प्रति आश्वस्त किया है। फिलहाल के लिए कम से कम इतना हुआ कि संविधान की संतुलनकारी भूमिका के सामने खड़े एक खतरे से निजात पा लिया गया है।

मौजूदा फैसले में हर कोई अपने-अपने सीमित उद्देश्यों के हिसाब से राहत और संतोश तलास रहा है। केस पर बात करने के लिए जरूरी है कि पहले इस विवाद के मूल स्त्रोत तक पहुंचा जाए। जब इसमें कहीं भी कोई मुस्लिम किरदार

नहीं था। एक गरीब औरतफूलवतीपैतृक सम्पत्ति में अपना हिस्सा मांग रही थी। प्रकाश और अन्य बनामफूलवती के इस मुकदमे में फूलवती को राहत तो नहीं मिल सकी, लेकिन यह जस्टिसअनिलदवे और जस्टिस आदर्श के॰गोयल का विवेक था कि उन्होंने इस बहाने मुस्लिम औरतों की बदहाली पर स्वत: संज्ञान ले लिया और फैसले के महीने भर के भीतर एक रिट याचिका लग गई, जिसका शीर्षक था ''बराबरी के लिए मुस्लिम औरतों की जुस्तजूं''। यहीं से मुस्लिम औरतें इस केस की ओर आकर्षित हुई और कई याचिकाएं दाखिल की गई। बोर्ड के पास हस्तक्षेप करने के अलावा कोई विकल्प नहीं था क्योंकि उसे भारतीय संविधान के अंतर्गत मिले संरक्षण पर गम्भीर खतरा नजर आ रहा था।[3]

सर्वोच्च न्यायालय ने 22 अगस्त 2017 को ऐतिहासिक एवं दूरगामी सामाजिक महत्व के फैसले के तहत् मुस्लिमों में ''तलाक-ए-बिद्दत'' एक बार में तीन तलाक की प्रथा को असंवैधानिक करार देते हुए इसे निरस्त कर दिया है। सुप्रीम कोर्ट ने ''तलाक, तलाक, तलाक'' कहकर तुरंत शादी तोड़ने की प्रक्रिया को रद्द करते हुए इसे असंवैधानिक घोषित किया।

- 3:2 के बहुमत से सुप्रीम कोर्ट की संवैधानिक पीठ ने इस प्रथा के खिलाफ फैसला लिया।
- सुप्रीम कोर्ट ने केन्द्र सरकार से 6 महीने के 3 तलाक पर कानून लाने के लिए कहा।
- 6 महीने की शुरूआती अवधि के लिए इस प्रथा पर रोक रहेगी।
- कोर्ट ने केन्द्र को कहा कि कानून बनाते समय मुस्लिम संगठनों की भावनाओं को ध्यान में रखा जाए।
- यदि कानून 6 महीने में लागू नहीं होता है तो इस प्रथा पर सुप्रीम कोर्ट की रोक जारी रहेगी।

फैसले के मुख्य घटक

याचिका में इस्टैट तलाक के अलावा अन्य किसी मुद्दे पर बहस नहीं होगी।	पर्सनल कानून भारतीय संविधान के अनु॰ 25 में संरक्षित	इंस्टैंटतलाक भी अनु॰ 25 के तहत संरक्षित (6 माह के लिए निलंबित रखा गया ताकि सरकार इस समस्या से निपटने के लिए एक विधेयक ला सके)

मीडिया रिपोर्टों के अनुसार तीन तलाक की प्रथा पर रोक लगाने वाला भारत में विश्व में 22वाँ देश है। जिन अन्य देशों में इस प्रथा पर रोक पहले से लगी हुई है। इनमें इंडोनेशिया व पाकिस्तान भी शामिल है। सर्वाधिक मुस्लिम जनसंख्या वाले देश इंडोनेशिया में केवल न्यायालय के जरिए ही तलाक दिया जा सकता है।[4]

मुसलमानों में तलाक अर्थात् विवाह-विच्छेद की प्रक्रिया जितनी सरल है, उतनी किसी भी दूसरे समाज में देखने को नहीं मिलती। प्राचीन अरबी सामाजिक व्यवस्था में 'खोल' की प्रथा का प्रचलन था, जिसके अनुसार पिता अपनी पुत्री के विवाह में मिलने वाले मुल्य (सदक) को वापिस करके कभी भी लड़की को उसके पति से स्वतंत्र कर सकता था। बाद में जब ''सदक'' का स्थान ''महर'' ने ले लिया तो तलाक के क्षेत्र में भी पुरूषों के अधिकार बढ़ गए। मुस्लिम विवाह में पुरूषों की प्रधानता को केवल तीन बार ''तलाक'' कह देने से पत्नी से सम्बन्ध तोड़ सकता है जबकि पत्नी को ऐसा करने के लिए पति को दोषी प्रमाणित करना आवश्यक है।[5]

सुप्रीम कोर्ट ने तीन तलाक के मुद्दे को अलग-अलग धर्मो से सम्बन्ध रखने वाले पाँच जजों की संविधानपीठ बनाकर खेद को निष्पक्ष दिखाने का संकेत दे दिया था। प्रधान न्यायाधीश- जे॰ एस॰ खेहर (सिख), जस्टिसकुरियनजोसफ (ईसाई), रोहिनटननरीमन (पारसी), यू॰ यू॰ललित (हिन्दू) और जस्टिस एस॰ अब्दुलनजीर (मुस्लिम)।

22 अगस्त को जस्टिसनरीमन, जोसफ और ललितबनाम प्रधान न्यायाधीश खेहर और नजीर के बीच इस मुद्दे पर जमकर खीचतान हुई। अदालत के औपचारिक शिष्टाचार में रहते हुए भी इन दोनों गुटों के बीच जोरदार कानूनी बहस हुई। जस्टिस नरीमन ने बहुमत को नेतृत्व किया और अदालत ने 3-2 के फैसले से तीन तलाक की व्यवस्था को खत्म करके कानून के शासन को बरकरार रखा।[6]

तीन तलाक का मुकदमा आधुनिक लोकतांत्रिक समाज में संवैधानिक न्याय का एक आदर्श रूप है। केन्द्रीय कानून मंत्री के मुताबिक, यह मानव अधिकारों, लोकहित के लिए, कानून के शासन और एक विशेष राजनैतिक संस्कृति के प्रति सम्मान है।[7]

तलाक से जुड़े फैक्टस

- 66% मामले बढ़े मुस्लिम औरतों को तलाक देने के (2001 से 2011) तक।

- 4 तलाकशुदा महिलाओं की तुलना में सिर्फ एक पुरूष तलाकशुदा।
- 66 मामले तीन तलाक के सामने आए सुप्रीम कोर्ट के आदेश के बाद (यू॰ पी॰ सबसे आगे)।
- 8.4 करोड़ मुस्लिम महिलाएं देश में 2011 की जनगणना के अनुसार।
- 13.5% लड़कियों की शादी 15 वर्ष से पहले हो जाती है।
- 49% मुस्लिम लड़कियों की शादी 14-29 साल के बीच हो जाती है।[8]

संविधान में कानून के समक्ष समानता के बुनियादी अधिकार (अनु॰ 14), मानवीय प्रतिष्ठा के साथ जीने का अधिकार (अनु॰ 21), धर्म को मानने, अभ्यास करने और उसका प्रसार करने की स्वतंत्रता (अनु॰ 25) की बात की गई है। जस्टिस चौहान कहते है-''यही वह दायरा है जिसके भीतर आधुनिक भारतीय राज्य विभिन्न समुदायों की आस्थाओं और उनके कानूनों सम्बन्धी दावों के बीच संतुलन कायम करने, समझौते करने और मध्यस्थता करने का संघर्ष कर रहा है।'' उनके दफ्तर में जनता की प्रतिक्रियाओं को जितनी गहनता से देखा जा रहा है, उतना ही ज्यादा वे अदालती फैसलों और कानूनों के व्यापक दायरे और विविधता से चकित हो रहे हैं। इसी सिलसिले में उनके सामने बाम्बे हाईकोर्ट का एक फैसला आया, जिसमें मुसलमानों को 80 साल पुराने शरीया कानून को चुनने की आजादी दी गई थी जो तीन तलाक और बहुविवाह को नियंत्रित करता है।[9]

हमारे देश का संविधान महिलाओं के लिए तीन तरीकों से विशिष्टमंशा रखता है।

1. संविधान महिलाओं और पुरूषों में लैंगिक भेदभाव मिटाने की मंशा रखता है।
2. संविधान इस बात को तूल देता है कि महिलाओं को पारिवारिक रूप से प्रताड़ित किया गया है तथा हीन समझा गया है। इस अन्याय को समाप्त करने के लिए संविधान सरकार को महिलाओं के हित में विशेष प्रावधान बनाने की अनुमति देता है।
3. संविधान निहित रूप से यह उम्मीद रखता है कि सरकार कमजोर वर्गों, जिनमें महिलाएं शामिल है, की स्थिति सुधारने के लिए विशेष प्रयत्न करेगी।[10]

महिलाओं के साथ होने वाले अन्याय, हर धार्मिक समुदाय के अन्तर्गत

उनकी गैर-बराबरी और सत्ताधारियों की ओर से उनकी पीड़ा और दर्द के प्रति संवेदनहीनता महिला आंदोलन के निशाने पर हमेशा से है। अखिल भारतीय जनवादी महिला समिति ने बीती सदी के आठवे दशक में "समान कानून, समान अधिकार" के नाम से तमाम समुदायों की महिलाओं का बड़ा सम्मेलन किया था, जिससे हर समुदाय के पर्सनललॉ (जिसमें हिन्दू महिलाओं को प्रभावित करने वाले कानून भी शामिल थे) के बारे में गहन अध्ययन पर आधारित लेख प्रस्तुत किए गए थे और उन पर गहनचर्चा हुई थी। सम्मेलन में यह मांग भी की गई थी कि हर समुदाय की महिला को उस समुदाय के पुरूषों के बराबर अधिकार दिए जाए। इसके साथ हर नागरिक को, चाहे वह महिला हो या पुरूष, समानता का अधिकार प्राप्त हो। इसके लिए पर्सनललॉ में सुधार के अतिरिक्त तमाम कानूनों में सुधार आवश्यक है। अगर मुस्लिम महिलाएं तीन तलाक, बहुविवाह और हलाला से परेशान है, तो हिन्दू महिलाएं भी दहेज, बाल-विवाह, अवैध-विवाह, और विरासत पाने में असमानता की शिकार है।[11]

मुस्लिम पर्सनललॉबोर्ड को राष्ट्रीय महिला आयोग के लिए सईदा-हमीद द्वारा तैयार की गई रिपोर्ट-वॉयसऑफ द वॉयसलेस ही पढ़ लेनी चाहिए। इसमें पूरे देश की मुसलमान औरतों से बाद की गई थी। ये औरतें अकेली थी, बीमार थी, चार-छह बच्चों को बिना किसी आय के, साधन के पालने को मजबूर थी। इनकी बदहाली का सबसे बड़ा कारण था-तीन तलाक।[12]

मानव समाज का इतिहास, महिला की सत्ता, प्रभुत्ता एवं शक्ति से दूर रखने का इतिहास है। इसी कारण प्रत्येक देश काल, जाति एवं धर्म में महिला को पुरूष के बराबर आने देने की संरचनात्मक बाध्यता सहित कई सांस्कृतिक बाध्यताएँ भी बनाई गई। प्रारम्भ से ही महिला को समाज द्वारा दोयम दर्जा प्रदान किया गया। आधी आबादी के सम्बन्ध में समाज की असमतावादी सोच के कारण ही महिला वर्ग अपनी योग्यता एवं प्रतिभा को साकार कर समाज एवं राष्ट्र के विकास में अपने योगदान के अवसर से सदैव वंचित रहा है। समाज के अर्द्ध भाग का शक्तिहीन होना उसकी अपंगता का द्योतक है।

महिलाओं के शक्तिवाद एवं महिलाओं के विरूद्ध भेदभाव की समाप्ति से सम्बद्ध कदम 18 दिसम्बर 1979 को संयुक्त राष्ट्र संघ की महासभा ने महिलाओं के विरूद्ध सभी प्रकार के भेदभाव की समाप्ति को स्वीकार किया गया।[13]

30 अनुच्छेदोंवाला यहअभिसमय सभी स्थानों पर महिलाओं को समान अधिकार दिए जाने वाले उपायों को सभी देशों द्वारा वैधानिक रूप से स्वीकृत करने सम्बन्धी दस्तावेज है, जिसके उद्देश्य निम्न प्रकार देखे जा सकते हैं-

1. महिला पर उनके लिंग के आधार पर लगाए जाने वाले सभी प्रकार के प्रतिबंधों को अथवा महिलाओं को मुख्य धारा से बाहर रखने की प्रवृत्तियों पर रोक लगाना।
2. महिलाओं के विरूद्ध किए जाने वाले सभी भेदभावों को समाप्त करने के लिए सरकारों से कानून बनवाना।
3. यथार्थता में पुरूषों और महिलाओं को बराबरी में लाने के लिए स्थायी तौर पर विशिष्ट उपाय सुझाना।
4. भेदभाव को पैदा करने वाली या बढ़ावा देने वाली सामाजिक एवं सांस्कृतिक परिस्थितियों को परिवर्तित करने के लिए कार्य योजना लागू करना इत्यादि।

निष्कर्ष

तीन तलाक का मुकदमा आधुनिक लोकतांत्रिक समाज में संवैधानिक न्याय का एक आदर्श रूप है। केन्द्रीय कानून मंत्री के मुताबिक, यह मानव अधिकारों, लोकहित के लिए कानून के शासन और एक विशेष राजनैतिक संस्कृति के प्रति सम्मान है।[15]

मुस्लिम समुदाय की तरफ से एक साथ तीन तलाक जैसी बुराई को खत्म करने की कभी कोई पहल हुई ही नहीं। मजहबी रहनुमा इसे कोई मुद्दा ही नहीं मानते। तीन तलाक के खिलाफ कई साल से चल रहे भारतीय मुस्लिम महिला आंदोलन के बावजूद ऑलइण्डिया मुस्लिम पर्सनललॉबोर्ड खामोश रहा। मुस्लिम संगठनों ने हमेशा इन महिलाओं की आवाज दबाने की कोशिश की। केन्द्र सरकार की गम्भीरता से लगता है कि सुप्रीम कोर्ट के फैसले के बाद वह इस बारे में कोई कदम उठा सकती है।[16]

मुगल काल में इस्लाम धर्म को राज्य-धर्म होने का गौरव प्राप्त था। इस्लाम धर्म की सबसे बड़ी विशेषता यह थी कि उसमें सभी अनुयायियों को समान अधिकार प्राप्त थे। क़ालांतर में इस धर्म में दिखावों और आडम्बरों का बोल-बाला हो गया है।[17]

मुस्लिम स्त्री की पिछड़ी हुई हालत का एक कारण था उनका विदेशीहुकूमत के प्रति द्वेश तथा पश्चिमी शिक्षा और सभ्यता की ओर झुकाव में विलंब। मुस्लिमों को अंग्रेजी भाषा की महत्ता तथा उपयोगिता को समझाने में सैयद

अहमद को काफी समय लग गया और यही वजह थी की महिलाओं की उन्नति का प्रश्न देर से सामने आया।[18]

सन्दर्भ सूची:-

1. राजकिशोर, स्त्री के लिए जगह, वाणी प्रकाशन, नई दिल्ली, 2005, पृ॰सं॰-65
2. सिंह उमेश प्रताप, गर्गराजेश कुमार, महिला सशक्तिकरण विभिन्न आयाम, अध्ययन पब्लिशर्स, नई दिल्ली, 2012, पृ॰सं॰-181
3. इंडिया टुडे, 6 सितम्बर 2017, पृ॰सं॰-26
4. प्रतियोगितादर्पण, 2017, पृ॰सं॰-26
5. डा॰ अग्रवाल जी॰ के॰, भारत में समाज, साहित्य भवन, एस॰ बी॰ पी॰ डी॰ पब्लिकेशन्स, आगरा, 2011, पृ॰सं॰-121, 122
6. इण्डिया टुडे, 6 सितम्बर, 2017, पृ॰सं॰-26
7. वही, पृ॰सं॰-22
8. https://m.livehindustan.com
9. इंडिया टुडे, 22 फरवरी 2017, पृ॰सं॰-52, 53
10. प्रो॰ वशिष्ठ सरिता, महिला और कानून, कल्पना प्रकाशन, दिल्ली, 2010, पृ॰सं॰-61, 62
11. अमरउजाला, 5 मई 2017
12. अमरउजाला, 16 मई 2017
13. संयुक्त राष्ट्र संघ का घोषणा पत्र, संयुक्त राष्ट्र सूचना केन्द्र, नई दिल्ली, 1995, पृ॰सं॰-03
14. संयुक्त राष्ट्र संघ का घोषणा पत्र, नोट-3
15. इंडिया टुडे, 6 सितम्बर 2017, पृ॰सं॰-22
16. अमरउजाला, 25 अप्रैल 2017
17. बिहारी लाल विनोद, मध्यकालीन भारत, न्यूबिल्डिग्स, अमीनाबाद, लखनऊ, 1968, पृ॰सं॰-436
18. डा॰ एम॰ एम॰ लवानिया, भारतीय महिलाओं का समाजशास्त्र, रिसर्च पब्लिकेशन्स, जयपुर, पृ॰सं॰-120

46

''उच्चतम न्यायालय का निर्णय एवं संसदीय कानून की भूमिका : तीन तलाक के सन्दर्भ में''

शिवानी

सहायक आचार्य

लॉ विभाग

चमन लाल महाविद्यालय, लण्ढौरा, हरिद्वार

'तीन तलाक' मूल अधिकार की जगह एक राजनैतिक मुद्दा बन रहा है। हाल ही में वर्तमान सरकार शीतकालीन सत्र में तीन तलाक बिल पारित करने में सफल हुई। दरअसल उत्तराखण्ड की रहने वाली शायरा नाम की एक महिला को उसके पति ने तीन बार तलाक शब्द के उच्चारण मात्र से तलाक दे दिया था। फलस्वरूप शायरा ने तीन तलाक, निकाह, हलाला और बहु विवाह के विरूद्ध उच्चतम न्यायालय का दरवाजा खटखटाया। गौरतलब है कि अक्टूबर 2016 में केन्द्र सरकार ने भी उच्चतम न्यायालय में याचिकाकर्त्ता 'शायरा' की मांगों का सैद्धान्तिक तौर पर समर्थन करते हुए एक हलफनामा दायर किया था।

इस प्रकार, प्रसिद्ध 'शाह बानों मामले' के तीन दशक बाद शायरा मामले ने एक बार फिर से लैंगिक समानता बनाम धार्मिक कट्टरपंथ की बहस को हवा दे दी और तीन तलाक पर पूरे देश में जोरदार बहस छिड़ गई। मामले की गम्भीरता की पहचान करते हुए उच्चतम न्यायालय ने कहा कि यह मामला संवैधानिक मुद्दों से सम्बन्धित है, अतः संविधान पीठ को इसकी सुनवाई करनी चाहिए।

न्यायालय ने यह भी स्पष्ट किया कि इस मामले में सिर्फ कानूनी पहलूओं पर ही सुनवाई होगी और न्यायालय तीन तलाक के अलावा किन्हीं अन्य माध्यमों से होने वाले तलाक के संबंध में विचार नहीं करेगा।1

तीन तलाक पर उच्चतम न्यायालय के इस निर्णय ने यूनिफार्म सिविल कोड (समान नागरिक संहिता) को लेकर दशकों से जारी बहस को फिर से हवा दे दी हैं। देश के प्रमुख धार्मिक समुदायों के ग्रन्थों, रीति-रिवाजों और मान्यताओं के आधार पर बनाये गये व्यक्तिगत कानूनों के स्थान पर भारत के सभी नागरिकों के लिए एक समान सिविल संहिता बनाने को ही यूनिफार्म सिविल कोड यानी समान नागरिक संहिता कहते हैं। ''संविधान के अनुच्छेद 44 में यह प्रावधान है कि राज्य सम्पूर्ण देश में 'समान नागरिक संहिता' लागू करने का प्रयास करेगा, अर्थात् सभी नागरिकों के लिए निजी कानून एक जैसे होंगे।''

उच्चतम न्यायालय की संविधान पीठ ने बहुमत के निर्णय में मुस्लिम समाज में एक बार में तीन बार तलाक देने की प्रथा को निरस्त करते हुए अपनी व्यवस्था में इसे असंवैधानिक, गैर कानूनी और शून्य करार दिया।

इस निर्णय के अनुसार कोई भी मुस्लिम पति एक साथ तीन बार तलाक बोलकर अपनी बीवी को तलाक नहीं दे पायेगा। उच्चतम न्यायालय ने कहा कि तीन तलाक की यह प्रथा कुरान के मूल सिद्धान्त के खिलाफ है। मुख्य न्यायधीश की अध्यक्षता वाली पाँच सदस्यीय संविधान पीठ ने अपने 365 पृष्ठ के फैसले में कहा कि 3:2 के बहुमत से दर्ज की गई अलग-अलग राय के मद्देनजर ''तलाक-उल-बिद्दत'' (तीन तलाक) को निरस्त किया जाता है। मुख्य न्यायधीश जगदीश सिंह खेहर और न्यायधीश एस0 अब्दुल नजीर ने तीन तलाक की इस प्रथा पर ''छह'' महीने की रोक लगाने की हिमायत करते हुए सरकार से कहा कि वह इस संबंध में कानून बनाये जबकि न्यायाधीश कुरियन जोसेफ, न्यायाधीश आर0एफ0 नरिमन और न्यायधीश उदय यू0 ललित ने इस प्रथा को संविधान का उल्लंघन करने वाला करार दिया। बहुमत के फैसलें में कहा गया कि तीन तलाक सहित कोई भी प्रथा को कुरान के सिद्धान्तों के खिलाफ है, अस्वीकार्य है।

न्यायाधीशों ने तीन तलाक को संविधान के ''अनुच्छेद-14'' का उल्लंघन करार दिया। उन्होंने कहा कि संविधान का ''अनुच्छेद-14'' समानता का अधिकार देता है।

उच्चतम न्यायालय ने कहा कि तीन तलाक मुस्लिम महिलाओं के मूलभूत अधिकारों का हनन करता है। यह प्रथा बिना कोई मौका दिये शादी को खत्म कर देती हैं। न्यायालय ने मुस्लिम देशों में तीन तलाक पर लगी रोक का जिक्र किया और पूछा कि भारत इससे आजाद क्यों नहीं हो सकता?

तीन न्यायधीशों ने यह भी कहा कि तीन तलाक के माध्यम से विवाह-अनुच्छेद करने की प्रथा मनमानी है और इससे संविधान का उल्लंघन होता है इसलिए इसे निरस्त किया जाना चाहिए। मुख्य न्यायधीशों खेहर और न्यायधीश नजीर ने अल्पमत के निर्णय में तीन तलाक की प्रथा को छह महीने स्थगित रखने की हिमायत करते हुए राजनीतिक दलों से कहा कि वे अपने मतभेद परे रखते हुए केन्द्र को इस सम्बन्ध में कानून बनाने में सहयोग करें।

अल्पमत के निर्णय में यह भी कहा गया कि यदि केन्द्र छह महीने के भीतर कानून नहीं बनाता है तो तीन तलाक पर यह अंतरिम रोक जारी रहेगी। मुख्य न्यायधीश और न्यायधीश नजीर ने उम्मीद जताई कि केन्द्र का कानून मुस्लिम संगठनों की चिंता और शरिया कानून को ध्यान में रखेगा।

इस पाँच सदस्यीय संविधान पीठ में विभिन्न धार्मिक समुदाय- ''सिख, ईसाई, पारसी, हिन्दू और मुस्लिम'' के न्यायधीशों ने तीन तलाक की प्रथा को चुनौती देने वाली पाँच मुस्लिम महिलाओं की याचिका सहित सात याचिकाओं पर सुनवाई की थी। सुनवाई के दौरान कोर्ट ने कहा कि मुस्लिम समुदाय में शादी तोड़ने का यह सबसे खराब तरीका है, यह असंवैधानिक हैं।

लोकसभा में पेश तीन तलाक संबंधी ''मुस्लिम महिला विवाह अधिकार संरक्षण'' विधेयक को पारित कर दिया गया है। इस बिल में तीन तलाक को दण्डनीय अपराध की श्रेणी में रखते हुए ''तीन वर्ष तक कारावास और जुर्माने'' का प्रावधान किया गया है। यह अपराध गैर जमानती होगा। इस बिल के खिलाफ सभी संशोधन खारिज हो गए हैं।

कुछ राजनीतिक दलों ने इस बिल का विरोध भी किया। कांग्रेस जो मुख्य विरोधी पक्ष हैं, उसने भी इस बिल का समर्थन किया, पर कुछ मुद्दों पर संशोधन की मांग की।

लोकसभा में बीजेपी का बहुमत होने के कारण वह इस बिल को पारित कर पायी। यह बिल अभी राज्यसभा में पारित होना बाकी हैं। राज्यसभा में बीजेपी के पास बहुमत नहीं है, वहाँ पर इस बिल पर ज्यादा विरोध होने की आंशका है।

कानून बनने से पीड़ितों को अधिकार मिल जायेगा, जिससे वे मजिस्ट्रेट के पास जाकर अपने और बच्चों के लिए गुजारा भत्ते की माँग कर सके, इतना ही नहीं, महिला मजिस्ट्रेट से अपने नाबालिग बच्चों की कस्टडी लेने की माँग भी कर सकती है। इस कानून के तहत तीन तलाक किसी भी रूप में बोलकर, लिखित या ईमेल, एस0एम0एस0, और वाट्सऐप से अवैध और अमान्य होगा। गुजारा भत्ता और कस्टडी का प्रावधान यह सुनिश्चित करने के लिए रखा गया है कि अगर पति पत्नी को घर से निकलने के लिए कहता है तो पीड़ित महिला के पास कानूनी सुरक्षा होनी चाहिए।

यूनिफार्म सिविल कोड इसलिए जरूरी है–

1. एक आधुनिक, धर्मनिरपेक्ष और लोकतान्त्रिक गणराज्य का यह उत्तरदायित्व है कि वह विभिन्न जाति, धर्म वर्ग और लिंग से संबंध रखने वाले अपने सभी नागरिकों के लिए एक समान नागरिक और व्यक्तिगत कानून का निर्माण करें।
2. आमतौर पर यह देखा गया है कि लगभग सभी धर्मों के व्यक्तिगत कानून महिलाओं के प्रति भेदभावपूर्ण है। यू0सी0सी0 पुरूषों और महिलाओं दोनों को समानता के स्तर पर लाने में सहायक होगा।
3. समकालीन भारत पूरी तरह से एक नया समाज हैं, जिसमें आधे से भी अधिक आबादी 25 वर्ष से कम उम्र के लोगों की है। भारत के इस नौजवान वर्ग की सामाजिक चेतना को समानता, मानवता, और आधुनिकता के सार्वभौमिक और वैश्विक सिद्धान्तों ने आकार दिया है। यूनिफार्म सिविल कोड इस चेतना को और भी मजबूत बनाएगा।
4. सभी भारतीय नागरिकों को कानूनों द्वारा एक समान संरक्षण प्राप्त हैं क्योंकि आपराधिक कानून और अन्य नागरिक कानून सभी के लिए समान है। यदि यू0सी0सी0 लागू होता है तो किसी विशेष समुदाय को रियासतें या अन्य विशेषाधिकारों के मुद्दों पर राजनीति की कोई सम्भावना नहीं होगी, जिससे देश की एकता और अखण्डता बनी रहेगी।

निष्कर्ष

तीन तलाक को असंवैधानिक करार देने का उच्चतम न्यायालय का यह फैसला निश्चित ही स्वागत योग्य है। दरअसल तीन तलाक को खत्म करने

सम्बन्धी कानून बनाने का दायित्व अब संसद का है, लेकिन हमें यह भी ध्यान रखना होगा कि धर्मनिरपेक्षता भारतीय लोकतन्त्र की मौलिक पहचान है और यह सरकार का दायित्व है कि वह अल्पसंख्यक समुदाय को यह विश्वास दिलाए कि उन पर बहुसंख्यकों के विचार नहीं थोपे जा रहे हैं।

सन्दर्भ ग्रन्थ सूची

1. अजय, 22 अगस्त 2017, हॉट टोपिक
2. लाइव हिन्दुस्तान टीम नई दिल्ली, 22 अगस्त 2017
3. दा हिन्दू
4. जनसत्ता ऑनलाइन, 22 अगस्त 2017

47

तीन तलाक सर्वोच्च न्यायालय और यूनिफार्म सिविल कोर्ट

डॉ. सुधीर कुमार
राजनीति विज्ञान विभाग
पोस्ट डॉक्ट्रल फेलो
भारतीय सामाजिक विज्ञान अनुसंधान परिषद्, नई दिल्ली

सर्वोच्च न्यायालय ने ऐतिहासिक फैसला सुनाते हुए एक बार में तीन तलाक यानी 'तलाक-ए-विद्दत' को अंसवैधानिक करार दिया है। दरअसल इस मुद्दे को लेकर दायर की गई याचिकाओं पर पांच जजों की संवैधानिक पीठ मई 2017 से सुनवाई कर रही थी, इस दौरान उच्च न्यायालय ने तीन तलाक के सभी पहलुओं पर विचार किया। इससे पूर्व केन्द्र सरकार में भी तीन तलाक को मुस्लिम महिलाओं के अधिकारों का हनन बताया था।

सर्वोच्च न्यायालय के इस फैसले के बाद तीन तलाक पर देश में व्यक्तिगत चर्चा शुरू हो गई है। अतः यह आवश्यक है कि इस पूरे मुद्दे को समझा जाए।

तीन तलाक

तीन तलाक (तलाक-ए-विद्धत) मुस्लिम समाज में तलाक लेने का वह जरिया है जिसमें मुस्लिम आदमी अपनी बीवी को तीन बार तलाक बोलकर अपनी शादी रद्द कर सकता है। तलाक का यह जरिया मुस्लिम सिनल लॉ के हिसाब से कानूनी है, फिर भी बहुत सारी मुस्लिम वर्ग की महिलाएँ इसका विरोध करती

है, यह मानवीय हको का उल्लंघन है, भारतीय कानून के हिसाब से स्त्री और पुरूष के दोनों को समान अधिकार प्राप्त हैं पर तीन तलाक के मामले में महिलाओं पर यह एक प्रकार से अन्याय होता है।

तीन तलाक के तहत मुस्लिम आदमी अपनी बीवी को बोलकर एवं लिखकर तलाक दे सकता है और बीवी का वहाँ होना भी जरूरी नहीं होता है, यहाँ तक कि आदमी को तलाक के लिए कोई वजह भी लेनी नहीं पड़ती। आजकल के जमाने में तो तीन तलाक फोन पर भी दिया जाता है। तीन तलाक से पुरूषों पर ज्यादा प्रभाव नहीं होता है पर उनकी बीवी पर इसका बहुत प्रभाव होता है। बच्चों की जिम्मेदारी गुजारा करने के लिए पैसा कमाना, रहने के लिए घर, यह सब विपदाएँ अचानक से उसके सामने आ जाती हैं। इस डर के चलते हुए बहुत सारी मुस्लिम महिलाएँ शायद इस डर के अपनी सारी जिंदगी गुजार देती हैं, पर वह कोई बगावत नहीं करती और महिलाएँ अपने भारतीय संविधान द्वारा दिये गये मौलिक अधिकारों से वंचित रह जाती हैं।

''अधिकारों को पाने के लिए पिछड़ रही ये नारी हैं
सम्मान इनका जरूरी है क्योंकि माँ-बहन ये हमारी हैं।।''

मामले की पृष्ठभूमि

दरअसल, उत्तराखण्ड की रहने वाली शायरा नाम की एक महिला को उसके पति ने तीन बार तलाक शब्द के उच्चारण से तलाक दे दिया था, 'फलस्वरूप शायरा ने तीन तलाक, निकाह हलाला और बहु-विवाह के विरूद्ध सर्वोच्च न्यायालय का दरवाजा खटखटाया। गौरतलब है कि अक्टूबर 2016 के केन्द्र सरकार ने भी सर्वोच्च न्यायालय में याचिकाकर्त्ता 'शायरा' की मांगों का सैद्धान्तिक तौर पर समर्थन करते हुए एक हलफनामा दायर किया था। इस प्रकार प्रसिद्ध 'शाह बानो मामले' के तीन दशक बाद शायरा मामले ने एक बार फिर से लौंगिक समानता बनाम धार्मिक कट्टरपंथ की बहस को हवा दे दी और तीन तलाक पर पूरे देश में जोरदार बहस छिड गई, इस मामले की गंभीरता की पहचान करते हुए सर्वोच्च न्यायालय ने कहा कि यह मामला संवैधानिक मुद्दों से सम्बन्धित है। अतः संविधानपीठ को इसकी सुनवाई करनी चाहिए। विदित हो कि न्यायालय ने यह भी स्पष्ट किया था कि इस मामले में सिर्फ कानूनी पहलुओं पर ही सुनवाई होगी। 'तलाक-ए-विद्दत' के अलावा अन्य दो तरीकों से भी तलाक को सहमति प्राप्त है : तलाक-ए-एहसन और 'तलाक-ए-हसना'

सर्वोच्च न्यायालय का तीन तलाक पर निर्णय

सर्वोच्च न्यायालय ने 22 अगस्त 2017 को एक ऐतिहासिक एवं दूरगामी सामाजिक महत्व के फैसले के तहत मुस्लिमों में 'तलाक-ए-विद्दत' या 'एक बार में तीन तलाक' की प्रथा को असंवैधानिक करार देते हुए पीठ ने 3-2 के बहुमत से दिए गए अपने फैसले में इस प्रथा को कुरान-ए-पाक के खिलाफ तथा शरीयत कानून का उल्लंघन करार दिया है पाँच न्यायाधीशों की इस पीठ में मुख्य न्यायाधीश न्यायमूर्ति जे0एस0 खेहर जहाँ सिक्ख समुदाय के थे, न्यायमूर्ति कुरियन जोसेफ इसाई, न्यायमूर्ति आर0एफ0 नरीमन पारसी तथा एस0 अब्दुल नजीर मुस्लिम थे। पाँच न्यायाधीशों की इस पीठ के तीन न्यायाधीशों ने तीन तलाक को असंवैधानिक करार दिया है जबकि दो न्यायाधीशों न्यायमूर्ति जे0एस0 खेहर व न्यायमूर्ति अब्दु नजीर ने इसे असंवैधानिक कहने से यद्यपि इंकार किया है तथापि इस प्रथा पर रोक के प्रति सहमति जलाते हुए केन्द्र सरकार को इस सम्बन्ध में छह माह के भीतर कानून बनाने का निर्देश दिया है। तीनों अन्य न्यायाधीशों न्यायमूर्ति कुरियन जोसेफ, न्यायमूर्ति उदय उमेश ललित व न्यायमूर्ति आर0एफ0 नरीमन ने इस प्रथा को संविधान का उल्लंघन करने वाली प्रथा का करार दिया है। इस मामले में छह माह के भीतर कानून बनाने का निर्देश पीठ ने सरकार को दिया है। पीछे के फैसले में यह भी कहा गया है कि यदि सरकार छह माह के भीतर कानून नहीं बनाती है तो भी कानून बनने तक सर्वोच्च न्यायालय की यह रोक जारी रहेगी। तीन तलाक की प्रथा के मामले में सर्वोच्च न्यायालय के 22 अगस्त 2017 को फैसले का देशभर में आमतौर पर स्वागत किया गया है। अनेक स्थानों पर मुस्लिम महिलाओं ने इसे दूसरी आजादी करार देते हुए प्रसन्नता व्यक्त की है तथा इस फैसले को मुस्लिम महिलाओं की जीत बताया है। फैसले में 3-2 के मंतातर पर विशेषज्ञों एवं कानूनविदों ने टिप्पणी करते हुए दिल्ली उच्च न्यायालय के पूर्व न्यायाधीश आर0एस0 सोढ़ी ने कहा है कि तीन तलाक की प्रथा समाप्त करने को लेकर पांचों न्यायाधीशों में वस्तुत: कोई मतभेद नहीं है यदि कोई मतभेद है तो वह इस बात पर है कि इस मामले में पहल सरकार करे या न्यायपालिका। तीन तलाक की प्रथा को समाप्त करने के लिए याचिकाएं कुछ मुस्लिम महिलाओं ने ही दर्ज की थी तथा केन्द्र सरकार ने इस मामले में इन महिलाओं का पक्ष लिया था।

क्या न्यायालय का यह निर्णय इस्लामिक सिद्धान्तों के खिलाफ है?

मुस्लिम पर्सनल लॉ एप्लीकेशन एक्ट (Muslim Personal Law Application Act), 1937, मुसलमानों को पर्सनल लॉ के मामलों में कुरान

और हदीस के आधार पर निर्णय लेने की स्वतन्त्रता प्रदान करता है। हालांकि कुरान के तीन तलाक का स्पष्ट संहिताकरण (Codification) नहीं दिया गया है, बल्कि उलेमाओं द्वारा इसकी मनमाफिक व्याख्या की जाती है, साथ ही प्रथाओं को दैवीय रूप दिया हुआ है। इस कारण मुस्लिम महिलाओं को केवल लिंग और धर्म के आधार पर कानून के तहत 'समान संरक्षण' और 'भेदभाव से सुरक्षा के अधिकार' से वंचित किया जाता रहा है। तीन तलाक का विरोध कर रहे लोगों का तर्क है कि तलाक-ए-विद्दत का कुरान में कोई आधार नहीं है और न ही बहु विवाह इस्लाम का अभिन्न अंग है। सर्वोच्च न्यायालय ने संविधान के अनु0 142 के तहत प्राप्त न्यायिक शक्तियों के आधार पर 6 माह के लिए तीन तलाक को प्रतिबद्ध अवश्य किया है लेकिन इसे समाप्त विधायी प्रक्रिया के तहत ही किया जा सकेगा और इसके लिए संसद को महत्वपूर्ण कानून बनाने होंगे।

यूनिफार्म सिविल कोड और महिलाएँ

देश के प्रमुख धार्मिक समुदायों के ग्रन्थों रीति-रिवाजों और मान्यताओं के आधार पर लगाए गए व्यक्ति कानूनों के स्थान पर भारत के सभी नागरिकों के लिए एक समान संहिता बनाने को ही यूनिफार्म सिविल कोड समान नागरिक संहिता कहते है। दरअसल पर्सनल लॉज यानी व्यक्तिगत कानूनों के भेदभावपूर्ण प्रावधानों के कारण अपने मूलभूत अभिव्यक्ति से वंचित महिलाओं ने जब-जब न्यायपालिका का दरवाजा खटखटाया, तब तक यू0सी0सी0 का मुद्दा ज्वलंत हो उठा। अलग अलग धर्मों के लिए अलग अलग सिविल कानून न होना ही सामान नागरिक संहिता का मूल भावना है, इसे संविधान के नीति निदेशक तत्वों में भाग 4 के अनु0 44 के अन्तर्गत दिया गया है। इसमें नीति निर्देश दिया गया है कि समान नागरिक कानून लागू करना हमारा लक्ष्य होगा।

यू0सी0सी0 न केवल इस्लाम से बल्कि हिन्दू एवं सभी धर्मों से भी संबंधित है। जहाँ तक इस्लाम और यू0सी0सी0 के सम्बन्ध की बात है तो यह एक प्रचलित भ्रम है यू0सी0सी0 भारत के सबसे बड़े अल्पसंख्यक समूह के हितों के विरूद्ध होगा जबकि सच यह है कि यू0सी0सी0 से सबसे अधिक लाभान्वित मुस्लिम महिलाएँ ही होगी, यदि यू0सी0सी0 लागू होता है तो वे तीन तलाक और निकाह, हलाला जैसी मध्यकालीन और अमानवीय प्रथाओं से मुक्ति पा सकती हैं।

''तीन तलाक की तपिश से झुल्स चुकी ये नारी है
इसको मिटाने का संकल्प अब कर चुकी हर नारी है।''

निष्कर्ष

तीन तलाक को असंवैधानिक करार देने का शीर्ष न्यायालय का यह फैसला निश्चित ही स्वागत योग्य है दरअसल, तीन तलाक के खत्म करने संबंधी कानून बनाने का दायित्व अब संसद का है लेकिन हमें यह भी ध्यान रखना होगा कि धर्मनिरपेक्षता भारतीय लोकतन्त्र की पहचान है और यह सरकार का दायित्व है कि वह अल्पसंख्यक समुदाय को यह विश्वास दिलाए कि उन पर बहुसंख्यकों के विचार नहीं थोपे जा रहे। सर्वोच्च न्यायालय और संसद को मिलकर अनुच्छेद 44 (समान नागरिक संहिता) को देश में पूरी तरह से लागू किया जा सके, जिससे महिलाओं को उनका अधिकार दिलाया जा सके। सर्वोच्च न्यायालय ने अपना कार्य कर दिया है जबकि संसद का कार्य अभी बाकी है जल्द ही इस पर कानून का निर्माण कर तीन तलाक, हलाला जैसी कुरीतियों से छुटकारा दिलाया जा सके।

''आधुनिक व प्रगतिशील समाज में यदि कोई सामाजिक कुरीति किसी व्यक्ति को समानता व स्वतन्त्रता जैसे मौलिक अधिकारों से वंचित करती है तो समय रहते समाज को इस कुरीति से मुक्त करा लेना चाहिए अन्यथा यह कुरीति एक प्रगतिशील समाज को एक जड़ समाज में परिवर्तित कर देगी।''

मार्टिन लूथर किंग जूनियर

सन्दर्भ सूची

1. प्रतियोगिता दर्पण, अक्टूबर 2017
2. मार्टिन लूथर किंग जूनियर
3. भारत का संविधान, डी0डी0 बसु

48

''भारतीय समाज में मुस्लिम महिलाओं की स्थिति का अध्ययन : तीन तलाक के सन्दर्भ में''

सुजीत पायला

एम0फिल्0 (शोध छात्र)

समाजशास्त्र विभाग

चौ0 चरण सिंह विश्वविद्यालय परिसर, मेरठ

प्रस्तावना

भारतीय समाज में हिन्दू धर्म के बाद इस्लाम दूसरा सर्वाधिक प्रचलित धर्म है, जो देश की जनसंख्या का 14.2 प्रतिशत है। (2011 की जनगणना के अनुसार 17.2 करोड) भारत की मुस्लिम आबादी विश्व की तीसरी सर्वाधिक है और दुनिया भर में सबसे अधिक मुस्लिम अल्पसंख्यक आबादी है। भारत में मुसलमान ''मुस्लिम पर्सनल लॉं (शरीयत) अनुप्रयोग अधिनियम, 1937 द्वारा शासित है।'' यह मुसलमानों के लिए मुस्लिम पर्सनल लॉ को निर्देशित करता है जिसमें शादी मेहर (दहेज), तलाक, रखरखाव, उपहार, वक्फ़, चाह और विरासत शामिल है। आम तौर पर अदालत सुन्नियों के लिए हनाफी सुन्नी कानून को लागू करती है, शिया मुसलमान उन स्थानों में सभी कानून से अलग है जहाँ बाद में सुन्नी कानून से शिया कानून अलग है। हालांकि वर्ष 2005 में, भारतीय शिया ने सबसे महत्वपूर्ण मुस्लिम संगठन ऑल इंडिया मुस्लिम पर्सनल लॉ बोर्ड के रूप में स्वतन्त्र लॉ बोर्ड का गठन किया है।

मुस्लिम समाज हमारे देश में सबसे अधिक पिछड़े वर्गों में से एक है। हालांकि आजादी के बाद के हालात ने इस समुदाय को कुछ राहत प्रदान की है, लेकिन मुस्लिम महिलाओं के सामाजिक, आर्थिक, राजनीतिक व मनोवैज्ञानिक स्तर में किसी भी प्रकार की बढ़ोतरी के चिह्न नहीं मिलते है।

दुनिया भर में आतंक तथा फतवों के साये में जीवन बिताने वाली मुस्लिम महिलाएँ कुछ भिन्न चुने देशों में अपने अधिकारों, जीवन स्तर व स्वतन्त्रता को बनाये रखने की कोशिश में जुटी है, लेकिन वहाँ भी हिजाब परदे व तीन तलाक जैसी कुप्रथाओं रूपी जिन्न उनका पीछा नहीं छोड़ता।

सरकार द्वारा मुस्लिम महिलाओं के संरक्षण व स्थिति सुधार हेतु बनाए गये अधिनियमों व कानूनों का भी सही रूप में उपयोग नहीं हो पा रहा है।

राष्ट्रीय व अन्तर्राष्ट्रीय स्तर पर किए जाने वाले प्रयासों ने भी मुस्लिम महिलाओं की स्थिति पर कोई विशेष प्रभाव नहीं डाला है। मुस्लिम महिलाओं की इन स्थिति ने इन्हें हाशिये पर लाकर खड़ा कर दिया है।

भारतीय समाज में मुस्लिम महिलाओं की स्थिति

महिलाएँ चाहे जिस वर्ग, वर्ण, समाज की हों, सबसे ज्यादा उपेक्षित हैं, दमित है, पीडित है। मैं किसी धर्म का विरोधी नहीं, परन्तु इस्लाम में महिलाओं की स्थिति क्या है किसी से छिपी नहीं है और यह किसी को समझाने की जरूरत नहीं है। शाहबानों से लेकर तस्लीमा तक सभी इस्लाम में महिलाओं की स्थिति को बयां कर रही है। किसी महिला को उसके आर्थिक अधिकार नहीं मिल पा रहे तो किसी को इस्लाम के कठमुल्लाओं के फतवे से अपनी आबरू और प्राण की रक्षा के लिए जूझ रही है। इस्लाम में नारी की आरूब को नंगा करने में कोई कसर नहीं छोडी जा रही है, कुछ कठमुल्ले नारी के पति को उनकी औलाद तो कभी उसके सवसुर को उसका पति घोषित कर देता है। मुस्लिम समुदाय में युगों से चली आ रही औरतों की दुर्दशा में नाम मात्र का भी सुधार नहीं हुआ है बात केवल उनकी शिक्षा, आजादी एवं अधिकारों की नहीं है- जरा सी बात पर शौहर का तलाक के तीन शब्द कह कर बीवी को घर से बाहर करना, आकारण एक से अधिक विवाह करना, शौहर के क्रूर व्यवहार और बात-बात पर हाथ उठाने के बावजूद चुपचाप सब सहना, मेहर न अदा करना, शौहर के जनाजे पर जबरदस्ती मेहर माफ करना।

उसकी मृत्यु के पश्चात् जीवी के पुनर्विवाह पर परिवार वालों की तरफ से

मनाही आदि कई गैर इस्लामी एवं गैर इन्सानी खायते हैं जिन्हें इस्लाम हरगिज सही नहीं ठहराता। अल्लाह के प्यारे नवी (सं0अ0) का इरशाद है- ''औरतों के साथ सद्व्यवहार की ताकीद करों।'' आपने (सं0अ0) फरमाया- ''नमाज और औरतों का ख्याल रखना।'('

इस्लाम के अलावा किसी भी धर्म में लिखित रूप से औरतों को पैतृक सम्पत्ति में हिरसेदार नहीं बनाया गया है और न ही तलाकशुदा एवं विधवा को दोबारा विवाह करने का अधिकार दिया गया है। ये सारी आजादी एवं अधिकार इस्लाम ने औरतों के हित साधन में दिए हैं।

तलाक को लेकर मुस्लिम समुदाय में यह मान्यता है कि शौहर यदि एक साथ तीन बार तलाक बोल देता है तो सम्बन्ध विच्छेद हो गया पर यह बिल्कुल गलत है। इसके लिए यह शरई कानून है कि एक ही वाक्य में एक साथ तीन तलाक का देना हराम है और ऐसा करने वाला व्यक्ति अल्लाह के नजर से बहुत बड़ा गुनाहगार है। इसका सही तरीका यह है कि पहली और दूसरी बार अलग-अलग समय पर तलाक देने के पश्चात् यदि एक माह के भीतर रूजु कर ले अर्थात् शौहर-बीवी अपनी गलती का अहसास कर के आपसी रजामंदी से पति-पत्नी के रिश्ते में बंधे रहना चाहे तो रह सकते हैं और यदि शौहर ने तीसरी तलाक दे दी तो पति पत्नी का रिश्ता खत्म हो जाता है। जहाँ तक मेहर का सवाल हैं, सवल देने से पहले या अपनी मृत्यु से पहले शौहर को पूरी रकम (चाहे गहनों या प्रपर्टी के रूप में हो) बीवी को भुगतान करना आवश्यक है। इसी तरह इस्लाम में निकाह के लिए औरत और मर्द दानों की रजामंदी जरूरी करार दिया गया है। जबरदस्ती किसी के जोर देने पर हामी भरना कतई गलत बताया गया। अल्लाह के रसूल ने फरमाया है कि निकाह से पहले औरते अपने होने वाले शौहर को एक नजर देख सकती है। शरई तौर पर इतना मजबूत आधार मिलने के बावजूद कैसे मुस्लिम महिलाओं के अधिकारों का हनन हो रहा है, यह किसी से छिपा नहीं है।

मुस्लिम महिलाओं की सामाजिक स्थिति

मुस्लिम महिलाओं की स्थिति में सुधार लाने में भारत सरकार की योजनाओं का बहुत कम प्रभाव है। अन्तर्राष्ट्रीय कुरान समाचार एजेंसी (IQNA) मुंबई में ईरानी सांस्कृतिक केन्द्र के हवाले से, 2012 में संघीय सरकार के अल्पसंख्यक मामलों की ओर से मुस्लिम महिलाओं की सामाजिक स्थिति के बारे में शोध के उद्देश्य के साथ एक आयोग का गठन किया गया था।

इस आयोग ने, महिलाओं की स्थिति पर सरकार की योजनाओं की जांच के बाद, एक रिपोर्ट तैयार व जमा की लेकिन यह रिपोर्ट पिछली सरकार (कांग्रेस) के समय में कुछ राजनीतिक कारणों की वजह रिलीज नहीं की गई।

इस रिपोर्ट में आया था कि सरकार की योजना जो कि मुस्लिम महिलाओं की स्थिति में सुधार के लिए प्रस्तुत हुई, उनकी स्थिति में सुधार लाने पर बहुत ही सीमित प्रभाव पड़ा है।

मुस्लिम महिलाओं की आर्थिक स्थिति

इसी तरह यह रिपोर्ट बताती है कि मौलाना आजाद शिक्षा फाउंडेशन जो कि केन्द्र सरकार की ओर से मुसलमानों को 50 हजार रूपए तक क्रण देने का ट्रस्टी था, ने कहा कि महिलाओं के तीन बराबर पुरूषों ने इन क्रणों का इस्तेमाल किया है।

महिला अध्ययन केन्द्र की पूर्व प्रमुख (Veena Poonacha) ने कहा है कि सरकार की योजनाऐं सब मिलाकर अच्छी थी, लेकिन उनको लागू करने का तरीका बहुत ही कमजोर था और कोई उद्देश्य नहीं था।

भारत में मुस्लिम समुदाय विशेष रूप से महिलाओं को बहुत सी समस्याओं का सामना है, और बहुत सी प्रस्तावित परियोजनाएँ कभी भी उनकी स्थिति में सुधार लाने के लिए सक्षम नहीं रही।

मुस्लिम महिलाओं की शैक्षिक स्थिति

भारत में महिलाओं की साक्षरता दर 40 प्रतिशत है, इसमें मुस्लिम महिला मात्र 11 प्रतिशत है। हाईस्कूल तक शिक्षा प्राप्त करने वाली इन महिलाओं का प्रतिशत मात्र 2 है और स्नातक तक का प्रतिशत 0.81 है।

मुस्लिम संस्थाओं द्वारा संचालित स्कूलों में प्राथमिक स्तर पर मुस्लिम लड़कों का अनुपात 56.5 फीसदी है, छात्राओं का अनुपात महज 40 प्रतिशत है। इसी तरह मिडिल स्कूलों में छात्रों का अनुपात 52.3 है तो छात्राओं का 30 प्रतिशत है। पैगम्बर हजरत मौहम्मद ने ऐसा कहा था : तुमने अगर एक मर्द को पढ़ाया तो मात्र एक व्यक्ति को पढ़ाया। लेकिन अगर एक औरत को पढाया तो एक खानदान को एक नस्ल को पढ़ाया।

अनपढ़ रहकर जीना कितना मुहाल है, ये अनपढ़ ही जानते हैं। पढ़े लिखों के बीच उठने बैठने में, उनसे सामंजस्य स्थापित करने में बहुत कठिनाई दरपेश

रहती है। मुस्लिम औरतों का इस वजह से चौतरफा विकास नहीं हो पाता। वो हर क्षेत्र में पिछड़ जाती है। प्रायः कम उम्र में उनकी शादी कर दी जाती है। शादी के बाद शुरू होता है, घर गृहस्ती का जंजाल। फिर तो पढ़ाई का सवाल ही नही। गलत नहीं कहा गया है कि पहली शिक्षक माँ होती हैं। लेकिन इन मुस्लिम औरतों की बदकिस्मती है कि वह चाहकर भी अपने बच्चों को क, ख, ग, या अलिफ बे से पहचान नहीं करा पाती।

इस्लाम में तलाक का स्वरूप

तलाक ए-सुन्ना (मान्य विधि) 'अहसन' पद्धति में पति दो ;तुकालों (माहवारी के बीच) की अवधि तुहर के बीच एक बार तलाक देता है और इद्दत (तलाक के बाद के करीब तीन महीनों की अवधि) में पत्नी से संभोग भी नहीं करता, तो इद्दत की अवधि खत्म होने पर तलाक हो जाता है। 'हसन' पद्धति में पति तीन तुहरों के दौरान तीन बार तलाक देने के अपने इरादे की घोषणा करता है और पत्नी से संभोग भी नहीं करता, तीसरी बार तलाक कहने पर विवाह विच्छेद हो जाता है।

तलाक उल-विद्दत (अमान्य विधि)- 'तलाक-उल-विद्वत' में पति एक ही तुहर में एक वाक्य कहता है कि मैं तुम्हें तीन बार तलाक देता हूँ या तीन बार (तीन बार में तुम्हें तलाक देता हूँ) अलग-अलग भी कह सकता है। ऐसे तलाक के लिए दो शर्ते पूरी होनी जरूरी है। पहला दोनों तलाक के लिए राजी हो और दूसरा धन या जायदाद के रूप में पत्नी को कुछ जरूर दें। मुस्लिम पति अपनी पत्नी को तीन बार तलाक कहकर उससे तलाक ले सकता है। जबकि शिया कानून में तलाक दो गवाहों की मौजूदगी में कहा जाना चाहिए। मुस्लिम पुरूष तलाकनामा लिखकर भी पत्नी को तलाक दे सकता है। मुस्लिम पुरूष अदालत में मुकदमा दर्ज करके भी तलाक हासिल कर सकता है। रचनात्मक तलाक-'इला' में पति कम से कम चार महीनों तक शारीरिक संभोग न करने की शपथ लेता है और जब शपथ पूरी हो जाती है तो इसे तलाक माना जाता है। रचनात्मक तलाक 'जिहर' में पति पत्नी की तुलना विवाह के लिए वर्जित श्रेणी की किसी स्त्री से करता है। (जैसे पत्नी की तुलना माँ से करना) पति की ऐसी उद्घोषणा के बाद, पत्नी को अदालती तलाक का हक मिल जाता है, अगर वह प्रायश्चित नहीं करता है। मुसलमान पुरूष द्वारा धर्म बदलते ही उसकी पिछली शादी तुरंत समाप्त हो जाती है। यदि तीन बार तलाक कहने से तलाक हआ तो वो पति उसी महिला से तब तक दोबारा शादी नहीं कर सकता जब तक वह महिला किसी दूसरे पुरूष

से विवाह न करे और वह दूसरा पुरूष उस महिला को तलाक न दे या मर न जाए। (इसी कानून को हलाला कहते हैं।) मुस्लिम पत्नी पति की रजामंदी से तलाक हासिल कर सकती है। मुस्लिम पत्नी कुछ प्रतिफल के बदले भी तलाक हासिल कर सकती है। भविष्य में किसी घटना के होने या न होने की स्थिति में भी दंपत्ति तलाक के लिए रजामंद हो सकते हैं। खुला (पत्नी की ओर से तलाक) के द्वारा मुस्लिम पत्नी अपने पति को तलाक दे सकती है, इसके लिए शर्त यह है कि पत्नी को पति से जो मेहर (इवद) मिली है वह उसे लौटा दे। 'मुबारात' पति या पत्नी की ओर से तलाक दिया जा सकता है। डिस्योलूशन ऑफ मुस्लिम मैरिज एक्ट 1939 के तहत मुस्लिम पत्नी किसी भी उचित न्यायालय में तलाक के लिए पति पर मुकदमा चला सकती है। मुस्लिम विवाह विच्छेद अधिनियम 1939 के मुताबिक मुसलमान पत्नी नौ वजहों से अपने पति को तलाक दे सकती है।

- यदि उसका पति चार साल से लापता हो,
- सात साल से जेल की सजा काट रहा हो,
- तीन साल से वैवाहिक दायित्व नहीं निभा रहा हो,
- नपुंसक हो,
- पागल हो,
- कुष्ठ रोग या रतिजन्य रोगों से ग्रस्त हो,
- क्रूरता का व्यवहार करता हो
- नाबालिक (पंद्रह साल से कम उम्र) अवस्था में शादीशुदा स्त्री बालिग होने पर शादी को अस्वीकार कर दे।

मुस्लिम कानून के तहत पत्नी के सुलभ के अन्य आधार। मुस्लिम महिला के धर्म बदलने से उसका विवाह समाप्त नहीं होता है। तलाक के बाद पति या पत्नी दूसरा विवाह कर सकते हैं।

तीन तलाक का औचित्य

क्या महज तीन बार तलाक शब्द के उच्चारण के साथ ही जीवनभर का बंधन टूट जाता है? क्या इस्लाम में महिलाओं का दर्जा दोयम है? शायद इसलिए पुरूष को तो मनमानी का अधिकार है और महिलाओं का जीवन और भविष्य उनकी जुबान से तीन बार निकलने वाले इस कड़वे शब्द पर ही निर्भर है। जब

सऊदी अरब और पाकिस्तान समेत कई मुस्लिम देशों में इस पर पाबंदी लगा दी गई है तो भारत जैसे धर्मनिरपेक्ष देश में इसे जारी रखने का क्या तुक है?

इस मुद्दे पर ऑल इंडिया मुस्लिम पर्सनल लॉ बोर्ड और सुप्रीम कोर्ट की तकरार के बाद पूरे देश के साथ पश्चिम बंगाल और पूर्वोत्तर इलाके में भी उक्त सवालों पर बहस शुरू हो गई है। इस मुद्दे पर मुस्लिम समाज बंटता नजर आ रहा है। ज्यादातर मौलाना, उलेमा और अल्पसंख्यक संगठन तीन बार बोल कर तलाक देने की प्रथा को जारी रखने के पक्ष में है तो महिलाएँ और उनके हितों के लिए काम करने वाले संगठन इस प्रथा को पक्षपातपूर्ण करार देते हुए इसके खात्मे के पक्ष में है।

यहाँ इस बात का जिक्र जरूरी है कि जम्मू कश्मीर के बाद मुस्लिमों की आबादी के मामले में असम और पश्चिम बंगाल का स्थान आता है। असम की आबादी में लगभग 34 फीसदी मुस्लिम हैं तो बंगाल में 30 फीसदी। एक गैर-सरकारी संगठन भारतीय मुस्लिम महिला आंदोलन की ओर से हाल में किए गए अध्ययन में यह बात सामने आई है कि इस तबके की 92.1 फीसदी महिलाएँ तीन बार बोल कर तलाक की इस प्रथा पर पाबंदी के पक्ष में हैं। देश के 10 राज्यों में किए गए इस अध्ययन में शामिल ज्यादातर महिलाएँ आर्थिक व सामाजिक रूप से पिछड़े तबके की थी। उनमें से लगभग आधी महिलाओं का विवाह 18 साल की उम्र से पहले हो गया था और उनको घरेलू हिंसा का शिकार होना पड़ा था। इस अध्ययन में महाराष्ट्र, बिहार और झारखंड के अलावा पश्चिम बंगाल की महिलाएँ भी शामिल थी। अब तो ईमेल, स्काईप, मोबाइल मैसेज और व्हाट्सऐप जैसे सोशल प्लेटफॉर्म के जरिए भी कोई भी पति तीन बार तलाक लिख कर अपनी पत्नी से नाता तोड़ सकता है।

तीन तलाक से सम्बन्धित कानून व विवाद

महिला संगठनों ने ऑल इंडिया मुस्लिम पर्सनल लॉ बोर्ड एवं सरकार से मुस्लिम निजी कानून संहिताबद्ध किए जाने एवं मुस्लिम औरतों को कुरान में बताए गए अधिकार दिए जाने की मांग की, सम्मेलन में ईमेल, खत, मोबाइल और एसएमएस आदि के जरिए तलाक दिए जाने पर पूरी तरह से रोक लगाए जाने की जरूरत पर जोर दिया गया।

'भारतीय मुस्लिम महिला आंदोलन' पिछले पांच वर्षों से देश के 15 राज्यों में सक्रिय है, देशभर में करीब 25,000 मुस्लिम औरतें इस संगठन से जुड़ी हैं,

इसकी अध्यक्ष नाइश हसन ने इंडिया टुडे से कहा कि किसी भी धर्म के निजी कानून औरतों को सुरक्षा नहीं देते, मुस्लिम निजी कानून संहिताबद्ध कानून नहीं है। वह औरतों को सुरक्षा नहीं देता, उनके मुताबिक 1939 मुस्लिम विवाह विच्छेद अधिनियम में मुस्लिम औरतों को तलाक का अधिकार तो दिया पर मर्दों के एक तरफा तीन तलाक के हक पर अंकुश नहीं लगाया। सहारनपुर में 28 अक्टूबर को 'परचम सामाजिक' संस्थान के साथ मिलकर भारतीय मुस्लिम महिला आंदोलन ने मुस्लिम पारिवारिक कानून में सुधार की संभावना' विषयक परिचर्चा आयोजित की।

नाइश हसन ने इस मौके पर कहा कि कुरान से औरतों को मिले अधिकार निजी कानून में नजर नहीं आते इसलिए वे समुदाय के भीतर शोषण का शिकार हो रही है। उन्होंने कहा कि अल्जीरिया, मिस्त्र, इराक, जॉर्डन, कुवैत, लीबिया, मलेशिया, मोरक्को, फिलीपीस, सीरिया, ट्यूनीशिया, संयुक्त अरब अमीरात और यमऩ में मुस्लिम पर्सनल लॉ को संहिताबद्ध किया जा चुका है। नाइश हसन का कहना था कि शरीयत में क्या प्रावधान दिए गए है, इससे जुड़ी व्याख्याएँ कई जानी-मानी कानूनी हस्तियों जैसे जस्टिस अमीर अली, तैयब मुल्ला, विलसन, फिटजिराल्ड एवं बैली द्वारा की गई है, लेकिन कोई संवैधानिक कानून नहीं है।

कानून की व्याख्याएँ तब तक कानून नहीं बनती, जब तक उसे संसद द्वारा अनुसमर्थित नहीं कर दिया जाता संसद में 1937, 1939 और 1986 के कानून को अनुमोदित किया गया है। नाइश हसन के मुताबिक भारतीय मुस्लिम महिला आंदोलन ने यह पहल की है कि कुरान के विचारों की तर्ज पर शादी और तलाक से संबंधित कानूनों को संहिताबद्ध (कोडिफाइड) किया जाए, जो कुरान के न्याय, समानता, बुद्धि और सबसे महत्वपूर्ण रहम आदि मूल्यों के मार्ग पर हो।

डॉ0 कुदसिया अंजुम का कहना था कि छोटी-छोटी बातों पर एक ही झटके में औरतों को तलाक दिए जाने से उनकी हालत नरक जैसी बन गई है। प्रमुख उर्दू पत्रकार एवं लेखक डॉ0 शहिद जुबैरी का कहना था कि मुस्लिम औरतों को तलाक कुरान की भावनाओं के अनुरूप ही दिया जाना चाहिए। अल्लाह की नजर में तलाक देना गुनाह है, जिससे बचने की पूरी कोशिश की जानी चाहिए। इस्लामिक राज्य में इसके लिए सजा का भी प्रावधान है।

इंस्टीट्यूट ऑफ मुस्लिम लॉ के डायरेक्टर एवं मशहूर वकील अनवर अली एडवोकेट का कहना था कि मुस्लिम पर्सनल लॉ अंग्रेजी हुकूमत में 1936-37 के दौरान दारूल उलूम देवबंद के संरक्षक रहे मौलाना अरशफ अली थांनवी, पाकिस्तान के संस्थापक मोहम्मद अली जिन्ना एवं सहारनपुर के मौ0 अहमद

काजमी एडवोकेट के प्रयासों के चलते तैयार किया गया था। आज उसी की रोशनी में मुसलमानों के शादी, विवाह, मेहर एवं खर्चा आदि के मुकदमों का निबटारा किया जाता है।

अनवर अली एडवोकेट की मांग थी कि इस कानून की कमियाँ-खामियों को दूर किया जाए। महिला अधिवक्ता शहजाद ने कहा कि तलाक और भरण पोषण के मामले सुलझने की बजाए अदालतों में उलझ जाते हैं।

इस दौरान एक तलाकशुदा महिला अदीबा ने तलाक पूर्व और तलाक के बाद के अपने कड़वे अनुभव बताए। तीन तलाक के मुद्दे पर देवबंदी मसलक की विख्यात इस्लामिक शिक्षण संस्था दारूल उलूम देवबंद के नायब मोहतमिम और जाने माने अरबी के प्रोफेसर मौलाना अब्दुल खालिफ संभली ने इंडिया टुडे से कहा कि इस्लाम में तीन तलाक को गुनाह माना गया है और दारूल उलूम एवं जीमयत उलमाए हिंद लोगों को जागरूक करने का काम कर रहा है।

दारूल उलूम का फतवा विभाग व उसके विद्वमान मुती तलाक और निकाह संबंधी देश दुनिया के लोगों द्वारा पूछे जाने वाले सवालों का कुरान और शरीयत की रोशनी में जवाब देने का काम करते है। उन्होंने कहा कि तीन तलाक पर कोई रोक नहीं लगा सकता लेकिन इससे बचे जाने की अपील जा जा सकती है।

निष्कर्ष

इस बात से कोई शक नहीं है कि मुसलमान पुरूषों को तीन बार तलाक कह कर आसानी से तलाक लेने और एक साथ चार पत्नियाँ की छूट बंद होनी चाहिए। मुस्लिम महिलाओं के साथ भेदभाव खत्म हो और उन्हें देश के दूसरे समुदायों की महिलाओं की तरह ही नागरिक अधिकार मिलना चाहिए। इसके लिए समान नागरिक संहिता जरूरी है।

लेकिन हमें यह भी ध्यान रखना होगा कि यह एक संवेदनशील मुद्दा है। भारत जैसे बहुलतावादी मुल्क में कोई कानून बनाने और उसे लागू करते समय संवेदनशीलता एवं सावधानी बरते जाने की जरूरत है, किसी भी कानून को एक तरफा ढंग से थोपा नहीं जा सकता है, बल्कि जैसा नेहरू और अम्बेडकर का मानना था, इसके लिए सबसे पहले जरूरी माहौल तैयार किए जाने की जरूरत है। दुर्भाग्य से इस देश मे बाद के हुक्मरानों ने इस दिशा में कोई काम ही नहीं किया है। इसके बदले हमारी सियासी जमातों ने इस मसले को भावनात्मक और ज्यादा संवेदनशील बनाये रखने में मदद की है, ऐसा जानबूझ कर किया गया है ताकि मुस्लिम समुदाय इन संवेदनशील मुद्दों में उलझ कर वोट बैंक बना रहे उसके

वास्तविक मुद्दे और समस्याएँ हाशिये पर ही रहे और उन्हें इस समुदाय के उत्थान और विकास के लिए कोई गम्भीर प्रयास न करना पड़े। समान नागरिक संहिता का मसला मुसलमानों की आर्थिक तंगी और शैक्षिक पिछड़ापन से भी जुड़ा हुआ है। नई सरकार और राजनीतिक पार्टियों को इन मसलों को भी बहस के दायरे में लाना होगा।

मुस्लिम समाज, सुधारों की इस बहस को अकेले सरकारों, सियासी दलों और दानिशवरों के ऊपर नहीं छोड़ सकता है बल्कि इसके लिए समुदाय विशेषकर महिलाओं को भी पूरे ताकत के साथ सामने आना होगा, तभी मुस्लिम उलेमा और नेता उनके इन मसलों पर विचार करने को तैयार होंगे। सार्वजनिक जीवन में धर्म का घलमेल कितना खतरनाक हो सकता है। यह कोई पड़ोसी देश ''पाकिस्तान'' से पूछे जहाँ ''महवश बादर'' जैसी युवा महिला यह लिखने को मजबूर हैं कि ''जिन्ना ने गलती की और मुझे शर्म है कि मैं एक पाकिस्तानी हूँ।'' भारतीय मुस्लिमों को यह बात याद रखनी होगी कि उन्होंने धर्म के नाम पर बनाये गए पाकिस्तान के विचार को नकार कर अपनी मर्जी से ''सैक्युलर भारत'' को चुना है। मुस्लिम समुदाय को बिना किसी दबाव के अपनी महिलाओं के बुनियादी नागरिक अधिकार देने का मौका और माहौल देने के लिए खुद ही पहल करनी होगी। सरकार, सियासी और समाजी जमातें और दानिशवर समुदाय को तालीम हासिल कराकर, अवसरों की प्राप्ति करके तथा वैज्ञानिक सोच बढ़ाने में सहयोग देकर मदद जरूर कर सकते हैं।

सन्दर्भ ग्रन्थ सूची

1. अल्पसंख्यक कार्य मंत्रालय, भारत सरकार रिपोर्ट।
2. राष्ट्रीय आदर्श मुस्लिम ब्युरो, 2016
3. समाचार आई0डी0 3471715, 2017, 15 अगस्त
4. जनगणना, 2011

49

"तीन तलाक, मुस्लिम महिलाएँ और कुरान"

सुनील सत्यम
सहायक आचार्य
लॉ विभाग
चमन लाल महाविद्यालय, लण्ढौरा, हरिद्वार

भले ही इस्लाम के जानकर यह दावा कर्त्तव्य रहते हैं कि इस्लाम में महिलाओं के बेहद ज्यादा अधिकार दिए गए हैं लेकिन वास्तविकता इसके उलट है।

भारत में इस्लाम में महिलाओं की स्थिति को नारकीय एवं पर निर्भर बना देने वाली तलाक व्यवस्था हमेशा विवादों में रही है। वह चाहे शाहबानों प्रकरण रहा हो या शायरा बानो, मुस्लिम महिलाओं ने हमेशा इस पक्षपाती व्यवस्था का दंश झेला है और इसकी कीमत चुकाई है।

Mohd. Ahmed Khan v. Shah Bano Begum (1985 SCR (3) 844)

शाहबानों प्रकरण ने तलाक के मामले में भारतीय मुस्लिम महिलाओं की स्थिति और अधिक नारकीय बना दी। शाहबानों एक 92 वर्षीय वृद्ध मुस्लिम महिला थी जिसके पाँच बच्चे थे। पाँच बच्चों की इस वृद्धा माँ को इसके पति ने सन् 1978 में तीन तलाक दे दिया था। बेसहारा शायरा बानों ने गुजारे भत्ता पाने के लिए कोर्ट में गुहार लगाई। मध्य प्रदेश उच्च न्यायालय ने मुहम्मद अहमद खान को शाहबानों को भरण पोषण के लिए 179 रूपये प्रतिमाह भुगतान करने का आदेश दिया।

इस केस को उच्चतम न्यायालय तक पहुँचने में 7 वर्ष लगे। उच्चतम न्यायालय ने भी अपराध दंड संहिता की धारा 125 के तहत लिए गए निर्णय में शाहबानों के पति को गुजारा भत्ता अदा करने का निर्णय बरकरार रखा।

कट्टरपंथी मुल्लाओं ने अदालत के इस निर्णय को शरिया के प्रावधानों के विपरीत एवं इस्लाम विरोधी करार देकर इसका देशव्यापी विरोध किया। उस समय शाहबानों केस विरोधी आंदोलन के नेता और प्रवक्ता एम0जे0 अकबर और सैयद शाहबुद्दीन थे। उन लोगों ने ऑल इंडिया पर्सनल लॉ बोर्ड नाम की एक संस्था बनाई और सभी प्रमुख शहरों में आंदोलन की धमकी दी। तत्कालीन प्रधानमंत्री राजीव गाँधी ने मुस्लिम आंदोलन के सामने घुटने टेक दिए और अदालत के निर्णय को पलटने के लिए (1986) में कांग्रेस (आई) पार्टी ने, जिसे संसद में पूर्ण बहुमत प्राप्त था) संसद में कानून (मुस्लिम महिला (मुस्लिम महिला (तलाक अधिकार संरक्षण) कानून 1986) बनाकर सुप्रीम कोर्ट के निर्णय को बदल दिया। इस कानून के अनुसार मुस्लिम महिलाओं के भरण पोषण के अधिकार को तलाक के बाद केवल इद्दत के 90 दिनों तक के लिए सीमित कर दिया गया।

इस कानून के कारणों और प्रयोजनों की चर्चा करना आवश्यक है। कानून के वर्णित प्रयोजन के अनुसार जब एक मुसलमान तालाकशुदा महिला इद्दत के समय के बाद अपना गुजारा नहीं कर सकती है तो न्यायालय उन संबंधियों को उसे गुजारा देने का आदेश दे सकता है जो मुसलमान कानून के अनुसार उसकी संपत्ति के उत्तराधिकारी हैं परन्तु अगर ऐसे संबंधी नहीं है अथवा वे गुजारा देने की हालत में नहीं हैं- तो न्यायालय प्रदेश वक्फ बोर्ड को गुजारा देने का आदेश देगा। इस प्रकार से पति के गुजारा देने का उत्तरदायित्व इद्दत के समय के लिए सीमित कर दिया गया। कुरान के अनुसार तलाक की स्थिति।

तलाक

जो लोग अपनी स्त्रियों से अलग रहने की कसम खा बैठे उनके लिए चार महीने की प्रतीक्षा है फिर यदि वे पलट आए तो अल्लाह अत्यंत क्षमाशील है, दयावान है और यदि वे तलाक ही की ठान ले तो अल्लाह भी सुनने वाला है और भली भांति जानने वाला है।

226-227 अल बकरा

और तलाक पाई हुई स्त्रियाँ तीन हैज (मासिक धर्म) गुजरने तक अपने आप को रोके रखे, वे गर्भ के बारे में न छुपाएँ। इस बीच उनके पति यदि संबंधों को

ठीक करने का इरादा रखते हैं तो वे उन्हें लौटा लेने के ज्यादा हकदार हैं। 228

तलाक 2 बार है फिर सामान्य नियम के अनुसार (स्त्री को) रोक लिया जाए या भले तरीके से विदा किया जाये।

तुम्हारे लिए वैध नहीं है कि जो तुम उन्हें दे चुके हो उसमें से कुछ ले लो। सिवाय अल्लाह की सीमा के यदि स्त्री कुछ देकर छुटकारा प्राप्त करना चाहे तो उन दोनों के लिए यह कोई गुनाह नहीं है। यह अल्लाह की सीमा है इसका उल्लंघन न करें। 229

इस प्रकार स्पष्ट है कि कुरान में कहीं भी एक साथ तीन तलाक का कोई प्रावधान नहीं है। शातिर मौलवियों एवं मुल्लों ने तलाक को अनैतिक धंधे का जरिया बनाकर 3 माह के अंतराल में अलग-अलग 3 तलाक बोलकर तलाक देने की कुरानी प्रथा को एक साथ में तीन तलाक में तब्दील कर दिया। ताकि सुलह की स्थिति के लिए कोई गुंजाइश न बचे और उन्हें हलाला के रूप में अनैतिक धंधा करने का एक जरिया मिल जाये। इससे उनकी न केवल आर्थिक कमाई हो बल्कि वे निशुल्क शारीरिक सुख का भी भोग कर सके।

नवाजुद्दीन सिद्दीकी की शार्ट फिल्म ''मियां कल आना'' इस विषय की सच्चाई को बेहद वास्तविक अंदाज में प्रस्तुत करती है। फिल्म में दिखाया गया है कि तीन तलाक एवं हलाला को किस प्रकार शातिर मौलवियों ने आर्थिक एवं शारीरिक शोषण का हथियार बनाया हुआ है।

हलाला क्या है?

हलाला

(दो तलाक के पश्चात्)/फिर यदि वह उसे तलाक दे दे तो वह उसके (पति के) लिए वैध न होगी। जब तक कि वह उसके अलावा किसी दूसरे पति से निकाह न कर ले। अतः यदि वह उसे तलाक दे दे तो फिर उन दोनों के लिए एक दूसरे की और पलट आने में कोई गुनाह नहीं होगा। यदि वे समझते हैं कि अल्लाह की सीमाओं पर कायम रह सकते हैं। (अल बकरा 230)

इद्दत क्या है?

जब तुम स्त्रियों को तलाक दे दो और वे अपनी निश्चित अवधि (इद्दत) को पहुँच जाए सामान्य नियम के अनुसार उन्हें रोक लो या सामान्य नियम के

अनुसार उन्हें विदा करो और तुम उन्हें नुकसान पहुँचाने की नीयत से मत रोकों कि ज्यादती करो। (231 अल्बकरा)

जब तुम अपनी स्त्रियों को तलाक दे दो और वह अपनी निर्धारित अवधि इज्जत को पहुँच जाएं तो उन्हें अपने होने वाले दूसरे पतियों से विवाह करने से नेहरू को जबकि वे सामान्य नियम के अनुसार परस्पर रजामंदी से मामला तय करें (अलबकरा 232)

जो स्त्री पूरी अवधि तक बच्चे को दूध पिलाना चाहे तो वह अपने बच्चों को पूरे 2 वर्ष तक दूध पिलाएं और वह जिसका बच्चा है सामान्य नियम के अनुसार उनके खाने और उनके कपड़े का जिम्मेदार है। किसी पर बस उसकी अपनी समाई भर की ही जिम्मेदारी है न तो कोई माँ अपने बच्चे के कारण बच्चे के बाप को नुकसान पहुँचाए और न बाप अपने बच्चे के कारण बच्चे की माँ को नुकसान पहुँचाई। इसी प्रकार की जिम्मेदारी उसके बाद दी जाती है यदि दोनों पारस्परिक शिक्षा और परामर्श से दूध छुड़ाना चाहे तो उन पर कोई गुनाह नहीं है और यदि तुम अपनी संतान को किसी अन्य स्त्री से दूर होना चाहो तो इसमें भी तुम पर कोई बनाने जबकि तुमने जो कुछ बदले में देने का वादा किया हुआ सामान्य नियम के अनुसार उसे चुका दो।

लव जेहाद : मुशरिक (बहुदेववादी) स्त्रियों से विवाह न करो जब तक कि वे ईमान न लाएं। एक ईमान वाली बांदी (दासी) मुशरिक स्त्री से कही उत्तम है चाहे वह तुम्हे कितनी ही अच्छी क्यों न लगे, और न ही ईमान वाली स्त्रियों का मुशरिक पुरूषों से विवाह करो जब तक वे ईमान न लाएं।

स्त्रियाँ हैं खेती

तुम्हारी स्त्रियाँ तुम्हारी खेती है। अत: जिस प्रकार चाहों तुम अपनी खेती में आओ और अपने लिए आगे भेजो।

50

भारत एवं अन्य देशों में तीन तलाक का एक सामाजिक अवलोकन

सन्नी गिरी
शोध छात्र
समाजशास्त्र विभाग
चौ0 चरण सिंह विश्वविद्यालय, मेरठ

प्रस्तावना

अधिकारों को पाने में पिछड़ रही ये नारी है।

''सम्मान इनका जरूरी है, क्योंकि माँ बहन ये हमारी है।

भारत वर्ष एक लोकतांत्रिक देश है परन्तु फिर हमारे समाज में महिलाऐं अपने संवैधानिक अधिकारों से वंचित प्रतीत होती हैं। जिसका प्रत्यक्ष उदाहरण मुस्लिम सम्प्रदाय में व्याप्त तीन तलाक नामक कुरीति है।

तलाक का अर्थ होता है- परित्याग करना, परन्तु परित्याग करने का कुछ अनोखा तरीका मुस्लिम समाज में प्रचलित है जिसमें पुरूष बिना कोई कारण दिए बस तीन बार तलाक शब्द के उच्चारण मात्र से अपने खुशहाल जीवन का समापन कर सकता हैं।

हद तो तब हुई जब यह सब ई-मेल, फैसबुक, व्हाट्सएप तथा डाक से होने लगा। तलाक के इस स्वरूप से मुस्लिम महिलाओं में आजीवन एक डर सा बना रहता हैं। 'धरती सुनहरी अम्बर नीला' जैसे गीतों से गुंजने वाले राष्ट्र को अपने पड़ोसी मुस्लिम बहु राष्ट्रों से सीख लेने की आवश्यकता है। जहाँ इस कुरीति का

दमन बहुत वर्षों पहले हो चुका है।

किसी भी महिला के संवैधानिक अधिकारों का हनन करने की इजाजत किसी भी धर्म या समुह के पास नहीं है। इसको मिटाने का संकल्प अब कर चुकी हर नारी है। तीन तलाक की तपिश से झुलस चुकी ये नारी है।

तीन तलाक और केन्द्र सरकार

केन्द्र सरकार ने इस कुप्रथा के उन्मूलन के लिए सुप्रीम कोर्ट में अपील की जहाँ सुप्रीम कोर्ट ने पाँच जजों की संवैधानिक पीठ को इसका फैसला सुनाने का अधिकार दिया। संवैधानिक पीठ ने सभी दलीलों और अपीलों को सुनकर 3:2 के अनुपात की वोट के हिसाब से तीन तलाक को असंवैधानिक घोषित कर दिया तथा इसके लिए कानून बनाने की घोषणा भी की।

तीन तलाक बिल लोक सभा में पारित कर दिया गया है, जिसके तहत ऐसा करने पर तीन साल तक की सजा हो सकती है। इस प्रकार की पहल से मुस्लिम महिलाओं को काफी संतोष हुआ है।

भारतीय परिप्रेक्ष्य में तलाक

आजादी के 70 साल के बाद भी कुछ कुप्रथाएँ ऐसी हैं, जो देश की कुछ महिलाओं को आगे बढ़ने से रोक रही हैं।

- 2011 की जनगणना एन0जी0ओ0 इण्डिया स्पेण्ड के किये गये समीक्षा के मुताबिक भारत में तलाक शुदा महिलाओं में 23.3 प्रतिशत मुस्लिम है।
- शादी करने वाली 1000 महिलाओं में 9.1 फीसद हिन्दु महिलाएँ तलाक शुदा या पति से अलग है।
- तो वही दूसरी तरफ शादी करने वाली 1000 महिलाओं में 11.7 फीसद मुस्लिम महिलाएँ तलाक शुदा या पति से अलग है।
- तलाक शुदा मुस्लिम महिलाओं की संख्या 2001 के मुकाबले 2011 में 39 फीसद बढ़ी जो शोचनीय है।

भारतीय संविधान में

अनुच्छेद-14

हमारे संविधान के अनुच्छेद 14 में कानुन के सामने स्त्री और पुरूष बराबर के अधिकार है।

अनुच्छेद-15

महिलाओं के भेदभाव के विरूद्ध न्याय का अधिकार प्राप्त है लेकिन तीन तलाक जैसी कुप्रथाओं के कारण मुस्लिम महिला के संवैधानिक अधिकारों का हनन होता है।

भारत एवं अन्य देशों के परिप्रेक्ष्य में समान नागरिक संहिता

समान नागरिक संहिता अनुच्छेद 44

भारतीय संविधान के अनुच्छेद 44 में प्रावधान है कि राज्य देश में ''समान नागरिक संहिता'' लागू करने का प्रयास करेगा अर्थात् सभी के लिए निजी कानून एक जैसे होंगे। निजी कानून से अभिप्राय उन कानूनों से है, जो निजी मामलों में लागू होते हैं- जैसे विवाह, तलाक, उत्तराधिकार आदि। परतंत्र भारत में हिन्दु, मुसलमान, इसाई, पारसी आदि सभी समुदायों में भेदभाव पूर्ण दमनकारी, क्रूर व अन्यायकारी निजी कानून प्रचलित थे। हिन्दू समाज में शिक्षा प्रसार व समाज सुधार आंदोलनों के फलस्वरूप, बाल विवाह व सती प्रथा तथा विधवा विवाह निषेध के विरूद्ध 1956 में हिन्दू कोड बिल लागू हुआ।

- इसाई व पारसी समुदायों में भी त्रुटिपूर्ण निजी कानूनों में सुधार हुआ।
- किन्तु मुसलमानों में आज भी दकियानूसी, दमनकारी व भेदभावपूर्ण कानून लागू हैं।
- वास्तव में विभिन्न समुदायों में प्रचलित अंधविश्वासों, कुरीतियों एवं मध्यकालीन रूढ़िवादी परम्पराओं को धर्म के ठेकेदारों द्वारा धार्मिक आवरण पहनाकर उनको अपरिवर्तनीय निजी कानून घोषित कर दिया गया है।
- इसलिए संविधान निर्माताओं ने समतामूलक समाज और पंथ निरपेक्ष शासन की स्थापना हेतु एवं राष्ट्रीयता की चेतना तथा देश में भावनात्मक एकता के विकास के लिए ''समान नागरिक सहिता'' का प्रावधान किया।

- भारत के अतिरिक्त संसार में ऐसा कोई देश नहीं है, जहाँ अलग-अलग सम्प्रदाओं व वर्गों के लिए अलग-अलग कानून विद्यमान हो।
- अमेरिका व अन्य पश्चिमी देशों में पूर्णतया संहिता लागू है।
- अनेक प्रगतिशील मुस्लिम देशों यथा मिस्त्र, सीरिया, तुर्की, मोरक्को, इडोनेशिया व मलेशिया, यहाँ तक कि पाकिस्तान में भी बहुपत्नीवाद, मौखिक तलाक तथा पुरूष प्रधान उत्तराधिकार आदि के मामलों में भेदभावपूर्ण व दमनकारी कानून बदल दिए गए है और उनको उदार व मानवीय बनाया गया है।
- हमारे पड़ोसी देश पाकिस्तान के सर्वोच्च न्यायालय ने अपने 20 दिसम्बर 2003 के महत्वपूर्ण निर्णय में मुस्लिम लड़कियों को अपनी मर्जी से विवाह करने की स्वतन्त्रता प्रदान की हैं-
- किन्तु हमारे देश में अल्पसंख्यकों के संरक्षण के नाम पर आज भी महिलाओं को अन्याय, दमन व पीडा सहनी पड़ रही है। वस्तुत: आज सभी सम्प्रदायों के निजी कानून पुरूष प्रधान है।
- मुसलमानों में पुरूष की गवाही दो महिलाओं की गवाही के बराबर मानी जाती हैं। प्रसिद्ध मुस्लिम विद्वान डॉ0 तारिक महमूद ने अपनी पुस्तक "मुस्लिम पर्सनल लॉ में निजी कानून पर समान नागरिक कानून को वरीयता देते हुए लिखा है।

-'पंथ निरपेक्षता के लक्ष्य को प्राप्त करने के लिए राज्य को धर्म आधारित कानूनों के निर्माण पर रोक लगा देनी चाहिए और भारत के समस्त नागरिकों के लिए एक समान नागरिक संहिता बनानी चाहिए।"

- इसी प्रकार इस्लाम में अन्य विद्वानों व सुधारकों यथा मौलवी इम्तियाज अली, मौलवी चिराग अली तथा न्यायमूर्ति आमिर अली ने मुसलमानों में प्रचलित त्रि तलाक घोषणा और बहुविवाह आदि कुप्रथाओं को बदलने का समर्थन किया है। उक्त विद्वानों का वादा है कि तीन बार मौखिक तलाक की घोषणा कुरान पर आधारित नहीं है, बल्कि कुरान की आयत 4:35 में तो परस्पर सहमति से ही तलाक का प्रावधान है।
- इस संदर्भ में श्री कन्हैयालाल मासिक लाल मुंशी द्वारा संविधान सभा में दिए गए अविस्मरणीय ऐतिहासिक भाषण को उद्धत करना समीचीन होगा-

''एक तर्क यह भी दिया गया है कि समान नागरिक संहिता बनाना अल्पसंख्यकों के प्रति निर्दयतापूर्ण व्यवहार होगा। किन्तु उन्नत मुस्लिम देशों में कही भी किसी अल्पसंख्यक समुदाय के निजी कानून को इतना परम पवित्र अथवा अनुल्लंघनीय नहीं समझा गया कि वहाँ नागरिक संहिता ही न बनाई जाए। तुर्की अथवा मिस्त्र का उदाहरण ले लीजिए इन देशों में किसी अल्पसंख्यक समुदाय को ऐसे पृथक व विशेष अधिकार प्राप्त नहीं है। जैसे भारतीय अल्पसंख्यकों को प्राप्त हैं। अगर आप यूरोप के इन देशों को देखें, जहाँ समान नागरिक संहिता लागू हैं तो आप पाऐंगे कि वहाँ विश्व के किसी भी देश में कोई भी गैर ईसाई जाता है।

तो वहाँ की नागरिक संहिता का पालन करना पड़ता है। वहाँ नागरिक संहिता का कानून किसी अल्पसंख्यक समुदाय के प्रति निर्दयतापूर्ण नहीं माना जाता। बात वास्तव में यह है कि क्या आप अपने वैयक्तिक कानूनों को ऐसे ढंग से मजबूत व संगठित बनाना चाहते हैं, जिससे समुचे देश का जीवन समय रहते स्थिरता और पंथनिरपेक्षता के सुत्र में न बंधने पाए। हम ऐसी स्थिति में है, जब हमें धार्मिक रीति-रिवाजों में हस्तक्षेप किए बिना हर तरीके से राष्ट्र में एकता की वृद्धि करके अपने राष्ट्र को मजबूत बनाना चाहिए।

दुनिया के 22 देशों में बैन हैं तीन तलाक-

1. मिस्त्र दुनिया का पहला ऐसा देश है, जहाँ तीन तलाक को पहली बार बैन किया गया था। सन् 1926 में मुस्लिम जजों की खंड पीठ ने सर्वसम्मति से तीन तलाक को असंवैधानिक करार दे दिया था।
2. सन् 1929 में ही मिस्त्र को नाजिर मानते हुए सूडान की अदालत ने अपने देश में तीन तलाक को बैन कर दिया।
3. 1947 में भारत और पाकिस्तान एक साथ अलग हुए लेकिन तीन तलाक को बैन करने में हमारा पड़ोसी देश हमसे कई कदम आगे है। पाकिस्तान में सन् 1956 में ही तीन तलाक को बैन कर दिया गया था।
4. पाकिस्तान के तत्तकालीन प्रधानमंत्री मौहम्मद अली बोगरा ने 1955 में पहली पत्नी को तलाक दिए बिना दूसरी शादी कर ली थी, इस घटना के बाद देशभर की महिलाएँ उठ खड़ी हुई और तीन तलाक को बैन कर दिया गया।
5. भारत के सहयोग से 1971 में पाकिस्तान से अलग हुए बांग्लादेश ने भी संविधान में संशोधन कर तीन तलाक को बैन कर दिया था। यहाँ

तलाक से पहले यूनियन काउंसिल के चेयरमैन को शादी खत्म करने से जुड़ा एक नोटिस देना होता है।

6. भारत के एक ओर पड़ोसी देश श्रीलंका में तीन तलाक को कई विद्वानों ने एक आदर्श कानून करार दिया हैं। यहाँ मैरिज एंड डिवोर्स (मुस्लिम) एक्ट 1951 के तहत पत्नी से तलाक चाहने वाले पति को एक मुस्लिम जज को नोटिस देना होगा। जिसमें उसकी पत्नी के रिश्तेदार, उसके घर के बड़े लोग और इलाके के प्रभावशाली मुसलमान भी शामिल होंगे। ये सभी लोग दोनों के बीच सुलह की कोशिश करेंगे। अगर ऐसा नहीं होता है तो फिर 30 दिन के बाद तलाक को मान्य करार दिया जाएगा। तलाक एक मुसलमान जज और दो गवाहों के सामने होता है।

7. सन् 1959 में इराक दुनिया का पहला अरब देश बना था, जिसने शरिया कोर्ट के कानूनों को सरकारी कोर्ट के कानूनों के साथ बदल दिया गया। इराक के पर्सनल स्टेट्स लॉ के मुताबिक तीन तलाक बोलने को सिर्फ एक ही तलाक माना जायेगा। 1959 के इराक लॉ ऑफ पर्सनल स्टेटस के तहत पति और पत्नी दोनों को ही अलग-अलग रहने का अधिकार दिया गया है।

8. करीब 74 फीसदी वाले देश सीरिया में तीन तलाक के नियम को इस तरह तैयार किया गया है कि कोई भी पुरूष आसानी से पत्नी से अलग नहीं हो सकता है। यहाँ 1953 में बने कानून के तहत तलाक जज के सामने ही वैध माना जाता है।

9. साइप्रस, जार्डन, अल्जीरिया, इरान, ब्रूनेई, मोस्क्को, कतर और यूएई में भी तीन तलाक बैन है।

ये बात समझने की है किस एक प्रावधान को बाकी सारे देश (मुस्लिम देश) तर्क कर चुके हैं और उस निरस्तीकरण के बावजूद भी वो उतने ही मुसलमान बने हुए है, उनके मुसलमान होने में कोई कमी नहीं आयी है। ऐसे में जो जिद है भारत में तीन तलाक को मानने वालों की कि वे इसको जारी रखेंगे तो यह समझने की बात है कि- ''यह इस्लाम नहीं पितृसत्ता हैं।''

निष्कर्ष

अंततः जब पुरूष और स्त्री एक समान बनाए गए है तो उनके हक भी एक समान होने चाहिए। धर्म के अन्तर्गत प्रथाएं समय के अनुसार बदलनी चाहिए।

महिलाओं के समान महत्व को हमें देश को तथा आगामी पीढ़ी को समझाना पढ़ेगा देश की लगभग आधी आबादी को हम पीछे रखकर कभी भी प्रगति की ओर नहीं जा सकते।

''कंचन सी काया है इसकी
नभ से भी महान हैं नारी
इसको तुम अकीचन न समझो
जीवन का वरदान है नारी।''

सन्दर्भ ग्रन्थ सूची

1. एन0डी0टी0वी0 रिपोर्ट
2. भारद्वाज गोरी शंकर–समान नागरिक संहिता–1
3. लोकसभा टी0वी0 रिपोर्ट

51

तीन तलाक और भारतीय राजनीति

सुरिन्दर कुमार
पी.एच.डी. स्कालर
समाजशास्त्र विभाग
एन.ए.एस (पी.जी. महाविद्यालय)
मेरठ (यू.पी.)

इस्लामी कानून के अनुसार सही मस्तिष्क का मुसलमान, जिसने विवाह सन्धि की आयु प्राप्त कर ली है। अपनी इच्छानुसार तलाक दे सकता है। यह मौखिक व लिखित दोनों प्रकार से हो सकता है। 'तलाक' अरबी भाषा के मूल शब्द 'तल्लाका' से बना हैं। जिसका अर्थ किसी जानवर को बांधने के रस्से से मुक्त करना। 'तलाक' का अर्थ पत्नी को निकाह के बन्धन से मुक्त करना।

इस्लाम में तलाक कई तरह के रूप से किये जाते हैं। इनमें से मुख्य 'तलाक' और 'खुल' है। समय और स्थान के साथ इस्लाम में तलाक का रूप बदला पाया गया है। तीन तलाक मुसलमान समाज में तलाक का वो जरिया है, जिसमें मुस्लिम आदमी अपनी बीवी को सिर्फ तीन बार 'तलाक' कहकर अपनी शादी किसी भी क्षण तोड़ सकता है। इस नियम से होने वाले तलाक स्थिर होते हैं, शादी खत्म हो जाती है। इसके बाद यदि पुरुष और स्त्री पुनः शादी करना चाहें तो 'हलाला' भरने के बाद ही ये शादी हो सकती है। हलाला एक पद्धति है जिसमें तलाक शुदा स्त्री को पहले एक दुसरे मुसलमान पुरुष के साथ विवाह करके रहना होता है। इस आदमी के साथ कुछ दिन व्यतीत करने के बाद पुनः

इस आदमी से तलाक लेकर स्त्री अपने पुराने शौहर से फिर से विवाह कर पायेगी। तीन तलाक को प्राय: 'तलाक उन बिद्दत' भी कहा जाता है।

तीन तलाक का इतिहास : 1993 में महिलाओं के खिलाफ होने वाले भेदभाव को दूर करने के लिए बने कानून में औपनिवेशिक काल के कानूनों में संशोधन किया गया। इस कानून के कारण धर्मनिरपेक्ष और मुसलमानों के बीच खाई और गहरी हो गई। वहीं, कुछ मुसलमानों ने बदलाव का विरोध किया और दावा किया कि इससे देश में मुस्लिम संस्कृति ध्वस्त हो जाएगी। यह विवा द ब्रिटिशकाल से ही चला आ रहा है। अंग्रेज मुस्लिम समुदाय के निजी कानूनों में बदलाव कर उससे दुश्मनी मोल नहीं लेना चाहते थे। हालाँकि विभिन्न महिला आंदोलनों के कारण मुस्लमानों के निजी कानूनों में थोड़ा बदलाव हुआ।

प्रक्रिया की शुरुआत 1772 के हैस्टिंग्स योजना से हुई और अंत शरिअत कानून के लागू होने से हुआ। हालाँकि समान नागरिकता कानून उस वक्त कमजोर पड़ने लगा, जब तथाकथित सेक्यूलरों ने मुस्लिम तलाक और विवाह कानून को लागू कर दिया। 1929 में, जमियत-अल-उलेमा ने बाल विवाह रोकने के खिलाफ मुसलमानों को अवज्ञा आंदोलन में शामिल होने की अपील की। इस बड़े अवज्ञा आंदोलन का अंत उस समझौते के बाद हुआ जिसके तहत मुस्लिम जजों को मुस्लिम शादियों को तोड़ने की अनुमति दी गई।

''तीन तलाक'' मुस्लिम महिलाओं की बह्तर स्थिति का कारण : तीन तलाक इन दिनों फोन, टेस्क्ट मैसेज, फेसबुक, स्काइप, ई-मेल आदि के जरियें किया जाने लगा है, और ऐसी घटनाओं की संख्या में लगातार वृद्धि हो रही है क्योंकि इस्लामी नीति में ये कानूनन सही है, अत: पुरुषों को कोई फर्क नहीं पड़ता है। वहीं दूसरी तरफ वैसी स्त्रियाँ जो आर्थिक रूप से अपने शौहर पर निर्भर रहती हैं, उन्हें इस तरह के तलाक से आने वाली जिन्दगी में काफी दिक्कतों का सामना करना पड़ता है। आर्थिक परेशानियों के साथ ये भावनात्मक रूप से भी टूट जाती है। ऐसी महिलाओं को किसी भी तरह से जीवन निर्वाह का जरिया नहीं मिल पाता है। ये औरतें अक्सर जिन्दगी में अकेली पड़ जाती है। इनके पास अपने बच्चों को पालने का कोई जरिया नहीं रहता है। ऐसे अधिकतर केसों में, तीन तलाक हो जाने के बाद, आदमी अपने बच्चों की, मुख्यत: अपनी बेटी की जिम्मेवारी कभी नहीं लेता है। समाज की कई मुस्लिम महिलाएं इस बात के डर में अपनी जिन्दगी गुजार देती हैं, कि उनके शाहुकार जाने कब ये तीन शापित शब्द कह दें और उनकी जिन्दगी खत्म होने के कगार पर आ जाए।

क्या तीन तलाक वैद्य है : ऑल इंडिया मुस्लिम पर्सनल लॉ बोर्ड ने ये ऐलान किया कि वे लोग जो बिना किसी जायज़ कारण के तीन तलाक देते हैं, उन्हें मुस्लिम समाज से बहिष्कृत किया जायेगा। तीन तलाक मुस्लिम समुदाय में शरिया के तहत दिया जाता है। पिछले तीन महिने से इस केस को लेकर सुप्रीम कोर्ट में सुनवाई चल रही है। तीन तलाक की वजह से कई महिलाओं की ज़िंदगियाँ खराब हो जाती है।

शाह बानों एक 62 वर्षीय मुसलमान महिला और पाँच बच्चों की माँ थी जिन्हें 1978 में में उनके पति ने तलाक दे दिया था। मुस्लिम पारिवारिक कानून के अनुसार पति-पत्नी की मर्ज़ी के खिलाफ ऐसा कर सकता है।

अपनी और अपने बच्चों की जीविका का कोई साधन न होने के कारण शाह बानों पति से गुजारा लेने के लिए अदालत पहुँची। उच्चतम न्यायालय तक पहुँचते मामलें को सात साल बीत चुके थे। न्यायालय ने अपराध दंड संहिता की धारा 125 के अंतर्गत निर्णय लिया जो हर किसी पर लागू होता है चाहे वो किसी भी धर्म, जाति या संप्रदाय का हो। न्यायालय ने निर्देश दिया कि शाह बानों को निर्वाह-व्यय के समान जीविका दी जाए।

तीन तलाक पर सर्वोच्च न्यायालय का अंतिम फैसला अगस्त 2017 की सुबह भारत की सर्वोच्च न्यायालय ने तीन तलाक पर अपना फैसला सुनाया। इस केस की सुनवाई करते हुए पांच जाजें की बेंच बनाई गई। जिसमें चीफ जस्टिस जे.एस. खेहर, जस्टिस कुरियन जोसेफ, जस्टिस आर.एफ.नरिमन, जस्टिस यू.यू. ललित और जस्टिस अब्दुल नजीर शामिल थे। सुप्रीम कोर्ट ने ट्रिपल तलाक को असंवैधानिक घोषित कर दिया है। इस फैसले पर 5 जजों की बेंच में से 3 जजों ने इसका समर्थन किया जबकि अन्य 2 जजों ने इस फैसले का समर्थन नहीं किया। इस तरह आज से मुस्लिम लोगों में कई सालों से चली आ रही इस प्रथा पर सुप्रीम कोर्ट द्वारा मुहर लगा दी गई, और यह अब पूरी तरह से गैर कानूनी हो गया है। इस फैसले से मुस्लिम महिलाओं ने राहत की साँस ली। प्रधानमंत्री मोदी सहित कई बड़े नेताओं ने इस फैसले को स्वीकारते हुए मुस्लिम महिलाओं को शुभकामनायें दी और 6 महीने के लिए और सरकार से कहा है इस पर कानून बनाने के लिए।

महिलाऐं आधी आबादी का प्रतिनिधित्व करती है और समाज का आईना होती है। समाज में महिला की स्थति उस समाज के स्थिति को भी सुनिश्चित करती है। तीन तलाक का फैसला भारत सरकार का मुस्लिम महिलाओं की

परम्परात्मक समाज से लड़ाई की जीत है और भारतीय सरकार ने ये फैसला मुस्लिम महिलाओं के हक में देकर दुनिया के सामने मिसाल कायम की है।

सन्दर्भः

1. http://www.islamsabkeliye.com/info-details?id=190
2. https://c.mp.ucweb.com/detail/ba9bc74259174ae08168fde1ae52183a ?uc_param_ str= dnvebichfrmintcpwidsudsvnwpflameefut &set_lang=english
3. http://www.islamsabkeliye.com/info-details?id=190
4. http://navbharattimes.indiatimes.com/thoughts-platform/viewpoint/islam-and-talaq/moviearticleshow/18368491.cms
5. http://www.hindustantimes.com/opinion/triple-talaq-ban-this-un-islamic-practice-and-bring-in-a-uniform-civil-code/story-ZuZeeKjjngTUoWjflLPqjK.html
6. "Hanafi jurisprudence sanctions triple talaq".
7. "Law, morality, triple talaq".
8. https://khabar.ndtv.com/news/india/triple-talaq-verdict-supreme-court-1740319
9. "Congress' backing of triple talaq bill indicates it's gradually withdrawing from Muslim appeasement politics".
10. "Congress' backing of triple talaq bill indicates it is gradually withdrawing muslim appeasement politics" http://www.firstpost.com/politics/congress-backing-of-triple- talaq
11. " http://satyagrah.scroll.in/article/100102/the-case-of-shair-bano-could-be-as-shah-bano-case

52

'1857 की क्रान्ति में मुस्लिम महिलाओं का योगदान'

डा. सूर्यकान्त शर्मा
सहायक आचार्य इतिहास विभाग
चमनलाल महाविद्यालय,
लण्ढौरा, हरिद्वार

पुरूष तथा स्त्री मानव समाज के दो अविभाजित अंग है जिन्होंने सदियों से दुख तथा सुख का साथ अनुभव किया है। भारत का इतिहास महापुरूषों के साथ साथ ऐसी महिलाओं की गाथाओं से भरा हुआ है जिन्होंने अपनी मातृभूमि की रक्षा के लिए अपना सर्वस्व न्यौछावर कर दिया। भारत के स्वतन्त्रता संघर्ष का इतिहास ऐसी-वीरांगनाओं की गाथा से भरा हुआ है।

प्राचीन काल से ही भारत में महिलाओं को सम्मानित स्थान प्राप्त है। भारत में महिलाओं को दुर्गा, सरस्वती तथा काली के रूप में देखा जाता है जो मानव सभ्यता की उत्पत्ति, पालक तथा उसके विनाश का ्रतीक है। ्राचीन काल में भी भारतीय महिलाओं ने समाज उत्थान में योगदान दिया। परन्तु मध्यकाल आते आते महिलाओं की स्थिति में धीरे-धीरे गिरावट आ गई।

ब्रिटिश शासन के भारत में आने से यहां के समाज में पुनर्सक्रंमण होना शुरू हुआ। पश्चिमी शिक्षा तथा विचारों ने भारत की जनता को ्रभावित करना षुरू कर दिया। 1857 के स्वतन्त्रता संग्राम में महिलाओं की भागीदारी तथा उनके साहस को देखकर ब्रिटिश शासक भी हतप्रभ रह गए। सर ह्यूरोज ने झांसी की

रानी के बारे में कहा था वह विरोधियों में सबसे बहादुर तथा सबसे बडी सेनापति थी।1

1857 की क्रान्ति में समूचा भारत अग्रेंजों के विरूद्ध उठ खड़ा हुआ। क्रान्ति के इस प्रयास में भारत का कोना-कोना उनके लिये नरक बन गया। अपने दूसरे भाइयों और बहनों के साथ मुस्लिम महिलाओं ने भी उस क्रान्ति युग में आन-बान, त्याग-बलिदान तथा वीरता एवं शूरता के अमिट चिन्ह छोडे।[2] भारत के इस प्रथम स्वतंत्रता संग्राम में इन मुस्लिम महिलाओं का योगदान अतुलनीय है। जिन्होंने भारत की आजादी के इस प्रथम प्रयास के लिये अपना र्स्वस्त्र न्यौछावर कर दिया।

बेगम हज़रत महल

1857 के स्वतन्त्रता संग्राम में रानी लक्ष्मीबाई के बाद एक अन्य द्रामुख मुस्लिम महिला अवध की बेगम हज़रत महल थी। अवध के नवाब वाजिद अली शाह से विवाह से पूर्व वह एक नर्तकी थी बाद में उनकी सर्वाधिक सम्मानित बेगम।

अवध पहले मुगल शासन का सूबा था। मुगल शासन के कमजोर पड़ने पर यह स्वतन्त्र राज्य बन गया। अवध का अंतिम नवाब वाजिद अली शाह कविता और नाचगाने में डूबा रहने वाला मनमौजी आदमी था। शासन कार्यो में उसकी रूचि नहीं थी। अंग्रेजों के साथ उसके पूर्वजों की एक संधि व्यवस्था के अनुसार शासन की असली बागड़ोर कंपनी के हाथ में थी। वाजिद अली शाह के इस ओर से लापरवाह होने पर कंपनी का हस्तक्षेप बढ़ता गया। अवध का खजाना भी अंग्रेजों के हाथ लुटता गया। अंग्रेजों ने अवध को हड़पने के लिए नवाब वाजिद अली शाह को राजकाज के अयोग्य घोषित कर दिया। 1854 में आउट्रम रेजीडेंट बनकर आया। उसने नवाब से समझौता संधि करनी चाही परन्तु हजरत महल की द्मेरणा से नवाब ने संधि करने से इंकार कर दिया। नवाब को कलकत्ता में नजरबंद कर दिया गया तथा अवध पर अंग्रेजों का अधिकार हो गया। सर जॉन के शब्दों में अंग्रेजों के हाथों इस आखिरी हिन्दुस्तानी रियासत की जप्ती का इतना असर पड़ा कि लोग एक दूसरे से पूछने लगे कि यदि अंग्रेजों का वफादार अवध सुरक्षित नहीं रहा तो कौन सुरक्षित है।

लखनऊ की सल्तनत समाप्त होने पर वहां लगभग अराजकता छाई थी। सल्तनत की सेना को भंग कर सैनिकों को बेरोजगार कर दिया गया था। उनके असंतोष के पीछे बेगम हजरत महल का असंतोष भी जुड़ा था। क्रान्ति का

समाचार लखनऊ तक पहुँच चुका था। 10 मई को मडियाऊ छावनी की पलटन ने अंग्रेज अधिकारी पर बंदूके तान दी। क्रान्ति का जयघोष शुरू हो गया। विद्रोही सैनिकों ने फिरंगियों को दौड़ा दौड़ाकर मारा और उन्हें भागकर वेलीगराड में छिपना पड़ा इस विजय का सेहरा मौलवी अहमदुल्ला के सर बंधा।

वाजिद अली शाह के कलकत्ता भेजे जाने से बेगम हजरत महल का जो भाग्य सितारा डूबा था वह 1857 में लखनऊ में अंग्रेजों की हार से फिर चमक उठा। अपने ग्यारह वर्षीय पुत्र बिरजिस कदर को अवध का राजा घोषित कर हजरत महल ने जनाब-ए-आलिया का खिताब हासिल किया और राजकाज देखने लगी।[3]

सल्तनत हाथ में आते ही बेगम ने बेगम कोठी को फौजी मुख्यालय बना लखनऊ के सभी मोर्चो को मजबूत करना शुरू कर दिया। दिल्ली के बादशाह के नाम स्वतन्त्रता संदेश भिजवाया। हिन्दू राजा बालकृष्ण राव को अपना वजीरे आजम नियुक्त किया। सेना की मदद के लिए खजाने खोल दिये। महिलाओं की मुक्ति सेना बनाई, जिसे युद्ध कोशल की शिक्षा दी जाने लगी। आम सभा का मैदान हो या युद्ध का, तलवार हाथ में लिए अपने जोशीले शब्दों से वह जनता तथा फौज के दिलों में त्याग, बलिदान, देश प्रेम और आजादी का जोश भर देती थी।[4] उसकी राजनीतियों से अच्छी तरह पता चलता है कि वह युद्ध कला में कितनी निपुण थी। उन्होंने रेजीमेंट के उन अफसरों से भी सम्पर्क किया जो कानपुर की फौज में अंग्रेजों की ओर से शरीक थे। उनसे यह तय किया कि पहले वे हवाई फायर करेगें फिर उनका रूख अचानक अंग्रेजों की ओर मोड़ देंगे।

16 जुलाई को पूरी तैयारी के साथ वेलीगराद पर हमला किया गया। मैदान हाथ लगने ही वाला था कि भेदिये अंग्रेजों से जा मिले तथा विद्रोहियों को पराजय हाथ लगी। फोर्ट विलियम को उड़ाकर नवाब को छुड़ाने की योजना भी भेदियों के कारण असफल हो गई। बची कुची सेना के हौसले बुलन्द रखने के लिए बेगम को स्वयं जंग के मैदान में उतरना पड़ा बेगम वीरता से लड़ी परन्तु लखनऊ उनके हाथ से निकल ही गया।

कालिन कैम्पवेल और आउट्रम के नेतृत्व में बड़ी फौज और बड़ी तैयारी के साथ अंग्रेजों ने लखनऊ पर जबरदस्त हमले किये। कैम्पवेल और आउट्रम की सेना के साथ क्रान्तिकारियों का लखनऊ में घमासान युद्ध हुआ। 21 मार्च को लखनऊ अग्रेंजों के अधीन हो गया। बेगम हजरत महल अग्रेंजों के हाथो की कठपुतली नहीं बनना चाहती थी। अतः वह नेपाल के राजा जंग बहादुर के

निमंत्रणओ पर भारत छोड़कर अपने पुत्र के साथ नेपाल चली गई। तथा वहीं उनका द्याणान्त हो गया।

बेगम हज़रत उन गिनी चुनी बहादुर स्त्रियों में से एक थी, जो अपनी सूझबूझ, वीरता, संगठन क्षमता तथा रणकुशलता के कारण अंतिम समय तक अंग्रेजों के लिए सरदर्द बनी रही। सर डब्ल्यू एच रसल ने माई डायरी इन इण्डिया में लिखा है कि बेगम में बड़ी शक्ति और प्रतिभा दिखाई पड़ती है। इन रानियों और बेगमों की हिम्मत और शक्ति को देखकर अंदाजा होता है कि जनानखाने के अंदर रह कर भी ये अत्यधिक काम करने तथा मानसिक शक्ति अपने भीतर पैदा कर लेती हैं।

बेगम जीनत महल

भारत में स्वतन्त्रता संघर्ष में असख्य महिलाओं ने अपना योगदान दिया जिनमें कुछ जैसे लक्ष्मी बाई, हजरत महल आदि ने रणभूमि में उतरकर अंग्रेजों के दांत खट्टे किए तो अनगिनत ऐसी महिलाएं भी थी जिन्होंने परदे के पीछे से स्वतन्त्रता संघर्ष में अपना योगदान दिया। ऐसी ही एक मुस्लिम महिला थी जीनत महल जिनका योगदान किसी भी कीमत पर कम नहीं आंका जा सकता।

जीनत महल दिल्ली के अंतिम मुगल बादशाह बहादुरशाह जफर की बेगम थी। जब मेरठ से कूच करके विद्रोही दिल्ली पहुँचे तो बहादुरशाह इसके लिए बिल्कुल तैयार न थे। वह वृद्ध हो चुके थे तथा अंग्रेजों से संघर्ष करने का साहस उनमें नहीं था। अतः वे हर समय विलास में डूबे रहते थे। सैनिकों ने उनसे क्रान्ति का नेतृत्व करने को कहा। सैनिकों ने कहा "आप घबराइये नहीं। अंग्रेजों ने हमारा धन लूटकर जो अपने खजाने भरे हैं, उन्हें लूटकर हम आपके खजाने भर देंगें"।5

बादशाह फिर भी हिचकिचा रहे थे। तभी परदे के पीछे से उनकी बेगम जीनत महल बोल उठीं" यह समय गजलें कहकर दिल बहलाने का नहीं है। बिठुर से नाना साहब का पैगाम लेकर देशभक्त सैनिक आए हैं। आज सारे हिन्दुस्तान की आंखे दिल्ली की ओर लगी है। खानदान-ए-मुगलिया का खून हिंद को गुलाम होने देगा, तो इतिहास उसे क्षमा नहीं करेगा"।

जीनत महल की इस प्रेरणा से बहादुर शाह की सोयी बूढ़ी रगों में नया खून जाग उठा। वह बोलें" फिरंगियों ने इतने जुल्म ढाये हैं, हर तरह कुहराम मचा हुआ है। जो भी हो हम कसम खाते हैं बेगम, हम लडेंगे और गुलामी की मौत नहीं मरेंगे"।6 अब तुम्हे भी तकलीफे उठाने के लिए तैयार हो जाना चाहिए।

जिस बेगम ने बादशाह को यह प्रेरणा दी थी, वह भला कैसे पीछे हट सकती थी। विद्रोही सैनिक जी जान से लड़ें पर सितम्बर में पासा पलट गया। अंग्रेजी सेना ने लाल किले पर घेरा डाल दिया। बहादुर शाह घिर गए। किले से सुरक्षित निकल ज़ाने से पूर्व उन्हें हुमायुं के मकबरे से जीनत महल के साथ गिरफ्तार कर लिया गया। दोनों पर देशद्रोह का अभियोग लगाया गया तथा उन्हें वापस लाकर लालकिले मे नजरबंद कर दिया गया। दिल्ली में विद्रोह का नेतृत्व उनके दोनों लड़के कर रहे थे। उनके सिर काटकर, रेशमी रूमाल से ढककर बहादुर शाह के सामने पेश किए गए। बेगम ने सुना तो धक्क रह गई। पर जैसे वह जानती थी कि जंग-ए-आजादी की कीमत तो चुकानी पड़ेगी, इसलिए विचलित नहीं हुई। आखिर उन्ही की प्रेरणा से तो जंग लड़ी गयी थी। बहादुर शाह को आजीवन कैद की सजा देकर रंगून भिजवा दिया गया जहां 7 नवम्बर 1862 को पक्षाघात से उनकी मृत्यु हुई।

कैप्टन एच0एन0 डेविस ने लिखा है कि ''मलिका जीनत महल अच्छी सेहत और अच्छी शक्ल सूरत वाली मध्यम क्षेत्रों की महिला थी। परदे की पीछे बैठकर वह बादशाह को सलाह मशविरा दिया करती थी। दिल्ली के पतन के बाद ब्रिटिश अधिकारियों ने उन्हें तरह-तरह से परेशान किया। उनकी संपत्ति या तो लूट ली गई या जब्त कर ली गई। अंग्रेजों की नजर में वह बहादुरशाह से कम अपराधी न थी। विश्वासघातियों की देशद्रोही चालों के कारण बहादुरशाह जफर स्वतन्त्रता के इस प्रथम युद्ध में अधिक सक्रिय नहीं हो सके, वह जल्दी ही गिरतार कर लिए गये, पर उनकी बेगम जीनत महल की प्रेरणा उन्हे आजादी के इतिहास में अमर बना गई- स्वंय जीनत महल को भी।

नर्तकी अजीजन

भारत के स्वतंत्रता संग्राम में महिलाओं की भारी संख्या अपने क्रान्तिकारी भाइयों से कन्धे से कन्धा मिलाकर स्वतंत्रता संघर्ष में शरीक रही ओर शहीद होने का सौभाग्य प्राप्त किया स्वतंत्रता संग्राम के इतिहास में जिन चुनिंदा नामों को सुरक्षित कर लिया है उनमें अजीजन का नाम प्रमुख है। उस में न तख्तो-ताज की इच्छा थी ओर न महलों के आराम और ऐश्वर्य की अभिलाशा। वह केवल देश की आजादी की खातिर एक आक्रमणकारी व अत्याचारी सत्ता से संघर्षरत रही।

इस क्रान्ति में मेरठ और दिल्ली के बाद लड़ाई का मुख्य केन्द्र कानपुर था। कानपुर में पेशवा नाना साहब ने हिन्दू और मुसलमानों से संयुक्त अपील की कि

वे अपने देश की खातिर अंग्रेजी साम्राज्य से टक्कर लेने के लिये एक हो जाये और अधिक से अधिक संख्या में फौज में भर्ती हो। फौजी भर्ती का एलान सुनते ही यह वीर महिला घर बार छोड़कर अपने साथियों सहित युद्ध के मैदान में कूद पड़ी और अजीजन ने औरतों की एक छोटी सी फौज तैयार की।7

तांत्या टोपे के आदेश पर वह अपनी मस्तानी मंडली के साथ युद्ध भूमि में आ डटी। 21 दिन तक चले इस घमासान युद्ध में गोरे सैनिकों की हार हुई। अजीजन अपनी मंडली के साथ अंग्रेजों की सैनिक छावनी में नृत्य-संगीत द्वारा उनका मनोरंजन कर खुफिया तौर पर उनकी खबरें लाती थी तथा दूसरी ओर मर्दाना भेष में देशभक्त सैनिकों की मदद करती थी।8 किन्तु कानपुर को मिली आजादी अल्पकालिक साबित हुई तथा अंग्रेजों ने बाहर से और सेना मंगाकर कानपुर हथिया लिया। इसके बाद जो दमन चक्र चला इसमें वीरांगना अजीजन भी बंदी बना ली गई। उसके सामने क्षमा मांगने तथा अंग्रेजों की सेवा करने का विकल्प रखा गया परन्तु आजादी की इस दीवानी ने मृत्यु का वरण करना मंजूर किया तथा हंसते-हंसते अंग्रेजों की गोलियां खाकर शहीद हो गई।

आलिया बेगम

1857 ई0 में अवध की बेगम आलिया ने यद्यपि स्वयं तलवार उठाकर, घोड़े पर चढ़कर युद्ध स्थल में शत्रु से लोहा नहीं लिया, परन्तु उन्होने जो कार्य किया वह कम महत्वपूर्ण नहीं आंका जा सकता। उन्होने रानी लक्ष्मीबाई के समान महिलाओं का सैनिक संगठन बनाया। उन्होने अपने महल को क्रान्तिकारियों का गढ़ बना लिया इस क्रान्ति के लिये उन्होने अपना महल, अपना खजाना और स्वयं को भी न्यौछावर कर दिया था। वह महिलाओं को शस्त्र संचालन की शिक्षा देती एवं स्त्री जासूसों को प्रशिक्षण भी वही दिया करती थी।9

बेगम आलिया नाना साहब व तात्यांटोपे से भी क्रान्ति के सम्बन्ध में मिलती जुलती रहती थी। वह अन्त तक ब्रिटिश साम्राज्य के विरूद्ध लड़ती रही, जब तक उनके पास सैन्य शक्ति रही। अन्त में वीरगति को प्राप्त हुई।

बेगम हबीबा

बेगम हबीबा थाना भवन के पास की वीरांगना थी और सामन्ती परिवार की बहू और बेटी थी। उसका भाई अफजल सेना में भर्ती था और 10 मई की क्रान्ति में अगली पंक्ति में था। बहन पर इसका व्यापक प्रभाव पड़ा। बड़े घर की बहु होने के नाते उसके आह्वान पर 500 से अधिक महिलायें एकत्रित हो गयी।10

जिनमें हिंदू, मुसलमान और सभी जातियों की महिलायें थी। वे जुलाई के अन्तिम सप्ताह तक अंग्रेजों और देशद्रोही भारतीय सैनिकों से युद्ध करती रहीं। उनमें से 255 तो युद्ध करती ही वीरगति को प्राप्त हो गयीं और शेष बचीं 12 वीरांगनायें जिनकी नेता हबीबा थीं, फांसी पर लटका दी गयीं।

असगरी बेगम

असगरी बेगम का जन्म थाना भवन जिला मुजफ्फरनगर उत्तर प्रदेश में हुआ था। वह क्रान्तिकारी नेता काजी अब्दुर्रहीम की मां थी।11 1857 के स्वतंत्रता संग्राम में अंग्रेजी फौजों से भिड़त में पकडी गई और जिन्दा जला दी गई।[12] इन क्रान्तिकारी मुस्लिम महिलाओं की वीरता किसी से कम नहीं थीं। इनको नमन करना हमारा कर्तव्य बनता है।

रहीमी

इस युवा महिला का सम्बन्ध एक मुस्लिम राजपूत परिवार से था। इनका जन्म थानाभवन जिला मुजफ्फरनगर में हुआ था। हिन्दूस्तान की पहली आजादी की लड़ाई में इन्होने हिस्सा लिया और अंग्रेजी फौजों से लड़ने के अपराध में फांसी की सजा दी गयी।

उपसंहार

इतिहास सदा सबके साथ न्याय नहीं करता। 1857 के स्वतन्त्रता संग्राम में अनेक मुस्लिम वीरांगनाओं ने अपनी जान की बाजी लगा दी परन्तु हम कुछ ही के नाम से परिचित है। अनेकों के तो चिन्ह भी दिखाई नहीं पड़ते। स्वतन्त्रता आंदोलन में न जाने कितनी मुस्लिम वीरांगनाओं के बलिदान दबे पड़े हैं जिन्होंने अपना घर परिवार, ऐशो-आराम छोड़कर भारत की आजादी के लिए संघर्ष किया। स्वतन्त्रता आंदोलन में भाग लेने वाली महिलाओं की सूची कितनी ही लम्बी-चौड़ी बनाई जाये, परन्तु वह पूर्ण नहीं हो सकती क्योंकि प्रत्यक्ष रूप से ही नहीं बल्कि अप्रत्यक्ष रूप से भी असंख्य महिलाओं ने स्वतन्त्रता आंदोलन में अपना मूक योगदान दिया। ऐसी महिलाओं को हम शत-शत नमन करते हैं।

सन्दर्भ ग्रन्थ

1. जी. डब्ल्यू फारेस्ट -सैलक्शन फ्रॉम व लैटर्स डिस्पैच एण्ड अदर स्टेट पेपर्स, वोल्यूम - 4,1958, पृ. 139

2. डा. आबिदा समीउद्दीन - भारत के स्वतंत्रता संग्राम में मुस्लिम महिलाओं का योगदान, 1997, पृ. - 8
3. डा. भरत मिश्र - 1857 की क्रान्ति और उसके प्रमुख क्रान्तिकारी, राधा पब्लिकेशन, नई दिल्ली, 1992 पृ. 64
4. वहीं - पृ. - 65
5. आशा रानी व्होरा - महिलायें और स्वराज्य, प्रकाशन विभाग, नई दिल्ली, पृ. - 64
6. वहीं - पृ. - 66
7. डा. आबिदा समीउद्दीन - पूर्वोक्त, पृ. - 25
8. डा. भरत मिश्र - पूर्वोक्त, पृ. - 72
9. जय प्रकाश मिश्रा, उमा त्रिपाठी - मध्य भारत में 1857 का विद्रोह, रिसर्च इण्डिया प्रेस, नई दिल्ली, 2008, पृ. - 221-222
10. डा. आबिदा समीउद्दीन - पूर्वोक्त, पृ. - 149
11. आचार्य दीपंकर - स्वाधीनता आन्दोलन और मेरठ, जनमत प्रकाशन, मेरठ, 1995
12. साक्षात्कार - असगरी बेगम के लिये द्वारा नजीर अहमद, उम्र 70 वर्ष, ग्राम - थाना भवन, जिला - मुजफ्फरनगर

53

तीन तलाकः एक सामाजिक एवं राजनीतिक विमर्श

डॉ. सुशील कुमार

प्राचार्य

चमन लाल महाविद्यालय, लण्ढौरा, हरिद्वार

तीन तलाक विगत बरसों का सबसे चर्चित शब्द है। इस शब्द के साथ मुस्लिम महिलाओं की अस्मिता और पुरुष वर्चस्व का सवाल भी अंतर्निहित है। तीन तलाक के मुद्दे पर सुप्रीम कोर्ट के फैसले और फिर केंद्र सरकार द्वारा कानून बनाने के लिए दिखाई गई तेजी के बाद व्यापक विमर्ष का दौर शुरू हुआ। तीन तलाक अपने आप में ऐसी अवधारणा है, जिसे सीधे तौर पर समझना काफी मुश्किल है। यदि इसे सामाजिक बुराई के तौर पर समझा जाए तो मुस्लिम समुदाय इसे अपने धार्मिक अधिकारों पर हमले के तौर पर देखने लगता है और कानूनी तौर पर देखा जाए तो मुस्लिम संगठन पर्सनल लॉ में दखल का आरोप लगाने लगते हैं।

भारत दुनिया के उन गिने-चुने देशों में है जहां पर तीन तलाक जैसी विवादित प्रथा चलन में है। आश्चर्य की बात यह है कि भारत में इस प्रथा को मुस्लिम हितों के नाम पर संरक्षण दिया गया है, जबकि दुनिया के ज्यादातर आधुनिक लोकतांत्रिक देशों ने इससे मुक्ति पा ली है। जो संदेहवादी हैं, उन्हें यकीन नहीं होगा, लेकिन यह सच्चाई है कि दुनिया में 20 से ज्यादा ऐसे मुस्लिम मुल्क हैं जहां पर तीन तलाक, चार शादियां, हलाला...जैसी बातों पर कानूनन रोक है। इनमें मुख्यतः पुराने समाजवादी-ब्लॉक के देश हैं। सीरिया, लीबिया, इराक,

ट्यूनीशिया, उज्बेकिस्तान, कजाकिस्तान, तजाकिस्तान आदि में तीन बार तलाक-तलाक कहकर तलाक लेना कानूनी तौर पर स्वीकार्य नहीं है। इस बात पर सहज आश्चर्य किया जा सकता है कि पाकिस्तान और सउदी अरब जैसे देशों में भी एक बार तीन तलाक कहकर शादी तोड़ने पर रोक है।

कोर्ट में मामला

तीन तलाक के मामले को शायरा बानो कोर्ट तक लेकर गई। केंद्र में भाजपा सरकार ने इस मामले को पुरजोर ढंग से उठाया और परोक्षतः भाजपा को इसका लाभ मिला। इस मामले को सुप्रीम कोर्ट द्वारा सुनवाई के लिए स्वीकार किए जानेपर पूरे देश की निगाह कोर्ट पर लग गई। चूंकि, इस मामले की प्रकृति बेहद पेचीदा है इसलिए कम ही लोगों को उम्मीद थी कि सुप्रीम कोर्ट इस पर त्वरित और दो टूक फैसला देगा। लेकिन, सुप्रीम कोर्ट ने आम लोगों की उम्मीद को कायम रखा और देश भर को यह जानने को मौका मिला कि एक बार में तीन तलाक कहकर शादी खत्म कर लेना गैरकानूनी है।

मई, 2017 में लगातार छह दिनों तक दलीलों और बहस के बाद सुप्रीम कोर्ट ने तीन तलाक की सुनवाई पूरी की। इस मामले को सुन रही पांच सदस्यीय बेंच की अध्यक्षता तत्कालीन चीफ जस्टिस जेएस खेहर कर रहे थे। जबकि अन्य जजों में जस्टिस कूरियन जोसेफ, जस्टिस आरएफ नरिमन, जस्टिस ललित और जस्टिस अब्दुल नजीर षामिल थे। यहां गौर करने वाली बात यह है कि इस बेंच में कोई महिला जज नहीं थी, लेकिन विभिन्न पक्षों की ओर कई नामी महिला वकील मौजूद थीं। तीन तलाक पर केंद्र की मोदी सरकार का रुख शुरू से ही स्पष्ट रहा है। हालांकि, कुछ लोग भाजपा सरकार के रुख को मुस्लिम महिलाओं के हितों की रक्षा से जुड़ा होने की बजाय राजनीतिक लाभ पाने की कवायद मानते रहे हैं। सरकार के इसी रुख के दृष्टिगत एटार्नी जनरल मुकुल रोहतगी ने सुप्रीम कोर्ट में दलील दी थी कि तीन तलाक मुस्लिम महिलाओं के प्रति भेदभावपूर्ण प्रथा है। उन्होंने यह दलील भी दी कि ये प्रथा आर्टिकल 14 (समानता के अधिकार), आर्टिकल 15 (धर्म, जाति, नस्ल, लिंग और जन्म स्थान के आधार पर भेदभाव पर मनाही) और आर्टिकल 21 (जीने के अधिकार और गरिमा) का उल्लंघन है। उनका कहना था कि तीन तलाक मुस्लिम पर्सनल लॉ का हिस्सा होने के बावजूद मौलिक अधिकारों का हनन करता है, इसलिए इसे खत्म कर देना चाहिए।

इस मामले में जानी-मानी वकील इंदिरा जयसिंह ने मुस्लिम महिलाओं के समूह 'बेबाक' की तरफ से बात रखी। उन्होंने प्रकारांतर से सरकार के रुख पर मुहर लगाई और तीन तलाक को देश के संवैधानिक अनुशासन के विपरीत करार दिया। इस बहस के बीच सुप्रीम ने सवाल उठाया कि यदि सुप्रीम कोर्ट तीन तलाक को तत्काल खारिज कर देता है तो मुस्लिम पुरुषों के पास तलाक लेने का अन्य कोई कानूनी तरीका होगा ? सरकार इस सवाल का सामना करने को तैयार थी इसलिए एटार्नी जनरल ने सुप्रीम कोर्ट को भरोसा दिलाया कि अगर तीन तलाक पर प्रतिबंध लगा दिया जाएगा तो सरकार इस विशय में तत्काल कानून बनाएगी।

इस पूरे मामले में ध्यान देने वाली बात यह है कि पूर्व में भी देश की विभिन्न अदालतें तीन तलाक को लेकर फैसले दे चुकी हैं। इनमें शमीम आरा का मामला काफी चर्चा में रहा है। तब अदालत ने तीन तलाक को गलत ठहरा दिया था। इस केस में सुप्रीम कोर्ट में सरकार को महिला पर्सनल लॉ बोर्ड से भी अप्रत्यक्ष मदद मिली। महिला पर्सनल लॉ बोर्ड की तरफ से आरिफ मोहम्मद खान और कोर्ट की तरफ से नियुक्त किए गए एमैकस क्यूरी सलमान खुर्शीद ने माना कि तीन तलाक शरिया यानि इस्लामी कानून का हिस्सा नहीं है। उन्होंने कहा कि यदि सुप्रीम कोर्ट इसे निरस्त करता तो यह कहना गलत होगा कि कोर्ट ने मुस्लिमों के धार्मिक अधिकारों पर चोट की है।

तीन तलाक के मसले पर ऑल इंडिया मुस्लिम पर्सनल लॉ बोर्ड (एआईएमपीएलबी) ने रुढ़िवादी रुख अपनाए रखा। बोर्ड ने कोर्ट के समक्ष संविधान के आर्टिकल 13 का हवाला दिया, जिसके तहत सिर्फ वही कानून मौलिक अधिकारों के अधीन आते हैं जो संसद द्वारा बनाए गए हों। इसी आधार पर बोर्ड ने तर्क दिया किं तीन तलाक के मामले का मौलिक अधिकारों से कोई लेना-देना नहीं है। लेकिन, इसके बाद शायरो बानो, जो तीन तलाक की याचिकाकर्ता हैं, उनके अधिवक्ता ने बोर्ड के दावे को खारिज कर दिया और कहा कि भारत में शरिया एक्ट-1937 को भी संसद ने ही बनाया है। ऐसे में, यह मौलिक अधिकारों का विषय है। सुप्रीम कोर्ट में कई बार ऐसा हुआ कि पूरी बहस अलग दिषा में जाती दिखी, लेकिन आखिर में फिर यह मामला तीन तलाक पर आ गया। यहां यह उल्लेखनीय है कि याचिकाकर्ता शायरा बानो महिलाओं को भी पुरुषों के समान तीन तलाक का अधिकार दिए जाने की लड़ाई नहीं लड़ रही थी, बल्कि वो शादीशुदा जिंदगी को बेहतर बनाने की कोशिश

कर रही थी, लेकिन उसके पति ने तलाक देकर उसकी कोशिशों पर पानी फेर दिया था।

कुरान में तलाक की स्थिति

इस बात को लेकर व्यापक भ्रम रहता है कि क्या कुरान में तलाक के बारे में कुछ कहा गया है। जहां तक मुस्लिम पसर्नल लॉ बोर्ड का सवाल है तो उसने इस बात को स्वीकार किया है कि तीन तलाक का कुरान में जिक्र नहीं है, लेकिन बोर्ड का तर्क है कि यह मुसलमानों के इतिहास का हिस्सा है और चूंकि इसे इस्लाम में मान्यता हासिल है इसलिए कोर्ट को इस बारे में कोई फैसला नहीं देना चाहिए। बोर्ड ने ऐसे-ऐसे तर्क भी कोर्ट के सामने रखे, जिन्हें अगर कोई अन्य व्यक्ति उठाता तो उस पर इस्लाम की तौहीन का आरोप लग जाता। बोर्ड लगातार इस बात पर अड़ा रहा कि पर्सनल लॉ संवैधानिक अधिकारों से जुड़ा विषय नहीं है। बोर्ड के वकील और पूर्व केंद्रीय मंत्री कपिल सिब्बल ने तो यहां तक कह दिया कि जब तक कोई कानून नहीं बन जाता, तब तक अदालत को ये अधिकार नहीं है कि वो पर्सनल लॉ में दखल दे। इस क्रम में यह भी स्पष्ट किया जाना जरूरी है कि कुछ मुस्लिम विद्वान यह दावा करते हैं कि तलाक का कुरान में जिक्र है और हदीसों भी इसका ब्यौरा उपलब्ध है।

तीन तलाक मसले पर दोनों पक्षों की दलीलों और बहस के बाद सुप्रीम कोर्ट के सामने जो विकल्प थे, उनमें अदालत कह सकती थी कि तीन तलाक शरिया का हिस्सा नहीं है और इसलिए इस प्रथा को खत्म किया जा रहा है। दूसरा विकल्प, यदि बोर्ड इस बात पर जोर देता है कि तीन तलाक शरिया का हिस्सा है तो कोर्ट कह सकता था कि इस पर संसद ही कोई कानून बना सकती है। तीसरा विकल्प, कोर्ट यह भी कह सकता था कि उसके पास पर्सनल लॉ की भी न्यायिक समीक्षा करने का अधिकार है और इस आधार पर तीन तलाक को खत्म किया जा सकता था।

आखिरकार, सुप्रीम कोर्ट ने अगस्त, 2017 में इस मामले में फैसला सुना दिया और मुस्लिम मर्दों के एक बार में तीन तलाक कहने की प्रथा को असंवैधानिक करार दे दिया। इसके बाद केंद्र सरकार सक्रिय हो गई और जल्द ही इस मामले ने सामाज़िक सुधार की अपनी सीमाओं को अतिक्रमित करते हुए राजनीतिक रुख ग्रहण कर लिया। सरकार ने ऐलान कर दिया कि तीन तलाक का मुद्दा जेंडर जस्टिस, लिंग समानता और महिला की प्रतिष्ठा, मानवीय अस्मिता से

जुड़ा हुआ मुद्दा है, विश्वास और धर्म से जुड़ा मुद्दा नहीं है। सरकार ने इस बारे में आनन-फानन में बिल तैयार किया और उसे लोकसभा में पास भी करा लिया, हालांकि सरकार इसे राज्यसभा में पारित नहीं करा सकी। विपक्षी दलों ने इस आधार पर सरकार को घेरा कि उसका मकसद मुस्लिम महिलाओं को राहत देना नहीं है, बल्कि वह तीन तलाक की आड़ में समान नागरिक संहिता को लागू करने की कोशिश कर रही है जो कि आरएसएस की कार्यसूची में सर्वोच्च प्राथमिकता का विषय है।

दूसरा पहलू

लंबे समय से यह सुझाव दिया जाता रहा है कि मुस्लिम विवाह दो पक्षों के बीच सामाजिक अनुबंध है। ऐसे में, निकाहनामे में पत्नी को भी तलाक देने का अधिकार दिया जाना चाहिए। इससे महिलाओं को बराबरी भी हासिल हो जाएगी और धार्मिक भावनाओं को छेड़े बिना सामाजिक सुधार का उद्देष्य भी पूरा हो सकेगा। इस सुझाव पर मुस्लिम पर्सनल लॉ बोर्ड की ओर से भी अनुकूल संकेत मिले, हालांकि अभी बोर्ड ने ऐसा कोई विस्तृत सुझाव सामने नहीं रखा है। बोर्ड इसे कानून की बजाय निजी मामले के तौर पर देखता रहा है। यानि, व्यक्तिगत स्तर पर यह तय होगा कि महिला तलाक का अधिकार मिलेगा या नहीं। इसका अर्थ यह है कि मुस्लिम महिलाओं के हकों का मामला काफी हद तक पुरुषों द्वारा नियंत्रित होता रहेगा।

विधेयक पर सवाल

ऐसा नहीं है कि एक बार में तीन तलाक के खिलाफ मुस्लिम महिला (विवाह अधिकार संरक्षण विधेयक-2017) सभी तरह के सवालों और खामियों से परे है। इस बिल के विरोधाभासों पर सुप्रीम कोर्ट की वरिष्ठ अधिवक्ता इंदिरा जयसिंह ने सवाल उठाया कि यह एक तरफ तो एक बार में तीन तलाक को गैरकानूनी करार देता है और दूसरी तरफ मुस्लिम महिला को गुजारा भत्ता देने की भी बात करता है। ये दोनों बातें एक साथ संभव नहीं हैं। यदि, यह कानून बन गया तो किसी महिला की शिकायत पर उसके पति को जेल भेजा जा सकता है तो फिर ऐसे में गुजारा भत्ता कौन देगा। इसी सवाल को हैदराबाद के सांसद असदुद्दीन ओवैसी ने राजनीतिक ढंग से उठाया और सरकार पर मुस्लिम पुरुषों को जेल भेजने और उनके परिवार तोड़ने की साजिश का आरोप लगा दिया।

उन्होंने भी यही सवाल उठाया कि पति के जेल में होने पर शादी कैसे बचेगी और परिवार का भरण-पोषण कौन करेगा ? क्योंकि बिल में सरकार की ओर से गुजारा भत्ता दिए जाने का कोई प्रावधान नही है। इंदिरा जयसिंह ने इसकी मूल भावना पर भी प्रश्नचिह्न लगाते हुए कहा कि तीन तलाक के खिलाफ मुस्लिम महिला कोर्ट का दरवाजा इसलिए खटखटाती है ताकि वो पति के साथ रह सके और उसे आर्थिक मदद मिलती रहे। लेकिन, यहां तो परिवार को बचाने और महिला को संरक्षण देने की नीयत ही गायब है। उन्होंने यह तर्क भी दिया कि जब मुसलमानों में विवाह एक सामाजिक अनुबंध है, तो फिर विवाह तोड़ने को आपराधिक मामला बनाने की कोशिश क्यों हो रही है। यानि अनेक ऐसी वजहें मौजूद हैं जिनके आधार पर इस विधेयक की मूल भावना पर संदेह किया जा सके।

भारत में मौजूद बुराई

एक ही समय में तीन तलाक भारत उपमहाद्वीप के मुसलमानों से जुड़ी प्रथा है। भारत में मुसलमानों के चार प्रमुख फिरके हैं। इनमें हनफी फिरके के लोगों की संख्या सबसे अधिक है। तीन तलाक का प्रचलन भी इसी फिरके में सबसे अधिक है। हनफी फिरके वालों के बीच एक बार में तीन तलाक मान्य है, जबकि अन्य फिरकों में एक बार में कहे गए तीन तलाक को एक ही गिना जाता है। इन फिरकों में शादी खत्म करने के लिए कुछ महीनों के अंतराल में अलग-अलग समय में दो बार और तलाक देना होता है। आम तौर से तीन तलाक अलग-अलग समय पर कहना होता है ताकि गुस्से या अन्य किसी कारण शादी न टूटे और पति को पूरी स्थिति पर विचार करने का अवसर मिल जाए। मुसलमानों के बीच एक वर्ग ऐसा भी है जो लिखित तौर पर तलाक देता है। लेकिन, भारत में कई बार टैक्ट मैसेज और व्हाट्सएप के जरिये भी तलाक के मामले सामने आए हैं। यहां खास बात यह है कि भारत के पड़ोसी देशों बांग्लादेश, पाकिस्तान और मालदीव जो कि मुस्लिम बहुल देश हैं, उन्होंने तीन तलाक के मामले में महिलाओं के अनुकूल कानून बनाए हैं, लेकिन भारत अभी तक कानून बनाने और न बनाने की राजनीतिक बहस में उलझा रहा है। यह ऐसा विवादित विषय है, जिसे अनदेखा छोड़ा गया तो आने वाले समय में मुस्लिम महिलाओं की स्थिति और जटिल होती जाएगी।

संदर्भ-उल्लेख

1. बीबीसी, हिन्दी पोर्टल की सामग्री
2. प्रमुख हिन्दी अखबारों (अमर उजाला, दैनिक जागरण, हिन्दुस्तान में प्रकाशित सामग्री।)
3. धर्म दिग्दर्शन, राहुल सांकृत्यायन द्वारा लिखित ग्रन्थ
4. लोकसभा टीवी चैनल पर लोकसभा की सीधी कार्रवाई का प्रसारण (बजट सत्र, 2017)
5. राज्यसभा टीवी चैनल पर राज्यसभा की सीधी कार्रवाई का प्रसारण (बजट सत्र, 2017)
6. ट्रिपल तलाक कॉर्नर, मुस्लिम पर्सनल लॉ बोर्ड की वेबसाइट
7. सुप्रीम कोर्ट का ट्रिपल तलाक संबंधी आदेश

54

मानवाधिकारों के लिए संघर्षरत मुस्लिम महिलाएँ

डॉ. तीर्थ प्रकाश

असिस्टेन्ट प्रोफेसर (राजनीति विज्ञान विभाग)

राजकीय महाविद्यालय, मंगलौर, हरिद्वार

वर्तमान परिदृश्य में यह प्रश्न उठना लाजमी है कि इस सदी में हमारी महिलाओं ने क्या पाया और क्या खोया अर्थात उनकी सामाजिक हैसियत क्या है। भारत सहित दुनिया भर में महिलाएं अपनी स्वतंत्रता एवं समानता के लिए जद्दोजहद कर रही हैं। वे अपने अस्तित्व और आजादी के लिए संघर्षरत हैं। अपने सशक्तिकरण की राह में महिलाओं ने खुलकर उन सभी मुद्दों पर बहस की और आवाज बुलन्द की जो अब तक उनके लिए प्रतिबन्धित हो रहे हैं। अक्सर समाज की महिला विरोधी सोच ने विरोध स्वरूप प्रकट किया कि महिलाओं का इस प्रकार मुखर होना समाज एवं संस्कृति के विरुद्ध है। यद्यपि प्रगति एवं उन्नति की आधुनिक जीवन शैली में उनकी स्वीकार्यता अवश्य बढ़ी है किन्तु सदियों की भाँति इस सदी में भी महिलाओं से जुड़े विषय परम्परा बनाम आधुनिकता या संस्कृति बनाम आधुनिक जीवन शैली की बहसों में खूब उलझ–सुलझ रहे हैं। दो विषय महिलाओं की वस्तु स्थिति से गहराई से जुड़े हैं– आजादी और सुरक्षा। ये दोनों समानान्तर रूप से कभी उनको प्राप्त नहीं हो पा रहे हैं। आजादी मिलती है तो सुरक्षा खतरे में होती है और सुरक्षा मिलती है तो आजादी रेत की भाँति मुट्ठी से फिसल जाती है।[1]

यद्यपि अन्य समुदायों की महिलाओं की स्थिति पर नजर दौड़ाएं तो थोड़ी राहत मालूम पडती है। किन्तु मुस्लिम समाज की महिलाओं के विषय में स्थिति

असन्तोषजनम नजर आती है। अन्य समुदायों की महिलाओं की तुलना में मुस्लिम महिलाएं शारीरिक, आर्थिक, धार्मिक एवं सामाजिक हैसियत न केवल पिछड़ी हुई हैं, बल्कि अधिकारों के उपयोग में अन्तिम पायदान पर नजर आती हैं।

संवैधानिकता के आधुनिक युग ने जहां महिलाओं को उनके हिस्से की ज्यादा जगह देने की तार्किक स्वीकृति प्रदान की है किन्तु इस स्वीकृति के लिए हर क्षेत्र में महिलाएं अपनी स्थिति और परिस्थितियों में अपनी क्षमतानुसार संघर्ष की लड़ाई को लड़ रही हैं। ऐसे में उनको स्वीकार्यता एवं तिरस्कारिता दोनों का ज्यादा सामना करना पड़ता है। परम्पराएं चाहती हैं कि महिलाएं अपनी निर्धारित जिम्मेदारियों का निर्वहन करती चली जाएं किन्तु आधुनिकता उनके लिए नई भूमिकाएं ला रही हैं। पारंपरिक भूमिकाओं में कोई विशेष काट-छांट तो नहीं हुई किन्तु उनकी जिम्मेदारियां दोगुनी अवश्य हो गयी हैं।[2]

आज सम्पूर्ण विश्व दुनियां की आधी आबादी के हिसाब से करवट ले रहा है किसी स्थानीय नीति से लेकर मिलिनियर लक्ष्य तक में महिलाओं के मुद्दें विमर्श के पश्चात् व्यवहारिक बदलाव के धरातलों को तैयार कर रहे हैं।

ऐसे में मुस्लिम महिलाओं के अधिकारों के प्रति चिन्ता भारतीय समाज में देरी से हो रही हैं बल्कि लम्बे समय तक हमारी न्यायिक प्रक्रिया और कानूनी प्रक्रियाओं द्वारा विभेदपूर्ण की दल-दल में उन्हें बनाएं रखा। किसी समाज की सुध लिए बिना उसे केवल धार्मिक ग्रन्थों से निकलने वाली परम्पराओं के भरोसे छोड़ देना राज्य के प्रजातांत्रिक स्वरूप में कल्याणकारी और मानवीय होने के चेहरे से मेल नहीं खाता।

इसमें सन्देह नहीं कि भारत राज्य परिधि में मुस्लिम महिलाएं कानूनी भेद-भाव का शिकार रही हैं। हमारी राजनीतिक सम्प्रभुता ने अगर मुस्लिम महिलाओं के अधिकारों को कानूनी संरक्षण प्रदान किया होता तो आज उनकी स्थिति सोचनीय न बनी होती।

धार्मिक आधार पर तुष्टिकरण करने की लम्बी राजनीतिक प्रक्रियाओं ने सामाजिक विकास के एक पक्ष मुस्लिम महिलाओं को अन्याय और भेदभाव की शिकार बनाने वाले उनके धार्मिक वक्ताओं के भरोसे छोड़ा। वर्तमान परिदृश्य में मुस्लिम महिलाओं की चिन्ता का विमर्श बेवजह उत्पन्न नहीं हुआ बल्कि यह मुस्लिम स्त्रियों के मानवाधिकारों के संरक्षण की राज्य की जिम्मेदारियों के वचन क्रम का हिस्सा है।

19 वीं शताब्दी की अंत तथा 20 वीं शताब्दी के प्रारम्भ में मिल तथा

वोलस्टोन क्राट ने महिला अधिकारों की पहचान मानवाधिकारों के रूप में की थी। महिलाओं के अधिकार के समर्थकों का विचार है कि जीवन के प्रत्येक क्षेत्र में समान सहभागिता तथा अवसर की समानता का निर्धारण नीति निर्धारक समस्याओं द्वारा हो। इन संस्थाओं में परिवार, समुदाय, बाजार तथा राज्य सम्मिलित हों।[3]

मुस्लिम महिलाओं के अधिकारों को भी मानवाधिकारों के संदर्भों में देखने की आवश्यकता है। जिस प्रकार सांस्कृतिक विभिन्नताओं के मध्य अल्पसंख्यकों के मानवाधिकारों को प्रत्येक स्तर पर संरक्षित करने की बात होती है ठीक उसी प्रकार अल्पसंख्यक समाजों के भीतर भी उनकी महिला के मानवाधिकारों को पोषित कराना होगा। उस बहस को अगर धार्मिक प्राचीनता की परम्पराओं और समाजिक व्यवहार के मूल्यों के रूप में देखेंगे तो राज्य से टकराव की सम्भावना होगी। लेकिन यदि कोई समाज बदलाव के सुधारवादी दृष्टिकोण को अपनाता है उससे न केवल धर्म की मौलिक बुनियादों को मजबूती मिलती है बल्कि उसका सबसे अधिक लाभ उस समाज की महिलाओं को होता है।[4]

आज अगर मुस्लिम महिलाओं की पीड़ा राष्ट्रीय पटल पर न्यायिक संस्थाओं के दरवाजे खटखटा रही हैं तो इसके लिए महिला अधिकारों की नीति निर्धारक संस्थाएं परिवार समुदाय, बाजार और राज्य उत्तरदायी हैं, बल्कि यह उनकी विफलता का भी द्योतक है।

हम जब कभी मुस्लिम महिलाओं के अधिकारों को समर्थन देने के विमर्श पर उदारता से विचार करते हैं तो निश्चित तौर पर बात समान व्यवहार के सिद्धान्तों की प्रक्रिया में समान नागरिक संहिता तक जायेगी और उसके अनुसांगिक पक्षों के रूप में निकाहा, तलाक, हलाला बहस के केन्द्र बिन्दु होंगें।[5]

इन सब पर अन्तिम परिणाम तब तक अधूरे होंगे जब तक शाहबानों प्रकरण से लेकर तीन तलाक पर 395 पृष्ठों के सर्वोच्च न्यायालय की संविधान पीठ का ऐतिहासिक निर्णय को सम्मिलित न कर लिया जाए।

इस्लाम धर्म विवाह जिसे निकाह कहते हैं एक पुरुष और एक महिला की अपनी आजाद मर्जी से एक दूसरे के साथ पति और पत्नी के रूप में रहने का फैसला है। निकाह के वक्त एक वकील, दो गवाह और सामाजिक स्वीकार्यता चाहिए किन्तु तीन तलाक और तलाक-ए-बिद्दत के वक्त ऐसा कोई प्रावधान क्यों नहीं बल्कि बेहद आसान बनाना महिलाओं के मानवीय पहलुओं को नजर अंदाज करना है। जबकि तीन तलाक घटना नहीं उसे प्रक्रिया बताया गया है और कुरान

शरीफ से लेकर हदीश और षरीयत कानूनों तक में एक समय में तीन तलाक को अवैध ठहराया गया है।

मगर यह सब इसलिए चलता है कि धर्म भी किसी न किसी रूप में पुरुषों के पक्ष में अधिक है और महिलाओं के पक्ष में कम, विशेष रूप से मुस्लिम समाज में कोई समान नागरिक संहिता न होने के कारण मुस्लिम महिलाएं कई अधिकारों से वंचित रहती हैं जैसे-

- मुस्लिम पुरुष एक ही समय में चार विवाह कर सकता है किन्तु मुस्लिम महिला एक विवाह से अधिक नहीं कर सकती।
- मुस्लिम पुरुष एक ही समय तीन बार तलाक बोलकर निकाह बन्धन से मुक्त हो सकता है मुस्लिम महिला ऐसा नहीं कर सकती।
- तलाक की स्थिति में मुस्लिम महिलाएं गुजारा भत्ते की कल्पना भी नहीं कर सकती।
- पैतृक सम्पत्ति या उत्तराधिकार में मुस्लिम महिलाओं को किसी प्रकार का अधिकार नहीं मिलता है।

उक्त बातों से यह स्पष्ट होता है कि कहीं न कहीं मुस्लिम महिलाएं न्यायिक एवं कानूनी विभेद का भी शिकार रही हैं। अगर भारतीय स्वतंत्रता के युग से ही प्रजातांत्रिक मूल्यों को धर्म की बलिवेदी पर न चढ़ाया गया होता तो भारतीय समाज की महिलाओं के एक पक्ष मुस्लिम महिलाओं की स्थिति इतनी चिन्ताजनक न होती। भारत राज्य में अगर अन्य समुदायों की भाँति मुस्लिम विवाह कानून और मुस्लिम उत्तराधिकार कानूनों में महिलाओं के बराबरी सम्बन्धी अधिकारों का निर्माणकिया गया होता तो आज मुस्लिम समाज महिलाओं के प्रति अधिक जागरूक और न्यायसंगत नजर आता।

अगर 1985 के शाहबानो के प्रकरण में सर्वोच्च न्यायालय के निर्णय को तत्कालीन कांग्रेस सरकार ने पर्सनल लॉ को धर्म निर्पेक्षता की मूल भावना के अनुकूल न बताकर उसकी बुराई ढूंढी होती और अगर अपने समुदाय के दबाव में शाहबानों न झुकी होती तो मुस्लिम महिलाओं के मानवाधिकारों की तस्वीर में रंगों के कई नये आयाम जुड़े होते। अगर ऐसा नहीं हुआ होता तो मुस्लिम समाज में बदलाव की नयी इबारत लिखी जा रही होती किन्तु एक सम्प्रभु राष्ट्र के साथ कल्याणकारी भारतीय राज्य द्वारा अपनी प्रतिबद्धताओं से मुंह फेर लिया और समान नागरिक संहिता की वचनबद्धता विचार को व्यवहारिक और जनसामान्य तक पहुंचाने में कौताही करती। यह सब अल्पसंख्यकों के प्रति

तुष्टिकरण और पर्सनल लॉ की आजादी पर उपजी वोट राजनीति के संकीर्ण मनोस्थिति का परिचायक रहा है।

वर्तमान में मुस्लिम महिलाओं की समस्याओं का बुनियादी कारण गैर बराबरी वाद से भरा सामाजिक आचरण है। शिक्षा के प्रचार-प्रसार का कम प्रतिशत भी इसे और पुख्ता बनाता है। खान-पान, रहन-सहन से जुड़े मुद्दे, उनकी आर्थिक मामलों में निर्णायक भूमिका का अभाव उनके सशक्तिकरण के मार्ग को अवरूद्ध कर देता।

वैश्वीकरण के इस युग में तथ्यों को छुपाकर कोई समाज सशक्त नहीं बन सकता। आज यदि मुस्लिम समाज की महिलाओं की स्थितियों पर राज्य और समाज विचार नहीं करता, और उनका कोई विधिक एवं व्यवहारिक समाधान नहीं किया जाता तो शोषण की पराकाष्ठा आन्दोलन को जन्म देता है और मुस्लिम समाज के भीतर विभाजन के कई विचार उभर सकते हैं जिसका अन्तिम परिणाम् सामाजिक विघटन होगा। मुस्लिम महिलाओं की उक्त अधिकारों सम्बन्धी मांगों, मनो-सामाजिक समस्याओं के वैज्ञानिक निदान के रूप में मानवाधिकारों को प्रतिस्थापित करके ही किया जा सकता है। इसमें समाज को उदारतापूर्ण योगदान का आश्वासन देना होगा और राज्य को प्राकृतिक न्याय एवं विधिक न्याय के सारे मार्ग मुस्लिम महिलाओं के लिए खोलने होंगे तब ही कहीं जाकर हम मुस्लिम महिलाओं को उनके हिस्से की जायज स्वतंत्रता, समानता और भातृत्व प्रदान कर सकते हैं। ऐसा करना ही उनके सशक्तिकरण की दिशा में सही कदम होगा और वे अपने हिस्से के मानवाधिकारों को अपनी झोली में भरकर समाज के उत्थान में बराबरी का योगदान कर सकेंगी।

संदर्भ ग्रन्थ सूची

1. डा0 तपन बिसवाल, मानवाधिकार जेन्डर एवम् पर्यावरण, विवा बुक, नई दिल्ली, 2008
2. 'दृष्टि' द विजन, 'सामाजिक मुद्दे' साक्षात्कार सत्र 2004-2005
3. डा0 धर्मवीर महाजन एवं डा0 कमलेश महाजन, भारत में समाज, विवेक प्रकाशन, दिल्ली-7, 2016
4. डा0 अमित अग्रवाल, भारतीय सामाजिक समस्यायें, विवेक प्रकाशन, जवाहर नगर दिल्ली-7, 2015
5. अमर उजाला सम्पादकीय लेख- उदारता का रास्ता, देहरादून संस्करण, दिनांक 24 जनवरी 2018

55

"तीन तलाक बनाम भारतीय मुस्लिम महिला"

विशाल कुमार लोधी
शोध छात्र
समाजशास्त्र विभाग
आई.एन. (पी.जी.) कॉलिज
मेरठ।

विक्रान्त गिर
शोध छात्र
इतिहास विभाग
चौ.चरणसिंह विश्वविद्यालय
मेरठ।

तलाक तो दे रहे हो, कहर के साथ, मेरा शबाब भी लौटा दो, मेहर के साथ!

इतिहास विश्व के सबसे बड़े लोकतंत्र यानी भारत की मुस्लिम महिलाओं का है। यह क्रंदन जिन्हें आज भी बुनियादी अधिकारों से वंचना का सामना करना पड़ रहा है। इन दिनों जब हर कोई आजादी के लिए बेताब है। हमारी मुस्लिम बहने भी आजादी चाहती है। तीन बार तलाक कहे जाने से, चार पत्नियों वाले

पति के उत्पीड़न से, हलाला वगैरह से आजादी मुस्लिम स्त्रियों की स्थिति-मुस्लिम स्त्रियां अधिकतर परिवार की सीमाओं में बंधकर रहती है। इनमें पर्दा प्रथा का प्रचलन है। बहु विवाह प्रथा का प्रचलन है। तलाक प्रथा सहज है। शिक्षा का प्रचार कम है। विवाह हेतु लड़की की स्वीकृति आवश्यक है। फिर भी आज धार्मिक कट्टरता के कारण पर्दा प्रथा, बहुपत्नी प्रथा, तलाक जैसी असहा प्रथाएं मुस्लिम स्त्रियों की सामाजिक स्थिति हीनता जन्य बनाती है। जिनसे छुटकारा आवश्यक है।

नारीवादियों के लिए पर्सनल लॉ का मुद्दा विशेष विवादस्पद सनृ 1985 की घटना के बाद बना जिसे (शाहबानों केस) के रूप में जाना जाता है। 23 अप्रैल को उच्चतम न्यायालय की मुख्य न्यायाधीश चंद्रचूड की अध्यक्षत वाली पाँच सदस्यीय संविधान पीठ ने व्यवस्था दी की शाहबानों नामक 75 वर्षीय महिला अपराध प्रक्रिया संहिता की धारा 125 के अन्तर्गत अपने पति से गुजारा भत्ता पाने की हकदार है।

73 साल की एक बुजुर्ग महिला ने न्याय का दरवाजा खटखटाया ताकि बुढापे में अपने गुजर बसर के लिए सौ रूपये का गुजारा भत्ता पा सके उसने सपने में भी नहीं सोचा था कि इस तरह अदालत का दरवाजा खटखटाना भारत की राजनीति में तूफान ला देगा, कभी नहीं सोचा था कि भोजन, कपड़े, आशियाने और दवाएं मुहैया कराए जाने की उसकी फरियाद भारत में पर्सनल लॉ की बुनियाद ही हिला डालेगी। एक समान नागरिक संहिता के क्रियान्वयन को लेकर चर्चा नए सिरे से छिड़ जाएगी (मो. अहमद खान बनाम शाह बानों बेगम एवं अन्य (1985) 2 एम सी सी 556)

उत्तराखण्ड के काशीपुर की रहने वाली शयरा बानों का निकाह साल 2002 में इलाहाबाद के रिजवान अहमद से हुई थी, ससुराल वालों की दहेज प्रताड़ना, फिर पति के तलाक देने के बाद शायरा बानों कोर्ट पहुंची, आरोप है कि पति शयरा बानो को लगातार नशीली दवाएं देकर याददाश्त कमजोर कर दिया। और 2015 में मायके भेजकर तलाक दे दिया था, शायरा बानों ने सुप्रीम कोर्ट में याचिका दायर कर कहा की वह तीन बार तलाक बोलकर तलाक देने की बात को नहीं मानती है, शायरा की याचिका में 'मुस्लिम पर्सनल लॉ (शरियत) एप्लीकेशन एक्ट, 1937' की धारा 2 की वैध्यता पर भी सवाल उठाए गए है। यही वह धारा है, जिसके जरिये मुस्लिम समुदाय में बहुविवाह, 'तीन तलाक (तलाक-ए-बिद्वत) और 'निकाह-हलाला' जैसी प्रथाओं को वैध्यता मिलती है,

इनके साथ ही शायरा ने 'मुस्लिम विवाह विघटन अधिनियम, 1939' को भी इस तर्क के साथ चुनौती दी है, यह कानून मुस्लिम महिलाओं को बहुविवाह जैसी कुरीतियों से संरक्षित करने में सार्थक नहीं है।

मर्द सिर्फ तीन बार तलाक! तलाक!! तलाक!!! औरत को बोल दे और तलाक हो जाता है।

कुरान में सूरते बकर स्कू 28 में आयत 228 से 237 तक तलाक का विधान मौजूद है। उस पर अहमद बशीर साहब ऍम.ए., कामिल तथा दवीर कामिल मौलवी अपने कुरान के भाष्य में पृष्ठ 55 पर लिखते हैं। की तलाक का यह दस्तुर है, की जब कोई मुसलमान मर्द अपनी औरत को तलाक देता है, तो कम से कम दो आदमियों के सामने तलाक देता है। यहां तक तो मियाँ बीबी में सुलहनामाँ हो सकता है, परन्तु इसके एक महीने बाद तीसरी तलाक दी जाती है। इस तीसरी तलाक देने के बाद फिर मर्द उस औरत के पास नहीं जा सकता। यह औरत तीन महीना दस दिन दुसरा निकाह गौर आदमी से कर सकती है।

अल्लाह कुरान में फरमाता है: - ''और जब तुम औरतों को तलाक दो और वो अपनी इद्वत के खात्मे पर पहुंच जाए तो या तो उन्हें भले तरीके से रोक लो या भले तरीके से रूखसत कर दो, और उन्हें नुकसान पहुंचाने के इरादे से ना रोको के उन पर जुल्म करो, और याद रखो कि जो कोई ऐसा करेगा वो हर हकीकत अपने ही ऊपर जुल्म ढाएगा, और अल्लाह की आयातों को मजाक ना बनाओं और अपने ऊपर अल्लाह की नेमतों को याद रखो और उस कानून और हिकमत को याद रखो जो अल्लाह ने उतारी है। जिसकी वो तुम्हें नसीहत करता है, और अल्लाह से डरते रहो और ध्यान रहे कि अल्लाह हर चीज से वाकिफ है'' (सूरेह बक्राह-231)

मुस्लिम महिला व तलाक के बाद एक नजर इस्लाम पर डालते है, इस्लाम का मतलब है। शांति और मानवता से प्यार करना लेकिन इन दिनों तो दुनिया में इस्लाम को लेकर बहुत सारी गलत धारणाएं हैं। इस्लाम एक ऐसा धर्म है। जिसे लोगों ने सही समझा नहीं है, क्योंकि उन्हें इसकी मूल बाते पता नहीं है। इस्लाम अन्य धर्मों का आदर करता है। और अन्य धर्मों के लोगों से भाईचारा में रहना सिखाता है। इस्लाम मानता है। कि धर्म को लेकर किसी पर कोई दबाव नहीं है। अगर एक व्यक्ति अच्छा इंसान नहीं हैं। तो वह अच्छा मुसलमान भी नहीं बन सकता।

तीन तलाक के तहत मुस्लिम आदमी अपनी बीवी को बोलकर या लिखकर तलाक दे सकता है। और बीबी का वहा होना जरूरी भी नहीं होता है, यहाँ तक की आदमी को तलाक के लिए कोई वजह भी लेनी नहीं पड़ती। आजकल के जमाने में तो तीन तलाक facebook WhatsApp पर भी दिया जाता है। तीन तलाक का पुरूषों पे ज्यादा प्रभाव नहीं होता पर उनकी बीवी पर इसका बहुत बड़ा प्रभाव होता है। बच्चों की जिम्मेदारी गुजारा करने के लिए पैसा कमाना, रहने के लिए घर, यह सब विपदाएं अचानक से उसके सामने आ जाती हैं इस डर के चलते हुए बहुत सारी मुस्लिम महिलाएं शायद डर डर के अपनी जिंदगी गुजार देती है। वह कोई बगावत नहीं करती महिलाए अपने भारतीय मौलिक अधिकारों से वंचित रह जाती है।

मुस्लिम महिलाओं के मान-सम्मान की लड़ाई -देश भर में मुस्लिम महिलाओं को बेहद गहरे तक जड़े जमाए बैठी असमानता और हिंसा का सामना करना पड़ रहा है। इससे न केवल महिलाओं के अधिकारों का घोर उल्लंघन हो रहा है। बल्कि इस्लाम धर्म के बुनियादी सिद्धान्त और मूल्य भी इसमें दफन हो रहे है। महिला के खिलाफ हिंसा (वीओडब्ल्यू) इस्लामिक परंम्परा का हिंसा नहीं है, लेकिन यह मुस्लिम दंपतियों में काफी विस्तार से जड़े जमाए हुए है। लैंगिक भेदभाव तथा पुरूषों द्वारा खुद को प्रभुत्वशाली मानने की प्रवृत्ति मध्यप्रदेश के मुस्लिम समाज में इस कदर गहरे पैठ बना चुकी है कि यहाँ मुस्लिम महिलाओं की स्थिति बदतर बन गई है। वे अक्सर तथाकथित दैवीय कारणों या विशेषाधिकार की मानसिकता के चलते मानसिक, शारीरिक व यौन प्रताड़ना का शिकार होती है। महिलाओं और पुरूषों के बीच सत्ता के असमान बंटवारे का नतीजा महिलाओं के खिलाफ हिंसा के तौर पर देखा जा सकता है।

मुस्लिम समुदाय में युगों से चली आ रही औरतों की दुर्दशा में नाम मात्र का भी सुधार नहीं हुआ है। बात केवल उनकी शिक्षा, आजादी एवं अधिकार

की नहीं है, जरा सी बात पर शौहर का तलाक के तीन शब्द कह कर बीबी को घर से बाहर करना, अकारण एक से अधिक विवाह करना, शौहर के क्रूर व्यवहार और बात-बात पर हाथ उठाने के बावजूद चुपचाप सब सहना, मेहर न अदा करना, शौहर के जनाजे पर जबरदस्ती मेहर माफ कराना, उसकी मृत्यु के पश्चात् बीबी के पुनर्विवाह पर परिवार वालों की तरफ से मनाही आदि कई गैर इस्लामी एवं गैर इन्सानी रवायते हैं। जिन्हें इस्लाम हरगिज सही नहीं ठहराता अल्लाह के प्यारे नबी (स.अ.) का इरशाद है। -''औरतों के साथ सद्व्यवहार की ताकीद करो'' आपने (स.अ.) फरमाया-''नमाज और औरतों का ख्याल रखना''

तीन तलाक एवं मुस्लिम महिला संगठन

1. भारतीय मुस्लिम महिला आन्दोलन की सह-संस्थापक नूरजहाँ सफिया नियाज का कहना हे कि 'ऑल इंडिया मुस्लिम पर्सनल लॉ बोर्ड को खुद तीन तलाक की व्यवस्था को खत्म करने के लिए प्रयास करना चाहिए था।
2. सामाजिक कार्यकर्ता और स्तम्भकार नाइश हसन का कहना है। ''शाह बानो मामले के समय ही पर्सनल लॉ बोर्ड को एक साथ तीन तलाक के मसले पर सोचना चाहिए था ये लोग जो उस समय कर रहे थे वही बात अब कर रहे हैं। ये मुस्लिम महिलाओं को उनका हक नहीं देना चाहते।
3. मुस्लिम एवं दलित महिलाओं के सशक्तीकरण के लिए काम करने वाले संगठन 'तहरीक-ए-निसवां' की अध्यक्ष ताहिरा हसन का कहना है। कि एक साथ तीन तलाक की व्यवस्था महिला विरोधी है। ताहिरा ने कहा की मेरी समझ में यह नहीं आता कि पर्सनल लॉ बोर्ड में बैठे मौलाना लोग एक साथ तीन तलाक की पैरवी क्यों कर रहे है। पाकिस्तान, बांग्लादेश और कई मुस्लिम देशों में इस पर रोक लग चुकी है। इस महिला विरोधी व्यवस्था का खत्म होना जरूरी है।

गैर कुरानी है ट्रिपल तलाक: जाकिया सोमान -ट्रिपल तलाक के जिस मुद्दें को लेकर पूरे देश में बहस छिड़ी हुई है। उस पर भारतीय महिला मुस्लिम आन्दोलन की फांउडर जाकिया सोमान का बड़ा और साफ व्यान आया है। उनका कहना है कि ट्रिपल तलाक गैर कुरानी है। और अल्लाह के आदेश की तौहानी है। इस्लामिक इत्तिहात में कुछ सामाजिक स्थितियों के जवाब में हजरत उमर

ने दे तरीका इजात किया था आज ना तो उस समय जैसी सामाजिक परिस्थितियां है और ना ही इस तरीके की जरूरत है। जाकिया सोमान का साफ तौर पर कहना है। हजरत पैगम्बर, इस्लाम के मुताबिक यह तरीका अल्लाह के आदेश की तौहीन है। उन्होंने यह भी कहा की पैगम्बर को तीन तलाक से सख्त नफरत थी ऐसे में यदि जाकिया सोमान की बात को सही माना जाए तो ट्रिपल तलाक गैर कुरानी है। और कुरान में कोई जिक्र ट्रिपल तलाक का नहीं है। जाकिया सोमान के बयान पर मदरसा मजाहिर उलूम (सहारनपुर) के एक मुती ने बताया कि पाक कुरान में भले ही ट्रिपल तलाक के बारे में स्पष्ट बात ना कही गई हो लेकिन हदीम में इसका पूरा जिक्र किया गया है। केवल जिक्र ही नहीं किया गया बल्कि बुखारी शरीफ में विस्तार से बताया गया है।

सुप्रीम कोर्ट का ऐतिहासिक फैसला, तीन तलाक, अवैध घोषितः- 22 अगस्त 2017 नई दिल्ली सुप्रीम कोर्ट की संविधान पीठ ने बहुमत के निर्णय में मुस्लिम समाज में एक बार में तीन बार तलाक देने की प्रथा को निरस्त करते हुए अपनी व्यवस्था में इसे असंवैधानिक, गैर कानूनी और शून्य करार दिया। कोर्ट ने कहा कि तीन तलाक की यह प्रथा कुरान के मूल सिद्धान्त के खिलाफ है, प्रधान न्यायाधीश अध्यक्षता वाली पाँच सदस्यीय संविधान पीठ ने अपने 365 पेज के फैसले में कहा, 3:2 के बहुमत से दर्ज की गई अलग-अलग राय के मद्देनजर' तलाक-ए-बिद्वत तीन तलाक को निरस्त किया जाता है।

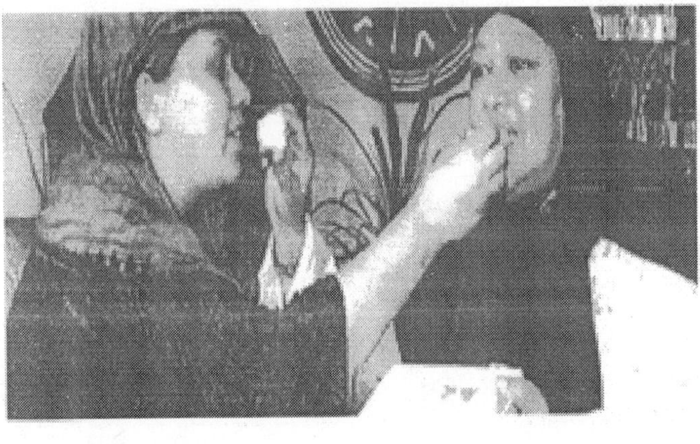

तलाक को निरस्त किया जाता है। प्रधान न्यायाधीश

कोर्ट का फैसला आते ही मुस्लिम महिलाए जश्न में डूब गई मुस्लिम महिला पर्सनल लॉ बोर्ड की अध्यक्ष शाइस्ता अंबर ने मिठाई बांटकर फैसले का जश्न मनाया।

जगदीश सिंह खेहर और न्यायमूर्ति एस. नजीर में तीन तलाक की इस प्रथा पर छह महीने की रोक लगाने की हिमायत करते हुए सरकार से कहा की वह इस सम्बन्ध में कानून बनाए जबकि न्यायमूर्ति कुरियन जोसफ, न्यायमूर्ति आर एफ नरिमन और न्यायमूर्ति उदय यू ललित ने इस प्रथा को संविधान का उल्लंघन करने वाला करार दिया बहुमत के फैसले में कहा गया कि तीन तलाक सहित कोई भी प्रथा जो कुरान के सिद्धान्तों के खिलाफ है।

फैसला आने के बाद शिया मौलवी, मौलाना यासूब अब्बास ने कहा कि कि शिया पर्सनल लॉ बोर्ड 2007 से तीन तलाक के खिलाफ कानूनी लड़ाई लड़ रहा है।

लोक सभा में

बजट सत्र अभिभाषण :- राष्ट्रपति कोविंद बोले मुस्लिम महिलाओं के हित में है, तीन तलाक बिल।

AIMIM सांसद असदुदीन ओवेसी बोले- कानून बनाना ही है, तो उन मुस्लिम मर्दो के खिलाफ बनाओ जो बीबियों को छोड़ते हैं। ओवेसी ने लोकसभा में तीन तलाक को अपराध की श्रेणी में रखे जाने का विरोध किया है।

लोक सभा में कानून मंत्री रविशंकर प्रसाद ने मुस्लिम महिला बिल यानी ट्रिपल तलाक बिल को पेश किया वही इस बिल का सदन में पेश करने पर कई सांसदों ने इसका विरोध किया और कई सदस्यों ने विधेयदक में बदलाव की मांग भी की इससे पहले दो दिन पूर्व केन्द्रीय संसदीय कार्य मंत्री अंन्नत कुमार ने सभी विपक्षी पार्टियों से सदन में तीन तलाक विधेयक को पारित करने में सहयोग देने का आहान किया था।

निष्कर्ष

2011 की जनगणना के मुताबिक, देश में 8.4 करोड़ महिलाएं हैं और हर एक तलाकशुदा मर्द के मुकाबले 4 तलाकशुदा औरतें हैं, 13.5 प्रतिशत लड़कियां की शादी 15 साल की उम्र से पहले हो जाती है और 49 प्रतिशत मुस्लिम लड़कियों की शादी 14 से 29 की उम्र में होती है।

तीन तलाक का मुद्दा इस्लाम में जुड़ा हुआ है। परन्तु भारत में विभिन्न संस्कृतियों का वास अनेक भाषा व धर्मो के विराजमान होने के बावजूद जहाँ महिला को देवी व पूजनीय माना जाता है। वहीं भारत में मुस्लिम महिला कई कुरीतियों प्रथाओं में जकड़ी नजर आती है। मजहबी ताने बाने ने उन्हें इस कदर कमजोर कर दिया है कि वह सदियों से शोषण का शिकार होती रही है। और अपने जीवन को बदिशों में जीने को मजबूर है। आज भारत में तीन तलाक का मुद्दा अस्तित्व की जंग बन चुका है जहाँ एक और इस्लाम के जानकार तीन तलाक ठीक बताते है। तो कुछ इसमें बदलाव की बात करते है। कुछ का अन्दर खाने यह मानना हैं। की अगर इसमें बदलाव हो गया तो मुस्लिम पुरूष वर्ग का मुस्लिम महिलाओं पर से दवाब हट जायेगा। वर्चस्व की जंग कहे या अस्तिव की, नुकसान तो महिला समाज का ही है। जिस देश में महिला पूजनीय हो वहाँ इतना अपमान सामाजिक नजरिये से भी यह ठीक नहीं है जो महिला अपना सबकुछ अपने शोहर को शोप कर भी छोड़ दी जाय या उसे तलाक दे दिया जाए, उस महिला की पीड़ा को अब समझना ही होगा। तीन तलाक का मुददा समय-समय पर उजागर होता रहा है। नया नहीं है। शाहबानों से लेकर अब तक कितनी महिलाओं को बेकसूर होते हुए भी तलाक दे दिया जाता है। इससे भी ज्यादा ताज्जूब की बात तो ये है। की तलाक इतना मोड्रनाइज हो गया कि वाटस्स्प, चिट्ठी, फोन, फेसबुक, किसी भी माध्यम से दे दिया जाता है और इस्लाम के जानकार कहते है, कि तलाक हो गया है। मुस्लिम महिला के मन में इस बात का डर हमेशा बना रहता है कि कहीं उनके साथ की ऐसा ना हो जाये। जबकी दुनिया के तमाम इस्लामिक मुल्कों में तीन तलाक पर पाबन्दी है। लेकिन भारत के इस्लामिक अनुयायियों का धर्म खतरे में पड़ जाता हैं। यह एक सामाजिक कुरीति है। प्रथा है इसे दूर किया जाना चाहिए। मुस्लिम महिला अपने अधिकारों के लिए अब दृढ़संकलित है।

संदर्भ ग्रन्थ सूची

1. बघेला हेतसिंह (2008), भारतीय संस्कृति का विकास, विश्व भारती पब्लिकेशन नई दिल्ली 110002
2. कुमार राधा (2011), स्त्री संघर्ष का इतिहास 1800-1990, वाणी प्रकाशन, 4695,21ए- दरियागंज, नई दिल्ली-110002

3. citizensamvad. com (muslim-women talak-monika-arora- advocate (मुस्लिम महिला मांगे तलाक से आजादी.......... ....। citizen samavad)
4. ndtv.com/news/india/triple-talaq-shayara-bano-to-shah-bano-begum-1740336 (तीन तलाकः शाह बानों से शायरा बानों तक, करोड़ों मुस्लिम महिलाओं के लिए बनी नजीर। (22 अगस्त, 2017)
5. इस्लाम में नारी की स्थिति-2, कुरान में बीबियाँ बदलने का आदेश-।तलंउंदजंअलंए (Aug 9, 2014)
6. news18.com / blogs/mohammed- ahmad-usman/ talaq-islam-522634
7. punjabkesari,in/gup-shup/news/the-12-interesting-things-related-to-islam-405542
8. triple talaq-teenatheart-indian teenager & collage-life style companion
9. mahashakti.org.inè2009è08 women-in-muslim-socity (मुस्लिम महिलाओं का दर्द)
10. navbharattimes.india.times.comèindea/muslim-women-organisation-want-government-to-protest-against-triple-talaq/articleshow/54508000 (मुस्लिम महिला संगठनों की माँग, 'सुप्रीम कोर्ट में तीन तलाक की व्यवस्था का विरोध करे सरकार'।) (Sept.25, 2016)
11. patrika.com/news/muzzaffarnagar/triple-Talaq-is-non-quranicsaid-Zakia-soman-1419266 (गैर कुरानी है ट्रिपल तलाकः जकिया सोमान)
12. jansatta.com/national/live-triple-talaq-teen-3-talaq-supreme-court-Judgement-faisla-verdict-live-updates-in-hindi-to-be-announced. (इस्टैन्ट ट्रिल तलाक फैसलाः ैब ने तीन तलाक को रद्व किया बताया, असंवैधानिक)

13. aajtak.intoday.in/story/triple-talaq-supreme-court-Judgement-muslim-womes-celebration-lucknow-1-948113 (तीन तलाक से आजादी का मुस्लिम महिलाओं ने मिठाई के साथ मनाया जश्न)

14. ndtv.com/news/budget-2018/parliament-budget-session-2018-live-updates-president-ram-nath-kovind-speech-1805721 (बजट सत्र अभिभाषण : राष्ट्रपति कोविन्द बोले–मुस्लिम महिलाओं के हित में है तीन तलाक बिल)

15. jansatta.com/national/aimim-mp-asaduddin-Owaisi-trash-triple-tagaq-and-pitch-for-a-law-against-those-who-abandons-their-wives-in-lokshabha. (असदुद्दीन ओवैसी बोले–कानून बनाना ही है, तो उन मुस्लिम मर्दों के खिलाफ बनाओ जो बीवियों को छोड़ते हैं।) क्मब 29.2017

16. ndtv.com/news/file-facts/live-updates-ravi-sharkar-prasad-introduce-bill-to-criminalise-instant-triple-talaq-in-parliament-1792956

56

भारत में मुस्लिम महिलाएँ एवं मानवाधिकार

योगेन्द्र सिंह
(शोधार्थी)
हिंदी विभाग, चौ0 चरण सिंह विश्वविद्यालय
मेरठ (उ0प्र0)

भारतीय संस्कृति "यत्र नार्यस्तु पूज्यन्ते रमन्ते तत्र देवता" के उद्घोष से फलीभूत होती है। भारतीय संस्कृति की मान्यता है कि जहाँ महिला की पूजा होती है, वहाँ देवता बसते हैं और वहीं पर सुख और समृद्धि का वास होता है। भारतीय संस्कृति में महिलाओं की स्थिति आदर्शात्मक होते हुए भी धरातल पर बिल्कुल भिन्न है। भारतीय समाज के पैतृक प्रधान समाज होने के कारण यहाँ घर, परिवार एवं समुदाय की सम्पत्तियों में महिलाओं की स्थिति न के बराबर रही है। जिसके कारण भारत में महिलाओं के साथ धार्मिक, राजनीतिक एवं सामाजिक प्रत्येक स्तर पर भेदभाव किया जाता रहा है। यद्यपि भारत के लोकतंत्र में भारत के प्रत्येक नागरिक को समानाधिकार प्रदान किए हैं, किन्तु प्रत्येक काल एवं समय में महिलाओं के मानव अधिकारों का हनन किया जाता रहा है।

भारत विश्व में सबसे बड़ा लोकतांत्रिक एवं पंथनिरपेक्ष गणराज्य है, जो अपने नागरिकों को स्वतंत्रता व समानता के मूल अधिकारों को प्रदान करता है। भारतीय संविधान में नारी भेदभाव के विरूद्ध विशेष प्रावधान अनुछेद 15, 51 क (ड़) रूप में किया गया है। जिसके अंतर्गत नारी की अस्मिता से खिलवाड़

करने वाले प्रत्येक पुरूष के विरूद्ध कठोर कार्यवाही का प्रावधान है। इस प्रकार भारतीय संविधान में नारी को समानता एवं समता का पूर्ण अधिकार दिया गया है, किन्तु व्यावहारिकता इससे बिल्कुल भिन्न है। भारतीय समाज में महिलाओं की स्थिति का अवलोकन करके महिलाओं के अधिकारों का विश्लेषण करने पर महिलाओं की वास्तविक का पता लगाया जा सकता है। वर्तमान में भारतीय संविधान में विषमता यह है कि जहाँ नारी को पुरूष के बराबर समता एवं समानता का अधिकार और स्वतंत्रता का अधिकार संविधान के अनुछेद 14, 15 व 16 ने दिया है, तो वहीं दूसरी ओर व्यक्तिगत धर्म एवं सम्प्रदाय पर आधारित कानून भी बनाए हैं। ऐसे में जहाँ भारतीय नारी को पुरूष के समानाधिकार प्रदान किए गए हैं, तो वहीं दूसरी ओर धर्मगत बंधनों में बाँधकर उसके लिए सामाजिक एवं सांस्कृतिक सीमाएं भी निर्धारित कर दी है। भारतीय संविधान में स्त्रियों को दिए गए मूलाधिकारों के विषय में राहिल अहमद कहते हैं, "यह बात तो सत्य है कि भारतीय संविधान में प्रदत्त अधिकारों एवं राजव्यवस्था द्वारा मानवाधिकारों की व्यवस्था सभी के लिए है, लेकिन चुंकि परम्परागत समाज होने के कारण व्यवहार में ये फलित नहीं हो पाते। अत: सामाजिक आधार पर प्रजाति, लिंग, वर्ग के आधार पर भेद किया जाता रहा है। भारत जैसे देश में पिछड़ी जातियों, महिलाओं, बालकों के अधिकारों की बात उठायी जाती है, परन्तु यह बात निश्चित है कि ऐसा भेदभावपूर्ण नीतियों के परिणामस्वरूप हुआ हो। सामाजिक मूल्यों के कारण हुआ हो अथवा विकास की दौड़ में पिछड़ने के कारण हुआ हो, इन वर्गों के अधिकारों के संवर्धन के लिए किए विशेष प्रयास नाकाफी सिद्ध हुए हैं। इस संबंध में इस बात को भी दृष्टिगत रखना चाहिए कि अधिकारों का हनन परंपरागत, सामन्तवादी व अविकसित समाजों की समस्या अधिक है।"[1]

राहिल अहमद के कथन के आलोक में कहा जा सकता है कि विकसित एवं उच्च शिक्षित समाज की तुलना में परम्परागत सोच व रूढ़िवादी एवं कम शीक्षित समुदाय एवं समजों में महिलाओं के अधिकार हनन की घटना अधिक हो रही है। भारत में सर्वधर्म समभाव की नीति का अनुसरण किया जाता रहा है। भारत में मुस्लिम समाज भी इसी प्रकार के अज्ञान एवं अशिक्षा के कारण पिछड़ा हुआ समाज माना जाता है। भारत में मुस्लिम समुदाय एवं मुस्लिम महिलाओं की स्थिति के विषय में अंजना चौहान अपने लेख में लिखती है, 'मुस्लिम समुदाय हमारे देश में सबसे अधिक पिछड़े वर्गों में से एक है। हालांकि आजादी के बाद के हालात ने इस समुदाय को कुछ राहत प्रदान की है। लेकिन मुस्लिम महिलाओं के शैक्षिक स्तर में किसी भी प्रकार की बढ़ोत्तरी के चिह्न

नहीं मिलते। दुनियाभर में आतंकवाद तथा फतवों के साये में जीवन बिताने वाली मुस्लिम महिलाएँ कुछ गिने-चुने देशों में आर्थिक एवं सामाजिक स्वतंत्रता को बनाए रखने की कोशिश में जुटी हैं, लेकिन वहाँ भी हिजाब और पर्दे का जिन्न उनका पीछा नहीं छोड़ता।'2

यहाँ पर हिन्दू, मुस्लिम, सिख, ईसाई, बौद्ध, जैन, पारसी आदि सभी के लिए समानाधिकार भी प्रदान किए गए हैं, किन्तु फिर भी समाज के कुछ वर्ग एवं समाज ऐसे रह गए हैं, जिसका कारण उनकी परंपरागत सोच को कहा जा सकता है। भारत में हिन्दू जनसंख्या सर्वाधिक है, तत्पश्चात् मुसलमान आबादी दूसरी बहुसंख्यक आबादी है, किन्तु यदि इन दोनों समुदायों में महिलाओं की स्थिति का अवलोकन किया जाए तो हिन्दू महिलाओं की अपेक्षा मुस्लिम महिलाओं का शोषण बहुत अधिक हुआ है और हो रहा है, जिसके मूल में मुस्लिम समाजों का भारत में दिए गए संवैधानिक अधिकारों के बजाए शरीयत के हिसाब से कानून का पालन करना भी है। राहित अहमद मुस्लिम महिलाओं की वास्तविक स्थिति पर प्रकाश डालते हुए लिखते हैं, 'भारतीय मुस्लिम समाज के परिप्रेक्ष्य में नारी अधिकांशत: पीड़ित, उपेक्षित, अबला और असहाय स्थिति में रही है। आर्थिक, सामाजिक एवं राजनीतिक, पिछड़ापन आज भी इस वर्ग की पहचान है, शिक्षा व जागरूकता के अभाव के कारण मुस्लिम महिलाएँ अपनी सामाजिक व राष्ट्रीय पहचान को लेकर संघर्षरत है। इस अल्पसंख्यक समुदाय की महिलाओं की स्थिति अन्य अल्पसंख्यक समुदायों की तुलना में निम्नतर है।[3] इसमें सबसे बड़ी विडंबना की बात यह है कि मुस्लिम महिलाओं ने अशिक्षा के कारण इसे अपनी नियति मान लिया है, जो उनके लिए पुरूष सत्तात्मक समाज ने निर्धारित की है। उन्हें अपने अधिकारों के संबंध में कोई भी ज्ञान नहीं है। मुस्लिम महिलाओं के अपने अधिकारों के लिए जागरूकता का प्रश्न उठाते हुए अजमा नाहिद लिखती हैं, 'उन्हें इस संबंध में कोई ज्ञान नहीं है कि क्या उन्हें भी कोई अधिकार प्राप्त है अथवा नहीं? उनके पास इसका विकल्प नहीं है कि यदि घरेलू कार्य ना करना चाहें तो अन्य कार्य कर सकती है क्या?'4

जोया हसन भारत में मुस्लिम समाज में महिलाओं की स्थिति पर प्रकाश डालती हुई कहती है, 'भारत विश्व के उन लोकतांत्रिक राष्ट्रों में से है जिसने लिंग व धार्मिक विभेद के बिना सभी मूलभूत अधिकार अपने समस्त नागरिकों को प्रदान किए हैं, परन्तु इन संवैधानिक प्रावधानों के बावजूद भारतीय मुस्लिम महिलाएँ इन अधिकारों से वंचित है, उनकी सामाजिक, आर्थिक व धार्मिक स्थिति ही उनकी प्रगति में बाधक है जिस कारण वे अपना राजनीतिक व

शैक्षणिक विकास करने में भी असमर्थ है।[5] भारतीय समाज में पुरूषों की तुलना में मुस्लिम महिलाओं को बहुत ही कम अधिकार प्राप्त हैं। भारत में मुस्लिम महिलाओं की दयीनीय दशा को देखते हुए सईदा हमीद ने उनकी स्थिति को इस प्रकार से परिभाषित किया है, मुस्लिम महिलायें गरीबों में सबसे गरीब, शैक्षिक रूप से बेदखल, आर्थिक रूप से कमजोर, सामाजिक रूप से निर्बल और राजनीतिक रूप से हाशिए का समूह है।[6]

मुस्लिम महिलाओं की यथार्थ स्थिति को देखते हुए यह कहा जा सकता है कि भारत में मुस्लिम महिलाओं की स्थिति बहुत अधिक दयनीय है। इक्कीसवीं सदी में हम विकसित होने की तरफ अग्रसर अवश्य हैं किन्तु कहीं न कहीं विकास का यह शिखर भारतीय मुस्लिम समाज की महिलाओं के अधिकारों की अनदेखी करके आगे बढ़ता रहा है, जिसके कारण मुस्लिम महिलाएँ स्वतंत्रता के 70 वर्षों के पश्चात् भी अपने मूल अधिकारों के लिए संघर्ष कर रही हैं।

आज मुस्लिम महिलाएँ घर की चार दीवारी को फाँदकर सड़कों व न्यायालयों में अपने शोषण के विरुद्ध एकजुट होकर खड़ी है। ऐसे में मुस्लिम महिलाओं के मानवाधिकारों की बहुत अधिक आवश्यकता है ताकि इन अधिकारों के द्वारा अपने ही समाज के द्वारा शोषण का शिकार रही इन महिलाओं को मुक्ति मिल सके और उन्हें भी भारत के एक आम नागरिक की तरह संवैधानिक अधिकार प्राप्त हो सके।

भारतीय समाज में मुस्लिम महिलाओं की स्थिति को समझने के लिए इस्लाम धर्म एवं उनकी सामाजिक व्यवस्था को समझना भी अति आवश्यक है। इस्लाम की सामाजिक व्यवस्था की आधारशिला तौहीद तथा आखिरत के ईमान पर आधारित है। मुस्लिम समाज के विषय में मौहम्मद अकरम खान लिखते हैं, 'एक इस्लामिक समाज वह है जो प्रत्येक नागरिक को इस्लामी शरीयत में शामिल करने के लिए संस्थाओं का निर्माण करें। इसमें लोगों को यह सीखना चाहिए कि उन्हें समाज हित में अपने व्यक्तिगत लाभों का बलिदान करना है।[7] मुस्लिम सामाजिक व्यवस्था का प्रमुख सिद्धान्त यह है कि विश्व के सभी मानव एक नस्ल के हैं, जो आपस में भाई-भाई हैं। अतः इस्लाम सभी लोगों को समानता का अधिकार प्रदान करता है। छुआछूत और भेदभाव का इस्लाम में कोई स्थान नहीं है। इसी संदर्भ में 'कुरान' में अल्लाह ने फरमाया है, 'ऐ लोगों अपने रब से डरो, जिसने तुम्हें एक जान से पैदा किया और उसी से इसका जोड़ा बनाया और उन दोनों से बहुत सी औरतें और मर्द फैला दिए और अल्ला से डरो

जिसके जरिए तुम एक-दूसरे से मदद तलब करते हो और रिश्तों का आदर करो। नि:संदेह अल्लाह तुम्हें देख रहा है।'8

उपर्युक्त के आधार पर कहा जा सकता है कि इस्लाम विश्व के सभी इंसानों से कहता है कि तुम सब एक माँ-बाप की संतान हो, एक-दूसरे के भाई-बहन हो, अत: इंसान होने के नाते सब बराबर हैं। इस्लाम को कोई भी छोटा-बड़ा, उच्च या निम्न नहीं है। किन्तु वर्तमान समय में अन्य धर्मों, सम्प्रदायों के समान ही इस्लाम में भी कुछ परिवर्तन अवश्य हुए हैं, और वह अपनी मूल शिक्षा से भटक गया है। जिसके कारण इस्लाम धर्म में भी असमानता व भेदभाव का चलन बढ़ा है और यहाँ भी शोषक व शोषित के बीच की खाई बढ़ती जा रही है। यद्यपि इस्लाम में व्यक्ति और समूह तथा प्रत्येक स्तर के वर्गों के लिए अधिकार उपलब्ध किए हैं, किन्तु कई जगह अशिक्षा व अज्ञान में इन अधिकारों का गलत प्रयोग करके लोगों के अधिकारों का हनन किया जा रहा है। मुस्लिम समाज में महिलाओं की स्थिति को इसका उदाहरण कहा जा सकता है।

'इस्लाम में स्त्री-पुरूष समानता की अवधारणा के अनुसार स्त्रियों को वह समस्त अधिकार प्राप्त हैं जो कि उनके विकास हेतु आवश्यक है। कुरान में प्रदत मुस्लिम महिलाओं में मानवाधिकार दिखावे की चीज़ नहीं है अपितु वह जमीनी हकीकत रखते हैं।[9] इस्लाम में इन सभी हितों को ध्यान में रखते हुए सर्वप्रथम महिला का कार्यक्षेत्र घर व परिवार को निर्धारित किया गया है। इसके अलावा घर से बाहर की जिम्मेदारियाँ इस्लाम मर्द के हवाले कर देता है। इस प्रकार मर्द व औरत दोनों के लिए अलग-अलग कार्यक्षेत्र तय करने के पश्चात् भी इस्लाम मर्द व औरत में भेदभाव को स्वीकार नहीं करता है। इस्लाम धर्म के अनुसार स्त्री की समानता के लिए निम्नलिखित अवधारणाएँ स्वीकार की जाती हैं-

(1) इस्लाम मर्द व औरत में इंसान होने की हैसियत से कोई भेदभाव नहीं करता। उसके अनुसार जो अधिकार मर्द को प्राप्त हैं, वही औरत को भी प्राप्त हैं।

(2) इस्लाम औरत पर भी उसी प्रकार ईश्वरीय आदेशों को लागू करता है, जिस प्रकार वह मर्दों पर करता है।

(3) इस्लाम के अनुसार औरत भी अपने कर्मों के लिए खुदा के सामने उसी प्रकार जिम्मेदार है, जिस प्रकार मर्द जिम्मेदार है।

(4) इस्लाम के अनुसार औरत भी उसी तरह आदर की योग्य है जिस तरह मर्द।

(5) मर्द की तरह औरत भी अपनी जायदाद और दौलत की पूर्णतः मालिक होती है। जिस पर उसकी मर्जी के बिना कोई भी अधिकार नहीं कर सकता है।

(6) इस्लाम औरत की जान की कीमत को भी मर्द की जान की कीमत के बराबर समझता है।

(7) कानूनी और ईसानी अधिकारों के बारे में औरत भी मर्द़ की तरह समान समझी जाती है।

कुरान मजीद में मर्द व औरत की इसी समानता को इस प्रकार से व्यक्त किया है, 'वे तुम्हारे लिए लिबास है और तुम उनके लिबास हो।'10

मानवाधिकारों के संबंध में इस्लाम की अवधारणा बिल्कुल स्पष्ट है। इस्लाम में मानवाधिकारों से जुड़ी तमाम, व्यवस्थाओं एवं नियमों का संपूर्ण विवरण, व्याख्याओं के साथ कुरान व हदीस में लिखित रूप से विद्यमान है। इस्लाम में अपने सभी अनुयायियों को बिना किसी भेदभाव के सभी मानवों के लिए है, किन्तु भारत में इस्लाम की पवित्र कुरान व हदीस में दिए गए समानता के मूल अधिकारों से मुस्लिम आबादी का आधा हिस्सा, मुस्लिम महिलाएँ अभी तक वंचित रही है। भारत में अभी तक भी धर्म गुरूओं, उलेमाओं व मौलवियों ने मुस्लिम महिलाओं पर 'तीन तालक', 'हलाला' जैसी बंदिशे लगाकर उनके अधिकारों से वंचित किया जा रहा है। यही कारण है कि मुस्लिम महिलाओं को अनेक कष्टों एवं चुनौतियों का सामना करना पड़ रहा है एवं धर्म की आड़ में छिपे स्वार्थी लोगों के द्वारा लगातार शोषण का शिकार होना पड़ रहा है। यहाँ विडंबना की बात यह है कि सदियों से मुस्लिम महिलाओं के शोषण की यह दासता समाप्त होने का नाम नहीं ले रही है। धर्म के मठाधीश, सत्ता में सत्तारूढ़ दलों के शासकों सभी को अपने-अपने स्वार्थपूर्ति की चिंता है। धर्माधिशों के लिए इन मुस्लिम महिलाओं की स्थिति अबला नारी व पत्नी के रूप में उचित प्रतीत होती है, तो वहीं सत्ताधीशों के लिए यह वोट बैंक की बहुसंख्यक आबादी है। प्रत्येक को अपने- अपने स्वार्थों की परवाह है और इन स्वार्थ के कुचक्रों में सदियों से मुस्लिम महिलाओं को पीसा जा रहा है। ऐसी विकट परिस्थितियों में सदियों से पीड़ित एवं शोषित मुस्लिम महिलाओं के अधिकारों की माँग बिल्कुल जाइज व सही है। इन मानवाधिकारों की प्राप्ति के द्वारा इन महिलाओं में विश्वास बहाली करके इन्हें मुख्य धारा में लाया जा सकता है।

इस्लाम में मानवाधिकारों के विश्लेषण द्वारा यह कहा जा सकता है कि

इस्लाम में मुस्लिम महिलाओं को वृहत पैमाने पर मानवाधिकार प्राप्त है, किन्तु जमीनी हकीकत इसके बिल्कुल विपरित है। इस्लाम की पवित्र पुस्तक कुरान में महिलाओं को पुरुषों की समक्ष समझा गया है। शादी, ब्याह, सम्पत्ति, उत्तराधिकार, बच्चों परवरिश आदि सभी अधिकार महिलाओं को प्रदान किए गए हैं, किन्तु फिर भी मुस्लिम महिलाओं की स्थिति सोचनीय बनी हुई है। ऐसे में महिलाओं के विकास के लिए समय के साथ-साथ परिवर्तन को स्वीकार करना अति आवश्यक हो गया है।

भारत में प्राचीनकाल से ही महिलाओं का महत्त्वपूर्ण स्थान रहा है। यह स्थिति शताब्दियों तक चलती रही, किन्तु मध्यकाल के दौर में वह बाह्य आक्रांताओं के भय के कारण महिलाओं पर अनेक बंधन लगाये जाने लगे। वे शोषण और अत्याचार की शिकार होने लगी, लेकिन यह स्थिति अधिक लंबे समय तक नहीं रह सकी, बीसवीं सदी के उत्तरार्द्ध में वैश्विक स्तर पर नारी को उसके अतीत का गौरव लौटाने के लिए नारी स्वातंत्र्य की लहर चली, जिसका सीधा प्रभाव भारत पर भी पड़ा। भारत में भी महिला अधिकारों के प्रति जागरूकता उत्पन्न हुई। जिसके परिणामस्वरूप भारत में शिक्षा से लेकर जीवन प्रत्येक क्षेत्र में महिलाओं की भागीदारी बढ़ी, किन्तु महिला जागरूकता की यह बयार केवल कुछ समाज एवं समुदायों तक ही सीमित रही। स्वतंत्रता के 70 वर्षों के पश्चात् भी देश की दूसरी बहुसंख्यक आबादी वाले मुस्लिम समाज में अभी भी मुस्लिमों की स्थिति दयनीय बनी हुई है। मुस्लिम महिलाओं की इस सोचनीय स्थिति के पीछे धार्मिक, राजनीतिक, सामाजिक एवं सांस्कृतिक आदि कई कारकों को स्वीकार किया जाता है। सामाजिक एवं धार्मिक संगठनों के अनेक प्रयासों के बावजूद भी मुस्लिम महिलाओं की दशा अत्यधिक विचारणीय बनी हुई है। ऐसे समय में जहाँ प्रत्येक व्यक्ति अपने मानवाधिकारों को लेकर जागरूक है, वहीं मुस्लिम महिलाएँ अभी भी अपने मानवाधिकारों को लेकर संघर्षशील हैं। जब यह प्रश्न अवश्य विचारणीय हो जाता है।

मुस्लिम महिलाओं को किस प्रकार से उनके अधिकार प्रदान किए जा सकें। नई सदी में समाज आधुनिकता की ओर अग्रसर है, ऐसे में मूल्यों एवं जीवन शैली में भी परिवर्तन होना लाजमी है। यदि पुरातन मूल्य एवं परम्पराएँ हमारे पैरों में बेड़ियाँ डालकर हमें पीछे धकेल रहे हो तो ऐसे बंधनों से मुक्त होना आवश्यक बन जाता है। अतः समय की जरूरतों के हिसाब से स्वयं को ढालकर सभी को मुख्य धारा में सम्मिलित होना ही इस पीछड़ेपन का इलाज हो सकता है।

भारत एक लोकतांत्रिक गणराज्य है। इसमें प्रत्येक नागरिक को जीवन जीने के लिए अधिकार प्रदान किए गए हैं, जो कि भारत के प्रत्येक नागरिक पर समान रूप से लागू होते हैं। ऐसे में शरीयत या अन्य कानूनों के आधार पर मुस्लिम महिलाओं को उनके अधिकारों से वंचित करना बिल्कुल भी न्यायसंगत नहीं है। अत: भारत में मुस्लिम महिलाओं को सम्मानजनक जीवन जीने के लिए संविधान प्रदत्त मानवाधिकारों का संरक्षण प्रदान करना अति आवश्यक हो जाता है, तभी भारत में मुस्लिम महिलाओं को स्थिति में सुधार किया जा सकता है।

निष्कर्षत: कहा जा सकता है कि भारत जैसे बहुसंख्यक आबादी वाले राष्ट्र में सभी नागरिकों को संविधान में समानता एवं स्वतंत्रता का अधिकार प्रदान किया गया है, किन्तु मुस्लिम महिलाओं को कहीं-न-कहीं इन अधिकारों से वंचित किया गया है। उन्हें तीन तलाक, हलाला अथवा अन्य धार्मिक व सामाजिक भय के द्वारा उनके मूल अधिकारों से वंचित कर दिया गया है, जिस कारण वह आज भी पिछड़ी हुई हैं। अत: मुस्लिम समाज एवं मुस्लिम महिलाओं का विकास संविधान में निहित मौलिक अधिकारों के पालन से ही संभव हो सकता है। नई सदी में आज महिलाओं ने प्रत्येक क्षेत्र में अपनी भागीदारी से यह सिद्ध किया है कि वह किसी भी मामले में पुरुषों से कमतर नहीं हैं। यह कार्य केवल महिला जागरूकता एवं शिक्षा के द्वारा ही संभव हो सका है। ऐसे में मुस्लिम समाज एवं मुस्लिम महिलाओं के विकास के लिए शिक्षित होना अति आवश्यक है, तभी वह अपने अधिकारों के प्रति जागरूक हो पाएंगी एवं अपने मानवाधिकारों के संरक्षण के द्वारा अपने जीवन स्तर में सुधार करके स्वयं का, अपने परिवार का एवं अपने राष्ट्र के विकास में अपनी सहभागिता निभा पायेंगी।

संदर्भ ग्रंथ

1. राहिल अहमद, मुस्लिम महिलाएँ एवं मानवाधिकार, जयपुर शहर के सदर्भ में : एक अनुभवपरक अध्ययन (अप्रकाशित शोध प्रबंध) पृ0सं0 18
2. http:èènmap.nfi.org.inèarticle
3. राहिल अहमद, मुस्लिम महिलाएँ एवं मानवाधिकार, जयपुर शहर के संदर्भ में : एक अनुभवपरक अध्ययन (अप्रकाशित शोध प्रबंध) पृ0सं0, पृ0सं0 45
4. अजमा नाहिद

httpèèwww.twocircle.netè2009jan24èmuslimwomen indiaaicmisable

5. जोया हसन, हंस, अगस्त 2003, पृ0सं0 15–16
6. सईदा हमीद, 'इंसाफ चाहिए तुष्टिकरण नहीं' विविधा फीचर्स : महिला आलेखन एवं संदर्भ ग्रंथ, जयपुर, मार्च 2001, पृ0सं0 13
7. मोहम्मद अकरमखान (दि अमेरीकन जनरल ऑफ इस्लामिक सोशियल साइंसेज, वाशिंगटन, भाग 14:2
8. कुरान – सूरः 4, अन–निसाः।
9. राही अहमद – पृ0सं0 119
10. कुरआन – सूरः 2, अल–बकराः 187

57

तीन तलाक एवं सामाजिक आयाम : मुस्लिम महिलाओं के संदर्भ में

डॉ. उदय पाल सिंह

असिस्टेंट प्रोफेसर, समाजशास्त्र विभाग

नेहरु कॉलिज, छिबरामऊ (कन्नौज)

1960 से महिलावाद का तेजी से विकास हुआ है। यूरोप में महिलाओं ने संगठित होकर पुरुषों के आधिपत्य एवं पितृसत्ता के खिलाफ प्रदर्शन शुरू किए। वर्तमान में भी कौन-सी परिस्थितियां हैं जिसके परिणाम स्वरूप महिला शक्ति की अवधारणा को भारतीय समाज में केन्द्रीय विचारणीय विषय बना दिया है। इस विषय पर जानना आवश्यक है क्योंकि भारतीय समाज में शक्ति संस्तरण में पुरुषों के पास महिलाओं की अपेक्षा अधिक शक्ति रही है। अतः व्यवहार में भारतीय समाज पुरुष अधिपत्य प्रधान समाज रहा है। भारतीय समाज में जाति एवं लिंग पर आधारित निर्योग्यताएं विद्यमान रही हैं। भारतीय मुस्लिम समाज में महिलाओं की स्थिति इस्लाम की मान्यताओं के दायरे परिभाषित की जाती है। कुरान की आदर्श व्याख्या के अनुसार महिला एवं पुरुष दोनों ईश्वर की संतान हैं तथा दोनों का दर्जा समान है। जीवन के प्रत्येक क्षेत्र में महिलाएं पुरुषों के समान हैं। इस्लाम के संस्थापक पैगंबर मोहम्मद ने तत्कालीन अरब की कबायली समाज में महिलाओं के मानव अधिकारों की पुरजोर वकालत की थी। महिलाओं को दासता पूर्ण जीवन से मुक्ति दिलाने के लिए मोहम्मद ने बहु-विवाह परंपरा का समर्थन किया था। लेकिन कालांतर में इस्लाम की महिला अधिकारों से सम्बन्धित आदर्श मान्यताओं ने संकुचित रूप ग्रहण कर लिया। धार्मिक स्थलों एवं नेतृत्व में अपने हित संवर्धन

के बढ़ते प्रभाव के कारण मुस्लिम समाज में महिला अधिकारों पर आक्रमण प्रारम्भ हुआ। जमात-ए-इस्लामी जैसे कट्टरपंथी धार्मिक दलों ने भारत, पाकिस्तान एवं बांग्लादेश में महिला अधिकारों के प्रति प्रतिगामी एवं नकारात्मक रूप अपनाया।

समान नागरिक संहिता के अंतर्गत धार्मिक मान्यताओं से जुड़े कानूनों को समाप्त करने और इसकी जगह पर एक समान कानून करने का प्रस्ताव है। फिलहाल भारत में विभिन्न धर्म और संप्रदाय के लोगों के अपने निजी धार्मिक कानूनों की बहुलता है। समान नागरिक संहिता केवल शादी, तलाक, सम्पत्ति, उत्तराधिकार, बच्चा गोद लेने और गुजारा भत्ता जैसे मुद्दों पर लागू होगी। भारत देश बहुलता एवं विविधता का देश है, जहां अनेक धर्म, भाषा, तहजीबे मौजूद हैं। संविधान इस बहुलता का संरक्षण करता है। समानता स्त्री अधिकार और पितृ सत्तात्मक विचारधारा के बीच है। समान नागरिक संहिता के बीच तीन तलाक पर पाबंदी की मुहिम के तहत मुस्लिम महिलाएं अपने कुरानी अधिकार एवं नागरिक अधिकार दोनों की मांग कर रही है। वहीं पुरुष प्रधान विचारधारा रखनेवाले मजहबी गुट यह मांग नकारने में लगे हुए हैं। स्त्री समानता या जेंडर जस्टिस अहम उद्देश्य है। तीन तलाक कुरानी नहीं है, फिर भी समाज में इसका चलन है। वैसे इस्लाम में शादी को दो व्यक्तियों के बीच एक सामाजिक करार माना जाता है। इस करार को रद्द करने या तलाक का हक दोनों पक्षों को दिया गया है। कुरान में तलाक को एक बुरी हरकत कहा गया है, जिसे जहां तक संभव हो ना करने की बात की कही गई है। कुरान में कहा गया है कि यदि तलाक हो तो हमेशा न्याय पूर्ण तरीके से हो। कुरान में स्पष्ट आयतें हैं जहां कम से कम 90 दिनों तक बातचीत एवं संवाद के जरिए वैवाहिक क्लेश को सुलझाने की कोशिश का आदेश है। अगर यह प्रक्रिया विफल रहे तो इस अवधि के बाद तलाक हो सकता है।

मुस्लिम महिलाओं का सिर्फ इतना कहना है कि तलाक न्यायिक तरीके से एवं पत्नी की बात सुनने के बाद हो। लेकिन पुरुष प्रधान धार्मिक गुरु महिलाओं से बात करना जरूरी नहीं समझते और यह कहा कि तीन तलाक गलत है, लेकिन पति यह कह देता है तो तलाक हो जाता है। इसके बाद पत्नी हराम हो जाती है। कुछ मुस्लिम महिलाएं चाहती हैं कि तीन तलाक और हलाला पर रोक लगे। वैसे हमारे देश में मुस्लिम पारिवारिक कानून में सुधार की जरूरत हमेशा से रही है। भारत देश का संविधान सभी नागरिकों को न्याय और समानता का अधिकार देता

है। किसी भी स्त्री के साथ लिंग आधारित भेदभाव नहीं हो सकता। संविधान सभी नागरिकों को अपने-अपने धर्म के अनुसरण की भी इजाजत देता है। मुस्लिम समुदाय पर शरीयत एप्लीकेशन एक्ट, 1937 लागू होता है। मुस्लिम विवाह-विच्छेद एक्ट, 1939 भी अमल में है, लेकिन अंग्रेजों के बनाए 1937 के कानून में आज तक एक भी सुधार नहीं हुआ है। इस कानून में निकाह की उम्र, मेहर का अधिकार, तीन तलाक, बहुविवाह प्रथा, बच्चों का संरक्षण, महिलाओं का सम्पत्ति में हिस्सा जैसे महत्वपूर्ण मुद्दों पर कोई प्रावधान नहीं है। भारतीय समाज में कम उम्र में निकाह, जुबानी तलाक, बहुपत्नीत्व, हलाला जैसे गैर-कुरानी और क्रूर प्रथाएं बिना विरोध के चल रही हैं। इस कानून में सुधार करना ही होगा। भारतीय संविधान में अनुच्छेद-44 में समान नागरिक संहिता प्रावधान है। इसका मुख्य आशय जेंडर जस्टिस है।

तीन तलाक खत्म करने के विषय में देखें तो इस्लामी न्याय शास्त्र में कानून या नैतिक सिद्धांत का आधार केवल कुरान और उसके बाद सुन्नत या हदीसे नवाबी (पैगंबर साहब की कथनी और करनी) है। इन दो स्रोत के बाद इजमा तथा कयास (आम सहमति तथा विवेक का प्रयोग) है जो अपने जमाने की जरूरतों के अनुसार नियम रचना के सिद्धांत के तौर पर स्वीकृत हैं। कुरान में तलाक तरीका विस्तृत रूप से बताया गया है, दोनों पक्षों से एक-एक पंच नियुक्त करके मामले को सुधारने की कोशिश का हुक्म है। परिवार को बचाने के ये सब प्रयास नाकाम होने के बाद ही तलाक़ दिया जाएगा। जिसका तरीका बताया गया कि जब तुम औरतों को तलाक दो तो इद्दत (तीन महीने की प्रतीक्षा की अवधि) में तलाक दो। पति और पत्नी के बीच यह दुर्भाग्यपूर्ण स्थिति पैदा हुई है, इद्दत की अवधि में बगैर किसी हस्तक्षेप के दोबारा सम्बन्ध स्थापित कर सकते हैं और कुरान के अनुसार तीन महीने के बाद दोबारा निकाह कर सकते हैं। इस प्रकार इस अध्ययन में मुस्लिम महिलाओं में अपने अधिकारों के प्रति चेतना को जानने का प्रयास किया गया है, ताकि उसके आधार पर उनके जीवन स्तर को जानने का प्रयास किया जा सके। यह विश्लेषण साक्षात्कार के द्वारा मेरठ बाजार में 50 मुस्लिम महिलाओं के अध्ययन पर आधारित है।

1. जिन 50 महिलाओं का साक्षात्कार किया गया उनमें यह पाया गया कि सभी महिलाएं धर्म में अटूट आस्था रखती थी। 98 प्रतिशत उत्तरदाता नियमित रूप से नमाज पढ़ती थीं और रोजे इत्यादि रखती थी। अल्लाह को अंतिम कानून मानती थी और उनके कानून में कोई परिवर्तन करने

की वो पक्षधर नहीं थीं। महिलाओं को मस्जिद में जाने की अनुमति नहीं थी। वे घर पर ही अपनी नियमित धार्मिक दिनचर्या को पूर्ण करती थीं।

2. मुस्लिम सामाजिक संरचना में काफी बदलाव पिछले कुछ वर्षों में आया है। शिक्षा के प्रसार में उनमें 'एक विवाह' की प्रवृत्ति बढ़ी है, क्योंकि 98 प्रतिशत महिलाओं का एक विवाह परिवार था।
3. विवाह के कानूनों के प्रति उनकी जानकारी का स्तर भी बहुत अच्छा नहीं था। उम्र और शिक्षा के स्तर के साथ उनके विचारों में बदलाव देखा गया। 84 प्रतिशत महिलाओं को ज्ञात था कि उन्हें भी तलाक लेने का हक है।
4. पारिवारिक मामलों में महिलाओं को निर्णय लेने की भागीदारी निर्णय थी। 62 प्रतिशत महिलाओं का यह कहना था कि इन मामलों में निर्णय पुरुषों द्वारा ही किया जाता है, लेकिन उनसे पूछा जरूर जाता है।
5. संयुक्त परिवारों की अपेक्षा एकांकी परिवारों की महिलाओं की भूमिका ज्यादा समानता पर आधारित देखी गई।
6. 32 प्रतिशत घरेलू महिलाएं यदि मौका मिले तो कार्य करने की इच्छुक थी।
7. कार्यशील एवं घरेलू दोनों ही महिलाएं घरेलू कार्य करने को प्राथमिकता देती है। चाहे इससे उन पर कार्य का दोहरा बोझ पड़ता हो।
8. मुस्लिम महिलाएं आमतौर पर राजनीति में सक्रिय नहीं है। मात्र 18 प्रतिशत महिलाओं में राजनीतिक चेतना पाई गई।
9. शिक्षा के स्तर राजनैतिक चेतना में सकारात्मक सहसम्बन्ध पाया गया।

निष्कर्ष

अध्ययन में यह तथ्य सामने आए अशिक्षा घरेलू दायित्वों में व्यस्तता, पुरुषों पर निर्भरता, महिला नेतृत्व की कमी, राजनैतिक दलों के प्रति असंतोष और प्रजातंत्र की प्रक्रिया के प्रति भय की स्थिति आदि कुछ महत्वपूर्ण कारक थे जो उनकी निम्न राजनैतिक चेतना के लिए उत्तरदायी कारक पाए गए। उपरोक्त तथ्यों का विवेचन पर ज्ञात है कि धार्मिक मसलों, अंत: धार्मिक विवाह, तलाक, भरण-पोषण और वैयक्तिक कानूनों के संदर्भ में महिलाएं कोई भी बदलाव लाने

के पक्ष में नहीं हैं। पर्दा प्रथा में शिक्षा के प्रचार के साथ कुछ बदलाव अवश्य दिखाई पड़ता है। पुरुष भी महिलाओं को तलाक व पुनर्विवाह का अधिकार देने के पक्ष में नहीं थे। अध्ययन में यह तथ्य सामने आये कि महिलाएं (99 प्रतिशत) कभी भी अपने पतियों या परिवार के खिलाफ बगावत करना नहीं चाहतीं, चाहे वे उन पर कितने ही प्रतिबंध क्यों न लगाएं या उन्हें बेईज्जत भी करें। इसके बावजूद तथ्य सामने आया कि 84 प्रतिशत मुस्लिम महिलाएं तलाक देने के अपने हक के प्रति जागरूक हैं, तथापि वैधानिक रूप से स्वयं तलाक की पहल करने पर नहीं थी। 88 प्रतिशत महिलाएं यह मानती हैं कि महिलाओं को हमेशा अपने आपको अपने पति से निम्न मानना चाहिए।

सन्दर्भ

1. सुशीला जैन– 'मुस्लिम एण्ड मॉडर्न एजुकेशन', रावत पब्लिकेशनस, जयपुर, 1986
2. आंद्रे बिताई– 'एंपावरमेंट' इकोनॉमिक एण्ड पॉलिटिकल वीकली, मार्च 06–13, 1999
3. ह्यूमन डवलपमेंट इन साउथ एशिया– 2000 : जेंडर कन्वेंशन इस्लामाबाद, ऑक्सफोर्ड यूनिवर्सिटी प्रेस, 2001
4. जेनबबान– 'वुमन एंपावरमेंट, थ्योरेटिकल थ्रस्ट', इंडियन जरनल ऑफ सेकुलरिज्म, अप्रैल–जून, 2001
5. दैनिक जागरण, कानपुर, संस्करण, 23 अक्टूबर, 2016

58

सर्वोच्च न्यायालय के निर्णय का मुस्लिम महिलाओं के ऊपर क्या प्रभाव पड़ा

एकता भारती,
विधि विभाग,
शोध छात्रा, कुमाऊँ विश्वविद्यालय (नैनीताल)

तीन तलाक है क्या : इस्लाम धर्म में विवाह एक समझौता होता है। जो एक पुरुष व स्त्री की आपसी सहमति (कबूल) है के बाद अस्तित्व में आता है। इनका आधार चार प्रकार से माना जाता है -(1) कुरान (2) हदीस (3) इजमा और (4) कयास। कुरान इसका मूल आधार है। अन्य सभी इसके पूरक है न कि इसके समक्ष।

कुरान में यह बात कही गई है कि विवाह एक नियम है जो कि मुस्लिम समाज के लोगों को बना के रखना है। लेकिन तलाक इसका अपवाद है। इस्लाम में विवाह को समाप्त करने को 'तलाक' कहते हैं।

मुस्लिम समाज में तलाक तीन प्रकार के होते है जो अधिक प्रभावशाली माने जाते है।

1. तलाक-ए-अहसन
2. तलाक-ए-हसन

3. तलाक-उल-बिद्दत

तलाक-ए-अहसन

यह तलाक पति द्वारा पत्नी को तुहर के समय एक वाक्य में किया जाता है। इद्दत की अवधि तक सहवास नहीं किया जाता। यह अवधि तीन माह की होती है। गर्भवती होने पर यह अवधि बच्चे के जन्म तक बढ़ सकती है।

तलाक-ए-हसन

इसमे केवल तलाक का उच्चारण तीन बार लगातार किया जाता है। अर्थात् प्रत्येक मास तुहर के समय इसे दोहराया जाता है।

तलाक-उल-विद्दत

इस प्रकार के तलाक में तीन उच्चारण एक तुहर में किए जाते हैं। ऐसा एक वाक्य में भी किया जा सकता है (जैसे - ''मै तुझे तीन बार तलाक देता हूँ।'' अथवा ''मै तुझे तलाक देता हूँ, मै तुझे तलाक देता हूँ, मै तुझे तलाक देता हूँ।'' और ऐसा कह देने से सम्बन्ध समाप्त हो जाते हैं।

सायरा बानो की याचिका भी सर्वोच्च न्यायालय में इसी तलाक-उल-बिद्दत को लेकर थी। जिसकी सुनवाई 6 जून 2017 को हुयी थी। लेकिन यदि इसमें वापसी का विकल्प देखा जाऐ तो इसमें वापसी का विकल्प नहीं है। इसमें अगर वापसी करना है तो ''हलाला-व्यवस्था'' को भी करना होगा। किन्तु सर्वोच्च न्यायालय ने इस पद्धति पर बात नहीं की है।

''हलाला एक पद्धति है जिसमें तलाकशुदा स्त्री को पहले एक अन्य मुसलमान पुरुष के साथ विवाह करके रहना होता है और कुछ दिन व्यतीत करने के बाद पुन: इस आदमी से तलाक लेकर स्त्री अपने पुराने शौहर से फिर से विवाह कर पायेगी, तीन तलाक को प्राय: 'तलाक-उल-बिद्दत' भी कहा जाता है।

थ्वगत वर्शो मे पहली बार ऐसा हुआ है कि ग्रीष्म काल चल रहा था। उसमें भी संवैधानिक पीठ बना करके 3 : 2 के बहुमत से उस पर निर्णय कर दिया गया। और 'तलाक-उल-बिद्दत' को संवैधानिक करार दे दिया गया।

माननीय सर्वोच्च न्यायालय ने कहा कि यह पवित्र कुरान के भी खिलाफ है। अर्थात जब कोई नियम तत्काल बनाया जाता है। उस समय वह प्रासंगिक होता

है। किन्तु बाद में उसकी प्रासंगिकता कम हो जाती है क्योंकि लोग अपने-अपने हिसाब से उलेमा, पर्सनल लॉ बॉर्ड आदि मुस्लिम कानूनों और कुरान को अपनी तरह से व्याख्या करना शुरु कर दिया। तब यह प्रांसागिक हो गया। इसीलिऐ सायरा बानो की पर सुनवाई हुई।

अब रही बात संवैधानिक कैसे है। तो जब भारत सरकार ने भारत में 1937 में ब्रिटिश सरकार में पर्सनल लॉ बॉर्ड एप्लीकेषन एक्ट के तहत ब्रिटिश सरकार द्वारा उन्हे कानून का दर्जा दे दिया गया था।

इस प्रकार ये कानून मुसलमानों पर लागू होगा अपने हिसाब से कानून को चलायेगें। लेकिन जब सर्वोच्च न्यायालय ने यह बात कही तो पर्सनल लॉ बॉर्ड ने कहा कि 1937 में जब मुस्लिम पर्सनल लॉ एक्ट बना था। वह व्यक्तिगत कानून था और इस पर किसी भी सर्वाच्च न्यायालय से इन लोगों को समीक्षा करने की आवश्यकता नहीं है और न ही इसकी समीक्षा की जा सकती है।

लेकिन ऐसा मान लेते है कि यह नहीं किया जाये तो क्या धर्मनिरपेक्ष और धार्मिक स्वतंत्रता भारतीय मुस्लिम महिलाओं को नहीं मिलेगी। तो अगर ये नहीं मिलेगी तो क्यों और यदि मिलेगी तो कैसे और कब ?

भारतीय संविधान के भाग-3 के अनुच्छेद 25 सभी नागरिकों को अपने धर्म का पालन करने की आजादी है। व्यक्ति को उसके धर्म से जुडे रीति-रिवाज, नियम-कानूनों को मानने की आजादी है। अतः यह भी मान लेते हैं कि अनुच्छेद 25 के अन्दर यह प्रतिरक्षित है, लेकिन अनुच्छेद 13 कहता है कि भाग 3 का कोई भी मार्गदर्शन विधान यदि किसी भी मौलिक अधिकार का उल्लंघन करता है। तो वहाँ तक उसे शून्य घोषित कर दिया जायेगा। जहाँ तक वो उल्लंघन करता है।

सोचने योग्य बात यह भी है कि अनुच्छेद 14 कहता है, समानता का अधिकार

अनुच्छेद 15 कहता है कि भेदभाव नहीं होगा और अनुच्छेद 21 कहता है कि गरिमापूर्ण जीवन का अधिकार प्रत्येक नागरिक को है।

तो भारतीय नागरिक में भारत के महिलाऐं भी तो आती हैं, तो मुस्लिम महिलाओं के गरिमापूर्ण जीवन जीने का अधिकार कहा गया। माननीय उच्चतम न्यायालय ने जो निर्णय दिया उसका उचित आधार ही यही था कि उनके गरिमापूर्ण जीवन जीने का अधिकार कहा गया। और रही बात शिक्षा की तो अगर यह मुस्लिम व्यक्तियों या मुस्लिमों के लिए जरुरी हैं। तो विश्व के 55 देशों में

जो इस्लामिक कानून है उनमें से 11 देशों में तलाक को प्रतिबंधित कर रखा है। तो क्या वह गलत है ?

अत: इसीलिए ऐतिहासिक निर्णय में अनुच्छेद 14 ,15 और 21 को ध्यान मे रखकर अनुच्छेद 25 व 26 पर वरीयता दे दी गई है और तलाक-उल-बिद्दत को असंवैधानिक घोषित कर दिया गया और अनुच्छेद 13 की भी बहाली कर दी गई। यदि अनुच्छेद 13 उल्लंघन नहीं करता है तो बात नहीं, और यदि अनुच्छेद 15, 16 व 21 का उल्लंघन होगा तो अनुच्छेद 21 में गरिमापूर्ण जीवन की स्वतंत्रता, सोने का अधिकार, जीने का अधिकार, एकान्तता का अधिकार, भोजन का अधिकार सभी अधिकार जब भारतीय संविधान के अनुच्छेद 21 में है और मुस्लिम महिलाओं को यह अधिकार प्राप्त नहीं है तो क्यों प्राप्त नही है ?

अत: तीन तलाक की सायरा बानो की याचिका पर सर्वोच्च न्यायालय के निर्णय के सामाजिक प्रभाव बहुत ही दूरगामी होंगे। इसमें मुस्लिम समाज के अर्थात मुस्लिम महिलाओं की आधी आबादी को मानसिक रुप से हो रहे तनाव से छुटकारा मिलेगा और यह अपनी विकास की ओर अग्रसर हो पायेगी।

जब इनको तलाक का यह डर ही नहीं रहेगा कि कब इनको तीन बार तलाक का उच्चारण कर, इनको कब छोड़ दिया जाये और इससे जब उनको छुटकारा प्राप्त हो जायेगा। तो इन्हें अपना विकास करने का अवसर प्राप्त होगा और इनके प्रभाव बहुत ही दूरगामी होंगे।

सर्वोच्च न्यायालय द्वारा जो निर्णय दिया गया है वो कानून के आधार पर दिया गया है। अर्थात् तलाक-उल-बिद्दत कानून के आधार पर समाप्त किया गया है। सर्वोच्च न्यायालय तो केवल एक मध्यस्थ है। केवल कानून की व्याख्या करने के लिए और कानून में अर्थात् भारतीय संविधान से इस बात को बताया गया है कि गरिमापूर्ण जीवन जीने का अधिकार है और इसी आधार पर माननीय उच्चतम न्यायालय ने निर्णय लिया है। न कि अपने आधार पर।

अर्थात् कानून के द्वारा तीन तलाक को समाप्त किया गया है ना कि सर्वोच्च न्यायालय के आधार पर।

अति महत्वपूर्ण बात यह है कि भारतीय संविधान के अनुच्छेद 145 के खण्ड (3) के तहत सर्वोच्च न्यायालय की संवैधानिक पीठ ने यह जो निर्णय दिया है, यह इस बात को दर्शाता है कि ग्रीष्म-ऋतु की छुट्टियों में भी इस संवैधानिक पीठ का बैठना, इस मुद्दे की गम्भीरता को दर्शाता है।

अतः इससे यह साबित होता है कि यह कितना गम्भीर मुद्दा रहा है। जैसे समानता का अधिकार , गरिमा के साथ जीने का अधिकार और धार्मिक स्वतंत्रता का अधिकार इनमें से किसको वरीयता दी जाये। तो सर्वप्रथम वरीयता दी जायेगी तो ''गरिमा के साथ जीवन जीने की'' और उसके बाद ''समानता का अधिकार'' तत्पश्चात् ''धार्मिक स्वतंत्रता का अधिकार'' होगा। किन्तु धार्मिक स्वतंत्रता का यह तात्पर्य नहीं है कि एक पक्ष के लोगों को दबा के रखा जायेगा। इसमें धार्मिक स्वतंत्रता के आधार पर ही तीन तलाक मुस्लिम महिलाओं के लिए नुकसानदेह है और इन तीनों आधारों में यदि देखा जाए तो तलाक-उल-बिद्दत अर्थात् तीन तलाक करार अगर प्रताड़ना के तौर पर देखा जाए तो नहीं दिया जाना चाहिए और उनको समानता और गरिमा के साथ जीवन जीने का और साथ ही धार्मिक स्वतंत्रता का लाभ मुस्लिम महिलाओं को भी मिलना चाहिए ना कि मुस्लिम पुरुषों को ही।

इसमें केवल मुस्लिम पुरुषों की बात कही गयी है। इससे यह पूर्णतः स्पष्ट हो जाता है कि तलाक-उल-बिद्दत केवल मुस्लिम महिलाओं की ही बात नहीं है, उनके अधिकार की बात नहीं है, बल्कि यह 'धार्मिक मान्यता' और 'संवैधानिक सर्वोच्चता' का भी मुद्दा है क्योंकि यह तीन तलाक अर्थात् तलाक-उल-बिद्दत जो है ये केवल मुस्लिम पुरुषों को ही यह अधिकार प्राप्त है। जो कि कही भी व कभी भी तीन बार तलाक-तलाक-तलाक कह देने से मुस्लिम महिलाओं से छुटकारा पा सकते हैं और वो कही भी नहीं जा सकती है। यहाँ तक कि यदि पूर्व की व्यवस्था को देखा जाए तो तीन तलाक जब कभी गम्भीर मुद्दा होता था। तब भी ऐसा ही होता रहा होगा। लेकिन अब ये मजाक में भी, गुस्से में भी, यहाँ तक कि मोबाईल से, फैक्स द्वारा और ई-मेल द्वारा भी तीन बार तलाक-तलाक-तलाक बोलकर या लिखकर भी वह महिला से सम्बंध विच्छेद कर लेते है। जबकि उस महिला की उम्र कितनी है, उसने अपने जीवन का कितना समय गुजारा है और यहाँ तक कि बिना किसी क्षतिपूर्ति के वह महिला किनारे कर दी जाती है, उसका जीवन खत्म हो जाता है और उसकी जिन्दगी नरक बन जाती है। अतः उसकी जिन्दगी नरक न बनने पाये इसलिये उसे समानता का अधिकार, गरिमापूर्ण जीवन जीने का अधिकार, धार्मिक स्वतंत्रता का अधिकार देते हुए, सर्वोच्च न्यायालय ने यह फैसला सुनाया कि तीन तलाक संवैधानिक रुप से गलत है और यह जीवन जीने के अधिकार से भी गलत है।

अत: मुस्लिम महिलाओं को भी गरिमापूर्ण जीवन जीने का अधिकार है। अत: तीन तलाक असंवैधानिक घोषित किया जाता है। तीन तलाक मुस्लिम समाज में कानूनो के तहत वैवाहिक सम्बंध विच्छेद की प्रक्रिया जरुर है। यह तलाक केवल और केवल विवाह तोड़ने के लिए नहीं बल्कि मुस्लिम मर्दों के अपने एक स्वाभिमान या अपने गुस्से के रुप में प्रदर्शित किया जाता है और इसका शिकार मुस्लिम महिलाएं होती हैं। अत: इसका शिकार वे न होने पाये इसलिए इसे समाप्त किया गया है, ताकि महिलाएं खुले रुप से बिना डरे जी सके जिससे मुस्लिम महिलाओं का मानसिक तनाव नहीं रहेगा।

माननीय सर्वोच्च न्यायालय ने यह साबित कर दिया है कि संविधान सर्वोच्च है और भारत के प्रत्येक नागरिक के लिए यह बराबर है। अर्थात् संविधान की सर्वोच्चता को दर्शाया गया है। अत: अब मुस्लिम महिलाएं भी अपने भविष्य के लिए अग्रसर होगी और भविष्य के साथ-साथ वो अपनी शिक्षा पर, अपने आने वाली पीढ़ियों को ध्यान में रखकर आगे बढ़ेगी। जिससे उसका दूरगामी परिणाम हमारे देश के विकास पर भी पड़ेगा। अब हमारा देश विकसित होगा।

अत: माननीय उच्चतम न्यायालय द्वारा लिया गया निर्णय ऐतिहासिक होने के साथ-साथ सामाजिक और धार्मिक रुप से भी बहुत सम्मानजनक है।

59

तीन तलाक: एक सामाजिक एवं राजनीतिक विमर्श

रीना रानी

प्रवक्ता - समाज शास्त्र विभाग

ताराचन्द वैदिक पुत्री पी0जी0 कालेज

मुजफ्फरनगर (उ0प्र0) -251002

मो0-9897770238

मुस्लिम महिलाएँ और दमित अधिकार चेतना

हमारे समाज में तलाक का अर्थ है परित्याग करना। इसमें हर धर्म के अपने नियम और कानून है।

तलाक एक उर्दू शब्द है। मुसलमानों में Divorce को तलाक कहते हैं। अगर हम इस्लाम के नियम की बात करे तो अगर पत्नी को पति तीन बार तलाक बोलता है तो दोनों में तलाक हो जाता है। अभी कुछ सालों में बहुत से मुसलमानों ने इसका दुरूपयोग किया है। बहुत से लोगों ने ईमेल या फिर Whatsapp पर अपनी पत्नी को तलाक दिया, जो कि महिलाओं के अधिकारों के खिलाफ है। बहुत से लोगों ने छोटी-छोटी बातों पर अपनी पत्नी को तलाक देने शुरू कर दिये थे जिसकी वजह से बहुत सी मुस्लिम महिलाओं का शोषण हुआ और बहुत सी मुस्लिम महिलाएँ इसका शिकार हुई हैं।

अगर हम बाकी देश से तुलना करें तो बहुत से मुस्लिम देश जैसे - पाकिस्तान, श्रीलंका, इराक, ईरान, सऊदी अरब इन सभी देशों में तीन तलाक BAN है पर हमारे देश में ये अभी भी प्रचलन में है। इसकी वजह से एक

मुस्लिम महिला ने अपने मानवाधिकार के लिए सुप्रीम कोर्ट में PIL दायर कर दी। अभी हाल ही में सुप्रीम कोर्ट का निर्णय महिलाओं के पक्ष में आया है। सुप्रीम कोर्ट के अनुसार - ईमेल, फोन और Whatsapp पर तलाक मान्य नहीं होगा। तलाक के लिए पति-पत्नी दोनों का सामने होना अनिवार्य है और इसके लिए कोर्ट में याचिका दायर करनी होगी। अगर महिला चाहे तो इसके खिलाफ कोर्ट में अपील कर सकती है।

निश्चित रूप से सुप्रीम कोर्ट का निर्णय महिलाओं के आत्म सम्मान और उनके मानवाधिकार को मद्देनजर एक बड़ा फैसला है। पर जमीनी हकीकत आज भी कुछ और ही है और यह बात किसी से छिपी नहीं है कि जितना तिरस्कार अपमान और शोषण मुस्लिम महिलाओं का होता है उतना किसी अन्य समाज या धर्म में नहीं होता।

भारतीय इतिहास में 800 ई0 से 1757 ई0 के बीच के समय को मध्यकाल या मुस्लिम काल के नाम से पुकारा जाता है। क्योंकि इस समय के दौरान भारतीय समाज में कोई विशेष प्रगति नहीं हुई बल्कि इस्लाम के अभ्युदय के कारण भारतीय समाज को अत्यधिक क्षति ही पहुँची थी। मुस्लिम शासक यहाँ अपना धर्म तथा शिक्षा और संस्कृति लेकर आये। उस काल में स्त्री-शिक्षा को कोई विशेष प्रोत्साहन नहीं मिला। सैद्धान्तिक रूप से मुस्लिम स्त्रियों को अनेक अधिकार प्रदान किये गए हैं किन्तु तस्वीर का पहलू भी है।

व्यवहारिक दृष्टि से वे आज भी अनेक गम्भीर समस्याओं से ग्रस्त है। जैसे आज के समय में तीन-तलाक और मुस्लिम महिलाओं की दमित अधिकार चेतना।

मुस्लिम महिलाओं के अधिकारों का दमन करने वाला है - तीन तलाक 1937 में मुस्लिम पर्सनल कानून यानि शरिया में मिले इस अधिकार ने देश भर में लाखों मुस्लिम महिलाओं की जिन्दगी के साथ खिलवाड़ किया है। स्त्री पुरूष असमानता ने मुस्लिम औरतों के बुनियादी हक से उन्हें वंचित कर दिया है। इस शरियाई व्यवस्था पर पूर्ण प्रतिबन्ध की मांग करते हुए 50,000 से ज्यादा दस्तखत वाला एक मांगपत्र प्रधानमंत्री को भेजा गया जिस पर अब सर्वोच्च न्यायालय के हस्तक्षेप से इस अमानवीय परम्परा से मुस्लिम महिलाओं को निजात मिली है।

'तीन तलाक की सभी प्रक्रियाओं की सबसे बड़ी विडंबना यह है कि इनमें तलाक लेने के सारे अधिकार मर्दों को दिये गए हैं। औरतों के पास कोई अधिकार नहीं है।

अर्थात् मर्द जब चाहे तो औरत को तलाक दे सकता है। मगर औरत ऐसा नहीं कर सकती।

इस तरह स्पष्ट है कि तीन तलाक की यह शरियाई व्यवस्था न केवल मुस्लिम महिलाओं के शोषण पर आधारित है, बल्कि भारतीय संविधान द्वारा प्रदत्त समानता के मूलभूत अधिकार के भी खिलाफ है।' गौर करें तो इस्लाम में तलाक के तीन तरीके होते हैं –

1. तलाक-ए-बिछत (तीन तलाक) जिसमें यदि पति अपनी पत्नी के प्रति लिखित अथवा मौखिक रूप से 'तलाक है' जैसे साधारण वाक्य को तीन बार दोहरा दे तो इसे अधिकारिक रूप से तलाक मान लिया जाता है। तलाक-ए-बिछत को इस्लाम में हराम माना गया है, फिर भी शरई अदालत (दारूलकजा) इसे मान्य समझती है।
2. तलाक-ए-अहसन
3. तलाक-ए-हसन, जिसमें तीन चरण होते हैं।

इन सबके अलावा एक त्रासदी यह भी है कि यदि तलाक के बाद दोबारा पति-पत्नी निकाह करना चाहे तो इसके लिए मुस्लिम महिलाओं को हलाला जैसी बेहद अमानवीय व्यवस्था से गुजरना पडता है, जिसके तहत औरत को निकाह से पूर्व किसी अन्य मर्द के साथ हमबिस्तर होना पड़ता है। इसके अलावा तीन तलाक की इन शरियाई व्यवस्थाओं की सबसे बडी विडंबना यह है कि इनमें तलाक लेने के सारे अधिकार मर्दों को दिए गए हैं। औरत के पास कोई अधिकार नहीं है।

अर्थात् मर्द जब चाहे तो औरत को तलाक दे सकता है। मगर औरत ऐसा नहीं कर सकती।

इस तरह स्पष्ट है कि तीन तलाक की यह शरियाई व्यवस्था न केवल मुस्लिम महिलाओं के शोषण पर आधारित है, बल्कि भारतीय संविधान द्वारा प्रदत्त समानता के मूलभूत अधिकार के भी खिलाफ है। अतः इसको खत्म किया जाना हर प्रकार से आवश्यक है। मशहूर लेखिका प्रभा खेतान सीमोन ने स्त्री उपेक्षिता का अनुवाद करते हुए एक बहुत ही महत्वपूर्ण बिंदु को उजागर करते हुए करती है कि स्त्री कहीं झुंड बनाकर नहीं रहती, वह पूरी मानवता का आधा हिस्सा होते हुए भी पूरी एक जाति नहीं है। गुलाम अपनी गुलामी से और एक काला आदमी अपने रंग से परिचित है, पर स्त्री घरों, अलग-अलग वर्ग व भिन्न-भिन्न जातियों

में बिखरी हुई है। उसमें क्रान्ति की चेतना नहीं है। क्योंकि अपनी स्थिति के लिए वह खुद जिम्मेदार है। वह पुरूष की सहअपराधिनी है। स्त्री अमीर हो या गरीब, गोरी हो या काली उसे अपनी लडाई खुद ही लड़नी पड़ेगी। यह दुनिया पुरूषों ने बनाई पर स्त्री से पूछ कर नहीं। फ्रांस की क्रान्ति हो या विश्व युद्ध स्त्री से पुरूष सहारा लेता है और पुन: उसे घर लौट जाने को कहता है। स्त्री सदियों से ठगी गई है। उसने स्वतंत्रता हासिल भी की है तो उतनी ही जितनी कि पुरूषों ने अपनी सुविधा के लिए उसे देनी चाही।

इस सन्दर्भ में देखें तो हमारे देश में महिलाओं की सामाजिक और राजनीतिक स्थिति बेहद दयनीय है और महिलाओं का संसाधनों पर अधिकार का मामला एक बेहद ही पेचिदा सामाजिक मामला है चूंकि संसाधन भी सदियों से एक ही वर्ग के कब्जे में रहे हैं। इसलिए इस लड़ाई को लड़ना महिलाओं के लिए बहुत कठिन है और समाज में अपने लिए एक सम्मानपूर्व सामाजिक दर्जा पाना।

इस्लाम में महिलाओं की स्थिति क्या है, यह किसी से छिपी नहीं है और यह बात बताने की जरूरत भी नहीं है कि इस्लाम-धर्म में महिलाओं का जीवन स्तर क्या है। शाहबानो से लेकर तस्लीमा तक सभी इस्लाम में अपनी स्थिति को बयाँ करती है। किसी महिला को अपने शौहर से सम्पत्ति में कोई जगह नहीं मिल पा रही है, तो कोई महिला अपनी आबरू और प्राण की रक्षा के लिए जूझ रही है।

इस्लाम धर्म में महिलाओं के प्रति बहुत से अत्याचार देखने को मिलते हैं। पैगम्बर मौहम्मद ने कहा था कि यदि नमाज पढ़ते समय आपके सामने से गधा, कुत्ता या औरत निकले तो नमाज हराम है।

दो औरतों की गवाही एक पुरूष की गवाही के बराबर है। आज भारत तरक्की की ऊन्चाईयाँ छू रहा है परन्तु वहीं देश का अल्पसंख्यक मुस्लिम समुदाय विशेषकर मुस्लिम महिलाएँ पिछड़ा हुआ जीवन व्यतीत करने पर अभिशप्त है।

अशिक्षा, गरीबी, बेरोजगारी, अधिकारों के प्रति अनभिग्य होने के कारण हमारे समाज की 14.6 प्रतिशत आबादी (कुल मुस्लिम आबादी 27 जनवरी 2011 की जनगणना के आधार पर) सामाजिक, आर्थिक एवं शैक्षिक रूप से अत्यन्त पिछड़ी हुई है।

यदि मुस्लिम महिलाओं का विकास नहीं हुआ तो पूरे वर्ग को खाई में गिरने से कोई नहीं रोक सकता।

कुरान और सही हदीस को देखें तो मालूम होगा कि इस्लाम ने सामाजिक, आर्थिक, नागरिक, कानूनी और पारिवारिक मामलों में जितने अधिकार मुस्लिम महिलाओं को दिये गये हैं, वह लिखित रूप में किसी भी अन्य धर्म में नहीं दिए गए हैं।

इन सबके बावजूद आज मुस्लिम महिलाओं को पिछडापन, अशिक्षा, बंदिश और पारिवारिक कारण जैसे विभिन्न दबाव झेलने पडते हैं।

क्या सही है और क्या गलत है ? इसकी शुरूआत कहां से हो ? ऐसी व्यर्थ विडम्बनाओं में सिर खपाने से बेहतर है कि हम कुरान और हदीस देखें और उसका अर्थ समझें।

ऐसा करना बिल्कुल गलत होगा कि हम इस्लाम की दुहाई भी दें और उसके उसूलों के खिलाफ औरतों को दबाकर उनके अधिकारों का हनन भी करे।

मुस्लिम परिवारों की बालिकाएँ शिक्षा से भी वंचित है। उन्हें घर की चारदीवारी में कैद करके रखा जाता है। इस सम्बन्ध में डा0 एफ0ई0 केई ने लिखा है– 'पर्दा प्रथा ने छोटी बालिकाओं तथा मुस्लिम स्त्रियों को घर में बंद रखा ये उनकी शिक्षा के मार्ग में सबसे बडी बाधा बनी।'

इस्लाम में महिलाओं की स्थिति क्या है ? यह बात किसी से छिपी नहीं है और यह बात बताने की जरूरत भी नहीं है कि इस्लाम धर्म में महिलाओं का जीवन स्तर क्या है।

शाहबानों से लेकर तस्लीमा तक सभी इस्लाम में अपनी स्थिति को बयां करती है। किसी महिला को अपने शौहर से सम्पत्ति में कोई जगह नहीं मिल पा रही है तो कोई महिला अपनी आबरू और प्राण की रक्षा के लिए जूझ रही है। इस्लाम धर्म में महिलाओं के प्रति बहुत से अत्याचार देखने को मिलते हैं –

पैगम्बर मौहम्मद ने कहा था कि यदि नमाज पढ़ते समय आपके सामने से गधा, कुत्ता या औरत निकले तो नमाज हराम है।

नरक में 95 प्रतिशत महिलाएँ हैं।

इस्लाम में औरतों को उच्च शिक्षा ग्रहण करने और आवश्यकता पड़ने पर घर की चारदीवारी से बाहर निकलकर रोजगार करने में कोई मनाही नहीं है, पर इसके लिए कुछ शरई (इस्लामी) कानून बनाये गये हैं जिनका पालन करना अत्यन्त आवश्यक है।

शरीयत के हिसाब से महिलाएँ अंग प्रदर्शन न करते हुए अपने शरीर को अच्छी तरह से ढकें। इसके लिए यह जरूरी नहीं कि सर से पैर तक बुर्का पहना जाए। वे अपने हाथ और चेहरा खोलकर बाहर जाकर कार्य कर सकती हैं परन्तु मुंस्लिम बुद्धिजीवियों और उलेमा ने इस्लाम को जटिल स्वरूप दे दिया है। बचपन से ही मासूम बच्चियों के मासूम जहन में ऐसी मानसिक गढ़ दी जाती है कि वे डरी, सहमी और स्वयं को अयोग्य महसूस करती हैं।

उन्हें यह भी सिखाया जाता है कि वे पुरूषों की कभी बराबरी नहीं कर सकती और पुरूषों के सहारे के बिना वे बेबस और लाचार हैं।

उन्हें केवल उतनी ही शिक्षा ग्रहण करायी जाती है, जिससे वे निकाह के बाद अपने परिवार का पालन-पोषण कर सकें।

मुस्लिम समुदाय में युगों से चली आ रही औरतों की दुर्दशा में नाम-मात्र का भी सुधार नहीं हुआ है। बात केवल उनकी शिक्षा, आजादी एवं अधिकार की नहीं है- जरा सी बात पर शोहर का तलाक के तीन शब्द कहकर बीवी को घर से बाहर करना, अकारण एक से अधिक विवाह करना, शौहर के क्रूर व्यवहार और बात-बात पर हाथ उठाने के बावजूद चुपचाप सब सहना, मेहर-अदा न करना, शौहर के जनाजे पर जबरदस्ती मेहर माफ कराना, शौहर की मृत्यु के पश्चात बीबी के पुनर्विवाह पर परिवार वालों की तरफ से मनाही आदि कई गैर-इस्लामी एवं गैर इन्सानी रवायते हैं जिन्हें इस्लाम हरगिज सही नहीं ठहराता।

इस्लाम के अलावा किसी भी धर्म में लिखित रूप से औरतों को पैतृक सम्पत्ति में हिस्सेदार नहीं बनाया गया है और न ही तलाकशुदा एवं विधवा को दोबारा विवाह करने का अधिकार दिया गया है। ये सारी आजादी एवं अधिकार इस्लाम ने औरतों के हित में दिये हैं।

तलाक को लेकर मुस्लिम समुदाय गें गह मान्यता है कि शौहर यदि एक साथ तीन बार तलाक बोल देता है तो सम्बन्ध विच्छेद हो गया पर यह बिल्कुल गलत है। इसके लिए यह शरई कानून है कि एक ही वाक्य में एक साथ तीन तलाक कह देना हराम है और ऐसा करने वाला व्यक्ति अल्लाह की नजर में बहुत बड़ा गुनहगार है पर इस्लाम की परम्पराएँ बिल्कुल इसके विपरीत है। इस मामले में मलेशिया ऐसी रूढ़िवादी परम्पराओं को एक सिरे से नकारकर एक पूर्ण विकसित देश के रूप में उभर कर सामने आया है।

60-65: मुस्लिम आबादी वाले इस देश में महिलाएँ इस्लामिक शिक्षा के साथ-साथ दुनियाभर की उच्च शिक्षा भी ग्रहण करती है और हर क्षेत्र में पुरूषों केबराबर खड़ी नजर आती है।

क्या सही है? और क्या गलत है? इसकी शुरूआत क्या से हो ? ऐसी व्यर्थ विडम्बनाओं में सिर खपाने से बेहतर है कि हम कुरान और हदीस देखें और उसका अर्थ समझे। ऐसा करना बिल्कुल गलत होगा कि हम इस्लाम की दुहाई भी दें और उसके उसूलों के खिलाफ औरतों को दबाकर उनके अधिकारों का हनन भी करें। यदि मुस्लिम-समुदाय को खाई में गिरने से कोई नहीं बचा सकता।

संदर्भ सूची-

प्रो0 एम0एल0 गुप्ता, डॉ0 डी0डी0 शर्मा साहित्य भवन आगरा

डा0 राजीव खेर, डॉ0 इम्तियाज मंसूरी

भारत में शिक्षा स्थिति समस्याएँ एवं मुद्दे

राखी प्रकाशन प्रा0लि0 आगरा - 282002

सामाजिक समस्याएँ, रावत पब्लिकेशन

राम आहूजा (2016)

60

तीन तलाक इस्लामी कानून का मूल हिस्सा है.......... को समान नागरिक संहिता द्वारा चुनौती

कु॰ प्रवीन

प्रवक्ता (राजनीति विज्ञान विभाग)

एस॰ एस॰ डी॰ गर्ल्स पी॰ जी॰ कालेज

रूड़की, हरिद्वार

विवेकान्द के शब्दों में, ''हमारा धर्म ही हमारे तेज, हमारे बल, यहीं नहीं हमारे राष्ट्रीय जीवन का मूलाधार है.......... धर्म ही भारत का मेरूदण्ड है....... ... इसलिए चाहे तुम्हारी आध्यात्मिकता में आस्था हो या नहीं, राष्ट्रीय जीवन की रक्षा हेतु तुम्हें आध्यात्मिकता के आधार पर टिके रहना होगा।''

प्राचीन काल से भारतीय समाज एक विभिन्नता पूर्वक समाज रहा है। भारत में आज भी विभिन्न संस्कृतियों, प्रजातियों, धर्मो, भाषाओं तथा क्षेत्रों के लोग साथ-साथ रहते हैं। उनकी भौगोलिक दशाओं, रहन-सहन, रीति-रिवाजों और आर्थिक स्तर में बहुत अंतर है। इसके बाद भारत एक अखण्ड राष्ट्र है। भारतीय समाज में एक ओर हजारों वर्षो पुरानी सांस्कृतिक परम्पराएं जीवित है। वहीं आधुनिकता और वैज्ञानिक प्रगति के रास्ते पर भी यह तेजी से आगे बढ़ रहा है। यहाँ परम्परा और आधुनिकता का एक ऐसा संगम देखने को मिलता है जो संसार के किसी भी दूसरे समाज में नहीं है। इसी कारण जवाहर लाल नेहरू ने लिखा है कि ''युग-युगों से भारत की मौलिक एकता ही उसका सबसे महान और मौलिक तत्व रहा है।''

भारतीय संविधान की प्रस्तावना में भारत को एक पंथनिरपेक्ष (धर्मनिरपेक्ष) राज्य घोषित किया गया है। भारतीय संविधान में धर्म अथवा जाति का भेदभाव किए बिना प्रत्येक नागरिक को समान अधिकार प्रदान किए गए हैं। भारत में राज्य का कोई धर्म नहीं है इसलिए वह धर्मतन्त्रात्मक राज्य से भिन्न है। भारतीय संविधान में पंथनिरपेक्षता शब्द 42वें संविधान के संशोधन द्वारा प्रस्तावना में जोड़ा गया था। इसका अभिप्राय यह है कि राज्य पंथ के नाम पर पूर्णत: तटस्थ है। प्रत्येक धर्म के मानने वाले संप्रदाय को राज्य समान रूप से संरक्षण प्रदान करता है, किंतु किसी धर्म के मामले में राज्य हस्तक्षेप नहीं किया जा सकता। धर्म निरपेक्षता न ईश्वर विरोधी है और न ही ईश्वर समर्थक। यह भक्त नास्तिक एवं संशयवादी सभी को समान मानता है। अत: पंथनिरपेक्ष राज्य के रूप में धार्मिक आधार पर किसी भी प्रकार का भेदभाव नहीं किया जाएगा। पंथनिरपेक्षता भारतीय संविधान का आधारभूत ढाँचा है (एस० आर० बोम्मई बनाम भारत संघ 1994)। सैक्यूलर या धर्म निरपेक्षता का अर्थ सभी धर्मो का समान रूप से आदर करना, धर्म के क्षेत्र में व्यक्ति को स्वतंत्र छोड़ देना है।राज्य जनता के धार्मिक जीवन में हस्तक्षेप नहीं कर सकता। जब तक ऐसा सामाजिक हित के लिए आवश्यक न हो।

इस्लामिक विधि (शरीयत कानून)

'इस्लाम' अरबी भाषा का शब्द है जिसका अर्थ होता है 'शांति' और 'मेल-मिलाप'। इस धर्म का पालन-पोषण करने वाला अर्थात् 'मुस्लिम, वह व्यक्ति है जो परमात्मा तथा मनुष्य के साथ पूर्ण शांति का सम्बन्ध रखता हो।' अतएव इस शब्द का लाक्षणिक अर्थ होता है- वह धर्म जिसके द्वारा मनुष्य भगवान की शरण लेता है तथा मनुष्यों के प्रति अहिंसा और प्रेम का बर्ताव करता है।

इस्लाम धर्म के मूल में कुरआन, सुन्नत और हदीस है। कुरान, वह ईश्वरीय ग्रन्थ है जिसमें मुहम्मद साहब के पास अल्लाह द्वारा भेजे गए संदेश संकलित है। इस्लाम धर्म की आधारशिला शरीयत है। शरीयत के अन्तर्गत वैसे कानून आते हैं, जो कुरआन शरीफ और हदीस पर आधारित होती है। शरीयत के चार प्रमुख स्त्रोत है-कुरआन मजीद, हदीस या सुन्नत, इज्माअ (एकत्रित होना) और कियास। तुलनात्मक परिणाम इन चार स्तम्भों पर टीकी हुई है। ये चारों शरीयत और विधिशास्त्र के स्त्रोत है।

इकबाल ईश्वर को हिन्दू धारणा के समान मित्र और 'सखा' के रूप में मानते हैं। उनकी कविताओं 'शिकवा' और 'जवाबे शिकवा' में ईश्वर से उसके

अन्याय और मुसलमानों की अपेक्षा शिकायत की गई है और ईश्वर द्वारा जवाब दिलाया गया है कि इसका दोष मुसलमानों पर है क्योंकि वे शरीयत के आदेशों से दूर हट गए हैं। मनुष्य ईश्वर का 'नायबे हक' या प्रतिनिधि है और उसकी प्रगति ईश्वर का सहयोगी बनने से ही संभव है।

खुदी को कर बुलंद इतना कि हर तकदीर से पहले
खुदा बंदे से खुद पूछे बता तेरी रजा क्या है।

(कुल्लियात)

लेकिन व्यक्ति के जीवन का आदर्श शक्ति है।

जिन्दगी किश्त अस्तो हासिल कुव्वत अस्त
शरह रम्ज़े हक़ो बातिल कुव्वत अस्त

(अससारेखुदी)

बहदत की हिफ़ाजत नहीं बेकुव्वते बाजू
हे जुर्मे जयीफी की सज़ा मर्गे मफाजात

(कुल्लियात, जर्बे कुलीम)

एक अन्य शेर में इस आदर्श को यों प्रस्तुत किया गया है :

थकीं मुहकम अमल पैहम मुहब्बत फातहे आलम
जेहादे जिन्दगी में हैं ये पदों की शमशीरें

(कुल्लियात, पृष्ठ 275)

कह्हारी व गफारी व कद्सी व जबरूत
ये चार अनासिर हो तो बनत है मुसलमां

(कुल्लियात, पृष्ठ 275)

इन विचारों से मनुष्य और समाज संबंधी व्यवहारिक समस्याओं के प्रति इकबाल के दृष्टिकोण का निर्माण हुआ।

इस्लाम धर्म में विश्वास रखने वाला प्रत्येक मुसलमान कहलाता है और मुसलमानों को नियंत्रित या शासित करने वाली विधि को मुसलमान विधि कहा जाता है। भारतीय राज्य क्षेत्र में रहने वाले मुस्लिम, कुछेक विधिक क्षेत्रों जैसे दीवानी, फौजदारी, साक्ष्य, भू-राजस्व और सम्पत्ति अंतरण आदि में तो भारत की सामान्य विधि को ही मानते हैं लेकिन विवाह, मेहर, तलाक, दान और

उत्तराधिकार के मामलों में उन पर मुस्लिम विधि (इस्लामिक विधि) लागू होती है जो इस्लाम के सिद्धान्तों पर आधारित होती है।

मुस्लिम विधि का उद्गम किसी विधान से न होकर दैवीय-इच्छा से हुआ है और इसे आकार देने का काम किया था स्वयं मुहम्मद साहब ने। मुहम्मद साहब को दैवीय इच्छा का प्रतीक मानकर उनका व्यक्तित्व, विचार एवं कार्य, मुस्लिम विधि की विषय वस्तु बन गए। इस प्रकार यदि कहा जाए कि मुस्लिम विधि, एक ही व्यक्ति विशेष की चिंतन एवं कार्यप्रणाली है तो शायद अतिशयोक्ति नहीं होगी। मुस्लिम विधि के प्राथमिक स्त्रोत, मुहम्मद साहब के चिंतन एवं कार्य करने की प्रणाली पर आधारित है।

जीवन के संघर्षो का सामना करने के लिए व्यक्तियों के मेल-मिलाप की आवश्यकता होती है, उद्देश्य व्यक्तित्व का विस्तार करना और मनुष्य की संभावनाओं को उद्घाटित करना होता है। इकबाल कहते हैं:

फर्दरा रब्ते जमाअत रहमत अस्त

जौहरे ऊरा कमाल अज़् मिल्लत अस्त

लेकिन व्यक्तित्व की पूर्णता केवल पैगंबर साहब के मार्ग दर्शन से हो सकती है, क्योंकि ''दुनिया की जिन्दगी उनके धर्म के सहारे कायम है और उनकी शरीयत के बिना जीवन असंभव है।''

मुस्लिम विधि का कुरआन से इतना गहरा संबंध है कि इन्हें अलग करना ही लगभग असम्भव है। कुरआन, अल्लाह की इच्छा का प्रतिनिधित्व करता है। कुरआन को किसी एक विशेष कालांष में न लिखा जाकर विभिन्न कालांषों में संकलित किया गया था। मुहम्मद साहब से संबंधित कहानियों को हदीस व सुन्ना (परम्परा) कहते हैं। इन कहानियों का वर्णन चश्मदीदों ने किया था।

धर्म-परिवर्तन : मुस्लिम विधि के मुताबिक कोई भी व्यक्ति जन्म से अथवा इस्लाम में संपरिवर्तन से मुसलमान हो सकता है। मुसलमान बनाने के लिए कोई कर्मकांड करने की जरूरत नहीं, जरूरत है तो बस इतनी कि वह अल्लाह की ईकाई और मुहम्मद को पैगंबर मानते हुए इस्लाम में विश्वास करे।

उत्तराधिकार : किसी व्यक्ति द्वारा इस्लाम में संपरिर्वतन के बाद उसकी सम्पत्ति का उत्तराधिकार, अगर कोई प्रतिकूल परम्परा नहीं है तो मुस्लिम विधि से शासत होगा।

निकाह (विवाह) : मुस्लिम विधि के मुताबिक निकाह, दो विपरीत लिंगी व्यक्तियों के बीच एक स्थाई संविदा (अनुबंध) है जो परस्पर संभोग और

सन्तान की उत्पत्ति की वैधता प्रदान करता है। मुस्लिम विधि में कहा गया है कि निकाह के लिए इजाब, कबूल और मेहर का होना आवश्यक है।

इद्दत अवधि : विवाह-विघटन के बाद स्त्री के एकांतवास में रहने और किसी अन्य पुरूष से एक निश्चित अवधि तक विवाह न करने वाली अवधि को इद्दत अवधि कहते हैं। पति की मौत हो गई हो तो वहां पर स्त्री के लिए पुनः नए सिरे से 4 माह 10 दिन तक की इद्दत की अवधि होती है।

अवयस्क का निकाह : जब कोई व्यक्ति मुस्लिम विधि के मुताबिक वयस्कता की निर्धारित अवधि प्राप्त नहीं करता है तो उसे अवयस्क की श्रेणी में रखा जाता है।

मुता (अस्थायी-विवाह) : सुन्नी विधि के मुताबिक मुता (अस्थायी विवाह) को शून्य माना जाता है।

दांपत्य अधिकारों का प्रत्यास्थापना : मुस्लिम विधि में विवाह (निकाह) को एक संविदा (काँट्रैक्ट) माना गया है। संविदा की शर्तों के उल्लंघन पर कोई भी पक्ष, दांपत्य अधिकारों में प्रत्यास्थापना का वाद दायर कर सकता है।14

मेहर : मेहर एक ऐसी धनराशि या सम्पत्ति है जिसको, पत्नी, विवाह के प्रतिफल के रूप में पति से प्राप्त करने की हकदार होती है। कुछ विद्वान मेहर को पत्नी द्वारा शरीर के समर्पण का प्रतिफल मानते हैं तो कुछ लोग इसे पत्नी के भाविश्य की सुरक्षा का एक प्रावधान मानते हैं।

क्या है तीन तलाक?

तीन तलाक, मुस्लिम निजी कानूनों में विवाह विच्छेद का एक तरीका है। हालिया सन्दर्भ में भारत के पूर्व मुख्य न्यायाधीश जे॰एस॰ खेहर और जस्टिस अब्दुल नजीर ने 1400 वर्षो पुरानी इस प्रथा को असंवैधानिक घोषित किया है। लेकिन न्यायालय को इसमें हस्तक्षेप नहीं करना चाहिए। वहीं दूसरी ओर, जस्टिस कुरीयन जोसेफ, जस्टिस आर॰ ए॰ एफ॰ नरीमन और जस्टिस यू॰ यू॰ ललित ने 'एक बार में तीन तलाक' को असंवैधानिक ठहराते हुए इसे खारिज कर दिया। इन तीनों न्यायधीशों ने तीन तलाक को संविधान के अनु॰ 14 का उल्लंघन माना है। विदित हो कि संविधान का अनु॰-14 सभी नागरिकों को 'विधि के समक्ष समानता' का अधिकार देता है। तीन तलाक पर छः माह लिए रोक लगाने के साथ ही न्यायालय ने यह भी कहा कि संसद इस पर कानून बनाए और यदि इस अवधि में ऐसा कानून नहीं लाया जाता है तब तीन तलाक पर रोक जारी रहेगी।

तीन तलाक राजनीति का मुद्दा नहीं हैं बल्कि यह धार्मिक और मुसलमानों की व्यक्तिगत समस्या है : तीन तलाक का मुद्दा राजनीति मामला नहीं बल्कि सह मुस्लिम महिलाओं के हक की लड़ाई है। प्रधानमंत्री नरेन्द्र मोदी के इस बयान पर विश्वविख्यात इस्लामिक शिक्षण संस्था दारूल उमूल के मोहतमिम मौलाना मुती अबुल कासिम नौमानी बनारसी ने कहा कि हमारा पहले से ही यह रूख रहा है कि तीन तलाक खालिस धार्मिक और मुसलमानों की व्यक्तिगत समस्या है, इसमें राजनीति नहीं होनी चाहिए। पी॰एम॰ ने उलमा के रूख का समर्थन किया, उससे यह उम्मीद जगी है कि अब इस पर राजनीति बंद हो जाएगी।

चीफ जस्टिस खेहर और जस्टिस एस॰ अब्दुल नजीर ने 275 पेज के अपने फैसले में कहा कि तीन तलाक धार्मिक प्रथा का हिस्सा है। इसे संविधान के अनु॰–25 के तहत संरक्षण प्राप्त है, इसलिए न्यायपालिका इसमें हस्तक्षेप नहीं कर सकती है। इस मामले में सरकार को पहल करते हुए कानून बनाना चाहिए। तीन बार तलाक बोलकर जिन्दगी भर का रिश्ता खत्म करना गलत है। कुरआन में कहीं भी एक साथ तीन बार तलाक बोलने में एक माह का वक्त होना चाहिए।

ऑल इंडिया मुस्लिम पर्सनल लॉ की दलील :-

- अगर ट्रिपल तलाक को अवैध करा दिया जाता है तो इससे अल्लाह के आदेशों की अवमानना होगी। इसके चलते कुरआन को बदलने की नौबत भी आ सकती है। इतना ही नहीं इससे मुसलमान पाप के भागी होंगे।
- मुस्लिम पर्सनल लॉ के तहत तीन तलाक को संविधान की धारा–25 के तहत संरक्षण हासिल है। इस धारा के तहत नागरिको को किसी भी धर्म को मानने और प्रसारित करने का मूलभूत अधिकार प्राप्त है। संविधान अल्पसंख्यकों को पर्सनल लॉ अपनाने का अधिकार देता है।

तीन तलाक एक साथ कहने की प्रथा समाप्त हो, न कि इस्लामी तलाक की प्रक्रिया

कुरआन में कहीं भी एक साथ तीन तलाक की व्यवस्था कायम नहीं की गई है। इस्लाम जुल्म, नाइंसाफी और शोषण के खिलाफ है। पैगंबर मोहम्मद साहब ने एक साथ तीन तलाक को अबगजुल हलाल यानि खुदा की नजर में सबसे बुरी चीज कहा था। एक बार एक व्यक्ति ने उनसे कहा कि उसने अपनी

पत्नी को गुस्से में एक साथ ही तीन बार तलाक कह दिया है, तो पैगंबर ने उसे बताया कि इसे एक बार तलाक ही माना जाएगा। कुरआन में तलाक की जो व्यवस्था है, उसमें तीन बार तलाक कहे जाने के बीच एक-एक महीने का अंतराल दिया गया है, ताकि अगर तलाक देने वाला पुरूष अपने फैसले पर पुनर्विचार करना चाहे, तो ऐसा कर सके। तीसरे महीने में उसके पास दो बार पूर्व में बोले गए तलाक को वापिस लेने या तीसरी बार तलाक बोलकर तलाक को अंतिम रूप देने का विकल्प होता है। लेकिन तीसरे महिने में तलाक बोलने पर फैसला बदल नहीं सकता। असल में कुरआन में सुझाई इस व्यवस्था में लोगों के पास ठंडे दिमाग से सोचकर फैसला लेने का विकल्प होता है। एक साथ तीन तलाक की प्रथा में ऐसा नहीं होता है। इसलिए इसका मुस्लिम महिलाओं पर बहुत बुरा असर पड़ता है और यह उनके शोषण का हथियार बन गया है।

इस्लाम में तलाक की प्रक्रिया

एक औपचारिक बातचीत में डैनियल ए लतीफी ने तलाक के सन्दर्भ में एक महत्वपूर्ण अनुभव साझा किया था। सर्वोच्च न्यायालय के वरिष्ठ वकील और मुस्लिम पर्सनल लॉ के विशेषज्ञ लतीफी भारतीय राष्ट्रीय कांग्रेस के अध्यक्ष रहे बद्रूद्दीन तैयबजी के पोते हैं। उन्होंने जो कहानी सुनाई, वह कुछ इस तरह थी। एक बार एक मुस्लिम पुरूष उसके पास आया और उसने कहा कि वह अपनी पत्नी से तलाक चाहता है और इस सन्दर्भ में उनसे कानूनी सलाह चाहता है। डैनियल लतीफी ने उससे कहा यदि आप अपनी पत्नी को तलाक देना चाहते हैं, तो आप कुरआन में सुझाई गई तलाक की प्रक्रिया को अपना सकते हैं।

इस प्रक्रिया के बारे में अज्ञानता जाहिर करते हुए उस व्यक्ति ने उन्हें उसे समझाने के लिए कहा। लतीफी ने उसे बताया कि इस्लाम में तलाक एक प्रक्रिया है जिसके तहत पति को अपनी पत्नी को एक महीने के अन्तराल पर तीन बार तलाक (मैं तुम्हे तलाक देता हूँ) बोलना पड़ता है। तीसरे महीने तलाक बोलने पर फैसला बदल नहीं सकता।

उस व्यक्ति ने पहली बार अपनी पत्नी से तलाक कहा। पहला महीना बीतने के बाद वह पत्नी को दूसरी बार तलाक कहने के बजाये मिठाई का डिब्बा लेकर लतीफी के पास पहुँच गया। उसने खुश होते हुए उनसे कहा, आपने मेरी शादी बचा ली। फिर उसने बताया कि पहले महीने के दौरान उसका सारा गुस्सा उड़ गया। ठंडे दिमाग से सोचने पर उसने पाया कि तलाक से बचना और तालमेल बिठाने की कोशिश करना बेहतर विकल्प है। यह बस समय लेने का मामला

है। तलाक की इस्लामी रीति ने उसे तलाक के परिणामों पर सोचने के लिए काफी समय दिया और उसने उसे अपने पहले के फैसले पर फिर से विचार करने के लिए प्रेरित किया।

तलाक कोई भी सही दिमाग वाला वयस्क पुरुष कभी भी अपनी इच्छा से अथवा किसी मध्यस्थ के द्वारा तलाक की घोषणा कर सकता है। ऐसा करने में उसे कोई कारण स्पष्ट करना आवश्यक नहीं है। यद्यपि एक तलाक नामे के द्वारा यह लिखित रूप से भी हो सकता है। लेकिन अलिखित तलाक को भी पूर्ण मान्यता प्राप्त है। यह अलिखित तलाक तीन प्रकार से हो सकता है-

1. तलाक अहसन-इसके अन्तर्गत पत्नी के मासिक धर्म (तुहर) के समय पति एक बार तलाक की घोषणा कर देता है और इद्दत की अवधि तक सहवास नहीं करता। इद्दत का समय व्यतीत होते ही वैवाहिक सम्बंध समाप्त हो जाते हैं।
2. तलाके हसन-यह अपेक्षाकृत रूप से एक लम्बी प्रक्रिया है जिसमें केवल एक तुहर के समय ही नहीं बल्कि लगातार तीन तुहरों तक पुरूष को तलाक की घोषणा दोहरानी पड़ती है। इस अवधि में पति-पत्नी के बीच सहवास भी नहीं होता।
3. तलाके-उल-विद्दत-यह सबसे साधारण तरीका है जिसमें पुरूष अपनी पत्नी अथवा पत्नी के किसी गवाह की अनुपस्थिति में भी किसी समय तलाक की घोषणा कर सकता है। प्रथम दो पद्धतियों में तुहर के समय तलाक की घोषणा का विधान इसलिए रखा गया है जिससे यह पता चल जाए कि तलाक के समय स्त्री गर्भवती तो नहीं थी।

मुसलमानों के संहिताबद्ध कानून जैसे डिसालूशन ऑफ मैरिज एक्ट, 1939 में यह व्यवस्था पहले ही कर दी गई है कि अदालत कुरआन के प्रासंगिक प्रावधानों का अवलोकन कर सकती है।

इस्लाम का स्वर्णिम युग

इस्लाम के शुरुआती काल को, जिसे कुरान सालसा या तीन युग कहा जाता है, उसे इस्लाम का स्वीर्णम युग माना जाता है। इसमें पैगंबर उनके अनुयायी और उनकेअनुयायियों के अनुयायी का समय शामिल है। इन तीनों अवधियों में लोग तलाक की कुरान रीति का पालन करते थे। पहले खलीफा अबुबकर ने इसी

रीति को अपनाया था। दूसरे खलीफा उमर ने कुछ विशेष मामलों में अपवाद स्वरुप एक ही बार में तीन बार तलाक शब्द बोलने को स्वीकार कर चरम कदम उठाया था। ऐसा उन्होंने सिर्फ उन मामलों में किया जब उन्हें लगा कि पति तलाक की अनुमति का दुरुपयोग कर रहा है। ऐसे मामले में तलाक की अनुमति वास्तव में सजा का एक रुप है और इसके नतीजों को दूसरों को हतोत्साहित करने के रुप में देखा जाता है। लेकिन यह समझा जाना चाहिए कि किसी भी खलीफा द्वारा दिया गया कोई कार्यकारी आदेश शरीया के कानून का दर्जा हासिल नहीं करता। ऐसा कोई भी कार्यकारी आदेश (चाहे किसी ने भी ऐसा फैसला क्यों न किया हो) कुरान के कानून को नहीं बदल सकता, जो स्पष्ट रुप विशिष्ट शब्दों में उल्लेखित है।

जब किसी पति-पत्नी का झगड़ा बढ़ता दिखाई दे तो अल्लाह ने कुरआन में उनके करीबी रिश्तेदारों और उनका भला चाहने वालों को यह हीदायतें दी है कि वो आगे बढ़े और मामले को सुधारने की कोशिश करे। इसका कुरआन में यह बतलाया है कि ''एक फैसला करने वाला शौहर के खानदान में से मुकर्रर (नियुक्त) करें और एक फैसला करने वाला बीवी के खानदान में से चुने और वो दोनों पक्ष मिलकर उनमें सुलाह कराने की कोशिश करे। इससे उम्मीद है कि जिस झगड़े को पति-पत्नी नहीं सुलझा सके वो खानदान के बुजुर्ग और दूसरे हमदर्द लोगों के बीच में आने से सुलझ जाए।

कुरआन में इसे कुछ यूं बयान किया है-''और अगर तुम्हें शौहर बीवी में फूट पड़ जाने का अंदेशा हो तो एक हकम (जज) मर्द के लोगों में से एक और बीवी के लोगों में से मुकर्रर कर दो, अगर शौहर-बीवी दोनों सुलह चाहेंगे तो अल्लाह उनके बीच सुलाह करा देगा, बेशक अल्लाह सब कुछ जानने वाला और सब की खबर रखने वाला है।''

प्रेम मनुष्य को सामाजिक समूहों में एकीकृत करता है और उसे ईश्वर या पूर्णता की ओर आकर्षित करता है। शक्ति की आवश्यकता उस सब पर नियंत्रण स्थापित करने के लिए होती है जो ईश्वरीय नहीं यथा प्रकृति अथवा व्यक्ति और समाज का वह सब कुछ शैतानियत के चंगुल में है। इस प्रकार इस्लाम व्यक्ति के आध्यात्मिक विकास पर सर्वोच्च बल देता है और साथ ही सांसारिकता की उपेक्षा नहीं करता।

मनुष्य के कर्मो का मार्गदर्शक तर्क नहीं, प्रेम को होना चाहिए :

अकल दर पेज के अरबाबो अलल

इश्के चौगां बाज मैदाने अमल
अकल पर सरयये अज़ बीमो शक अस्त
इश्क रा अज़्मी यक़ीनो लालनफिक अस्त।

दुनिया का कोई धर्म स्त्रियों के वंचित तथा उपेक्षित वर्ग के शोषण की वकालत नहीं करेगा। पवित्र कुरआन अपनी आयत241 में इसकी स्पष्ट व्याख्या करते हुए कहता है : और तलाक वालों के लिए भी मुनासिब तौर पर नानो-नत है। यह वाजिब है परहेजदारों पर। मौ॰ अहमद रजा खान साहब, कुरआन की एक बड़ी तर्जुमेकार हस्ती ने इस आयत का तर्जुमा इस प्रकार किया है : 'तलाकशुदा औरत को उचित गुजारा-भत्ता दिया जाना चाहिए, खुदा के खौफ से डरनेवालों के लिए यह लाजिम है।'

तीन तलाक बनाम नागरिक संहिता

"समान नागरिक संहित" विविधता से परिपूर्ण भारत देश के लिए एक बड़ी चुनौती है, क्योकि यह सैकड़ों वर्शो पुराने धार्मिक कानूनों को समाप्त करने की कयावद है तो दूसरी और समाज में अराजकता की स्थिति उत्पन्न होगी, जोकि सामाजिक विकास के लिए बाधक तत्व है। कोई भी पुरानी नीतियाँ या परम्पराएं अचानक से समाप्त नहीं हो सकती, जिसके लिए सिर्फ कानून नहीं, बल्कि लोगों का जागरूक होना भी जरूरी है। अगर ऐसी कोई संहिता लागू की जाएगी तो यह पंथनिरपेक्षा का हनन होगी।"

क्या है समान नागरिक संहिता?

समान नागरिक संहिता का अर्थ भारत के सभी नागरिकों के लिए समान नागरिक (सिविल) कानून (विधि) से है। समान नागरिक संहिता एक सेक्युलर (पंथनिरपेक्ष) कानून से लागू होता है, जो सभी धर्मों के लोगों के लिए समान रुप से लागू होता है। दूसरे शब्दों में अलग-अलग धर्मो के लिए अलग-अलग सिविल कानून न होना ही 'समान नागरिक संहिता' की मूल भावना है। ऐसा कानून देश के समस्त नागरिकों (चाहे वह किसी धर्म या क्षेत्र से सम्बन्धित हो) पर लागू होता है। यह किसी भी धर्म या जाति के सभी निजी कानूनों से ऊपर होता है।

7 जुलाई, 2016 को समान नागरिक संहिता का मुद्दा एक बार फिर उस समय चर्चा में आया, जब सर्वोच्च न्यायालय ने भाजपा नेता अश्वनी कुमार

उपाध्याय द्वारा दाखिल की गई जनहित याचिका को रद्द कर दिया गया। याचिका में उल्लेखित था कि संविधान के अनुसार भारत देश में सभी धर्म बराबर है, फिर शादी, तलाक और उत्तराधिकार को लेकर धर्मों से अलग-अलग नियम है। ऐसे में संविधान का पालन करने लिए यूनिफॉर्म सिविल कोड लागू करने के आदेश जारी किए जाएँ।

सर्वोच्च न्यायालय के द्वारा याचिका रद्द क्यों?

सर्वोच्च न्यायालय के द्वारा याचिका रद्द करने के पीछे संवैधानिक कारण थे, जैसे- अनु॰-50 कार्यपालिका से न्यायपालिका का पृथक्करण, अर्थात् कानून का संरक्षण और न्याय करना केवल न्यायपालिका का कार्य है न कि कानून बनाना या उसको लागू करना।अनु॰-37 नीति-निदेशक तत्वों का कोई भी भाग न्यायालय द्वारा प्रवर्तनीय नहीं है। दूसरी ओर 'समान नागरिक संहिता' अनु॰-44 के तहत नीति-निदेशक तत्वों का भाग है।

याचिका रद्द करने वाली न्यायिक पीठ के सदस्यों में टी॰ एस॰ ठाकुर (भारत के मुख्य न्यायधीश), ए॰ के॰ सिकारी तथा आर॰ भानूमति शामिल थे।

वैसे तो किसी भी लोकतांत्रिक व्यवस्था का बुनियादी मूल्य समानता है, लेकिन बहुलतावादी संस्कृति, पूरातन परम्पराएं और धर्मनिरपेक्ष राज्य अंततः कानूनी असमानता को अक्षुण्ण बनाए रखने का काम कर रहे हैं। इसलिए समाज लोकतांत्रिक प्रणाली से सरकारे तो बदल देता है, लेकिन सरकारों को समान कानूनों के निमार्ण में दिक्कतें आती हैं। इस जटिलता को सत्तारूढ़ सरकारी समझती है। संविधान के भाग-4 में उल्लेख है कि राज्य निर्देश सिद्धान्तों के अन्तर्गत अनु॰-44 में समान नागरिक संहिता लागू करने का लक्ष्य निर्धारित है इसमें कहा गया है कि राज्य भारत के सम्पूर्ण क्षेत्र में नागरिकों के लिए समान नागरिक संहिता पर क्रियान्वयन कर सकता है, किन्तु यह प्रावधान विरोधाभासी है क्योंकि संविधान के अनु॰-25 में विभिन्न धर्मावलम्बियो को अपने व्यक्तिगत प्रकरणों में ऐसे मौलिक अधिकार मिले हुए हैं, जो धर्म सम्मत कानून और लोक में प्रचलित मान्यताओं के हिसाब से मामलों के निराकरण की सुविधा धर्म संस्थाओं को देते हैं। इसलिए समान नागरिक संहिता की डगर कठिन है, क्योकि धर्म और मान्यता विशेष कानूनों के स्वरुप में ढलते है तो धर्म के पीठासीन (मन्दिर, मस्जिद और चर्च के मुखिया) अपने अधिकारों का हनन के रुप में देखते है।33

भारत में समान नागरिक संहिता सम्बन्धी प्रावधान

संवैधानिक प्रावधान-अनु॰-44 यह अपेक्षा करता है कि राज्य भारत के समस्त राज्य-क्षेत्र में नागरिकों के लिए एक समान सिविल संहिता प्राप्त करने का प्रयास करेगा (राज्य के नीति-निदेशक तत्व, भाग-4)।34

वैधानिक प्रावधान :-

- वैयक्तिक विधि में एकरुपता लाने हेतु हिन्दू विवाह अधिनियम 1955
- हिन्दू उत्तराधिकार अधिनियम 1956
- हिन्दू दत्तक एवं भरण पोषण अधिनियम 1956
- शरीयत अधिनियम 1937
- मुस्लिम विवाह-विघटन अधिनियम 1939
- मुस्लिम स्त्री (विवाह-विच्छेदन पर अधिकार संरक्षण) अधिनियम 1986
- इण्डियन क्रिश्चियन अधिनियम 1872
- विदेशी विवाह अधिनियम 1969 आदि।35

अत: भारत जैसे विविधता वाले राष्ट्र में समान नागरिक संहिता लागू करना असम्भव है क्योंकि प्रत्येक धर्म के रीति-रिवाज पृथक-पृथक है और हमारा संविधान प्रत्येक धर्म को अपने अनुसार आचरण करने की स्वतन्त्रता प्रदान करता है (अनु॰-25)। गांधी जी के अनुसार ''राज्य में रहने वाले प्रत्येक नागरिक को बिना किसी बाधा के अपना धर्म पालन करने का पूर्ण अधिकार हो- राज्य न तो किसी धर्म का संरक्षण करे और न किसी धर्म के उचित विकास में बाधक हो। संक्षेप में राज्य का अपना कोई विशेष पंथ या सम्प्रदाय नहीं होना चाहिए, किन्तु राज्य धर्मरहित भी न हो। राज्य को नीति धर्म के शाश्वत और सार्वभौमिक नियमों - सत्य, अहिंसा, प्रेम, सेवा आदि का पूर्ण पालन करना चाहिए।'' यदि समान नागरिक संहिता की दृष्टि से देखे तो समान नागरिक संहिता लागू होने के पश्चात् संवैधानिक प्रावधानों को चुनौती मिलेगी, बल्कि व्यवहारिक समाज में भी असमंजस और अराजकता की स्थिति उत्पन्न हो सकती है।

संवैधानिक प्रावधान :-

अनुच्छेद-15(4) सामाजिक और शैक्षिक दृष्टि से पिछड़े हुए नागरिकों के लिए, किन्हीं वर्गों की उन्नति के लिए, अनुसूचित जातियों और जनजातियों के

लिए कोई विशेष उपबन्ध करने से निवारित नहीं करेगी।

अनुच्छेद-16(4) नौकरियों की प्रोन्नति में आरक्षण अनुच्छेद-29 भारत के राज्यक्षेत्र था। उसके किसी भाग के निवासी नागरिकों के किसी अनुभाग को, जिसकी अपनी विशेष भाषा, लिपि या संस्कृति है, उसे बनाए रखने का अधिकार होगा।

अनुच्छेद-29 तथा 30 अल्पसंख्यकों की संस्कृति शिक्षा तथा संस्थाओं को जीवित रखने का अधिकार देता है। अनुच्छेद-371 के अनुसार संरक्षण सम्बन्धी प्रावधान है।

इसमें सबसे बड़ी चुनौतियां बहुधर्मो के व्यक्तिगत कानून और वे जातिएं मान्यताएं हैं, जो विवाह, परिवार, उत्तराधिकार और गोद जैसे अधिकारों को दीर्घकाल से चली आ रही क्षेत्रीय, सांस्कृतिक और धार्मिक परम्पराओं को कानूनी स्वरुप देती है।

सुझाव :-

- तीन तलाक को रोकने के लिए ऐसे कानून का निर्माण होना चाहिए जिससे इस्लामिक कानून की मूल भावनाओं को कोई अघात न पहुंचे।
- किसी भी पंथ से सम्बन्धित मामले या राजनीतिकरण नहीं होना चाहिए बल्कि पंथ से सम्बन्धित धर्मगुरु के सलाह-मशविरा के आधार पर विवाद का समाधान होना चाहिए।
- कोई भी धर्म श्रेष्ठ व निम्न नहीं होता है बल्कि सभी धर्म समान होते हैं अर्थात् कोई भी धर्म बुरा नहीं होता है, बुरे होते हैं बीमार मानसिकता वाले व्यक्ति।
- सरकार को चाहिए कि वह शैक्षिक कार्यक्रमों को लागू करने में तेजी लाए, ताकि समाज की सोच में तार्किक विकास का उदय हो।
- रोजगार सम्भावनाओं में असीम वृद्धि एवं गरीब दुश्चक्र से मुक्ति की एक मुहीम छेड़नी चाहिए, जिससे लोग सामाजिक परम्पराओं से ऊपर उठ सके एवं भारत मानव विकास की ओर कदम बढ़ा सके।
- भारत की विविधता में एकता को बनाए रखने के लिए हमें सर्वधर्म सम्भाव की भावना को प्रोत्साहन देना होगा, तभी विश्व में हम अपनी इस पहचान को अक्षुण्ण बनाए रख सकते हैं।

निष्कर्ष :-

भारत एक धर्म प्रधान देश रहा है, फिर भी यह विचारणीय प्रश्न है कि भारत पंथनिरपेक्षता के सिद्धान्त को क्यों अपनाया गया? पश्चिम के कई कतिपय प्रगतिशील देशों ने अपने यहां के प्रचलित प्रधान धर्म को राज्य धर्म के रुप में ग्रहण कर रखा है। फिर भारत में नए संविधान और लोकतंत्र की स्थापना करते समय पंथपिरनेक्षता का सिद्धान्त क्यों अपनाया गया? भारतीय संस्कृति का मूल मंत्र ही धर्म रहा है, धर्म ही भारतीयों का प्राण रहा है, उनका सम्पूर्ण जीवन धर्म से ओत-प्रोत रहा है। पुरुषार्थत्तय धर्म, अर्थ और काम के अन्तर्गत धर्म को ही प्रथम स्थान दिया गया है। महर्शि वेदव्यास ने महाभारत में लिखा है कि ''धर्म से ही अर्थ की प्राप्ति होती है, धर्म से ही काम की प्राप्ति होती है, फिर ऐसे धर्म का सेवन क्यों किया जाए।''

अत: समान नागरिक संहिता से भारतीय समाज में अराजकता की स्थिति उत्पन्न होगी, जोकि सामाजिक विकास के लिए बाधक तत्व है। साथ ही साम्प्रदायिक हिंसात्मक स्थिति भी क्षेत्रीय स्तर पर जन्म ले सकती है। 'समान नागरिक संहिता' को लागू करने से देश में आरक्षित श्रेणियों, जैसे - अनुसूचित जाति, अनुसूचित जनजाति, अन्य पिछड़े वर्ग, अल्पसंख्यक वर्ग, वरिष्ठ नागरिक आदि को समस्याओं का सामना करना पड़ सकता है। इनसे संबन्धित सभी संवैधानिक प्रावधानों को समाप्त किया जा सकता है, जिस कारण से इन वर्गो को स्वयं अधिकारों से वंचित होना पड़ेगा। भारत की सामाजिक-भौगोलिक परिस्थिति के साथ-साथ भारत की ऐतिहासिक पृष्ठभूमि इस प्रकार से रही है कि जहां आधुनिक अवधारणाओं को लागू करना अत्यन्त कठिन कार्य होगा।41

भारत में पंथनिरपेक्षता के जिस आदर्श को अपनाया गया, उसका लक्ष्य है विविध धर्मो के अनुयायियों में धार्मिक विभेद के बावजूद भाईचारे की भावना को जन्म देकर 'भारत के भावात्मक एकीकरण' की स्थिति को प्राप्त करना। हम अब तक इस स्थिति को प्राप्त नहीं कर पाए हैं और दु:खद तथ्य यह है कि हम इस दिशा में आगे नहीं बढ़ रहे हैं। मूल बात यह है कि संविधान ने पंथनिरपेक्ष राज्य तो स्थापित कर दिया, लेकिनएक 'पंथनिरपेक्ष समाज' की स्थापना हम आज तक भी नहीं कर पाए हैं। सभी राजनीतिक दलों ने अपना लक्ष्य 'येन केन प्रकारेण' सत्ता प्राप्ति बना लिया है और सत्ता की इस अंधी दौड़ में वे व्यक्तियों की धार्मिक भावनाओं और जातिय भावनाओं के साथ खिलवाड़ कर रहे हैं। पंथनिरपेक्षता के लिए सबसे बड़ी विडम्बना और क्या हो सकती है?

कुछ संगठनों को अवैध घोषित करना, राजनीतिक दलों के गठन, चुनाव व्यवस्था के संचालन और सामाजिक सांस्कृतिक जीवन के सम्बन्ध में कुछ कानूनों का निर्माण कर इन चुनौतियों का उत्तर दे पाना संभव नहीं है। इसके लिए तो हम सबको अपने मन-मस्तिष्क में, अपने सोच और विचार में क्रांतिकारी परिवर्तन लाना होगा। पंथनिरपेक्षता के लक्ष्य को प्राप्त कर पाना तो तभी सम्भव है, जब प्रत्येक नागरिक अपने हृदय में इस बात को संजो ले की 'हम पहले तथा अंतिम रुप में भारतीय है और हमें अपने भारतीय होने पर गर्व है'। सरकार को इस मुद्दे पर उदार तथा मानवीय दृष्टिकोण अपनाए क्योंकि इसके दुरगामी परिणाम होंगे, यहाँ तक कि राश्ट्र की एकता के लिए खतरा भी हो सकता है।

सन्दर्भ ग्रन्थ सूची

1. डा॰ फडिया बी॰ एल॰, डॉ॰ जैन पुखराज, भारतीय शासन एवं रणनीति, साहित्य भवन, पृ॰सं॰–81
2. डा॰ अग्रवाल जी॰ के॰, भारत में समाज, साहित्य भवन, पृ॰सं॰–11
3. डा॰ फडिया बी॰ एल॰, डॉ॰ जैन पुखराज, पूर्वोक्त, पृ॰सं॰–79
4. चौधरी बासुकी नाथ, कुमार युवराज, भारतीय शासन और राजनीति, ओरियंट ब्लैकस्वॉन, पृ॰सं॰–506
5. क्रॉनिकल इयर बुक (2011), सामान्य ज्ञान कोश, क्रॉनिकल पब्लिकेशंस, पृ॰सं॰–455
6. वही, पृ॰सं॰–456
7. ताराचंद, भारतीय स्वतंत्रता आंदोलन का इतिहास (खंड 3), सूचना और प्रसारण मंत्रालय, भारत सरकार, पृ॰सं॰–255
8. ताराचंद, पूर्वोक्त,
9. डा॰ तोमर देवेन्द्र पाल सिंह, मानवाधिकार सिद्धान्त एवं व्यवहार, विश्व भारती पब्लिकेशंस, पृ॰सं॰–113
10. डा॰ तोमर देवेन्द्र पाल सिंह, पूर्वोक्त
11. ताराचंद, पूर्वोक्त, पृ॰सं॰–257
12. डा॰ तोमर देवेन्द्र पाल सिंह, पूर्वोक्त, पृ॰सं॰–114
13. वही, पृ॰सं॰–116
14. वही, पृ॰सं॰–118

15. वही, पृ०सं०–119
16. भार्गव अर्पित, तीन तलाक और समान नागरिक संहिता, लेख, पृ०सं०–160
17. अमर उजाला, मई 2017, (प्रकाशित समाचार पत्र)
18. अमर उजाला, 23 अगस्त 2017, (प्रकाशित समाचार पत्र)
19. अमर उजाला, 12 मई 2017, (प्रकाशित समाचार पत्र)
20. अमर उजाला, 23 अगस्त 2017, (प्रकाशित समाचार पत्र)
21. खानम फरीदा, तीन तलाक, सांमजस्य और अदालत, लेख, 17 मई 2017, पृ०सं०–12
22. खानम फरीदा, पूर्वोक्त
23. डा० अग्रवाल जी० के०, पूर्वोक्त, पृ०सं०–122
24. खाँ मुहम्मद फारुख, कुरान मजीद (अनुदित), आयत सुरह बकरा, 230, अलकुरान, इंस्टीटयूट, लखनऊ
25. कुमार राधा, स्त्री संघर्श का इतिहास (1800-1990), वाणी प्रकाशन, पृ०सं०–328
26. खानम फरीदा, पूर्वोक्त
27. खाँ मुहम्मद फारुख, कुरान मजीद (अनुदित), आयत सुरह निशा, 35, अलकुरान, इंस्टीटयूट, लखनऊ
28. ताराचंद, पूर्वोक्त, पृ०सं०–256
29. कुमार राधा, पूर्वोक्त, पृ०सं०–329
30. पारुल, समान नागरिक संहिता, लेख सितम्बर, 2016, पृ०सं०–78
31. वही, पृष्ठ
32. वही, पृष्ठ
33. भार्गव प्रमोद, समान नागरिक संहिता की प्रासंगिकता, लेख, अक्टूबर 2017, पृ०सं०–100
34. डा० पाण्डेय जय नारायण, भारत का संविधान, सेन्ट्रल लॉ एजेन्सी, पृ०सं०–431
35. पारूल, पूर्वोक्त

36. डा॰ फडिया बी॰ एल॰, डॉ॰ जैन पुखराज, पूर्वोक्त, पृ॰सं॰-81
37. भार्गव अर्पित, पूर्वोक्त, पृ॰सं॰-161
38. भार्गव प्रमोद, पूर्वोक्त, पृ॰सं॰-99
39. भार्गव अर्पित, पूर्वोक्त,
40. डा॰ फडिया बी॰ एल॰, डॉ॰ जैन पुखराज, पूर्वोक्त,
41. भार्गव अर्पित, पूर्वोक्त,
42. डा॰ फडिया बी॰ एल॰, डॉ॰ जैन पुखराज, पूर्वोक्त,
43. वही, पृ॰सं॰-850
44. कुमार राधा, पूर्वोक्त, पृ॰सं॰-329

61

Triple Talaq: An Arbitrary and Discriminating Law

Dr. AnandaNand Tripathi
Assistant Professor
Government Degree College, Chudiyala, Haridwar (UP)

ABSTRACT

Personal laws evolve from religious practices and customs which form a part of the legal system. These laws must be in consistence with the Constitution and most importantly with the fundamental rights. They should be within the principles of natural justice. Sometimes the practices which are followed in the name of religious exercises are arbitrary and discriminating. For example, Muslim laws in India are not codified and are subjected to varied interpretations from *Shariat*. Due to which Muslim women fall in the clutches of certain practices in the name of religious practice which denies them their basic rights. An example of the same is Triple *Talaq*. This paper explains the concept of triple Talaq, Indian judiciary responses to the triple Talaq and its status in other countries. This religious practice has become a custom and in this paper throws light the negative aspects of this custom.

INTRODUCTION

In India, Divorce in Muslims is regulated by their personal Muslim laws and according to that *Niqah* or marriage can be dissolved either by the death of husband or wife i.e. the act of god or by divorce i.e. the act of parties. A large population of Muslims in India belongs to Sunni community in which a Muslim husband has an exclusive right to give divorce to his wife just by pronouncing Talaq for three times either in one sentence or in three sentences meaningly, by saying "I divorce you, I divorce you, I divorce you". Triple-Talaq is also known as Talaq-Ul-Biddat.

The practice of triple *Talaq* has been in existence in the Muslim community since centuries. Muslim men divorce their wives in one sitting with or without their presence of the wife. This form of Talaq is not approved by Quran and many eminent Islamic scholars have rejected triple Talaq. The court has taken into notice of this practice and observed that this form of Talaq is unilateral and discriminatory. The courts have held this form of Talaq as invalid and laid down proper procedure of Talaq by interpreting the verses of Quran. Triple Talaq is violative of the provisions of Constitution pertaining to fundamental rights.

CONCEPT OF TRIPLE TALAQ

According to holy book of Islam i.e. Quran, it provides for the procedure of giving divorce. A divorce is Talaq which means taking off any tie or restrain and signifies dissolution of marriage. In Hnafi law, no special form or expression is important to affirm Talaq. In IthnaAshari law, however, demand strict adherence to a structure, that is, it must be in the Arabic language expressed orally, in the presence of two male witnesses, who ought to be honest Muslim. Indeed, even the presence of the spouse is not required. The Talaq would be regarded to have take impact on the date the spouse came to know of it. The oral form of Talaq can be given in three modes namely Talaq-e-Ahsan, Talaq-e-Hasan, Talaq-ul-Biddat or Talaq-e-Badai.

Talaq-e-Ahsan and Talaq-e-Hasan come under the head of Talaq-ul-Sunnat is the Talaq which carries the approval of Prophet. Ahsan is most approved form of divorce where the husband disown his wife by a single pronouncement in a time of tuhr (purity, i.e., when the wife is free from her menstrual courses), amid which he has not engaged in sexual relations with her, and then leaves her to the observance of iddat. Hasan is approved form of Talaq where the husband successively pronounces divorce three times during the time of tuhr. In other words it is a divorce upon divorce wherein the first two pronouncements are revocable and in the third pronouncement Talaq becomes irrevocable.

Talaq-ul-Biddat is not the approved form of Talaq as it does not consider the period of tuhr and also to the abstention from intercourse. Triple divorce is where the husband repudiates his wife by orally saying Talaq in one sentence thrice within the time of tuhr.

Triple-Talaq gives a right to a man that whenever he thinks fit, he may give divorce to his wife anytime and which becomes void and irrevocable. This not only violates Muslim women rights but this also makes them inferior in the society. It is true that every religious practice is sacred and no one has right to interfere in these religious practices. It is being said by some of the Muslims that triple Talaq comes under the ambit of religion but on the other hand some of the Muslims contradict the same. Now a days this practice is being misused by many Muslim men which severely affects the life of their wives.The most negative aspect of this type of divorce is that it can be done even in the absence of wife and even if she does not know the region for the same. In addition to this, the most interesting fact about this is that it is being used by men but consequences are faced by women.

According to the Hanafis when Talaq-ul-Biddat is pronounced, the wife will become alienated from the husband and he cannot remarry her. She becomes 'Haram' (totally prohibited) for him. Neither he can take her back nor can he go for fresh *nikah*with her i.e. totally irrevocable. He can go for nikah withher only after 'Halala' means, she has to marry another man and her marriage must consummate and then that person divorces her on account of marital conflict or she becomes a widow.

Triple Talaq makes women extremely vulnerable and insecure about their marital status. Many cases has been reported wherein the women is being thrown out of the house and not given maintenance by husband after arbitrarily pronouncing divorce thrice in one sitting. Many Muslim women are being denied of rights due to ignorance of law. They are being subjected to discrimination on the basis of their religion and gender. It is necessary to review the status of women and ban the practice of triple Talaq.

CONSTITUTIONALITY OF TRIPLE TALAQ

Triple Talaq has not only resulted in atro city but als has inflictedagreatblowto fundamentalrightswhichformthebasic structureoftheConstitutionofIndia.Thisinstrument violates the fundamental rights of the Muslim women which is mentioned with the help of following articles of Indian Constitution:

1) Article 14- "The state shall notdeny any person equality before the law or equal protection of the laws within the territory of India".This fundamental right inherits the Rule of Law, expounded by A.V. Dicey, according to which- No person is above the law, it is the law which is supreme and every person is equal in the eyes of law irrespective of gender or religion.The most detestable aspect of triple Talaq is its inequality which gives all rights to give divorce to the man only. The Muslim wife have to go to the *Qazi* and have to prove the atrocities committed by her husband in order to get a divorce where a husband can pronounce Talaq without any reasonable logic.

When marriage is undertaken by the mutual consent of both the parties then is this fair or in line of equality to dissolve it unilaterally. If no, then it should be considered violative of article 14.

2)Article 15(1) – TheState shall not discriminate against any citizen on grounds only of religion, race, caste, sex, place of birth or any of them. Triple Talaq distorts the fundamental right enshrined in article 15 of the constitution in which any form of discrimination is prohibited. But triple Talaq being an obnoxious practice has given all the rights of divorce to men and women has left being the puppets in the hands of male. Muslim women suffer a "triple penalty" on account of their gender. Male members of the Muslim community have right to give triple divorce on their own will where Muslim women suffer a "triple penalty" on account of their gender.

According to a survey conducted by BMMA, 90% of Muslim women have called for Qazi to be made accountable to law based on principles of gender justice.

3)Article 21: In order to escape thestrictness of law, no one has right to infringe the basic human rights or right to life and personal liberty which is the most sacrosanct fundamental right conferred by the law of the laws. The practice of Talaq-ul-Biddat and divorce of a woman without proper attempt at reconciliation violates the basic right to live with dignity of every Muslim woman. Hence, this practice is repugnant to the basic dignity of a woman enshrined under Artice-21. Even the Quran teaches to respect a woman and not to abandon her without any reason or for nothing.

4)Article 25(1) - Subject to public order, morality and health and to the other provisions of this Part, all persons are equally entitled to freedom of conscience and the right freely to profess, practise andpropagate religion. Article 25 provides for freedom ofconscience and freedom of religion where every citizen is made free to exercise any religion and no one is forced to adopt any particular religion. It also provides that no state shall interfere in the religious practices of the citizens.

STATUS OF TRIPLE TALAQ IN OTHER COUNTRIES

There are more than 20 Islamic countries that have banned this inhuman practice of triple Talaq including neighbouring countries like Pakistan, Bangladesh, Sri Lanka, etc.

Egypt was the first ever country to declare triple Talaq as invalid and it provides 90 days procedure for divorce.

In 2006, Sri Lanka amended its Marriage and Divorce Act, 1951 that does not grant validity to the concept of triple Talaq. As stated, the law requires a husband wishing to divorce his wife to give notice of his intention to a *Qazi* (Islamic judge), who should attempt a reconciliation between the couples over the next 30 days. In the case of disagreement after the devised period, the husband can give *Talaq* to his wife only in the presence of the *Qazi* and two witnesses. Many people who understand and study Muslim Law rates the Lankan law as the *"mostideal legislation on triple Talaq."*[28]

The abolition of triple Talaq in Pakistan took place in 1951 and they also have a system of validating a Talaq after a period of 90 days only and not before that.

Tunisia and Algeria both adopted Tunisian code of personal status and banned instant Talaq.

In 1959, Iraq contrary to most Arab countries has banned the triple Talaq.

In spite of all above countries who have a great number of Muslim population residing in their countries has banned thearchaic and intolerable practice of Talaq-ul-biddat then why can't we abolish this inhuman practice. This is the high time for India to consider this topic in the ambit of law.

CONCLUSION

Triple Talaq is a sore issue that has been extensively practiced especially in the modern era. There has not been any necessary or sufficient steps taken to eradicate this issue that has become a social evil. Married Muslim women have been living in fear since many decades due to this unilateral form of divorce. In the progressive time of 21st century, we see such discriminatory and inequality surrounding us in spite of where women right's is placed as the same footing as men's. With the reforms in the personal laws within the Quranic laws the concerns of Muslim women can be solved. Judiciary should look into this matter in order to protect women's interest and uphold constitutional principles. Courts can exercise judicial activism to bring about gender justice and fairness regarding the treatment of Muslim women. With the enactment of Uniform Civil Code it could bring an end to this form of injustice done to Muslim women. If this form of Talaq has been removed from the system it will open up avenues to bring justice and equality to the entire community.

References:

1. Dr. Ahmad Galwash, The Religion of Islam 104 (1961). Journal on Contemporary Issues of Law (JCIL). 3 (1) ISSN 2455-4782
2. Article 14, The Constitution of India, 1950.
3. Article 15(1), The Constitution of India, 1950.
4. Article 21, The Constitution of India, 1950.
5. Article 25 (1), The Constitution of India, 1950.
6. Nancy Jain andJanu Rani. 2017. Legal Amicus: International Journal Of Law And Social Sciences. 1(2): (online). www.legalamicus.com/journal
7. RadhikaBelapurkar and Sagarika Ramesh. 2017. Triple Talaq: Predomination Over Muslim Women. Journal on Contemporary Issues of Law (JCIL). 3 (1): 1-11
8. http://mquran.org/content/view/239/4/(last accessed on 31/07/2016)
9. http://thelawdictionary.org/custom/(last accessed on 31/07/2016).

62

Situation of Triple Talaq in India & Other Countries

Dr. Alka Tomer
Associate Professor & Head,
Department of Political Science, B.S.M. (PG) College, Roorkee, Uttarakhand.

ABSTRACT

The problem (issue) of triple talaq (in one sitting)'s being a Talaq e Baainah (irrevocable separator) is neither Qataee (decisive) nor Ijamaee (unanimous). There has been a difference of opinion in this matter right from the days of the salaf (ancestors).

Apart from the fiqhee juziyaat (legal details) the opinion of this seminar in the following situations is like this:

If a man tells to his wife the words Talaq, Talaq, Talaq and says that his intention was to give only one talaq (divorce) and that "I had repeated the word talaq' only for takeed emphasis)" then his say will be accepted and that talaq I not be considered a talaq e mugalliza baainah (irrevocable separator divorce).

If a man tells his wife "three talaq to you" but then he also gives a sworn statement that his intention was not to give three talaqs; that he thought that no talaq becomes effective unless the word three talaq' is uttered and therefore he had used the word 'three talaq' then his 3 statement will be accepted as true and that talaq will not be considered a talaq e mugalliza baainah (irrevocable-separator divorce).

It is very much imperative that Muslims should be thought the correct manner of giving divorce and that they must be made aware of the fact that the manner of giving three talaq at a time is abidat (innovation), a maasiyat (sinful act) and a zulm (injustice) to the woman. Muslims must refrain from this wrong way of divorcing. They should stop at giving one talaq, if at all it is absolutely necessary to resort to separation. Such one talaq should also be pronounced only when the wife is in a state of cleanliness (a non-menstrual period) wherein he did not have had a sexual intercourse her.

In the modern times and especially among the Muslims of India the habit or custom of pronouncing three talaq at time or in one sitting is prevalent. People (common) think that no divorce is effective without using the word talaq thrice. This is their ignorance. But the advocates and qazeesalso, while writing a talaq name (declaration of divorce) write the words of three talaq and obtain the signature of the divorcer on it.

The one who divorces does not know what is the correct method of divorcing and what is wrong. Thereafter when the anger recedes and the ignorant man wants to return to his wife, the muftees (who declare decrees) who are bent upon ticking to taqieed(followers of Fuqaha) say that now

there is no way of returning except halalah even though halalah has been condemned and cursed (by the holy prophet). Thus People are facing great difficulties and profound confusion in the matter of talaq. The only way of delivering them from this difficulty is that they be guided according to the clear-cut Nusoos (texts) of the Quran and Sunnah (the prophet's tradition) and they should accept such guidance freeing themselves from the bondages ofmaslaks (schools of thought like Hanafi, Shafei etc.).

In this paper an effort has been made to explain in the light of Quran and Sunnah that the effect of triple talaq (three talaqs pronounced at a time) is that of only one talaq e rajaee(revocable 4 divorce). Sayings of ulema have also been quoted in support of this contention. The serious situation created by the problem of triple talaq coupled with the irreligious (anti Shariat) way of halah have caused much confusion in the minds. Obviously the bond of marriage is not a tie of a thin thread, which may break at the slightest jerk. Rather it is a sound pledge (meethaqanghaleezah), which can be broken only after ample thought and only as per the instructions of the Shariat.

The practice of halalah is extremely heinous and very offensive to the honor of both the man and woman; Hadeeth has condemned and cursed the parties indulged in a halalah. Moreover, this manner of pronouncing talaq has pictured the Islamic Family Law in bad color quite wrongly. Those elements who want to make Islam follow the trend of modernism point out to this incorrect practice of triple talaq and on its basis want to make changes in the very Islamic Law.

This situation calls for the analysis of the triple talaq issue with deep research and for the explanation of the commandments of the Shariat breaking all the bonds if taqieed (traditionalism)of maslak (schools of thought) so that people may get the right guidance

REFORMATORY STEPS OF ISLAM

This Islam put an end to this unjust and oppressive and limitless series of divorcing. It authorized the husband to revert to his wife up to two talaqs so that, before the disruption of the family life the husband may have an opportunity of pondering over the consequences twice. Then that talaq(divorce) becomes Mughallizah (absolutely irrevocable). It means that thereafter he can neither revert to that wife nor can he remarry her until that woman weds another man and that another man divorces her of his own free will. This order has been enforced so that man may not go on harass in the woman by divorcing her repeatedly as was being done in the days of pre-Islamic ignorance. The Ahsan (appropriate/ right/correct) way of divorcing as per the guidance of the Holy Quran and the Sunnah, is that he should suffice with giving only one talaq during the period of cleanliness (no menstrual). Wherein he must not have copulated (sexual intercourse) with his wife. This talaq(divorce) will remain Rajaee (revocable or revertible) during iddat (the waiting period). And that it will become Baain after the passing of iddat. But if the man and the woman so desire, they may remarry (through a repeated Nikaah). To give up this 7 appropriate manner and to resort to the wrong and illegal method of triple talaq at a sitting is neither correct from the Sharial view point nor is it necessary.

It also does not make man helpless because if he has made up his mind to leave that woman he can do so by resorting to one talaq. Therefore, what can be said in case of those men who rush to pronounce three talaqs at a time or in one sitting except that they exhibit total ignorance even though the holy Quran explicitly and emphatically commands:-

"These are the limits imposed by Allah. Do not transgress them." (Surah A) baqarah: 229).

OPINIONS OF SAHABAH

Regarding the opinions of the companions of the holy prophet or the fatwas (dictums) reportedly given by them, several of them are without sand (authority) so they are not enough for proving a consensus (ijmaa).

Secondly, there is scope for questioning from the viewpoint of intelligence and reasoning regarding the traditions or narrations containing the sayings and legal opinion (fatwas) of sahaabaa, because, according to such narrations, people in those days had begun to give hundreds of talaqs at a time,so much so that sometimes they used to pronounce "as many talaqs as there were stars in the sky"! If we are to believe such narrations, these were not rare incidents but it had become much prevalent. So to believe these narrations (rivaayaat) means to accept that, even in the initial years of Islam, the society had 19 become so much corrupt that people had begun to play with the Book of Allah and the innovated (Bidee) talaq had become a common thing.

In such a situation, our today's society seems to be much better than that of those days because, they remain content with triple talaq and we never hear any incident of a hundred or a thousand talaqs. Obviously those narrations which paint the earlier Islamic society in such an ugly colour cannot be acceptable. They are neither a hujjat (proof or evidence) nor can a heap of such narrations amount to ljmaa or consensus.

Thirdly, there are several such fatwas of the Sahabas which have not been accepted by the Fugaha.(istamic jurists) For example, in the opinion of Ali (Raziyallahu Anhu) to say "you are unlawful (haraam) for me" was equivalent to three talaqs but lbn e Abbas had decided that in such event, the payment of Kaffarah (expiament) was enough. Imam Shafei says that it will be a talaq if the sayer had intended a talaq; that it will be a zihar if the intension was zihar; that mere utterance of these words will be neither a talaq nor a zihar. Only the kaffarah would suffice had enacted the practice of returning 'Rad' (What remains of inheritance after giving to Quranic Sharer) to the Zavil Furooz in consultation with the sahaba. But Imam Shafei and ImamMaalik did not agree with him. So, it is also justifiable to disagree with the fatwas given by the sahaba in the matter of triple talaq too. Allah Almighty has said:

"Then if you dispute about any matter, refer it to Allah and the Messenger". (Surah Nisaa, Verse:59)

Fourthly, These fatwaas of the Sahaabaa are based on ijtihad (diligence). They had done the ijtihad looking to the circumstances of their time when the society had not deteriorated much. But thereafter, when the corruption increased it became necessary to rethink over it. So scholars like Allamah lbn e Taimiyyah gave a thought to such things in the light of the Quran and the Sunnah.

The condition of our society today is well known to all. The current condition of Muslims requires that this problem should be analysed with deep research. People should not be allowed to make divorce a game and thus put the woman folk into extraordinary troubles.

LAW OF ONE TALAQ IN OTHER MUSLIM COUNTRIES

The laws enacted by Muslim countries about triple talaq certainly do not provide a religious argument. So they cannot be presented as a proof. Even then, it is certainly interesting to know which countries have taken steps in this matter. So some details thereof are being given here just for information.

First of all Egypt, in 1929, removed the principle of the effect of triple talaq and enacted a law staling that several talaqs will be considered only one talaq and that will be a revocable one.

"A DIVORCE ACCOMPANIED BY A NUMBER EXPRESSLY OR IMPLIEDLY, SHALL COUNT ONLY A SINGLEDIVORCE, AND SUCH A DIVORCE SHALL BE REVOCABLE." (Egyptian Family Laws of 1929, Art.S)

A similar law was enacted by Sudan in 1935, by Jorden in 1951, by Syria in 1953, Morocco in 1958, Iraq in 1959 and Pakistan in 1961. (Please see Tahir Mehmood's book "Muslim Law Reform") Kuwait introduced the law restricting the effect of triple talaq in one sitting to one talaq in 1984.

CONCLUSION AND SOLUTION

In the matter of effectiveness of three talaqs, what becomes quite clear from the foregoing detailed discussion is that there is no clear order either in the Quran or in hadeeth to show that three talaqs given at a time become effective. Nor is there consensus of knowledgeable persons over this issue. Rather, this problem is under dispute ever since the time of the prophet's companions till today and both the parties, in favour and against it have their arguments. In such circumstances the thing, which can be said with certainty, is that this problem pertains not to texts and definite assertion but it is a matter of tabeer (interpretation) and ijtihad (diligence).Therefore, the disagreement or difference of opinion in this matter must be considered as a difference of diligence and a fatwa (legal opinion) which is in the best interest of the urnmah(Muslim community) must be issued.

The condition of our society is such that the people are in stark darkness of ignorance. Very few people are aware of Shariat laws. So they rush to give three talaqs and then repent over it. On the other hand, the affected family has to face very serious problems as a result of a man's nonsense deed. From the third direction those elements who are against the Islamic way of life and the Muslim Personal Law are maligning Islamic Shariat by picturing the Islamic social system in heinous colours. Consequently modern mind gets considerably influenced. Thus big hardships are being created in the efforts to defend the Islamic laws.

This demand of the Deeni and milli strategy is that it must be agreed that the three talaqs fastened by the limitations of fiqhi masaalik (thoughts of school) have the effect of only one talaq. The solution of the problem of triple talaq in one sitting is that, together with propagating religious understanding and taqwa (God-fearingness) among the Muslim masses they should be taught the correct and regular way of giving talaq They should be guided that if anybody does intent to give talaq to his wife he should suffice by giving only one rajaee (revocable) talaq and that too in a period of his wife cleanliness in which there was no sexual intercourse. Thereafter, if he does not want to revert to her, he must allow the period of iddat to pass. After the passing of this iddat there will still remain an opportunity of second nikah (remarriage with the same spouse) and hence there will be no need of repentance.

On the one hand, Muslim masses should be made aware of this legality of Shariah and on the other, the ulema should issue the fatwqa that three combined talaqs constitute only one talaq.

References

1 MULLA, Principles of Mahomedan Law, Lexis Nexis-Butterworths (19th edn, 15th reprint, New Delhi), Section 33 at p. 22

2 Meaning the percepts, actions and sayings of the Prophet Mahomed, not written down during his lifetime, but preserved by tradition and handed down by generations.

3 Meaning the concurrence of opinion of the companions of Mahomed and his disciples.

4 Being analogical deductions derived from comparisons of the first three sources

5 Furqan Ahmed, Triple Talaq: An Analytical Study with Emphasis on Socio-Legal Aspect (Regency Publication, New Delhi, 1994) at p. 41

6 [Abu Dawud 9: 2173] - Narrated by Abdullah ibn Umar "Allah's Messenger (PBUH) said: Divorce is most detestable in the sight of God; abstain from it";

7 Tahir Mahmood, Muslim Law of India (LexisNexis-Butterworths, New Delhi, 3rd ed., 2002) at p. 48.

8 Alamgir Muhammad Serajuddin, Shari'a Law and Society: Tradition and Change in the Indian Sub-continent (Dhaka: Asiatic Society, Bangladesh, 1999) at p. 201.

9 Asghar Ali Engineer, Islam, women and gender justice (Gyan Publishing House, 1st ed., 2001) at p. 134-135.

10 Ttriple talaq in the light of quran and sunnah by Shams Pirzada at p. 2-27

11 Surah al-Baqarah 2:222; See also Sahih-Bukhari 68:1

12 Surah at-Talaq 65:1

13 Surah al-Baqarah 2:228

14 Surah at-Talaq 65:4

15 Surah al-Baqarah 2:228

16 AlAhwal us Shakhsiyyah by Dr. Ahmed al Gundoor, p. 447

17 The book "Al Ahwal us Shakhsiyyah" by MuhammedAboo Zuhrah). see p.361

63

Supreme Court Ruling on Triple Talaq

Miss Ekta
Assistant Professor
Department Of Sociology
Baikunthi Devi Kanya Mahavidyalaya, Agra

On August 22, Constitution Bench set aside the practice of instant triple Talaq by a 3:2 majority in Shayara Bano case. The issue has been making news since a Muslim organization, Bharatiya Muslim Mahila Andolan (BMMA), launched a campaign to ban triple talaq and "nikah halala" – a practice where divorced women have to undergo second marriage to retain the first marriage. In 2015, Shayara Bano, a resident of Uttarakhand, filed a petition in the Supreme Court seeking a ban on the practice after her husband ended 15-year marriage by sending a letter pronouncing the word talaq thrice. In 2015 only, the SC registered a suo motu public interest litigation (PIL) petition titled 'In Re: Muslim Women's Quest for Equality' to examine if arbitrary divorce, polygamy and nikah halala violate women's dignity.

WHAT IS TRIPLE TALAQ?

- An instant and irrevocable divorce where a Muslim man can divorce his wife by uttering "talaq" thrice
- The husband does not need to cite a cause for divorce or the presence of his wife during the announcement
- It is not universal among Muslims

- Many Islamic nations including Bangladesh, Morocco, Malaysia and Tunisia have regulated this.

Positive outcomes of judgement

- Ensure equality by upholding fundamental rights provided under Article 14 and 21 of the Indian Constitution. It held that right to equality includes right against arbitrariness, thus, instant irrevocable triple talaq not preceded by the efforts at reconciliation is unconstitutional
- Ensure Gender justice- for Muslim women as triple talaq impacted their social status & dignity
- Eradicate discrimination on the ground of sex as provider under Article 15 and 16
- Uphold core constitutional provision by pronouncing personal laws could not override constitutionally guaranteed rights of individuals
- Encourage establishment of mediation centres by legally and theologically informed Muslim intellectuals to help Muslim couples amicably resolve their marital disputes

ARGUMENTS AGAINST JUDGEMENT

- Goes against constitution protection- given under Article 26 as according to All India Muslim Personal Law Board, triple talaq is a 1,400-year-old practice
- Unstable external reforms- There would always be problems in resumption of the matrimonial relationship between the divorced couple as it considered to be both sinful and illegal by society. Thus, people needs to be educated
- Outside judicial domain- It is not the court's role "to determine the true intricacies of faith". Also there is contention that Muslim Personal Law (Shariat) Act of 1937 has not codified talaq-e-Biddat into statutory law, thus, it does not come under definition of Article 13
- Existence of several schools of Islamic law- since case before apex court is about Hanafi law as Shayara Bano is Hanafi, the court should ideally examine authoritative

Hanafi books and this school deems this practice as valid

PAST SUPREME COURT RULINGS

- In the shah Bano case (1985), the SC gave 62- year-old Shah Bano the right to alimony from her husband by invoking a provision in the Criminal Procedure Code, 1973, legislation for compensation that is to be given by the husband as maintenance to his divorced wife.
- However, The Muslim Women (Protection of Rights on Divorce) Act, 1986 was passed was the then Central government which was seen as an attempt to dilute the effect of Shah Bano Case judgement.
- In 2001, Danial Latifi & Anr v. Union of India case, SC reiterated the validity of the Shah Bano case judgement upholding Muslim women's rights.

TRIPLE TALAQ AND THE INDIAN CONSTITUTION

- Article 25 of the constitution guarantees religious freedom as Freedom of Practice and Propagation of Religion.
- Like all other Fundamental Rights, It is subject t restrictions and does not protect religious practices that can negatively affect the welfare of citizens.
- Hence, Article 25 is overridden by Article 14, which guarantees the Right to Equality as triple talaq denies a Muslim women's equality before the law.
- Article 25 is also subject to Article 15(1) which states that the State "shall not discriminate against any citizen on grounds only of religion, race, caste, sex...."Since triple talaq does not work in the favour of women; it violates Article 15(1) of the constitution.
- However, section 2 of the Muslim Personal Law (Shariat) Application Act of 1937 recognises triple talaq as a statutory right, bringing it under the ambit of Article 13 of the Constitution. Article 13 defines 'law' and says that all laws, framed before or after the constitution, shall not be violative of the fundamental rights.

CONCLUSION

The Judgement is historic for women empowerment in the country granting equality to Muslim women. The court has opened a golden window for all communities to push for progressive reform in personal laws that impact all women, men and children and other reforms like the Uniform Civil Code (UCC).

Endnotes:

1. .Rahmani, M.K.S.-'Women in Islamic Perspective' (Translated by- Mufti Md. Shahabuddin Sabeeli) Hazrat Abdullah Ibne-e-Mosood Islamic Academy, Hydarabad-2000,
2. www.insightsonindia.com/2017/08/23/insights-daily-current-affairs-23-aug-2017/
3. The constitution of India

64

Violence of Muslim Women Against "Triple Talaq"

Neha Sharma
Law Department

Triple Talaq is the practice under which a Muslim man can divorce his wife by simply altering Talaq three times. It is prevalent among India's Muslim Community majority of women fellow the Honati Islamic School of Law".

This made of divorce is not universal among Muslim across the world, as many other Islamic Schools of thought prefer the divorce process to be deferred. In many cases over a period of three months.

The government has cited the example of many predominantly Muslim Countries, including Pakistan, that have beamed Triple Talaq.

The issue has attracted media attention in the post two years since a "Muslim organization, Bharatiya Muslim Mahila Andolan" (BMMA), launched a campaign to ban Triple Talaq and "Nikah-Halala" a practice where divorced women, in case they want to go back to their first husband, have to consummate a second marriage.

"In the course of our work, we have regularly been approached by our sisters, complaining about mistreatment and misuse of the oral Talaq System. In most cases, men go scot tree and believe their action is approved by the Quran, "Zakia Soman, One of the confounders of the BMMA, told Al Jazeera in an Earlier Interview, India's Prime Minister Mr. Narendra Modi has spoken on the issue a number of times. Calling for "Justice for Muslim Women".

It has generated debate around the rights of Muslim Women as the issue of divorce, Marriage, and inheritance come under the purview of the Muslim Personal Laws. India has a provision for personal laws of all religious communities.

But the All India Muslim Personal Law Board (AIMPLB), a non-governmental organization that aims to educate Muslims on the Protection and application of Islamic laws, has opposed the move to ban Triple Talaq and Polygamy. The latter is illegal in India.

Critics Say divorce and polygamy are not the main issues facing the Muslim Community, the majority of whom are close of the bottom of Economic and Educational indicators in the Country.

The 'AIMPLB' has opposed what it calls government interference in the personal laws of Muslim Community, who form nearly 14% of India's 1.3 billion population.

The Shariat Application Act was passed 10 years before India gained independence from the British Colonial Power in 1947. But Indian Nationalism, including Muslims, can opt to marry under the Secular 'Special Marriage Act' Enacted by the Indian Parliament in 1954, "Gender Justice".

Islam Considers marriage as a contract and it has laid down procedures on how to annul it. A women can seek divorce under what is called as "Khulla", while the husband can end the marriage by pronouncing Talaq Thrice, after which arbitration is required.

But artists have highlighted the missure of instant divorce by man as a reason to ban it. Cases of husbands divorcing their views through test messages and over phones have come to light. According to finding of a 'BMMA' Study, more than 90% of 4,710 women interviewed wanted a ban on unilateral divorce "Name of the Quranic guidelines of discussion, arbitration, witnesses, specified time period or even a genuine attempt to resolve differences are being followed. In such circumstances, the question of alimony or the rights of children doesn't arise. Zakia told Aljazeera in a 2015 interview.

So for there is little data on the number of divorces via phones and SMs, while the data provided by BMMA has been questioned not only for not disclosing the methodology but also sample sizes. Out of 4.710 people 525 divorces took place. Out of this only one divorce was by SMs. Therefore, they have played it out of proportion. Media has further portrayed as it every Muslim is divorcing through SMS, "Faizan Mustafa", vice chancellor of the national university of Law, told Al Jazeera.

Nearly 41% of women themselves wanted divorces. If a women herself wants divorce and husband gives, It is out of mutual agreement. It is out of mutual agreement. It is a divoce by consent. In Islam it is known as Talaq-e-Mubarra.

Can Triple Divoce Be Banned?

A five judge bench will examine whether the Islamic divorce practice "is fundamental to religion" & whether it is a fundamental right. Article 25 of India's constitution grants the right of religion as a fundamental right. Triple Talaw has already been ruled unconstitutional by the Supreme Court in a number of Cases including in February 2015.

"I think that would be a very poor understanding of the law because banning is a legislative action", but suggested instead polygamy should be made a crime for Muslims as well".

But the bigamy law for Hindus has not really helped Hindus in becoming less bigamous. So one must understand that normative changes in under law do not really bring about any major social reforms.

As a feminist, what has troubled me that the most are critics of the bill saying we should reject it because it is a right using government that is putting it forward Equally disturbing are claims that the criminalization of "Triple Talaq" could be misused with it being a play to jail more Muslim men.

But to use this failure to reject a legal amendment that is in line with a decades old struggle of ordinary Muslim women is prejudicial. It is important to remember that this bill has not come about in a vaccum and it is a result of years of struggle of Muslim women's groups demanding conditions of Muslim family Law in India.

There is nothing wrong with Muslim women activists rejoicing & celebrating the fact that they will not have to study court that they rulings in divorce cases or find ways to incorporate "Triple Talaq" as creetty under the Domestic Violence Act any more.

Critics also argue that the government as well as Muslim Women, are likely to misuse the laws. They say that survivors of "Triple Talaq" are guided merely by concerns of maintenance & economic security & not dignity.

Making "Triple Talaq" an invalid practice under the Civil Code has not really worked. Activist working on the ground with Muslim Communities Confirm that cases of "Triple Talaq" Continued Even after the "Shayara Bana Judgment" by Supreme Court which rendered the practice void in August 2017.

One must remember that right after this judgment, religious leaders of well known Islamic organizations openly defined if saying- "If you want to punish the person for it, you can do so, but divorce will be recognized.

Yet it is right to argue that the government should have consulted Muslim women's groups before tabling the bill and accepted suggested amendments to it to make sure it meets its purpose : that of stopping Muslim men from continuing to give irrevocable divorces to their wives despite the "Shayra Bano Judgment" "Noorjehan Safia Niaz", Cofounder of Bharatiya Muslim Mahila Andolan (BMMA)- an organization which has worked for the ban on "Triple Talaq" for years has suggested that penal action must be undertaken at the behest of the aggrieved wife and must be non confinable & boilable.

It is not too take for the government to listen to Muslim women activists & amend the bill.

The reason why activists who work with Muslim women on

the ground & with scores of survivors of "Triple Talaq" support the bill is because they see the destitution that this practice has caused. They do not see merit in losing an opportunity for reform because the party in power is right-wing.

This bill could be a stepping stone towards a more comprehensive codification of gender just Muslim family laws reform in India.

65

"Impact of the Protection of Muslim Women from the Violence of Triple Talaq & On Other Legislation Concerning Protection of Women in India"

Priyanka Agarwal
Law Department
Chaman Lal Law College,
Landhaura Haridwar

Table of Case Law-

1. Rashio Ahmed V/s Anisa Khatun (1932)
2. Shauddin V/s Latifu Lanisha (1918)
3. Meer Jan Ali V/s Manuna Begum (1949)
4. Munsif Bujbul Rahil V/s Lanfunisha Begum (1950)
5. Yusuf V/s Swaramma (1917)
6. Mohammad Shareef V/s Nasreene (1996)
7. Shamsun Nisa Khatun V/s Abdul Mannaf (1962)
8. Noor Saba Khatun V/s Mohd. Kasim (1997)
9. Shah Bano Begum V/s Mohd. Ahmed Khan (1985)
10. Mehmoob Sahab V/s Sayeed Ismaiel (1995)

INTRODUCTION

Social Justice for Women in Muslim Societies

Gender equality change and the quest for social justice for women in Muslims Societies the struggle for gender equality is neither new nor confined to Muslim societies. Non Muslim have endured long histories of very particularized oppression justified by both religious and secular male drawn laws.

Most Muslim men and Women consider itself evident that men are superior to women going further, they justify many manifestation of inequality as inherent in Islam. In fact, women are regarded in a number of contemporary Muslim societies as less than fully human becomes it is widely believed that in women content one man is equal to two women Most Muslim females, learning their culture assumption even before they learn language, and deemed the opportunity to become educated, also internalize this belief.

Rassing the "Triple Talaq" issue, prime minister Narendra Modi said justice should be done to Muslim women. The prime minister said if there are social evils, the society should be woken up and efforts made to provide justice to the victims.

Constitutional Grounds

The Teiple Talaq bill is facing stiff resistance in the incline parliament both on technical and constitutional grounds. The all India Muslim Personal Law Board (AIMPLB) is already getting ready to contest if it is passed. At the core of this national debate, polarization and politics is Shaira Bano, the women who took on the Muslim personal laws by the harms and decided to seek justice, with a monumental judgment being awarded in her favour against the unfair practice of Talaq-ul-bioat (Instant Talaq).

POLITICS OF CHANGE

This politics of abortion policy in the heterogeneous Muslim world legal frame work in part inspired by Muslim jurisprudence (also referred to as Shaira Laws) regulate the lives of as many as 600 million women around the world, a majority of them living in

ASIA. My hope is that it will contribute to a larger critically important project aimed at making the realities and completes of Muslims societies more intelligible to can often inadequately informed audience.

Promoting violence against women law in MOROCCO legislative advocacy by grass roots level NGOs. This focuses on an initiative in MOROCCO, the political and law making framework.

Discrimination Faced by Muslim Women

Muslim Women are women as such as they are Muslim k. Preliminary findings from our research in the five countries show that Muslim women suffer from the same inequalities all women experience the gender pay gap, difficulty accessing employment, the glass ceiling, violence but these are compounded by additional factors such as a migrant background or wearing a headscarf. For example, in a country like Italy where the female employment rate is H6.5%- 20 points below male employment- discrimination of Muslim women in the later market further hinders their chances of getting a job. Sublic debates and surveys show that a majority of the population in these countries has a very negative view of the headscarf, generally considered a symbol of oppression.

Effect of Supreme Court Decision on Triple Talaq

The Supreme court banned the controversial Islamic practice that allows men to leave their wives immediately by stating "Talaq" (divorce) three times calling the practice "unconstitutional".

The verdict vindicates the stand of the government, which had said Triple Talaq violates fundamental rights of women. Several Muslim women who have been divorced because of it, including on skype and on whatsapp, had appealed to the top court to end the practice. The majority opinion held that Triple Talaq is not integral to religious practice and violates constitutional morality.

Conclusion and Suggestion

The statutory provision and constitutional provision were available to women but these provision were insufficient and the most important problem about it was lack of awareness about their rights which constitution provide for the protection of Muslim women.

The government has passed the law and now its time for the proper implementation of these laws for the protection of women against violence.

The government has to facilitate and encourage the registration of service proviclers protection officer and to give them a proper training so that they can protect the women against any type of violence.

Sublic debates and surveys show that a majority of the population in the countries has a very negative view of the headscarf, generally considered a symbol of oppression.

REFERENCES

1. http://en.wikipedia.org/wiki?curid=3634424
2. http://en.wikipedia.org/wiki?curid=42199068
3. http://www.studymode.com/essays/violence on Muslim-Women-in-India-652986.html
4. Or Jasurnder Singh, Legal Essay & Articles for Competitions, Chawla Publications Pvt. Ltd. 2017..

66

Triple Talaq and Muslim Marriages

Vyanjna Saini , Sakshi Chauhan
Assistant Professor, Motherhood University
Research Scholar, Motherhood University

ABSTRACT

This paper centers around the subtle elements of Muslim relational unions and Triple Talaq. It manages the Islamic standards which manage the majority. It bargains the kinds of separation among the Muslims and additionally that whether the triple talaq is a legitimate and supported technique for separate from which is in rehearse. The paper endeavors to break down the principles and the validity of the law. It bargains regardless of whether there is correspondence among individuals and about the Muslim individual laws also. The look into additionally incorporates the bad marks of the law in separate to individual interests and avocations. The paper will have a superior portrayal about the Muslim lawful framework and likewise recommendations. In this paper the emphasis is on the theme of triple talaq which is a questionable issue at show. It additionally incorporates the situation of ladies among the Muslim class as they confront a twofold segregation, right off the bat based on being a young lady and besides on the way that she is conceived as a Muslim young lady. It incorporates certain case laws in view of triple talaq and Muslim group. This paper covers all theme identified with the topic. The inquire about approach of the paper is fundamentally distinct, explanatory and intelligent. The substance has been accumulated from the online sources and articles. The addresses and classroom exchange have been supportive and were of colossal utilize.

INTRODUCTION

The association between the law and the way of life and custom is exceptionally sensitive and delicate. There is a thin line of contrast and constraint between the two. The Muslims take after the Mahomedan Laws as in the arrangements, and they are essentially set around their Prophet. Muslim marriage isn't only a social standard; it has enormous incentive in all parts of life for a hitched couple. In spite of the fact that it isn't an impulse, however it has been firmly suggested by the Holy Prophet Mohammad1. As in other religion of the world, a Muslim marriage is the meeting of two person who turned into each other's nearest partner forever. The man underpins the lady and family monetarily, and the lady takes care of the family unit. Through this training, humankind keeps on being real. The Muslims trusts that there is just a single God that Mohammed is his Prophet. A man moves toward becoming Mahomedan generally by birth to parent affirming Mahomedianism. A man having a place with another confidence may turn into a change over to Mahomedianism.

MUSLIM MARRIAGES

The Muslim relational unions are not a holy observance; rather they are bound by contracts. Prevalently called Nikah, "Nikahnama" is done between a man and a lady, under the thought known as "Mehr" which is paid by the group of the man to the lady's family at the time of marriage. This cash is just of the lady, unless and until the point that she defers it off by her own will. There is a legitimate common contract between two individuals. It is a coupling contract, considered indispensable to the religious legitimacy of an Islamic marriage, characterizing the rights and duties of the lady of the hour and the prepare. The lady and the prep both sign the agreement by their own through and through freedom, and agree to the marriage. It is command to have two observer of the contract of marriage. There are different sorts of relational unions under Muslim law. They are Nikah which is straightforward contract between two individuals who concur after getting hitched to each other and get it their parts and duties towards each other. The group of the male needs to pay Mehr to the female family as a type of thought, and on that lone the female has the right, nor her better half, his family nor her own particular family. She can defer it off at her own particular will. The second type is the Nikah Mut'ahwhich is the impermanent marriage. Men expect that on the off chance that they don't discover their accomplice, they would rather begin for sex, because of which Mut'ah came into training. It is a lawful marriage and the kid conceived out of this, is a true blue tyke and has the directly finished the abundance of the two guardians. It is void without a dower, and has a settled time allotment, however it shifts from a time of one year to ninety-nine years, and nothing is specified it is a perpetual marriage, which does not have separate. The spouse can end the marriage by paying the whole share. Nikah Misyaris additionally a legally binding marriage yet here the gatherings give up certain comfortable possess will like living respectively, break even with division of evenings between spouses in instances of polygamy, and the spouse's rights to lodging, and support cash and the spouse's privilege of home keeping. Nikah Ijtimaais a marriage where a lady can have sexual relations with ten men in the meantime. On the off chance that she bore a tyke, she would call every one of the men what's more, pick the paternity of the tyke as indicated by her will. In any case, it was dismissed by Islam. Nikah Istibda, here the spouse himself sends the wife to another man of a honorable genealogy to have sexual relations and after she imagines, the tyke would get the paternity of the spouse. It was trusted that the tyke would have respectable breed, however it was expelled by the Islam. Nikah Shighar, is a sort in which the men would trade their girls, sisters, or shut ones without paying mehr. It is currently disallowed by Islam. Finally, the Inter-confidence marriage is where the Muslim guys wed a non-muslim females having a place with Judaism or Christianity.

In the wake of concentrate the issue we find that Prophet had made certain laws and principles looking to the necessities and improvement for the general population and group, however as the progression of time, the general population have been abusing the tenets in name of traditions, marriage under various types of marriage furthermore, stifling the interests of the ladies in the general public in general.

ESSENTIALS OF A VALID MARRIAGE

1. Capacity to marry: The gatherings ought to have achieved adolescence or the marriage contract ought to be gone into the watchman in marriage for the gathering concerned. The parties ought to be of sound personality. Generally the gatekeeper in marriage should follow up in the interest of the individual of the unsound personality in masterminding the marriage contract.
2. Forms of Marriage: There ought to be a proposition and its acknowledgment at one gathering. As per the Shias witness are redundant but rather as per the Sunnis no less than two male witnesses or one male and two female witnesses are essential. Where witnesses are essential they have, obviously, to be rational and grown-up people. The nonattendance of witnesses, be that as it may, can just render the marriage sporadic and not void.
3. Prohibited Relationship: The gatherings ought not be inside precluded degrees of relationship. The nearness of any such taboo relationship is an obstruction of marriage. On ground of blood connections i.e. affiliation, the accompanying connections are definitely not appropriate for marriage and make the marriage void-Mother and son; Grandmother (how high –so-ever) and grandson (how low-so-ever);Brother and sister; Uncle and niece (how low so ever); and Nephew and close relative (how high so ever);

On the ground of partiality the accompanying relations associated through marriage are precluded for marriage-Wife's mom or grandma how-high-so ever; Wife's girl or terrific girl how-low-so ever (if marriage with spouse is culminated); Wife of father or fatherly ancestor; Wife of so or's child or girl's child how-low-so ever; Fosterage likewise may give ascend to restricted degrees of relationship. Subsequently a temporary mother would go under the boycott as much as the mother herself.

DIVORCE

The Prophet, who is leader of the group, asserted that every one of the things that have been allowed under the law, the most exceedingly bad is separate. He regards it as a fiendishness and proposes everybody to keep away from it beyond what many would consider possible. In any case, in a few circumstances, it turns into a need where living together isn't conceivable. It is smarter to isolate from the life partner as opposed to be in a encompassing brimming with desolation and detestation. Be that as it may, the premise of separation in Islam is the failure of the life partner to live respectively for a honest to goodness reason because of living respectively is unthinkable. There are arrangements ensured under the Islamic law to get separate from both the side of spouse and spouse. The term 'talaq' implies disavowal or essentially separate. In any case, in Islam, the spouse as it were has the privilege to get separate through the technique for talaq and the spouse by the legal requests from the court.

ESSENTIAL OF A VALID TALAQ

1. Capacity: Each spouse, who is of sound personality and accomplished period of pubescence, is skilled to proclaim talaq. No avocation and reason are should have been given by him. Individual who don't satisfy the criteria are not equipped to talaq. Talaq given by a minor or by an unsound personality is viewed as void and ineffectual. On the off chance that the man is lunatic2, at that point in the event that he pronounced his choice amid clear interim, it is legitimate. The parent can't follow up for benefit. In the event that the spouse is crazy and does not have any gatekeeper, the judge pronounces the disintegration for his interests.
2. Free Consent: The assent of the spouse must be free. Aside from this, the Hanafi law, regardless of whether the spouse

announces the talaq under intimidation, undue impact, extortion and deliberate inebriation, it is legitimate and marriage can be broken down. Albeit automatic inebriation is void.

3. Formalities: In Sunnis, the talaq might be oral or composed. The spouse at whatever point feels, he may compose a talaqnama, as there is no extraordinary equation or conventions which renders a talaq substantial. Regardless of whether there is sure articulation or activity that the spouse means to break the marriage, it is adequate. Witnesses are not required.

   Yet, in Shias, it would oral be able to just when the spouse can't talk, yet when he can talk yet at the same time gives it in thought of, it is considered as void. The nearness of two witnesses is fundamental.

4. Express Words: The words talked while talaq ought to be express and should express the expectation of the spouse to separate. Clear and express words like "I have separated from you" or on the other hand "I separate from you" are articulated, the separation is express. It falls under two sorts Talaq-I-sunnat Talaq-I-ahasan (Most affirmed); Talaq-I-hasan (Less endorsed) furthermore Talaq-I-biddat.

METHODS OF DIVORCE

1. The husband divorcing his wife :

In this the most appropriate strategy for talaq will be 'talaq ahasan' in which the spouse has adequate time to reevaluate his choice. As there is a holding up time, where there is an expectation of things getting settled. The spouse's essence isn't essential. Amid the holding up period both spouse furthermore, spouse can't include sexually. Besides, it is "talaqhasan" where the methodology is same as the main technique, however here the separation is reported at three levels, at the third separation, and things are not settled, the separation is permanent. It isn't important to hold up till iddat, still it has a holding up period and that is the reason it is favored. The third technique, is talaq-ul biddat is the prompt strategy for announcing divorce, where the spouse says "talaqtalaqtalaq" and he won't not give any support. Be that as it may, after he separates, he can't alter his opinion; the spouse ought to wed another person, and get separate after which he can wed her.

2. The husband and Wife divorce by mutual consent:

In the event that the lady is happy with her better half, he should pay remuneration to her to for discharging from the marriage contract. In the event that the cash isn't given by him, it won't constitute separate, yet will just constitute a common legitimate enforceable case that will add up to a law suit. This is called Khula. The second technique is the common understanding for separate called Mubara'at. In Khula it must be felt by the spouse just, however here it from the two sides. Here it is expected that the spouse has postponed off her entitlement to get support. The two techniques have a holding up period in which the spouse needs to look after her.

3. Judicial divorce at instance of wife:

At the point when the spouse erroneously blames his better half for infidelity and she conveys that to court for separate, the spouse has the weight of evidence. On the off chance that it is demonstrated, at that point the separation is affirmed, generally the spouse can go for a bonafide withdrawal of the charge to protect, yet in the event that it is discovered it is erroneously made to guard the suit, at that point it is dismissed by the court. Besides, it is Talaq by tafweez, wherethe separate is in compatibility of an energy of Talaq assigned by the spouse to the wife under an understanding between them. Thirdly, the spouse can assert a legal separate on the off chance that she can demonstrate that she didn't know about her significant other's feebleness at the season of marriage. However, this condition has been expelled by the demonstration of 1939.

The demonstration of 1939 has enhanced the situation to ladies by perceiving new grounds on which separation could be asserted, for example, spouse has fled and isn't heard for a long time, spouse isn't furnished with upkeep for a long time, husband has been neglecting to play out his conjugal obligations with no worthwhile motivation for a long time, spouse is been influenced by madness for two years or experiencing uncleanliness or venereal malady or the spouse has been subjected to brutality by her better half (which incorporates physical and mental sick treatment).

TRIPLE TALAQ

Triple talaq is otherwise called 'talaq-e-mughallaza' that implies unavoidable separation. It is the type of separation which is polished by the Muslims in India. The issue is brimming with wrangle about andiscussions on sexual orientation uniformity, human rights secularism; still the administration and the Preeminent Court have been engaged with tending to them. This strategy has been polished by the Muslims since ages yet addresses are currently being raised. Albeit triple talaq is lawfully acknowledged, still it isn't acknowledged by the Islamic people group. The Prophets viewed this as an underhanded practice. Triple talaq is where the spouse can separate from his better half basically by saying talaq three times. The condition for this is he needs to state this immediately sitting. He can either articulate it orally or in composing or even through any electronic means, for example, SMS, E-mail, online networking or phone. The man require not make any legitimization for his activity, at the same time, he needs to sit tight for the time of iddat (three months) to finish the procedure of separate. Amid the holding up period both the accomplices ought not be sexually dynamic, not one or the other with each other, not with any outcast. In the event that the spouse is observed to be pregnant with his youngster, the separate is permanent. After the judgment of Mohd. Ahmed Khan v. Shah Bano Begum and Ors, the Government at that point had passed an enactment, named as 'The Muslim Women (Security of Rights on Divorce), 1986', which gave the separated from Muslim ladies 'reasonable and simply' measure of cash inside the 'iddat' period, yet past which, the spouse was to have no risk. This law encourages the separated from ladies to manage without anyone else for a limited ability to focus time, however after that they are again helpless and defenseless.

Under the sacred book Quran triple talaq is neither perceived nor endorsed. The main Caliph did not bring this idea, but rather the second one did. This training can into reality to meet the crisis circumstances and that is the reason it was not made into a lasting law. In triple talaq, at whatever point the man supposes it fit, he may offer separation to his better half whenever which ends up legitimate what's more, unavoidable. This not just disregards the privilege of the Muslim ladies, yet in addition makes them substandard before the general public and in addition the men. By this training, men surmise that they are holding prevalence over the ladies. Without a doubt each religious practice is sacrosanct and no one has the privilege to meddle with those practices, yet a religious practice can never make anyone feel second rate in a general public all in all. These days this training is abused by parcel of Muslim men which is extremely influencing their spouses life thus the thought is that a religion can never take away the essential human and common privileges of a person. The most inauspicious thing about this kind of separation is that it can be finished regardless of whether the spouse does not know or isn't show simultaneously. As per the Hanafi when talaq-ul-biddat is proclaimed, the spouse will estrange his significant other, and he can't re-wed her. The spouse is thought about asharaam for her spouse. The spouse can't alter his opinion to re wed her, and on the off chance that he wants for marriage, his better half should wed another man and culminated at that point get separated, at exactly that point he can wed her once more.

CASE LAWS:

1. Mohd. Ahmed Khan vs Shah Bano Begum And Ors

This was one of the point of interest judgements in the lawful history, in 1985. This case clarified that what ought to be incorporated under the declaration of the Supreme Court.

Facts- he issue was that Ms. Bano asserted the support under the Cr.P.C as opposed to through the individual laws, in the wake of getting separated from her better half Mohd. Ahmed Khan. As indicated by the individual laws, she could just case support just amid the time of iddat, however as in the Indian laws, she must be given upkeep all through her life, with a few exemptions as well, under which she didn't came

Helds- As the offended party and the respondent were Muslims, were to be administered by the Muslim Individual Law. Since the request of was documented under the Cr.P.C, the locale court, the High Court what's more, the Supreme Court passed their judgements, favouringMs Shah Bano. This judgment was reprimanded by the AIMPLB11, as they guaranteed that pronouncement of Personal laws was past the purview of the courts. The Shah Bano Case got different open positions. Government at that point had passed an enactment, named as 'The Muslim Women (Protection of Rights on Separation), 1986', and meant to topple the judgment of the SC. As indicated by this enactment, Muslim ladies were qualified for a 'reasonable and simply' measure of cash inside the 'iddat' period, past which, the spouse was to have no obligation.

2. Ahmedabad Women Action Group (AWAG) v. Union of India

Facts- As per Muslim laws it enables Muslim men to have four relational unions, alongside the privilege to separate, under the idea of Talaq, whereby, the spouse have the privilege to separate by articulating the term 'Talaq', without legal strategies, and this may happen without her assent. The PIL was documented for this situation tending to both these issues.

Held- In the light of these contentions, the court was of the feeling that India and Indians have been represented by individual laws, paying little heed to the day and age. It was of the view that impedance by the court would prompt a few bothersome outcomes, as the decision of individual laws was past the locale of the courts. The request of was rejected.

3. Danial Latifi and another v. Union of India

Facts- After the judgment of Shah Bano's case, there was a turmoil in the Muslim individual law. The parliament passed and authorized The Muslim Women Act, 1986, which gave that under area 3(1)(a), a separated from lady is qualified for sensible and reasonable arrangements, and upkeep inside the 'iddat' period. One of the board, Danial Latifi went up against the above act, asserting that it was illegal, and disregarding Article 14 and 21.

Held- The applicant, in his contention said that that the Act is illegal and has the capability of overwhelming the Muslim ladies, and debilitates the common character. It is reasonless to deny the Muslim ladies of the pertinence of segment 125 of Cr.P.C and display act is disregarding article 14 and 21. To this, the respondent said that individual laws are a real reason for separation and thusly does not damage article 14 of the Constitution. The Court subsequently supported the respondents.

CONCLUSION:

Marriage is an exceptionally holy relationship and it ought to be broken up in extremely hallowed way regardless of religion however this degenerate routine with regards to triple talaq abuses the essential human rights which are given upon the ladies subjects of India. This training makes Muslim men better than the Muslim ladies. The delayed consequence of separation is another weakness which a lady needs to endure; they turn out to be monetarily poor and socially in reverse. The general public does not acknowledge and they are underestimated even by their own particular guardians. They are provoked what's more, regarded generally as though it is they themselves who are in charge of the separation

It is been noticed that in the Muslim people group, marriage is an agreement between a male and a female and it is finished just when both the gatherings articulate 'Quboolhai' thrice, however at that point amid separate, it is just the spouse who can articulate 'talaq' thrice. This unequivocally damages Article 14 that each individual ought to be dealt with similarly. Muslim ladies need to endure since they are Muslim and certain rights have been detracted from them. By this, it is clear that there is an infringement of Article 15. The most incomparable right Article 21 is moreover damaged as Muslim ladies are not given the privilege to pick about their life independent from anyone else. Article 25 is abused as the religious practices under the Muslim people group are most certainly not secured under this article.

The Supreme Court indeed have gave us trust , and have influenced us to have faith in our lawful framework, by proclaiming triple talaq to be unlawful and illicit. It was essential as it was damaging the articles of the Indian Constitution.

It is the need of great importance to give the rights to the Muslim ladies that can be practiced by them to enhance their current condition. Pronouncing triple talaq without earlier endeavors of compromise ought to be given a legitimate impact. This idea should go under the ambit of law rather than religion with the goal that it guarantees equity to each subject. Rather than talaq-ul-biddat which disregards different articles ensured under the Constitution of India, talaq-ulahasan should be advanced being the best strategy for separate. While articulating divorce everybody ought to know about the choice, in particular the spouse. The spouse ought to determine the activities for his reason and fulfill the court with it as well. The state ought to advance mindfulness viewing this issue in order to inspire the status of Muslim ladies in the nation.

REFERENCE:

1. Parashar A. Women and family law reform in India. Uniform Civil Code and gender equality. New Delhi, India, Sage Publications, 1992, 348.
2. The Constitutional Law of India: Dr. JN Pandey Universal's Criminal Manual, 2011.
3. Jacobsohn, Gary J. The Wheel of Law: India's Secularism in Comparative Constitutional Context. Princeton, NJ: Princeton University Press, 2003.
4. Imtiaz Ahmad. Divorce and Remarriage among Muslims in India. Delhi, India: Manohar Publishers, 2003.
5. Women's Empowerment in India: An Analytical Overview; The Asia Foundation.

67

"The Status of Woman in Hinduism and Islam: A Comparative Study"

Shikha Chaudhary
Research Scholar,
Department of English, CCS Uni. Meerut

"To awaken
the people, it is the woman
whomust be awakened,once she is on the move,
the family moves,the village moves and the nation moves."
- Jawahar Lal Nehru, 1st Prime Minister of India

In earlier times, women suffered a lot of criticism, lacked freedom and stood nowhere next to man. Since woman had a strong will to improve their status in male-dominated society, they have managed to make a niche for themselves in today's society. poetesses such as Charlotte Bronte inspired women by quoting, "I am no bird and no net ensnares me, I am a free human being with the independent will." Through this she tried to convey the women are no longer to be treated as birds in the cage, instead they should be given equal liberty and opportunities as men. There are some elements in the society who have helped women to be independent, fight for their rights and injustice against them.

In a secular country like India, different personal laws govern the personal lives of people. It is quite natural in our pluralistic country, India where people have been conceded to the constitution freedom to be governed by their respective personal laws to certain sensitive matters like succession, maintenance, marriage, adaptation and divorce. The policy of preserving personal law for Hindus women as well as Muslim women in family matters was so strictly adhered to that the constitution proclaims in Article 372 that the law enforce in our country before the commencement of the constitution shall continue to remain in force until alteredor repealed or amended by a competent legislature or any other competent authority.

It is ironic that while all Indian women suffer from the same or similar kind of discrimination at home or within their families, the family or personal laws (by personal law it is meant that the rights given to women by their religion in addition to the rights given to them by legislation) applicable to them are different and subject them to various degrees of discrimination. If these rights had been perfect there would have been no need to pass legislation conferring different rights. Thus, religious laws and personal laws became interchangeable.Let's compare the status of Hindu and Muslim women in their respective personal laws.

A Hindu woman, whether a maiden a maiden, a wife or a widow has never been denied the use of her property in ancient times. It is called her Sridham. Jimutavahana stating that woman has absolute control over her property even after marriage. Yet she had no absolute control over her property because her right to dispose of the property is restricted. Widows are excluded from survivorship. However, this old rule has been repealed by the Women's Right to Property Act 1937. As per the act the interests of male coparceners devolve on their death upon widows. This constituted Hindu women's estate. They were entitled to get their share by partition.

Following the abolition of Sati, the number of widows increased. In order to relieve them of their miseries the Hindus Women's Right to property was enacted to confer property rights to them. In fact, clause 3 of the bill provided that no person should be excluded from inheritance and partition on the basis of sex.

Women's right to property has been substantially improved by the Hindu Succession Act 1956. The daughter is included in the class-1 in order to remove the discrimination on the basis of sex. Now they are treated on equal basis if they belong to the same degree of relationship. Under Section 14 of The Hindu Succession Act 1956, the limited interest of Hindu female is converted into absolute rights. If she gets property from her husband she can sell it and the purchaser gets absolute right in the property.

Another important change brought out is to the explanation Section 6 of the 1956 Act. Upon the death of a coparcener the property devolves upon his other, window and daughter along with his son by testamentary or intestate succession and not by survivorship. But still The Hindu Succession Act 1956 deserved some amendment.

The object of amending The Hindu Succession Act 1956 is to strike at the root of patriarchy that has been perpetuated through the Mitakshara coparcenary. Section 6 of the Act excluded women from inhering the ancestral property because women are not coparceners. The Amendment Act 2005 crushed the exclusive citadel of male coparcenary in order to give effect to the principle of equality enshrined in part 3rd of the Indian Constitution. The gender discrimination in the Mitakshara coparcenary has been completely wiped off by raising the status of female members of the Hindu joint family equal to that of the male coparceners.

Muslim women rights have been a topic of discussion ever since the constitution came into force in 1950. Islamic law (Shariah) is considered by many as patriarchal and oppressive to women. In fact, the oppression of Muslim women is due to conservative readings of Shariat which also include gender discriminating customary norms that are presented as God's immutable words. The Muslim scholars are of the option that the Muslim Personal Law as practiced under the Shriyat Act had brought untold miseries to Muslim women and if Allah appears in person, he would roll his head in shame over the plight of Muslim women.

India is a multicultural and multi religious society and its citizens are given an opportunity for their complete development irrespective of their sex, caste, religion or race by ensuring the various fundamental rights in part 3rd of the constitution. In spite of constitutional assurances, the status of Muslim women has not improved because of the religious ordain with its conservative approach. The Muslim women could not benefit from the various welfare legislations since they are still governed by their own Islamic laws. The centuries old principles of Islam are still applicable on various matters concerning marriage, divorce and polygamy.

The courts have also upheld the validity of many special provisions favoring the interests of women. However, in the case of Muslim woman the law is to be first tested on the touchstone of Muslim personal law. So, there are child marriages, unilateral divorce (Talaq) and polygamy in the Muslim community. The Muslim women gets maintenance only up to the iddat period and they are excluded from the preview of Section125 of CRPC. Therefore, the Muslim woman gets neither the protection from the State nor are they safeguarded by their own highly patriarchal personal law.

Islam was brought to India by the Arab Traders and Muslim Sultans who invaded India in the 7th century. These Muslim invaders gave an option to Indians to choose between death and Islam. Theses Muslims who remained in India and married local Indians and converted them to Islam. Since they were traders they mastered the Law of Contract. They applied this basic principle of contract to marriage also.

With the advent of British rule in India, they made distinct personal laws for the Hindus and Muslims. It was Hastings who reserved the law of the Quran to the Muslims and the law of the shastras to the Hindus. This classification is erroneously made on the belief that there existed only two religions in India, the Hindus and the Muslims. The state even after independence continued the same non-interference policy towards the personal laws of different communities.

While the Muslim women are still being governed by their Islamic Laws, the progress of Hindu women after independence was so rapid that they achieved complete gender equality in the matter of property rights. The property rights of women belonging to other religious are unequal and unfair. Hindus, Sikhs, Buddhists and Jain are governed by one code; Muslims do not have a code regulating property rights.

Islam gave a share to women who were denied ta share in pre-Islamic Arabia. Female and cognates were made competent to inherit. Parents and ascendants were given the right to inherit even when there were male dependents. Although Islam granted women the right to inheritance, her share is by no means fair and equal to that given to men. The brother takes twice his sister's share. This has been looked upon as discrimination against women. The women are given a lesser share because Quran has assured inheritance to women not only as daughters but also as mothers and wives.

In Islam the husband had to take care of his wife even if she is wealthy enough to maintenance herself. Legally she is entitled to claim maintenance. At the same thing she is not obligated to spend any of her wealth on the household.

Again, at the time of marriage, the Muslim women receive Mehr which she is free to use, spend or invest it in any way she likes. Therefor as a wife she adds to whatever she receives through inheritance in her capacity as daughter and that she does not have to support either herself or her children. Therefor the position of a Muslim woman is secure as far as inheritance is concerned. Their financial situation is completely guaranteed by the Islamic law.

However, in practice, the Islamic rules regarding women's inheritance are violated and overlooked by Muslim societies. Very often they are forced to give up the share for the benefit of male members of the family. This is particularly the case where women are married to wealthy men. Their share is automatically written off and would be absorbed by the male relatives. If they refused to do it they will be accused of being selfish, greedy, inconsiderate and irresponsible.Though the Muslim lawof inheritance protects women's rights better than the law, in the matter of matrimonial law, Hindu law is more favorable of women than the Muslim law which permits Triple Talaq ad polygamy. Other characteristic features of Muslim matrimonial law is the Quranic right of Mehr: Dower. Dower is a payment whether in cash or as property which the husband pays or promises to pay to the wife. This is of the ways in which women can empower themselves is through the Islamic light of a reasonable dower without fear of social consequences.

Muslim women do not have equal right regarding marriage or divorce. Reputed uttering of the word Talaq could make a Muslim woman a destitute. However, the women do not have such rights. Besides this, the practice of polygamy adds to the misery of Muslimwomen. Hence because of polygamy and Triple Talaq the Muslim women are more vulnerable than their counter parts in other religion.

There is an inherent discrimination against women in the Indian social structure. This prejudice is widespread even among the educated and Enlighted people. Education is the most powerful instrument for changing women's position in society. education for women plays an in important role in women's empowerment. Education boots a women's self-esteem, her self-confidence, her employment opportunities and her ability to deal with the problem of the world around. One cannot teach self confidence and self-esteem; one must provide the conditions in which these can develop. Education is important for everyone, but it is a critical area of empowerment for girls and women. This is not only because education is an entry point to opportunity but also because a women's educational achievement has positive ripple effect within the family and across generation.

REFERENCES

1. Constitution of India
2. Manu smriti
3. Quran
4. Professor Kusum- family law- Lexis Nexis, Butterworths Wadhwa, Nagpur
5. Iqbal Mullick -Women in Islam- Cyertech Publications, New Delhi.

68

"Abolition of Triple-talaq to Empowering Muslim Women"

Vipin Kumar Malik,
Amrita Singh

ABSTRACT:

India is home to world's third-largest Muslim population which is governed by the Sharia or Islamic jurisprudence and this has been the case since British colonial rule. But till today, India's 90 million Muslim women face the threat of a sudden, oral, and out-of-court divorce. Talaq-e-biddat or triple talaq is a Sharia law practice which gives men the power to end a marriage by simple uttering the word 'talaq' to their wives three times in succession.

The latest issue to have galvanized the nation, leading to media campaigns and online polls, is the issue of 'triple-talaq'. This archaic practice is deeply rooted in the patriarchal and misogynistic attitude of society and while Muslim scholars go back and forth on the basic tenets of this law, the fact remains that on the ground level, this practice is misused and has effectively destroyed the lives of hundreds of Muslim women.

The aim of this paper is to trace the need of abolition of Triple-Talaq in India which have lent a helping hand to better the conditions of Muslim women in society. This practice of pronouncing 'talaq' thrice, thus effectively ending a marriage, has been banned in numerous Muslim-majority countries. So destructive is this practice that the Supreme Court has been inundated with petitions regarding the matter. The Supreme Court, in its judgment declaring instant triple talaq as unconstitutional, has cited laws from 19 countries including Pakistan and Egypt which have abolished the practice.

(KEY WORDS: Triple-talaq, Triple-talaq Bill, Muslim-women, Women Empowerment, Human Rights.)

INTRODUCTION

Today we are living in 21 century and it's called modern era. Every person have a fundamental rights, constitutional rights and human rights to raise voice against exploit tradition. India is democratic country. The citizens of India follow and respect of Indian constitution. In democracy, every person have rights to express their expression against some tradition, which effect human life. Every community and every religion have its own personal low, which decide what is right and wrong tradition?

In Indian society, woman occupies a vital position and venerable place. The Vedas glorified women as the mother, the creator, and one who gives life and worshipped her as Devi or Goddess. Muslim women in India, today, are becoming the most vulnerable section as far as their safety and security is concerned. Violence against women can fit into several broad categories. Some of them are rape, domestic violence, sexual harassment, female infanticide etc. Our country must have the largest number of laws, ostensibly for the benefit of women. The Constitution and the different Acts passed by the Union Governments and the states give special protection to women, aware of their weak position.

TRIPLE TALAQ

Holy Quran cites, "The most hated thing of all lawful/ permissible things (Halaal) to Allah is Divorce". Under Islam divorce is the last thing which Allah sought to consider. It classifies the system of divorce into three types, Talaq referred to the instances where husband want to free himself from the sacred bond, Khula used to describe divorce at the instant of wife, and Mubarat, where divorce is mutual. Talaq is a three step process which includes arbitrary settlement of divorce process with due respect to the concern of both wife and husband extended over a stipulated period of time. At the end of this period(referred to as iddat), after going through several circumstantial events and if the couple or rather more prominently husband still wishes to part from the marriage contract, then the husband gives the third and the final talaq with which the marriage ends and stands irrevocable. This is the essence of the Triple talaq as actually proposed or mentioned in the Holy Quran.

However, from age old patriarchal beliefs and opinions of the people, this practice of "Instant Triple talaq," has been Error! Hyperlink reference not valid. by and far Instantaneous triple talaq or talaq -e-biddat without the consent or in absence of wife at the will of husband for whimsical reasons through SMS, WHATSAPP, MAILS, or orally are considered sinful under Islam. Though sinful, these were deep rooted among Sunni sect of Hannafi school Muslims from over 1400 years and apparently validated the grounds of personal law. Ironically, as Sunni Muslim population ranges to about to 12 crores out of 17 crore Muslim population in India, the practice of Instataneous Triple talaq has been deeply rooted and followed as a custom or practice.[1]

TRIPLE TALAQ BILL: THE MUSLIM WOMEN (PROTECTION OF RIGHTS ON MARRIAGE) BILL, 2017

A bill to protect the rights of married Muslim women and to prohibit divorce by pronouncing talaq by their husbands and to provide for matters connected therewith or incidental thereto.

Be it enacted by Parliament in the Sixty-eighth Year of the Republic of India as follows:

CHAPTER I (PRELIMINARY)

1. (1) This Act may be called the Muslim Women (Protection of Rights on Marriage) Act, 2017.

(2) It shall extend to the whole of India except the State of Jammu and Kashmir.

(3) It shall come into force on such date as the Central Government may, by notification in the Official Gazette, appoint.

2. In this Act, unless the context otherwise requires,—

(a) "electronic form" shall have the same meaning as assigned to it in clause (r) of sub-section (1) of section 2 of the Information Technology Act, 2000;

(b) "talaq" means talaq-e-biddat or any other similar form of talaq having the effect of instantaneous and irrevocable divorce pronounced by a Muslim husband; and

(c) "Magistrate" means a Magistrate of the First Class exercising jurisdiction under the Code of Criminal Procedure, 1973, in the area where a married Muslim woman resides.

CHAPTER II (DECLARATION OF TALAQ TO BE VOID AND ILLEGAL)

3. Any pronouncement of talaq by a person upon his wife, by words, either spoken or written or in electronic form or in any other manner whatsoever, shall be void and illegal.

4. Whoever pronounces talaq referred to in section 3 upon his wife shall be punished with imprisonment for a term which may extend to three years and fine.

CHAPTER III (PROTECTION OF RIGHTS OF MARRIED MUSLIM WOMEN)

5. Without prejudice to the generality of the provisions contained in any other law for the time being in force, a married Muslim woman upon whom talaq is pronounced, shall be entitled to receive from her husband such amount of subsistence allowance for her and dependent children as may be determined by the Magistrate.

6. Notwithstanding anything contained in any other law for the time being in force, a married Muslim woman shall be entitled to custody of her minor children in the event of pronouncement of talaq by her husband, in such manner as may be determined by the Magistrate.

7. Notwithstanding anything contained in the Code of Criminal Procedure, 1973, an offence punishable under this Act shall be cognizable and non-bailable within the meaning of the said Code.

STATEMENT OF OBJECTS AND REASONS:

1.The Supreme Court in the matter of Shayara Bano Vs. Union of India and others and other connected matters, on 22nd August, 2017, in a majority judgement of 3:2, set aside the practice of talaq-e-biddat (three pronouncements of talaq, at one and the same time) practiced by certain Muslim husbands to divorce their wives. This judgement gave a boost to liberate Indian Muslim women from the age-old practice of capricious and whimsical method of divorce, by some Muslim men, leaving no room for reconciliation.

2.The petitioner in the above said case challenged, inter alia, talaq-e-biddat on the ground that the said practice is discriminatory and against dignity of women. The judgement vindicated the position taken by the Government that talaq-e-biddat is against constitutional morality, dignity of women and the principles of gender equality, as also against gender equity guaranteed under the Constitution. The All India Muslim Personal Law Board (AIMPLB), which was the 7th respondent in the above case, in their affidavit, inter alia, contended that it was not for the judiciary to decide matters of religious practices such as talaq-e-biddat, but for the legislature to make any law on the same. They had also submitted in the Supreme Court that they would issue advisories to the members of the community against this practice.

3.In spite of the Supreme Court setting aside talaq-e-biddat, and the assurance of AIMPLB, there have been reports of divorce by way of talaq-e-biddat from different parts of the country. It is seen that setting aside talaq-e-biddat by the Supreme Court has not worked as any deterrent in bringing down the number of divorces by this practice among certain Muslims. It is, therefore, felt that there is a need for State action to give effect to the order of the Supreme Court and to redress the grievances of victims of illegal divorce.

4.In order to prevent the continued harassment being meted out to the hapless married Muslim women due to talaq-e-biddat, urgent suitable legislation is necessary to give some relief to them. The Bill proposes to declare pronouncement of talaq-e-biddat by Muslim husbands void and illegal in view of the Supreme Court verdict. Further, the illegal act of pronouncing talaq-e-biddat shall be a punishable offence. This is essential to prevent this form of divorce, wherein the wife does not have any say in severing the marital relationship. It is also proposed to provide for matters such as subsistence allowance from the husband for the livelihood and daily supporting needs of the wife, in the event of husband pronouncing talaq-e-biddat, and, also of the dependent children. The wife would also be entitled to custody of minor children.

5. The legislation would help in ensuring the larger Constitutional goals of gender justice and gender equality of married Muslim women and help subserve their fundamental rights of non-discrimination and empowerment.

6. The Bill seeks to achieve the above objects.[2]

BARRIERS IN ABOLITION OF TRIPLE TALAQ:

The banning of the triple talaq turned out to be so difficult & controversial in India due to two reasons, firstly, the muslim personal law (shariat) application act 1937 (Muslim Personal Law) was passed after government act 1935, in the colonial era. It made the shariat board as functional law board for muslim's personal matters & prevents states interference. Secondly the article 25 of Indian constitution gives each the right to freely practice their religion, which empowers the personal board & exempts them from falling under uniform civil code. However article 14 is equally significant in balancing the act, making a good case for judicial activism.[3]

NEED OF ABOLITION OF TRIPLE TALAQ:

India is home to world's third-largest Muslim population which is governed by the Sharia or Islamic jurisprudence and this has been the case since British colonial rule. But till today, India's 90 million Muslim women face the threat of a sudden, oral, and out-of-court divorce.

Talaq-e-biddat or triple talaq is a Sharia law practice which gives men the power to end a marriage by simple uttering the word 'talaq' to their wives three times in succession. This practice of pronouncing 'talaq' thrice, thus effectively ending a marriage, has been banned in numerous Muslim-majority countries.[4]

The Arab states that have laws against instant triple talaq include Algeria, Egypt, Iraq, Jordan, Kuwait, Lebanon, Libya, Morocco, Sudan, Syria, Tunisia, United Arab Emirates and Yemen.

The Southeast Asian countries that have abolished instant triple talaq include Indonesia, Malaysia and Philippines. India's neighbours Pakistan, Bangladesh and Sri Lanka also have enacted legislations against the practice.

The Centre has told the Supreme Court that the practices of 'triple talaq', 'nikah halala' and polygamy impact the social status and dignity of Muslim women and deny them fundamental rights guaranteed by the Constitution. The right of a woman to human dignity, social esteem and self-worth are vital facets of her Right to Life under Article 21. Gender inequity has ripple effect on the rest of the community, preventing it from partaking in full, liberties guaranteed by a modern Constitution.

Even though it may be true to say that only some women are directly and actually affected by triple talaq and polygamy, the fact remains that every woman who is subject to the said law lives under threat, fear or prospect of these practices being invoked against her, which in turn impacts her status, her choices, her conduct and her right to life with dignity. It has also raised a fundamental issue, whether religion can be a reason to deny equal status and dignity, which is available to women under the Constitution.

The practices namely, triple talaq, nikah halala and polygamy are practices which impact the social status and dignity of Muslim women and render them unequal and vulnerable qua men belonging to their own community, women belonging to other communities and also Muslim women outside India.

The latest issue to have galvanized the nation, leading to media campaigns and online polls, is the issue of 'triple-talaq'. This archaic practice is deeply rooted in the patriarchal and misogynistic attitude of society and while Muslim scholars go back and forth on the basic tenets of this law, the fact remains that on the ground level, this practice is misused and has effectively destroyed the lives of hundreds of Muslim women. So destructive is this practice that the Supreme Court has been inundated with petitions regarding the matter. Imagine living with the mental insecurity that year of your marital alliance can be ended just by the utterance of three words. That's exactly what Indian Muslim women feel. When numerous of Muslim-majority countries have abolished Triple-Talaq, why can't India?

LEGAL RIGHTS FOR MUSLIM WOMEN IN INDIA:

The legal rights are those which are provided in the various laws (acts) of the Parliament and the State Legislatures. The following legislations contain several rights and safeguards for empowering Muslim women:

1. Dissolution of Muslim Marriages Act (1939) grants a Muslim wife the right to seek the dissolution of her marriage.
2. Muslim Women (Protection of Rights on Divorce) Act (1986) protects the rights of Muslim women who have been divorced by or have obtained divorce from their husbands.

Besides the above legal rights Indian Government has enacted various laws in its attempt for ensuring empowerment of women which include equality in fundamental human rights, equality before law (Article 14), prohibition of discrimination on ground of sex (Article 15), Equality of opportunity in matters of public employment (Article 16), Protection of life and personal liberty (Article 21), Provision for just and humane conditions of work and maternity relief (Article 42), It shall be the duty of every citizen of India to promote harmony and the spirit of common brotherhood amongst all the people of India transcending religion, linguistic, regional or sectional diversities; to renounce practices derogatory to the dignity of women (Article 51-A(e))etc..

The women empowerment policies need to be topmost priority for the development of society. However, women issues have been subjugated across the whole universe, in varying degrees, to cater to the patriarchal structure of the society. From female foeticide to limited accessibilities of women to different employment facilities, this 'second sex' has been suppressed, denied the basic rights and privileges.

In spite of the fact that women contribute in all spheres of life, they suffer in silence and belong to a class which is in disadvantaged position on account of several barriers and impediments

In the present social context, we require a completely transformed society in which equal opportunities of growth are suitably provided to women, so that they are able to contribute equally in all the factors responsible for the growth of society.

If we want to bring about women empowerment in the true sense, there is a crying need for the elimination of the male superiority and patriarchal mindset. Also, women need to be given equal opportunities for education and employment without any sense of discrimination. Unless there is attitudinal change in society towards women, merely arming them with legal and constitutional rights will be simply inadequate. In India, Muslim women's empowerment in legal, social, political and economic spheres requires to be enhanced.

REFERENCES

1. (https://m.timesofindia.com/india/lok-sabha-passes-triple-talaq- bill-sterner-test-awaits-in-rajya-sabha/amp_articleshow/62287472.cms#)
2. (http://www.prsindia.org/uploads/media/Muslim%20Women%20 (Protection% 20of%20Rights%20on%20Marriage)/Muslim%20 Women%20 (Protection%20of%20Rights %20on% 20Marriage).pdf)
3. (https://m.timesofindia.com/india/lok-sabha-passes-triple-talaq-bill-sterner-test- awaits-in-rajya-sabha/amp_articleshow/62287472.cms#)
4. (http://www.timesnownews.com/india/article/eight-muslim-majority-countries-have- abolished-triple-talaq-why-not-india/60864)